BEGRIFFSBESTIMMUNG
DES LITERARISCHEN REALISMUS

WEGE DER FORSCHUNG

BAND CCXII

1974
WISSENSCHAFTLICHE BUCHGESELLSCHAFT
DARMSTADT

BEGRIFFSBESTIMMUNG DES LITERARISCHEN REALISMUS

Herausgegeben von
RICHARD BRINKMANN

1974
WISSENSCHAFTLICHE BUCHGESELLSCHAFT
DARMSTADT

Bestellnummer: 4433

2., unveränderte Auflage 1974
© 1969 by Wissenschaftliche Buchgesellschaft, Darmstadt
Satz: L. C. Wittich, Darmstadt
Druck und Einband: Wissenschaftliche Buchgesellschaft, Darmstadt
Printed in Germany
Schrift: Linotype Garamond, 9/11

ISBN 3-534-04433-9

INHALT

Vorwort. Von Richard Brinkmann VII

Germinie Lacerteux (1946). Von Erich Auerbach 1

Erzählen oder Beschreiben? Zur Diskussion über Naturalismus und Formalismus (1948). Von Georg Lukács 33

Objektivität, Subjektivität und Erzählkunst. Zur Romantheorie Friedrich Spielhagens (1957). Von Winfried Hellmann 86

Kritischer und Sozialistischer Realismus (1957). Von A. Iwastschenko 160

Erpreßte Versöhnung. Zu Georg Lukács: „Wider den mißverstandenen Realismus" (1961). Von Theodor W. Adorno 193

Zum Begriff des Realismus für die erzählende Dichtung des neunzehnten Jahrhunderts (1958). Von Richard Brinkmann 222

Um eine Neubegründung des Realismusbegriffs (1958). Von Gerhard Kaiser 236

Die Wirklichkeit E. T. A. Hoffmanns (1959). Von Hans Mayer 259

Wilhelm Raabes ‚Prinzessin Fisch'. Wirklichkeit und Dichtung im erzählenden Realismus des 19. Jahrhunderts (1959). Von Fritz Martini 301

Das Realismusproblem (1959). Von Clemens Heselhaus . . 337

Inhalt

Der sozialistische Realismus in der westlichen Literaturwissenschaft (1959). Von Zbigniew Folejewski 365

Die Ambivalenz des „Realismus" in der deutschen Literatur 1830—1880 (1960). Von J. M. Ritchie 376

Der Realismusbegriff in der Literaturwissenschaft (1961). Von René Wellek 400

Überlegungen zu Welleks Realismusbegriff (1962). Von E. B. Greenwood 434

Erwiderung auf E. B. Greenwoods Überlegungen (1962). Von René Wellek 448

Voraussetzungen des poetischen Realismus in der deutschen Erzählkunst des 19. Jahrhunderts (1962). Von Wolfgang Preisendanz 453

Zum Stand der Diskussion (1966). Von Richard Brinkmann 480

VORWORT

Das Problem des Realismus hat eine sehr lange und ziemlich komplizierte Geschichte. Nachahmung der angeschauten und erlebten Wirklichkeit, Darstellung treu nach der Natur — das war schon zuzeiten in der Antike und später immer wieder, nicht nur in Europa übrigens, eine Leitvorstellung für bildende Kunst und Literatur. Wo sie reflektiert wird in ästhetischen Gedanken und Traktaten, zeigen sich fast immer bald die Komplikationen, die mit der scheinbar so naheliegenden und einfachen Idee und Absicht zusammenhängen, „naturgetreu" und „lebenswahr" zu schildern. Nach volkstümlicher Meinung gilt das bekanntlich ohnehin meist als höchste Kunst, wobei der Gedanke an das Können, die techne, die Fähigkeit genau zu kopieren, eine nicht geringe Rolle spielt: man erinnert sich an die hingerissene Bewunderung, die zum Beispiel „alten Meistern" im Museum gezollt wird, bei denen jedes Gräschen und Blümchen, jede winzige Einzelheit der Landschaft, der Gewänder und Geräte, der menschlichen Physiognomie und so fort „stimmt". Der Wille, im Kunstwerk die Wirklichkeit wiederzufinden, scheint sehr menschlich und normal zu sein, nicht nur dem unentwickelten Geschmack dürftiger Gemüter zu entsprechen. Kaum hat man das zugestanden, kommt freilich die Verlegenheit; denn was das sei: „die Wirklichkeit" und wie es aussehe, wenn sie „getreu" in der Kunst erscheine, darüber gehen nicht erst auf dem gehobenen Plateau der Gelehrten die Meinungen auseinander, wenn auch erst da vielleicht mit eindrucksvolleren Argumenten. Man könnte meinen, in der bildenden Kunst, in der Malerei zumal, sei die Frage der Naturnachahmung einfacher zu lösen als in der Dichtung, deren Element, die Sprache, ihrem Wesen nach offenbar schon eine einfache Wiederholung der Wirklichkeit deutlicher verbietet. Aber auch eine genauere Betrachtung der bildenden Kunst hat das Nachdenken über ihr Sein und Wollen schon sehr früh belehrt, daß der Begriff der Nachahmung nicht einfach im Sinne einer „richtigen" Wiedergabe des Vorgefundenen verstanden werden könne, sondern eher als Nachahmung der Natur in der Art ihres Schaffens. Durch die Jahrhunderte zieht sich der Streit über solche Fragen, die immer auch vom „Realismus" handeln, insofern sie das Verhältnis von Wirklichkeit und Kunst betreffen. Der Wortteil „-Ismus" pflegt indessen eine gewisse entschiedene, andere Möglichkeiten zunächst verneinende Ausrichtung, oft von programmatischer Entschlossenheit, zu meinen, und so will „Realismus" denn doch sehr bald mehr besagen als nur jenes allgemeine Verhältnis, und der Begriff verbindet sich mit dem Anspruch, das Interesse der Kunst an der Wirklichkeit nicht auf bestimmte Bereiche zu beschränken. Für die Dichtung heißt das genauer: eine ernsthafte Vergegenwärtigung und Gestaltung nicht nur einem Teil der Gesellschaft, nämlich dem höheren und dessen Problemen, zu gewähren. Im 19. Jahrhundert tritt in der europäischen und deutschen Ästhetik und Dichtung der realistische Impuls — oft freilich von Gegensätzlichem durchkreuzt und in Auseinandersetzung mit sehr verschiedenen Traditionen — mit vorher kaum zu findender Entschiedenheit hervor. Die Ursachen dafür in der sozialen, politischen und ökonomischen, der philosophischen, geistesgeschichtlichen und ästhetischen Entwicklung zu erörtern ist hier nicht angebracht. Jedenfalls haben die theoretischen Überlegungen zu einer realistischen Dichtung, zu ihren Möglichkeiten und — erzwungenen oder gewollten — Grenzen und die entsprechenden vielfältig variierten praktischen Versuche eine solch hervorstechende Bedeutung in dieser Epoche, daß man ihr, oder wenigstens einem gewichtigen Teil, geradezu den Namen „Realismus" gegeben hat. In den ästhetischen Gedanken der Zeit spielen die allgemeinen und gewissermaßen zeitlosen Fragen des Realismus wohl eine Rolle, aber sie drehen sich vor allem darum, wie eine realistische Dichtung unter den ganz besonderen Voraussetzungen des Zeitalters möglich und inwiefern sie die ihm eigentlich angemessene Form sei. Die Reflexionen und poetischen Verwirklichungen haben in Deutschland ihre besondere, vom übrigen europäischen Realismus deutlich unterschiedene Wendung, aber hier wie in anderen Ländern sind die grundsätzlichen Absichten, soweit sie eben „realistisch" genannt werden können und nicht die beigemischten und entgegenwirkenden, einschränkenden Elemente betreffen, sehr verwandt, wenn auch radikaler hier, gemäßigter dort. Nicht immer wird „Realismus" scharf unterschieden von „Naturalismus". Auch in Deutschland will der Naturalismus zwar gerade nicht mehr „poetischer Realismus" sein, der bei aller Tendenz zur Wirklichkeitsnähe noch eine „Verklärung" der Tatsachen erstrebte, aber indem der Naturalismus das Realistische forcierte und in gewissem Sinne isolierte, beanspruchte er gerade „konsequenter Realismus" zu sein. Was darauf folgte, zielte in einiger Hinsicht auf das Gegenteil, jedenfalls sollte es nun auf eine andere Wirklichkeit ankommen, andere Formen erschienen als die geeigneten, diese — eigentlich menschliche — Realität angemessen und zeitgerecht poetisch zu repräsentieren. Die Abwendung vom Ideal des wiedergebenden Realismus geht Hand in Hand mit einer Wandlung des Wirklichkeitsbegriffs in Wissenschaft und Philosophie und mit einem entsprechend veränderten Lebensgefühl überhaupt. Das wiederum hängt zusammen — so läßt sich unschwer zeigen — mit konkreten Tatsachen der sozialen und politischen Geschichte, die ihrerseits nicht ohne gewisse Ideenentwicklungen im 18. und 19. Jahrhundert zureichend begreifbar sind.

Das Programmwort „Realismus" verliert in der Literatur des 20. Jahrhunderts zunächst seine frühere Bedeutung. Die Literaturgeschichtsschreibung für das 19. Jahrhundert muß sich von dem Augenblick an dafür interessieren, wo sie als Eule der Minerva ihren Flug erhebt: noch im Jahrhundert selbst beginnt die Rückschau. Am Anfang noch wird fast für bare Münze genommen, was die „Realisten" als ihre Absicht verkünden und in der Dichtung zu konkretisieren trachten. Später, vor allem nach dem zweiten Weltkrieg, als die Folgen des Realismus übersehbar zu werden beginnen, wird die Betrachtung kritischer, und die Forschung fängt an, nach den Jahrzehnten der Bestandsaufnahme und der mehr oder weniger gläubigen Referierung der realistischen Programme und ihrer Beispiele mit einiger Nüchternheit und Skepsis genauer und von den inzwischen gewonnenen methodischen Positionen her zu prüfen, was der Realismus erstrebt und was er von seinen Zielen tatsächlich erreicht habe. Nicht nur der gewandelte Wirklichkeitsbegriff der modernen Naturwissenschaft hat in den letzten Jahrzehnten in besonderer und aktueller Weise das Interesse am Realismus verschärft, auch die Phänomene des Abstrakten und Ungegenständlichen in der modernen Kunst und Dichtung, die neuere Entwicklung und Wirkung der marxistischen Literaturwissenschaft, das Erwachen des soziologischen Interesses auch in der westlichen Welt, andererseits die formanalytischen und literaturkritischen Tendenzen in allen Philologien und eine Reihe anderer Ursachen, die alle auf nicht allzu verschiedenen Grundlagen beruhen, haben im Zusammenhang mit der Analyse des 19. Jahrhunderts eine erneute und lebhafte Bemühung um die Begriffsbestimmung des literarischen Realismus hervorgerufen.

Dieser neueren Debatte ist der vorliegende Band gewidmet. Es wäre natürlich keineswegs überflüssig gewesen, auch theoretische Äußerungen aus dem 19. Jahrhundert selbst aufzunehmen. Aber die strenge Begrenzung des Umfangs nahm dem Herausgeber die Entscheidung darüber schnell ab. Das ist nicht die einzige Beschränkung, die er sich auferlegen mußte. Die Zahl der Forscher, die wirklich weiterführende Beiträge zum Thema geliefert haben, ist zwar nicht einmal so sehr groß, und oft finden sich in bedeutenden monographischen oder historiographischen Arbeiten zum 19. Jahrhundert nur wenig variierte Mitteilungen zur Begriffsbestimmung. Aber einige von denen, die sich ihr mit entschiedenerem Interesse zugewandt haben, sind mehrfach und von verschiedenen Ansatzpunkten her dem Problem zu Leibe gerückt. Ihre Meinungen haben sich außerdem zuweilen gewandelt, so daß nicht die ganze Entfaltung ihrer Gedanken hier erscheint. Nicht immer auch faßt ein kurzer Beitrag das Wesentliche zusammen, was sein Verfasser überhaupt zur Sache zu sagen gehabt hat: manchmal steht es in umfangreichen Büchern, die man ganz lesen muß, wenn man ihnen gerecht werden will, und aus denen sich nur mit Vorbehalt und Unbehagen ein einzelner Abschnitt für diese Sammlung herauslösen ließ. Das gilt für das bedeutende Buch von Erich Auerbach „Mimesis". Das Kapitel „Germinie Lacerteux" ist eigentlich integraler Bestandteil eines größeren Zusammenhangs. Gleichwohl deutet es die Grundposition Auerbachs, gerade auch im Hinblick auf das 19. Jahrhundert und die Art seines Interpretierens an. Und daß Auerbach in dem Band ganz fehlen würde, wäre schwer zu verschmerzen. Auch die anderen Artikel übrigens sind mehr eine Aufforderung zu gründlicherer und weiterer Lektüre, als daß sie — diese Vorstellung mag eine Gefahr der nützlichen Reihe „Wege der Forschung" sein — komplett und perfekt alles „Einschlägige" zum Thema schwarz auf weiß präsentieren zum Getrost-nach-Hause-Tragen.

Gar nicht zur Geltung kommen Bücher und Aufsätze, die nur sehr indirekt für die Frage der Begriffsbestimmung des Realismus förderlich sind, die man aber eigentlich auch kennen muß, wenn man sich ein kompetentes Urteil bilden will. Das sind mancherlei Abhandlungen über einzelne Dichter und Werke, Interpretationen, systematische und historische Arbeiten zur Poetik und so fort. Ich kann sie nicht aufzählen. Eine Auswahl findet sich im Literaturverzeichnis meines Buchs „Wirklichkeit und Illusion" (2. Auflage 1966).

Die Beiträge sind, gemäß dem Brauch der Reihe, nach dem Jahr ihres ersten Erscheinens angeordnet. Das gibt nicht in allen Fällen ein korrektes Bild vom Fortschritt der Debatte, der ohnehin nicht nur von diskursiver Folgerichtigkeit ist. Die Ausgangspunkte sind bei den Einzelnen je nach ihrer wissenschaftlichen und weltanschaulichen Herkunft oder Bindung recht verschieden; manches liegt da von der Sache her näher beieinander, als es nach der chronologischen Zusammenstellung erscheint. Aber eine ganz plausible systematische Zuordnung wäre sowieso kaum möglich.

Erich Auerbach, den ich eben genannt habe, war einer der ersten, die mit neuen Gesichtspunkten die Realismus-Diskussion wieder in Gang gebracht haben. Wellek hat nachzuweisen versucht, daß er „zwei entgegengesetzte Auffassungen des Realismus zu verbinden sucht". Eine, die Wellek in der Nähe des „Existentialismus" sieht, eine andere, für die Realismus die „Darstellung des zeitgenössischen Lebens, eingebettet in die konkrete Dynamik des Geschichtsstromes"[1] ist. Diese letztere Auffassung ist am französischen Realismus des 19. Jahrhunderts orientiert, und dementsprechend wird manchen der Name Realismus entzogen — nicht zuletzt den deutschen Dich-

---

[1] Ich gebe für Zitate in diesem Vorwort Stellennachweise nur, wenn sie nicht aus den im Folgenden abgedruckten Beiträgen stammen.

tern des vergangenen Jahrhunderts — denen die konventionelle Literaturkritik und -geschichtsschreibung ihn zugeteilt hatte. — Vor Auerbach schon hatte *Georg Lukács* vom marxistischen Standpunkt aus neue Impulse gebracht. In Deutschland blieben seine zum Teil schon in den dreißiger Jahren entstandenen Arbeiten, wie zum Beispiel der hier aufgenommene bedeutende Essay über „Erzählen oder Beschreiben?" angesichts der politischen Verhältnisse zunächst fast verborgen, nach dem zweiten Weltkrieg erst wurden sie einem breiteren Publikum bekannt. Lukács geht zwar vom Grundschema der marxistischen Dialektik und Widerspiegelungstheorie aus, aber er kontaminiert damit fruchtbare Elemente der ästhetischen Tradition. Das hat ihm schließlich die Verurteilung der offiziellen und orthodoxen Theoretiker im kommunistischen Bereich eingetragen. Lukács hat sich vielfach zum Realismus geäußert, und es hätte auch einiges für sich gehabt, für unsere Beispielsammlung etwa den Aufsatz über „Die intellektuelle Physiognomie der künstlerischen Gestalten"[2] oder ein Kapitel aus seinem Buch „Deutsche Realisten des 19. Jahrhunderts" (1952) zu wählen. — Auch *Hans Mayer* ist von marxistischen Grundüberzeugungen her am Realismus interessiert, ohne einem überspannten Soziologismus zu verfallen. An E. T. A. Hoffmann zeigt er bedeutsame Phänomene zur Genese der Wirklichkeitsproblematik im 19. Jahrhundert, und er weist dabei auf die gesellschaftlichen Tatsachen hin, die zu den Bedingungen der Komplikationen im Übergang von der Romantik zum 19. Jahrhundert, im wesentlichen Sinn der Epoche, gehören. — Nur ein schmales Exempel der orthodox-marxistischen Debatte zum sozialistischen Realismus, fast beliebig ausgewählt aus einer sehr ausgedehnten Literatur, ist der Artikel *A. Iwastschenkos*. Die russischen Theoretiker, soweit sich das nach den Übersetzungen beurteilen läßt, diskutieren in diesen Fragen immerhin auf dem vergleichsweise höchsten Niveau. Die Erörterungen über „kritischen", „sozialistischen", „proletarischen" Realismus sind seither von Anathema zu Anathema fortgeschritten — im Grundtenor und im Kern sind die Äußerungen indessen einigermaßen ähnlich geblieben. — Über sozialistischen Realismus „in Western Literary Criticism" berichtet *Zbigniew*

---

[2] In: Georg Lukács, Essays über Realismus, 1948, S. 24—87.

Folejewski. — Was *Theodor W. Adorno* an Lukács kritisiert, mußte entschiedener noch für jene radikalen marxistischen Theoretiker gelten: daß nämlich die Weise verkannt wird, in der die gesellschaftliche Wirklichkeit im Kunstwerk und auch in der Literatur ästhetisch vermittelt erscheint. — Was Dichtungen aus realistischem Impuls im 19. Jahrhundert ästhetisch vermittelt — mit Adorno zu reden — „vermöge ihrer autonomen Konstitution" über die „Wirklichkeit" und über ihr Verhältnis zur Wirklichkeit, der immer auch gesellschaftlich bestimmten, aussagen, was eben „von der empirischen Gestalt der Wirklichkeit verschleiert wird", wollte ich an ein paar Beispielen in meinem Buch „Wirklichkeit und Illusion" (1957, 2. Aufl. 1966) aufzudecken versuchen, von dem hier eine Zusammenfassung abgedruckt ist. Es ging darum, den Begriff „Realismus" an seinem Anspruch in der Literaturgeschichtsschreibung für das 19. Jahrhundert und an den Versuchen der poetischen Verwirklichung der realistischen Tendenz zu messen und ihre Folgen anzudeuten. Dabei kommt entgegen der Absicht und Vorgabe der „Realisten" und entgegen den Behauptungen eines großen Teils der früheren Forschung ein zunehmender Subjektivismus zutage. — Die Thesen forderten eine lebhafte Auseinandersetzung heraus. Die Hauptargumente der Kritik hat am gründlichsten *Gerhard Kaiser* in seinen „Gedanken" „Um eine Neubegründung des Realismusbegriffs" formuliert. — In prinzipiell ähnlicher Richtung wie die Ergebnisse, zu denen ich gekommen war, gehen die Einsichten *Winfried Hellmanns*, der an Theorie und Praxis der „objektiven Erzählung" bei Spielhagen scharfsinnig und mit differenzierten Kriterien aufdeckt, daß die „erstrebte Illusion der Wirklichkeit" als „objektive Wirklichkeit erscheinen" läßt, was in Wahrheit eine subjektive Auslegung der Wirklichkeit, ein „Produkt des Erzählers" ist und daß eben durch die Manipulationen dieses angeblich „objektiven Darstellens" die Tatsache der „essentiellen Subjektivität" verschleiert und die Gefahr der undurchschauten Ideologisierung der Wirklichkeit heraufbeschworen wird. — *Fritz Martini* hat sich in einer ganzen Reihe von Veröffentlichungen mit dem Realismus und seiner Begriffsbestimmung befaßt. Neben der hier eingereihten sind vor allem seine große historische Darstellung „Deutsche Literatur im bürgerlichen Realismus 1848—1898" (1962) und sein „Forschungsbericht zur deutschen Literatur in der Zeit des Realismus"[3] zu nennen. Martini geht es vor allem darum, mit dem Auge des Historikers das Ganze und Widersprüchliche der Epoche zu sehen. Bei einer Analyse der realistischen Tendenz treten Subjektivismus und Vereinzelung als, wenn auch verdeckte, Kennzeichen hervor; Martini aber will die Gegenkräfte sichtbar machen, die, von extremen Fällen abgesehen, meist zugleich mit dem realistischen Impuls im engeren Sinne und gegen ihn aufgeboten und in der Welt der Dichtungen wirksam werden: „Zusammenhang", „Ordnung", „Ganzheit", „Relativierung des nur Subjektiven", „Humor" als eine Möglichkeit, diese Relativierung zu leisten und als Versuch, Objektives und Subjektives „zur relativen Übereinstimmung zu bringen und eine Ganzheit im Gebrochenen zu bewahren"[4]. — Dem Humor in solcher Funktion, als Instrument der „Balance", hat sich mit gründlichen und umfassenden Untersuchungen der ästhetischen Theorie und hervorstechender Beispiele der Dichtung im 19. Jahrhundert *Wolfgang Preisendanz* in seiner Habilitationsschrift „Humor als dichterische Einbildungskraft" (1963) zugewandt, von der ein Vortrag, den man im Folgenden findet, eine Art Konzentrat ist. Nach Preisendanz' Überzeugung „bestimmt evident" der Humor „die Eigentümlichkeit einer Erzählweise, die sich als poetischer Realismus deutlich in vielem abhebt von der Entwicklung der Epik im 19. Jahrhundert, deren Tendenzen besonders die französischen Romanciers forcieren und repräsentieren". Dabei glaubt er nicht daran, daß „der Grund für dieses Vorwalten des epischen Humors in der Beschaffenheit der deutschen Wirklichkeit, in den besonderen gesellschaftlichen, politischen und wirtschaftlichen Verhältnissen selbst zu finden ist"[5]. Mit nüchternem Blick hat *J. M. Ritchie* auf die Zwiespältigkeit, die Ambivalenz, des deutschen Realismus zwischen 1830 und 1880 unter vielfältigen Gesichtspunkten und auf verschiedenen Ebenen hingewiesen. Daß die Definition des Realismus für die Literatur des 19. Jahrhunderts so schwierig ist, scheint ihm nicht der „normal

---

[3] DVjs 34, 1960 und als selbständige Schrift in der Referate-Reihe der DVjs 1962.

[4] Martini, Forschungsbericht, S. 11.

[5] Humor als dichterische Einbildungskraft, S. 16.

vagueness of literary labels like Romanticism, Realism, Baroque"
zu entsprechen, sondern das Ergebnis der „essential ambivalence" zu
sein „with which contemporary writers responded to the problems
of their time". — *Clemens Heselhaus* prüft kritisch „neuere Realismus-Theorien". In einer Zusammenfassung seiner eigenen bezeichnet
er als „Realismus in Deutschland jene Stilerscheinungen..., in denen
das realistische Moment für die Darstellung, Thematik und Form
des Kunstwerkes und des Geschmacks entscheidend wird und in
denen aus der Auseinandersetzung mit den realistischen Tendenzen
der Zeit besondere Kunstformen entstehen..." Für Heselhaus ist
wichtiger als die Aufnahme der „Realität der Zeit", „vorwiegend"
der „gesellschaftlichen Realität" in die Dichtung die Tatsache, daß
die überlieferten Kunstformen „ihres formelhaften Charakters entkleidet werden und aus der natürlichen Sprechlage, aus der Anschauung der Natur, aus der Wirklichkeit der damaligen Gesellschaft
neugeboren und wiedergeschaffen werden". — In *René Welleks*
Definition liegen die Akzente anders. Ihm bedeutet Realismus gerade
„die objektive Darstellung der zeitgenössischen sozialen Wirklichkeit". „Didaktisch, lehrhaft, reformierend" ist der Realismus nach
Wellek, was er nach Auerbachs Meinung gerade nicht sein darf,
wenn er seinen Namen verdienen soll. Der „Typ" spielt im Realismus eine entscheidende Rolle. Darauf haben schon früh viele Theoretiker und Kritiker hingewiesen, in der neueren Literatur vor allem
auch Lukács. Im übrigen kommt Wellek zu dem negativen Schluß,
die „realistische Theorie" sei „letzten Endes ... schlechte Ästhetik";
denn — so begründet er: „alle Kunst ist ‚Schaffen' und bildet eine
eigene Welt des Scheins und der symbolischen Formen". Bedeutsamer
als Welleks Definitionen — und eigentlicher Zweck des Aufsatzes —
ist der Bericht über den „Realismusbegriff in der Literaturwissenschaft" aus umfassender internationaler Belesenheit und Kenntnis. —
Welleks eigene Thesen sind von *E. B. Greenwood* kritisiert worden.
Am meisten einleuchtend ist in dieser Auseinandersetzung die Frage:
Kunst eine „Welt des Scheins und der symbolischen Formen" —
Schein von was? Symbolisch für was? Wellek hat auf Greenwoods
Einwände geantwortet. Die Kontroverse ist im Folgenden zu lesen.

Schon diese stichwortartig zusammenfassende Revue der Beiträge
kann darüber belehren, daß das Problem des Realismus nicht er-

ledigt ist. Die Diskussion ist vielspältig und widerspruchsvoll. Vieles bleibt noch offen. Die paar Bemerkungen über ihren Stand, die am Ende dieses Buchs zu finden sind, wollen, wenn sie auch natürlicherweise von *einer* Ansicht über das Problem ausgehen und sie vertreten, die Debatte nicht abschließen, sondern eine Anregung zu ihrer Fortsetzung geben.*

---

* Seitdem dieses Vorwort im Jahre 1966 geschrieben wurde, ist die Realismus-Forschung nicht stehengeblieben. Da indessen die Drucklegung des vorliegenden Bandes aus technischen Gründen längere Zeit beansprucht hat, als vorauszusehen war, konnten einige der neuesten Positionen nicht mehr zur Geltung gebracht werden, z. B. das Buch von Hubert Ohl: „Bild und Wirklichkeit. Studien zur Romankunst Raabes und Fontanes" (1968) und die Auseinandersetzung Gerhard Kaisers mit diesem Buch in der Deutschen Vierteljahrsschrift für Literaturwissenschaft und Geistesgeschichte 43, 1969, Heft 1. — Vgl. auch den Sammelband „Littérature et Réalité", Akadémiai Kiadó, Budapest 1966.

Nicht beachtet sind hier die Ansätze des „Strukturalismus" verschiedener Provenienzen und die Debatte darüber in Ost und West. Sie sind nicht gleichgültig für das Realismusproblem, aber in den Grenzen dieses Bandes nicht darstellbar.

GERMINIE LACERTEUX

Von Erich Auerbach

Im Jahre 1864 veröffentlichten die Brüder Edmond und Jules de Goncourt den Roman Germinie Lacerteux, der die geschlechtlichen Verstrickungen und den allmählichen Untergang eines Dienstmädchens schildert. Dazu schrieben sie folgendes Vorwort:

Il nous faut demander pardon au public de lui donner ce livre, et l'avertir de ce qu'il y trouvera.

Le public aime les romans faux: ce roman est un roman vrai.

Il aime les livres qui font semblant d'aller dans le monde: ce livre vient de la rue.

Il aime les petites œuvres polissonnes, les mémoires de filles, les confessions d'alcôves, les saletés érotiques, le scandale qui se retrousse dans une image aux devantures des libraires: ce qu'il va lire est sévère et pur. Qu'il ne s'attende point à la photographie décolletée du Plaisir: l'étude qui suit est la clinique de l'amour.

Le public aime encore les lectures anodines et consolantes, les aventures qui finissent bien, les imaginations qui ne dérangent ni sa digestion ni sa sérénité: ce livre, avec sa triste et violente distraction, est fait pour contrarier ses habitudes et nuire à son hygiène.

Pourquoi donc l'avons-nous écrit? Est-ce simplement pour choquer le public et scandaliser ses goûts?

Non.

Vivant au XIXe siècle, dans un temps de suffrage universel, de démocratie, de libéralisme, nous nous sommes demandé si ce qu'on appelle «les basses classes» n'avait pas droit au Roman; si ce monde sous un monde, le peuple, devait rester sous le coup de l'interdit littéraire et des dédains d'auteurs, qui ont fait jusqu'ici le silence sur l'âme et le cœur qu'il peut avoir. Nous nous sommes demandé s'il y avait encore pour l'écrivain et pour le lecteur, en ces années d'égalité où nous sommes, des classes indignes, des malheurs trop bas, des drames trop mal embouchés, des catastrophes d'une terreur trop peu noble. Il nous est venu la curiosité de savoir si cette forme conventionnelle d'une littérature oubliée et d'une société disparue, la Tragédie, était définitivement morte; si dans un pays sans caste et sans aristocratie légale, les misères des petits et des pauvres parleraient à l'intérêt, à l'émotion, à la pitié, aussi haut que les misères des grands et des riches; si, en un mot, les larmes qu'on pleure en bas, pourraient faire pleurer comme celles qu'on pleure en haut.

Ces pensées nous avaient fait oser l'humble roman de Sœur Philomène, en 1861; elles nous font publier aujourd'hui Germinie Lacerteux.

Maintenant, que ce livre soit calomnié: peu lui importe. Aujourd'hui que le Roman s'élargit et grandit, qu'il commence à être la grande forme sérieuse, passionnée, vivante de l'étude littéraire et de l'enquête sociale, qu'il devient, par l'analyse et par la recherche psychologique, l'Histoire morale contemporaine; aujourd'hui que le Roman s'est imposé les études et les devoirs de la science, il peut en revendiquer les libertés et les franchises. Et qu'il cherche l'Art et la Vérité; qu'il montre des misère bonnes à ne pas laisser oublier aux heureux de Paris; qu'il fasse voir aux gens du monde ce que les dames de charité ont le courage de voir, ce que les Reines autrefois faisaient toucher de l'œil à leurs enfants dans les hospices: la souffrance humaine, présente et toute vive, qui apprend la charité; que le Roman ait cette religion que le siècle passé appelait de ce large et vaste nom: *Humanité;* — il lui suffit de cette conscience: son droit est là.

Von der heftigen Polemik gegen das Publikum, mit der das Vorwort einsetzt, wollen wir nachher sprechen; wir beschäftigen uns zunächst mit der programmatischen Kunstabsicht, die in den späteren Absätzen (beginnend mit den Worten Vivant au XIXe siècle) zum Ausdruck kommt. Sie entspricht genau dem, was wir hier unter Stilmischung verstehen, und zwar gründet sie sich auf politisch-soziologische Erwägungen. Wir leben, so sagen die Goncourts, in einer Epoche des allgemeinen Wahlrechts, der Demokratie, des Liberalismus (es verdient bemerkt zu werden, daß sie durchaus nicht unbedingt Freunde dieser Einrichtungen und Erscheinungen waren); also ist es unberechtigt, die sogenannten niederen Klassen der Bevölkerung, das Volk, von der ernsten literarischen Behandlung auszuschließen, wie das immer noch geschieht, und in der Literatur einen Aristokratismus der Gegenstände zu bewahren, der unserem Gesellschaftsbild nicht mehr entspricht; es müsse anerkannt werden, daß es keine Form des Unglücks gebe, die für die literarische Darstellung zu niedrig sei. Daß der Roman die geignetste Form solcher Darstellung sei, wird mit den Worten „avoir droit au Roman" als selbstverständlich angenommen; in einem späteren Satz — il nous est venu la curiosité... wird angedeutet, daß der echte realistische Roman die Nachfolge der klassischen Tragödie übernommen habe; und der letzte Absatz enthält eine rhetorisch begeisterte Zusammenfassung der Funktion dieser Kunstform in der modernen Welt, eine Zusammenfassung, die ein besonderes Motiv enthält, das der Wissenschaftlichkeit; ein Motiv, das zwar bei Balzac auch schon anklingt, aber hier viel energischer und programmatischer geworden ist. Der Roman habe an Ausdehnung und Bedeutung gewonnen, er sei die ernsthafte, leidenschaftliche, lebendige Form der literarischen Studie und der sozialen Forschung (man beachte die Worte étude und besonders enquête); er werde durch seine Analysen und psychologischen Untersuchungen zur Histoire morale contemporaine; er habe sich die Methoden und Pflichten der Wissenschaft auferlegt und könne also auch deren Rechte und Freiheiten beanspruchen. Es wird hier das Recht, einen jeden Gegenstand, selbst den niedrigsten, ernsthaft zu behandeln, die extreme Stilmischung also, zugleich mit politisch-sozialen und mit wissenschaftlichen Argumenten begründet; die Tätigkeit des Romanschreibens wird mit der wissenschaftlichen Tätigkeit verglichen; und zwar wird dabei ohne Zweifel an biologisch-experimentelle Methoden gedacht; wir befinden uns unter der Einwirkung der Wissenschaftsbegeisterung in den ersten Jahrzehnten des Positivismus, in denen alle geistig Tätigen, sofern sie bewußt nach neuen und ihrer Zeit gemäßen Methoden und Inhalten suchten, sich die experimentellen Verfahrensarten anzueignen suchten. Die Goncourts stehen dabei in vorderster Linie; es ist gleichsam ihr Beruf, in vorderster Linie zu stehen. Der Schluß der Vorrede bringt freilich eine weniger moderne Wendung, die Wendung zum Moralischen, Caritativen und Humanitären. Dabei klingen eine Menge ihrem Ursprung nach sehr verschiedene Motive auf; die Anspielung auf die heureux de Paris und die gens du monde, welche sich des Elends ihrer Mitmenschen erinnern sollen, gehört in den Gefühlssozialismus aus der Mitte des Jahrhunderts; die Königinnen von einstmals, die sich der Siechen annahmen und sie ihren Kindern zeigten, erinnern an das christliche Mittelalter; und zuletzt erscheint die Humanitätsreligion der Aufklärung: es geht sehr eklektisch und etwas willkürlich zu in diesem rhetorischen Finale.

Wie man aber auch über die einzelnen Motive dieser Vorrede und überhaupt über die Art urteilen mag, in welcher die Goncourts ihre Sache führten: Recht hatten sie ohne Zweifel, und der Prozeß ist längst zu ihren Gunsten entschieden. Bei den ersten großen Realisten des Jahrhunderts, bei Stendhal, Balzac und auch noch bei Flaubert erscheinen die tieferen Schichten des Volkes, ja das eigentliche Volk überhaupt, noch kaum; und wo es erscheint, da wird es nicht aus seinen eigenen Voraussetzungen, in seinem eigenen Leben, sondern von oben her gesehen; noch bei Flaubert (dessen Cœur simple übrigens erst ein Jahrzehnt nach Germinie Lacerteux entstand, so daß zur Zeit unserer Vorrede fast nichts als die Szene der Preisverteilung bei den Comices agricoles aus Madame Bovary vorlag) handelt es sich meist um Dienstpersonal oder um Chargenfiguren. Aber der Einbruch der realistischen Stilmischung, den Stendhal und Balzac durchgesetzt hatten, konnte nicht vor dem vierten Stand haltmachen; er mußte der politischen und gesellschaftlichen Entwicklung folgen; der Realismus mußte die ganze Wirklichkeit der zeitgenössischen Kultur umfassen, in der zwar das Bürgertum herrschte, in der aber die Massen schon bedrohlich nachzudrängen begannen, indem sie ihrer eigenen Funktion und ihrer Macht sich immer bewußter wurden. Das niedere Volk in all seinen Teilen mußte als Gegenstand in den ernsten Realismus einbezogen werden: die Goncourts hatten recht, und sie haben auch recht behalten; die Entwicklung der realistischen Kunst zeigt es.

Die ersten Vertreter der Rechte des vierten Standes, politisch ebenso wie literarisch, gehörten fast alle nicht ihm, sondern dem Bürgertum an; das gilt auch für die Goncourts, denen übrigens der politische Sozialismus ganz fern lag; sie waren nicht nur ihrer Abstammung nach halbaristokratische Großbürger, sie waren es auch in ihrer Haltung und Lebensform, in ihren Ansichten, Sorgen und Instinkten. Zudem waren sie mit überfeinen Nerven begabt, sie haben ihr Leben dem Aufspüren von sinnlich-künstlerischen Eindrücken gewidmet, sie waren, vollkommener und ausschließlicher als irgendwer sonst, ästhetische, eklektische Literaten. Sie als Vorkämpfer des vierten Standes zu finden, sei es auch nur des vierten Standes als literarischen Stoffgebietes, ist überraschend; was verband sie mit den Menschen des vierten Standes, was wußten sie von seinem Leben, seinen Problemen und Empfindungen? Und war es wirklich nur soziales und ästhetisches Gerechtigkeitsgefühl, was sie dazu trieb, dies Experiment zu wagen? Es ist nicht schwer, auf diese Fragen eine Antwort zu geben; die Anwort läßt sich schon aus der Bibliographie der Goncourts entnehmen. Sie haben eine ganze Anzahl von Romanen geschrieben, die fast alle auf eigener Erfahrung und Beobachtung beruhen; in ihnen treten neben dem Milieu des niederen Volkes noch andere Milieus in Erscheinung, das Großbürgertum, die Unterwelt der Großstadt, verschiedene Arten von Künstlerkreisen; wobei es sich stets um seltsame, außergewöhnliche, vielfach um pathologische Gegenstände handelt; daneben haben sie auch Bücher geschrieben, die von Reisen, von zeitgenössischen Künstlern, von den Frauen und der Kunst des 18. Jahrhunderts, von japanischer Kunst handeln; dazu kommt noch ihr Lebensspiegel, das Journal. Aus der Bibliographie allein schon ergibt sich das Prinzip ihrer Stoffwahl: sie waren Sammler und Darsteller von Sinneseindrücken, und zwar von solchen, die einen Seltenheits- oder Neuheitswert hatten; sie waren, von Berufs wegen, Entdecker oder Wiederentdecker von ästhetischen, insbesondere von morbid-ästhetischen Erfahrungen, die einem anspruchsvollen, des Gewohnten überdrüssigen Geschmack Genüge tun konnten. Von diesem Standpunkt reizte sie das niedere Volk als Gegenstand; Edmond de Goncourt hat das selbst vorzüglich ausgedrückt in einer Eintragung im Journal vom 3. Dezember 1871:

Mais pourquoi ... choisir ces milieux? Parce que c'est dans le bas que dans l'effacement d'une civilisation se conserve le caractère des choses, des personnes, de la langue, de tout ... Pourquoi encore? peut-être parce que je suis un littérateur bien né, et que le peuple, la canaille, si vous voulez, a pour moi l'attrait de populations inconnues, et non découvertes, quelque chose de *l'exotique* que les voyageurs vont chercher ...

Soweit dieser Impuls sie leitete, konnten sie das Volk verstehen; darüber hinaus nicht; womit sogleich alles funktionell Wesentliche, seine Arbeit, sein Ort innerhalb der modernen Gesellschaft, die politischen, sozialen, sittlichen Bewegungen, die in ihm lebendig sind und die in die Zukunft weisen, fortfällt. Schon daß es sich in dem Roman Germinie Lacerteux wieder um ein Dienstmädchen handelt, also um ein Anhängsel des Bürgertums, zeigt, daß die Aufgabe der Einbeziehung des vierten Standes in die ernsthafte Kunstdarstellung nicht in ihrem Kern verstanden und angegriffen wird. Was sie an dem Gegenstand fesselte, war ganz etwas anderes: es war der sinnliche Reiz des Häßlichen, des Abstoßenden und Krankhaften. Darin freilich sind sie nicht ganz originell, nicht ganz die Ersten, denn Baudelaires Fleurs du Mal waren schon 1857 erschienen; immerhin dürften sie die ersten gewesen sein, die solche Motive in den Roman hineintrugen, und das war der Reiz, den die seltsamen erotischen Abenteuer eines alten Dienstmädchens auf sie ausübte; denn es ist eine wirkliche Geschichte, die sie nach dem Tode des Mädchens erfuhren, und aus der sie ihren Roman bauten. Auf eine unerwartete Weise verband sich bei ihnen (und nicht nur bei ihnen) die Einbeziehung des niederen Volkes mit dem Bedürfnis nach sinnlicher Darstellung des Häßlichen, Abstoßenden und Pathologischen; einem Bedürfnis, das weit über das sachlich Erforderliche, Typische und Repräsentative hinausging. Es lag darin ein radikaler und erbitterter Protest gegen die abgesunkenen, aber immer noch den durchschnittlichen Geschmack des Publikums beherrschenden Formen des idealisierenden und glättenden hohen Stils, gleichviel ob klassischen oder romantischen Ursprungs; gegen die Auffassung der Literatur (und überhaupt der Kunst) als bequemer und beruhigender Erholung; ein grundsätzlicher Umschwung in der Interpretation jenes prodesse und delectare, welches ihr Ziel ist. Damit kommen wir zu dem ersten Teil des Vorworts, der Polemik gegen das Publikum.

Sie ist erstaunlich. Sie ist es vielleicht nicht mehr für uns, die Menschen von 1945, denn wir haben seither viel Ähnliches und Ärgeres von den Schriftstellern zu hören bekommen; aber wenn man an frühere Epochen denkt, ist eine so rücksichtslose Beschimpfung dessen, an den sich das Werk wendet, eine verblüffende Erscheinung. Der Schriftsteller ist ein Produzent, das Publikum sein Kunde; man kann das Verhältnis auch anders formulieren, wenn man es von einer anderen Seite betrachtet; man kann den Schriftsteller auch als Erzieher, als Führer, als repräsentative und zuweilen prophetische Stimme betrachten; aber daneben und sogar vorerst hat jene wirtschaftliche Formulierung des Verhältnisses ihr gutes Recht, und die Goncourts erkannten dies auch an; obgleich sie nicht unbedingt auf ihre schriftstellerischen Einkünfte angewiesen waren, denn sie besaßen Vermögen, so hatten sie doch das lebendigste Interesse an Erfolg und Verkauf ihrer Bücher. Wie kann der Produzent seinen Kunden so rücksichtslos beschimpfen! In den Jahrhunderten, in denen der Schriftsteller von einem fürstlichen Mäzen oder von einer geschlossenen aristokratischen Minorität abhängig war, wäre ein solcher Ton gänzlich unmöglich gewesen. In den sechziger Jahren des vorigen Jahrhunderts, einem anonymen, nicht scharf umgrenzten Publikum gegenüber, konnte ein Schriftsteller so etwas wagen. Es ist klar, daß er dabei auf das Aufsehen rechnete, das ein solches Vorwort erregen mußte; denn die schlimmste Gefahr, die seinem Werk drohte, waren nicht Widerstand, böswillige Kritik, ja nicht einmal Unterdrückungsmaßnahmen seitens der Behörden — all diese Dinge konnten zwar Ärger, Verzögerung, persönliche Unannehmlichkeiten veranlassen, doch waren sie nicht unüberwindbar und förderten sehr oft das Bekanntwerden des betroffenen Werkes — die schlimmste Gefahr, die einem Kunstwerk drohte, war Gleichgültigkeit.

Die Goncourts werfen dem Publikum vor, daß sein Geschmack verkehrt und verdorben sei: es bevorzuge das Verfälschte, die alberne Eleganz, das Schlüpfrige, die bequeme und beruhigende Unterhaltungslektüre, wo alles gut ende und der Leser sich nicht ernsthaft aufzuregen brauche; sie beschuldigen es, mit einem Wort, das zu bevorzugen, was wir Kitsch nennen. Anstelle dessen böten sie ihm einen Roman, der wahr sei, der seinen Gegenstand von der Straße hole, dessen ernster und reiner Inhalt die Pathologie der Liebe darstelle, der die Gewohnheiten des Publikums stören und seiner Hygiene schädlich sein würde. Das Ganze hat einen gereizten Ton. Es ist deutlich, daß sich die Schriftsteller schon lange bewußt sind, wieweit ihr Geschmack sich von dem des durchschnittlichen Publikums entfernt hat; daß sie überzeugt sind, recht zu haben; daß sie mit allen Mitteln versuchen, das Publikum aus seiner Sicherheit und Bequemlichkeit aufzustören; und daß sie, schon ein wenig verbittert, kaum noch an einen großen Erfolg ihrer Bemühungen glauben.

Die Polemik dieses Vorworts ist ein Symptom; sie ist charakteristisch für das Verhältnis, das sich im Laufe des 19. Jahrhunderts zwischen dem Publikum und fast allen bedeutenden Dichtern,

Schriftstellern, aber auch Malern, Bildhauern und Musikern herausgebildet hatte; nicht nur in Frankreich, aber dort am frühesten und schärfsten. Man kann, mit wenigen Ausnahmen, feststellen, daß die bedeutenden Künstler des späteren 19. Jahrhunderts auf das Unverständnis, die Feindseligkeit oder Gleichgültigkeit des Publikums gestoßen sind; nur in heftigen und langen Kämpfen sind sie zu allgemeiner Anerkennung gelangt, manche erst nach ihrem Tode, viele zu ihren Lebzeiten nur bei einer kleinen Gemeinde. Umgekehrt kann man, wiederum mit nur wenigen Ausnahmen, die Beobachtung machen, daß während des 19. Jahrhunderts, zumal in der zweiten Hälfte, und auch noch zu Beginn des 20. diejenigen Künstler, die leicht und schnell zu allgemeiner Anerkennung gelangten, keine wirkliche und dauernde Bedeutung besaßen. Es bildete sich auf Grund dieser Erfahrung bei vielen Kritikern und Künstlern die Überzeugung, daß dies notwendig so sein müsse: eben die Originalität des bedeutenden neuen Werkes bringe es mit sich, daß das an seine Ausdrucksform noch nicht gewöhnte Publikum zunächst Verwirrung und Beunruhigung empfinde und sich erst allmählich an die neue Formensprache gewöhnen müsse. Doch ist die Erscheinung in früheren Zeiten nie so allgemein und nie in so heftiger Form aufgetreten; zwar ist oft die äußere Anerkennung großer Künstler durch unglückliche Umstände oder durch Neid geschmälert worden, zwar hat man sie häufig auf eine Stufe gestellt mit Rivalen, die uns heut dessen ganz unwürdig scheinen; allein daß, bei günstigsten Voraussetzungen für die Technik der Verbreitung, fast allgemein das Mittelmäßige dem Bedeutenden vorgezogen wurde, daß fast alle bedeutenden Künstler dem durchschnittlichen Publikum gegenüber, je nach ihrem Temperament, Erbitterung oder Verachtung empfanden oder es einfach als nicht vorhanden betrachteten: das ist eine Besonderheit des letzten Jahrhunderts. Schon während der Romantik beginnt diese Lage sich herauszubilden, später wird es immer ärger damit; gegen Ende des Jahrhunderts gab es einige große Dichter, deren Art und Auftreten zu verstehen gab, daß sie von vornherein auf jede allgemeinere Verbreitung und Anerkennung verzichteten.

Als Erklärung bietet sich zunächst die gewaltige und ständig zunehmende Ausweitung des lesenden Publikums seit dem Beginn des

Jahrhunderts, und die damit verbundene Vergröberung des Geschmacks; Geist, Eleganz des Gefühls, Pflege der Form des Lebens und des Ausdrucks verkamen; schon Stendhal beklagt diesen Verfall, wie wir früher erwähnten. Die Senkung des Niveaus wurde noch beschleunigt durch die kommerzielle Verwertung des gewaltigen Lesebedürfnisses von seiten der Verlags- und Zeitungsunternehmer, von denen die Mehrzahl (nicht alle) den Weg des bequemsten Verdienstes und des geringsten Widerstandes gingen, und also dem Publikum das lieferten, was es verlangte, ja vielleicht Ärgeres, als es von sich aus verlangt hätte. Wer aber war das lesende Publikum? Es bestand zum größten Teil aus dem sehr stark angewachsenen, durch die größere Verbreitung der Erziehung lesefähig und lesewillig gewordenen städtischen Bürgertum; es ist der „bourgeois", jenes Wesen, dessen Dummheit, Denkfaulheit, Aufgeblasenheit, Verlogenheit und Feigheit von den Dichtern, Schriftstellern, Künstlern, Kritikern seit der Romantik immer wieder aufs heftigste angeprangert wurde. Können wir dies Urteil einfach unterschreiben? Sind es nicht dieselben bourgeois, die die gewaltige Arbeit und das kühne Abenteuer der wirtschaftlichen, wissenschaftlichen und technischen Kultur des 19. Jahrhunderts unternahmen, und aus deren Kreisen auch die Führer der revolutionären Bewegungen hervorgingen, die die Krisen, Gefahren und Korruptionsherde jener Kultur zuerst erkannten? Auch der durchschnittlichste bourgeois des 19. Jahrhunderts hat teil an dem gewaltigen Lebens- und Arbeitsgetriebe der Zeit; er führt jeden Tag ein weit bewegteres und anstrengenderes Leben als die in ihrem Alltag müßigen, kaum je von Überlastung und Zeitbedrängnis geplagten Eliten, die im ancien régime das literarische Publikum darstellten. Seine körperliche Sicherheit und sein Eigentum war besser geschützt als in früheren Zeiten, er besaß unvergleichlich mehr Aufstiegsmöglichkeiten; aber Erwerb und Erhaltung des Eigentums, Ausnützung der Aufstiegsmöglichkeiten, Anpassung an die schnell wechselnden Umstände, all dies innerhalb des erbitterten Konkurrenzkampfes, nahmen seine Kräfte und seine Nerven so stark und so unablässig in Anspruch, wie es frühere Zeiten nie gekannt hatten. Aus den phantasievollen, aber von der Anschauung des Wirklichen erfüllten Seiten, die Balzac zu Anfang des Romans La fille aux yeux d'or über die Menschen in Paris geschrieben hat, kann man ermessen, wie aufreibend schon in den ersten Zeiten des Bürgerkönigtums das Leben dort gewesen ist. Man darf sich nicht darüber wundern, daß diese Menschen von der Literatur und von der Kunst überhaupt Erholung, Abspannung, allenfalls einen mühelos zu erwerbenden Rauschzustand erwarteten und verlangten; und daß sie sich (um das ausdrucksvolle Wort der Goncourts zu gebrauchen) gegen die triste et violente distraction wehrten, die die meisten bedeutenden Schriftsteller ihnen zumuteten.

Dazu kommt noch etwas anderes. Die Wirksamkeit der Religion war in Frankreich tiefer erschüttert worden als anderswo; die politischen Einrichtungen waren in ständigem Wechsel und boten keinen inneren Halt; die großen Gedanken aus der Aufklärung und der Revolution hatten sich überraschend schnell abgenützt und waren zu Phrasen geworden; als ihr Ergebnis hatte sich herausgeschält ein energischer Kampf der Egoismen, der als berechtigt galt, indem freie Arbeit als natürliche und sich selbst regulierende Bedingung des allgemeinen Wohlstands und Fortschritts angesehen wurde. Aber die Selbstregulierung funktionierte nicht so, daß das Bedürfnis nach Gerechtigkeit befriedigt wurde; über Erfolg und Mißerfolg des einzelnen und ganzer Schichten entschieden nicht nur Intelligenz und Fleiß, sondern Startbedingungen, persönliche Beziehungen, Glückszufälle, nicht selten auch robuste Gewissenlosigkeit. Zwar war es in der Welt niemals gerecht zugegangen; aber nun war es nicht mehr ernsthaft möglich, das Unrecht wie einst als göttliche Schickung zu interpretieren und hinzunehmen. Es entstand schon sehr früh ein heftiges moralisches Unbehagen; aber der Schwung der wirtschaftlichen Bewegung war zu stark, als daß rein moralische Bremsversuche sie hätten anhalten können; wirtschaftlicher Expansionswille und moralisches Unbehagen bestanden nebeneinander. Allmählich begannen sich auch die wirklichen Gefahren abzuzeichnen, die die wirtschaftliche Entwicklung und die Struktur der bürgerlichen Gesellschaft bedrohten, der Kampf der großen Mächte um die Märkte und die Drohung des sich organisierenden vierten Standes; es begann sich die gewaltige Krise vorzubereiten, deren Ausbruch wir erlebt haben und noch immer miterleben. Ein synthetisches, die entscheidenden Gefahrenquellen richtig einschätzendes Verständnis besaßen im 19. Jahrhundert noch sehr wenige; am wenigsten vielleicht die

Staatsmänner: sie waren meist noch in Gedanken, Wünschen und Methoden befangen, die ihnen das Verständnis der wirtschaftlichen und elementar menschlichen Lage unmöglich machten.

Wir haben diese Umstände, die in neuerer Zeit klar erkannt und oft dargestellt wurden, hier so kurz wie möglich beschrieben, um eine Grundlage zu gewinnen für die Beurteilung der Funktion, welche die literarische Kunst innerhalb der bürgerlichen, und zwar zunächst der französischen Kultur des 19. Jahrhunderts sich geschaffen hat. Hat sie für die Probleme, die, wie wir nachträglich erkennen, die entscheidenden waren, Interesse und Verständnis gehabt, fühlte sie ihnen gegenüber eine Verpflichtung? Noch für die bedeutendsten Männer der romantischen Generation, für Victor Hugo und Balzac, muß man diese Fragen bejahen; sie hatten die romantischen Tendenzen zur Wirklichkeitsflucht überwunden, denn sie entsprachen ihren mächtigen Temperamenten nicht, und es ist bewunderungswürdig, welch einen zeitdiagnostischen Instinkt Balzac besaß. Aber schon in der nächsten Generation, deren Werke in den fünfziger Jahren zu erscheinen begannen, wird das ganz anders. Es entsteht die Vorstellung und das Ideal einer literarischen Kunst, welche auf keine Weise in das praktische Zeitgeschehen eingreift; welche jede moralische, politische oder sonstwie praktisch das Leben der Menschen bewegende Richtung vermeidet, und deren einzige Aufgabe die Erfüllung der Stilforderung ist; diese verlangt, daß die Gegenstände, seien es äußere Erscheinungen, seien es Gebilde der Empfindung oder der Einbildungskraft des Schriftstellers, mit sinnlicher Kraft evident gemacht werden, und zwar in einer neuen, noch nicht verbrauchten, die Eigentümlichkeit des Verfassers offenbarenden Form. Nach dieser Gesinnung, die übrigens jede Hierarchie der Gegenstände leugnete, wurde der Wert der Kunst, das heißt des vollkommenen und originellen Ausdrucks, absolut genommen, und jegliche Teilnahme am Kampf der Weltanschauungen war diskreditiert; sie schien notwendig zum Klischee und zur Phrase zu führen; wenn man die beiden aus der antiken Überlieferung stammenden Begriffe prodesse et delectare einführt, so wurde der Nutzen der Dichtung ganz geleugnet, weil man sogleich an praktischen Nutzen oder an öde Lehrhaftigkeit dachte; es sei lächerlich, so heißt es in einer Eintragung im Journal des Goncourt vom 8. Februar 1866, de demander à une œuvre d'art qu'elle serve à quelque chose. Man war jedoch keineswegs so bescheiden wie Malherbe, der gesagt haben soll, daß ein guter Dichter nicht nützlicher sei als ein guter Kegelspieler, sondern es wurde Dichtung und Kunst überhaupt zum absolutesten Wert, zu einem Gegenstand kulthafter Pflege wie eine Religion; womit zugleich dem Vergnügen, obwohl es zunächst ein sinnlicher Genuß des Ausdrucks war, ein so hoher Rang zuerkannt wurde, daß ihm das Wort „Vergnügen", delactatio, nicht mehr zu entsprechen schien; der Ausdruck schien diskreditiert, weil er etwas allzu Triviales und bequem zu Erlangendes bezeichnete. Die hier beschriebene Gesinnung, die sich schon bei einigen der späteren Romantiker abzeichnet, beherrschte die Generation, die um 1820 geboren wurde — Leconte de Lisle, Baudelaire, Flaubert, die Goncourts —, sie war auch später noch, in der zweiten Hälfte des Jahrhunderts, herrschend, obwohl sie natürlich von Anfang an bei den einzelnen sehr mannigfaltige Abwandlungen zeigt, alle Abstufungen durchlaufend von ästhetisch-genießendem Sammeln der Eindrücke bis zu zerstörender Selbstquälerei in der Hingabe an sie und an ihre künstlerische Formung. Die Quellen dieser Gesinnung sind zu suchen in dem Abscheu, den gerade die hervorragendsten Schriftsteller gegenüber der zeitgenössischen Kultur und Gesellschaft empfanden, und der sie um so mehr zur Abkehr von aller Zeitproblematik nötigte, als er mit Ratlosigkeit vermischt war; waren sie doch selbst unauflöslich mit der bürgerlichen Gesellschaft verbunden. Sie gehörten zu ihr nach Abstammung und Bildung; sie genossen die Sicherheit und Freiheit des Ausdrucks, die jene sich erworben hatte; sie fanden doch nur innerhalb ihrer die vielleicht nur kleine Gruppe ihrer Leser und Bewunderer; sie fanden in ihr auch die fast unbegrenzte Unternehmungs- und Experimentierfreudigkeit, die jeder, auch der seltsamsten und abwegigsten literarischen Richtung, Mäzene und Verleger lieferte. Der so oft betonte Gegensatz zwischen „Künstler" und „Bürger" darf nicht dazu führen, daß man annimmt, die Literatur und Kunst des 19. Jahrhunderts habe einen anderen Nährboden gehabt als das Bürgertum. Einen anderen gab es gar nicht. Denn der vierte Stand gelangte ja während dieses Jahrhunderts nur ganz allmählich zum politisch-wirtschaftlichen Selbstverständnis; von einer ästhetischen Autonomie war bei ihm noch längst nichts zu spüren; seine ästhetischen Bedürfnisse waren kleinbürgerlich. In diesem Dilemma zwischen instinktivem Abscheu und Verstricktheit, zugleich aber auch mitten in einer fast anarchischen Freiheit der Meinungen, der möglichen Stoffwahl, der Ausfaltung der eigenen Besonderheit in bezug auf Lebens- und Ausdrucksformen, wurden diejenigen Schriftsteller, die zu stolz und zu eigentümlich begabt waren, um die allgemein begehrte und gängige Massenware zu liefern, zu einer fast krampfhaften Isolierung im rein Ästhetisch-Stilistischen und zur Abwendung von allem praktischen Eingreifen ihrer Werke in die Zeitprobleme getrieben. In dies Fahrwasser geriet auch der stilmischende Realismus, und das wird gerade dann am deutlichsten, wenn er, wie in dem Falle von Germinie Lacerteux, sozial-zeitproblematische Absichten zu haben vorgibt. Es handelt sich, sobald man genau den Inhalt untersucht, nicht um einen sozialen, sondern um einen ästhetischen Impuls; und nicht ein den Kern der sozialen Struktur treffender Gegenstand, sondern eine seltsame Einzelerscheinung am Rande derselben wird beschrieben. Es handelte sich für die Goncourts um den ästhetischen Reiz des Häßlichen und Pathologischen. Damit soll durchaus nicht der Wert des mutigen Experiments geleugnet werden, das die Goncourts unternahmen, als sie Germinie Lacerteux schrieben und veröffentlichten; ihr Beispiel hat dazu beigetragen, andere zu inspirieren und zu ermutigen, die nicht im bloß Ästhetischen steckenblieben; es ist überraschend, aber unleugbar, daß die Einbeziehung des vierten Standes in den ernsthaften Realismus entscheidend gefördert wurde von denen, die, auf der Jagd nach neuen ästhetischen Eindrücken, den Reiz des Häßlichen und des Pathologischen entdeckten; bei Zola oder bei den deutschen Naturalisten aus dem Ende des Jahrhunderts ist der Zusammenhang noch unverkennbar.

Auch Flaubert, der ja fast gleichen Alters war wie Edmond de Goncourt, gehört zu denen, die sich ganz im Ästhetischen isolierten; ja er ist vielleicht von ihnen allen derjenige, der den asketischen Verzicht auf ein eigenes Leben, soweit es nicht mittelbar oder unmittelbar dem Stil dient, am weitesten getrieben hat. Wir haben im vorigen Kapitel versucht, seine einer mystischen Versenkungstheorie vergleichbare Kunstgesinnung zu beschreiben, und wir haben auch versucht zu zeigen, wie gerade er durch die unbeirrbare Konsequenz und Tiefe seiner Bemühung in die Existenz der Dinge drang, so daß die Zeitproblematik sichtbar wird, obgleich der Autor nicht zu ihr Stellung nimmt. Das gelang ihm in seinen besten Zeiten; später nicht mehr. Die Isolierung im Ästhetischen und die Betrachtung der Wirklichkeit lediglich als Gegenstand literarischer Wiedergabe ist ihm wie den meisten anderen gleichgesinnten Zeitgenossen nicht auf die Dauer zum Guten ausgeschlagen. Wenn man die Welt Stendhals oder noch Balzacs mit der Flauberts oder der beiden Goncourts vergleicht, so erscheint diese, trotz der Fülle der Eindrücke, eigentümlich verengt und kleinlich. Bewundernswert ist in solchen Dokumenten, wie sie die Korrespondenz Flauberts und das Journal des Goncourt darstellen, die Reinheit und Unbestechlichkeit der künstlerischen Moral, der Reichtum der verarbeiteten Eindrücke, die Verfeinerung der sinnlichen Kultur; aber zugleich empfinden wir, da wir heut mit anderen Augen lesen als noch vor zwanzig oder vor dreißig Jahren, in diesen Büchern etwas Beengtes und Gepreßtes. Sie sind voll von Wirklichkeit und Geist, aber arm an Humor und innerer Ruhe. Das nur Literarische, selbst auf der höchsten Stufe des Kunstverstandes und inmitten des größten Reichtums der Eindrücke, begrenzt das Urteil, verarmt das Leben und verzerrt bisweilen den Blick auf die Erscheinungen; und während sich die Schriftsteller verächtlich abwenden vom Getriebe des Politischen und Ökonomischen, das Leben immer nur als literarischen Gegenstand werten, sich von den großen praktischen Problemen hochmütig und verbittert fernhalten, um jeden Tag aufs neue, oft sehr mühsam, die ästhetische Isolierung für ihre Arbeit zu gewinnen — dringt dennoch das Praktische in tausend kleinlichen Formen auf sie ein: es zeigt sich Ärger mit Verlegern und Kritikern, es entsteht Haß gegen das Publikum, das man erobern will, während doch die Grundlage des gemeinsamen Fühlens und Denkens mangelt; zuweilen gibt es auch Geldsorgen; und fast ohne Unterlaß nervöse Überreizung und Angst um die Gesundheit. Da sie aber doch im ganzen das Leben von wohlhabenden Bürgern führen, bequem wohnen, vorzüglich essen und jedem Genuß der höheren Sinnlichkeit anhängen, da ihre Existenz niemals von großen Erschütterungen und Gefahren bedroht ist: so entsteht, trotz allem Geist und aller künstlerischen Unbestechlichkeit, ein eigentümlich kleinliches Gesamtbild, das des egozentrisch um seinen ästhetischen Komfort besorgten, nervösen, von Scherereien geplagten, maniakalischen Großbürgers; nur daß die Manie in diesem Falle „Literatur" heißt.

Emile Zola ist zwanzig Jahre jünger als die Generation Flauberts und der Goncourts; er hängt mit jenen zusammen, wird von ihnen beeinflußt und getragen, hat vieles mit ihnen gemeinsam; auch er scheint nicht frei gewesen zu sein von Neurasthenie, aber er ist von Haus aus ärmer an Geld, an Familientradition, an Überfeinerung des Empfindens; er hebt sich energisch heraus aus der Gruppe der ästhetischen Realisten. Wir wollen wieder einen Text heranziehen, um das möglichst genau herauszuarbeiten. Wir haben eine Stelle aus Germinal (1888) gewählt, dem Roman, der das Leben in einem nordfranzösischen Kohlenrevier behandelt; sie bildet den Abschluß des zweiten Kapitels des dritten Teils. Es ist Kirmes, ein Sonntagabend im Juli; die Arbeiter des Reviers sind den ganzen Nachmittag von einer Kneipe in die andere gezogen, haben getrunken, gekegelt, allerhand Schaustellungen beigewohnt; den Abschluß des Tages bildet ein Ball, der bal du Bon-Joyeux, im Lokal der dicken, fünfzigjährigen, aber durchaus noch lebenslustigen Witwe Désir. Der Ball, zu dem schließlich auch die älteren Frauen mit ihren kleinen Kindern nachkommen, hat schon mehrere Stunden gedauert.

Jusqu'à dix heures, on resta. Des femmes arrivaient toujours, pour rejoindre et emmener leurs hommes; des bandes d'enfants suivaient à la queue; et les mères ne se gênaient plus, sortaient des mamelles longues et blondes comme des sacs d'avoine, barbouillaient de lait les poupons joufflus; tandis que les petits qui marchaient déjà, gorgés de bière et à quatre pattes sous les tables, se soulageaient sans honte. C'était une mer montante de bière, les tonnes de la veuve Désir éventrées, la bière arrondissant les panses, coulant de partout, du nez, des yeux et d'ailleurs. On gonflait si fort, dans le tas, que chacun avait une épaule ou un genou qui entrait chez le voisin, tous égayés, épanouis de se sentir ainsi les coudes. Un rire continu tenait les bouches ouvertes, fendues jusqu'aux oreilles. Il faisait une chaleur de four, on cuisait, on se mettait à l'aise, la chair dehors, dorée dans l'épaisse fumée des pipes; et le seul inconvénient était de se déranger, une fille se levait de temps à autre, allait au fond, près de la pompe, se troussait, puis revenait. Sous les guirlandes de papier peint, les danseurs ne se voyaient plus, tellement ils suaient; ce qui encourageait les galibots à culbuter les herscheuses, au hasard des coups de reins. Mais lorsqu'une gaillarde tombait avec un homme par dessus elle, le piston couvrait leur chute de sa sonnerie enragée, le branle des pieds les roulait, comme si le bal se fût éboulé sur eux.

Quelqu'un, en passant, avertit Pierron que sa fille Lydie dormait à la porte, en travers du trottoir. Elle avait bu sa part de la bouteille volée, elle était soûle, et il dut l'emporter à son cou, pendant que Jeanlin et Bébert, plus solides, le suivaient de loin, trouvant ça très farce. Ce fut le signal du départ, des familles sortirent du Bon-Joyeux, les Maheu et les Levaque se décidèrent à retourner au coron. A ce moment, le père Bonnemort et le vieux Mouque quittaient aussi Montsou, du même pas de somnambules, entêtés dans le silence de leurs souvenirs. Et l'on rentra tous ensemble, on traversa une dernière fois la ducasse, les poêles de friture qui se figeaient, les estaminats d'où les dernières chopes coulaient en ruisseaux, jusqu'au milieu de la route. L'orage menaçait toujours, des rires montèrent, dès qu'on eut quitté les maisons éclairées, pour se perdre dans la campagne noire. Un souffle ardent sortait des blés mûrs, il dut se faire beaucoup d'enfants, cette nuitlà. On arriva débandé au coron. Ni les Levaque ni les Maheu ne soupèrent avec appétit, et ceux-ci dormaient en achevant leur bouilli du matin.

Etienne avait emmené Chaval boire encore chez Rasseneur.

— «J'en suis!» dit Chaval, quand le camarade lui eut expliqué l'affaire de la caisse de prévoyance. Tape là-dedans, tu es un bon!

Un commencement d'ivresse faisait flamber les yeux d'Etienne. Il cria:
— Oui, soyons d'accord... Vois-tu, moi, pour la justice je donnerais tout, la boisson et les filles. Il n'y a qu'une chose qui me chauffe le cœur, c'est l'idée que nous allons balayer les bougeois.

Das Stück gehört zu denjenigen, die beim ersten Erscheinen der Werke Zolas, in den letzten dreißig Jahren des vergangenen Jahrhunderts, Abscheu, Entsetzen, aber auch bei einer beträchtlichen Minderheit große Bewunderung erregten; viele seiner Romane erreichten unmittelbar nach ihrer Veröffentlichung hohe Auflageziffern, und eine starke Bewunderung für und wider die Berechtigung solcher Kunst setzte ein. Wer von all dem nichts weiß und von Zola nichts lesen würde als den ersten Absatz des hier wiedergegebenen Textes, der könnte einen Augenblick glauben, es handle sich um eine literarische Form jenes groben Naturalismus, den man schon aus der flämischen und vor allem aus der holländischen Malerei des 17. Jahrhunderts kennt; es sei nichts als eine Trink- und Tanzorgie in den niederen Schichten des Volkes, wie man sie etwa auch bei Rubens oder Jordaens, bei Brouwer oder Ostade finden oder sich vorstellen kann. Es trinken und tanzen hier zwar nicht Bauern, sondern Industriearbeiter; und es besteht auch insofern ein Unterschied in der Wirkung, als die besonders rohen Einzelheiten für die Dauer, in der sie ausgesprochen oder gelesen werden, härter und peinlicher wirken als inmitten eines Bildes; aber das sind keine grundsätzlichen Unterschiede. Man könnte auch noch hinzufügen, daß Zola augenscheinlich auf das rein Sinnliche des „literarischen Gemäldes" einer Pöbelorgie großen Wert gelegt hat, daß sein Talent in diesem Absatz entschieden malerisch inspirierte Züge errät, zum Beispiel in der Fleischmalerei (... les mères ... sortaient des mamelles longues et blondes comme des sacs d'avoine...; und später ... la chair dehors, dorée dans l'épaisse fumée des pipes); auch das fließende Bier, der Dunst des Schweißes, die weit offen grinsenden Münder werden zu optischen Eindrücken; dazu werden akustische und andere sinnliche Wirkungen hervorgerufen; kurzum, man könnte einen Augenblick meinen, es entfalte sich vor uns nichts anderes als ein besonders kräftiger Vorgang niedersten Stils, eine wüste Rüpelei. Zumal der Schluß des Absatzes, das wütende Blasen und wilde Tanzen, das den Fall eines Paares übertönt und verschlingt, gibt die grotesk-orgiastische Note, die zu solchen farcenhaften Gebilden gehört.

Aber darüber allein hätten sich die Zeitgenossen Zolas nicht so sehr erregt; unter seinen Gegnern, die sich über das Widerwärtige, Schmutzige, Unflätige seiner Kunst ereiferten, gab es gewiß viele, die den grotesken oder komischen Realismus früherer Epochen, auch seine rohesten oder sittenlosesten Darstellungen, mit Gleichmut oder sogar mit Vergnügen betrachteten. Was sie mit Erregung erfüllte, war vielmehr der Umstand, daß Zola seine Kunst keineswegs als „niederen Stils" oder gar als komisch ausgab; fast jede Zeile von ihm verriet, daß das alles höchst ernst und moralisch gemeint sei; daß das Ganze nicht etwa eine Belustigung oder ein künstlerisches Spiel, sondern das wahre Bild der zeitgenössischen Gesellschaft sei, so wie er, Zola, es sehe; und so, wie das Publikum in diesen Werken aufgefordert wurde, es ebenfalls zu sehen.

Aus dem ersten Absatz unseres Textes wäre das noch kaum herauszufühlen; allenfalls könnte man wegen der fast protokollarischen

Sachlichkeit des Vortrags stutzig werden, die bei aller sinnlichen Vergegenwärtigung etwas Trockenes, Überdeutliches und fast Grausames enthält; so schreibt kein Autor, der nur eine komische oder groteske Wirkung beabsichtigt. Der erste Satz: Jusqu'à dix heures, on resta — wäre innerhalb einer grotesken Pöbelorgie unvorstellbar. Wozu wird im voraus das Ende der Orgie angegeben? Das wirkt, für eine bloß lustige oder groteske Kunstabsicht, allzu ernüchternd. Und warum eine so frühe Stunde? Was ist das für eine Orgie, die so früh zu Ende geht? Die Leute aus dem Kohlenbergwerk müssen am Montag früh aus den Betten, manche schon um vier... Und ist man erst stutzig geworden, so fällt noch vieles andere auf. Zu einer Orgie, auch beim niedersten Volk, gehört Überfluß. Der ist auch vorhanden, aber er ist ärmlich und nüchtern: nichts als Bier. Das Ganze zeigt, wie trostlos und armselig die Freuden dieser Menschen sind.

Deutlicher wird die wahre Absicht des Textes im zweiten Absatz, der Aufbruch und Heimkehr schildert. Die Tochter des Bergarbeiters Pierron, Lydie, wird schlafend, schwer betrunken, auf der Straße vor dem Lokal aufgefunden. Lydie ist ein zwölfjähriges Mädchen, das sich mit ein paar gleichaltrigen Jungen aus der Nachbarschaft, Jeanlin und Bébert, herumgetrieben hat. Alle drei arbeiten schon als Schlepper im Bergwerk, es sind früh verdorbene Kinder, insbesondere der schlaue und bösartige Jeanlin. Diesmal hat er die beiden anderen dazu verführt, aus einer der Kirmes-Verkaufsbuden eine Flasche Genever zu stehlen; sie haben sie zusammen ausgetrunken, aber für das Mädchen war die Portion zu groß; nun wird sie von ihrem Vater nach Haus getragen, und die beiden Jungen folgen in einiger Entfernung, trouvant cela très farce... Inzwischen brechen die Nachbarsfamilien Maheu und Levaque auf, es finden sich noch zwei alte ausgediente Häuer dazu, Bonnemort und Mouque, die wie gewöhnlich den Tag zusammen verbracht haben. Sie sind zwar noch kaum sechzig Jahre alt, aber schon die Letzten ihrer Generation, verbraucht und stumpf geworden, nur noch bei den Pferden des Betriebes zu verwenden; in ihrer freien Zeit stecken sie immer zusammen, fast ohne miteinander zu sprechen. So ziehen sie noch einmal durch das allmählich abflauende Kirmestreiben der Siedlung zu, wo sie alle wohnen. Sobald sie die Reihen der erleuchteten Häuser hinter sich haben und das freie Land beginnt, steigt aus dem Dunkel der reifen Felder Gelächter auf, ein heißer Dunst kommt von dort: viele Kinder werden diese Nacht gezeugt. Schließlich kommen sie in ihren Häuschen an, wo sie, schon halb schlafend, die für den Abend aufgehobenen Reste ihres Mittagsmahls verzehren.

Inzwischen sind zwei jüngere Leute noch in eine andere Kneipe gegangen. Sie stehen sonst nicht besonders gut miteinander, wegen eines Mädchens, aber heut haben sie etwas Wichtiges zu bereden. Etienne will Chaval für seinen Plan einer Arbeiterkasse gewinnen, damit die Belegschaft nicht mittellos dasteht, wenn es zum Streik kommt. Chaval ist dabei. Von ihren revolutionären Hoffnungen und vom Alkohol erhitzt, vergessen sie ihre Feindschaft (freilich nicht für lange) und finden sich einig in dem gemeinsamen Haß gegen den bourgeois.

Ärmliche und rohe Freuden; frühe Verderbnis und schneller Verschleiß des Menschenmaterials; Verwilderung des Geschlechtslebens und, im Verhältnis zu den Lebensbedingungen, übermäßige Kindererzeugung, da die Begattung das einzige kostenlose Vergnügen ist; dahinter, bei den Energischsten und Intelligentesten, revolutionärer Haß, der zum Ausbruch drängt: das sind die Motive des Textes. Sie werden rückhaltlos versinnlicht, ohne Scheu vor den klarsten Worten und vor dem häßlichsten Vorgang. Die Kunst des Stils hat es ganz aufgegeben, in dem herkömmlichen Sinne angenehme Wirkungen zu erstreben; sie dient der unerfreulichen, bedrückenden, trostlosen Wahrheit. Aber diese Wahrheit wirkt zugleich als Aufruf zum Handeln im Sinne einer sozialen Reform. Es handelt sich nicht mehr, wie noch bei den Goncourts, um den sinnlichen Reiz des Häßlichen; sondern, ohne jeden Zweifel, um den Kern des sozialen Problems der Zeit, um den Kampf zwischen Industriekapital und Arbeiterklasse; das Prinzip l'art pour l'art hat ausgespielt. Man mag feststellen, daß auch Zola die sinnliche Suggestion des Häßlichen und Widerwärtigen empfunden und ausgenutzt hat; man mag ihm auch vorwerfen, daß seine etwas grobkörnige und gewaltsame Phantasie ihn zu Übertreibungen, zu brutalen Vereinfachungen, zu einer allzu materialistischen Psychologie geführt hat. Allein das alles ist nicht entscheidend; Zola hat mit der Mischung der Stile Ernst gemacht, er ist über den bloß ästhetischen Realismus der ihm voraufgehenden Generation hinausgekommen, er ist einer der ganz wenigen Schriftsteller des Jahrhunderts, die aus den großen Problemen der Zeit ihr Werk geschaffen haben; in dieser Hinsicht ist nur Balzac ihm vergleichbar, der aber zu einer Zeit schrieb, in der vieles sich noch nicht entwickelt hatte oder noch nicht erkennbar war, was Zola erkannte. Wenn Zola übertrieben hat, so hat er doch in der Richtung übertrieben, auf die es ankam, und wenn er eine Vorliebe für das Häßliche besaß, so hat er von ihr den fruchtbarsten Gebrauch gemacht. Germinal ist auch heute noch, nach mehr als einem halben Jahrhundert, dessen letzte Jahrzehnte uns Schicksale beschert haben, von denen selbst Zola sich nichts träumen ließ, ein schreckliches Buch; aber es hat auch heut noch von seiner Bedeutung, ja geradezu von seiner Aktualität nichts eingebüßt. Es gibt Stellen darin, die klassisch zu werden verdienen, die in ein Lesebuch gehören, weil sie die Lage des vierten Standes und sein Erwachen in einem früheren Stadium der Zeitenwende, in der auch wir noch uns befinden, mit vorbildlicher Klarheit und Einfachheit gestalten. Ich denke etwa an die Abendunterhaltung bei dem Häuer Maheu, die im dritten Kapitel des dritten Teils steht. Es dreht sich zuerst um das allzu enge Wohnen in den kleinen Häusern der Siedlung, mit seinen Nachteilen für Gesundheit und Sittlichkeit, und geht dann folgendermaßen weiter:

«Dame!» répondait Maheu, «si l'on avait plus d'argent, on aurait plus d'aise... Tout de même, c'est bien vrai que ça ne vaut rien pour personne, de vivre les uns sur les autres. Ça finit toujours par des hommes soûls et par des filles pleines.»

Et la famille partait de là, chacun disait son mot, pendant que le pétrole de la lampe viciait l'air de la salle, déjà empuantie d'oignon frit. Non, sûrement, la vie n'était pas drôle. On travaillait en vraies brutes à un travail qui était la punition des galériens autrefois, on y laissait sa peau plus souvent qu'à son tour, tout ça pour ne pas même avoir de la viande sur sa table, le soir. Sans doute, on avait sa pâtée quand même, on mangeait, mais si peu, juste de quoi souffrir sans crever, écrasé de dettes, poursuivi comme si l'on volait son pain. Quand arrivait le dimanche on dormait de fatigue. Les seuls plaisirs, c'était de se soûler ou de faire un enfant à sa femme; encore la bière vous engraissait trop le ventre, et l'enfant, plus tard, se foutait de vous. Non, non, ça n'avait rien de drôle.

Alors, la Maheude s'en mêlait.

«L'embêtant, voyez-vous, c'est lorsqu'on se dit que ça ne peut pas changer... Quand on est jeune, on s'imagine que le bonheur viendra, on espère des choses; et puis, la misère recommence toujours, on reste enfermé là-dedans... Moi, je ne veux du mal à personne, mais il y a des fois où cette injustice me révolte.»

Un silence se faisait, tous soufflaient un instant, dans le malaise vague de cet horizon fermé. Seul, le père Bonnemort, s'il était là, ouvrait des yeux surpris, car de son temps on ne se tracassait pas de la sorte: on naissait dans le charbon, on tapait à la veine, sans en demander davantage; tandis que, maintenant, il passait un air qui donnait de l'ambition aux charbonniers.

«Faut cracher sur rien, murmurait-il. Une bonne chope est une bonne chope... Les chefs, c'est souvent de la canaille; mais il y aura toujours des chefs, pas vrai? Inutile de se casser la tête à réfléchir là-dessus.»

Du coup, Etienne s'animait. Comment! la réflexion serait défendue à l'ouvrier! Eh! justement, les choses changeraient bientôt, parce que l'ouvrier réfléchissait à cette heure...

Das soll keine bestimmte Unterhaltung sein, sondern nur ein Beispiel, eines der vielen Gespräche, die jeden Abend bei den Maheus, unter dem Einfluß ihres Mieters Etienne Lantier, zustande kommen — daher auch das Imperfektum. Der langsame Übergang von stumpfer Ergebung zum Bewußtsein der eigenen Lage, das Aufkeimen von Hoffnungen und Plänen, die verschiedene Stellungnahme der Generationen, dazu das Düster-Ärmliche und Dunstige des Raumes, die aufeinandergepackten Menschen, die einfache Griffigkeit der sich formenden Worte: das alles zusammen gibt ein modellhaftes Bild der Arbeiterschaft der frühsozialistischen Epoche, und man wird wohl heut nicht mehr ernsthaft bestreiten wollen, daß der Gegenstand weltgeschichtliche Bedeutung besitzt. Welch eine Stilhöhe ist solch einem Text zuzuweisen? Es ist, ohne jeden Zweifel, große historische Tragik, eine Mischung von humile und sublime, in der, um des Gehalts willen, das letztere führend ist. Solche Sätze wie die Maheus (si l'on avait plus d'argent on aurait plus d'aise — oder Ça finit toujours par des hommes soûls et par des filles pleines), ganz zu schweigen von denen seiner Frau, sind großen Stils geworden; ein weiter Weg seit Boileau, der sich das Volk nur grotesk grimassierend, in der niedrigsten Farce, vorstellen konnte. Zola weiß, wie diese Menschen gedacht und gesprochen haben. Er weiß auch jedes

Detail der Technik des Grubenwesens, er kennt die Psychologie der verschiedenen Arbeiterschichten und der Verwaltung, das Funktionieren der zentralen Leitung, den Kampf zwischen den kapitalistischen Gruppen, das Zusammenarbeiten der kapitalistischen Interessen mit der Regierung, das Militär. Er hat aber nicht nur Industriearbeiterromane geschrieben; er hat, ebenso wie Balzac, jedoch weit methodischer und genauer, das gesamte Leben der Zeit (des zweiten Kaiserreichs) umfassen wollen: das Pariser Volk, die Bauern, die Theater, die Warenhäuser, die Börse und vieles andere noch. Überall ist er Fachmann geworden, überall hat er sich in die soziale Struktur und die Technik hineingebohrt; eine unvorstellbare Summe von Intelligenz und Arbeit steckt in den Rougon-Macquart. Wir sind heut übersättigt von solchen Eindrücken, Zola hat viele Nachfolger gefunden, und Szenen wie die im Hause Maheus könnten sich ähnlich in irgendeiner modernen Reportage finden. Aber Zola war der erste, und sein Werk ist voll von Bildern ähnlicher Art und ähnlichen Ranges. Ob wohl jemand vor ihm eine Mietskaserne so gesehen hat wie er, im zweiten Kapitel des Assommoir? Doch wohl kaum; wobei er übrigens nicht ein von ihm aus gesehenes Bild gibt, sondern den Eindruck einer jungen, noch nicht lange in Paris wohnenden Wäscherin, die vor dem Eingang wartet; auch diese Seiten scheinen mir klassisch. Die Irrtümer von Zolas anthropologischer Konzeption und die Grenzen seines Genies liegen klar zutage; seiner künstlerischen, moralischen und vor allem geschichtlichen Bedeutung tun sie keinen Abbruch, und ich möchte glauben, daß seine Gestalt wachsen wird, je mehr wir zu seiner Zeit und ihren Problemen Distanz gewinnen; um so mehr, als er der Letzte der großen französischen Realisten war; schon im letzten Jahrzehnt seines Lebens wurde die „antinaturalistische" Reaktion sehr stark, und überdies gab es niemand mehr, der sich mit ihm an Arbeitskraft, an Beherrschung des Lebens seiner Zeit, an Atem und an Mut hätte messen können.

In der Erfassung der zeitgenössischen Wirklichkeit ist die französische Literatur der der anderen europäischen Länder im 19. Jahrhundert weit voraus. Über Deutschland, oder vielmehr den deutschen Sprachraum, haben wir schon an einer früheren Stelle kurz gesprochen. Wenn man bedenkt, daß Jeremias Gotthelf (geb. 1797) nur zwei Jahre älter, Adalbert Stifter (1805) sechs Jahre jünger ist als Balzac; daß die deutschen Altersgenossen von Flaubert (1821) und Edmond de Goncourt (1822) etwa Freytag (1816), Storm (1817), Fontane und Keller (beide 1819) sind; daß die vergleichsweise namhaftesten Erzähler, die ungefähr gleichzeitig mit Emile Zola, also um 1840, geboren werden, Anzengruber und Rosegger heißen; so zeigen diese Namen allein, daß in Deutschland das Leben selbst viel provinzieller, viel altmodischer, viel weniger „zeitgenössisch" war. Die Landschaften des deutschen Sprachraums lebten jede in ihrer Eigentümlichkeit, und in keiner von ihnen war das Bewußtsein des modernen Lebens und der sich vorbereitenden Entwicklungen zu konkreter Gestalt gediehen; selbst nach 1871 erwachte dies Bewußtsein nur sehr langsam, oder wenigstens hat es lange gedauert, bis es sich in der literarischen Darstellung zeitgenössischer Wirklichkeit energisch dokumentierte. Lange Zeit blieb das Leben selbst im Individuellen, Besonderen, Überlieferten fester verwurzelt als in Frankreich; es gab keine Gegenstände her für eine so allgemein-nationale, materiell moderne, das sich formende Schicksal der ganzen europäischen Gesellschaft analysierende Realistik wie es die französische war; und unter den deutschen Schriftstellern, die, fast alle gespeist aus den Quellen des französischen öffentlichen Lebens, als radikale Kritiker der Zustände ihrer Heimat auftraten, fand sich kein bedeutendes realistisches Talent. Den deutschen Schriftstellern von Rang, die sich mit der Gestaltung zeitgenössischer Wirklichkeit abgaben, war gemeinsam die Versponnenheit im Althergebrachten des Winkels, in dem sie wurzelten; wobei das Poetische, Romantische, Jean-Paulische, oder auch das Altfränkische, handfest Bürgerliche, oder auch beides zusammen, einen solchen Radikalismus der Stilmischung, wie er sich in Frankreich schon früh herausbildete, für lange Zeit völlig unmöglich machten; erst ganz am Ende des Jahrhunderts setzte er sich unter schweren Kämpfen durch. Dafür herrscht bei den Besten unter ihnen eine so innige Lebensfrömmigkeit und eine Reinheit der Anschauung vom menschlichen Beruf, wie sie in Frankreich nirgends anzutreffen sind. Stifter etwa oder Keller können dem Lesenden ein viel reineres und innigeres Entzücken geben als Balzac, Flaubert oder gar Zola; und nichts ist ungerechter als eine Äußerung Edmond de Goncourts von 1871, die sich im vierten Bande des Journal findet (allerdings ist sie vielleicht durch die natürliche Bitterkeit eines durch die Ereignisse des deutsch-französischen Krieges schwer getroffenen Franzosen zu erklären): er spricht den Deutschen jeden Humanismus ab: hätten sie doch weder Roman noch Drama! Aber freilich besaßen gerade die vorzüglichsten deutschen Werke dieser Epoche keine Weltgeltung und konnten, nach ihrer ganzen Art, einem Manne wie Edmond de Goncourt nicht zugänglich werden.

Einige Daten können einen Überblick geben, und zwar beginnen wir mit den vierziger Jahren. 1843 erscheint die bedeutendste realistische Tragödie der Epoche, Hebbels Maria Magdalena; etwa um die gleiche Zeit zeigt sich Stifter (erster Band der Studien 1844, der Nachsommer 1857); auch die bekanntesten erzählenden Schriften des etwas älteren Gotthelf stammen aus diesem Jahrzehnt. Im darauffolgenden treten auf Storm (Immensee 1852), der aber erst weit später zur Reife gelangt; Keller (erste Ausgabe des Grünen Heinrich 1855, die Leute von Seldwyla, erster Band, 1856); Freytag (Soll und Haben 1855); Raabe (Chronik der Sperlingsgasse 1856, der Hungerpastor 1864). In den Jahrzehnten um die Reichsgründung zeigt sich in der zeitgenössischen Realistik nichts eigentümlich Neues; immerhin bildet sich etwas wie ein moderner Sittenroman, dessen damals und noch bis in die neunziger Jahre beliebtester Vertreter der heut ganz vergessene Friedrich Spielhagen war. Sprache, Gehalt und Geschmack verfallen in diesen Jahrzehnten; nur einige wenige der älteren Generation, Keller vor allem, schreiben noch eine Prosa, die Klang und Gewicht hat. Erst nach 1880 gelangt der damals schon mehr als sechzigjährige Fontane zur vollen Entwicklung als Darsteller zeitgenössischer Gegenstände; er scheint mir weit geringeren Ranges als etwa Gotthelf, Stifter oder Keller, aber seine kluge und liebenswürdige Kunst gibt uns doch das beste Bild der Gesellschaft seiner Zeit, das wir besitzen; überdies kann man sie schon, trotz der Beschränkung auf Berlin und Ostelbien, als Übergang zu einem freieren, weniger eingesponnenen, weltläufigeren Realismus werten. Um 1890 brechen die ausländischen Einflüsse von allen Seiten herein; für die Darstellung zeitgenössischer Wirklichkeit führt dies zur Entstehung einer deutschen naturalistischen Schule, deren weitaus bedeutendste Gestalt der Dramatiker Hauptmann ist. Die

Weber, der Biberpelz, Fuhrmann Henschel gehören noch ins 19. Jahrhundert. Schon in das neue Jahrhundert gehört der erste große realistische Roman, der, obgleich durchaus eigentümlich geformt, in seiner Stillage den Werken der französischen Realisten des 19. Jahrhunderts entspricht: Thomas Manns Buddenbrooks erschienen 1901. Es muß hervorgehoben werden, daß auch Hauptmann und sogar Thomas Mann in seinen Anfängen viel fester im Boden ihrer Heimatlandschaften — des niederschlesischen Gebirges bzw. Lübecks — verankert sind als irgendeiner der großen Franzosen.

Keiner der Männer zwischen 1840 und 1890, von Jeremias Gotthelf bis zu Theodor Fontane, zeigt in voller Ausbildung und Vereinigung die Hauptmerkmale des französischen, das heißt des sich bildenden europäischen Realismus: nämlich ernste Darstellung der zeitgenössischen alltäglichen gesellschaftlichen Wirklichkeit auf dem Grunde der ständigen geschichtlichen Bewegung, so wie es aus unseren Analysen in den letzten Kapiteln hervorgeht. Zwei so grundverschiedene Gestalten wie der praktische, kräftige, nach bester seelsorgerischer Tradition vor keiner Wirklichkeit zurückschreckende Gotthelf und der junge, gepreßte und finstere Hebbel, der das bleischwere Trauerspiel vom Tischler Anton und seiner Tochter schrieb, haben dies gemeinsam, daß der historische Hintergrund der von ihnen dargestellten Ereignisse gänzlich unbewegt scheint; die Gehöfte der Bauern aus dem Bernbiet scheinen dazu bestimmt, noch Jahrhunderte in der gleichen, nur vom Wechsel der Jahreszeiten und der Geschlechter bewegten Ruhe dazuliegen, in der sie schon Jahrhunderte gelegen haben; und vollkommen ohne jede geschichtliche Bewegung scheint auch die grauenhaft altfränkische Kleinbürgermoral, an der die Menschen in Maria Magdalena ersticken. Übrigens läßt Hebbel seine Personen nicht so volkstümlich sprechen wie etwa Schiller den Musikus Miller; er lokalisiert sie nicht, denn der Schauplatz ist „eine mittlere Stadt"; die Sprache, von der schon Fr. Th. Vischer gesagt hat, so spräche keine Bürgersfrau, so kein Schreinermeister, enthält neben volkstümlichen Wendungen viel krampfigpoetisches Pathos, welches zuweilen so unnatürlich und doch so schrecklich suggestiv wirkt wie ein ins Kleinbürgerliche transponierter Seneca. Ganz ähnlich für unser Problem liegen die Dinge bei einem wiederum ganz anders gearteten Schriftsteller, bei Adalbert

Stifter: auch er stilisiert die Sprache seiner Menschen, und zwar auf eine einfache, reine und edle Art, so daß kein rohes, ja kaum ein würzig volkstümliches Wort anzutreffen ist; seine Sprache berührt das Gewöhnliche und Alltägliche mit zarter, unschuldiger und ein wenig scheuer Vornehmheit; damit hängt eng zusammen, daß auch seine Menschen in einer geschichtlich kaum bewegten Welt leben; alles was aus dem Getriebe der zeitgenössischen Geschichte, aus dem modernen Weltwesen hineindringt, Politik, Geschäft, Geld, Berufstätigkeit (sie sei denn landwirtschaftlich oder handwerklich) — alles das umschreibt er mit einfachen und edlen, dabei überaus allgemeinen, andeutenden, vorsichtigen Worten, damit ja nichts aus dem häßlichen und unreinen Gewirr an ihn und seinen Leser dringe. Weit politischer ist Gottfried Keller, auch wohl moderner, aber doch nur in dem besonderen und engen Rahmen der Schweiz; der demokratisch-liberale Optimismus, in dem er lebt, wo noch unangetastet die Persönlichkeit ihren Weg frei suchen darf, scheint uns heut wie ein Märchen aus alten Zeiten. Überdies hält er sich auf einer mittleren Höhe des Ernstes; ja der stärkste Zauber seines Wesens ist die ihm eigentümliche glückliche Heiterkeit, welche auch mit dem Verkehrtesten und Abscheulichsten ihr freundlich-ironisches Spiel zu treiben vermag. Die erfolgreichen Kriege, welche durch die Reichsgründung gekrönt wurden, hatten moralisch und künstlerisch die allerschlimmsten Folgen. Die edle und vom modernen Weltgetriebe abgeschiedene Reinheit der Landschaften vermochte sich nicht länger im öffentlichen und literarischen Leben zu behaupten; und das Moderne, welches sich in der Literatur durchsetzte, war der deutschen Überlieferung unwürdig, unecht, blind gegen die eigene Unechtheit und gegen die Probleme der Zeit. Es gab freilich einige Schriftsteller, deren Augen schärfer sahen; etwa den damals schon alten Vischer, ferner Jacob Burckhardt, der aber Schweizer war, vor allem Nietzsche, bei dem sich zuerst auch jener Konflikt zwischen Schriftsteller und Publikum zeigte, der in Frankreich (s. S. 7 ff.) schon viel früher zu beobachten ist. Aber Nietzsche war kein realistischer Darsteller zeitgenössischer Wirklichkeit: unter diesen, den Verfassern von Romanen oder Dramen, scheint es zwischen 1870 und 1890 keine einzige neue Gestalt von Gewicht und Rang gegeben zu haben, keinen einzigen, der ernsthaft etwas von der Struktur des zeitgenössischen Lebens hätte formen können; nur bei dem schon bejahrten Fontane, und auch bei ihm nur in seinen letzten und schönsten Romanen, die nach 1890 entstanden, zeigen sich Ansätze zu echter Zeitrealistik. Aber sie kommen nicht zu voller Entfaltung, weil sein Ton doch nicht über den halben Ernst eines liebenswürdigen, teils optimistischen, teils resignierten Geplauders hinausgeht. Ihm dies vorzuwerfen wäre ungerecht und unloyal, denn er hat nie beansprucht, ein grundsätzlich kritischer Realist für seine Zeit zu sein, in der Art wie es etwa Balzac oder Zola waren; im Gegenteil, es gereicht ihm zum Ruhm, daß er der einzige ist, dessen Name sich eben doch aufdrängt, wenn man im Sinne des ernsten Realismus von seiner Generation spricht.

Auch in den übrigen Ländern des europäischen Westens und Südens erreicht der Realismus während der zweiten Hälfte des Jahrhunderts nicht die selbständige Kraft und Konsequenz des französischen, nicht einmal in England, obgleich sich unter den englischen Romanschriftstellern bedeutende Realisten finden. Die ruhigere Entwicklung des öffentlichen Lebens während der victorianischen Epoche spiegelt sich in der geringeren Bewegung des zeitgenössischen Hintergrundes, auf dem sich die Ereignisse der meisten Romane abspielen. Traditionelle, religiöse, moralistische Motive liefern ein Gegengewicht, so daß der Realismus nicht so schroffe Formen annimmt wie in Frankreich. Freilich ist zeitweise, besonders gegen Ende des Jahrhunderts, der französische Einfluß bedeutend.

Um diese Zeit, das heißt seit den achtziger Jahren, treten die skandinavischen Länder und vor allem Rußland mit realistischen Werken ans Licht der europäischen Öffentlichkeit. Unter den Skandinaviern ist die wirksamste Persönlichkeit der norwegische Dramatiker Henrik Ibsen. Seine Gesellschaftsdramen haben Tendenz, sie richten sich gegen die Erstarrung, Unfreiheit und Unwahrhaftigkeit des sittlichen Lebens in den höheren Schichten des Bürgertums. Obgleich sie alle in Norwegen spielen und auch ganz ausgesprochen norwegische Zustände behandeln, so trafen sie doch mit ihren Problemen das mitteleuropäische Bürgertum überhaupt; seine meisterhafte dramatische Technik, die Zielsicherheit der Handlungsführung und die scharfe Profilierung der Charaktere, zumal einiger Frauengestalten, rissen das Publikum fort; seine Wirkung war sehr groß, zumal in Deutschland, wo die naturalistische Bewegung von 1890 ihn neben Zola als Meister verehrte, wo die besten Bühnen seine Stücke in vorzüglichen Aufführungen herausbrachten, wo überhaupt die bedeutende Erneuerung des Theaters, die sich damals vollzog, an seinen Namen geknüpft ist. Durch die völlige Veränderung der gesellschaftlichen Lage des Bürgertums, die seit 1914 eingetreten ist, und überhaupt durch die Umwälzungen der großen Weltkrise haben seine Probleme an Aktualität verloren, und man bemerkt jetzt schärfer, wie absichtsvoll und ausgeklügelt seine Kunst zuweilen ist. Doch bleibt ihm das geschichtliche Verdienst, dem ernsten bürgerlichen Drama einen Stil gegeben zu haben: eine Aufgabe, die seit der Comédie larmoyante des 18. Jahrhunderts gestellt war, und die erst von ihm wirklich gelöst wurde. Es ist sein Mißgeschick, aber vielleicht doch auch ein wenig sein Verdienst, daß seither sich das Bürgertum bis zur Unkenntlichkeit verändert hat.

Nachhaltiger und bedeutender ist die Wirkung der Russen. Gogol zwar hatte kaum Einfluß in Europa, und Turgeniew, der mit Flaubert und Edmond de Goncourt befreundet war, hat im ganzen wohl mehr empfangen als gegeben. Tolstoj und Dostojewski beginnen gegen Ende der achtziger Jahre einzudringen; seit 1887 findet man ihre Namen und Diskussionen über sie im Journal des Goncourt; doch scheint sich das Verständnis für sie, zumal für Dostojewski, nur langsam gebildet zu haben; die deutschen Übersetzungen dieses letzteren gehören schon ins 20. Jahrhundert. Es kann hier nicht von den russischen Schriftstellern überhaupt gesprochen werden, von ihren Wurzeln und Voraussetzungen, von ihrer jeweiligen Bedeutung innerhalb der russischen Literatur selbst; nur von ihrem Einfluß auf die europäische Art Wirklichkeit zu sehen und darzustellen kann die Rede sein.

Es scheint, daß den Russen die Möglichkeit, das Alltägliche auf ernste Weise zu begreifen, von vornherein gegeben war; daß eine klassizistische Ästhetik, die eine literarische Kategorie des Niedrigen grundsätzlich von ernster Behandlung ausschließt, in Rußland niemals sicheren Boden zu gewinnen vermochte. Zugleich drängt sich bei Betrachtung der russischen, doch erst im 19. Jahrhundert, ja sogar in seiner zweiten Hälfte zur Blüte gelangten Realistik die Beobachtung auf, daß sie auf einer christlich-altpatriarchalischen

Vorstellung von der kreatürlichen Würde eines jeden Menschen beruht, gleichviel welchen Standes und welcher Lage; daß sie also in ihren Grundlagen eher dem altchristlichen Realismus verwandt ist als dem modern-westeuropäischen. Das aufgeklärte, aktive, zu wirtschaftlicher und geistiger Herrschaft aufsteigende Bürgertum, das überall sonst der modernen Kultur überhaupt und dem modernen Realismus insbesondere zugrunde lag, scheint es in Rußland kaum gegeben zu haben; wenigstens trifft man es nicht in den Romanen, auch noch nicht bei Tolstoj oder bei Dostojewski. Es gibt in den realistischen Romanen Hocharistokraten, adlige Grundbesitzer verschiedenen Ranges und Wohlstands, es gibt Hierarchien von Beamten und Geistlichen; ferner gibt es Kleinbürger und Bauern, also Volk in der lebendigsten Vielfalt; was aber dazwischen steht, das reiche Großbürgertum, die Kaufleute, das ist vielfach noch in Gilden eingeteilt und jedenfalls völlig altpatriarchalisch in Lebensweise und Gesinnung; man denke etwa an den Kaufmann Ssamssonoff, der in Dostojewskis Brüdern Karamasoff eine Rolle spielt, oder an das Haus und die Familie Rogoshins im Idioten. Das hat mit dem aufgeklärten Bürgertum Mittel- und Westeuropas nicht die geringste Verwandtschaft. Die Reformer, Empörer und Verschwörer, welche zahlreich auftreten, stammen aus den verschiedensten Ständen, und die Art ihres Sichempörens, so verschieden sie in den einzelnen Fällen sein mag, zeigt überall noch ein enges Verwachsensein mit der christlich-altpatriarchalischen Welt, von der sie sich nur mit qualvoller Gewaltsamkeit loszulösen vermögen.

Eine weitere Eigentümlichkeit, die dem westlichen Leser russischer Literatur auffällt, ist die Einheitlichkeit der Bevölkerung und ihres Lebens in diesem großen Lande, eine offenbar spontane oder doch schon seit sehr langer Zeit bestehende Einheit alles Russischen, so daß es sehr oft überflüssig scheint, anzugeben, in welcher Gegend die Handlung sich jeweils abspielt; selbst die Landschaft ist weit einheitlicher als in irgendeinem anderen europäischen Lande. Außer den beiden Hauptstädten Moskau und Petersburg, deren deutlich voneinander verschiedener Charakter sich klar aus der Literatur erkennen läßt, werden selten die Städte, Ortschaften, Provinzen genau bezeichnet. Schon Gogols Tote Seelen oder sein berühmtes Lustspiel, der Revisor, geben als Schauplatz „eine Gouvernementsstadt" bzw.

„eine Provinzialstadt", und ganz ähnlich verhält es sich mit Dostojewskis Dämonen oder den Brüdern Karamasoff. Die Gutsbesitzer, Beamten, Kaufleute, Geistlichen, Kleinbürger und Bauern scheinen überall auf die gleiche Art „russisch" zu sein; es wird nur selten auf Eigentümlichkeiten der Sprechweise aufmerksam gemacht, und wo es doch geschieht, da handelt es sich nicht um landschaftlich-dialektale, sondern entweder um individuelle, oder um soziale (etwa um die Aussprache des o, die im niederen Volk üblich ist), oder schließlich um solche, die die im Lande lebenden Minoritäten (Juden, Polen, Deutsche, Kleinrussen) charakterisieren. Was aber die echten und von Geburt rechtgläubigen Russen betrifft, so scheinen sie alle in dem gesamten Lande, trotz der Standesunterschiede, eine einzige altpatriarchalische Familie zu bilden; so etwas läßt sich im 19. Jahrhundert wohl auch noch anderswo beobachten, etwa in einzelnen deutschen Gegenden, doch nirgends so stark und vor allem nirgends auf einem so großen Volksraum. Überall in diesem gewaltigen Lande scheint die gleiche russische Heimatsluft zu wehen.

Innerhalb dieser großen und einheitlichen Volksfamilie, die sich von der zeitgenössischen europäischen Gesellschaft dadurch vor allem unterscheidet, daß in ihr das aufgeklärte, seiner selbst bewußte und planvoll arbeitende Bürgertum noch kaum existiert, herrscht nun während des 19. Jahrhunderts die gewaltigste innere Bewegung; das läßt sich aus der Literatur unzweifelhaft erkennen. Große Bewegung herrscht auch in den anderen europäischen Literaturen der Zeit, zumal der französischen; aber sie ist anderen Charakters. Das wesentlichste Merkmal der inneren Bewegung, wie sie sich im russischen Realismus dokumentiert, ist die Voraussetzungslosigkeit, Unbegrenztheit und Leidenschaftlichkeit des Erlebens bei den dargestellten Menschen; das ist der stärkste Eindruck, den der westliche Leser zunächst und vor allem anderen gewinnt, am meisten aus Dostojewski, doch auch aus Tolstoj und den anderen. Es scheint, daß die Russen sich eine Unmittelbarkeit des Erlebens bewahrt haben, wie sie in der westlichen Zivilisation im 19. Jahrhundert nur noch selten anzutreffen war; eine starke lebensmäßige, moralische oder geistige Erschütterung stört sie sogleich in den Tiefen ihrer Instinkte auf, und sie verfallen in einem Augenblick aus einem gleichmäßig-ruhigen, zuweilen fast vegetativen Leben in die ungeheuerlichsten Exzesse, sowohl im Praktischen wie im Geistigen. Der Pendelausschlag ihres Wesens, ihrer Handlungen, Gedanken, Empfindungen scheint viel weiter als im übrigen Europa; auch dies erinnert an den christlichen Realismus, wie wir ihn in den ersten Kapiteln dieses Buches herauszuarbeiten versucht haben. Ungeheuerlich ist, besonders bei Dostojewski, aber auch sonst, der Wechsel von Liebe und Haß, von demütiger Hingabe und tierischer Roheit, von leidenschaftlicher Wahrheitsliebe und gemeiner Genußsucht, von gläubiger Einfalt und grausamem Zynismus; der Wechsel zeigt sich sehr oft bei dem gleichen Menschen, fast ohne Übergang, in gewaltigen und unvoraussehbaren Schwankungen; und dabei geben sich die Menschen jedesmal völlig aus, so daß in ihren Worten und Taten sich chaotische Instinkttiefen offenbaren, die man in den westlichen Ländern zwar auch wohl kannte, aber doch aus wissenschaftlicher Kühle, Formgefühl und Anstand sich auszudrücken scheute. Als die großen Russen, insbesondere Dostojewski, in Mittel- und Westeuropa bekannt wurden, da wirkte die Spannungsweite der Seelenkräfte und die Unmittelbarkeit des Ausdrucks, wie sie aus ihren Werken dem Leser entgegenschlugen, wie eine Offenbarung, die der Mischung von Realismus und Tragik erst ihre eigentliche Vollendung zu ermöglichen schien.

Dazu kommt noch ein Letztes. Wenn man fragt, was denn die gewaltige innere Bewegung bei den Menschen in den russischen Werken des 19. Jahrhunderts ausgelöst hat, so lautet die Antwort: an erster Stelle das Eindringen modern-europäischer, besonders deutscher und französischer Lebens- und Geistesformen. Diese stießen in Rußland mit all ihrer Wucht auf eine zwar vielfach verrottete, aber doch sehr eigenständige und eigenwillige, und vor allem dafür noch kaum vorbereitete Gesellschaft. Es war aus moralischen und praktischen Gründen unabweisbar, sich mit der modernen europäischen Kultur auseinanderzusetzen, während doch die vorbereitenden Epochen, die Europa dahin geführt hatten, wo es jetzt stand, in Rußland längst noch nicht durchlebt waren. Die Auseinandersetzung wurde dramatisch und verworren; wenn man sie beobachtet, wie sie sich bei Tolstoj oder Dostojewski spiegelt, wird das Wilde, Stürmische, Absolute in Aufnahme oder Ablehnung europäischen Wesens deutlich faßbar. Schon die Auswahl der Gedanken und Systeme, mit denen man sich auseinandersetzt, ist etwas zufällig und willkürlich; sodann wird aus ihnen gleichsam nur das Resultat herausgepreßt, und dieses wird nicht etwa im Verhältnis zu andern Systemen und Gedanken geprüft, als mehr oder weniger bedeutender Beitrag innerhalb einer reichen und vielseitigen geistigen Produktion, sondern sogleich absolut, ob wahr oder falsch, ob Erleuchtung oder Teufelswerk; ungeheure theoretische Gegensysteme werden improvisiert; über vielfältige, durch Geschichtsbeladenheit sehr schwer in einer Synthese formulierbare Erscheinungen — über „die westliche Kultur", über den Liberalismus, den Sozialismus, die katholische Kirche — wird mit wenigen Worten, nach einem bestimmten, oft genug irrigen Gesichtspunkt geurteilt; und überall geht es unmittelbar um die „letzten" moralischen, religiösen und sozialen Fragen. Überaus charakteristisch ist der Satz, den Iwan Karamasoff aufstellt, und der das Grundthema des großen Romans bildet, daß es ohne Gott und Unsterblichkeit keine Moral geben kann, ja daß das Verbrechen als unvermeidlicher und vernünftiger Ausweg aus der Lage eines jeden Gottlosen anerkannt werden muß: ein Satz, in dem sich die radikale Leidenschaft des „Alles oder Nichts" in das Denken mischt, dilettantisch und zugleich von bestürzender Großartigkeit. Aber die russische Auseinandersetzung mit der europäischen Kultur während des 19. Jahrhunderts war nicht nur für Rußland bedeutsam. So verworren und dilettantisch sie häufig erscheint, so sehr sie auch belastet ist durch unzureichende Information, falsche Perspektive, Vorurteil und Leidenschaft, so besaß sie doch einen überaus sicheren Instinkt für das, was in Europa brüchig und krisenhaft war. Auch in dieser Hinsicht war die Wirkung Tolstojs und noch mehr Dostojewskis in Europa sehr groß, und wenn seit dem letzten Jahrzehnt vor dem ersten Weltkrieg sich an vielen Stellen, auch in der realistischen Literatur, die moralische Krise verschärfte und etwas wie ein Vorgefühl der bevorstehenden Katastrophen zu spüren war, so hat der Einfluß der russischen Realisten dazu wesentlich beigetragen.

Georg Lukács, Schicksalswende, Beiträge zu einer neuen deutschen Ideologie, Berlin, Aufbau Verlag, 1948. (Copyright 1968 by Hermann Luchterhand Verlag GmbH, Neuwied am Rhein und Berlin-Spandau.)

ERZÄHLEN ODER BESCHREIBEN?

Zur Diskussion über Naturalismus und Formalismus [1936]

Von GEORG LUKÁCS

> *Radikal sein ist die Sache an der Wurzel fassen. Die Wurzel für den Menschen ist aber der Mensch selbst.*
> Marx

I

Beginnen wir in medias res. In zwei berühmten neueren Romanen, in Zolas „Nana" und in Tolstois „Anna Karenina", wird ein Wettrennen geschildert. Wie gehen die beiden Schriftsteller an ihre Aufgabe heran?

Die Beschreibung des Wettrennens ist ein glänzendes Beispiel der schriftstellerischen Virtuosität Zolas. Alles, was bei einem Wettrennen überhaupt vorkommen mag, wird genau, bildhaft, sinnlich lebendig beschrieben. Die Beschreibung Zolas ist eine kleine Monographie des modernen Turfs: vom Satteln der Pferde bis zum Finish wird das Rennen in allen seinen Phasen mit gleicher Eindringlichkeit beschrieben. Der Zuschauerraum erscheint in der Farbenpracht einer Pariser Modeschau unter dem Zweiten Kaiserreich. Auch die Welt hinter den Kulissen wird genau beschrieben und in ihren allgemeinen Zusammenhängen dargestellt: das Rennen endet mit einer großen Überraschung und Zola beschreibt nicht nur die Überraschung selbst, sondern entlarvt auch den Wettschwindel, der dieser Überraschung zugrunde liegt. Dennoch ist die virtuose Beschreibung im Roman selbst nur eine „Einlage". Die Geschehnisse beim Rennen sind mit der Handlung nur recht lose verknüpft, sie sind aus der Handlung leicht wegdenkbar, besteht doch der ganze Zusammenhang darin, daß einer der vielen vorübergehenden Liebhaber Nanas an dem entlarvten Schwindel zugrunde geht.

Eine andere Verknüpfung mit dem Hauptthema ist noch loser, schon überhaupt kein Bestandteil der Handlung mehr — aber eben deshalb für die Methode der Gestaltung noch bezeichnender. Das siegreiche Pferd, das die Überraschung verursacht, heißt ebenfalls Nana. Und Zola versäumt nicht, die lose und zufällige Beziehung auffällig zu unterstreichen. Der Sieg der Namensschwester der Kokotte Nana ist ein Symbol ihrer Triumphe in der Pariser Welt und Halbwelt.

Das Wettrennen in „Anna Karenina" ist der Knotenpunkt eines großen Dramas. Wronskis Sturz bedeutet den Umschwung im Leben Annas. Knapp vor dem Rennen ist es ihr klar geworden, daß sie schwanger ist, und nach schmerzlichem Zögern hat sie ihre Schwangerschaft Wronski mitgeteilt. Die Erschütterung durch den Sturz Wronskis löst das entscheidende Gespräch mit ihrem Manne aus. Alle Beziehungen der wesentlichen Personen des Romans treten durch das Rennen in eine entscheidend neue Phase. Das Wettrennen ist also kein „Bild", sondern eine Reihe hochdramatischer Szenen, ein Wendepunkt der Gesamthandlung.

Die vollkommen verschiedenen Aufgaben der Szenen in beiden Romanen spiegeln sich in der ganzen Darstellung. Das Rennen wird bei Zola vom Standpunkt des Zuschauers beschrieben; bei Tolstoi vom Standpunkt des Teilnehmers erzählt.

Die Erzählung von Wronskis Ritt bildet bei Tolstoi den eigentlichen Gegenstand. Tolstoi unterstreicht die nicht episodische, nicht zufällige Bedeutung dieses Rittes im Leben Wronskis. Der ehrgeizige Offizier ist durch eine Reihe von Umständen, unter denen das Verhältnis zu Anna in erster Reihe steht, an seiner eigentlichen militärischen Karriere gehindert. Der Sieg im Rennen, in Anwesenheit des Hofes und der ganzen aristokratischen Gesellschaft, gehört zu den wenigen noch offen gebliebenen Möglichkeiten der Befriedigung seines Ehrgeizes. Alle Vorbereitungen zum Rennen, alle Phasen des Rennens selbst sind also Teile einer wichtigen Handlung. Sie werden in ihrer dramatischen Folge erzählt. Wronskis Sturz ist der Gipfel dieser Phase seines Lebensdramas. Mit diesem Gipfel bricht die Erzählung des Rennens ab, die Tatsache, daß sein Rivale ihn überholt, kann andeutungsweise, in einem Satz, erwähnt werden.

Aber damit ist die Analyse der epischen Konzentration dieser Szene noch lange nicht erschöpft. Tolstoi beschreibt nicht eine „Sache", sondern erzählt die Schicksale von Menschen. Darum wird der Verlauf des Romans zweimal, echt episch erzählt, nicht bildhaft beschrieben. In der ersten Erzählung, in welcher der im Rennen mitreitende Wronski die Zentralgestalt war, mußte alles Wesentliche der Vorbereitung des Rennens und des Rennens selbst genau und mit Sachkenntnis erzählt werden. Jetzt sind Anna und Karenin die Hauptfiguren. Die außerordentliche epische Kunst Tolstois zeigt sich darin, daß er diese zweite Erzählung des Rennens nicht unmittelbar an die erste fügt. Er erzählt den ganzen vorangehenden Tag Karenins, seiner Beziehung zu Anna, um dann die Erzählung des Rennens selbst zum Gipfel des Tages zu machen. Das Rennen selbst wird jetzt zu einem seelischen Drama. Anna verfolgt nur Wronski und sieht vom Verlauf des Rennens, vom Schicksal der anderen gar nichts. Karenin beobachtet nur Anna und ihre Reaktion auf das, was mit Wronski geschah. So wird diese fast wortlos gespannte Szene zur Vorbereitung der Explosion Annas auf dem Heimweg, wo sie Karenin ihr Verhältnis zu Wronski eingesteht.

Der „modern" geschulte Leser oder Schriftsteller könnte hier einwenden: zugegeben, daß hier zwei verschiedene Methoden der Gestaltung vorliegen, wird nicht gerade durch die Verknüpfung des Wettrennens mit wichtigen menschlichen Schicksalen seiner Hauptfiguren das Rennen selbst zufällig, zu einer bloßen Gelegenheit für die Katastrophe dieses Dramas? Und gibt nicht gerade die geschlossene, monographisch bildhafte Vollständigkeit der Beschreibung bei Zola das richtige Bild einer sozialen Erscheinung?

Es fragt sich nur: was ist zufällig im Sinne der künstlerischen Gestaltung? Ohne Elemente des Zufälligen ist alles tot und abstrakt. Kein Schriftsteller kann etwas Lebendiges gestalten, wenn er das Zufällige vollständig vermeidet. Anderseits muß er in der Gestaltung über das brutal und nackt Zufällige hinausgehen, das Zufällige in die Notwendigkeit aufheben.

Macht die Vollständigkeit der gegenständlichen Beschreibung etwas im künstlerischen Sinne notwendig? Oder macht das vielmehr die notwendige Beziehung der gestalteten Menschen zu den Gegenständen und Ereignissen, an denen ihr Schicksal zum Ausdruck kommt, durch deren Vermittlung sie handeln und leiden? Schon die Verknüpfung von Wronskis Ehrgeiz mit der Teilnahme am Rennen gibt eine künstlerische Notwendigkeit ganz anderer Art, als die Vollständigkeit der Beschreibung bei Zola geben konnte. Besuch eines Wettrennens oder Teilnahme an einem Wettrennen kann objektiv nur eine Lebensepisode sein. Tolstoi hat die Verknüpfung dieser Episode mit dem wichtigen Lebensdrama so eng gestaltet wie nur irgend möglich. Das Rennen ist zwar einerseits nur Gelegenheit zur Explosion eines Konflikts, aber die Gelegenheit ist durch ihre Verknüpfung mit Wronskis gesellschaftlichem Ehrgeiz — einer wichtigen Komponente der späteren Tragödie — keineswegs eine zufällige Gelegenheit.

Es gibt in der Literatur viel krassere Beispiele, in denen der Gegensatz der beiden Methoden gerade in bezug auf die Gestaltung der Gegenstände in ihrer Notwendigkeit oder Zufälligkeit vielleicht noch klarer zum Ausdruck kommt.

Nehmen wir die Beschreibung des Theaters in demselben Roman Zolas und vergleichen wir sie mit der in Balzacs „Verlorenen Illusionen". Äußerlich gibt es manche Ähnlichkeit. Die Uraufführung, mit der Zolas Roman beginnt, entscheidet die Laufbahn von Nana. Die Premiere bei Balzac bedeutet einen Wendepunkt in der Laufbahn Lucien de Rubemprés, seinen Übergang aus einem verkannten Dichter zu einem erfolgreichen und gewissenlosen Journalisten.

Wieder ist bei Zola das Theater in der gewissenhaftesten Vollständigkeit beschrieben. Diesmal allerdings nur vom Zuschauerraum aus. Alles, was im Zuschauerraum, im Foyer, in den Logen vorgeht, wie sich die Bühne von hier aus ausnimmt, wird mit einer blendenden schriftstellerischen Fähigkeit beschrieben. Und der monographische Vollständigkeitsdrang Zolas begnügt sich damit nicht. Er widmet ein anderes Kapitel seines Romans der Beschreibung des Theaters von der Bühnenseite her, wo nun Kulissenwechsel, Garderoben usw. während der Aufführung und ihrer Pausen eine ebenso blendende Beschreibung erfahren. Und zur Vervollständigung dieses Bildes wird nun in einem dritten Kapitel die Probe eines Stückes ebenso gewissenhaft und ebenso blendend beschrieben.

Diese gegenständliche, stoffliche Vollständigkeit fehlt bei Balzac. Das Theater, die Aufführung ist für ihn nur der Schauplatz von inneren menschlichen Dramen: des Aufstiegs von Lucien, der schauspielerischen Laufbahn von Coralie, der Entstehung der leidenschaftlichen Liebe zwischen Lucien und Coralie, der zukünftigen Konflikte Luciens mit seinen früheren Freunden aus dem Kreise D'Arthèz, mit seinem jetzigen Protektor Lousteau, der Beginn seines Rachefeldzuges gegen Madame de Bargeton usw.

Was wird aber in allen diesen Kämpfen und Konflikten, die direkt oder indirekt mit dem Theater zusammenhängen, gestaltet? Das Schicksal des Theaters im Kapitalismus: die allseitige und komplizierte Abhängigkeit des Theaters vom Kapital, des Theaters vom Journalismus, der wieder vom Kapitalismus abhängt; der Zusammenhang des Theaters und der Literatur, des Journalismus und der Literatur; der kapitalistische Charakter im Zusammenhang des Lebens der Schauspielerinnen mit der offenen und versteckten Prostitution.

Diese sozialen Probleme tauchen auch bei Zola auf. Aber sie werden bloß als soziale Tatsachen, als Ergebnisse, als caput mortuum der Entwicklung beschrieben. Zolas Theaterdirektor wiederholt unaufhörlich: „Sag nicht Theater, sag Bordell." Balzac gestaltet aber, wie das Theater im Kapitalismus prostituiert wird. Das Drama der Hauptfiguren ist hier zugleich das Drama der Institution, an der sie mitwirken, der Dinge, mit denen sie leben, des Schauplatzes, in dem sie ihre Kämpfe auskämpfen, der Gegenstände, an denen ihre Beziehungen zum Ausdruck kommen, durch die sie vermittelt werden.

Das ist freilich ein extremer Fall. Die Gegenstände der Umwelt des Menschen sind mit seinem Schicksal nicht immer und nicht notwendig so eng verknüpft wie hier. Sie können Instrumente seiner Tätigkeit, Instrumente seines Schicksals sein, auch — wie hier bei Balzac — Knotenpunkte seines entscheidenden sozialen Schicksals. Aber sie können auch bloße Schauplätze seiner Tätigkeit, seines Schicksals sein.

Besteht der hier aufgezeigte Gegensatz auch dort, wo es sich nur um die schriftstellerische Darstellung eines solchen Schauplatzes handelt?

Walter Scott schildert im Einleitungskapitel seines Romans „Old Mortality" eine mit Volksfestlichkeiten verbundene Waffenschau in Schottland, die von der Stuartischen Restauration als Erneuerungsversuch der feudalen Einrichtungen, als Heerschau über die Getreuen, als Provokation und Entlarvung der Unzufriedenen veranstaltet wurde. Diese Heerschau findet bei Scott am Vorabend des Aufstandes der unterdrückten Puritaner statt. Die große epische Kunst Walter Scotts vereinigt auf diesem Schauplatz alle Gegensätze, die bald darauf im blutigen Kampfe explodieren werden. Die Waffenschau offenbart in grotesken Szenen das hoffnungslose Veraltetsein der feudalen Beziehungen, den dumpfen Widerstand der Bevölkerung gegen den Versuch ihrer Erneuerung. Das anschließende Wettschießen zeigt sogar die Gegensätze innerhalb der beiden feindlichen Parteien, indem aus beiden nur die Gemäßigten sich an dieser Volksbelustigung beteiligen. Im Wirtshaus sehen wir die brutale Gewalttätigkeit der königlichen Soldateska und zugleich enthüllt sich vor uns in ihrer düsteren Großartigkeit die Figur Burleys, des späteren Führers im puritanischen Aufstand. Mit einem Wort: indem Walter Scott die Geschichte einer solchen Waffenschau erzählt und in dieser Erzählung den ganzen Schauplatz vor uns enthüllt, exponiert er zugleich alle Richtungen, alle Hauptfiguren eines großen historischen Dramas, stellt uns mit einem Schlag in die Mitte der entscheidenden Handlung.

Die Beschreibung der landwirtschaftlichen Ausstellung und Prämiierung der Landwirte in Flauberts „Madame Bovary" gehörte zu den gerühmtesten Gipfeln der Beschreibungskunst im neueren Realismus. Flaubert beschreibt hier wirklich nur den „Schauplatz". Denn die ganze Ausstellung ist bei ihm nur die Gelegenheit für die entscheidende Liebesszene zwischen Rudolf und Emma Bovary. Der Schauplatz ist zufällig und bloßer Schauplatz im wörtlichen Sinne. Diese Zufälligkeit wird von Flaubert selbst scharf und ironisch hervorgehoben. Indem er offizielle Reden und Fragmente des Liebesdialoges parellel und kontrastierend bringt, stellt er öffentliche und private Banalität des Spießbürgerlebens in eine ironisch-kontrastierende Parallele. Dieser ironische Gegensatz ist sehr folgerichtig und mit großer Kunst durchgeführt.

Aber es bleibt der unaufgehobene Gegensatz, daß dieser zufällige Schauplatz, diese zufällige Gelegenheit zu einer Liebesszene zugleich ein wichtiges Ereignis der Welt der „Madame Bovary" ist, dessen eingehende Schilderung für Flauberts Absichten, zur angestrebten

Vollständigkeit der Milieuzeichnung unbedingt notwendig ist. Der ironische Gegensatz erschöpft deshalb nicht die Bedeutung der Schilderung. Der „Schauplatz" hat eine selbständige Bedeutung als Element der Vollständigkeit des Milieus. Die Gestalten sind aber hier ausschließlich Zuschauer. Damit werden sie für den Leser gleichartige und gleichwertige Bestandteile der nur vom Standpunkt der Milieuschilderung wichtigen Geschehnisse, die Flaubert beschreibt. Sie werden Farbenflecke in einem Bild. Und das Bild geht über das bloß Zuständliche, über das Genrehafte nur insofern hinaus, als es zum ironischen Symbol der Philisterhaftigkeit überhaupt erhöht wird. Das Bild erlangt eine Bedeutung, die nicht aus dem inneren menschlichen Gewicht der erzählten Ereignisse folgt, ja die zu diesen fast überhaupt keine Beziehung hat, sondern durch Mittel der formalen Stilisierung künstlich erzeugt wird.

Der Symbolgehalt wird bei Flaubert ironisch und darum auf einer beträchtlichen künstlerischen Höhe, mit — wenigstens teilweise — echt künstlerischen Mitteln erreicht. Wenn aber bei Zola das Symbol eine soziale Monumentalität erhalten soll, wenn es die Aufgabe hat, einer an sich bedeutungslosen Episode den Stempel großer sozialer Bedeutung aufzudrücken, so wird die Sphäre der echten Kunst verlassen. Die Metapher wird zur Wirklichkeit aufgebauscht. Ein zufälliger Zug, eine zufällige Ähnlichkeit, eine zufällige Stimmung, ein zufälliges Zusammentreffen soll unmittelbar Ausdruck großer gesellschaftlicher Zusammenhänge sein. Beispiele ließen sich aus jedem Roman Zolas massenhaft anführen. Man denke an den Vergleich Nanas mit der goldenen Fliege, der ihre verhängnisvolle Wirkung auf das Paris vor 1870 symbolisieren soll. Zola selbst äußert sich über diese Absicht vollständig klar: „In meinem Werk ist die Hypertrophie des wahren Details. Vom Sprungbrett der genauen Beobachtung aus schwingt es sich bis zu den Sternen. Die Wahrheit erhebt sich mit einem einzigen Flügelschlage zum Symbol."

Bei Scott, Balzac oder Tolstoi erfahren wir von Ereignissen, die an sich bedeutsam sind durch das Schicksal der an ihnen beteiligten Personen, dadurch, was die Personen in der reichen Entfaltung ihres menschlichen Lebens für das Leben der Gesellschaft bedeuten. Wir sind das Publikum von Ereignissen, an denen die Personen der Romane handelnd beteiligt sind. Wir erleben diese Ereignisse.

Bei Flaubert und Zola sind die Personen selbst nur mehr oder weniger interessierte Zuschauer von Begebenheiten. Diese werden deshalb für den Leser zu einem Bild, besser gesagt zu einer Reihe von Bildern. Wir beobachten diese Bilder.

II

Der Gegensatz des Mitlebens und des Beobachtens ist nicht zufällig. Er stammt aus der grundlegenden Stellung der Schriftsteller selbst. Und zwar aus ihrer grundlegenden Stellung zum Leben, zu den großen Problemen der Gesellschaft und nicht nur aus einer Methode der künstlerischen Bewältigung des Stoffes oder bestimmter Teile des Stoffes.

Erst durch diese Feststellung können wir zur wirklichen Konkretisierung unserer Frage kommen. Wie in anderen Gebieten des Lebens, gibt es auch in der Literatur keine „reinen Phänomene". Engels erwähnt einmal ironisch, daß der „reine" Feudalismus nur in der Verfassung des kurzlebigen Königreichs Jerusalem existiert hat. Trotzdem war der Feudalismus selbstredend eine historische Wirklichkeit und kann vernünftigerweise den Gegenstand einer Untersuchung bilden. Es gibt sicher keinen Schriftsteller, der überhaupt nicht beschreiben würde. Und ebensowenig kann man von den bedeutenden Vertretern des Realismus der Zeit nach 1848, von Flaubert und Zola, behaupten, daß sie überhaupt nicht erzählen würden. Es kommt auf die Grundsätze des Aufbaus an, nicht auf das Phantom eines „reinen Phänomens" des Erzählens oder des Beschreibens. Es kommt darauf an, wie und warum aus dem Beschreiben, das ursprünglich eines der vielen Mittel der epischen Gestaltung und zweifellos ein untergeordnetes Mittel war, das entscheidende Prinzip der Komposition wurde. Denn damit ändert die Beschreibung grundlegend ihren Charakter, ihre Aufgabe in der epischen Komposition.

Schon Balzac betont in seiner Kritik von Stendhals „Chartreuse de Parme" die Wichtigkeit der Beschreibung als eines wesentlich modernen Darstellungsmittels. Der Roman des achtzehnten Jahrhunderts (Le Sage, Voltaire u. a.) hat die Beschreibung kaum gekannt; sie spielte in ihr eine verschwindende, eine mehr als untergeordnete Rolle. Erst mit der Romantik ändert sich die Situation. Balzac hebt hervor, daß die von ihm vertretene literarische Richtung, als deren Begründer er Walter Scott ansieht, der Beschreibung eine größere Bedeutung zuweist.

Aber wenn Balzac in betontem Gegensatz zur „Trockenheit" des siebzehnten bis achtzehnten Jahrhunderts sich zu einer modernen Methode bekennt, so hebt er eine Reihe von neuen Stilmomenten als bezeichnend für diese Richtung hervor. Die Beschreibung ist nach Balzacs Auffassung ein Moment unter vielen. Mit ihr zusammen wird insbesondere die neue Bedeutung des dramatischen Elementes betont.

Der neue Stil entsteht aus der Notwendigkeit der angemessenen Gestaltung der neuen Erscheinungsweise des gesellschaftlichen Lebens. Die Beziehung des Individuums zur Klasse ist komplizierter geworden, als sie im siebzehnten und achtzehnten Jahrhundert war. Umgebung, äußere Erscheinung, Lebensgewohnheiten des Individuums konnten etwa bei Le Sage sehr einfach angegeben werden und bei all dieser Einfachheit eine klare und umfassende soziale Charakteristik ergeben. Die Individualisierung erfolgte so gut wie ausschließlich durch die Handlung selbst, durch die Art der tätigen Reaktion der Gestalten auf die Ereignisse.

Balzac sieht klar, daß diese Methode für ihn nicht mehr ausreicht. Rastignac etwa ist ein Abenteurer von ganz anderer Art als Gil Blas. Die genaue Schilderung der Pension Vauquer mit ihrem Schmutz, mit ihren Gerüchen, mit ihren Speisen, mit ihrer Bedienung ist unbedingt notwendig, um das eigenartige Abenteurertum Rastignacs wirklich und vollkommen verständlich zu machen. Ebenso muß das Haus Grandets, die Wohnung Gobsecks u. a. bis in die Einzelheiten hinein genau geschildert werden, um die verschiedenen, individuellen und sozialen Typen des Wucherers zu gestalten.

Aber abgesehen davon, daß die Schilderung der Umgebung bei Balzac niemals bei der bloßen Beschreibung stehenbleibt, sondern fast überall in Handlung umgesetzt wird (man denke daran, wie der alte Grandet seine morsche Treppe selbst repariert), ist die Beschreibung bei Balzac nichts weiter als eine breite Fundamentierung für das entscheidende neue Element: für die Einbeziehung des Dramatischen in den Aufbau des Romans. Die außerordentlich vielfältigen und verwickelten Gestalten Balzacs könnten sich unmöglich mit schlagender Dramatik entfalten, wenn die Lebensgrundlage ihrer Charaktere uns nicht in einer so breiten Weise dargelegt worden wäre. Eine ganz andere Rolle spielt die Beschreibung bei Flaubert und Zola.

Balzac, Stendhal, Dickens, Tolstoi gestalten die sich in schweren Krisen endgültig konstituierende bürgerliche Gesellschaft. Sie gestalten die komplizierten Gesetzmäßigkeiten ihrer Entstehung, die vielfältigen und verschlungenen Übergänge, die aus der zerfallenden alten Gesellschaft zur entstehenden neuen Gesellschaft führen. Sie selbst haben die krisenhaften Übergänge dieses Entstehungsvorgangs aktiv miterlebt. Freilich in den verschiedensten Formen. Goethe, Stendhal, Tolstoi haben an den Kriegen, die als Geburtshelfer der Umwälzungen dienten, teilgenommen; Balzac war Teilnehmer und Opfer der fieberhaften Spekulationen des entstehenden französischen Kapitalismus; Goethe und Stendhal haben in der Verwaltung mitgearbeitet; Tolstoi erlebte als Grundbesitzer, als Teilnehmer an gesellschaftlichen Organisationen (Volkszählung, Kommission für Hungersnot usw.) die wichtigsten Geschehnisse der Umwälzung. Sie sind in dieser Hinsicht auch in ihrer Lebensführung Nachfolger der alten Schriftsteller, Künstler und Gelehrten der Renaissance und der Aufklärung: Menschen, die die großen gesellschaftlichen Kämpfe ihrer Zeit vielseitig und aktiv mitmachen, die aus den Erfahrungen eines vielseitigen und reichen Lebens heraus Schriftsteller werden. Sie sind noch keine „Spezialisten" im Sinne der kapitalistischen Arbeitsteilung.

Flaubert und Zola haben ihr Schaffen nach der Junischlacht in der bereits konstituierten, fertigen bürgerlichen Gesellschaft begonnen. Sie haben das Leben dieser Gesellschaft nicht mehr aktiv miterlebt; sie wollten es nicht mehr miterleben. In dieser Weigerung äußert sich die Tragödie einer bedeutenden Künstlergeneration der Übergangszeit. Denn diese Weigerung ist vor allem oppositionell bestimmt. Sie drückt den Haß, den Abscheu, die Verachtung für das politische und gesellschaftliche Regime ihrer Zeit aus. Die Menschen, die die gesellschaftliche Entwicklung dieser Zeit miterlebten, sind zu seelenlosen und verlogenen Verteidigern des Kapitalismus geworden. Dazu waren Flaubert und Zola zu groß und zu ehrlich. Sie konnten deshalb als Lösung des tragischen Widerspruchs ihrer Lage nur die Vereinsamung wählen. Sie sind kritische Beobachter der kapitalistischen Gesellschaft geworden.

Damit aber zugleich Schriftsteller im Sinne des ausschließlichen Berufsschriftstellertums, Schriftsteller im Sinne der kapitalistischen Arbeitsteilung. Das Buch ist nunmehr vollständig zur Ware geworden, der Schriftsteller zum Verkäufer dieser Ware, sofern er nicht zufällig als Rentner geboren war. Bei Balzac sehen wir noch die düstere Großartigkeit der ursprünglichen Akkumulation auf dem Gebiet der Kultur. Goethe oder Tolstoi stehen noch in der seigneurialen Haltung des nicht ausschließlich von der Literatur Lebenden dieser Erscheinung gegenüber. Flaubert ist freiwillig asketisch, Zola von materieller Not gezwungen bereits nur Schriftsteller im Sinne der kapitalistischen Arbeitsteilung.

Neue Stile, neue Darstellungsweisen der Wirklichkeit entstehen nie aus einer immanenten Dialektik der künstlerischen Formen, wenn sie auch stets an die vergangenen Formen und Stile anknüpfen. Jeder neue Stil entsteht mit gesellschaftlich-geschichtlicher Notwendigkeit aus dem Leben, ist das notwendige Ergebnis der gesellschaftlichen Entwicklung.

Aber die Erkenntnis dieser Notwendigkeit, der Notwendigkeit der Entstehung der künstlerischen Stile macht diese Stile künstlerisch noch lange nicht gleichwertig oder gleichrangig. Die Notwendigkeit kann auch eine Notwendigkeit zum künstlerisch Falschen, Verzerrten und Schlechten sein.

Mitleben oder Beobachten sind also gesellschaftlich notwendige Verhaltensweisen der Schriftsteller zweier Perioden des Kapitalismus.

Erzählen oder Beschreiben die beiden grundlegenden Darstellungsmethoden dieser Perioden.

Ich stelle, um den Gegensatz der beiden Methoden ganz scharf gegeneinander abzuheben, je eine Erklärung Goethes und Zolas über die Beziehung von Beobachtung und Schaffen einander gegenüber: „Ich habe", sagte Goethe, „niemals die Natur poetischer Zwecke wegen betrachtet. Aber weil mein früheres Landschaftszeichnen und dann mein späteres Naturforschen mich zu einem beständigen genauen Ansehen der natürlichen Gegenstände trieb, so habe ich die Natur bis in ihre kleinsten Details nach und nach auswendig gelernt, dergestalt, daß, wenn ich als Poet etwas brauche, es mir zu Gebote steht und ich nicht leicht gegen die Wahrheit fehle."

Auch Zola spricht sehr klar über die Art, wie er als Schriftsteller an einen Gegenstand herantritt: „Ein naturalistischer Romanschriftsteller will einen Roman über die Theaterwelt schreiben. Er geht von dieser allgemeinen Idee aus, *ohne noch eine Tatsache oder eine Figur zu besitzen.* Seine erste Sorge wird sein, Notizen darüber zu sammeln, was er über diese Welt, die er beschreiben will, erfahren kann. Er hat diesen Schauspieler gekannt, jener Aufführung beigewohnt ... Dann wird er mit den Menschen sprechen, die am besten über dieses Material informiert sind, er wird die Aussprüche, die Anekdoten, die Porträts kollationieren. Das ist nicht alles. Er wird dann auch die geschriebenen Dokumente lesen. *Endlich* wird er die Orte selbst besuchen, wird *einige Tage* in einem Theater verbringen, um die kleinsten Details zu kennen, wird seine Abende in der Loge einer Schauspielerin verbringen, wird möglichst sich die Atmosphäre zu eigen machen. Und wenn einmal diese Dokumente komplett sind, wird sich sein Roman von selbst machen. Der Romanschriftsteller muß nur die Tatsachen logisch verteilen ... *Das Interesse konzentriert sich nicht mehr auf die Merkwürdigkeit der Fabel; im Gegenteil, je banaler und allgemeiner sie ist, desto typischer wird sie.*" (Hervorhebungen von mir. G. L.)

Es sind zwei grundlegend verschiedene Stile. Zwei grundlegend verschiedene Stellungen zur Wirklichkeit.

III

Die soziale Notwendigkeit eines bestimmten Stils zu begreifen, ist etwas anderes als die künstlerischen Folgen dieses Stils ästhetisch zu bewerten. In der Ästhetik gilt nicht das Motto: „Alles verstehen heißt alles verzeihen." Nur die Vulgärsoziologie, die im Aufdecken des sogenannten sozialen Äquivalents der einzelnen Schriftsteller oder Stile ihre alleinige Aufgabe erblickt, meint, mit dem Aufweis der gesellschaftlichen Entstehungsgeschichte sei jede Frage beantwortet und erledigt. (Wie sie dies macht, darüber wollen wir hier nicht sprechen.) Praktisch bedeutet ihre Methode das Bestreben, die ganze vergangene Kunstentwicklung der Menschheit auf das Niveau des dekadenten Bürgertums herabzuziehen: Homer oder Shakespeare sind ebenso „Produkte" wie Joyce oder Dos Passos; die Aufgabe der Literaturwissenschaft besteht immer nur darin, das „soziale Äquivalent" für Homer oder Joyce aufzudecken. Marx hat die Frage ganz anders gestellt. Nachdem er die Entstehung der Homerschen Epen analysiert hat, sagt er: „Aber die Schwierigkeit liegt nicht darin, zu verstehen, daß griechische Kunst und Epos an gewisse gesellschaftliche Entwicklungsformen geknüpft sind. Die Schwierigkeit ist, zu verstehen, daß sie für uns noch Kunstgenuß gewähren und in gewisser Beziehung als Norm und als unerreichbare Muster gelten."

Selbstverständlich bezieht sich dieser Hinweis von Marx auch auf die Fälle, in denen die Ästhetik ein negatives Urteil aussprechen muß. Und in beiden Fällen darf die ästhetische Bewertung von der historischen Ableitung nicht mechanisch getrennt werden. Daß die Homerischen Epen wirklich Epen sind, die von Camoens, Milton, Voltaire aber nicht, ist zugleich eine gesellschaftlich-geschichtliche und ästhetische Frage. Es gibt keine „Meisterschaft" abgetrennt und unabhängig von jenen gesellschaftlich-geschichtlichen und persönlichen Bedingungen, die für eine reiche, umfassende, vielfältige und bewegte künstlerische Spiegelung der objektiven Wirklichkeit ungünstig sind. Die gesellschaftliche Ungunst der Voraussetzungen und der Umstände des künstlerischen Schaffens muß auch die wesentlichen Formen der Gestaltung verzerren.

Das gilt auch für den von uns behandelten Fall.

Es gibt von Flaubert eine recht aufschlußreiche Selbstkritik seines Romans „L'Education sentimentale". Er sagt darin: „Er ist zu wahr, und ästhetisch gesprochen fehlt ihm: die Falschheit der Perspektive. Da der Plan gut durchdacht war, ist er verschwunden. Jedes Kunstwerk muß eine Spitze haben, einen Gipfel, muß eine Pyramide bilden oder aber das Licht muß auf einen Punkt der Kugel fallen. Aber von alledem existiert nichts im Leben. Jedoch die Kunst ist nicht die Natur. Tut nichts, ich glaube, noch niemand ist in der Ehrlichkeit weiter gegangen."

Dieses Geständnis zeugt, wie alle Äußerungen Flauberts, von rücksichtsloser Wahrhaftigkeit. Flaubert kennzeichnet die Komposition seines Romans richtig. Er hat auch recht, wenn er die künstlerische Notwendigkeit der Gipfelpunkte betont. Hat er aber recht damit, daß es in seinem Roman „zu viel Wahrheit" gibt? Gibt es „Gipfelpunkte" wirklich nur in der Kunst?

Natürlich nicht. Dieses restlos ehrliche Geständnis Flauberts ist für uns nicht nur als Selbstkritik eines bedeutenden Schriftstellers wichtig, sondern vor allem deshalb, weil er hier seine grundlegend falsche Auffassung der Wirklichkeit, des objektiven Seins der Gesellschaft, der Beziehung von Natur und Kunst enthüllt. Seine Auffassung, daß es „Gipfelpunkte" auch in der Kunst gibt, daß sie also vom Künstler geschaffen werden und es von seinem Belieben abhängt, ob er solche Gipfelpunkte schafft oder nicht, ist ein rein subjektives Vorurteil.

Ein Vorurteil, entstanden aus der äußerlichen und oberflächlichen Beobachtung der Symptome des bürgerlichen Lebens, der Erscheinungsweise des Lebens in der bürgerlichen Gesellschaft, abstrahiert von den treibenden Kräften der gesellschaftlichen Entwicklung und ihrer ständigen Wirkung auch auf die Oberfläche des Lebens. In dieser abstrahierenden und abstrakten Betrachtung erscheint das Leben als ein gleichartig dahinfließender Strom, als eine langweilige, glatte Fläche ohne Gliederung. Die Gleichartigkeit wird freilich zuweilen von „plötzlichen" krassen Katastrophen unterbrochen.

In der Wirklichkeit selbst aber — natürlich auch in der kapitalistischen Wirklichkeit — sind die „plötzlichen" Katastrophen seit langem vorbereitet. Sie stehen nicht in ausschließendem Gegensatz zu der ruhigen Entwicklung der Oberfläche. Eine komplizierte, ungleichmäßige Entwicklung führt auf sie zu. Und diese Entwicklung gliedert objektiv die scheinbar glatte Oberfläche der Flaubertschen Kugel. Der Künstler muß zwar die wichtigen Punkte ihrer Gliederung beleuchten; Flaubert hegt aber ein Vorurteil, wenn er meint, die Gliederung dieser Oberfläche existiere nicht unabhängig von ihm.

Die Gliederung entsteht durch die Wirksamkeit der Gesetze, die die historische Entwicklung der Gesellschaft bestimmen, durch die treibenden Kräfte der gesellschaftlichen Entwicklung. In der objektiven Wirklichkeit verschwindet der falsche und subjektive, abstrakte Gegensatz des „Normalen" und „Unnormalen". Marx sieht gerade in der Wirtschaftskrise die „normalste" gesetzmäßige Erscheinung der kapitalistischen Wirtschaft. „Die Selbständigkeit, die die zueinander gehörigen und sich ergänzenden Momente gegeneinander annehmen, wird gewaltsam vernichtet. Die Krise manifestiert also die Einheit der gegeneinander verselbständigten Momente."

Ganz anders wird die Wirklichkeit von der apologetisch gewordenen Wissenschaft der Bourgeoisie in der zweiten Hälfte des neunzehnten Jahrhunderts betrachtet. Die Krise erscheint als eine „Katastrophe", die den „normalen" Ablauf der Wirtschaft „plötzlich" unterbricht. Ebenso erscheint jede Revolution als etwas Katastrophenhaftes und Unnormales.

Flaubert und Zola sind ihren subjektiven Meinungen und schriftstellerischen Absichten nach keineswegs Verteidiger des Kapitalismus. Aber sie sind Söhne ihrer Zeit und sind als solche weltanschaulich tief von den Anschauungen der Zeit beeinflußt; insbesondere Zola, auf dessen Werke die flachen Vorurteile der bürgerlichen Soziologie einen bestimmenden Einfluß ausübten. Darum entwickelt sich bei Zola das Leben fast ohne Gliederung, solange es, nach seiner Auffassung, im sozialen Sinne normal ist. Alle Lebensäußerungen der Menschen sind dann normale Erzeugnisse des sozialen Milieus. Es wirken aber noch ganz andere, völlig heterogene Mächte. So z. B. die Vererbung, die im Denken und Empfinden der Menschen mit einer fatalistischen Gesetzmäßigkeit wirksam ist und die Katastrophen hervorbringt, die den normalen Fluß des Lebens unterbrechen. Man denke an die erbliche Trunksucht von Etienne Lantier in „Germinal", die verschiedene plötzliche Ausbrüche und Katastrophen verursacht, die mit dem allgemeinen Charakter Etiennes in keinem organischen Zusammenhang stehen und von Zola gar nicht im Zusammenhang gestaltet werden. Ähnlich die von Saccards Sohn verursachte Katastrophe im „Geld". Überall steht die normale, gliederungslose Gesetzlichkeit des Milieus den plötzlichen Vererbungskatastrophen unverbunden gegenüber.

Offensichtlich handelt es sich hier nicht um richtige und tiefe Spiegelung der objektiven Wirklichkeit, sondern um Verflachung und Verzerrung ihrer Gesetzmäßigkeiten, entstanden durch den

Einfluß apologetischer Vorurteile auf die Weltanschauung der Schriftsteller dieser Periode. Die wirkliche Erkenntnis der treibenden Kräfte der gesellschaftlichen Entwicklung, die unbefangene, richtige, tiefe und umfassende dichterische Spiegelung ihrer Wirksamkeit im menschlichen Leben muß in der Form der Bewegung erscheinen, einer Bewegung, die die gesetzmäßige Einheit des Normalfalls und des Ausnahmefalls verdeutlicht.

Diese Wahrheit der gesellschaftlichen Entwicklung ist auch die Wahrheit der Einzelschicksale. Wo und wie wird aber diese Wahrheit sichtbar? Es ist nicht nur für die Wissenschaft, nicht nur für die wissenschaftlich fundierte Politik, sondern auch für die praktische Menschenkenntnis im Alltagsleben klar, daß diese Wahrheit des Lebens sich nur in der Praxis des Menschen offenbaren kann, in seinen Taten und Handlungen. Die Worte der Menschen, ihre bloß subjektiven Gefühle und Gedanken zeigen ihre Wahrheit oder Unwahrheit, ihre Echtheit oder Verlogenheit, ihre Größe oder ihre Beschränktheit nur dann, wenn sie in Praxis umgesetzt werden: wenn sie sich in Taten und Handlungen der Menschen bewähren oder wenn die Taten und Handlungen der Menschen ihr Scheitern an der Wirklichkeit zeigen. Nur die menschliche Praxis kann das Wesen der Menschen konkret zeigen. Wer ist tapfer? Wer ist gut? Solche Fragen werden ausschließlich durch die Praxis beantwortet.

Und nur dadurch werden die Menschen einander interessant. Nur dadurch werden sie wert, dichterisch gestaltet zu werden. Die Erprobung, die Bewährung wichtiger Charakterzüge des Menschen (oder sein Versagen) kann nur in den Handlungen, in den Taten, in der Praxis Ausdruck finden. Die ursprüngliche Poesie — handle es sich um Märchen, Balladen oder Sagen oder um die spätere spontane Form von erzählten Anekdoten — geht immer von dem grundlegenden Tatbestand der Bedeutung der Praxis aus. Diese Poesie hatte darum stets Bedeutsamkeit, weil sie die grundlegende Tatsache der Bewährung oder des Versagens der menschlichen Absichten in der Praxis gestaltet hat. Sie bleibt darum lebendig und noch heute interessant, weil sie, trotz ihrer oft phantastischen, naiven und für den heutigen Menschen unannehmbaren Voraussetzungen diese ewige Grundtatsache des menschlichen Lebens in den Mittelpunkt der Gestaltung rückt.

Und die Zusammenfassung einzelner Taten und Handlungen zu einer zusammenhängenden Kette gewinnt nur dadurch wirkliches Interesse, daß in den verschiedensten, buntesten Abenteuern derselbe typische Charakterzug eines Menschen sich ununterbrochen bewährt. Ob es sich um Odysseus oder um Gil Blas handelt, die unvertilgbare Frische dieser Abenteuerkette hat hierin ihre menschlich-dichterische Grundlage. Dabei ist natürlich der Mensch, die Offenbarung der wesentlichen Züge des menschlichen Lebens, ausschlaggebend. Uns interessiert, wie Odysseus oder Gil Blas, Moll Flanders oder Don Quichotte auf große Ereignisse ihres Lebens reagieren, wie sie Gefahren bestehen, Hindernisse überwinden, wie die Charakterzüge, die sie uns interessant und wichtig machen, sich in der Praxis immer breiter und tiefer entfalten.

Ohne die Offenbarung wesentlicher menschlicher Züge, ohne die Wechselbeziehung zwischen den Menschen und den Ereignissen der Außenwelt, der Dinge, der Naturmächte, der gesellschaftlichen Einrichtungen sind die abenteuerlichsten Ereignisse leer und inhaltlos. Aber man vergesse nicht: auch ohne Offenbarung wesentlicher und typischer menschlicher Züge ist in jeder Handlung wenigstens das abstrakte Schema der menschlichen Praxis (wenn auch verzerrt und verblaßt) vorhanden. Darum können abstrakte Darstellungen schematisch abenteuerlicher Handlungen, in denen bloß Menschenschemen geistern, doch vorübergehend ein gewisses allgemeines Interesse erregen (Ritterromane in der Vergangenheit, Detektivromane in unseren Tagen). In ihrer Wirksamkeit bricht sich eine der tiefsten Grundlagen des Interesses der Menschen an der Literatur Bahn: das Interesse an dem Reichtum und der Buntheit, der Abwechslung und der Vielfältigkeit der menschlichen Praxis. Wenn die künstlerische Literatur einer Zeit die Wechselbeziehung zwischen dem reich entfalteten Innenleben der typischen Gestalten der Zeit und der Praxis nicht zu geben vermag, flüchtet sich das Interesse des Publikums zum abstrakt-schematischen Ersatz.

Gerade dies ist der Fall in der Literatur der zweiten Hälfte des neunzehnten Jahrhunderts. Die Literatur der Beobachtung, der Beschreibung schaltet die Wechselbeziehung in immer stärkerem Maße aus. Und es hat vielleicht nie eine Zeit gegeben, in der es neben der offiziellen großen Literatur eine so große leere Literatur der bloßen Abenteuer gegeben hätte, wie gerade in dieser Periode. Und man täusche sich nicht damit, daß diese Literatur bloß von den „Ungebildeten" gelesen würde, während die „Elite" sich an die moderne große Literatur hält. Weitestgehend ist das Gegenteil richtig. Weitestgehend werden die modernen Klassiker teils aus Pflichtgefühl, teils aus stofflichem Interesse für die Probleme der Zeit gelesen, die sie, wenn auch abgeschwächt und verzerrt, gestalten; zur Erholung, zum Vergnügen werden jedoch die Detektivromane verschlungen.

Flaubert hat sich während der Arbeit an der „Madame Bovary" wiederholt darüber beklagt, daß seinem Buch das Element des Unterhaltenden fehle. Ähnliche Klagen finden wir bei vielen bedeutenden modernen Schriftstellern: die Feststellung, daß die großen Romane der Vergangenheit die Darstellung einer bedeutsamen Menschlichkeit mit Unterhaltung und Spannung verbinden, während in die moderne Kunst in immer breiterem Ausmaße die Monotonie, die Langeweile ihren Einzug hält. Diese paradoxe Lage ist durchaus nicht die Folge eines Mangels an schriftstellerischer Begabung der literarischen Vertreter dieser Epoche, in der eine beträchtliche Zahl ungemein begabter Schriftsteller wirkte. Die Monotonie, die Langeweile entsteht vielmehr aus den Grundsätzen ihrer Gestaltungsweise, aus Prinzip und Weltanschauung der Schriftsteller.

Zola verurteilt aufs schärfste die Gestaltung des Exzeptionellen bei Stendhal und Balzac als „unnatürlich". So sagte er über die Gestaltung der Liebe in „Rot und Schwarz": „Das verläßt vollständig die Wahrheit des Alltags, die Wahrheit, an die wir gestoßen werden, und wir befinden uns bei dem Psychologen Stendhal ebenso im Gebiet des Außergewöhnlichen, wie bei dem Erzähler Alexander Dumas. Vom Standpunkt der exakten Wahrheit bringt mir Julien ebenso viele Überraschungen wie D'Artagnan."

In seinem Essay über die literarische Tätigkeit der Goncourts formuliert Paul Bourget sehr klar und scharf das neue Kompositionsprinzip: „Das Drama ist, die Etymologie zeigt es an, Handlung, und die Handlung ist niemals ein sehr guter Ausdruck der Sitten. Was für einen Menschen charakteristisch ist, ist nicht das, was er in einem Moment der scharfen und leidenschaftlichen Krise tut, es sind seine alltäglichen Gewohnheiten, welche nicht eine Krise, sondern einen Zustand bezeichnen."

Erst von hier aus wird die oben angeführte kompositionelle Selbstkritik Flauberts ganz verständlich. Flaubert verwechselt das Leben mit dem durchschnittlichen Alltagsleben des Bourgeois. Selbstverständlich hat dieses Vorurteil seine gesellschaftlichen Wurzeln. Damit hört es aber nicht auf, ein Vorurteil zu sein, hört nicht auf, die dichterische Spiegelung der Wirklichkeit subjektiv zu verzerren, ihre angemessene und umfassende dichterische Spiegelung zu verhindern. Flaubert kämpft sein ganzes Leben lang, um aus dem Zauberkreis der aus gesellschaftlicher Notwendigkeit entstandenen Vorurteile herauszukommen. Da er aber nicht gegen die Vorurteile selbst kämpft, sondern sie vielmehr als unaufhebbare, objektive Tatsachen ansieht, ist sein Kampf tragisch-vergeblich. Ununterbrochen beschimpft er in der leidenschaftlichsten Weise die Langweiligkeit, die Niedrigkeit und Widerwärtigkeit der bürgerlichen Sujets, die sich ihm zur Gestaltung aufdrängen. Bei der Arbeit an jedem bürgerlichen Roman schwört er, sich nie wieder auf solchen Dreck einzulassen. Er kann aber einen Ausweg nur durch die Flucht in die phantastische Exotik finden. Der Weg zur Entdeckung der inneren Poesie des Lebens bleibt ihm durch seine Vorurteile versperrt.

Die innere Poesie des Lebens ist die Poesie der kämpfenden Menschen, der kampfvollen Wechselbeziehung der Menschen zueinander in ihrer wirklichen Praxis. Ohne diese innere Poesie kann es keine wirkliche Epik geben, kann keine epische Komposition ausgedacht werden, die geeignet ist, das Interesse der Menschen zu erregen, zu steigern und lebendig zu erhalten. Die epische Kunst — und selbstverständlich auch die Kunst des Romans — besteht in der Entdeckung der jeweils zeitgemäßen und bezeichnenden, menschlichbedeutsamen Züge der gesellschaftlichen Praxis. Der Mensch will sein eigenes deutlicheres, gesteigertes Spiegelbild, das Spiegelbild seiner gesellschaftlichen Praxis in der epischen Poesie erhalten. Die Kunst des Epikers besteht gerade in der richtigen Verteilung der Gewichte, in der rechten Betonung des Wesentlichen. Er wirkt desto hinreißender und allgemeiner, je mehr bei ihm dieses Wesentliche, der Mensch und seine gesellschaftliche Praxis, nicht als ausgeklügeltes

Kunstprodukt, als Ergebnis einer Virtuosität erscheint, sondern als etwas naturhaft Gewachsenes, als etwas nicht Erfundenes, sondern bloß Entdecktes.

Darum sagt der in seiner Praxis sehr problematische deutsche Epiker und Dramatiker Otto Ludwig als Ergebnis seiner Studien über Walter Scott und Dickens sehr richtig: „... die Existenzen scheinen die Hauptsache, und das drehende Rad der Begebenheiten diente nur, die Existenzen als solche in ein natürlich anziehendes Spiel zu setzen, nicht diese deshalb vorhanden, das Rad drehen zu helfen. Die Sache ist, daß der Autor das interessant macht, was des Interesses bedarf, und das ohnehin Interessierende ohne weitere Nachhilfe seiner eigenen Kraft überläßt ... Die Gestalten sind immer die Hauptsache. Und wirklich, eine Begebenheit, so wunderbar sie sei, wird uns nicht so auf die Dauer beschäftigen, als Menschen, die wir im Umgange liebgewonnen."

Die Beschreibung in dem von uns bereits dargelegten Sinn, als herrschende Methode der epischen Gestaltung, entsteht in einer Periode, in der aus gesellschaftlichen Gründen der Sinn für das Wichtigste am epischen Aufbau verlorengeht. Die Beschreibung ist ein schriftstellerischer Ersatz für die verlorengegangene epische Bedeutsamkeit.

Aber wie überall in der Entstehungsgeschichte neuer ideologischer Formen waltet hier eine Wechselwirkung. Die schriftstellerisch herrschende Beschreibung ist nicht nur Folge, sondern zugleich auch Ursache, Ursache der noch weiteren Entfernung der Literatur von der epischen Bedeutsamkeit. Die Herrschaft der kapitalistischen Prosa über die innere Poesie der menschlichen Praxis, das immer Unmenschlicherwerden des gesellschaftlichen Lebens, das Sinken des Niveaus der Menschlichkeit — all das sind objektive Tatsachen der Entwicklung des Kapitalismus. Aus ihnen entsteht notwendig die Methode des Beschreibens. Aber ist diese Methode einmal vorhanden, wird sie von bedeutenden und in ihrer Art konsequenten Schriftstellern gehandhabt, so wirkt sie auf die dichterische Spiegelung der Wirklichkeit zurück. Das dichterische Niveau des Lebens sinkt — aber die Literatur überbetont dieses Sinken.

IV

Das Erzählen gliedert, die Beschreibung nivelliert.

Goethe verlangt von der epischen Dichtung, daß sie alle Ereignisse als vollkommen vergangen behandle im Gegensatz zur vollkommenen Gegenwärtigkeit der dramatischen Aktion. In dieser richtigen Gegenüberstellung erkennt Goethe den Stilisierungsunterschied zwischen Epik und Dramatik. Das Drama steht von vornherein auf einer viel größeren Höhe der Abstraktion als die Epik. Das Drama konzentriert stets alles um einen Konflikt. Alles, was mit dem Konflikt nicht direkt oder indirekt zusammenhängt, darf überhaupt nicht vorkommen, ist eine störende Nebensächlichkeit. Der Reichtum eines Dramatikers wie Shakespeare beruht auf der vielfältigen und reichen Konzeption des Konfliktes selbst. In der Ausmerzung aller Einzelheiten, die nicht zum Konflikt gehören, besteht aber zwischen Shakespeare und den Griechen kein grundsätzlicher Unterschied.

Das von Goethe verlangte Verlegen der epischen Handlung in die Vergangenheit bezweckt die dichterische Auswahl des Wesentlichen aus dem breiten Reichtum des Lebens, die Gestaltung des Wesentlichen in einer Weise, die die Illusion der Gestaltung des ganzen Lebens in seiner vollständigen entfalteten Breite erweckt. Das Urteil darüber, ob eine Einzelheit zur Sache gehört oder nicht, ob sie wesentlich oder unwesentlich ist, muß deshalb in der Epik „weitherziger" sein als im Drama, muß verschlungene, indirekte Zusammenhänge noch immer als wesentlich anerkennen. Innerhalb einer solchen breiteren und weiteren Auffassung des Wesentlichen ist aber die Auswahl ebenso streng wie im Drama. Das nicht zur Sache Gehörige ist hier ebenso ein Ballast, ein Hemmnis der Wirkung wie im Drama.

Die Verschlungenheit der Wege des Lebens klärt sich nur am Ende auf. Nur die menschliche Praxis zeigt, welche Eigenschaften eines Menschen in der Gesamtheit seiner Charakteranlagen die wichtigen, die entscheidenden gewesen sind. Nur die Verbindung mit der Praxis, nur die komplizierte Verkettung verschiedener Taten und Leiden der Menschen kann erweisen, welche Dinge, Einrichtungen usw. ihr Schicksal wesentlich beeinflußt haben und wie und wann die Beeinflussung erfolgte. All das läßt sich erst vom Ende aus überblicken. Die Auswahl des Wesentlichen hat sowohl in der subjektiven wie in der objektiven Welt des Menschen das Leben selbst vollzogen. Der Epiker, der ein Menschenschicksal oder das Gewirr von verschiedenen Menschenschicksalen rückblickend, vom Ende aus erzählt, macht die vom Leben selbst vollzogene Auswahl des Wesentlichen für den Leser klar und verständlich. Der Beobachter, der notwendig immer gleichzeitig ist, muß sich im Gewirr der an sich gleichwertigen Einzelheiten verlieren, da das Leben selbst die Auswahl durch die Praxis noch nicht vollzogen hat. Der Vergangenheitscharakter der Epik ist also ein grundlegendes, von der Wirklichkeit selbst vorgeschriebenes Mittel der künstlerischen Gliederung.

Freilich kennt der Leser das Ende noch nicht. Er erhält eine Fülle von Einzelheiten, deren Rangordnung, deren Bedeutung überhaupt ihm nicht immer und nicht sofort klar werden kann. Es werden in ihm bestimmte Erwartungen erweckt, die der spätere Verlauf der Erzählung steigern oder widerlegen wird. Aber der Leser wird in dem reichen Gewebe sich vielfältig verschlingender Motive von dem allwissenden Autor geführt, der die besondere Bedeutung jeder an sich unscheinbaren Einzelheit für die endgültige Entwirrung, für die endgültige Offenbarung der Charaktere genau kennt, der nur mit Einzelheiten arbeitet, denen eine solche Aufgabe für die Gesamthandlung eignet. Die Allwissenheit des Autors macht den Leser sicher, beheimatet ihn in der Welt der Dichtung. Wenn er auch die Ereignisse nicht im voraus weiß, so empfindet er doch die Richtung, die die Ereignisse kraft ihrer inneren Logik, kraft der inneren Notwendigkeit der Personen einnehmen müssen, ziemlich genau. Er weiß über den Zusammenhang, über die Entwicklungsmöglichkeit der Gestalten zwar nicht alles, aber im allgemeinen mehr als die handelnden Gestalten selbst.

Freilich rücken im Laufe der Erzählung, der allmählichen Enthüllung der wesentlichen Momente, die Einzelheiten in ein ganz neues Licht. Wenn z. B. Tolstoi in seiner Novelle „Nach dem Balle" den Vater der Angebeteten seines Helden mit rührend menschlichen Zügen der Aufopferung für seine Tochter schildert, so unterliegt der Leser der Wucht dieser erzählten Erscheinung, ohne ihre ganze Bedeutung zu begreifen. Erst nach der Erzählung vom Spießrutenlaufen, bei dem derselbe liebevolle Vater als brutaler Exekutionsleiter auftritt, löst sich die Spannung vollständig auf. Die große epische Kunst Tolstois besteht gerade darin, daß er die Einheit in dieser Spannung bewahren kann, daß er aus dem alten Offizier nicht ein vertiertes „Produkt" des Zarismus macht, sondern zeigt, wie das zaristische Regime an sich gutmütige, in ihrem Privatleben opferbereite und selbstlose Menschen vertiert, zu mechanischen, ja eifrigen Vollstreckern seiner Bestialität macht. Es ist klar, daß alle Farben der Erzählung des Balles nur vom Spießrutenlauf her gefunden und gestaltet werden konnten. Der „gleichzeitige" Beobachter, der den Ball nicht von dort aus, nicht rückblickend erzählt, hätte ganz andere, unwesentliche und oberflächliche Einzelheiten sehen und beschreiben müssen.

Die Distanzierung der erzählten Ereignisse, die die Auswahl des Wesentlichen durch die menschliche Praxis zum Ausdruck bringt, ist bei wirklichen Epikern auch dann vorhanden, wenn der Schriftsteller die Ichform der Erzählung wählt, wenn eine Gestalt des Werkes als Erzähler fingiert wird. Das ist ja der Fall in der eben erwähnten Tolstoischen Erzählung. Selbst wenn man einen in Tagebuchform erzählten Roman wie Goethes „Werther" nimmt, kann man stets beobachten, daß die einzelnen Abschnitte in eine bestimmte, wenn auch kurzfristige Vergangenheitsdistanz gerückt sind, die infolge der Einwirkung dieser Ereignisse und Menschen auf Werther selbst die notwendige Auswahl des Wesentlichen vollziehen hilft.

So erst bekommen die Gestalten des Romans feste und sichere Umrisse, ohne daß darum ihre Wandlungsfähigkeit aufgehoben wäre. Im Gegenteil, gerade auf diese Weise wirkt die Verwandlung stets nur in der Richtung der Bereicherung, der Erfüllung der Umrisse mit einem immer reicheren Leben. Die wirkliche Spannung des Romans ist ein Gespanntsein auf diese Bereicherung, ein Gespanntsein auf die Bewährung oder das Versagen uns bereits vertraut gewordener Menschen.

Darum kann in der bedeutenden epischen Kunst das Ende gleich am Anfang vorweggenommen werden. Man denke an die Einleitungszeilen in den Homerschen Epen, in denen der Inhalt und das Ende der Erzählung kurz zusammengefaßt wird.

Wie entsteht die trotzdem vorhandene Spannung? Sie besteht

zweifellos nicht in einem artistischen Interesse daran, wie es der Dichter machte, um zu diesem Ziele zu gelangen. Es ist vielmehr die menschliche Spannung darauf, welche Kraftanstrengungen Odysseus noch entfalten wird, welche Hindernisse er noch zu überwinden hat, um zu dem uns bereits bekannten Ziele zu gelangen. Auch in der eben analysierten Erzählung Tolstois wissen wir im voraus, daß die Liebe des Erzählerhelden nicht zur Ehe führen wird. Die Spannung ist also nicht die, was aus dieser Liebe werden wird, sie ist vielmehr darauf gerichtet, auf welchem Wege die uns bekannte humorvoll überlegene menschliche Reife des Erzählerhelden entstanden ist. Die Spannung des echt epischen Kunstwerkes betrifft also stets menschliche Schicksale.

Die Beschreibung macht alles gegenwärtig. Man erzählt Vergangenes. Man beschreibt das, was man vor sich sieht, und die räumliche Gegenwart verwandelt Menschen und Dinge auch in eine zeitliche Gegenwärtigkeit.

Dies ist aber eine falsche Gegenwart, nicht die Gegenwart der unmittelbaren Aktion im Drama. Die moderne große Erzählung konnte gerade durch folgerechte Verwandlung aller Ereignisse in Vergangenheit das dramatische Element in die Form des Romans einarbeiten. Die Gegenwärtigkeit des beobachtenden Beschreibers ist aber gerade der Gegenpol des Dramatischen. Es werden Zustände beschrieben. Statisches, Stillstehendes, Seelenzustände von Menschen oder das zuständliche Sein von Dingen. Etats d'âme oder Stilleben.

Damit sinkt die Darstellung ins Genrehafte hinunter. Das natürliche Prinzip der epischen Auswahl geht verloren. An sich ist ein Seelenzustand eines Menschen — ohne Bezug auf seine wesentlichen Handlungen — ebenso wichtig oder unwichtig wie der andere. Und diese Gleichwertigkeit herrscht bei den Gegenständen noch stärker vor. In der Erzählung kann vernünftigerweise nur von den Seiten eines Dinges gesprochen werden, die für seine besonderen Aufgaben in der konkreten menschlichen Handlung, in der es auftaucht, wichtig sind. An sich hat jedes Ding unendlich viele Eigenschaften. Wenn der Schriftsteller als beobachtender Beschreiber eine gegenständliche Vollkommenheit des Dinges erstrebt, kann er entweder überhaupt kein Auswahlprinzip besitzen und unterwirft sich der Sisyphusarbeit, die Unendlichkeit der Eigenschaften in Worten auszudrücken, oder es werden die pittoresken, zur Beschreibung geeignetsten, oberflächlichen Seiten des Dinges bevorzugt.

Jedenfalls geht dadurch, daß die erzählerische Verknüpfung der Dinge mit ihrer Aufgabe in konkreten menschlichen Schicksalen verlorengeht, auch ihre dichterische Bedeutsamkeit verloren. Eine Bedeutsamkeit können sie nur dadurch erhalten, daß irgendein abstraktes Gesetz, das der Verfasser in seinem Weltbild für ausschlaggebend hält, unmittelbar an diese Dinge geknüpft wird. Dadurch erhält das Ding zwar keine wirklich dichterische Bedeutsamkeit, es wird ihm aber eine solche Bedeutsamkeit angedichtet. Das Ding wird zum Symbol.

Es ist hier klar ersichtlich, wie die dichterische Problematik des Naturalismus zwangsläufig formalistische Methoden der Gestaltung hervorbringen muß.

Der Verlust der inneren Bedeutsamkeit und damit der epischen Ordnung und Hierarchie bleibt aber bei der bloßen Nivellierung, bei der bloßen Verwandlung des Lebensabbildes in ein Stilleben nicht stehen. Die unmittelbar sinnliche Verlebendigung der Menschen und der Gegenstände, ihre unmittelbar sinnliche Individualisierung hat eine eigene Logik und verleiht eigene neue Akzente. Dadurch entsteht vielfach etwas weit Schlechteres als eine bloße Nivellierung: es entsteht eine Rangordnung mit verkehrten Vorzeichen. Diese Möglichkeit ist in der Beschreibung notwendig enthalten. Denn schon dadurch, daß an sich Wichtiges und Unwichtiges mit gleicher Eindringlichkeit beschrieben wird, ist die Richtung auf Verkehrung der Vorzeichen gegeben. Sie schlägt bei vielen Schriftstellern in eine alles menschlich Bedeutsame wegschwemmende Genrehaftigkeit um.

Friedrich Hebbel analysiert in einer vernichtend ironischen Abhandlung einen typischen Vertreter dieser genrehaften Beschreibung, Adalbert Stifter, der seitdem, besonders dank der Propaganda Nietzsches, zu einem Klassiker der deutschen Reaktion geworden ist. Hebbel zeigt, wie bei Stifter die großen Fragen der Menschheit verschwinden, wie die „liebevoll" gemalten Einzelheiten alles Wesentliche überschwemmen. „Weil das Moos sich viel ansehnlicher ausnimmt, wenn der Maler sich um den Baum nicht bekümmert, und der Baum ganz anders hervortritt, wenn der Wald verschwindet, so entsteht ein allgemeiner Jubel, und Kräfte, die eben für das Kleinleben der Natur ausreichen und sich auch instinktiv die Aufgabe nicht höher stellen, werden weit über andere erhoben, die den Mückentanz schon darum nicht schildern, weil er neben dem Planetentanz gar nicht sichtbar ist. Da fängt das ‚Nebenbei' überall an zu florieren; der Kot auf Napoleons Stiefel wird, wenn es sich um den großen Abdikationsmoment des Helden handelt, ebenso ängstlich treu gemalt, wie der Seelenkampf auf seinem Gesicht... Kurz, das Komma zieht den Frack an und lächelt stolz und selbstgefällig auf den Satz herab, dem es doch allein seine Existenz verdankt."

Hebbel beobachtet hier scharf die andere wesentliche Gefahr der Beschreibung: das Selbständigwerden der Einzelheiten. Mit dem Verlust der wirklichen Kultur der Erzählung sind die Einzelheiten nicht mehr Träger konkreter Handlungsmomente. Sie erlangen eine unabhängige Bedeutung von der Handlung, vom Schicksal der handelnden Menschen. Damit geht aber ein jeder künstlerische Zusammenhang mit dem Ganzen der Dichtung verloren. Die falsche Gegenwärtigkeit des Beschreibens drückt sich in einer Atomisierung der Dichtung in selbständige Momente, in einem Zerfall der Komposition aus. Nietzsche, der die Symptome der Dekadenz in Leben und Kunst scharfäugig beobachtet, deckt den Vorgang bis in seine stilistischen Folgerungen für die einzelnen Sätze auf. Er sagt: „Das Wort wird souverän und springt aus dem Satz hinaus, der Satz greift über und verdunkelt den Sinn der Seite, die Seite gewinnt Leben auf Unkosten des Ganzen — das Ganze ist kein Ganzes mehr. Aber das ist das Gleichnis für jeden Stil der décadence... das Leben, die gleiche Lebendigkeit, die Vibration und Exuberanz des Lebens in die kleinsten Gebilde zurückgedrängt, der Rest arm an Leben... Das Ganze lebt überhaupt nicht mehr: es ist zusammengesetzt, gerechnet, künstlich, ein Artefakt."

Das Selbständigwerden der Einzelheiten hat für die Darstellung von Menschenschicksalen die verschiedenartigsten, aber gleicherweise verheerenden Folgen. Einerseits bemühen sich die Schriftsteller, die Einzelheiten des Lebens so vollständig wie nur möglich, so plastisch und pittoresk wie irgend möglich zu beschreiben. Sie erreichen darin eine außergewöhnliche artistische Vollendung. Aber die Beschreibung der Dinge hat nichts mehr mit dem Schicksal der Personen zu tun.

Nicht nur daß die Dinge unabhängig vom Schicksal der Menschen beschrieben werden und dadurch eine ihnen im Roman nicht zukommende selbständige Bedeutung erlangen, auch die Art ihrer Beschreibung spielt sich in einer vollkommen anderen Lebenssphäre ab als das Schicksal der geschilderten Personen. Je naturalistischer die Schriftsteller werden, je mehr sie sich bemühen, nur Durchschnittsmenschen der Alltagswirklichkeit zu schildern und ihnen nur Gedanken, Gefühle und Worte der Alltagswirklichkeit zu geben, desto schroffer wird der Mißklang. Im Dialog die nüchterne, platte Poesielosigkeit des bürgerlichen Alltags; in der Beschreibung die ausgesuchteste Künstlichkeit einer raffinierten Atelierkunst. Die so geschilderten Menschen können zu den so beschriebenen Gegenständen überhaupt keine Beziehung haben.

Wird aber eine Beziehung auf Grundlage der Beschreibung hergestellt, so wird die Sache noch schlimmer. Dann beschreibt der Autor von der Psychologie seiner Gestalten aus. Ganz abgesehen von der Unmöglichkeit, diese Darstellung — mit Ausnahme eines extrem-subjektivistischen Ichromans — konsequent durchzuführen, wird dadurch jede Möglichkeit einer künstlerischen Komposition zerschlagen. Der Blickpunkt des Autors hüpft unruhig umher. Es entsteht ein ununterbrochenes Flimmern der wechselnden Perspektiven. Der Autor verliert seine Übersicht, die Allwissenheit des alten Epikers. Er sinkt absichtlich auf das Niveau seiner Gestalten: er weiß über die Zusammenhänge nur so viel, wie die einzelnen Gestalten jeweils wissen. Die falsche Gegenwärtigkeit des Beschreibens verwandelt den Roman in ein schillerndes Chaos.

So verschwindet aus dem beschreibenden Stil jeder epische Zusammenhang. Erstarrte, fetischisierte Dinge werden von einer wesenlosen Stimmung umflattert. Der epische Zusammenhang ist kein bloßes Nacheinander. Wenn die einzelnen Bilder und Bildchen der Beschreibung Abbilder einer zeitlichen Folge sind, so entsteht dadurch noch kein epischer Zusammenhang. Das wirklich künstlerische Nacherleben der zeitlichen Folge wird in der echten Erzählungskunst mit sehr komplizierten Mitteln sinnfällig. Der Schriftsteller selbst muß sich in seiner Erzählung mit der größten Souveränität zwischen Vergangenheit und Gegenwart bewegen, damit dem Leser das wirkliche Aus-einander-Folgen der epischen Schicksale deutlich werde.

Und nur das Erleben dieses Aus-einander-Folgens vermittelt dem Leser das Erlebnis der wirklichen zeitlichen, der konkreten historischen Aufeinanderfolge. Man erinnere sich an das doppelte Erzählen des Wettrennens in Tolstois „Anna Karenina". Man denke daran, mit welcher Kunst Tolstoi in der „Auferstehung" die Vorgeschichte der Beziehung Nechljudows und Maslowas stückweise erzählt, jeweils dort, wo die Aufhellung eines Stückes der Vergangenheit unmittelbar einen Schritt weiter in der Handlung bedeutet.

Die Beschreibung zieht die Menschen auf das Niveau der toten Gegenstände herab. Damit geht die Grundlage der epischen Komposition verloren. Der beschreibende Schriftsteller komponiert von den Sachen aus. Wir haben vernommen, wie Zola sich die schriftstellerische Bewältigung eines Themas vorstellt. Ein Tatsachenkomplex ist der eigentliche Mittelpunkt seiner Romane: das Geld, das Bergwerk usw. Diese Kompositionsart bedingt nun, daß die sachlich verschiedenen Erscheinungsweisen des Gegenstandskomplexes die einzelnen Abschnitte des Romans bilden. Wir haben gesehen, wie z. B. in „Nana" in einem Kapitel das Theater vom Zuschauerraum aus, in einem anderen von den Kulissen aus beschrieben wird. Das Leben der Menschen, das Schicksal der Helden bildet nur einen losen Faden zum Anknüpfen, zum Aneinanderreihen dieser gegenständlich geschlossenen Bildkomplexe.

Dieser falschen Objektivität entspricht eine ebenso falsche Subjektivität. Denn es ist vom Standpunkt des epischen Zusammenhanges nicht viel gewonnen, wenn das bloße Nacheinander eines Lebens zum Kompositionsprinzip wird; wenn der Roman von der vereinzelten, lyrisch gefaßten, auf sich gestellten Subjektivität einer Person aus aufgebaut wird. Die Aufeinanderfolge von subjektiven Stimmungen ergibt ebensowenig einen epischen Zusammenhang wie die Aufeinanderfolge von fetischisierten Gegenstandskomplexen — mögen sie noch so sehr zu Symbolen aufgebauscht werden.

In beiden Fällen entstehen einzelne Bilder, die im künstlerischen Sinne so unverbunden nebeneinander hängen, wie die Bilder in einem Museum.

Ohne kampfvolle Wechselbeziehungen der Menschen zueinander, ohne Erprobung der Menschen in wirklichen Handlungen ist in der epischen Komposition alles der Willkür, dem Zufall preisgegeben.

Kein noch so verfeinerter Psychologismus, keine noch so pseudowissenschaftlich aufgeputzte Soziologie kann in diesem Chaos einen wirklich epischen Zusammenhang schaffen.

Die Nivellierung, die durch die Beschreibungen entsteht, macht in solchen Romanen alles episodisch. Viele moderne Schriftsteller blicken hochmütig auf die veralteten und komplizierten Methoden herab, mit denen die alten Romanschriftsteller ihre Handlungen in Gang gebracht, die kampfvolle und verschlungene Wechselwirkung zwischen ihren Menschen, die epische Komposition hergestellt haben. Sinclair Lewis vergleicht von diesem Standpunkt aus die epische Kompositionsweise von Dickens und Dos Passos. „Und die klassische Methode — o ja, sie war sehr mühsam aufgetakelt! Durch ein unglückliches Zusammentreffen mußte Mister Johnes zugleich mit Mister Smith in einer Postkutsche befördert werden, damit etwas recht Peinliches und Unterhaltsames passieren konnte. In ‚Manhattan Transfer‘ laufen die Personen einander entweder gar nicht über den Weg, oder es geschieht auf die natürlichste Weise."

Die „natürlichste Weise" ist eben, daß die Menschen miteinander in gar keine oder höchstens flüchtige und oberflächliche Beziehungen geraten, daß sie plötzlich auftauchen und ebenso plötzlich verschwinden, daß ihr persönliches Schicksal — da wir sie gar nicht kennen — uns gar nicht interessiert, daß sie an keiner Handlung beteiligt sind, sondern durch die beschriebene gegenständliche Welt des Romans in verschiedenen Stimmungen hindurchspazieren. Das ist sicher sehr „natürlich". Es ist nur die Frage, was dabei für die Kunst der Erzählung herauskommt.

Dos Passos ist ein großes Talent, und Sinclair Lewis ist ein bedeutender Schriftsteller. Eben deshalb ist es interessant, was er in derselben Abhandlung über die Menschengestaltung von Dickens und Dos Passos sagt: „Gewiß hat Dos Passos selbst keine so bleibende Gestalt geschaffen wie Pickwick, Micawber, Oliver, Nancy, David und seine Tante, Nicholas, Smike und mindestens vierzig andere, und es wird ihm auch wohl nie gelingen."

Ein wertvolles Geständnis von großer Aufrichtigkeit. Wenn aber Sinclair Lewis hier recht hat — und er hat recht —, was ist dann die „natürlichste Weise" der Verknüpfung der Personen künstlerisch wert?

V

Aber das intensive Leben der Dinge? Aber die Poesie der Dinge? Die dichterische Wahrheit dieser Beschreibungen? Solche Fragen könnten uns Verehrer der naturalistischen Methode entgegenhalten. Diesen Fragen gegenüber muß man auf die Grundfragen der epischen Kunst zurückgehen. Wodurch werden die Dinge in der epischen Poesie poetisch? Ist es wirklich wahr, daß eine noch so virtuose, das technische Detail einer Erscheinung, des Theaters, der Markthalle, der Börse usw. noch so genau berücksichtigende Beschreibung die Poesie des Theaters oder der Börse wiedergibt? Wir erlauben uns, daran zu zweifeln. Logen und Orchester, Bühne und Parterre, Kulissen und Garderoben sind an sich tote, uninteressante, vollkommen unpoetische Gegenstände. Und sie bleiben weiter unpoetisch, auch wenn sie mit menschlichen Gestalten gefüllt werden, sofern die menschlichen Schicksale der Dargestellten nicht imstande sind, uns dichterisch zu erregen. Das Theater oder die Börse ist ein Knotenpunkt menschlicher Bestrebungen, ein Schauplatz oder ein Schlachtfeld der kampfvollen Wechselbeziehungen der Menschen zueinander. Und nur in diesem Zusammenhang, nur indem das Theater oder die Börse die menschlichen Beziehungen vermitteln, indem sie als unerläßliche konkrete Vermittlung für konkrete menschliche Beziehungen erscheinen, werden sie in der Vermittlungsrolle, durch die Vermittlungsrolle dichterisch bedeutsam, poetisch.

Eine vom Menschen, von den menschlichen Schicksalen unabhängige „Poesie der Dinge" gibt es in der Literatur nicht.

Und es ist mehr als fraglich, ob die so hochgepriesene Vollständigkeit der Beschreibung, die Echtheit ihrer technischen Einzelheiten auch nur eine wirkliche Vorstellung des beschriebenen Gegenstandes zu vermitteln vermag. Jedes Ding, das in einer wichtigen Handlung eines Menschen, der uns dichterisch bewegt, eine wirkliche Rolle spielt, wird, wenn diese Handlung richtig erzählt wird, aus diesem Zusammenhang heraus poetisch bedeutsam. Es genügt, wenn man sich an die tiefpoetische Wirkung der aus dem Schiffbruch zusammengesuchten Instrumente im „Robinson" erinnert.

Man denke demgegenüber an eine beliebige Beschreibung aus Zola. Nehmen wir z. B. aus „Nana" ein Bild hinter den Kulissen. „Eine gemalte Leinwand kam herunter. Es war der Umbau zum dritten Akt: die Grotte des Ätna. Die Bühnenarbeiter pflanzten Stangen in die Versenkungen, andere holten die Versatzstücke, bohrten sie an und befestigten sie mit starken Stricken an den Stangen. Im Hintergrund stellte ein Beleuchter einen Scheinwerfer auf, dessen Flammen hinter roten Scheiben brannten: das war der wilde Feuerschein aus Vulkans Esse. Die ganze Bühne war ein tolles Durcheinander, ein scheinbar nicht zu entwirrendes Gedränge und Geschiebe, und doch war jede geringste Bewegung notwendig, jeder Handgriff geregelt. In dieser Hast und Eile spazierte gemächlich mit kleinen Schritten der Souffleur auf und ab, um seine Beine etwas zu bewegen."

Wem gibt eine derartige Beschreibung etwas? Wer das Theater nicht ohnehin kennt, bekommt daraus keine wirkliche Vorstellung. Für den technischen Kenner des Theaters hingegen bringt eine solche Beschreibung nichts Neues. Sie ist dichterisch vollkommen überflüssig. Das Streben nach größerer sachlicher „Echtheit" enthält aber eine für den Roman sehr gefährliche Tendenz. Man braucht von Pferden nichts zu verstehen, um das Dramatische am Wettritt Wronskis nacherleben zu können. Die Beschreibungen des Naturalisten streben aber in ihrer Terminologie eine immer größere fachmännische „Echtheit" an, benützen im steigenden Maße die Fachsprache des Gebiets, das sie gerade beschreiben. So wird nach Möglichkeit das Atelier mit den Worten des Malers, die Werkstatt mit denen des Metallarbeiters beschrieben. Es entsteht eine Literatur für den Sachkenner, für den Literaten, der die mühsame literarische Erarbeitung dieser Sachkenntnisse, die Aufnahme der Jargonausdrücke in die Literatursprache kennerisch zu würdigen versteht.

Die Goncourts haben diese Tendenz am deutlichsten und paradoxesten ausgesprochen. Sie schrieben einmal: „Jene künstlerischen Produktionen sind verunglückt, deren Schönheit nur für die Künstler da ist... Hier hat man eine der größten Dummheiten, die man nur überhaupt hat sagen können. Sie stammt von D'Alembert..." In der Bekämpfung der tiefen Wahrheit des großen Aufklärers bekennen sich diese Mitbegründer des Naturalismus bedingungslos zur Atelierkunst des l'art pour l'art.

Die Dinge leben dichterisch nur durch ihre Beziehungen zum Menschenschicksal. Darum beschreibt sie der echte Epiker nicht. Er erzählt von der Aufgabe der Dinge in der Verkettung der Menschenschicksale. Diese Grundwahrheit der Poesie hat bereits Lessing vollständig klar erkannt. „Ich finde, Homer malt nichts als fortschreitende Handlungen, und alle Körper, alle einzelnen Dinge malt er nur durch ihren Anteil an diesen Handlungen..." Und er belegt diese Grundwahrheit mit einem wichtigen Beispiel aus Homer so schlagend, daß wir es für nützlich halten, diesen ganzen Abschnitt aus dem „Laokoon" anzuführen.

Es handelt sich um die Gestaltung des Szepters von Agamemnon beziehungsweise von Achilleus. „... wenn wir, sage ich, von diesem wichtigen Szepter ein vollständigeres, genaueres Bild haben sollen, was tut sodann Homer? Malt er uns außer den goldenen Nägeln nun auch das Holz, den geschnitzten Knopf? Ja, wenn die Beschreibung in eine Heraldik sollte (hier hat man bereits die Kritik der Goncourt-Zolaschen „Echtheit". G. L.), damit einmal in den folgenden Zeiten ein anderes genau darnach gemacht werden könne. Und doch bin ich gewiß, daß mancher neuere Dichter eine solche Wappenkönigsbeschreibung daraus würde gemacht haben, in der treuherzigen Meinung, daß er wirklich selber gemalt habe, weil der Maler ihm nachmalen kann. Was bekümmert sich aber Homer, wie weit er den Maler hinter sich läßt? Statt einer Abbildung gibt er uns die Geschichte des Szepters: erst ist es unter der Arbeit des Vulkans, nun glänzt es in den Händen des Jupiters; nun bemerkt es die Würde Merkurs; nun ist es der Kommandostab des kriegerischen Pelops; nun der Hirtenstab des friedlichen Atreus usw. ... Auch wenn Achilles bei seinem Szepter schwört, die Geringschätzung, mit der ihm Agamemnon begegnet, zu rächen, gibt uns Homer die Geschichte dieses Szepters. Wir sehen ihn auf den Bergen grünen, das Eisen trennet ihn von dem Stamme, entblättert und entrindet ihn und macht ihn bequem, den Richtern des Volkes zum Zeichen ihrer göttlichen Würde zu dienen ... Dem Homer war nicht sowohl daran gelegen zwei Stäbe von verschiedener Materie und Figur zu schildern, als uns von der Verschiedenheit der Macht, deren Zeichen diese Stäbe waren, ein sinnliches Bild zu machen. Jener ein Werk des Vulkans. Dieser von einer unbekannten Hand auf den Bergen geschnitten. Jener der alte Besitz eines edlen Hauses; dieser bestimmt, die erste, die beste Faust zu führen; jener, von einem Monarchen über viele Inseln und über ganz Argos erstreckt; dieser von einem aus dem Mittel der Griechen geführt, dem man nebst anderen die Bewahrung der Gesetze anvertraut hatte. Dieses war wirklich der Abstand, in welchem sich Agamemnon und Achill voneinander befanden; ein Abstand, den Achill selbst, bei allem seinen blinden Zorn, einzugestehen nicht umhin konnte."

Hier haben wir die genaue Darlegung dessen, was die Dinge in der epischen Poesie wirklich lebendig, wahrhaft poetisch macht. Und wenn wir an unsere eingangs angeführten Beispiele aus Scott, Balzac und Tolstoi denken, so werden wir feststellen müssen, daß diese Dichter — mutatis mutandis — nach demselben Prinzip geschaffen haben, das Lessing bei Homer aufgedeckt. Wir sagen: mutatis mutandis, denn wir haben bereits darauf hingewiesen, daß die größere Kompliziertheit der gesellschaftlichen Beziehungen für die neue Poesie die Anwendung neuer Mittel erfordert.

Ganz anders die Beschreibung als herrschende Methode, das vergebliche Wetteifern der Poesie mit den bildenden Künsten. Die Beschreibung des Menschen, diese Methode seiner Darstellung kann ihn nur in ein totes Stilleben verwandeln. Nur die Malerei selbst besitzt die Mittel, die körperlichen Eigenschaften des Menschen unmittelbar zum Ausdrucksmittel seiner tiefsten menschlichen Charaktereigenschaften zu machen. Und es ist keineswegs zufällig, daß zur selben Zeit, in der die beschreibend malerischen Bestrebungen des Naturalismus die Menschen der Literatur zu Bestandteilen von Stilleben erniedrigten, auch die Malerei ihre Fähigkeit des erhöhten sinnlichen Ausdrucks verlor. Die Porträts von Cézanne sind ebenso bloße Stilleben, verglichen mit der menschlich-seelischen Totalität der Porträts von Tizian oder Rembrandt wie die Menschen Goncourts oder Zolas im Vergleich zu Balzac oder Tolstoi.

Auch das körperliche Wesen des Menschen wird nur in der Wechselbeziehung der Handlung zu anderen Menschen, nur in der Wirkung auf sie dichterisch lebendig. Auch dies hat Lessing klar erkannt und an der Homerischen Gestaltung der Schönheit Helenas richtig analysiert. Auch hier können wir sehen, wie sehr die Klassiker des Realismus diese Forderungen der echten Epik erfüllen. Tolstoi gestaltet die Schönheit Anna Kareninas ausschließlich durch ihre Wirkung auf die Handlung, durch die Tragödien, die diese Schönheit im Leben anderer Menschen und in ihrem eigenen Leben verursacht.

Die Beschreibung gibt also keine wirkliche Poesie der Dinge, verwandelt aber die Menschen in Zustände, in Bestandteile von Stilleben. Die Eigenschaften der Menschen existieren nebeneinander und werden in diesem Nebeneinander beschrieben, statt wechselseitig einander zu durchdringen und damit die lebendige Einheit der Persönlichkeit in ihren verschiedenartigsten Äußerungen, in ihren widerspruchsvollsten Handlungen zu bezeugen. Der falschen Breite der äußeren Welt entspricht eine schematische Enge der Charakterisierung. Der Mensch erscheint fertig, als „Produkt" vielleicht verschiedenartiger gesellschaftlicher und naturhafter Komponenten. Die tiefe soziale Wahrheit der gegenseitigen Verschlungenheit von gesellschaftlichen Bestimmungen mit psychophysischen Eigenschaften der Menschen geht immer verloren. Taine und Zola bewundern die Darstellung der erotischen Leidenschaften in Balzacs Hulot. Sie sehen aber nur die medizinisch-pathologische Beschreibung einer „Monomanie". Von der tiefen Gestaltung des Zusammenhangs zwischen der Art der Erotik Hulots und seines Lebenslaufes als General der Napoleonischen Zeit, die Balzac noch besonders durch den Gegensatz zu der Erotik Crévels, des typischen Vertreters des Julikönigtums, hervorhebt, sehen sie gar nichts.

Die auf Beobachtung ad hoc gegründete Beschreibung muß notwendig oberflächlich sein. Zola hat sicher unter den naturalistischen Schriftstellern am gewissenhaftesten gearbeitet und seine Gegenstände möglichst ernsthaft zu studieren versucht. Dennoch sind viele seiner Schicksale gerade in den entscheidenden Punkten oberflächlich und falsch. Wir beschränken uns auf einige von Lafargue hervorgehobene Beispiele. Zola führt die Trunksucht des Bauarbeiters Coupeau auf seine Arbeitslosigkeit zurück, während Lafargue nachweist, daß diese Gewohnheit einiger Gruppen der französischen Arbeiter, darunter der Bauarbeiter, darauf zurückzuführen sei, daß sie nur gelegentlich Arbeit bekommen und auf diese Arbeit in den Schenken warten müssen. Ebenso zeigt Lafargue, daß Zola im „Geld" den Gegensatz Gundermann-Saccard oberflächlich auf Judentum und Christentum zurückführt. In Wirklichkeit spielte sich der Kampf, den Zola abzubilden versucht, zwischen dem

Kapitalismus alten Stils und dem neuen Typus der Einlagebanken ab.

Die beschreibende Methode ist unmenschlich. Daß sie sich, wie gezeigt wurde, in der Verwandlung des Menschen in ein Stilleben äußert, ist nur das künstlerische Anzeichen der Unmenschlichkeit. Diese zeigt sich aber in den weltanschaulich-künstlerischen Absichten der bedeutenden Vertreter der Richtung. So erzählt Zolas Tochter in ihrer Lebensbeschreibung folgende Äußerung ihres Vaters über „Germinal": „Zola akzeptiert Lemaîtres Definition ‚eine pessimistische Epopöe des Animalischen im Menschen', unter der Bedingung, daß man den Begriff ‚Animalisch' genau festlege"; „Ihrer Ansicht nach ist es das Gehirn, das den Menschen ausmacht", schrieb er dem Kritiker, „ich finde, daß auch die anderen Organe eine wesentliche Rolle spielen."

Wir wissen, daß die Unterstreichung des Animalischen bei Zola ein Protest gegen die von ihm nicht verstandene Bestialität des Kapitalismus gewesen ist. Aber der verständnislose Protest schlägt in der Gestaltung in eine Fixierung des Unmenschlichen, des Animalischen um.

Die Methode der Beobachtung und der Beschreibung entsteht mit der Absicht, die Literatur wissenschaftlich zu machen, die Literatur in eine angewandte Naturwissenschaft, in eine Soziologie zu verwandeln. Aber die sozialen Momente, die durch Beobachtung erfaßt und durch Beschreibung gestaltet wurden, sind so ärmlich, so dünn und schematisch, daß sie sehr bald und sehr leicht in ihren polaren Gegensatz, in einen vollendeten Subjektivismus umschlagen konnten. Diese Erbschaft haben dann die verschiedenen naturalistischen und formalistischen Richtungen der imperialistischen Periode von den Begründern des Naturalismus übernommen.

VI

Jeder dichterische Aufbau ist gerade in seinen kompositionellen Grundsätzen aufs tiefste weltanschaulich bestimmt. Nehmen wir ein möglichst einfaches Beispiel. Walter Scott stellt in seinen meisten Romanen — man denke etwa an „Wawerley" oder „Old Mortality"

— einen mittelmäßigen, in den geschilderten großen politischen Kämpfen unentschiedenen Menschen in den Mittelpunkt. Was erreicht er damit? Der unentschiedene Held steht zwischen beiden Lagern, in „Wawerley" zwischen dem schottischen Aufstand zugunsten der Stuarts und der englischen Regierung, in „Old Mortality" zwischen der puritanischen Revolution und den Vertretern der Stuartschen Restaurationsregierung. Die bedeutenden Vertreter der extremen Parteien können dadurch wechselweise mit den menschlichen Schicksalen des Helden verknüpft werden. Die großen Gestalten der politischen Extreme werden dadurch nicht nur gesellschaftlich-historisch, sondern auch menschlich gestaltet. Hätte Walter Scott eine seiner wirklich bedeutenden Gestalten in den Mittelpunkt seiner Erzählung gestellt, so wäre es unmöglich gewesen, sie mit ihrem Gegenspieler in eine menschliche, in eine handlungsmäßige Beziehung zu bringen. Der Roman wäre eine „Haupt- und Staatsaktion" geblieben, d. h. die Beschreibung eines bedeutenden historischen Ereignisses, nicht aber ein aufwühlendes menschliches Drama, in dem wir alle typischen Vertreter eines großen historischen Konfliktes in ihrer entfalteten Menschlichkeit kennenlernen.

In dieser Kompositionsweise zeigt sich die epische Meisterschaft Walter Scotts. Diese Meisterschaft ist aber nicht aus rein künstlerischen Erwägungen entstanden. Walter Scott selbst nimmt für die englische Geschichte einen „mittleren", einen zwischen den extremen Richtungen vermittelnden Standpunkt ein. Er ist ebenso gegen das radikale Puritanertum, besonders in dessen plebejischen Strömungen, wie gegen die katholisierende Reaktion der Stuarts. Das künstlerische Wesen seiner Komposition ist also das Spiegelbild seiner politisch-historischen Stellung, die Äußerungsform seiner Weltanschauung. Der zwischen den Parteien stehende Held ist nicht bloß die kompositionell günstige Gelegenheit, beide Parteien menschlich lebendig zu gestalten, sondern zugleich Ausdruck der Weltanschauung Walter Scotts. Die menschlich-dichterische Bedeutung Scotts zeigt sich freilich darin, daß er trotz dieser weltanschaulich-politischen Vorliebe für seinen Helden klar sieht und überzeugend gestaltet, wie sehr die energischen Vertreter der Extreme seinen Helden an menschlichem Format überlegen sind.

Wir haben dieses Beispiel wegen seiner Einfachheit gewählt. Denn bei Scott liegt ein sehr unkomplizierter und vor allem direkter Zusammenhang zwischen Weltanschauung und Kompositionsweise vor. Bei den anderen großen Realisten sind diese Zusammenhänge zumeist indirekter und komplizierter. Die episch-kompositionell günstige Beschaffenheit des „mittleren" Helden für den Roman ist ein formal-kompositionelles Prinzip, das sich in der dichterischen Praxis in mannigfaltigster Weise äußern kann. Dieser „mittlere" Charakter braucht sich nicht als menschliche Mittelmäßigkeit zu äußern, sie kann vielmehr der gesellschaftlichen Lage entstammen, die Konsequenz einer einmaligen menschlichen Situation sein. Es handelt sich nur darum, jene Zentralgestalt zu finden, in deren Schicksal sich alle wesentlichen Extreme der dargestellten Welt kreuzen, um die herum sich also eine totale Welt mit ihren lebendigen Widersprüchen aufbauen läßt. So vermittelt zum Beispiel Rastignacs gesellschaftliche Lage als Adeliger ohne Vermögen zwischen der Welt der Pension Vauquer und der Welt der Aristokratie, so Lucien de Rubemprés' innere Unentschiedenheit zwischen der Welt der aristokratischen, journalistischen Streber und der reinen Bestrebung auf wirkliche Kunst des Kreises um D'Arthèz.

Aber der Dichter muß eine feste und lebendige Weltanschauung haben, er muß die Welt in ihrer bewegten Widersprüchlichkeit sehen, um überhaupt in der Lage zu sein, einen Menschen zum Helden zu wählen, in dessen Schicksal sich die Widersprüche kreuzen. Die Weltanschauungen der großen Dichter sind recht verschieden. Die Arten, in denen sich die Weltanschauungen episch-kompositionell äußern, noch verschiedener. Denn je tiefer, je differenzierter, je mehr von lebendigen Erfahrungen gespeist eine Weltanschauung ist, desto verschiedenartiger und abwechslungsreicher kann ihr kompositioneller Ausdruck werden.

Aber ohne Weltanschauung gibt es keine Komposition.

Flaubert hat diese Notwendigkeit sehr tief empfunden. Er zitiert immer wieder das tiefe und schöne Wort Buffons: „Richtig schreiben bedeutet zugleich richtig empfinden, richtig denken und es richtig aussprechen." Aber bei ihm ist das Verhältnis bereits auf den Kopf gestellt. Er schreibt an George Sand: „Ich bemühe mich, richtig zu denken, um richtig zu schreiben. Aber das richtige Schreiben ist mein Ziel, ich verheimliche es nicht." Flaubert hat sich also nicht im Leben eine Weltanschauung errungen und diese Weltanschauung dann in seinen Werken ausgedrückt, sondern er hat als ehrlicher Mensch und bedeutender Künstler um eine Weltanschauung gerungen, weil er eingesehen hat, daß ohne Weltanschauung keine große Literatur entstehen kann.

Dieser verkehrte Weg kann zu keinem Ergebnis führen. Flaubert gesteht sein Scheitern in demselben Brief an George Sand mit erschütternder Aufrichtigkeit: „Es fehlt mir eine fundierte und umfassende Anschauung über das Leben. Sie haben tausendmal recht, aber wo die Mittel finden, damit es anders werde? Ich frage Sie. Sie erhellen meine Finsternis nicht mit Metaphysik, weder die meine noch die der anderen. Die Worte Religion oder Katholizismus einerseits, Fortschritt, Brüderlichkeit, Demokratie andererseits, entsprechen nicht mehr den geistigen Anforderungen der Gegenwart. Das neue Dogma der Gleichheit, das der Radikalismus predigt, ist von der Physiologie und der Geschichte experimentell widerlegt. Ich sehe keine Möglichkeit heute, weder ein neues Prinzip zu finden, noch die alten Prinzipien zu achten. Also ich suche diese Idee, von welcher alles übrige abhängt, ohne sie finden zu können."

Flauberts Bekenntnis ist ein selten aufrichtiger Ausdruck der allgemeinen Weltanschauungskrise der bürgerlichen Intelligenz nach 1848. Objektiv ist aber diese Krise bei allen seinen Zeitgenossen vorhanden. Bei Zola äußert sie sich in einem agnostizistischen Positivismus; er sagt, man könne nur das „Wie" der Ereignisse erkennen und beschreiben, nicht aber ihr „Warum". Bei den Goncourts entsteht eine lässig-skeptische, oberflächliche Gleichgültigkeit in Weltanschauungsfragen.

Diese Krise muß sich im Laufe der Zeit noch verschärfen. Daß sich in der imperialistischen Periode der Agnostizismus immer mehr zu einer Mystik entwickelt, ist keine Lösung der Weltanschauungskrise, wie viele Schriftsteller dieser Zeit sich einbilden, sondern im Gegenteil nur ihre Verschärfung.

Die Weltanschauung des Schriftstellers ist ja nur die zusammengefaßte und auf eine gewisse Höhe der Verallgemeinerung erhobene Summe seiner Lebenserfahrungen. Die Bedeutung der Weltanschauung für die Schriftsteller ist, wie Flaubert ganz richtig sieht, daß sie die Möglichkeit gibt, die Widersprüche des Lebens in einem reichen und geordneten Zusammenhang zu erblicken; daß sie als Grundlage der richtigen Empfindungen und des richtigen Denkens die Grundlage zum richtigen Schreiben bietet. Die Isolierung der Schriftsteller vom lebendigen Mitkämpfen im Leben, vom abwechslungsreichen Miterleben macht alle Weltanschauungsfragen abstrakt. Einerlei, ob die Abstraktion sich in einer Pseudowissenschaftlichkeit, in einer Mystik oder in einer Gleichgültigkeit gegenüber den großen Lebensfragen äußert, sie nimmt den Weltanschauungsfragen ihre künstlerische Fruchtbarkeit, die sie in der alten Literatur besessen haben.

Man kann ohne Weltanschauung nicht richtig erzählen, keine richtige, gegliederte, abwechslungsreiche und vollständige epische Komposition aufbauen. Die Beobachtung, das Beschreiben ist aber gerade ein Ersatzmittel für die fehlende bewegte Ordnung des Lebens im Kopfe des Schriftstellers.

Wie können auf solcher Grundlage epische Kompositionen entstehen? Und wie sehen solche Kompositionen aus? Der falsche Objektivismus und der falsche Subjektivismus der modernen Schriftsteller führen zur Schematisierung und Eintönigkeit der epischen Komposition. Beim falschen Objektivismus des Typus Zola bildet die gegenständliche Einheit eines Stoffgebietes das Prinzip der Komposition. Die Komposition beruht darauf, daß alle wichtigen gegenständlichen Momente des Stoffgebietes von verschiedenen Seiten vorgeführt werden. Wir erhalten eine Reihe von Zustandsbildern, von Stilleben, die nur stofflich gegenständlich miteinander zusammenhängen, die ihrer inneren Logik nach nebeneinander stehen, nicht einmal nacheinander, geschweige denn auseinander folgen. Die sogenannte Handlung ist nur ein dünner Faden, an dem die Zustandsbilder aufgereiht werden, sie schafft eine oberflächliche, im Leben unwirksame, dichterisch zufällige zeitliche Aufeinanderfolge der einzelnen Zustandsbilder. Die künstlerische Variationsmöglichkeit einer solchen Kompositionsart ist gering. Die Schriftsteller müssen sich darum bemühen, mit der Neuheit des dargestellten Stoffgebietes, mit der Originalität der Beschreibung die angeborene Eintönigkeit dieser Kompositionsart vergessen zu lassen.

Nicht viel besser ist es um die Variationsmöglichkeit der Romane bestellt, die aus dem Geist des falschen Subjektivismus entstanden sind. Das Schema solcher Kompositionen ist die unmittelbare Spiegelung des Grunderlebnisses der modernen Schriftsteller: die Enttäuschung. Es werden subjektive Hoffnungen psychologisch beschrieben, und dann wird bei der Beschreibung verschiedener Lebensetappen das Zerschellen der Hoffnungen an der Roheit und Brutalität des kapitalistischen Lebens geschildert. Hier ist freilich ein zeitliches Nacheinander thematisch gegeben. Aber einerseits ist stets ein und dasselbe zeitliche Nacheinander da, anderseits ist die Gegenüberstellung von Subjekt und Welt so starr und schroff, daß keine bewegte Wechselwirkung entstehen kann. Die höchste Entwicklungsstufe des Subjektivismus im modernen Roman (Joyce, Dos Passos) verwandelt auch tatsächlich das ganze Innenleben der Menschen in eine stehende, dinghafte Zuständlichkeit. Sie nähert paradoxerweise den extremen Subjektivismus wieder der toten Dinghaftigkeit des falschen Objektivismus.

So führt die beschreibende Methode zu einer kompositionellen Eintönigkeit, während die erzählte Fabel eine unendliche Abwechslung der Komposition nicht nur zuläßt, sondern fördert und befördert.

Aber ist diese Entwicklung nicht unvermeidlich? Gut, sie zerstört die alte epische Komposition; gut, die neue Komposition ist der alten dichterisch nicht gleichwertig, all dies zugegeben — gibt aber nicht gerade diese neue Form der Komposition das angemessene Bild des „fertigen" Kapitalismus? Gut, sie ist unmenschlich, sie macht aus dem Menschen ein Zubehör der Dinge, einen Zustand, ein Stück im Stilleben — ist das aber nicht gerade das, was eben der Kapitalismus mit dem Menschen in der Wirklichkeit macht?

Das klingt bestechend, ist aber trotzdem unrichtig.

Vor allem lebt in der bürgerlichen Gesellschaft auch das Proletariat. Marx betont scharf den Unterschied in der Reaktion der Bourgeoisie und des Proletariats auf die Unmenschlichkeit des Kapitalismus. „Die besitzende Klasse und die Klasse des Proletariats stellen dieselbe menschliche Selbstentfremdung dar. Aber die erste Klasse fühlt sich in dieser Selbstentfremdung wohl und bestätigt, weiß die Entfremdung als *ihre eigene Macht,* und besitzt in ihr den *Schein* einer menschlichen Existenz; die zweite fühlt sich in der Entfremdung vernichtet, erblickt in ihr ihre Ohnmacht und die Wirklichkeit einer unmenschlichen Existenz." Und im weiteren zeigt Marx die

Bedeutung der *Empörung* des Proletariats gegen die Unmenschlichkeit dieser Selbstentfremdung.

Wird aber diese Empörung dichterisch gestaltet, so ist das Stilleben der beschreibenden Manier in die Luft gesprengt, die Notwendigkeit der Fabel, der erzählenden Methode entsteht von selbst. Man kann sich hier nicht nur auf Gorkis Meisterwerk „Die Mutter" berufen; auch Romane wie „Pelle der Eroberer" von Andersen Nexö zeigen einen solchen Bruch mit der modernen Beschreibungsmanier. (Selbstverständlich entspringt diese Darstellungsart aus der nichtisolierten Lebensweise der mit dem Klassenkampf des Proletariats verbundenen Schriftsteller.)

Existiert aber die von Marx geschilderte Empörung gegen die Entfremdung der Menschen im Kapitalismus nur bei den Arbeitern? Selbstverständlich nicht. Die Unterwerfung aller Werktätigen unter die wirtschaftlichen Formen des Kapitalismus läuft in der Wirklichkeit als Kampf ab, löst bei den Werktätigen die verschiedensten Formen der Empörung aus. Und sogar ein nicht unbeträchtlicher Teil des Bürgertums wird zur bourgeoisen Entmenschung nur allmählich, nur nach erbitterten Kämpfen „erzogen". Die neuere bürgerliche Literatur zeugt hier gegen sich selbst. Ihre bezeichnende Stoffwahl, die Gestaltung der Enttäuschung, der Desillusion, zeigt, daß hier eine Auflehnung vorhanden ist. Jeder Desillusionsroman ist die Geschichte einer solchen gescheiterten Auflehnung.

Aber die Auflehnung ist oberflächlich konzipiert und darum ohne wirkliche Kraft gestaltet.

Das „fertige" Wesen des Kapitalismus bedeutet selbstverständlich nicht, daß nunmehr alles fix und fertig wäre, daß Kampf und Entwicklung auch im Leben des Einzelmenschen aufgehört hätten. Die „Fertigkeit" des kapitalistischen Systems bedeutet nur, daß es sich ständig als solches, auf immer höherer Stufe der „fertigen" Unmenschlichkeit reproduziert. Aber das System reproduziert sich ununterbrochen, und dieser Reproduktionsvorgang ist in der Wirklichkeit eine Kette von erbitterten, von wütenden Kämpfen — auch im Leben des einzelnen Menschen, der zum unmenschlichen Zubehör des kapitalistischen Systems erst gemacht wird, nicht aber als solches auf die Welt kommt.

Hier liegt die weltanschaulich und dichterisch entscheidende

Schwäche der Schriftsteller der beschreibenden Methode. Sie kapitulieren kampflos vor den fertigen Ergebnissen, vor den fertigen Erscheinungsformen der kapitalistischen Wirklichkeit. Sie sehen in ihnen nur das Ergebnis, nicht aber den Kampf entgegengesetzter Kräfte. Und auch dort, wo sie scheinbar eine Entwicklung darstellen — in den Desillusionsromanen — wird der Endsieg der kapitalistischen Unmenschlichkeit vorweggenommen. Das heißt, es wird nicht ein im Sinne des „fertigen" Kapitalismus erstarrter Mensch im Laufe des Romans erzeugt, sondern die Gestalt zeigt von Anfang an die Züge, die nur als Ergebnis des ganzen Vorgangs in Erscheinung treten dürften. Darum wirkt das Gefühl, das im Laufe des Romans enttäuscht wird, so schwach, bloß subjektiv. Nicht ein lebendiger Mensch, den wir als lebendigen kennen und lieben lernen, wird im Laufe des Romans vom Kapitalismus seelisch ermordet, sondern ein Toter wandelt durch die Kulissen der Zustandsbilder mit ständig wachsender Bewußtheit seines Gestorbenseins. Der Fatalismus der Schriftsteller, ihre — wenn auch zähneknirschende — Kapitulation vor der Unmenschlichkeit des Kapitalismus bestimmt die Entwicklungslosigkeit dieser „Entwicklungsromane".

Darum ist es unrichtig zu meinen, daß diese Darstellungsmethode den Kapitalismus in seiner Unmenschlichkeit angemessen spiegelt. Im Gegenteil! Die Schriftsteller schwächen die Unmenschlichkeit des Kapitalismus unfreiwillig ab. Denn das traurige Schicksal, daß die Menschen ohne bewegtes Innenleben, ohne lebendige Menschlichkeit und menschliche Entwicklung existieren, ist weit weniger empörend und aufreizend als die Tatsache, daß vom Kapitalismus täglich und stündlich Tausende von lebendigen Menschen mit unendlichen menschlichen Möglichkeiten in „lebende Leichname" verwandelt werden.

Man vergleiche die Romane Maxim Gorkis, die das Leben des Bürgertums darstellen, mit den Werken des modernen Realismus, und man sieht den Gegensatz lebhaft vor sich. Man sieht, daß der moderne Realismus, die Methode der Beobachtung und der Beschreibung durch den Verlust der Fähigkeit, die wirkliche Bewegung des Lebensvorgangs zu gestalten, die kapitalistische Wirklichkeit abgeschwächt und verkleinlicht, unangemessen spiegelt. Die Entwürdigung und Verkrüpplung des Menschen durch den Kapitalismus ist tragischer, die Bestialität des Kapitalismus ist niederträchtiger, wilder und grausamer als das Bild, das selbst die besten Romane dieser Art geben können. Es würde freilich den Sachverhalt unzulässig vereinfachen, wollte man behaupten, die ganze moderne Literatur hätte vor der Fetischisierung und Entmenschlichung des Lebens durch den „fertigen" Kapitalismus kampflos kapituliert. Wir haben ja bereits darauf hingewiesen, daß der ganze französische Naturalismus der Periode nach 1848 seiner subjektiven Absicht nach eine Protestbewegung gegen diesen Vorgang darstellt. Und man kann auch in den späteren literarischen Richtungen des niedergehenden Kapitalismus immer wieder beobachten, daß die verschiedenen literarischen Bestrebungen bei ihren bedeutenden Vertretern mit solchen Proteststimmungen verknüpft waren. Die menschlich und künstlerisch bedeutenden Vertreter der verschiedenen formalistischen Absichten wollten zumeist die Bedeutungslosigkeit des kapitalistischen Lebens dichterisch bekämpfen. Wenn man zum Beispiel den Symbolismus des späten Ibsen betrachtet, so erkennt man deutlich die Revolte gegen die Eintönigkeit des bürgerlichen Alltagslebens. Nur müssen diese Revolten überall künstlerisch ergebnislos verlaufen, wo sie nicht bis zur menschlichen Grundlage der Bedeutungslosigkeit des menschlichen Lebens im Kapitalismus gelangen, wo sie nicht imstande sind, den wirklichen Kampf des Menschen um die sinnvolle Gestaltung seines Lebens im Leben mitzuerleben, weltanschaulich zu begreifen und dichterisch darzustellen.

Darum ist die literarische und literaturtheoretische Bedeutung des humanistischen Aufstandes der besten Intellektuellen der kapitalistischen Welt von so großer Bedeutung. Bei der außerordentlichen Verschiedenheit der Strömungen und der bedeutenden Persönlichkeiten dieses Humanismus würde eine auch nur andeutende Analyse den Rahmen dieser Abhandlung sprengen. Es sei nur kurz darauf hingewiesen, daß schon in der offenen humanistischen Revolte Romain Rollands, in der satirischen Selbstauflösung des isolierten und isolierenden Egoismus bei André Gide gelegentlich Bestrebungen vorhanden sind, über die literarischen Traditionen der bürgerlichen Literatur nach 1848 hinauszugehen. Und die Erstarkung des Humanismus durch den Sieg des Sozialismus in der Sowjetunion, die Konkretisierung seiner Ziele, die Verschärfung seines Kampfes gegen die faschistische Bestialität als höchste Form der kapitalistischen Unmenschlichkeit haben diese Bestrebungen auch theoretisch auf ein höheres Niveau gehoben. In den theoretischen Aufsätzen der letzten Jahre, z. B. bei J. R. Bloch, zeigt sich der Anfang einer grundsätzlichen Kritik der Kunst der zweiten Hälfte des neunzehnten Jahrhunderts und der des zwanzigsten. Selbstverständlich ist auch dieser kritische Kampf noch nicht zum Abschluß gelangt, er hat noch nicht überall eine prinzipielle Klarheit errungen, aber die Tatsache eines solchen Kampfes, einer solchen grundsätzlichen Abrechnung mit der Periode der Dekadenz ist ein historisches Merkmal von nicht unbeträchtlicher Bedeutung.

VII

Dieser Kampf ist aber auch in der Sowjetunion noch lange nicht entschieden. Wir sehen einen sehr interessanten, aber für uns Schriftsteller ziemlich beschämenden Gegensatz, den die ungleichmäßige Entwicklung hervorgebracht hat. Auf der einen Seite wirkt der ungeheure Aufschwung der sozialistischen Wirtschaft, die rapide Ausbreitung der proletarischen Demokratie, das Auftauchen vieler bedeutender Persönlichkeiten mit großem Schwung aus den Massen, das Wachstum des proletarischen Humanismus in der Praxis des werktätigen Volkes und seiner Führer gewaltig und revolutionierend auf das Bewußtsein der besten Intellektuellen der kapitalistischen Welt. Auf der anderen Seite sehen wir, daß unsere Sowjetliteratur noch nicht die ihre Entwicklung hemmenden Reste der Überlieferungen der niedergehenden Bourgeoisie überwunden hat.

Ja, sie hat sogar den Weg zur wirklichen Überwindung dieser Reste noch nicht entschieden genug beschritten. Die Diskussion im Schriftstellerverband über Naturalismus und Formalismus zeigt am klarsten, einen wie kurzen Weg auch Rußland bis jetzt zurückgelegt hat. Trotz der großen Klarheit der Artikel der „Prawda" hat die Diskussion die prinzipiellen Fragen von Naturalismus und Formalismus kaum gestreift. Wenn Olescha Joyce formal interessanter gefunden hat als Maxim Gorki, so zeigt dies schlagend, wie wenig einigen Schriftstellern bis jetzt das Problem der Form überhaupt klar geworden ist, wie sehr sie — befangen in spätbürgerlichen und

Bogdanowschen Überlieferungen — noch immer die Form mit der Technik verwechseln. Und von dem Zusammenhang der Formfragen mit denen der Vertiefung der Weltanschauung, der Ablösung bürgerlicher Überreste auf dem Gebiete der Weltanschauung war so gut wie überhaupt nicht die Rede, und wenn doch, dann in einer vulgarisierenden Form, die nur zur Verwirrung der Probleme beitragen konnte: wenn einige in Naturalismus und Formalismus direkt der Sowjetmacht feindliche Richtungen erblickt haben.

Wir können also mit Recht die Frage aufwerfen, ob jene Kritik, die wir an der Methode des bloßen Beobachtens und der herrschenden Beschreibung der bürgerlichen Literatur nach 1848 ausgeübt haben, auch für die Sowjetliteratur gilt? Leider müssen wir diese Frage bejahen.

Man denke an die Kompositionen der Mehrzahl unserer Romane. Sie sind zumeist sachlich-stofflicher Art in naturalistischem Sinne des Zolaschen Dokumentenromans — der Aufputz mit noch moderneren „Errungenschaften der neuesten Technik" kann an dieser Grundtatsache nichts ändern. Sie gestalten in erster Reihe nicht Menschenschicksale, nicht Beziehungen zwischen den Menschen, die durch die Dinge vermittelt werden, sondern sie geben Monographien eines Kolchos, einer Fabrik usw. Die Menschen bilden zumeist nur „Zubehör", Illustrationsmaterial für die sachlichen Zusammenhänge.

Natürlich wirken hier nicht bloß naturalistische Traditionen. Wir haben schon im Laufe unserer bisherigen Darlegungen darauf hingewiesen, daß der Naturalismus notwendig in formalistische Bestrebungen umschlägt (Symbol). Fügen wir aber noch hinzu, daß die gegen den Naturalismus oppositionell gesinnten formalistischen Bestrebungen in weltanschaulicher Hinsicht dieselbe flache Stellung zu allen wichtigen Fragen einnehmen wie der Naturalismus selbst. Die Beziehung von Mensch und Gesellschaft, von Individuum und Kollektiv ist in Expressionismus und Futurismus mindestens ebenso verzerrt, abstrakt, fetischistisch wie im Naturalismus selbst. Und die pseudorealistische Strömung des Nachkriegsimperialismus, die „neue Sachlichkeit" mit ihrer verarmten Erneuerung der Dokumentenliteratur bildet vielleicht ein noch schädlicheres Erbe als der alte Naturalismus selbst. Denn die Herrschaft der Dinge über den Menschen in der Gestaltung prägt sich in diesen neueren formalistischen und pseudorealistischen Richtungen womöglich noch schärfer, noch seelenloser, noch unmenschlicher aus.

Vor einigen Jahren wurde zum Beispiel folgende theoretische Prinzipienerklärung veröffentlicht, die wegen ihrer Aufrichtigkeit hier als wertvoller Beleg dienen kann. Sie lautet: „Die Zeitung gab mir das Interview als Arbeitsmethode. Das Studium der Romane der Koveyer Ampa rief ein erhöhtes Interesse für die Biographie der Dinge hervor. Es schien mir eine Zeitlang, als ob ein Ding, dem man während seiner Reise durch die Hände der Menschen folgt, *mehr über eine Epoche erzählen könne als ein psychologischer Roman.*" (Hervorhebung von mir. G. L.)

Natürlich wird die Theorie einer solchen „Biographie der Dinge" selten so offen proklamiert und auch nicht so kraß fetischistisch verwirklicht wie hier. Aber es handelt sich hier doch nur um das Extrem einer allgemein vorhandenen Richtung. Die kompositionelle Einheit mancher der russischen Romane bildet doch die Biographie eines dinglich-stofflichen Komplexes, und die Menschen, die in ihm auftreten, liefern bloß das Illustrationsmaterial dafür.

Damit hängt die Eintönigkeit ihrer Komposition zusammen. Kaum hat man die meisten solcher Romane zu lesen angefangen, weiß man schon den ganzen Verlauf: in einer Fabrik arbeiten Schädlinge; es ist eine fürchterliche Verwirrung da, schließlich deckt die Parteizelle oder die GPU das Nest des Schädlingstums auf, und die Produktion blüht; oder: infolge der Sabotage der Kulaken arbeitet der Kolchos nicht, dem kommandierten Arbeiter oder der MTS gelingt es, ihre Sabotage zu brechen, und wir sehen den Aufschwung des Kolchos.

Selbstverständlich waren dies die typischen Stoffe einer Entwicklungsetappe. Und es ist gar nichts dagegen zu sagen, daß sehr viele Schriftsteller diese Stoffe bearbeitet haben. Im Gegenteil. Es zeigt aber den niedrigen Stand der literarischen Kultur, daß viele Schriftsteller eine sozial mehr oder weniger richtige Formulierung des Themas mit der Erfindung einer Fabel verwechseln. Die eigentliche schriftstellerische Arbeit der Erfindung, der Komposition hätte dort beginnen sollen, wo die meisten Schriftsteller ihr Werk schon für literarisch vollendet halten. Diese Verwechslung des Themas mit der Fabel, besser gesagt, dieser Ersatz der Fabel durch die stofflich vollständige Beschreibung aller Dinge, die zum Thema gehören, ist ein wesentliches Erbstück des Naturalismus.

Die Bedeutung der Fabel liegt nicht in erster Reihe darin, daß sie bunt und abwechslungsreich ist. Diese Qualitäten der guten Fabel stammen vielmehr daraus, daß nur mit Hilfe der Fabel die wirklich menschlichen, individuellen wie typischen Züge einer Gestalt bewegt und lebendig werden können, während die Eintönigkeit der bloß beschreibenden Darlegung des Themas keine Möglichkeit bietet, entfaltete und individuelle Menschen zu gestalten. Die wirkliche Vielgestalt, der unendliche Reichtum des Lebens muß verlorengehen, wenn die komplizierte Verschlungenheit jener Wege und Umwege, auf denen die individuellen Menschen das Allgemeine bewußt oder unbewußt, gewollt oder ungewollt verwirklichen, ungestaltet bleibt. Das nackte Thema kann nur den gesellschaftlich notwendigen Weg zeigen, ohne ihn als Ergebnis der unendlich vielen sich kreuzenden Zufälligkeiten darzustellen. In den sowjetischen Romanen ist diese gesellschaftliche Notwendigkeit des Themas ziemlich eindeutig und einlinig. Ein wichtiger Grund mehr für die Schriftsteller, nicht bei der bloßen Formulierung des Themas stehenzubleiben, sondern individuelle Fabeln zu erfinden. Der Mangel solcher Fabeln liegt weniger an dem Mangel an Begabung der Schriftsteller als daran, daß sie, in falschen Theorien und Überlieferungen befangen, diese Notwendigkeit überhaupt nicht kennen.

Die Komposition unserer Romane ist ebenso schematisch wie die der Naturalisten der Zolaschule — nur mit verkehrten Vorzeichen. Dort wurde die Nichtigkeit eines kapitalistischen Sachkomplexes entlarvt und etwa gezeigt, welche Niederträchtigkeit sich hinter dem Glanz der Börse und der Banken verbirgt. Bei einigen Sowjetschriftstellern werden die Vorzeichen umgekehrt. Das verborgene und unterdrückte richtige Prinzip erringt am Ende den Sieg. Aber der Weg ist in beiden Fällen in gleichem Maße abstrakt-schematisch. Das gesellschaftlich-geschichtlich Richtige gelangt schriftstellerisch nicht überzeugend zum Ausdruck.

Das Fehlen einer individuellen Fabel hat zur Folge, daß die Menschen zu blassen Schemen werden. Denn die Menschen bekommen eine wirkliche Physiognomie, wirklich menschliche Umrisse nur dadurch, daß wir ihre Taten miterleben. Weder eine breite psychologische Beschreibung ihres Innenlebens, noch eine breite „soziologische" Beschreibung allgemeiner Zustände kann dafür Ersatz bieten. Und das versuchen solche Romane. Die Menschen laufen in diesen Büchern aufgeregt durcheinander, diskutieren aufgeregt über Gegenstände, deren Wichtigkeit für sie, für ihr persönliches Schicksal in den Büchern selbst nicht gestaltet wurde. All diese Gegenstände sind selbstverständlich objektiv von höchster Wichtigkeit. Aber die objektive Wichtigkeit gewinnt schriftstellerisch nur dann ein Leben, kann den Leser nur dann überzeugen und mitreißen, wenn der persönliche Zusammenhang dieser Gegenstände mit dem menschlich vertraut gewordenen Helden individuell (das heißt durch Handlung, durch Fabel) gestaltet wurde. Da das fehlt, werden die Menschen fast ausnahmslos zu Episodenfiguren in zuständlichen Bildern. Sie tauchen auf, sie tauchen unter, ohne daß ihr Auftreten oder ihr Verschwinden ein wirkliches Interesse erregen könnte.

Wiederum wird der „moderne Leser" fragen: aber ist es nicht so in der Wirklichkeit? Die Menschen werden irgendwo hinkommandiert, dann wieder abkommandiert, Delegationen kommen, Sitzungen werden abgehalten usw. Die gestalteten Beziehungen der Menschen entsprechen unserer Wirklichkeit. Ilja Ehrenburg verteidigt die Auflösung der wirklichen epischen Form mit fast genau denselben Argumenten, die die modernen westlichen Formalisten anzuführen pflegen. Die alte klassische Form entspräche nicht mehr der „Dynamik" des neuen Lebens. Dabei ist es für den Formalismus der Konzeption und der Argumentation bezeichnend, daß in dem einen Fall die „Dynamik" des Lebens des Chaos des verfaulenden Kapitalismus, im anderen Fall dieselbe „Dynamik" den Aufbau des Sozialismus, die Entstehung des neuen Menschen bedeuten soll. „Die Klassiker", sagte Ehrenburg auf dem Moskauer Schriftstellerkongreß, „schilderten gefestigte Lebensformen und Helden. Wir schildern das Leben in seiner Bewegung. Daher erfordert die Form eines klassischen, in unsere Gegenwart versetzten Romans vom Autor falsche Bindungen und, namentlich, falsche Lösungen. Das Aufblühen der Reportagen, Skizzen, das gewaltige Interesse des Künstlers für lebendige Menschen, all diese stenographischen Aufzeichnungen, Beichten, Protokolle und Tagebücher sind kein Zufall."

Das ist genau die Beschreibung des Stils von Dos Passos durch

Sinclair Lewis. Wir haben diese Frage also schon damals beantwortet. Ja, die Oberfläche der Wirklichkeit erscheint tatsächlich so. Sie ist aber nie anders erschienen, und die bürgerlichen Schriftsteller, die schriftstellerisch nicht über diese Oberfläche hinausgingen, konnten für ihre Menschen niemals wirkliches Interesse wecken, konnten nur Episodenfiguren gestalten. Man nehme eine einfache Episode aus dem Werk eines großen Schriftstellers. Etwa den Tod Andrej Bolkonskis in „Krieg und Frieden". Der verwundete Andrej Bolkonski wird in dem Zimmer operiert, in dem man Anatol Kuragin das Bein amputiert. Er wird dann nach Moskau transportiert und zufällig ins Rostowsche Haus gebracht. Ist die Wirklichkeit so? Ja, sie kann so sein, wenn der große Schriftsteller die Zufälligkeiten des Lebens dazu benützt, um das menschlich Notwendige seiner Gestalten zum Ausdruck zu bringen. Aber dazu muß er einen Blick für das Leben haben, der über die Beschreibung der großen Oberfläche, über die abstrakte Darlegung noch so richtig beobachteter gesellschaftlicher Erscheinungen hinausgeht, einen Blick, der gerade zwischen den beiden den Zusammenhang sieht und diesen Zusammenhang dichterisch zu einer Fabel zusammenfaßt. Dieses Bedürfnis erlischt infolge des allgemeinen ideologischen Niedergangs der bürgerlichen Klasse. Der eigenartige Widerspruch unserer literarischen Lage besteht darin, daß das Leben all diese Fragen immer deutlicher aufwirft, ein Teil der Literatur jedoch mit einer Zähigkeit, die einer besseren Sache würdig wäre, an der zur Methode erhobenen Oberflächlichkeit der Dekadenz der bürgerlichen Literatur festhält. Zum Glück natürlich nicht die ganze Literatur. Die bedeutendsten russischen Schriftsteller fühlen die Notwendigkeit der vertieften Gestaltung des neuen Lebens und streben immer energischer der individuellen Fabel zu. Besonders deutlich ist diese Absicht in den letzten Werken von Fadejew zu erkennen.

Diese Frage ist keine literarische im technischen Sinn. Der neue Mensch kann unmöglich aus dieser Episodenkunst heraus gestaltet werden. Wir müssen genau wissen, wir müssen menschlich erleben, woher er gekommen ist und wie sein menschliches Wachstum erfolgt ist. Die Beschreibung der Vergangenheit und die Beschreibung des „fertigen" neuen Menschen als gegensätzliche Zustandsbilder bleiben schriftstellerisch trivial. Und diese Trivialität wird nicht aufgehoben, wenn man sie in phantastische Formen kleidet, wenn sie als rätselhaftes Ergebnis unbekannter Voraussetzungen erscheint. So wirkt z. B. der „Rothaarige" in Schaginjans „Wasserkraftwerk" bei seinem ersten Auftreten ungemein interessant. Da aber Schaginjan weder erzählt, wie er zu einem solchen Menschen geworden ist, noch seine interessant exponierten Eigenschaften sich in einer individuellen Fabel entfalten läßt, verblaßt das Interesse; statt der grauen Trivialität erhalten wir bloß eine in vielen Farben schillernde.

Viele Schriftsteller empfinden immer stärker das Bedürfnis, das Innenleben ihrer Gestalten bekanntzugeben. Das ist ohne Frage ein Schritt vorwärts im Vergleich zu den Anfängen der Sowjetliteratur.

Es darf aber nicht vergessen werden, daß dieses Innenleben in einem Roman ebenfalls nur im Zusammenhang mit der Fabel, als Voraussetzung, als Etappe oder als Ergebnis einer individuellen Handlung bedeutsam werden kann. An sich ist die zuständliche Schilderung des Innenlebens ebenso ein Stilleben, wie die Beschreibung der Dinge. Gladkow gibt in seiner „Energie" das ausführliche Tagebuch einer Gestalt. Aber diese Gestalt spielt weder vorher noch nachher eine wichtige Rolle in der Handlung. Was die Handlung betrifft, so ist für den Leser die Kenntnis des Tagebuchs keine Notwendigkeit. Es bleibt bloßes „Dokument", bloße Beschreibung eines Zustandes und erhebt den Tagebuchschreiber für keinen Augenblick über das Niveau des Episodischen.

Die Methode der Beschreibung nimmt diesen Romanen jede Spannung. Die Dialektik der gesellschaftlichen Entwicklung bringt es ja mit sich, daß das Ende der Verwickelungen für den Leser im vorhinein feststeht. Das wäre, wie wir wissen, vom Standpunkt der echten Erzählung kein Hindernis einer wirklichen Spannung, könnte sogar der Spannung einen echt epischen Charakter geben — aber nur dann, wenn das im voraus bekannte Ende sich im Laufe einer Kette von interessanten Menschenschicksalen allmählich enthüllt, bald ganz in der Nähe zu sein scheint, bald in die Ferne rückt usw.

Bei der beschreibenden Methode gibt es keine solche Spannung. Allgemein gesellschaftlich, d. h. vom schriftstellerischen Standpunkt aus gesehen, abstrakt, steht das Ende fest. Aber es gibt keine Linienführung der Fabel diesem Ende zu. Die Etappen sind im allgemeinen von einer Ratlosigkeit der Menschen gegenüber den Ereignissen erfüllt, aus der „plötzlich" die Wendung herausspringt. Die Widersprüche der beschreibenden Methode kommen hier kraß zur Geltung. Insbesondere dann, wenn, was viele unserer Schriftsteller tun — die Beschreibung vom Standpunkt der handelnden Figur aus erfolgt. Denn dann entsteht das Bild eines Zustandes, eines Komplexes von Dingen und mit ihnen beschäftigten Menschen, die von einem ratlosen Beobachter aus beschrieben werden, von einem Beobachter aus, der sich in den wesentlichen Fragen nicht auskennt. Und wenn die Gegenstände „objektiv", also vom Standpunkt der allgemeinen Thematik aus beschrieben werden, haben die Beschreibungen keinen inneren Zusammenhang mit den Figuren, drücken die Figuren noch mehr auf das Niveau des Episodischen herab.

So erscheint der neue Mensch in solchen Romanen nicht als der Beherrscher der Dinge, sondern als ihr Zubehör, als menschlicher Bestandteil eines monumentalisierten Stillebens. Hier widerspricht die herrschende Methode der Beschreibung der historischen Grundtatsache unserer großen Epoche. Selbstverständlich wird in allen diesen Büchern behauptet, daß der Mensch zum Beherrscher der Dinge geworden ist, und er wird auch als solcher beschrieben. Das nützt aber künstlerisch nichts. Das Verhältnis von Mensch und Außenwelt, die menschliche Kraft im Kampf mit der Außenwelt kann eben nur im wirklich gestalteten Kampf Ausdruck finden. Wird der Kampf von Notwendigkeit und Freiheit episch richtig, mit der maximal gestalteten menschlichen Kraftentfaltung erzählt, so erhalten auch die unterliegenden Gestalten menschliche Größe. Die Helden Balzacs scheitern in ihrer Mehrzahl am Leben, die Helden von Gorkis „Mutter" werden körperlich mißhandelt und ins Gefängnis geworfen — trotzdem erscheint bei ihnen eine gewaltige Kraftentfaltung, bei den letzteren sogar eine Meisterung des Lebens, während der beschriebene Zustand der Beherrschung der Dinge künstlerisch doch den Dingen das Übergewicht über die Menschen verleiht.

Wir haben gesagt: Naturalismus und Formalismus haben die kapitalistische Wirklichkeit verkleinlicht, seine Fürchterlichkeit schwächlicher und trivialer geschildert, als sie wirklich ist.

Die Reste des Naturalismus und Formalismus, die Methoden der

Beobachtung und Beschreibung verkleinlichen, veräußerlichen den größten Umwälzungsvorgang der Menschheit.

Wie die bürgerlichen Schriftsteller, die sich dieser Methode bedienen, instinktiv den Mangel an innerer Bedeutung ihrer Beschreibungen fühlen, so auch die russischen. Und so wie bei jenen aus dem Versuch, die innere Bedeutungslosigkeit der dargestellten Menschen und Ereignisse mit künstlichen, mit rein darstellerischen Mitteln aufzuheben, das Symbol eingeführt wurde, so auch bei einigen proletarischen. Man könnte dafür manche Beispiele des falschen Tiefsinns, der aufgebauschten Trivialität anführen. Das ist um so trauriger, als solche Dinge sehr oft bei Schriftstellern vorkommen, die durchaus die Fähigkeit hätten, ihren Erzählungen von innen heraus eine wirkliche Bedeutung zu geben — gerade an der großen russischen Wirklichkeit gemessen, wirkt das Symbol als ein armseliger Ersatz für innere Poesie. Und gerade darum muß diese Manie durch die schärfste Kritik ausgerottet werden. Man denke etwa an das Aufbauschen harmloser Beeren zum Symbol des Blutes in Iljenkows „Triebachse", an die Personifizierung des Gebirgsbaches bei Schaginjan und insbesondere an die Schlußzeilen von Gladkows neuem Roman:

„Die Drähte auf den Masten sangen mit fernen Stimmen, als verstumme ein leiser Akkord irgendeines nicht zu Ende geführten Oratoriums. Auf den Zufahrtstraßen hinter den Felsen riefen Frauen- und Männerstimmen einander etwas zu, wahrscheinlich waren es Weichensteller.

‚... Leit den Zug auf das obere Gleis ... auf das obere ...', ‚Ja ... ich weiß schon, auf das neue ... das zum Damm führt ...'

Ja, dachte Miron, in die blaue Morgendämmerung blickend, ja, auf ein neues Gleis ... Das Leben zieht immer neue Bahnen."

Es ist verständlich, ja fast tragisch, wenn ein Zola oder Ibsen aus Verzweiflung über die innere Nichtigkeit des zu gestaltenden kapitalistischen Alltagslebens zum Mittel des Symbolisierens greifen. Für Schriftsteller, deren Stoff diese ungeheuer große Wirklichkeit ist, gibt es keine Entschuldigung.

Alle diese Darstellungsweisen sind Überreste des Kapitalismus. Aber Überreste im Bewußtsein deuten immer auf solche im Sein. Schon auf dem Kongreß der Komsomolzen wurde die Lebensweise der Schriftsteller einer ernsten Kritik unterworfen. Hier kann nur die Frage aufgeworfen werden, ob nicht die so beharrliche Remanenz des Typus des „Beobachters" in unserem Schrifttum tiefe Wurzeln im Leben der Schriftsteller selbst haben muß. Und es handelt sich dabei nicht nur um den einfachen, sich direkt anarchistisch äußernden Individualismus, der die Vereinzelung bezweckt. Auch das ad hoc studierte Dokument, das reportageartige Verhalten zu den Problemen der Epik, die nach Zolascher Manier „steckbriefmäßige" Beschreibung der Figuren gehören hierher. All dies weist darauf hin, daß auch russische Schriftsteller noch nicht aus einem reichen, erlebten Lebensstoff schöpfen, aus dem große Erzählungen entstehen können, sondern mit bestimmtem Ziel Beobachtungen sammeln und ordnen und sie nackt reportagehaft oder lyrisch-symbolisch verbrämt beschreiben.

Selbstverständlich gibt es nicht wenige Schriftsteller, die vollständig anders gestalten. Wenn man aber ihre Beziehung zu der Lebensgrundlage untersuchen würde, aus der sie ihre Stoffe schöpfen, so würde man ein grundlegend verschiedenes Verhalten zum Leben selbst sehen. Es genügt, auf die Kunst und auf das Leben Scholochows hinzuweisen.

So ist auch in der Sowjetunion der Gegensatz von Mitleben oder Beobachten, von Erzählen oder Beschreiben ein Problem der Beziehung des Schriftstellers zum Leben. Aber was für einen Flaubert eine tragische Lage war, ist in der Sowjetunion einfach etwas Fehlerhaftes, ein unüberwundener Rest des Kapitalismus.

Er kann überwunden werden und muß überwunden werden.

OBJEKTIVITÄT, SUBJEKTIVITÄT
UND ERZÄHLKUNST.
ZUR ROMANTHEORIE FRIEDRICH SPIELHAGENS

Von WINFRIED HELLMANN

Die folgende Untersuchung gilt der zu ihrer Zeit einflußreichen, heute nicht vergessenen, aber sachlich wenig bekannten Romantheorie Friedrich Spielhagens, die jedoch nicht um ihrer selbst willen interessiert, etwa als eine Theorie des ‚objektiven Erzählens' neben anderen, neben beispielsweise Otto Ludwigs Studien. Unsere Interpretation ist vielmehr an einer allgemeineren Problematik orientiert, die an dem konkreten Material beispielhaft verdeutlicht werden soll, das in Spielhagens Ansichten, Thesen und Forderungen historisch vorliegt. Leitend ist die Frage nach dem geschichtlichen Zusammenhang, in dem selbst spezielle Formen des Erzählens stehen, und nach der geschichtlichen Wirklichkeit, die sie als Voraussetzung trägt, aber auch so weitgehend in Frage stellen kann, daß sie aufhören, dichterisch noch irgend etwas zu bedeuten, da sie als Formen leer geworden sind und nichts mehr ausdrücken, selbst nichts mehr bedeuten. Auf dieses Problem weist die ‚objektive Darstellung' Spielhagens hin. Als bloße Erzähltechnik vielleicht zeitlos möglich, wird sie in der zweiten Hälfte des 19. Jahrhunderts dennoch zur Fassade, und ihre „Objektivität" dient nur dazu, die tatsächliche Subjektivität zu verbergen.

1

Die einst so erfolgreichen Romane Spielhagens werden heute kaum noch gelesen, und das mit Recht. Daß sie „heutzutage einen etwas veralteten und verstaubten Eindruck" machen, ist im Grunde ein mehr als großzügiges Urteil[1]. Kaum noch nachzufühlen aber ist die „wirklich Goethesche Kraft und Anschaulichkeit", die der junge Nietzsche 1865 an den „Problematischen Naturen" rühmt[2]. Etwas anders verhält es sich mit dem Nachleben von Spielhagens Romantheorie, auf die auch neueste Veröffentlichungen immer noch eingehen[3]. Und zwar nicht in Form einer historischen Beschreibung und Darstellung — das wäre nicht weiter bemerkenswert —, sondern in Form einer, wenn auch mehr beiläufigen Auseinandersetzung vorwiegend systematischen Charakters. Das heißt, Spielhagens Theorie wird so betrachtet, als sei sie das tatsächlich, was zu sein sie beansprucht: eine mehr oder weniger übergeschichtliche Aussage über das Wesen des Romans und nicht nur ein Moment in der Geschichte des Romans und seiner Theorie, ganz bestimmten geschichtlichen Zusammenhängen zugeordnet und an deren Voraussetzungen gebunden. Ergibt sich von hier aus die Frage, ob man ihr damit nicht zuviel Ehre antut, berechtigt eine andere Tatsache zu der Überlegung, ob man sie im übrigen nicht zu leicht abtut. Hiermit ist die Neigung der Spielhagen-Kritik gemeint, sich hauptsächlich auf eine — inhaltlich durchaus richtige — Ablehnung und Widerlegung seiner These zu beschränken, daß der epische Dichter in seinem Werk nicht hervortreten dürfe. Darauf werden seine theoretischen Ansichten vor allem reduziert, man möchte fast sagen: aus Tradition. Denn immer wieder ist es dies Problem, das die Diskussion vor allem berücksichtigt — über Robert Petsch, R. Koskimies und Oskar Walzel läßt sich das bis hin zum Ursprung, bis zu Wilhelm Scherer verfolgen und gilt mit gewissen Einschränkungen auch für Käte Friedemanns Buch über „Die Rolle des Erzählers in der Epik"[4].

[1] Ernst Alker, Geschichte der deutschen Literatur von Goethes Tod bis zur Gegenwart. Bd. 1, Stuttgart 1949, S. 126.
[2] Brief an Carl von Gersdorff, 25. Mai 1865. (Friedrich Nietzsche, Werke. Hrsg. von Karl Schlechta. Bd. 3, München 1956, S. 952.)
[3] Vgl. Wolfgang Kayser, Entstehung und Krise des modernen Romans. Stuttgart 1955, S. 28 f. — Eberhard Lämmert, Bauformen des Erzählens. Stuttgart 1955, S. 69. — Günther Weydt, Der Deutsche Roman von der Renaissance und Reformation bis zu Goethes Tod. In: Deutsche Philologie im Aufriß. Bd. 2, Berlin/Bielefeld 1954, Spalte 2073.
[4] Robert Petsch, Wesen und Formen der Erzählkunst. ²Halle 1942,

Eine Stellungnahme nur zu dieser einen Forderung ist jedoch einseitig und vermutlich auch von Nachteil. Denn das Verbot jeglicher „Einmischung" des Erzählers ist nur ein Teil der „objektiven Darstellungsmethode" Spielhagens. Löst man das Problem des Erzählers aus diesem Zusammenhang heraus, entsteht leicht eine unzulängliche Beurteilung von Spielhagens Ansicht auch zu der speziellen Frage. Fast paradox: eher eine zu hohe Bewertung, die sie ernster nimmt als nötig. Einfach weil sie dann eine Allgemeingültigkeit bekommt, die sie gar nicht hat. Es bleibt dann verdeckt, daß seine Forderungen an eine ganz bestimmte Romanform und an eine ganz bestimmte Erzählweise gebunden sind, die ihrerseits wiederum beide auf eine konkrete (geistes)geschichtliche Situation verweisen. Etwas überspitzt: dann entsteht die Allgemeingültigkeit des Gespenstes, das geschichtslos herumspukt, weil es nicht geschichtlich erlöst wird. Eine Einsicht in die sehr tiefreichende Fragwürdigkeit seiner Theorie ist dann vollends unmöglich [5].

S. 112 f. — R. Koskimies, Theorie des Romans. In: Annales Academiae Scientiarum Fennicae. Bd. 35, Helsinki 1936, S. 88 f. — Oskar Walzel, Objektive Erzählung. In: Das Wortkunstwerk. Leipzig 1926, S. 182 ff. — Wilhelm Scherer, Poetik. Hrsg. von R. M. Meyer. Berlin 1888, S. 246 ff. Und: Kleine Schriften zur neueren Litteratur, Kunst und Zeitgeschichte. Hrsg. von Erich Schmidt. Berlin 1893, S. 163 ff., S. 280 f. — Käte Friedemann, Die Rolle des Erzählers in der Epik. Untersuchungen zur neueren Sprach- und Literaturgeschichte, N. F. 7, Leipzig 1910.

[5] Um die hiermit angedeutete Problematik erörtern zu können, ist es unvermeidlich, mit der Deutung immer wieder eine Darstellung der Grundgedanken zu verbinden, auf die es in unserem Zusammenhang ankommt, zumal wir hierfür auch nicht auf andere Arbeiten verweisen können. Martha Gellers Buch ist inzwischen veraltet und keine ausreichende Grundlage. — Martha Geller, Friedrich Spielhagens Theorie und Praxis des Romans. Bonner Forschungen, Neue Folge X, Berlin 1917. Vgl. ferner: H. Henning, Friedrich Spielhagen. Leipzig 1910. — A. M. Morisse, Friedrich Spielhagen (I. Teil). In: Mitteilungen der literarhistorischen Gesellschaft Bonn, 7. Jahrg. 1912. — Hermann Schierding, Untersuchungen über die Romantechnik Friedrich Spielhagens. Diss. Münster 1914.

2

Spielhagens Opposition gegen das Hervortreten des Erzählers findet ihre entschiedenste Formulierung in der Goethe-Rede von 1895. Der oft zitierte Satz fordert, der dichterische Roman dürfe nur handelnde Personen kennen, „hinter denen der Dichter völlig und ausnahmslos verschwindet, so, daß er auch nicht die geringste Meinung für sich selbst äußern darf: weder über den Weltlauf, noch darüber, wie er sein Werk im ganzen, oder eine spezielle Situation aufgefaßt wünscht; am wenigsten über seine Personen, die ihren Charakter, ihr Wollen, Wähnen, Wünschen ohne seine Nach- und Beihilfe durch ihr Thun und lassen, ihr Sagen und Schweigen exponieren müssen"[6]. Im Aufsatz über „Die Wahlverwandtschaften und Effi Briest", dort, wo Spielhagen sich über die persönlichen und direkten Einmischungen Goethes und Fontanes, vor allem aber Goethes, ereifert, wird das näher ausgeführt. Es bedeutet, daß alle „direkten gegenständlichen lokal- und landschaftlichen Schilderungen", die „direkten Personalbeschreibungen" und die „direkten Charakterschilderungen" als undichterische Auswüchse gelten (NB., S. 117). Er bekämpft sie schon beinahe fanatisch, zumal es für ihn dabei nicht um persönliche Meinungen oder verschiedene Auffassungen geht. Daß George Eliot gelegentlich einfließen läßt, wie schön die Hand einer Romanperson geformt sei, gehört vielmehr zu den schweren Verstößen gegen die Gesetze der Erzählkunst. Mit demselben Nachdruck werden die „psychologischen Analysen" verworfen (NB., S. 60). Das Sündenregister aller Epik seit Homer wird vollständig durch die „prosaischen" Reflexionen des Erzählers, die günstigstenfalls als geistreiche Betrachtungen angesehen werden, im übrigen jedoch der epischen Kunst widersprechen. Da sie, wie alle anderen Verstöße gegen die objektive Darstellungsmethode, nur „Konzentration des Lichtes auf das dichtende Individuum" sein

---

[6] Neue Beiträge zur Theorie und Technik der Epik und Dramatik, Leipzig 1898, S. 55. — Für alle Zitatnachweise, die von jetzt ab unmittelbar im Text gegeben werden, abgekürzt: NB. Entsprechend: B. für: Beiträge zur Theorie und Technik des Romans, Leipzig 1883. Diese beiden entscheidenden und wichtigsten Aufsatzsammlungen legen wir unserer Untersuchung zugrunde.

sollen, das mit Andacht in sein Inneres hineinlauscht und seine Empfindungen zergliedert (NB., S. 64), ist die Ansicht sogar in sich schlüssig.

Diese Ablehnung trifft allerdings wirklich nur die Reflexionen des Erzählers, nicht diejenigen irgendeiner Romanperson, die ästhetisch legitim sind, werden sie in einer ganz bestimmten Situation geäußert — „bei einer bestimmten Veranlassung in der Fassung und Form, die ihrer Bildung, ihrem Charakter, ihrem Temperament und der augenblicklichen Lage und Stimmung, in der sie sich befindet, angemessen ist" (B., S. 97). Als Programm ist das durchaus interessant. Zwar heißt es, daß Reflexionen gänzlich fehlen müssen, wenn es keine Romanfigur gibt, der mehr als Allerweltsgedanken einigermaßen glaubhaft in den Mund gelegt werden können, dürfte manchmal auch zu belustigenden Konstruktionen führen, beschreibt zugleich aber eine Eigentümlichkeit, die — wenn auch in einem etwas anderen Sinn — manche epische Dichtungen des 20. Jahrhunderts positiv charakterisiert[7]. Es fällt auch nicht weiter ins Gewicht, daß der Romanautor Spielhagen sich an diese Forderung grundsätzlich hält, ohne sie jedoch mehr als nur äußerlich und recht schematisch durchzuführen. Doch läßt sich daran die Frage anknüpfen, ob eine derart radikale Bindung an das Einmalige und ganz Besondere überhaupt verwirklichbar ist; ob das, was bei einer strengen und auch „inneren" Zuordnung herauskäme, überhaupt noch „Reflexion" zu nennen wäre; ob es nicht auch *als* Reflexion ganz anderen Wesens wäre als die sogenannte Reflexion des Erzählers. Daß die Lebensregel des „Zauberbergs", der berühmte Satz im „Schnee"-Kapitel, trotz Thomas Manns so ganz andersgearteter Erzählkunst *kursiv* gedruckt wurde, weist auf diese Problematik hin: eine gewissermaßen individualisierte Reflexion wird durch den Druck wieder zur allgemeinen ethischen Maxime erhoben.

[7] Es ist für Spielhagen und seine eigenartige historische Stellung überhaupt kennzeichnend, daß spätere Erzähler oft nur zu erfüllen scheinen, was er fordert, die (scheinbar) gleichen erzähltechnischen Mittel bei ihnen jedoch eine völlig andere Bedeutung haben, unter Umständen einen genau entgegengesetzten Ausdruckswert besitzen. Vgl. hierzu das Material bei Ernst Leisi, Der Erzählstandpunkt in der neueren englischen Prosa. In: Germ.-Rom. Monatsschrift, Neue Folge VI/1956, S. 40 ff.

Wichtiger als diese Frage ist in unserem Zusammenhang die Tatsache, daß die Reflexionen durch ihre unbedingte Funktionalisierung in den Bereich hineingeholt werden, den Spielhagen als *Darstellung* bezeichnet. Sie ist der positive Gehalt seiner objektiven Methode, der unermüdliche Kampf gegen das Hervortreten des Erzählers nur ihr Negativ. Keine Vorstellung ist ihm anspruchsvoll genug, um ihre Bedeutung herauszustreichen. Sie ist die einfache Wahrheit des Erzählens, ist das einzige künstlerische Verfahren, das den Roman zur Dichtung macht, ist die Überwindung der Prosa durch die Poesie. Goethe ist Meister und Vorbild, wo er sich daran gehalten haben, wo er von der Erkenntnis ausgegangen sein soll, „daß des epischen Dichters einziges Geschäft darin besteht, handelnde Menschen darzustellen", zu deren Verständnis es weder einer „abstrakten Schilderung" noch einer „prosaischen Erklärung" bedarf, weil sie „sich selbst durch ihr Handeln schildern und erklären" (NB., S. 90). Diese inhaltliche Bestimmung wird unzählige Male wiederholt. So dekretiert eine frühere Äußerung, der Erzähler könne die Welt nur dadurch gestalten, daß er „Gestalten schafft, daß er diese Gestalten handeln läßt"; er muß „Menschen handelnd vorführen" und muß nur dies (B., S. 89 f.). Genau besehen ist das natürlich mehr als bloß fraglich, es ist ausgesprochen dürftig. Darüber kann auch nicht die hartnäckige Konsequenz hinwegtäuschen, mit der dieser Grundgedanke systematisch ausgeführt wird, wobei es zu formal, besser: erzähltechnisch ganz speziellen Vorschriften kommt. Für die Einführung des Helden, im Prinzip für jede Romanfigur, gilt beispielsweise, daß er ganz unmittelbar in einer konkreten Situation auftreten müsse (vgl. B., S. 100). Aber auch die Umwelt der Romanpersonen — sei es die Natur, sei es das gesellschaftliche Milieu — darf der Erzähler nur so geben, als ob sie „gleichsam von selbst mit in Bewegung geriet, weil die Menschen in Bewegung waren" (B., S. 172).

Handlung, Handlung und noch einmal Handlung (oder auch „Bewegung"): das ist Spielhagens — pseudodramatisches — episches Credo. Ist das auch nicht viel, so besagt es doch noch etwas mehr als bisher dargelegt wurde. Außer der durchgängigen Auflösung auch ganz nebensächlicher Begebenheiten ins Vorgangshafte, der Verwandlung aller Ereignisse in Geschehen und Tätigkeit der Figuren, die — an Spielhagens eigenen Romanen läßt es sich beobachten — dann oft nur im allerbanalsten Sinne des Wortes irgendwie „in Bewegung sind" und etwas tun, außerdem proklamiert seine Theorie „Handlung" noch in allgemeinerer Hinsicht. So heißt es in einer der programmatischen Thesen der Goethe-Rede, die handelnden Personen müßten immer in Bewegung sein, damit die Gesamthandlung ununterbrochen fortschreite. Über die handelnden Personen hinausgehend verlangt die objektive Darstellungsmethode vom Erzähler, das, was er darstellen will, „in dem Bilde einer begebenheitenreichen Handlung" darzustellen (B., S. 328). Auch die Handlung, die ein Roman im ganzen sein kann, wird zum wesentlichen Bestandteil der Romanform erklärt. Es ist die Forderung nach der Fabel, einer „reichen, wohlgegliederten Fabel", die das Geschehen möglichst restlos erfassen soll, was ja zugleich bedeutet, daß es außerhalb ihrer nichts mehr gibt, eben bedeutet, daß der Roman nur Handlung ist und sonst nichts (vgl. B., S. 171 f.). Die Fabel wird als Ersatz für die überlieferte „Sage", den Mythos des antiken Epikers verstanden. Noch stärker unterstreicht eine Äußerung über die „Wahlverwandtschaften" die große Bedeutung, die Spielhagen ihr gibt. Er spricht dort über die Reflexionen des Erzählers, vor allem über die psychologischen Analysen Goethes, die buchstäblich nur als Hilfsmittel angesehen werden, „wenn es mit der Handlung nicht mehr aus der Stelle will" (NB., S. 61).

Der fraglose Doktrinarismus, der alle Bemerkungen Spielhagens über die „Wahlverwandtschaften" kennzeichnet, ist in verschiedener Hinsicht aufschlußreich. So kann diese Behauptung etwa darauf aufmerksam machen, wie äußerlich, stofflich „Handlung" aufgefaßt wird. Eine Emanzipation des Stofflichen durchdringt auch den Begriff der Fabel. Das mag ein Vergleich der beiden folgenden Feststellungen verdeutlichen. Unmittelbares Thema ist die Frage, wodurch der moderne Epiker das erreichen kann, was Spielhagen die „epische Totalität" nennt, die Totalität des Welt- oder Menschheitsbildes, die zu erreichen das Ziel aller Epik sei. Neben dem Helden gilt die entscheidende Forderung der Fabel. Verlangt wird das möglichst reiche, aber durchaus übersichtliche Bild einer Fabel (B., S. 180). Unbegrifflicher und in gleichsam naiv bei den Tatsachen bleibender Beschreibung wird dasselbe einige Jahre früher formuliert. Da kommt es dann aber darauf an, daß der Erzähler „Gestalten über Gestalten vorführt, Ereignisse auf Ereignisse, Fakta auf Fakta häuft, Handlung in Handlung schlingt" (B., S. 67). Dieser Satz ist nicht etwa ein abfälliges Urteil, sondern das ernstgemeinte Programm, um die epische Totalität zu erreichen! Der ideale Roman der Theorie Spielhagens ist ein — allerdings sorgfältig geordneter, gut komponierter — Haufen Stoff, und „Handlung" ist zuletzt nur noch mit vielfältigem, nein wirklich: vielfältigstem Geschehen und mit Ereignisfülle gleichzusetzen. Sie bedeutet Reichtum an Begebenheiten, die nur noch Begebenheiten sind und die, sollten sie tatsächlich einmal ‚unerhört' sein, es nur noch im Sinne des Sensationellen, des Spannenden und Rührenden sind, weit entfernt von jener geistigen Transparenz des Wirklichen, wie sie etwa in Goethes Erzählkunst allemal und (scheinbar) wie selbstverständlich mitgegeben ist. Diese Problematik, in deren Zusammenhang auch der Kampf gegen die Reflexionen des Erzählers gehört, wird im Folgenden noch klarer hervortreten.

Unberücksichtigt blieb bisher jener Komplex von Thesen und Forderungen Spielhagens, die sich auf den *Helden* beziehen. Er aber ist das Zentrum seiner Theorie zur Form des Romans, ist es so entschieden, daß „Roman" nur „Geschichte des Helden" bedeutet. Trotz der Bemühung, diese Vorstellung bis in die homerischen Epen zurückzuprojizieren, ist ihre Abhängigkeit von der dichtungsgeschichtlichen Tatsache des (deutschen) Bildungs- und Entwicklungsromans offensichtlich. Seine Idee — und die Idee seiner Form — ist freilich schon ganz und gar formalisiert und leer geworden. Am besten zeigt es, zusammen mit dem Roman selbst, der Aufsatz „Wie ich zu dem Helden von ‚Sturmflut' kam" (NB., S. 208 ff.). Es geht im Grunde bloß darum, wie der bürgerliche Held zu seiner adligen Frau kommt, und alle Katastrophen bis hin zum Gründerkrach sind nur dazu da, daß er sie bekommt.

Für die zentrale Bedeutung des Helden innerhalb der objektiven Darstellungsmethode gibt es eine bezeichnende Argumentation. Sie findet sich ziemlich am Anfang des Aufsatzes „Der Held im Roman". Dort wird die Frage aufgeworfen, ob ein Roman denn wirklich einen Helden haben müsse. Antwort: ohne Zweifel. Und zwar

„weil der epische Dichter anders als Gestalten schaffend gar nicht gedacht werden kann"; und „weil der erste Keim des Romans und die erste dämmernde Ahnung einer bestimmten Gestalt absolut identisch sind" (B., S. 70). Das Apodiktische der genetischen Erklärung ist allerdings nicht ganz ernst zu nehmen, da an anderer Stelle nur von einem möglichen Zusammenhang die Rede ist. Doch ändert das nichts daran, daß die erste Begründung — „weil der epische Dichter anders als Gestalten schaffend gar nicht gedacht werden kann" — den Helden (indirekt) mit der objektiven Darstellungsmethode überhaupt identifiziert. Dem entspricht seine Funktion. Rühmt beispielsweise die Interpretation des „Vicar of Wakefield", daß hier nur Handlung und Bewegung sei, „nichts als das Abrollen der Geschicke einer in innigen Kontakt gebrachten Anzahl von Menschen" (B., S. 225), so ist es der Held, der dieser aus dem Zusammenwirken von handelnden Gestalten entstehenden Gesamthandlung die Form gibt — hier der Ich-Held, doch gilt es allgemein. Ähnlich betont schon der Aufsatz „Finder oder Erfinder?", daß jede Person eines Romans sich „über ihr Recht ausweisen" müsse, d. h. daß jede Romanfigur nur „mit einer gewissen pragmatischen, aus dem Gang der Schicksale des Helden resultierenden Notwendigkeit, welche eben ihr Recht ist", in den Rahmen einer Geschichte eintreten dürfe (B., S. 25).

Ausführlich erörtert das — eben unter dem Titel „Der Held im Roman" — die Rezension von George Eliots „Middlemarch". Hier sei die Heldin um ihre „Würde und Bedeutung" gebracht worden „und so anstatt eines organischen übersichtlichen Kunstwerkes ein Konglomerat" entstanden, weil die Heldin nicht der „Mittelpunkt" der dargestellten Welt und diese nicht nur Hintergrund sei, sich vielmehr verselbständige, „zum Vordergrund" werde (B., S. 79 f.). Die Risse und Sprünge, die dem Roman vorzuwerfen Spielhagen nicht müde wird und von denen er behauptet, sie zerrissen den Roman „in ich weiß nicht wie viele Teile und Teilchen..., die kaum noch etwas miteinander gemeinsam haben, als den Deckel, in den sie der Buchbinder gebunden", beruhen für ihn auf dem Fehlen des einen Bezugspunktes; liegen daran, daß es statt des einen Helden, auf den alles hingeordnet ist, deren mehrere gibt (B., S. 99). Was aber mit dem Labyrinthischen gemeint ist, das Spielhagen feststellt, und worin die Mängel bestehen sollen, die es zu keinem „organischen übersichtlichen" Kunstwerk kommen lassen, ist zu ahnen, wenn die Unüberschaubarkeit der persönlichen und verwandtschaftlichen Beziehungen als Beispiel dafür herhalten muß, daß alles auseinanderfällt und der Leser es sich „wieder mühsam zusammensuchen" muß (vgl. B., S. 83 f.). Welch Entsetzen würden da wohl manche Romane Faulkners auslösen. Das Banale und armselig Stoffliche, das diese Vorstellungen von künstlerischer Einheit und guter oder schlechter Komposition bestimmt, unterstreicht es nur, wenn George Eliot schließlich doch bescheinigt bekommt: man könne nicht leugnen, daß alle Geschichten des Romans „ein gewisses geistiges Band verbindet". Denn dieser geistige Zusammenhang bringt Spielhagen nur zu dem Zugeständnis: „So ganz Chaos ist, was sie uns nun schließlich bietet, ja keineswegs" (B., S. 85). Es bleibt trotzdem „ein (im ästhetischen Sinne) so barbarisches Werk" (B., S. 99).

Das positive Gegenstück zu der Kritik, die George Eliot über sich ergehen lassen muß, ist der Aufsatz „Wie ich zu dem Helden von ‚Sturmflut' kam". Er ist interessant, weil die Energie, mit der das Formideal des ‚Helden-Romans' verfochten wird, hier einige besonders pointierte Thesen zutage fördert. Am grundsätzlichsten die Behauptung, einzig und allein der Held könne verbürgen, daß aus einem Roman „ein für die Phantasie überschauliches Ganzes, d. h. ein Dicht- und Kunstwerk" wird. Er sorge dafür, daß die Phantasie (womit jetzt die Phantasie des epischen Dichters gemeint ist) „sich nicht ins Grenzenlose verläuft" (NB., S. 212). Wodurch er das leistet, erklärt das Folgende konkreter: „Er ist das Centrum, welchem innerhalb der Peripherie alles zustrebt; er ist auch der Radius, welcher den Umfang der Peripherie bestimmt. Wer und was nicht mit dem Helden in irgend einem Zusammenhange steht, gehört nicht in den Roman, und dieser Zusammenhang darf nicht zu entfernt sein, oder der Roman verliert mit dem Maße der Entfernung an Übersichtlichkeit und mit der Übersichtlichkeit an Schönheit" (NB., S. 213). Jedoch ist es auch in diesem Falle angebracht, der anspruchsvollen Formulierung gegenüberzustellen, worauf sie sich inhaltlich bezieht und was sie theoretisch verklärt, und sie mit der Beschreibung zu vergleichen, wie der endlich gefundene Held von „Sturmflut" diese Forderung erfüllt. Hierbei zeigt sich denn, daß damit nur ein exakt konstruiertes, insofern übersichtliches, ansonsten völlig bedeutungsfreies System von Held, Onkel, Tante, Vetter, Kusine, Freund und der Geliebten mit Vater, Tanten und Bruder gemeint ist, die alle wieder einen Anhang haben und die alle schon seit langem miteinander befreundet, verfeindet oder — dem Erzähler am willkommensten — ineinander verliebt sind (vgl. NB., S. 221 ff.)[8]. Es fällt schwer, in diesem Netz von Querverbindungen einen sinnhaltigen Zusammenhang, eine sei's auch nur pragmatische „Notwendigkeit" zu entdecken. Denkt man etwa an „Wilhelm Meisters Lehrjahre" — oder gar an den Sinn der scheinbar so gesuchten Beziehungen zwischen den Personen der „Wanderjahre" —, dann wird seine banale Stofflichkeit in fast nur noch komischer Weise sichtbar.

Solch eine Erinnerung an Goethe liegt auch deswegen nahe, weil die *Übersichtlichkeit,* die der Held garantieren, und die *Schönheit,* die er dadurch gewährleisten soll, eine Vorstellung der klassischen Ästhetik wirksam zeigt. Ähnlich ist — ebenfalls im Zusammenhang mit dem Helden — gelegentlich von einer „Kongruenz der Teile" und einer „Harmonie des Ganzen" die Rede, die sich daraus ergibt (B., S. 73). Nicht weniger bezeichnend allerdings, daß diese Vorstellung durch ein Mißverhältnis von Begriff und Gegenstand um ihre ästhetische Würde gebracht wird und epigonenhaft denaturiert ist. Diese *beiden* Momente sind wichtig: daß der Held, den die objektive Darstellungsmethode als das A und O des Romans fordert, diesem eine Form verschaffen soll, der ihrerseits die Auffassung vom Wesen dichterischer Form zugrunde liegt, wie sie die Klassik entwickelt hatte; zugleich aber auch daß das, wodurch Übersichtlichkeit und Schönheit (oder auch Kongruenz der Teile und Harmonie des Ganzen) hergestellt werden sollen, eine Sinnentleerung der Begriffe anzeigt, deren Gegenstand ein ganz stoffliches Phänomen ist. Dies Ineinander vergegenwärtigt, wenn auch vorläufig nur ganz ungefähr, einen Sachverhalt — die klassische Ästhetik als gesunkenes Literaturgut —, der mit Spielhagens Theorie des Helden seine ganze objektive Darstellungsmethode einer bestimmten dichtungsgeschichtlichen Situation des 19. Jahrhunderts zuordnet[9].

[8] Vgl. hierzu auch Spielhagens Notizen für die „Sturmflut", vor allem das Personenverzeichnis, abgedruckt bei Schierding, a. a. O., S. 43 ff.

[9] Einige Hinweise auf Spielhagens Bindung an die Klassik bei Hugo Bieber, Der Kampf um die Tradition. Die deutsche Dichtung im europä-

Diese Problematik vertieft, über das nur Literaturhistorische hinausgreifend, ein Gedankengang, durch den der Held mit allem, was er formal bedeutet, einen weltanschaulichen Sinn bekommt (B., S. 72 ff.). Ausgangspunkt ist die Feststellung, der Held sei der „Maßstab" des Romans. Was Spielhagen darunter versteht, ist schwer zu fassen, auch seine Beispiele lassen es unklar. Obwohl der Begriff eine Art „innerlicher" Abstimmung aller Elemente der Romanwelt aufeinander selbstverständlich zu enthalten scheint, darf man ihn kaum mit „Perspektive" oder dergleichen übersetzen, jedenfalls nicht, legt man deren moderne Bedeutung zugrunde. Da er noch im selben Satz als die „Staffage" bezeichnet wird, „die der Maler in seiner Landschaft anbringt, damit man an ihr die Bäume im Vordergrunde und an den Bäumen im Vordergrunde die Hügel des Mittelgrundes und an diesen wieder die Berge messe, welche den Horizont abschließen", ist mehr an eine ‚räumliche' Ordnung, einen äußerlich gliedernden Bezugspunkt zu denken. Der Held ist der Maßstab, „welchen der Zeichner auf seiner Karte notiert", Maßstab in einem topographischen Sinne. Und dieser muß einheitlich sein. Derart für den ganzen Roman verbindlich, sorgt der Held dann für eine „Kongruenz der Teile" und damit für eine „Harmonie des Ganzen". Hieran schließt sich eine Bestimmung, die sich zunächst auf den epischen Dichter, außerdem aber — und am Schluß ganz entschieden — auch auf das epische Werk bezieht: der Held sei die „Grenze der ins Weite und Breite strebenden epischen Kraft" und die „Schranke gegen das Hereinbrechen des Unorganischen, des Grenzenlosen d. h. er ist die Bedingung und Gewähr des Kunstwerks." Das klingt unverfänglich, bekommt aber durch eine Überlegung, die diese Absicht erläutern und sie stützen soll, einen überraschenden Akzent. „Und damit verhält es sich folgendermaßen: Wenn wir es überhaupt als die Aufgabe des Romandichters bezeichnen können, das Leben so zu schildern, daß es uns als ein Kosmos erscheint, der nach gewissen großen ewigen Gesetzen in sich und auf sich selbst ruht und sich verbürgt, so muß er, mit einer unwiderstehlich logischen und ästhetischen Notwendigkeit, aus diesen vielen Menschen einen aussondern,

---

ischen Geisteslebens 1830—1880. Stuttgart 1928, S. 470 ff. Vgl. auch unten, S. 102 ff.

der gleichsam als Repräsentant der ganzen Menschheit dasteht, und mit dessen Leben und Schicksalen er das Leben und die Schicksale anderer Menschen in eine Verbindung bringt, die in ihrer Innigkeit und Unabweisbarkeit ein Abbild und Typus der Solidarität der Menschengeschicke im großen und ganzen ist" (B., S. 73 f.). Es folgt schließlich noch der sozusagen quantitative Vorbehalt, daß dies Abbild nur „als solches gelten soll", weil ein einzelnes Menschenleben, „noch so folgerichtig mit dem Lauf der Welt in Verbindung gesetzt, mit den Geschicken der Nebenmenschen kombiniert, doch immer nur ein Einzelnes bleibt, an welchem immer nur ein aliquoter Teil des allgemeinen Menschenloses illustriert werden kann".

Diese Einschränkung darf ebenso unberücksichtigt bleiben wie die Möglichkeit, die aus den ersten Worten herauszulesen wäre, daß man es nämlich auch *nicht* als die Aufgabe des Romandichters bezeichnen kann, das Leben so zu schildern, daß es uns als ein Kosmos erscheint. Tatsächlich würde das wohl auch kaum ein moderner Romantheoretiker behaupten. Auf der Argumentationsebene Spielhagens bedeutet dieser Einwand jedoch nur: wenn dies nicht seine Aufgabe ist, dann muß er eben auch nicht einen einzelnen Menschen aussondern usw. An dem „wenn-so"-Satz ist ja charakteristisch, daß der Held, „Bedingung und Gewähr des Kunstwerks", als der ausgesonderte Einzelne, der er ist und mit dem alles andere in eine innige und unabweisbare Verbindung gebracht werden soll, die Schilderung des Lebens als Kosmos vermittelt. So heißt es auch wenige Seiten vorher ausdrücklich, daß es sich „überall, wo die epische Phantasie waltet, ... um den tiefsten Einblick in die Gesetze [handelt], welche das Menschenleben regieren, welche das Menschentreiben zu einem Kosmos machen" (B., S. 67). Hierbei fällt auf, wie unbefangen die allgemeine These von den Gesetzen, welche das Menschenleben regieren, mit einer ganz bestimmten Auffassung von diesen Gesetzen gleichgesetzt wird — mit den Gesetzen, welche das Menschentreiben zu einem Kosmos machen. Darin wiederholt sich aber nur ein Gedankensprung, der sich (inhaltlich spezieller) auch dort findet, wo der Held als Bedingung und Gewähr des Kunstwerks damit erläutert wird, daß er es ermöglicht, das geschilderte Leben als Kosmos erscheinen zu lassen. Mit anderen Worten: der Roman als Kunstwerk braucht einen Helden, und „damit verhält es sich folgendermaßen": er braucht einen Helden, weil der Held gebraucht wird, damit das geschilderte Leben dem Leser als ein Kosmos erscheint[10]. Die „Innigkeit und Unabweisbarkeit" der Verbindung, in die der Erzähler Leben und Schicksale des Helden mit dem Leben und den Schicksalen anderer Menschen bringt, „mit den Geschicken der Nebenmenschen kombiniert", hat demnach nicht nur Übersichtlichkeit und Schönheit zur Folge. Dies Gesetz der Gestaltung stiftet nicht nur eine im weitesten Sinne formale Ordnung, sondern soll, auch inhaltlich ein später Nachklang der Klassik, zugleich bewirken, daß das geschilderte Leben dem Leser als ein Kosmos erscheint. Spielhagens Theorie des Helden im Roman erhält damit eine deutlich weltanschauliche Färbung.

Sie hilft das Unverständnis erklären, das er jedem anderen Formtyp des Romans entgegenbringt, stellt seine Kompromißlosigkeit aber auch in Frage. Es muß nachdenklich machen, wenn dies Ziel nur unter der Voraussetzung erreichbar ist, daß der Romandichter einen Einzelnen aussondert usw. Sicher wäre es spitzfindig, aus der Formulierung *„so zu schildern, daß es uns als ein Kosmos erscheint"* herauszuhören, daß Spielhagen selbst der Ansicht ist, das Leben sei an sich ganz anders, er also eine bewußt ideologische Verklärung oder, milder ausgedrückt, absichtliche Schönfärberei als Aufgabe des Erzählers ansieht. Immerhin findet sich gelegentlich die Wendung, der Roman sei ein „idealisiertes Abbild" der wirklichen Welt (B., S. 117), oder es sei Aufgabe des modernen Epikers, ein „verklärtes Bild der Welt" zu geben (B., S. 342). Angesichts des erforderlichen Aufwandes an erzähltechnischen Manipulationen ist aber die Frage berechtigt, ob es nicht doch bloß eben ein manipulierter Kosmos ist, der schließlich zustande kommt. Lukács spricht einmal von dem Schicksal, dem auch große Epik verfällt, wenn ihre Form rein aus dem Formalen heraus aufrechterhalten wird: sie wird zur Unterhaltungslektüre[11]. Entsprechend ist hier zu überlegen, wie wahr-

[10] Vgl. auch Martha Gellers Verteidigung Spielhagens gegen die Brüder Hart: Spielhagen habe recht mit seinem Gesetz eines einheitlichen Zusammenhanges, „der so geordnet ist, daß die gewählte Einheit als ein Abbild des wohlgeordneten Kosmos erscheint" (a. a. O., S. 132).
[11] Georg Lukács, Die Theorie des Romans. Berlin 1920, S. 101. Gemeint ist die Ritterepik.

heitsgemäß ein Bild des Lebens ist, das von einer speziellen Erzähltechnik abhängt, um dichterisch zur Erscheinung zu kommen, und ist zu fragen, ob hier nicht aus der Erzähltechnik heraus aufrechterhalten wird, was im Jahre 1874 ansonsten nicht mehr als Wirklichkeit darstellbar war [12]. Oder umgekehrt formuliert: was macht ein Erzähler, der zwar nur ein verklärtes, aber immer noch so weit ein Bild der Welt geben soll, daß Spielhagen von ihm auch verlangen kann, „mit freiem, objektivem Blick und sicherer Kunst zu schildern das, was ist" (B., S. 343), wenn das, was ist, nicht mehr erlaubt, das Leben so zu schildern, daß es uns als ein Kosmos erscheint? Dürfte oder müßte er dann auf den Helden als formgebenden Bezugspunkt verzichten, obwohl er doch Bedingung und Gewähr des Kunstwerks sein soll? Die Frage genügt, um zu erkennen, wie fest gerade die weltanschauliche Apotheose der Rolle des Helden im Roman diese Theorie, trotz der Bemühungen, einen Zusammenhang mit dem Wesen des Romans zu konstruieren, an eine bestimmte geistesgeschichtliche Konstellation und nicht einmal an eine Verfassung der Gesellschaft, sondern an eine gesellschaftliche Lage bindet.

Hiergegen ist mit Recht einzuwenden, daß die weltanschauliche Beziehung, die Spielhagen herstellt, vielleicht für die Anwendung dieser Theorie in seinen Romanen, äußerstenfalls sogar für die Romane mancher Zeitgenossen von Belang sein mag, daß sie unter Umständen aber nicht einmal die Theorie als solche und erst recht nicht ihre „Idee" historisch relativiert. Man könnte geltend machen: Spielhagen behauptet zwar, daß der Romandichter mit einer unwiderstehlich logischen und ästhetischen Notwendigkeit den Helden braucht, um das Leben so zu schildern, daß es als ein Kosmos erscheint, doch heiße das nicht ohne weiteres, daß die beherrschende Rolle des Helden im Roman tatsächlich und unbedingt diese Bedeutung haben müsse, und besage schon gar nicht, daß sie mit der Form des ‚Helden-Romans' notwendig verbunden sei. Darf man den weltanschaulichen Sinn nicht einfach quasi als Überbau ansehen? als gedanklichen Verputz, für den Spielhagen gewisse Vorstellungen seiner Zeit benutzte, um den Helden als Bedingung und Gewähr des

---

[12] 1874 ist der Aufsatz über den Helden datiert, in dem der betreffende Gedankengang entwickelt wird.

Romans plausibel zu machen, obwohl es sich dabei um etwas mehr oder weniger Ungeschichtliches handelt, solch einer Begründung gar nicht bedürftig? Das legt nahe zu betonen, daß der Hinweis auf eine geistesgeschichtliche und gesellschaftliche Situation nur einen Zusammenhang nennt, in dem der ‚Helden-Roman' steht, soweit Spielhagen ihn theoretisch bestimmt und als Theorie formuliert.

Darüber hinaus ist jedoch auch das grundsätzlichere Problem wichtig, inwieweit der Roman, den die objektive Darstellungsmethode allgemein voraussetzt und der sich als Geschichte des Lebens und der Schicksale eines Einzelnen, des Helden, erfüllt, als gültige *Kunst*form des Erzählens geschichtlichen Wesens ist, so vertraut er auch noch immer sein mag. In dieser Hinsicht deutet beispielsweise Erich Kahler die „Entwertung dessen, was die Amerikaner ‚fiction' nennen, der erfundenen individuellen Geschichte, des Romans im eigentlichen Sinne" als Erscheinung der modernen Welt und ihrer Wirklichkeit, Ausdruck einer Lebenskrise, deren Tendenz zur Auflösung des Individuums dieser Romanform den Boden entzieht. „Die ‚fiction', die erfundene Geschichte, steht und fällt mit dem individuellen Begebnis, mit der Erzählung der Schicksale von individuellen Personen", und das macht sie, will sie die wesentliche Realität aussagen, künstlerisch legitim nur in einer Zeit, „in der das wesentliche Geschehen individuelles Geschehen ist"[13]. Bis zu welchem Grade es sich bei Spielhagens Formideal des ‚Helden-Romans' um eine in gleicher Weise bewußtseins- wie sozialgeschichtlich festgelegte Gestalt innerhalb der Geschichte des Romans handelt, kann daneben noch eine Äußerung Robert Musils aus der Rede „Der Dichter und diese Zeit" verdeutlichen. Die allgemeine Erörterung des Kollektivismus — für Musil ein sowohl seelisches als auch gesellschaftliches Phänomen — wendet sich dort vorübergehend der Literatur zu und hebt als einen Zug dieser kollektivistischen Entwicklung hervor, „daß man in der Erzählung, namentlich im Roman, schon seit geraumer Zeit Einzelschicksale nicht mehr so wichtig zu nehmen vermag wie früher. Wozu es auch gehören mag, daß

---

[13] Erich Kahler, Untergang und Übergang der epischen Kunstform. In: Die neue Rundschau, 1953. Zum Roman als „fiction" vor allem S. 30 f.

kranke, etwas ‚wurmstichige' ‚Helden' eine gewisse Bevorzugung erfahren. Denken wir etwa zum Vergleich an Dickens oder Meredith. Allerdings das behagliche Erzählergewissen hat sich auch deshalb verschlechtert, weil die geistige Gesamtentwicklung vom Dinglichen fort auf Gesetz, Statistik u. a. geht. Der Hauptgrund bleibt aber wohl der, daß die soziale Entwicklung das Einzelwesen schon längst nicht mehr so wichtig nimmt wie zur Biedermeierzeit der Klassik. Der einzelne weiß sich wirtschaftlich und beruflich ins Ganze verflochten. Der Gedanke, daß es — irgendwie — nicht mehr so sehr auf ihn ankomme, liegt schon in ihm selbst, und ist vom Krieg dazu noch sehr eindringlich doziert worden" [14]. Das soll Spielhagens Auffassung vom Roman als Lebensgeschichte eines Einzelnen nicht widerlegen und kann es auch gar nicht, kann aber bewußt machen, in welche Umwelt sie hineingehört. Übrig bleibt nur noch, wenigstens als Frage aufzuwerfen, ob die literarästhetische Überzeugung Spielhagens nicht einfach die Überzeugung des Liberalen ist, der er war — nur auf anderer Ebene, in anderer Erscheinungsform; ob die zentrale Stellung und entscheidende Bedeutung des Einzelnen, von der der Liberalismus auch politisch und wirtschaftlich ausgeht, nicht mit der Auffassung des Erzählers und Romantheoretikers in einem wesensgesetzlichen Zusammenhang steht.

Als allgemeiner geschichtlicher Hintergrund ist Spielhagens Liberalismus auch für einen anderen Aspekt seiner Romantheorie von Interesse. Das hohe Ansehen Schillers gerade im liberalen Bürgertum Deutschlands kann dazu beitragen, eine merkwürdige Tatsache zu verstehen: daß die objektive Darstellungsmethode nicht nur den Roman als künstlerische Form rechtfertigen möchte, sondern daß sie ihn als Kunstwerk im Sinne Schillers ausweisen soll, mit dessen abschätzigem Urteil über den dichterischen Wert des Romans Spielhagen sich wiederholt auseinandersetzt. Dieser Zusammenhang wird andeutungsweise sichtbar, wenn er über Sterne urteilt, auf ihn passe Schillers Wort vom Romanschreiber als Halbbruder des Dichters, weil seine „Phantasie wie ein intermittierender Strom nur hier und da vollkräftig gestaltenschaffend zu Tage tritt" (B., S. 223). Der

---

[14] Robert Musil, Tagebücher, Aphorismen, Essays und Reden. Hrsg. von Adolf Frisé. Hamburg 1955, S. 908. Vgl. auch ebd. S. 861, S. 557.

Begründung darf man entnehmen, daß den Erzähler, der Gestalten schafft, d. h. der so darstellt, wie Spielhagen fordert, Schillers Vorwurf nicht mehr trifft. Vor allem aber ist der Begriff der *Phantasie* wichtig. Der für Spielhagen entscheidende Vorwurf Schillers betonte ja: „Die Form des Meisters, wie überhaupt jede Romanform, ist schlechterdings nicht poetisch, sie ist [und] liegt ganz nur im Gebiete des Verstandes, steht unter allen seinen Forderungen und partizipiert auch von allen seinen Grenzen" [15]. Das muß für den Romanschriftsteller eine Art Trauma gewesen sein. Es führt zu Erörterungen über Vers und Prosa, auf die wir hier nicht einzugehen brauchen, führt aber nicht etwa zu dem Versuch, den Kunstwert der Romanform zu begründen, *obwohl* sie im „Gebiete des Verstandes" liegt. Der Epigone der klassischen Ästhetik bemüht sich im Gegenteil um den Nachweis, daß der Roman „poetisch" ist, weil er *nicht* im Gebiete des Verstandes liegt, er vielmehr ein „Produkt der Phantasie" ist, da der epische Geist „als ein poetischer Geist schlechterdings kein anderes Organon als die Phantasie hat" [16]. Dabei wird die Phantasie als „die Tätigkeit des Formens und Bearbeitens des betreffenden Seelenzustandes" ausgelegt, den sie „zu gestalten, das heißt in Personen, das heißt in Handlung umzuprägen hat" (B., S. 222). Ähnlich wird früher formuliert, daß die Phantasie „nur in bestimmt begrenzten Bildern, in klar umschriebenen, sich durch sich selbst erklärenden Handlungen ihr Genüge findet" (B., S. 182). Das wäre so ziemlich das grundsätzliche Programm der objektiven Darstellungsmethode, jetzt aus dem Wesen der Phantasie begründet oder auch in sie hineingelegt. Gleichviel: neben die Gleichung Poesie = Phantasie tritt die Gleichung Phantasie = ‚objektive Darstellung'. Dementsprechend läßt Spielhagen in der Goethe-Rede von

---

[15] Brief an Goethe, 20. Oktober 1797. Hier zitiert nach der Ausgabe von H. G. Gräf und A. Leitzmann: Der Briefwechsel zwischen Schiller und Goethe. Insel-Verlag 1955, Bd. 1, S. 424. Der Wortlaut weicht, jedoch ohne sachliche Unterschiede, etwas von dem ab, den Spielhagen zitiert.

[16] Diesen Gedanken hat Spielhagen sozusagen „formal" direkt von W. von Humboldt übernommen. Zum biographischen Zusammenhang vgl. Finder und Erfinder, Bd. 1, Leipzig 1890, S. 374 f. Vgl. ferner: A. H. Hughes, W. von Humboldt's Influence on Spielhagen's Esthetics. In: The Germanic Review, 5/1930, S. 213 f.

1895 der Übersicht über seine epischen Forderungen die Behauptung folgen: ein Werk, das sich daran halte, sei ein Produkt der Phantasie und darum poetisch. Umgekehrt sind die Einmischungen des Erzählers, z. B. die psychologischen Analysen, ein Ausschalten der Phantasie, zeitweilige „Aufhebung des dichterischen Geschäfts" und prosaischer Unfug, weil der Erzähler sich dabei nicht an die Einbildungskraft des Lesers, sondern an seinen Verstand wende. Schließlich wird die Beziehung zu Schiller auch ausdrücklich hergestellt, indem Spielhagen die Vermutung äußert, diese Einmischungen hätten sein Urteil bestimmt (NB., S. 60). Auf der gleichen Ebene liegt das Argument, das die dichterische Illegitimität der „ästhetischen, philosophischen, moralischen usw. Exkurse" begründen soll: die Ästhetik verlange, daß die Kunst „von den anderen Gebieten geistiger Thätigkeit" streng gesondert bleibe (B., S. 185). Es sei dahingestellt, inwieweit Spielhagens Bemühung, mit Hilfe der objektiven Darstellungsmethode dem Roman ästhetische Anerkennung zu erkämpfen, im Grunde absurd ist, weil er damit — immerhin gegen Ende des 19. Jahrhunderts — nur noch offene Türen einrennt. Wesentlicher ist, daß es dabei um eine posthume Anerkennung durch die Ästhetik der Weimarer Klassik geht, um einen Platz in der Ästhetik des klassischen Schiller. So unzweifelhaft das zu dem Phänomen „Schiller und das 19. Jahrhundert" gehört, stellt es doch zugleich den Sinn dieser Methode in Frage, wenn sie das Motiv beherrscht, den Roman als Kunstform in eine ästhetische Vorstellungswelt einzuschmuggeln, in der er gar nichts zu suchen hat. Wie wenig speziell der Roman der Theorie Spielhagens darin zu suchen hat, soll das Folgende noch genauer zeigen.

3

Eine Interpretation der Romantheorie Spielhagens kann nicht an der Frage vorbeigehen, was an der objektiven Darstellungsmethode denn eigentlich: „objektiv" ist; vielmehr, da Spielhagen das Wort nun einmal gebraucht: was „objektiv" hier bedeutet. Eine Formulierung, die gelegentlich in einer Anmerkung auftaucht, scheint das zu beantworten. Er erkenne nur *eine* legitime dichterische Methode an, schreibt er dort, „nämlich eben die objektive, d. h. darstellende" (B., S. 196). Die abstrakte Gleichsetzung von ‚objektiv' und ‚Darstellung' ist jedoch vorläufig nicht sonderlich aufschlußreich. Zwar entspricht jenem Komplex von „Gestalten — handelnde Gestalten — Handlung und Fabel — Held" ein Zurücktreten oder Verschwinden des erzählenden Subjekts, das sich nicht mehr neben der dargestellten Wirklichkeit etablieren und z. B. durch Reflexionen in sie einmischen darf, doch berechtigt diese Tatsache jedenfalls nicht ohne weiteres, das so Dargestellte als „objektiv" zu verstehen. Aus der Frage nach der Objektivität wird somit die Frage, ob das, was Spielhagen unter ‚Darstellung' versteht, nicht noch mehr umfaßt als bisher beschrieben wurde.

In der oben zitierten Bemerkung über Sterne ist von der „vollkräftig" gestaltenschaffenden Phantasie und damit von einem Sachverhalt die Rede, der bisher unberücksichtigt blieb. Denn das mit „vollkräftig" Geforderte geht über den bisher behandelten Gehalt der ‚Darstellung' inhaltlich hinaus. Doch ist nicht gleich zu unterscheiden, ob es sich hierbei um eine zufällige Einzelheit handelt oder ob eine Tendenz des Erzählens genannt wird, die, ohne mit der objektiven Darstellungsmethode identisch zu sein, dennoch wesenhaft mit ihr verbunden ist. Einen weiterführenden Hinweis enthält die Untersuchung über das Gebiet des Romans. Wieder einmal wird hier das „Gesetz der Objektivität", die Voraussetzung der Schönheit im Roman, formuliert. Und wieder findet sich die Vorschrift, der Epiker habe seine Menschen „in Aktion zu setzen, in Atem zu erhalten". Ihr geht diesmal aber außerdem noch die Bestimmung voran, er müsse sich bemühen, „volle, runde Menschen" zu schaffen (B., S. 62). Die Ergänzung hierzu gibt die Goethe-Rede mit ihrer Bedingung der „obligaten plastischen und farbenkräftigen Herausarbeitung" auch der Natur und des gesellschaftlichen Milieus. Sie gibt zugleich die Erklärung, daß dies eine „notwendige Folge" der zuvor dargelegten These sei, der dichterische Roman dürfe nur handelnde Menschen kennen, hinter denen der Dichter völlig verschwinden müsse usw. (NB., S. 55). Da sich diese Feststellung nicht auf Natur und Milieu ganz allgemein bezieht, beginnt sich ein enger Zusammenhang zwischen der objektiven Darstellungsmethode und dem abzuzeichnen, was hier plastische und farbenkräftige Herausarbeitung genannt wird. Um dies Moment sachlich klarer hervortreten zu lassen, sei als Beispiel etwa noch Spielhagens Begründung angeführt, warum der moderne (d. h. der nicht-antike) Epiker „Modelle" benötigt: sonst sähe der Kenner seinen Personen das „Blut- und Saft- und Kraftlose, das Schemenhafte" auf den ersten Blick an (B., S. 22). Er muß sich, um „lebenskräftig" zu schaffen, an seine Beobachtung und Erfahrung halten (NB., S. 80). Hierher gehören endlich jene ästhetischen Mängel, die er in der „Ilias" zu bemerken glaubt: daß die trojanischen Helden nicht mit derselben „plastischen Kraft" herausgearbeitet seien wie die griechischen; daß der Plan des griechischen Lages „viel anschaulicher gezeichnet" sei als der Trojas; daß die Zustände in der belagerten Stadt, die doch sicher „so viel des Interessanten geboten hätten", niemals in einem konkreten, bedeutenden Bild „vorgeführt und veranschaulicht" werden (B., S. 140 f.).

In all diesen Einzeläußerungen spricht sich ein inhaltlich eindeutiges Ideal epischer Gestaltung aus, in dem sich das allgemeine Programm der objektiven Darstellungsmethode in die Forderung verwandelt, nicht nur darzustellen, vielmehr: *konkret* darzustellen. Aus der Technik der Darstellung wird zugleich mehr und weniger: die *konkrete Darstellung*, die als Plastik, Anschaulichkeit, Lebendigkeit des Erzählens und des Erzählten zu charakterisieren ist. Das sind vertraute Leitbilder — bedient sich die landläufige Romankritik ihrer doch auch heute noch so, als seien sie zureichende Kriterien. Eine gewisse Distanz ist ihnen gegenüber jedoch erforderlich. In unserem Zusammenhang vor allem, um zu erkennen, daß Spielhagens ‚objektive Darstellung' damit einen neuen Bedeutungsaspekt bekommt. Meinte sie zunächst eine Darstellung ohne „Einmischung" des erzählenden Subjekts, so bezeichnet sie jetzt außerdem noch eine bestimmte Art und Weise, wie im Rahmen dieser Darstellungsmethode selbst wieder dargestellt wird. Anders formuliert: Spielhagens ‚objektive Darstellung' verlangt Gestalten und Handlung und verlangt ferner, sie ganz konkret, ganz anschaulich, plastisch und lebendig zu geben. Und zwar verlangt sie das als notwendige Folge eines Programms, das die sogenannten direkten Schilderungen — z. B. der Umwelt der Romanpersonen — als „abstrakt" denunzieren möchte (vgl. B., S. 172) und das behauptet, die „Poesie" habe keine andere Möglichkeit, diese Personen in der Phantasie des Lesers „lebendig" zu machen, als sie handelnd darzustellen. Die objektive Darstellungs*methode* kommt durch diese konkrete Darstellungs*weise* gleichsam erst ganz zu sich selbst.

Diese Einheit weist der objektiven Methode im ganzen, also auch dem Kampf gegen das Hervortreten des Erzählers, einen bestimmten historischen Platz an. Oder vorsichtiger ausgedrückt: sie fixiert diese Methode an einen bestimmten Punkt der Dichtungsgeschichte, insofern es sich bei der erstrebten Darstellung um ein bestimmtes historisches Stilideal handelt. Das ist noch genauer aufzuzeigen. Einen ersten Hinweis geben Spielhagens Äußerungen über „Wilhelm Meisters Lehrjahre" (B., S. 197 f.). Er hebt hervor, daß die „kräftig realistischen Farben", mit denen Goethe anfangs „Personen und Situationen gemalt" habe, später „bis zur Verblasenheit verdünnt" würden und der Erzähler „nur noch Konturen zeichnet, deren Ausfüllung er der Phantasie des Lesers überläßt", und zuletzt — „was ihm als Dichter gewiß am schwersten ankommt" — zu „Veranstaltungen seine Zuflucht nimmt ..., die nur noch den Schein der echten Handlung haben, in Wahrheit aber rein allegorischer und symbolischer Natur sind." Dieser Abfall vom Prinzip des ‚objektiven Darstellens', der die letzten Bücher zugleich in einen Gegensatz zu den „kräftig realistischen Farben" des Anfangs bringt, erlaubt, Spielhagens Darstellungsprogramm einem Realismus des Erzählens zuzuordnen und es als dessen Theorie zu verstehen. Das Geschichtliche seiner ‚objektiven Darstellung' ist damit jedoch nur flüchtig angedeutet, da man einen solchen Zusammenhang beinahe unbesehen von vornherein annehmen darf. Außerdem ist damit auch wenig zu beweisen. Der Begriff „Realismus" ist viel zu abgeschliffen, um noch unmittelbare Aussagekraft zu besitzen (weswegen wir ihn auch möglichst vermeiden werden). Hinzu kommt dann noch, daß Plastik und Anschaulichkeit der Darstellung ein recht allgemeines Ziel sind, das sehr verschiedene Darstellungsarten kennzeichnen kann. Es ist also erst noch zu klären, was sich Spielhagen darunter vorgestellt hat, soll die Gleichung von ‚objektiv' und ‚Darstellung' auflösbar werden.

Mit Hilfe des inzwischen ermittelten zweifachen Sinnes von ‚Darstellung' ließe sich für sie folgende Erklärung geben. Spielhagen verlangt, ausschließlich durch Gestalten und Handlungen darzustellen, und fordert damit, ‚nur die Objekte selbst', nicht auch das erzählende Subjekt zu geben. Er verlangt ferner, diese Objekte konkret zu geben, anschaulich, plastisch und lebendig. Bleibt man dieser beiden Momente eingedenk, kann man sie wieder zusammenfassen: es wird gefordert, Objekte so zu geben, daß ganz plastisch die ‚Objekte selbst' gegeben werden. Er fordert das wirklich, fordert es nicht bloß einmal und hält es im Grunde für selbstverständlich. In dem Aufsatz „Roman oder Novelle?" unterscheidet er den farblosen Ton der pragmatischen Relation von dem kolorierten Ton der eigentlichen Darstellung. Die „Mitteilung in Form der Relation" aber „stellt eben nicht dar, führt uns nicht das Objekt selber vor, sondern bezeichnet es nur; markiert die Verhältnisse, in welchen die Objekte zu einander stehen; und verhält sich daher zu der eigentlichen Darstellung, welche uns die Objekte selbst giebt, wie die topographische Karte einer Landschaft zu der Landschaft selbst, wie sie aus dem Pinsel des Malers hervorgeht" (B., S. 269). Das führt er gleich darauf mit der Bemerkung fort, jene kühle, farblose Mitteilungsmethode sei nicht etwa ein Triumph der epischen Objektivität, weil „die Objektivität des Historikers, des Sittenschilderers ist, aber nicht des epischen Dichters", und weist damit darauf hin, daß das Bestreben, Objekte zu geben, jedenfalls nicht unmittelbar etwas mit Objektivität als geistiger Haltung zu tun hat. Trotzdem bleibt offen, was wirklich gefordert wird. Denn auch hierbei läßt sich an mancherlei denken. Beispielsweise könnte man es einfach als epische Vergegenwärtigung deuten.

Hierfür ist es lehrreich, sich an älterer Erzählkunst, an Wieland etwa oder Goethe, vor Augen zu führen, welch ästhetischen Sinn die ‚pragmatische Relation' haben kann, die Spielhagen so entschieden verdammt. Ein gutes Beispiel sind die scheinbar so anspruchslosen, für Goethes Erzählkunst jedoch charakteristischen ersten Seiten der „Unterhaltungen deutscher Ausgewanderten". Zielt hier doch alles Erzählen geradezu darauf ab, die „topographische Karte einer Landschaft" zu geben — ein Schema seelischer und geistiger Grundtatsachen und deren Beziehung zueinander. Die Skizzenhaftigkeit des Darstellens ist dabei keineswegs ein dichterisch nur nicht aufgelöster Rest, sondern die Voraussetzung, um im Bilde dieser einen

Familiengemeinschaft überpersönliche Tatsachen und ihr Spannungsverhältnis so zu spiegeln, daß sie niemals aufhören, wirklich auch *als* überpersönlich sichtbar und erkennbar zu bleiben. So ist es im ganzen wie im einzelnen. Es charakterisiert etwa den kurzen Abschnitt, der die unterschiedliche Stellung seiner Umgebung zu dem revolutionsbegeisterten Jüngling vorführt, bestimmt aber vor allem auch die Schilderung seiner Auseinandersetzung mit dem Geheimrat. Diese Kontroverse ist nicht nur der Sache nach ein Zusammenschluß von „Denkungsarten" (in einem ganz impersonalen Sinn), sondern wird auch als solche gestaltet, ohne aufzuhören dichterisch gestaltet zu sein, bloß weil die beiden Beteiligten keineswegs sehr plastisch und anschaulich dargestellt sind. Die ästhetische Echtheit und Wirklichkeit dieses Zusammenspiels seelischer, geistiger, sozialer Grundpositionen, um die es hier geht und deren dritte die Baronesse verkörpert, würde durch eine mehr konkretisierende Darstellung im Gegenteil erst eigentlich fragwürdig werden. Dann wäre es in erster Linie ein Streit zwischen Individuen, der außerdem noch allgemein bedeutsam sein kann — oder auch nicht. Das ist dann fast ganz ins Belieben des Lesers (und seines historischen Wissens) gestellt, der es gewissermaßen erst hineinsehen, hineinerleben oder dem es der Dichter gleichsam nachträglich sagen muß, weil jene Formung fehlt, die aus dem Erzählten, durch die Art, wie es dargestellt wird, die Allgemeinheit seiner Bedeutung von vornherein einigermaßen überzeugend hervorgehen läßt [17].

Die historische Stellung des epischen Programms Spielhagens wird von neuem spürbar, vergleicht man Goethes Darstellungsweise, wie wir sie hier notwendig ziemlich abstrakt nachzuzeichnen versuchten, mit einer Bestimmung, die Spielhagen in seiner Polemik gegen den historischen Roman verwendet: daß jeder Epiker seine Welt „als durchaus gegenwärtig in ihrer ganzen ursprünglichen individu-

---

[17] Aus dieser wechselseitigen Abhängigkeit von Darstellung und Allgemeinheit des Bedeutens des Dargestellten resultieren dementsprechend verschiedene methodische Probleme, die bei der „Gehalts"-Interpretation vor allem der „realistischen" Dichtung des 19. Jahrhunderts entstehen. Man denke an die Gradunterschiede dieses Bedeutens bei Agathon, bei Wilhelm Meister und bei Heinrich Lee — dem „Grünen Heinrich".

ellen Realität schildern" muß (B., S. 171). Dächte man hierbei nur an die epische Vergegenwärtigung (als ein ganz allgemein zu verstehendes, zeitloses Gebot aller epischen Kunst), bliebe gerade der spezifische Gehalt der Aussage unberücksichtigt — die Forderung, eine zu schildernde Welt in ihrer „ganzen ursprünglichen individuellen Realität" zu schildern. Indessen kann unsere Frage jetzt auch so formuliert werden: in welcher Weise und bis zu welchem Grade soll vergegenwärtigt werden?

In der ausführlichen Besprechung von Fr. Th. Vischers „Auch Einer" wird als beste Methode epischer Darstellung wiederum diejenige bezeichnet, die uns „das Objekt" gibt, und zwar „aus erster Hand giebt". Der Erzähler soll erzählen, was sich begeben hat, und nicht etwa, was ihm begegnet ist. Warum das gefordert wird, erläutern die folgenden Sätze, in denen sich zeigt, was Spielhagen als das Ergebnis richtiger Darstellung vorschwebt. Sie wenden sich gegen die Tagebuch-Technik (das Tagebuch des A. E.!) und bringen ausdrücklich den Leserstandpunkt ins Spiel. „So bleibt in dem ‚Tagebuche' die ganze skandinavische Geschichte mit der Goldrun schattenhaft, und das ist schlimm für den Helden. Denn, wenn wir sein greuliches Thun verstehen (und verzeihen) sollen, muß nicht bloß er wissen, ‚wie weich ihre Arme sind und wie ihre Küsse brennen', sondern wir müssen es ebenfalls." Und: „Wir wollen den untraitablen Bologneser aus dem Fenster fliegen sehen, dem Ministerialrätchen unten auf der Straße an den Kopf...; wir wollen den wackeren ‚Tetem' singen hören (es war gewiß ein ‚schmalziger' Tenor) — aber wir sehen, wir hören alles, alles nur so weit und so laut, als es uns A. E. sehen und hören lassen will — der böse A. E.!" (B., S. 142 f.). Dies „sehen" und „hören" ist selbstverständlich nicht buchstäblich zu verstehen. Dennoch wird hier eine Darstellungsweise gefordert, die genau genommen nicht so sehr ein Wissen, vielmehr ein fast körperliches, sinnenhaftes Miterleben bieten soll und dem Leser das Gefühl gibt, alles sei unmittelbare Gegenwart. „Der traditionelle Roman", schreibt Theodor W. Adorno, „... ist der Guckkastenbühne des bürgerlichen Theaters zu vergleichen. Diese Technik war eine der Illusion. Der Erzähler lüftet einen Vorhang: der Leser soll Geschehenes mitvollziehen, als wäre er leibhaft zugegen. Die Subjektivität des Erzählers bewährt sich in der Kraft, diese Illusion herzustellen ..." [18]. Das erklärt, warum Spielhagen das Eingreifen des Erzählers in Gestalt von Charakteranalysen irgendwelcher Romanfiguren als „Regisseurarbeit", in Gestalt von Beschreibungen der Schauplätze als „Arbeit eines Coulissenmeisters" deutet und damit für gebrandmarkt und erledigt hält (B., S. 282 f.).

Der Erzähler leistet hier nicht eigentlich eine Vergegenwärtigung, was einschließt, daß es trotz aller Gegenwärtigkeit die Gegenwart nur eines Vergangenen ist. Das begründet gerade ein Erzählen, das darauf verzichtet, Objekte so zu geben, daß ganz plastisch nur die Objekte selbst gegeben zu werden scheinen. Solch ein Darstellen hält es nicht für möglich oder nicht für wünschenswert, die erzählte Welt ‚als durchaus gegenwärtig' erscheinen zu lassen. Die extreme Position sieht dann so aus, daß grundsätzlich und konsequent immer nur ‚als vergangen vergegenwärtigt' und damit in eins eine sinnenhafte Präsenz des Dargestellten nicht erstrebt wird. Das charakterisiert beispielsweise die „Realitäts"-Darstellung mindestens des späteren Thomas Mann und ist nicht zufällig eng mit dem von Spielhagen perhorreszierten Hervortreten des Erzählers verbunden, aus dem hier eine ständige und stilistisch prinzipielle Anwesenheit geworden ist [19]. Ganz anders Spielhagen. Ihm ist eine Vergegenwärtigung zuzuordnen, die dem Erzählten Gegenwart geben möchte. Ziel ist eine Darstellung, die in der angesprochenen Phantasie des Lesers eine gleichsam handgreifliche Gegenständlichkeit des Dargestellten erreicht, die sich von der Realität und Gegenständlichkeit des empirisch Wirklichen möglichst wenig unterscheidet. Genauer: das Erzählte soll in der Phantasie, an die sich der Erzähler wendet, eine ebensolche Wirklichkeit haben. Die ‚objektive Darstellung' möchte

---

[18] Theodor W. Adorno, Form und Gehalt des zeitgenössischen Romans. In: Akzente, 1. Jahrg./1954, S. 413.

[19] Insofern gilt, was Käte Hamburger als Kennzeichen der Vergegenwärtigung des *geschichtlich* Vergangenen in der Josephs-Tetralogie hervorhebt — der Erzähler verleugnet nie seine und des Lesers historisch-wissenschaftliche Distanz und bringt zum Bewußtsein, daß er von einer längst vergangenen Zeit erzählt —, umfassender und in einem tiefer reichenden Sinn und durchwaltet die gesamte Darstellungskunst auch der Josephsromane. (Käte Hamburger, Thomas Manns Roman „Joseph und seine Brüder", Stockholm 1945, vor allem S. 31 ff.)

im Leser die Vorstellung wachrufen, „daß das, was ihm als Kunstwerk geboten wird, etwas Wirkliches sei"[20]. Hierbei wird aus dem ästhetischen Schein eine Wirklichkeitsillusion, die sich von der des Panoptikums nur dadurch unterscheidet, daß die Menschen „handeln" und „in Bewegung sind". Die zahlreichen Bekenntnisse zu einem erzählerischen Realismus — die Phantasie des epischen Dichters solle „die Welt abbilden" (B., S. 111) und dergleichen — klingen nichtssagender als es die Bedeutung ist, die sie formal haben. Es herrscht das Ideal einer Darstellung, die das Dargestellte ästhetisch so *erscheinen* lassen möchte, wie es real *ist* und es mittels Plastik und Anschaulichkeit zugleich so lebendig erscheinen lassen möchte, als ob es *real* sei, soweit das im Medium der Sprache überhaupt möglich ist[21]. Es soll die reale Wirklichkeit abgebildet werden, und zudem will die ‚Darstellung' dieser abgebildeten Wirklichkeit ein Sein vermitteln, durch das sie wenigstens in der Phantasie des Lesers wie die reale Wirklichkeit selbst gegeben zu sein scheint, auf daß die solchermaßen mit vollkräftigem Leben (und „einer Fülle sprechender Züge") dargestellten Menschen „aus dem Rahmen der Dichtung heraustreten und unter uns wandeln zu können scheinen" (B., S. 28). Das schließt einen Kampf gegen den Erzähler notwendig ein. Denn seine Einmischung zerreißt die dazugehörige Illusion, die Geschichte erzähle sich gleichsam selbst, und macht den Schein zunichte, der aber gerade gewahrt bleiben soll, nämlich daß die erzählte Wirklichkeit sich ‚selbstdarstellt'. Dem Leser darf nie die Illusion genommen werden, „daß er es immer nur mit der einen handelnden Person zu thun hat und nicht mit zweien: mit der handelnden Person und mit dem Dichter, der außer der Handlung steht..." (B., S. 208 f.).

Grundsätzlicher formuliert: der Roman, wie ihn Spielhagens Theorie fordert, soll wie einen Makel verbergen, was er ist — ein Produkt des Erzählers. Das umschreibt eine Stelle, an der Spielhagen eigens einen Verteidiger der Reflexionen des Erzählers erfindet, den er zwar auch überzeugt sein läßt, daß sie keine Poesie

[20] Käte Friedemann, a. a. O., S. 25.
[21] Vgl. Oskar Walzels Hinweis: „Spielhagen dürfte, als er seine Gebote der Erzählkunst formte, noch ganz unter dem Einfluß der Lehre gestanden haben, daß Dichtung dann ihr höchstes Können bewähre, wenn sie auch die Arbeit der Malerei und Plastik leistet." (O. Walzel, a. a. O., S. 187.)

sind, weil die Phantasie nur handelnde Gestalten schaffen kann, der aber wenigstens anführen darf, daß sie doch einen „kostbaren Einblick in die Werkstatt des Künstlers" gewähren und in den „schöpferischen Prozeß, aus welchem sein Kunstwerk hervorgeht". Spielhagens Antwort überschlägt sich. Das sei eine „Ironie auf alles, was Kunst heißt". Selbst Goethes Einschub im ersten Satz der „Wahlverwandtschaften" („Eduard — so nennen wir einen reichen Baron im besten Mannesalter — Eduard hatte...") und all die Einmischungen, die er kollektiv als „Reflexionen" bezeichnet, seien doch nur „Rezepte und Abfälle", nichts weiter „als Notizen, die sich der Dichter, ehe er beginnt, selbstverständlich vor seinen Personen macht...". Doch schicke jede Köchin „weder die Rezepte, nach denen sie gekocht, noch die Abfälle der Materialien, aus welchen sie ihre Suppen, Frikassees und Braten hergestellt, sondern nur die rein servierten Gerichte in das Zimmer und auf die Tafel" (B., S. 95 f.). Dies Beispiel, so läppisch es wirkt und bei Spielhagen auch ist, fordert einen Vergleich mit dem Vorbild heraus, an dem es sich — vermutlich bewußt (vgl. B., S. 93) — orientiert: mit Fieldings „Tom Jones", in dem sich der Erzähler von Anfang an als „Gastwirt" einführt. Als solcher breitet er seine Rezepte und Abfälle, die gar keine Abfälle sind, und seine Notizen genauestens aus, um dem Gast an seinem „öffentlichen Speisetisch" von vornherein die Möglichkeit zu nehmen, nachträglich „auf Wirt und Koch zu schelten und beide zum Henker zu wünschen". Er gibt dem Leser im ersten Kapitel ausdrücklich zu verstehen, daß er ein „Gericht" findet, „das wir hier zubereitet haben", und erklärt ihm ebenso ausdrücklich, daß die „Vortrefflichkeit einer Geistesmahlzeit", wie sie ihm hier geboten wird, „weniger in der Materie der Speise, als in der Geschicklichkeit des Autors, sie hübsch anzurichten", besteht [22]. Das bedeutet nicht nur, im Rahmen des humoristischen Romans als kritische Transzendentalpoesie das Produzierende mit dem Produkt darstellen, um es mit Friedrich Schlegels Worten zu sagen, sondern bedeutet vorher noch, daß sich dadurch das Werk selbst überhaupt

---

[22] Zitate nach der Ausgabe des Georg Müller Verlages (Die Bücher der Abtei Thelem), München 1918, der die alte Übersetzung von J. J. Bode zugrunde liegt.

als Produkt des Erzählers zu erkennen gibt und die Bedingungen seiner Wirklichkeit entfaltet. Eben das aber will der Roman der ‚objektiven Darstellung' nicht eingestehen. Dabei handelt es sich jedoch, wie auch bei der Wirklichkeitsillusion allgemein, um ein Gestaltungs*ideal* und theoretisches Programm, ist also nicht mit der Frage zu verwechseln, ob die Wege, auf denen Spielhagen dies Ziel erreichen zu können glaubte, auch tatsächlich dahin führen. Und wiederum eine andere Frage ist es, ob er es doch erreicht hat: angesichts der durch und durch geschichtlichen Natur jenes ästhetischen Wahrnehmungsvermögens, das er Phantasie nennt, heute im Grunde unbeantwortbar, geht man nicht gleich davon aus, daß es ein im Sprachkunstwerk überhaupt nur phantastisches Ideal ist. Schließlich zeichnet sich auch noch das Problem ab, inwieweit sich hier Kunst als Kunst zu verbergen trachtet, ohne doch deswegen aufzuhören, Kunst zu sein. Salopp ausgedrückt: inwieweit Kunst hier zur Vorspiegelung falscher Tatsachen wird. Ehe wir dem nachgehen, ist jedoch erst noch der historische Zusammenhang dieses ‚objektiven Darstellens' ein wenig zu verdeutlichen.

Zunächst eine Einzelheit, um die Verbindung mit den künstlerischen Tendenzen der Zeit zu erhellen. Spielhagen ist überzeugt, daß dem wahren Epiker seine Menschen immer in einem bestimmten sozialen Milieu und vor einem nicht weniger bestimmten lokalen Hintergrund erscheinen, von einem „doppelten Dunstkreis" umgeben sind, den er auch immer mit darstellen wird. Der Leser weiß dann immer ganz genau, „wo und wann die Scene spielt, bis in die Details des Lokales, bis zu den exaktesten Zeitbestimmungen, und ob die Sonne oder der Mond scheint oder nicht." Das klingt recht äußerlich, weniger schon die erzähltechnische Anweisung, der Dichter bedürfe dazu keiner weitausholenden Schilderungen, „einzelne Züge, Andeutungen, Striche genügen ihm" (B., S. 159). Doch prägt sich das Bestreben, ‚die Objekte selbst' zu geben, auch hier aus. Die sehr viel schärfere Formulierung bringt einer der vielen Einwände gegen George Eliots „Middlemarch": „... und ob diese oder jene Scene am Morgen, Mittag oder Abend spielt — es wird uns meistens sogar gesagt, aber — es liegt kein Morgenlicht auf der Scene und keine Mittagshelle und kein Abendschein" (B., S. 87). Gefordert wird, eine solche Szene so ‚darzustellen' wie sie ist, wenn sie in der Wirklichkeit stattfindet. Auch hier setzt sich eine möglichst vollendete Nachahmung des Wirklichen durch. Den Zusammenhang mit dem künstlerischen Wollen der Zeit beleuchtet eine parallele Beschreibung Walter Benjamins. Sie bezieht sich auf den „Höhepunkt in der Vorbereitung der Panoramen". „Man war unermüdlich durch technische Kunstgriffe bemüht, die Panoramen zu Stätten einer vollkommenen Naturnachahmung zu machen. Man suchte den Wechsel der Tageszeit in der Landschaft, das Heraufziehen des Mondes, das Rauschen der Wasserfälle nachzubilden. David rät seinen Schülern, in den Panoramen nach der Natur zu zeichnen. Indem die Panoramen in der dargestellten Natur täuschend ähnliche Veränderungen hervorzubringen trachten, weisen sie über die Photographie auf Film und Tonfilm voraus"[23]. Die Übereinstimmung mit den zuvor angeführten Sätzen Spielhagens wird noch gesteigert, erinnert man sich der Tendenz zur sinnenhaften Darstellung und nimmt hinzu, daß auch jenes Zeichnen nach der Natur mit genau dem gleichen Akzent als Erzählen nach unbedingt notwendigen „Modellen" bei ihm wiederkehrt. Dieser panoramatische Zug der ‚Darstellung' läßt erkennen, wie wenig der Roman seiner Theorie ausgerechnet in Schillers Ästhetik zu suchen hat. Noch mehr: das Bemühen, ihn dort anzusiedeln, ist recht eigentlich paradox, und das kann nebenbei das Phänomen „Epigonalität" überhaupt charakterisieren.

In denselben Umkreis gehören Spielhagens Berufungen auf Goethe. Bezeichnend auch für die geistige Situation, aus der seine ‚Darstellung' herauswuchs, ist die Verständnislosigkeit für die Idee des Symbolischen. Sie spricht sich noch dort aus, wo „Symbol" einen positiven Akzent bekommt. Der enthusiastische Satz über die „Prägnanz des Ausdrucks, welche in Athenens Bilde von dem aufsteigenden Rauch als verflatterndem Symbol des festgegründeten heimischen Herdes eine wahrhaft göttliche dichterische Höhe erreicht" (B., S. 213), macht aus „Symbol" weitgehend wieder nur eine Stilfigur, die pars pro toto vorstellt, und hebt damit einen Aspekt her-

---

[23] Walter Benjamin, Schriften. Hrsg. von Theodor W. Adorno und Gretel Adorno unter Mitwirkung von Friedrich Podszus. Bd. 1, Frankfurt/M. 1955, S. 409.

vor, der im klassischen, speziell im Goetheschen Begriff des Symbols nur unter anderem mitschwingt. Aufschlußreicher sind die abwertenden Äußerungen. Daß nur verschwommene „Idealisierungssucht" als Ursache angegeben wird, wenn ein Erzähler „Schemen statt Menschen und Symbole statt der Sache giebt" (B., S. 63), braucht nicht einmal falsch zu sein, erfaßt „Symbol" aber nur noch als negativen Gegensatz zu einer ‚die Objekte selbst' gebenden Darstellungsweise, als Abfall von einer Objektivität, die mit Goethes ‚eminenten Fällen' und mit dem Verhältnis von Allgemeinem und Besonderem, von Sinn und Bild schon gar nichts mehr zu tun hat. Darum können Symbol und Allegorie schließlich auch wieder auf eine Ebene gestellt werden. Mit dem „Anhauch des Alters", der die „farbenfrohe und gestaltenfrohe Fabulierungslust der Jugend getrübt" hat, möchte man hin und wieder auch heute noch erklären, warum in „Wilhelm Meisters Wanderjahren" die Welt nur in „Umrissen, Andeutungen, großen Perspektiven..." aufgebaut wird. Aus Spielhagens Mund ist das freilich ein besonders vernichtendes Urteil. Entscheidend aber erst die Behauptung, dies geschähe „... mit Zuhilfenahme von Symbol und Allegorie" (NB., S. 81). Indem so beide in einem als minderwertiges Gegenteil der ‚Darstellung' erscheinen, wird der Unterschied, auf den es bei Goethe gerade ankommt, wieder säuberlich getilgt. Und indem sie als Gegensatz *nur noch* zur ‚Darstellung' begriffen werden, ist Goethes Sinn von Symbolik überhaupt hinfällig geworden. Das wiederholt sich, wenn Spielhagen in den letzten Büchern der „Lehrjahre" Veranstaltungen feststellt, „die nur den Schein der echten Handlung haben, in Wahrheit aber rein allegorischer und symbolischer Natur sind", und ihnen die „kräftig realistischen Farben" gegenüberstellt, mit denen Goethe anfangs Personen und Siutationen gemalt habe (B., S. 198). Das bedeutet sowohl, daß die ersten Bücher durch ‚Darstellung' ausgezeichnet sein sollen, als auch, daß ihnen symbolische Gestaltung fehlt. Damit werden sie für ihn zur — sogar bedeutenden — erzählerischen Leistung, verlieren mit ihrer Symbolik (im Goetheschen Wortsinn) aber im selben Augenblick so viel Bedeutsamkeit, daß von der dichterischen Aussage nur noch eine Beschreibung und Schilderung des Bürgertums, der Theaterwelt und des Adels übrig bleibt.

Wie stark Spielhagen dahin tendiert, Goethe nur noch so zu lesen,

Objektivität, Subjektivität und Erzählkunst 117

zeigen die letzten Seiten seiner Goethe-Rede. Dort ist vom modernen Epiker die Rede, der sich von Goethes epischer Kunst gelöst habe, weil das Milieu inzwischen „schier ins Unendliche gewachsen ist". „Wie verhältnismäßig beschränkt war das Milieu in Goethes Tagen! an einer wie verhältnismäßig kleinen Provinz des Gebietes ließ sich der große Meister selbst noch genügen! Die Adelswelt; das Bürgertum in seinen höheren soliden Schichten; die Kunst, soweit sie salonfähig ist...". „Seitdem zog eine Gesellschaftsklasse nach der andern, ein Beruf nach dem andern in die epische Arena" (NB., S. 86). Neben diese Verbreiterung des Stoffgebietes tritt seine Vertiefung, worunter Spielhagen beispielsweise versteht, daß man wissen will, wie es in der Seele „einer emancipierten, in Selbstanbetung sich verzehrenden Vollblutaristokratin wie Marie Baschkirtzeff" aussieht (NB., S. 87). Die Früheren, „Goethe voran", hätten dagegen nur anzudeuten gewagt, „was durch das Labyrinth der Menschenbrust nächtig wandert" (NB., S. 87). Kurzum: die Welt, die der nachgoethesche Epiker zu schildern habe, sei „so viel bunter und reicher", weshalb er „mit den verhältnismäßig einfachen Farben, die er [Goethe] auf der Palette hatte, und welche für die bescheidenen Dimensionen seiner Gemälde genügten", nicht länger auskommt (NB., S. 89 f.). Der epische Meister kann Goethe darum tatsächlich nur noch sein, weil er handelnde Menschen darstellte, auf abstrakte Schilderungen verzichtete usw. — weil er Spielhagens Programm erfüllt. Die ganz vorbehaltlose Verstofflichung und Entgeistigung, der die Erzählkunst im Zeichen der objektiven Darstellungsmethode nicht erst ausgeliefert wird, die sie vielmehr schon voraussetzt, bekundet sich hier fast bedrückend.

Man sagt dasselbe, spricht man vom Verlust des Sinnes für das Symbolische Goethes. Freilich wurde es in seinen Romanen nicht mehr gefunden, weil sein Lebensgrund nicht mehr erlebbar war. Er existierte nicht mehr, nachdem die Idee der Gott-Natur, als Welterfahrung die im unmittelbaren Wortsinn welt-anschauliche Grundlage auch der dichterischen Symbolik Goethes, sich im Laufe des 19. Jahrhunderts allmählich restlos verflüchtigt hatte und verflüchtigen mußte, als die Welt endgültig zur nur noch wirklichen Wirklichkeit geworden war. So korrigiert Spielhagen die Verse des Chorus mysticus: „Alles Vergängliche / Ist nur ein Gleichnis". Das sei „nur halb richtig" — lege doch erst die „gottbegnadigte Kraft" des Künstlers die göttliche Idee in das Vergängliche, das erst dadurch „aus der Endlichkeit hinüber in das Ewige weist" (B., S. 320 f.). Die religiöse Nuance dieser Verklärung des künstlerischen Schaffens hat im Munde des Liberalen Spielhagen einen etwas zweifelhaften Charakter und dürfte Ende des 19. Jahrhunderts auch ihrem Vorstellungsinhalt nach ziemlich fragwürdig sein. Trotzdem deutet diese Korrektur gleichsam ahnungsweise die Situation vor allem des Dichters nach dem Ende der Goethezeit an. Goethes Überzeugung, der Dichter enthülle das offenbare Geheimnis der Natur, mußte gegenstandslos werden, sobald es dieses Geheimnis nicht mehr zu geben schien, weil aus der Natur inzwischen ein Mechanismus, dessen Gesetze die exakte Naturwissenschaft erforscht, und das Material der Technik geworden war. Diese Weltlage — sie ist dem Romantheoretiker Spielhagen, davon soll gleich noch die Rede sein, zumindest halbbewußt — bringt eine Dichtung, die eifrig danach strebt, „ein möglichst getreues Abbild der Wirklichkeit auch in ihrer äußeren Erscheinung zu geben" (NB., S. 19), nicht nur in die Gefahr, ins Stoffliche abzusinken. Sie bringt den Dichter auch in die Situation, auf die jener Einwand gegen Goethe hinweist: er muß das ihm real Gegebene deuten in dem Sinne, daß er ihm überhaupt erst Bedeutung verleiht, muß es, indem er die göttliche Idee in das Endliche hineinlegt, erst eigentlich sinnhaft machen. Das hat verschiedene Aspekte, unter anderem den, daß der Dichter damit aufhört, die Welt nur abzubilden. Und dies ist wahrscheinlich der Grund, warum sich diese Problematik bei Spielhagen niemals voll entfaltet. Die „Abbild"-Vorstellung beherrscht ihn so uneingeschränkt und ist so zweifellos, daß der Gedanke nicht zum Tragen kommt, nur der historischen Interpretation als Spur erkennbar wird und bei ihm im allgemeinen von dem Anliegen verdeckt bleibt, ‚objektiv darzustellen'. Indessen wäre zu überlegen, ob das Bemühen, dem epischen Erzählen eine möglichst sinnenfällige und greifbare Gegenwart des Dargestellten als Aufgabe zuzuweisen, nicht auch seinerseits ein Reflex jener radikal geistfernen, endgültig geist-losen gewordenen und entzauberten Welt ist, angesichts deren es Doquichotterie wäre, den Dichter noch wie Novalis als „Messias der Natur" zu verstehen, Deuter „jener großen Chiffernschrift ..., die man überall, auf Flügeln, Eierschalen, in Wolken, im Schnee, in Kristallen und in Steinbildungen, auf gefrierenden Wassern, im Innern und Äußern der Gebirge, der Pflanzen, der Tiere, der Menschen, in den Lichtern des Himmels ... erblickt" [24].

Entsprechend heißt es bei Novalis: „Der Poet versteht die Natur besser wie der wissenschaftliche Kopf" [25], während bei Spielhagen die „furchtbare Konkurrenz der Wissenschaften" zum Problem der Dichtung wird. Diese Wendung gehört zu Überlegungen, die sich mit dem „Gebiet des Romans" und seiner Funktion in der modernen Welt beschäftigen (B., S. 38 ff.). Sie beginnen mit einer Beschreibung des hervortretenden Zuges in der „Physiognomie der jetzt lebenden Menschen", ihrem Willen, „das ihnen zugewiesene Erbe endlich einmal voll und ganz anzutreten; es sich heimisch zu machen auf dieser unserer Erde, der festgegründeten, dauernden, die nicht eine Vorstufe des Himmels oder der Hölle ist, sondern der Grund und Urgrund, aus dem unsere Leiden und Freuden quillen...". Das wird anschließend mit Emphase konkretisiert: „Es ist das trotzige Glaubensbekenntnis des Prometheus, es ist sein demütig stolzes Wort: ‚Hast Du nicht alles selbst vollendet, heilig glühend Herz!' was wir sichtbar-unsichtbar auf die Stirn jeder Lokomotive geschrieben sehen, die über himmelhohe Brücken und durch Tunnel, schwarz wie der Erebus, dahindonnert; was hörbar-unhörbar jeder Telegraphenapparat in tausendfältigem Takt und Rhythmus tickt und hämmert." Mehr als äußere Aufeinanderfolge, daß danach die „ungeheure Aufgabe" der Wissenschaften (der Rechtswissenschaft, der historischen Wissenschaften und der Naturwissenschaft) erwähnt wird und dies unmittelbar in die Frage übergeht, welche Berechtigung die Kunst noch habe, „wenn die Arbeit der Menschheit von der Wissenschaft so gründlich gethan wird". Spielhagen drängt die Zweifel sogleich wieder zurück, kann es persönlich auch, da er glaubt, keine andere

---

[24] Novalis, Die Lehrlinge zu Sais. Deutsche Literatur in Entwicklungsreihen, Reihe Romantik. Bd. 5: Weltanschauung der Frühromantik, hrsg. von Paul Kluckhohn, S. 21. — Vgl. auch das Kapitel „Dichter und Dichterwelt", vor allem den Abschnitt „Messias der Natur" bei Walther Rehm, Orpheus. Der Dichter und die Toten. Selbstdeutung und Totenkult bei Novalis — Hölderlin — Rilke. Düsseldorf 1950.

[25] Deutsche Literatur in Entwicklungsreihen, a. a. O., S. 51.

Kunst könne „die furchtbare Konkurrenz der Wissenschaften so gut aushalten" wie die epische Dichtkunst. Ist diese Reaktion einfach die Lebenslüge eines Romanschriftstellers? Auf jeden Fall hat seine Überzeugung eine handfeste Grundlage: die ‚objektive Darstellung'. Sie verschafft dem Roman die Möglichkeit, sich gegen die Wissenschaften zu behaupten, die durch zweierlei ihm sozusagen den Boden unter den Füßen wegzuziehen drohen. Beide haben erstens „ein und dasselbe Organon, das prosaische Wort"; und haben zweitens „von Anfang an denselben Vorwurf . . .: den Menschen in der vollen Breite und Tiefe seiner Beziehungen zu seinesgleichen und zur Natur" (B., S. 55). Diese „nahe Verwandtschaft" beruht für Spielhagen auf der Eigentümlichkeit der epischen Phantasie, „den Menschen immer auf dem Hintergrunde der Natur, immer im Zusammenhang mit — in der Abhängigkeit von den Bedingungen der Kultur, d. h. also so zu sehen, wie ihn die moderne Wissenschaft auch sieht" (B., S. 41). Aus der historischen Distanz, achtzig Jahre nachdem sie formuliert wurde, ist das Unzulängliche und Schiefe solch einer Bestimmung offensichtlich und legt nahe, sie als einen Versuch zu deuten, um die „epische Phantasie" in einer geschichtlichen Situation wettbewerbsfähig zu machen, die von zivilisatorischem Willen durchdrungen ist und von der Wissenschaft geistig beherrscht wird. Tatsächlich ist die These, überall wo die epische Phantasie walte, handele es sich „um die Menschheit, um den weitesten *Überblick* über die menschlichen Verhältnisse, um den tiefsten *Einblick* in die Gesetze, welche das Menschenleben regieren..." (B., S. 67), eine Analogiebildung zu der Arbeit, die sich aus dem Zivilisationsstreben der modernen Menschheit ergibt. Denn hierfür ist ein möglichst tiefer „Einblick in die menschliche Natur und menschliches Wesen" erforderlich, der seinerseits „unmöglich ist ohne den weitesten Überblick, ohne die genaueste Kenntnis der Bedingungen, unter denen das Leben vor sich geht" (B., S. 39). Dies zu untersuchen aber ist die „ungeheure Arbeit" der Wissenschaften.

Angesichts dieser Übereinstimmung von Wissenschaft und Epik, die „denselben Vorwurf" haben und überdies auf „dasselbe Organon" angewiesen sind, bleibt dem Romantheoretiker Spielhagen nichts anderes übrig, als mit Nachdruck vor der Verführung zu warnen, „das gleiche Ziel auch mit dem gleichen Mittel, auf dem gleichen Wege erreichen zu wollen!" Denn diese Wege seien „himmelweit" verschieden, „so verschieden, wie die Thätigkeit der Phantasie von der der reinen Vernunft und Urteilskraft; so verschieden, wie die künstlerische Darstellung von der wissenschaftlichen Analyse und Synthese." Hierauf kommt es entscheidend an, da hier die „unübersteigliche Grenze zwischen Wissenschaft und Poesie" liegt, gesetzt durch die „Verschiedenheit der geistigen Funktionen und der obligaten Methoden der Darstellung" (B., S. 55). Damit erhalten die Gleichungen Poesie = Phantasie und Phantasie = ‚objektive Darstellung' erst ihr volles Gewicht, und wird der Sinn des Arguments erkennbar, das Spielhagen gegen die „ästhetischen, philosophischen, moralischen usw. Exkurse" anführt: die Ästhetik verlange, daß die Kunst „ein streng von den anderen Gebieten geistiger Thätigkeit gesondertes bleibe" (B., S. 185). Das Verschwinden des Erzählers, die ‚objektive Darstellung' ganz allgemein wird zum Gebot der Erzählkunst, das der epischen Dichtung ihre Bedeutung in einer Zeit sichern soll, deren Tendenzen sie ihr zu rauben, sie zuletzt womöglich aufzuheben scheinen. So endet der Aufsatz über das Gebiet des Romans schließlich auch mit dem beinahe hymnisch formulierten Programm des „Gesetzes der Objektivität", Leitstern des epischen Künstlers, an dem er sich orientieren und „auf jedem Punkt feststellen kann, ob er noch innerhalb der seinem Gebiete gesteckten Grenzen sich bewegt" (B., S. 62 f.). Die ‚objektive Darstellung' rettet den Roman, und das ist wohl der letzte Grund für den einzigartigen Wert, den sie bei Spielhagen besitzt. Umgekehrt läßt sie sich von hier aus als ein erster Versuch begreifen, die Problematik aufzulösen, die sich aus der wissenschaftlich-technischen Gesinnung für die — epische — Dichtung ergab und die um so größer werden mußte, je wirksamer das Bewußtsein ensprechend umgeformt und geprägt wurde. Im Zuge dieser Entwicklung wurde die ‚objektive Darstellung' sehr schnell vollends zu einer Scheinlösung.

4

Verfahren und Ergebnis unserer bisherigen Interpretation sind ergänzungsbedürftig. Wir versuchten, die Beschränkung auf die isolierte Frage nach dem Erzähler zu vermeiden und statt dessen die ‚objektive Darstellung' überhaupt zu analysieren, um das Wesen des geforderten Darstellens zu erkennen und zugleich die geschichtlichen Gegebenheiten aufzudecken, die es bestimmen und durchherrschen. Das relativiert jedoch nur Spielhagens Anspruch auf absolute Gültigkeit seines Dogmas und stellt in Frage, daß es tatsächlich etwas mit dem Roman schlechthin zu tun hat. Seine ästhetisch grundsätzliche Fragwürdigkeit wird hierbei allenfalls indirekt sichtbar. Unaufgeklärt bleibt, was wir die Unwahrheit des ‚objektiven Erzählens' nennen möchten.

In seiner 1888 posthum erschienenen „Poetik" rechtfertigt Wilhelm Scherer das Hervortreten des Erzählers mit zwei Gedanken, die sich teils genauer ausgeführt, teils abgewandelt auch in denjenigen „Kleinen Schriften" finden, die sich mit Spielhagen auseinandersetzen. Sie bezeichnen den Ansatz auch späterer Einwände. Scherer erwähnt zunächst „das ursprüngliche Verhältniß: lebendige Rede; die Zuhörer im Kreise; der Redner spricht zu ihnen"[26]. Die Überlegung, die bei R. Koskimies, der Sache nach auch bei Robert Petsch wiederkehrt, bestreitet die Richtigkeit von Spielhagens Theorie mit dem Hinweis auf eine Art ‚Ursituation' des epischen Erzählens. (Ob die Annahme unbedingter Verbindlichkeit solch eines Modells für alle Erzählkunst haltbar ist, braucht hier nicht diskutiert zu werden.) Das andere Argument Scherers ist die Überzeugung, daß sich der Erzähler vor allem durch die Sprache auch dann einmische, wenn er es nicht ausdrücklich tut. „Wo ein Urtheil ausgesprochen wird, da erscheint er: zu dem Wissen tritt die Meinung. Wo er irgend ein Epitheton beifügt: der edle, herrliche usw., tritt der Dichter hervor, und so auch Homer selbst"[27]. Diese Feststellung, die Wolfgang Kayser in etwas anderer Form erneuert hat, unterstreicht auf jeden Fall mit Recht die Oberflächlichkeit von Spielhagens „Objektivität". Käte Friedemann schließlich geht vom Erzählen als einer dem erzählten Geschehen vorgeordneten epischen Wirklichkeit aus, kommt zu der Unterscheidung von Erzähler und „Schriftsteller Soundso", die seitdem wiederholt betont worden ist,

---

[26] Scherer, a. a. O., S. 246.
[27] ebd.

und außerdem zu der Erkenntnis, der Erzähler sei „*der* Bewertende, *der* Fühlende, *der* Schauende. Er symbolisiert die uns seit Kant geläufige erkenntnistheoretische Auffassung, daß wir die Welt nicht ergreifen, wie sie an sich ist, sondern wie sie durch das Medium eines betrachtenden Geistes hindurchgegangen" [28]. Sie führt das nicht näher aus und läßt auch mit dem Wort „symbolisieren" das Verhältnis zwischen Transzendentalphilosophie und Erzählkunst im Ungefähren. Ihre Einsicht kann trotzdem sehr fruchtbar sein, will man den ästhetischen Sinn des hervortretenden epischen Erzählers erkennen. In der Hinsicht eben auf „Die Rolle des Erzählers in der Epik" wird die allgemeinere Problematik des ‚Darstellens' jedoch nur mittelbar berührt. Ihr soll die Frage nach seiner Wahrheit gelten.

Dichtung, die danach strebt, „ein möglichst getreues Abbild der Wirklichkeit", mehr noch: sogar ein „Abbild der Wirklichkeit auch in ihrer äußeren Erscheinung zu geben" (NB., S. 19), legt beinahe von selbst die Frage nahe, ob sie sich nicht etwas Unmögliches vornimmt, weil doch immer nur ein subjektiv gebrochenes Bild der Wirklichkeit herauskommen kann. „Der Roman ist eine subjektive Epopöe, in welcher der Verfasser sich die Erlaubnis ausbittet, die Welt nach seiner Weise zu behandeln" [29]. Diese einfache Tatsache wird angesichts des ‚objektiven Darstellens' zum Problem. Und vor allem: sie macht es problematisch. Denn eine Erzählkunst, die es auf eine möglichst vollendete Illusion der Wirklichkeit anlegt und die sich durch eine besondere Art der ‚Darstellung' bemüht, der abgebildeten Wirklichkeit ein Sein zu vermitteln, durch das sie in der Phantasie des Lesers wie die reale Wirklichkeit selbst gegeben zu sein scheint, wird innerlich unwahr, wenn sie nur eine bereits subjektiv bestimmte und gedeutete Wirklichkeit kaschiert. Das ‚objektive Darstellen' dient dann nur dazu, einem ganz und gar Subjektiven dichterisch den Anschein zu geben, es sei objektive Realität, und nähert sich der geistigen Falschmünzerei, da sein Aufwand mit all seiner Suggestionskraft zugleich ständig darüber hinwegtäuscht, daß dies *bloßer* (und bloß *ästhetischer*) Schein ist. Es bietet die geradezu

---

[28] Friedemann, a. a. O., S. 26.
[29] Goethe, Maximen und Reflexionen. Hamburger Ausgabe, Bd. 12, S. 498, Nr. 938.

ideale Möglichkeit, im extremen Fall selbst noch eine ideologisch geprägte Wirklichkeit so in Umlauf zu bringen, daß sie als wahre Wirklichkeit erscheinen und sich breitmachen kann. Dies Extrem erinnert daran, daß die Frage nach dem Subjekt des objektiven Erzählens und der Subjektivität des objektiv Erzählten in einem umfassenden Zusammenhang steht. So speziell gefaßt gilt sie nur für die ‚objektive Darstellung' Spielhagens. Doch handelt es sich dabei nur um eine auf die Form des Erzählens angewandte Konkretion der Problematik, der die Dichtung im Lauf des 19. Jahrhunderts ganz allgemein immer stärker ausgesetzt ist. Nachdem es schließlich auch programmatisches Anliegen geworden war, die Wirklichkeit darzustellen, wuchs notwendig auch die Gefahr, eine *bestimmte Auslegung* der Wirklichkeit als *die* Wirklichkeit zu geben: ein Bild der Welt, subjektiv in dem Sinne, daß es von einer selbst immer schon geistesgeschichtlich und gesellschaftlich vermittelten Weltanschauung abhängt und an eine Gefühl und Bewußtsein entsprechend vorformende Perspektive gebunden ist, als die Welt schlechthin dichterisch zu gestalten und eine immer schon subjektiv gedeutete Objektivität als gleichsam reine Objektivität erscheinen zu lassen. Für eine Ideologisierung zumal der erzählenden Dichtung ergeben sich hierbei die verschiedensten Möglichkeiten.

Diese allgemeinere Problematik wird im Folgenden nur gelegentlich wichtig werden. Denn Hauptaufgabe ist eine Analyse derjenigen Aussagen Spielhagens, die den Gegenstand der ‚objektiven Darstellung' bestimmen. Sie sollen darüber Auskunft geben, ob schon seine Theorie selbst offenbart, daß alles objektiv Erzählte ein *nur objektiv erzähltes* Subjektives ist. Mit anderen Worten: wir wollen untersuchen, ob seine eigenen Äußerungen über das, was der Romandichter „objektiv" darstellen soll, die Forderung der ‚objektiven Darstellung' kompromittieren, weil sie diese Objektivität als äußerliche Form zu erkennen geben, die darauf hinausläuft, das tatsächlich Subjektive des Dargestellten nur nicht in Erscheinung treten zu lassen. Solch ein Versuch, die ‚objektive Darstellung', wie Spielhagen sie fordert und am liebsten befehlen möchte, auf dem Boden seiner eigenen Theorie als das Programm einer in sich unwahren Erzählkunst zu deuten, bedarf allerdings einer Erklärung. Da es weder sonderlich kühn noch originell wäre, für die zweite Hälfte des

19. Jahrhunderts eine Subjektivität des Erzählten gerade auch dann von vornherein anzunehmen, wenn behauptet wird, nur ein Abbild der Wirklichkeit zu geben, muß dies Verfahren zunächst als ein Umweg wirken. Eine summarische Feststellung würde das sachlich und historisch sehr differenzierte Problem der Subjektivität in der erzählenden Dichtung jedoch vermutlich eher unsichtbar machen, seine Erkenntnis jedenfalls kaum fördern[30]. Das unterstreicht eine Tatsache, die unsere Untersuchung aus einem anderen Grunde überflüssig zu machen scheint: Spielhagen selbst spricht wiederholt von der Subjektivität des modernen Epikers. Es ist jedoch nicht möglich, deswegen auf die Unwahrheit des ‚objektiven Darstellens‘ zu schließen. Denn seine Theorie gibt dem Begriff „subjektiv" einen Gehalt, der diese Folgerung nicht zuläßt. Und hierin liegt die eigentliche Schwierigkeit. Als These formuliert, die die Interpretation im einzelnen verdeutlichen muß: Spielhagens Aussagen über den Gegenstand der ‚objektiven Darstellung‘ lassen die Subjektivität des Dargestellten im oben definierten Sinn erkennen, obwohl seine Theorie darüber hinweggeht. Seine Beschreibungen verraten, daß sie „da ist" und die erzählte Wirklichkeit bestimmt, ohne daß sie gleichsam theoretisch bewußt als Problem der epischen Darstellung reflektiert wird. Dies „Übersehen" und „Vergessen" ist aber kein Zufall, sondern die nahezu systematisch notwendige Folge dessen, was diese Theorie selbst als die Subjektivität des modernen Romandichters versteht. Ebenso wichtig wie die Subjektivität des Erzählten, die Spielhagen ausdrücklich erörtert, ist die Subjektivität des Erzählten, die er *nicht* ausdrücklich erörtert, wobei es sich im Grunde nur um zwei Seiten desselben handelt.

Spielhagen ist fest überzeugt, in aller Epik wolle der Dichter immer *ein Weltbild geben*. So heißt es im ersten jener Fundamental-

---

[30] Zur grundsätzlichen Problematik vgl. Fred O. Nolte, Art and Reality. Lancaster 1942. — Franz Stanzel, Die typischen Erzählsituationen im Roman. Dargestellt an Tom Jones, Moby-Dick, The Ambassadors, Ulysses u. a., Wien—Stuttgart 1955. — Richard Brinkmann, Wirklichkeit und Illusion. Studien über Gehalt und Grenzen des Begriffs Realismus für die erzählende Dichtung des 19. Jahrhunderts. Tübingen 1957.

sätze, die den großen Aufsatz über den Ich-Roman einleiten, daß der epischen Phantasie die „Tendenz nach größtmöglicher Ausdehnung des Horizonts" innewohne, darum „ihr Objekt nichts Geringeres als die Welt" sei und der epische Dichter somit bewußt oder unbewußt immer danach strebe, „ein Weltbild zu geben" (B., S. 133). An einer anderen Stelle ist davon die Rede, daß es dem Romandichter auf „das möglich reichste und umfangreichste Welt- oder Menschheitsbild" ankomme (B., S. 116). Diese Formeln besagen freilich nicht viel. Auch die wohl anspruchsvollste Bestimmung, in der von einer „Totalität" des Weltbildes gesprochen wird, hilft wenig, gerade weil sie zeigt, daß der Gedanke von Wilhelm von Humboldt übernommen wurde [31]. Die Erinnerung an diese Herkunft aus der klassischen Ästhetik führt eher in die Irre. Hierfür ist eine Wendung bezeichnend, die — auch schon in der Formulierung aufschlußreich — den Ausdruck „Totalität des Weltbildes" sofort einschränkt: „... um ein weniger vornehmes Wort zu gebrauchen" — gemeint ist ja nur eine „Übersicht der Welt" und gefragt wird, welcher Roman sie „in einem größeren Umfange" biete als eine Autobiographie wie beispielsweise „Dichtung und Wahrheit". Zur Einsicht in den Gehalt dessen, was Spielhagen das Welt- oder Menschheitsbild nennt, kann diese Umschreibung und die ausdrückliche Beziehung auf den Umfang jedoch beitragen, ist man des erzählerischen Programms eingedenk: die epische Dichtung strebe danach, „ein möglichst getreues Abbild der Wirklichkeit auch in ihrer äußeren Erscheinung zu geben" (NB., S. 19). Das Weltbild, das eine Dichtung geben will, deren erklärtes Ziel es zugleich ist, ein Abbild der Wirklichkeit zu geben, ist als ein — möglichst umfangreiches — Bild der Welt zu verstehen. Es soll möglichst viel Welt abgebildet werden. Oder dasselbe auf die Phantasie angewandt: ist das Objekt einer Phantasie, die „die Welt abbilden" soll (B., S. 111), nichts Geringeres als die Welt, so bedeutet dies, daß sie dazu tendiert, eben die ganze Welt abzubilden. Daß der Romandichter vor allem zu einer „Breite und Weite der Weltübersicht" kommen möchte (B., S. 264), es auf eine „möglichst vollkommene Übersicht der Breite und Weite des Menschenlebens" abgesehen (B., S. 245) und

---

[31] Vgl. auch B., S. 15. Ferner Hughes, a. a. O., S. 221 f.

die epische Phantasie eine Tendenz „in die Breite und Weite der Welt" habe (B., S. 219) — all diese Wendungen betonen einen zunächst einmal ganz handfest stofflichen, *quantitativen* Sinn des Begriffs „Weltbild". Totalität ist sozusagen eine Mengenangabe.

Dieser Bedeutung steht der schon angeführte Satz gegenüber, in dem Spielhagen darauf hinweist, „daß es sich überall, wo die epische Phantasie waltet, schließlich gar nicht um den Menschen handelt, wie er sich als Individuum darstellt, ... sondern um die Menschheit, um den weitesten *Überblick* über die menschlichen Verhältnisse, um den tiefsten *Einblick* in die Gesetze, welche das Menschenleben regieren, welche das Menschentreiben zu einem Kosmos machen" (B., S. 67). Das soll die „epische Totalität" erläutern und bestimmt sie in zwei Hinsichten. Der *Überblick* hebt das stoffliche Moment hervor, Vollständigkeit des Umfangs. Der *Einblick* fügt ein gehaltliches Moment hinzu, Erfassen und Gestaltung des Wesens. Erst mit ihm kommt die im heutigen Sprachgebrauch geläufige Bedeutung des Wortes Weltbild ins Spiel, etwa: Auffassung vom Wesen und der Natur der Welt. Dies um so mehr, als es ja nicht bei einer bloß formal definierenden Angabe bleibt. Die wenn auch noch so unverbindliche, so doch inhaltlich bestimmte Vorstellung des Menschentreibens als Kosmos offenbart, wie dem darzustellenden Weltbild, insofern es „Einblick" gibt, grundsätzlich eine bestimmte Weltanschauung zugrunde liegt. Der gleitende Übergang und die fraglose Unbedenklichkeit, mit der Spielhagen den Satz über das Walten der epischen Phantasie in eine Aussage überführt, die auf die Forderung eines von einer speziellen Weltanschauung bestimmten Weltbildes abzielt, scheinen uns auf zweierlei hinzuweisen. Einmal wie weitgehend der gehaltliche Aspekt des Weltbildgedankens bereits ein intellektuelles Koordinatensystem voraussetzt, das in dem (überindividuellen) Sinne subjektiv ist, in dem wir es vorn definierten: selbst geistesgeschichtlich und gesellschaftlich vermittelt, Gefühl und Bewußtsein und ihre Welterfahrung perspektivisch vorformend, so daß alles Darstellen nur ein immer schon subjektiv durchformtes Bild der Welt dichterisch gestalten kann. Die unangefochtene Selbstverständlichkeit, mit der die Gesetze, welche das Menschenleben regieren, mit den Gesetzen gleichgesetzt werden, welche das Menschentreiben zu einem Kosmos machen, erregt zum anderen die Vermutung, daß eine derartige Subjektivität für Spielhagen mindestens nicht als solche zum Problem wird.

Um so bedeutsamer jener stoffliche Aspekt seines Weltbildbegriffs, auf den auch die zahlreichen Formulierungen hinauslaufen, mit denen das Welt- oder Menschheitsbild immer wieder paraphrasiert wird. Am entschiedensten, wenn — ensprechend dem „Überblick" — von der „Übersicht" die Rede ist. Aber auch die Vorstellung von der „Weite und Breite" geht in diese Richtung. Die Bedeutung, die solch einem vorwiegend quantitativen Charakter innerhalb Spielhagens Überlegungen zukommt, liegt auf der Hand. Er verführt die Reflexion, die Subjektivität des Erzählten, des dargestellten Weltbildes, zu ignorieren, und schafft eine Voraussetzung, die verhindert, daß sie der theoretischen Erörterung als mögliches Problem voll bewußt und erkennbar wird, zumal wenn man daran denkt, aus welcher geistesgeschichtlichen Situation heraus Spielhagen seine Theorie konzipierte. Das Stoffliche in seiner Weltbildidee zeigt damit eine Tendenz an, die dem Übergehen des subjektiven Moments in der Aussage über das Weltbild als „Einblick" analog ist. Dennoch hört jene ins dargestellte Bild der Welt hineinwirkende Weltanschauung nicht auf, wirksam zu sein, bloß weil der Theorie dies subjektive Moment nicht ausdrücklich bewußt wird. Wenn der Romandichter „das Menschengetriebe, den Weltlauf" erschöpfend darstellen will (B., S. 280), liegt jedenfalls die Annahme nahe, die Überzeugung vom Menschentreiben als Kosmos werde in diese Darstellung des Menschengetriebes ‚einfließen' und sich in ihm ausprägen. Um sich das Subjektive der dargestellten Wirklichkeit zu vergegenwärtigen, ist es also nicht einmal nötig, auf die Subjektivität zurückzugehen, die wirksam ist, auch wenn tatsächlich nur Stoff ausgebreitet wird.

Angesichts einer Dichtung, die realistisch zu sein und ein Abbild der Wirklichkeit darzustellen vorgibt, ist im übrigen selbst dieser Hinweis nicht so sophistisch, wie er sich anhören mag. Er kann aber ganz aus dem Spiel bleiben bei dem Versuch aufzuzeigen, wie sich die Möglichkeiten einer Subjektivierung des Erzählten auch in einer Theorie abzeichnen, die daran vorbeigeht. Diesen Sachverhalt stellt noch ein dritter Aspekt der Weltbildforderung Spielhagens heraus. Gelegentlich spricht er von der „Idee des Romans, d. h. dem Weltbilde, welches der Dichter objektivieren will" (B., S. 115). Ähnlich ist von der Totalität des Weltbildes die Rede, „welches dem Dichter vorschwebt" (B., S. 25). Hier tritt ein Moment des Persönlichen hervor, das, obwohl an sich selbstverständlich, sonst oft unbeachtet bleibt. Die programmatische Formulierung enthält die Arbeit über den Ich-Roman. In einem epischen Werk, heißt es dort, sei die Idee ausschließlich „das Bild, welches der Dichter von der Welt in seiner Seele trägt, und von welchem er in seinem Werke ein Abbild zu geben sucht" (B., S. 169). Dem erzählenden Subjekt und, möchte man annehmen, zugleich seiner Subjektivität scheint hiermit in der nächstliegenden Form Rechnung getragen zu werden. Denn das Bild, das ein Dichter von der Welt in seiner Seele trägt, bezieht alles Darstellen auf ein Subjektives, das dargestellt wird. Ganz besonders, wenn dieser Dichter nicht mehr in Zeiten lebt, in denen „ein gemeinsames, durch Gebrauch, Sitte, Religion allseitig ausgeglichenes Denken und Fühlen den Höchststehenden des Volkes mit dem Niedrigsten verband". Solch „Gesamtgefühl" existiert aber auch für den Romantheoretiker Spielhagen ausdrücklich nicht mehr (vgl. NB., S. 133). Eine überpersönliche Gültigkeit und Wahrheit auch des vielfach vermittelten Bildes der Welt ist damit ausgeschlossen. Dennoch gibt es diese Subjektivität für Spielhagen nicht. Das Bild, das der Dichter von der Welt hat und in seinem Werk abbildet, wird ganz einfach selbst wieder nur als Abbild verstanden. Zusammen mit einer bezeichnenden Einschränkung legt das ein Gedankengang aus der Gedächtnisrede auf Berthold Auerbach dar. Besprochen werden die Bemühungen des Epikers, das Bild, das er gibt, möglichst zu erweitern, damit es „ein Abbild werde der Welt, die er in seinem Busen trägt, und die doch nichts als ein verklärtes Abbild der sinnenfälligen Welt" (B., S. 328). Die Äußerung ist aufschlußreich auch deswegen, weil sich in der Verklärung der sinnenfälligen Welt ein subjektives Moment ebenso unzweifelhaft geltend macht, wie zu spüren ist, daß Spielhagen ihm keine qualitative Bedeutung zubilligt. Im Gegenteil setzt er voraus, das Abbild der Welt bilde im Entscheidenden die wirkliche Welt selbst ganz unmittelbar ab. Ein Vorschlag, der überhaupt nur unter dieser Voraussetzung sinnvoll ist, bestätigt diese Annahme. Um zu der Totalität des Weltbildes zu kommen, wie es die moderne Epik gibt, regt er an, „die Romane nicht des einzelnen Dichters, sondern aller Dichter ..., welche in annähernd derselben Zeitperiode" geschrieben haben, zu summieren. Und zwar ist das nicht etwa so zu lesen, daß eine derartige Addition die einzelnen Perspektiven zusammenfaßt, um aus den verschiedenen Brechungen zuletzt das ‚eigentlich wahre' Bild der Welt zu erschließen. Als Begründung nennt er vielmehr, daß alle diese Dichter „auch annähernd dasselbe Urbild der Welt vor Augen, und in dem durch ihre Kunst gesetzten identischen Streben, von diesem Urbild ein Abbild zu geben, geschrieben haben" (B., S. 188 f.). Trotz gewisser Vorbehalte — am wichtigsten, daß nachträglich von den Romanen „gleichzeitiger und gleichgesinnter Dichter" gesprochen wird — ist das nur denkbar, wenn die Abbildlichkeit der Dichtung als eine ungebrochene Reproduktion der Wirklichkeit verstanden wird, die der Dichter zwar nur wiederholt, die er aber gerade darum im Prinzip ohne irgendeine subjektive ‚Beimischung' darstellen können muß.

Hierin ist einer der Gründe zu sehen, warum die Subjektivität „vergessen" bleibt. Die systematische Grundlage ist das ästhetische Leitbild einer ganz und gar empirisch gewordenen Nachahmung. Umgekehrt ist es jedoch eben dieser „Realismus", der aus historisch guten Gründen die Subjektivierung der erzählten Wirklichkeit intensiviert und in einem Ausmaß aktuell werden läßt, an das bei der klassischen Dichtung' beispielsweise noch nicht zu denken ist. Ursache ist die immer mehr zunehmende Verschärfung der immer schwieriger auszugleichenden Spannung zwischen (dichterisch gestalteter) Wirklichkeit und Bedeutung. Innerhalb der Erörterungen Spielhagens gibt einen ersten Hinweis folgende Bestimmung, die Wilhelm von Humboldt verbessern soll: in seiner höchsten Vollendung sei das epische Gedicht eine „Darstellung der Menschheit, soweit sich dieselbe innerhalb eines Volkes in einer gegebenen Epoche manifestiert" (B., S. 50). Neben die Verstofflichung des Welt- oder Menschheitsbildes tritt folgerichtig seine (ebenfalls vorwiegend stoffliche) Historisierung. Aus dem Weltbild wird das Bild einer zeitlich und räumlich begrenzten Welt, das gleichwohl immer noch ein Bild *der* Welt oder *der* Menschheit sein soll. So folgt dem leicht nationalistisch gefärbten Lob, mit dem die deutschen Romanautoren bedacht werden, weil sie bemüht seien, „Weltbilder aufzustellen", der Nachsatz: „— oder, wenn man denn durchaus will: Bilder ihres Volkes und seiner Strebungen in einem gewissen Zeitabschnitt" (B., S. 262). Dasselbe drückt die nachträgliche Verallgemeinerung im Urteil über Cervantes umgekehrt aus. Im „Don Quichotte" habe er ein „herrlichstes, buntestes Bild Spaniens und des spanischen Lebens seiner Zeit, ja, im letzten Grunde, der Welt und des Menschenlebens vor unseren staunenden Augen entrollt" (B., S. 117). Das Schwanken ist keine momentane Unsicherheit und zeigt auch den zugrunde liegenden Konflikt. Die halb widerwillige Bereitschaft, wenn man denn durchaus will, das Allgemeine zu individualisieren, verrät ebenso wie die Bemühung, das Einmalige im letzten Grunde doch noch zum Ewigen zu erheben, das ungeklärte Verhältnis zwischen *Besonderem* und *Allgemeinem*. Bedeutsamkeit und Konsequenz dieser schwelenden Problematik treten in einer Formsphäre zutage, für welche der Weltbildgedanke auch sonst gefährlich ist: beim Helden.

Auf ihre speziell geschichtliche Erscheinungsform deutet beispielsweise die Geschmeidigkeit hin, mit der Spielhagen vom „Spiegelbild der Welt" zum „Inhalt der Zeit" überwechselt, den der Held in sich aufnehmen soll (vgl. B., S. 195). Grundsätzlich wichtiger sind die Praktiken, die auch angesichts der Weltbildforderung die zentrale Stellung des Helden sichern sollen. Die Beweglichkeit, Eindrucksfähigkeit und Empfänglichkeit, die er nach Spielhagens Ansicht unbedingt haben muß, weil sie ihn „zu der vielseitigsten Berührung mit der Außenwelt besonders geschickt" machen (B., S. 186), haben diese Aufgabe. Zu einer solchen Formalisierung des Heldentyps, wie ihn der Entwicklungs- und Bildungsroman darbot, kommt noch die Einschränkung hinzu, es solle ein „Spiegelbild der Welt in dem Umfange der Geschichte einer Einzelexistenz" gestaltet werden (B., S. 183). Das Entscheidende, das diese Formulierung zunächst verbirgt, offenbart die anschließende Erörterung des dichterischen Verfahrens, das hierzu erforderlich ist — erforderlich ist, damit „sich das Unendliche in dem Endlichen widerspiegele". Nimmt man noch die Verschärfung ins ganz buchstäblich Individuelle hinzu, daß der epische Dichter „diese Einzelexistenz nur in seiner eigenen findet", wie es im selben Satz heißt, so wird das Nachträgliche und Willentliche und außerdem die Weite des Abstandes erkennbar, der zwischen dem zunächst allein gegebenen „Endlichen" (der Einzelexistenz) und dem „Unendlichen" (der abzubildenden Welt) besteht. Es ist die Kluft, die formal gültig zu überwinden für die Dichtung des 19. Jahrhunderts — in allen Gattungen, wenn auch mit Unterschieden — eine komplizierte ästhetische Problematik schuf. Sie wurde unvermeidlich, nachdem Goethes Maxime, das Allgemeine sei der einzelne Fall, mitsamt ihren geistigen und realen Voraussetzungen hinfällig geworden und den zugehörigen ästhetischen Formen der Boden entzogen war. Um trotzdem eine Verbindlichkeit des einzelnen Falles zu erreichen und nicht restlos ins privat Beliebige abzusinken, wurden Operationen notwendig, die Spielhagens folgende Bemerkung in dieser Abstraktheit allerdings mehr andeutet als wirklich beschreibt. „Damit sich das Unendliche in dem Endlichen widerspiegele, muß das letztere in jedem einzelnen Moment durch das Medium der Phantasie gegangen, auf diesem Wege von seiner Zufälligkeit, Einseitigkeit, Halbheit befreit, vollkommen seiner eigensten Natur entsprechend, d. h. idealisch geworden sein" (B., S. 183).

Es würde hier zu weit abseits führen, den genauen Inhalt dieser Bestimmung herauszuanalysieren. Sie soll in erster Linie den Roman gegen die Autobiographie abgrenzen und die Grundlage dafür liefern, daß die „völlig unpoetischen, weil völlig zufälligen Störungen" eines realen Lebens (z. B. „plötzliche Krankheiten") und die inneren „Hemmnisse" (z. B. „Trübungen des Gemüts") beim Romanhelden in gewisser Hinsicht fehlen dürfen. Sie seien „kein günstiges Objekt für die Phantasie, . . . nur ein Gegenstand für die Reflexion" (B., S. 181 f.). Obwohl das natürlich für die Wirklichkeits-Clichés, die der Romanautor Spielhagen arrangiert, und somit zuletzt für die Kitschigkeit seiner Romane aufschlußreich ist, ist vor allem das Grundsätzliche beachtenswert: einmal, daß der Erzähler ein „Endliches" kunstvoll bearbeiten muß, damit es ein „Unendliches" widerspiegelt, das darzustellen seine Aufgabe ist; zum anderen, daß er dies tun muß, um sowohl ein Bild der Welt zu geben als auch der Forderung einer am Helden orientierten Romanform Genüge zu tun. Denn hier wird in Spielhagens System wiederum ein Punkt sichtbar, an dem Weltauffassung und Lebensanschauung des Erzählers in Stoff und Gestaltung einfließen und das Material der Darstellung durchdringen. Noch handgreiflicher läßt dies der Prozeß erkennen, in dem die ursprüngliche Gestalt des Helden, das Ich, „verändert, erweitert" wird, um fähig zu sein, „den Inhalt der Zeit in sich aufzunehmen" (B., S.195). Nicht erst die Auswahl dessen, was als Inhalt der Zeit im Medium des Helden gestaltet wird, überliefert das schließlich Dargestellte der nicht nur formal organisierenden, die Tatsachen deutenden Subjektivität — ohne daß dies im ‚objektiv Dargestellten' eingestanden wird. Es wird aber auch theoretisch ignoriert, wenn Spielhagen dabei auf die dem Künstler innewohnende „gottbegnadigte Kraft" zurückkommt. So die Formulierung in der schon erwähnten Kritik des Goetheschen „Alles Vergängliche / Ist nur ein Gleichnis". Inhaltlich etwas abweichend, beschreibt ihre These prinzipiell denselben Prozeß, der hier interessiert. Damit das „Unzulänglich-Vergängliche ... aus der Endlichkeit hinüber in das Ewige weist", muß „des Künstlers Hand" die „göttliche Idee" erst hineinlegen (B., S. 320f.). Die Verharmlosung, die in der Metapher von des Künstlers „Hand" liegt, mag unerheblich sein; der Rückgriff auf die „gottbegnadigte" Kraft ist es nicht. Der Gedanke ist beim bürgerlich-liberalen Schriftsteller des Jahres 1882 kaum noch als Topos, eher nur als Requisit zu werten, und das führt zu der Frage, wieweit der Überschwang dieser Vorstellung, selbst ideologisch geworden, über eine Subjektivität hinweggeht, die verdeckt bleibt und dadurch eine Ideologisierung auch des sachlich Dargestellten vorbereitet.

Es widerspricht dem nur scheinbar, wenn Spielhagen selbst wiederholt das Subjektive der modernen Epik hervorhebt. Da es sich dabei aber auch nicht um eine sinnlose Behauptung handelt, wird nunmehr notwendig zu analysieren, was er unter „subjektiv" versteht, wenn er von der Subjektivität des modernen Epikers spricht. Ein Erzählen, das es als seine Aufgabe ansieht, „das vielgestaltige Leben getreulich abzuschildern", setzt voraus, daß der Erzähler das Leben kennt. Dies erklärt den hohen Rang, den *Erfahrung* und *Beobachtung* in Spielhagens System innehaben. „Erfahrung und nochmals Erfahrung; Beobachtung und nochmals Beobachtung lautet die Parole" (NB., S. 143). Es ist die Parole eines Realismus, der hofft, dadurch dem „Fabulieren ins Blaue" zu entgehen, und der außerdem eine „lebenskräftige" Gestaltung, wirkliche ‚Darstellung' erstrebt (vgl. NB., S. 80). Zwar wird der Roman nur kraft der Phantasie poetisch, doch ist die Phantasie selbst an die Beobachtung gebunden und auf den Erfahrungsstoff angewiesen. Oder auch: der Erzähler braucht Talent, aber „Talent ohne Erfahrung ist leer, Erfahrung ohne Talent ist blind" (NB., S. 141). Diese Formel, Kant sicherlich bewußt nachgebildet, scheint Spielhagens Parole in eine große Tradition einzuordnen, zeigt tatsächlich aber bloß, was aus ihr geworden ist. Denn konkret bedeutet das nur, daß der Erzähler, um die notwendigen Erfahrungen zu machen, „Lebenslehrjahre" braucht, eine „geraume Zeit im wirklichen, handelnden Leben" gestanden haben muß, und soll die verblüffende Feststellung begründen: „... eine bessere Vorbereitung zu dem Metier des Romancier als das Kriegshandwerk möchte es schwerlich geben" (NB., S. 144). Aus der Erfahrung als Erkenntnis a posteriori ist schlicht ‚Lebenserfahrung' geworden, die ohne weiteres mit der Beobachtung zu verbinden ist. Dazu gesellt sich als drittes Moment noch das *Erlebnis*. Während dem antiken Epiker der Mythos, die „Heldengeschichte seines Volkes", als Stoff vorgegeben war, muß der moderne Romandichter versuchen, „den unendlichen Gehalt seiner Welt und Zeit zusammenzufassen in dem möglichst reichen, aber durchaus übersichtlichen Bilde einer aus seinen eigenen Erlebnissen zusammengedichteten Fabel, durch welche er den Mangel der überlieferten Sage thunlich ersetzt" (B., S. 180). Erfahrung, Beobachtung und Erlebnis weisen jedoch auf ein Subjekt zurück, das erlebt, beobachtet und Erfahrungen macht. Nicht viel mehr ist gemeint, wenn Spielhagen von der Subjektivität des modernen Epikers spricht.

Ihrer Bestimmung dient der Vergleich mit der so viel günstigeren Lage des antiken Epikers im Aufsatz über den Ich-Roman. Einer seiner Vorteile liegt in dem „Gesamtgefühl", in dem die Menschen der Zeit Homers leben. Es wurzelt in einer „Gleichförmigkeit der Gewohnheiten des häuslichen Lebens, der Solidarität der bürgerlichen Interessen, der Konformität des geistigen Horizontes aller Mitglieder der Gemeinde vom König bis zum Hirten" (B., S. 135). Daß es sich bei diesem idyllischen Bild der Gesellschaft, das einmal auch noch auf das 18. Jahrhundert angewandt wird, um keine sonderlich originelle Stilisierung handelt, soll nicht abhalten zu fragen, was es hier bedeutet. Etwas genauere Auskunft gibt schon die Nutzanwendung, mit der Spielhagen seine Übersicht abschließt. Die Epiker der Antike hatten die freudige Gewißheit, „daß sie keine Saite anschlagen konnten, die nicht in den Seelen der Hörer widertönte, und daß ihr Denken, Fühlen, Schauen das Denken, Fühlen und Schauen ihres Volkes war" (B., S. 138 f.). Auch diese kollektive Einheit des Bewußtseins scheint sich von geläufigen Vorstellungen kaum zu unterscheiden. Darum überrascht es besonders, daß die Erörterung der Stellung des modernen Romandichters in seiner Welt mit der Annahme beginnt, dieser Zustand sei am Ende des 19. Jahrhunderts zwar nicht mehr so selbstverständlich, im Prinzip aber immer noch erreichbar. „Hört doch auch der moderne Mensch im besten Falle damit auf, womit der homerische Mensch anfing: erfüllt zu sein von dem Gemeingefühl seines Volkes, von dem Pathos seiner Zeit" (B., S. 145). Was es heißt, wenn vom Gemeingefühl seines Volkes und dem Pathos seiner Zeit erfüllt zu sein der antiken Einheit im Fühlen, Denken und Schauen gleichkommen soll, kann der Gedanke des *Volkes* bewußt machen. Er wirkt ja auch schon in die Darstellung der antiken Situation hinein, bis zur Auffassung vom mythologischen Stoff als „Heldengeschichte seines Volkes". Die Sänger, die „die Großthaten ihrer Nationalhelden melden", folgen selbst in ihren Schwächen „dem großen nationalen Zuge" und bringen „die Anschauung und das Gefühl ihres Volkes" zum Ausdruck (B., S. 140 f.). Der nationale, politische Charakter des Begriffs „Volk" — er geht auch aus den Überlegungen zur Lage des modernen Dichters klar hervor — ist mehr als eine aktuelle Pointe aus der Zeit wenige Jahre nach der Reichsgründung. Es wird dann möglich, auch den patriotischen Taumel, etwa die nationale Begeisterung, wie sie beim Ausbruch des Ersten Weltkrieges herrschte, als ein Gesamtgefühl zu deuten, in dem sich der Zustand des antiken Menschen wiederherstellt. (Vgl. die Bemerkung über den trojanischen Krieg und wie der Eigenwille, der sich von der allgemeinen Empfindung unterscheidet, bei Thersites „in das Gemeingefühl zurückgeprügelt" wird: B., S. 135.) Doch kann man von solch einer inhaltlichen Konkretion, die bei dem gut nationalen Spielhagen übrigens naheliegt, ruhig absehen. Aufschlußreich genug, daß es ausreichen soll, vom Gemeingefühl seines Volkes und dem Pathos seiner Zeit erfüllt zu sein, um sich wieder in der kollektiven Einheit des antiken Gesamtgefühls zu befinden. Der Glaube läßt erkennen, daß — etwas schematisch formuliert — zwischen einer primären, ursprünglichen Einheit des Fühlens und Denkens in einer homogenen ‚Gemeinschaft' und einer sekundären, nachträglichen Übereinstimmung der Gefühle und Gedanken in einer differenzierten ‚Gesellschaft' nicht unterschieden wird.

Das ist mittelbar auch für Spielhagens Verständnis der Subjektivität wichtig, zumal das Problem in der Schilderung wiederkehrt, die er von der Entstehungssituation des „Werther" gibt (B., S. 148 ff.). Dieser gilt ausdrücklich als nur besonders ausgeprägtes Beispiel für das Subjektive des modernen Romans überhaupt; der junge Goethe repräsentiert die Problematik jedes modernen epischen Dichters. Er lebe in der Spannung zwischen einander widersprechenden Wahrheiten (Spielhagen nennt Schulweisheit und Leben, Offenbarungsglaube und philosophische Skepsis, Privatleben und Staat), und kein begeisterter Sänger künde ihm „die Großthaten der Helden seines Volkes". Er habe kaum ein Volk, das Volk vielleicht einen Helden (gemeint ist wohl Friedrich II. von Preußen), der aber stehe ganz am Rande der allgemeinen Lebenswirklichkeit. Vorherrschend sei das „Unbefriedigende, Zweck- und doch Ruhelose der Gegenwart", das schließlich zur Rückkehr in das eigene Innere führe: dessen Welt wird nun dargestellt. Doch das sei eben bloß seine Welt und das Werk darum „durchaus subjektiven Charakters". Der Schluß des Aufsatzes erläutert das genauer. Das moderne dichterische Ich, von der heroischen Sage im Stich gelassen und an die Beobachtung gebunden, nimmt „seine eigenen Erfahrungen und Erlebnisse" und erzählt eine Geschichte, deren wahrer Held darum das dichterische Ich selbst ist (B., S. 239). Das, was Spielhagen „subjektiv" nennt, ist also nicht mehr als eine Angewiesenheit des modernen Erzählers auf das *selbst Erlebte* als Material des Erzählens. Unter diesem Aspekt wird das „subjektive Moment" des „Werther" auch später beschrieben. Es liegt darin, daß es „die eigenste Erfahrung ist, um deren Manifestation es sich hier handelt; es das eigne Herzblut ist, mit der er [d. h. Goethe] seine Gestalten nährt". Ebenso wird als das subjektive Moment der „Wahlverwandtschaften" Goethes Leidenschaft für Minna Herzlieb angegeben (NB., S. 94). Wie äußerlich diese Vorstellung ist, bestätigt die Möglichkeit des modernen Dichters, in seinem Roman aus dem „in subjektiven Unklarheiten verdämmernden zaghaften Ich" ein „in lauterer Objektivität schwelgendes resolutes Er" zu machen (B., S. 195), beispielhaft an „Wilhelm

Meisters Lehrjahren" dargestellt. Das Lautere dieser Objektivität besteht darin, daß das dichterische Ich diesem Er „beliebige Erlebnisse andichten" kann und dadurch eine „größere Freiheit" gewinnt (B., S. 239). Oder wie es die Besprechung der frühen Romane Auerbachs beschreibt: der moderne Erzähler muß sich selbst als Helden der Erzählung setzen, hüllt sein Ich aber „in eine fremdartige Maske" und bringt „den so ausstaffierten Helden in Lagen..., in denen er selbst nie gewesen ist, in die er sich eben nur hineinträumt" (B., S. 342).

Damit löst Spielhagen sein Versprechen ein, das verheißt, die „Subjektivität auf die Person, auf das Ich des Dichters selbst zuzuspitzen" (B., S. 173). Die Radikalität, die in der Kombination von Subjektivität und Ich zu stecken scheint, ist jedoch trügerische Geste. Die Zuspitzung auf die Person des Dichters sorgt gerade für die Verharmlosung der Subjektivität des Erzählens — sie wird zum (auto)biographischen Zusammenhang. Die Herkunft dieses Begriffs ist nicht schwer zu erkennen, wäre es auch dann nicht, gäbe Spielhagen mit dem *Erlebnis* nicht selbst das Stichwort. Er stammt aus der Welt des literarhistorischen Positivismus und ist das Zerfallsprodukt der Ausdrucks- und Erlebnisästhetik der Goethezeit, deren geistiger Gehalt sich allerdings — zusammen mit der Substanz des Geniebegriffs — längst verflüchtigt hat. Ebenso wie man nicht mehr ernsthaft daran denken konnte, den Dichter als „zugleich Lehrer, Wahrsager, Freund der Götter und der Menschen" anzusehen, ebenso wurde auch das Erlebnis zum Tatsächlichen banalisiert und einer ganz empirischen Beobachtung und Erfahrung zugeordnet. Daß Spielhagen sich hierbei immer gerade auf Goethe bezieht, verdeutlicht nur die Parallele zur Literaturwissenschaft seiner Zeit. Heißt es gelegentlich dann noch, das epische Verfahren sei bis zuletzt „induktorisch" (B., S. 168), wird auch der philosophische Hintergrund seines Subjektivitätsbegriffes offenkundig.

Er stimmt genau mit seinem Weltbildbegriff überein. Beiden gemeinsam ist ein vorherrschend quantitativer Charakter. Eine Modifikation, die aus der Bindung an Beobachtung, Erfahrung und persönliches Erlebnis folgt, unterstreicht das noch einmal. Sie schränkt die „Totalität" so weitgehend ein, daß diese schon fast zum selbstquälerischen Postulat wird. Während es dem antiken Epiker „bei dem geringen Umfang der ihm und seinen Zuhörern bekannten Welt" gelingen mochte, ein „Totalbild des Lebens" zu geben (NB., S. 80), lebt der moderne Romandichter in einer „unendlichen Welt", bei deren Gestaltung er jedoch „einzig auf seine individuelle (d. h. beschränkte) Beobachtung und Erfahrung angewiesen" ist (B., S. 180). Hieraus zieht Spielhagen schon in dem Aufsatz über das Gebiet des Romans die unvermeidliche Konsequenz. Da der „epische Stoff unendlich ist", entscheidet er, der moderne Epiker müsse sich „ein Stück von dem unendlichen Gebiet" absondern (B., S. 56). Er kann bloß ein „Stück Welt" schildern. Das „Weltfragment, welches der Romandichter seinen Lesern vorzuführen gedenkt", wird allmählich zur ganz selbstverständlichen Voraussetzung (NB., S. 212). Die reale Beschaffenheit der Welt nötigt, das *Weltbild* durch das bescheidenere *Weltfragment* zu ersetzen, das jenes als die literarhistorische Reminiszenz eines Epigonen erscheinen läßt. Dieselbe Modifikation widerfährt jenem Moment des Persönlichen. Auch das Bild, das der Dichter von der Welt in seiner Seele trägt, ist beim modernen Epiker „fragmentarisch und nur relativ wahr und überzeugend auch im besten Falle", was sich auf sein Verhältnis zu seinem „Volk" auswirkt, d. h. seine Leserschaft bestimmt. „Streng gebunden an seine aus der unermüdlichen Beobachtung resultierende individuelle, d. h. beschränkte Erfahrung, gegenüber einer schlechterdings unermeßlichen und unerschöpflichen Welt, die er nichtsdestoweniger abzubilden von einer unwiderstehlichen Gewalt getrieben wird", darf der moderne Epiker niemals hoffen, „es seinem ganzen Volke recht gemacht zu haben". Er muß froh sein, gelingt es ihm, „mit seinem fragmentarischen Abbild wenigstens dem kleinen Fragment des Publikums ungefähr zu genügen, mit welchem er in annähernd demselben sociale Milieu, unter dem Einfluß annähernd derselben moralischen Bedingungen lebt und mit dem er sich deshalb in Geist und Gesinnung bis zu einem gewissen Punkte verbunden weiß" (B., S. 169 f.). Es lohnt sich, diese Darstellung etwas genauer zu betrachten. Mit Milieu, moralischen Bedingungen, Geist und Gesinnung nennt sie, wenn auch abgeschwächt, Faktoren, aus denen sich die Subjektivität der dargestellten Wirklichkeit ergibt. Sie kann Grundlage eines schriftstellerischen Erfolges sein, weil sie eine überindividuelle Gegebenheit ist. Diese subjektive Gebrochenheit der abgebildeten Welt kommt jedoch nicht in ganzer Tragweite zu Bewußtsein, weil sich die Vorstellung vom „fragmentarischen Abbild" davorschiebt, die das Subjektive buchstäblich disqualifiziert, es verdrängt, indem sie es quantifiziert: das Erzählte gibt nur einen Ausschnitt, ist nur ein Teil der ganzen unerschöpflichen Welt und kann darum auch nur einen Teil des Lesepublikums zufriedenstellen. Es ist aber ein Abbild, das innerhalb dieser Grenze des Fragmentarischen die Welt abbildet und sie wiedergibt, wie sie ist.

Einer Theorie der Subjektivität, die sich auf Beobachtung, Erfahrung und Erlebnis beschränkt, bleibt kaum etwas anderes übrig. Ihr sind erkenntnistheoretisch bestimmte Grenzen gezogen. Wie eng dieser Rahmen ist, zeigt sich dort, wo Spielhagen nun direkt beschreibt, in welcher Weise sich die Subjektivität in der dargestellten Welt ausdrückt. Daß dies am reinsten im Ich-Roman der Fall sein soll, kann nicht überraschen. Hierin wiederholt sich nur die Zuspitzung der Subjektivität auf das reale Ich, mit dem der Ich-Erzähler identifiziert wird. Als Beispiel dient vor allem der „David Copperfield" (B., S. 227 ff.). Dickens habe sich hier zu einem Werk zusammengerafft, das die „Idee, die er sich von der Welt gemacht, in einem allumfassenden Bilde eines Menschenlebens widerspiegeln soll". Um das zu erreichen, nimmt er „zu diesem die Welt, wie er sie versteht, widerspiegelnden Leben sein eigen Leben". Was es mit diesem „wie er es versteht" auf sich hat, erläutert der folgende Abschnitt. Er rühmt die Freiheit, mit der sich Dickens „jener dem Ich-Roman eigentümlichen Methode der Darstellung bedient, kraft derer er die unergründliche Tiefe seiner subjektiven Empfindung allemal in die Dinge legen kann, ohne das wirkliche Wesen derselben anzutasten, d. h. ohne die Objektivität im mindesten zu beeinträchtigen". Die notwendige Ergänzung gibt eines jener Bilder, in die Spielhagens Theoretisieren so gern übergeht, aus dem aber ungefähr herauszulesen ist, worin nun eigentlich das Subjektive in der erzählten Wirklichkeit des Ich-Romans besteht. Spielhagen sieht „durch die massigen Stämme der Thatsachen die ätherischsten subjektiven Lichter huschen, hier das Dunkel zur Tagesklarheit erhellend, dort ein wundervolles Clairobscur, überall ein zauberisches Leben schaffend . . .". Das charakterisiert aber nicht allein den „David Copperfield", sondern ist eine allgemeine Vorstellung. Vorher schon wird anläßlich des „Werther" dasselbe als Eigenschaft des Ich-Romans überhaupt hervorgehoben. „Ausstrahlend von dem bewegten Herzen, dem abgeklärten Geiste des Ich-Helden", ruhe auf dem Gemälde, das er gibt, „ein seltsam warmes, seltsam reizvolles Clairobscur", in seiner „anheimelnden Wirkung" vom objektiven Roman im engeren Sinn unterschieden (B., S. 210). Im „Vicar of Wakefield" schließlich findet er einen „unsäglichen Zauber", den die „subjektive Färbung" über das Geschehen breite (B., S. 224 f.).

All diese Bestimmungen verstehen Subjektivität nur als eine atmosphärische Eigentümlichkeit, als einen „Zauber", der zwar den Reiz steigert, jedoch wesentlich nur Zutat ist. Ja, noch weniger: Spielhagen, wenn er hier von „subjektiv" spricht, geht eigentlich immer nur von einer mehr oder weniger klaren *Wirkung auf den Leser* und dessen Empfindungen aus. Dieser Gesichtspunkt herrscht durchgängig, selbst in den scheinbar gegenstandsbezogenen Aussagen. So meint der rhetorische Ausruf: „Wer empfände nicht die tiefere Resonanz ...", die ein Thema in der Ich-Erzählung sogar der „Odyssee" bekommen soll, tatsächlich nur das „Rührende" (B., S. 212 f.). Es ist auch durchaus schlüssig, daß eine Subjektivität, die sich in einem „wohl faßbaren, aber nicht mehr erklärbaren Ton und Kolorit der Darstellung" erschöpft, vorwiegend auf die „Wirkung, welche wir doch ganz deutlich fühlen", abgestellt wird (B., S. 216 f.). Das nur „eigentümliche Gepräge der Darstellung" kann ohne weiteres auf das „Subtile der Wirkung" reduziert werden. Beides zusammen beruht darauf, daß der Leser des Ich-Romans angeblich beobachten darf, wie alles Erzählte durch das Medium der Dichterphantasie hindurchgeht. Und diese Phantasie wiederum gleicht „dem leise bewegten Wasser, in welchem die Objekte ihre Stellung, ihre Umrisse und Proportionen je nach der Bewegung zu verändern scheinen, keineswegs wirklich verändern!" (B., S. 211). Lehrreich schon, daß der ganze Vergleich sich nur an einer physikalischen Situation orientiert, obwohl es in erster Linie natürlich auf die eifrig beruhigende Versicherung ankommt, es handele sich nur um eine scheinbare Veränderung. Das Subjektive ist eben nicht mehr als ein dem Dargestellten äußerliches Beiwerk. Und zwar in einem genauer zu bestimmenden Sinne. Die subjektiven Lichter, die durch die massigen Stämme der Tatsachen huschen, sind ja die Reflexionen des Erzählers, die dem

Ich-Erzähler gestattet sind. Ihm wird erlaubt, seine „subjektiven Ansichten und Meinungen ausgiebig mit einfließen zu lassen" (B., S. 208). Das Subjektive ist ein Moment *neben* der „objektiv" abgebildeten Wirklichkeit, was die Ansicht verständlich macht, daß die subjektive Empfindung des Erzählers das wirkliche Wesen der Dinge nicht anzutasten vermag. Sie ist ein Zusatz, der zum Abbild gewissermaßen nachträglich dazukommen kann — oder auch nicht.

Das beantwortet nicht nur die spezielle Frage, was es bedeutet, wenn Spielhagen vom Subjektiven der modernen Epik spricht. Es erklärt außerdem, warum jene tiefer liegende Subjektivität des Dargestellten außer Betracht bleibt. Schematisch ausgedrückt: sie wird nicht zum Problem der Theorie, tritt zunächst nicht einmal richtig ins Blickfeld, weil eine andere Tatsache gleichsam den Begriff bereits usurpiert hatte. Und zwar eine Tatsache, die als „Subjektivität des modernen epischen Dichters" angesehen werden kann, insofern sie eine dem bloßen Hinsehen direkt erkennbare, äußerlich-faktische Erscheinungsform jener hintergründiger wirksamen Perspektivik ist[32]. Diese Sachlage kompliziert sich noch dadurch, daß von „Subjektivität" schließlich auch noch in einem ganz anderen Sinn die Rede ist. Von einem zeitgenössischen Kritiker darauf aufmerksam gemacht, daß es „zwei Arten der Objektivität gibt, eine der Form und eine der Sache", nimmt Spielhagen diese Unterscheidung bereitwillig in seine Dogmatik der Objektivität auf. Von der „rein technischen und im engeren Sinne poetischen Objektivität" hebt er dann die „höhere Objektivität der nach allseitiger Billigkeit strebenden Darstellung" ab, die mit der technischen Objektivität „Hand in Hand" gehen müsse (B., S. 172). Vermeiden soll der epische Dichter also eine Subjektivität der geistigen Haltung, die einer Sache nicht gerecht wird, weil sie diese nicht von allen Seiten betrachtet. Die

---

[32] Es ist nicht ganz genau, dies Ignorieren darauf zurückzuführen, daß der *Begriff* schon festgelegt war. Einmal weil das den Anschein erwecken könnte, als faßten wir es als einen Mangel an individueller Erkenntnisschärfe Spielhagens auf. Vor allem aber, weil es sich so ausgesprochen um eine historisch-sachliche Problematik handelt, daß vielleicht schon das Wort „Ignorieren" irreführend ist, da es an ein absichtliches Übersehen denken läßt. Vgl. hierzu unten S. 396 f.

Ablehnung einseitiger Parteilichkeit klingt überzeugend[33], zumal in dieser abstrakten Form, ist aber trotzdem nicht unproblematisch. Eine Konsequenz wird in Spielhagens Ausfall gegen Zola greifbar. Er wirft ihm vor, daß er „in dem ungeheuren Kampf der zerstörenden und der schaffend-erhaltenden Gewalten nur die ersteren in ihrer minierenden Thätigkeit zeigt — als ob die Welt durchaus Ahrimans sei, nachdem er endgültig über den herrlichen Ormuzd triumphiert" (B., S. 265). Er nennt das die „Grellheit und Schiefheit seines sogenannten Weltbildes" und deutet es als Ausdruck einer Neigung, die er mehr oder weniger jedem französischen Romandichter unterstellt: daß er es „mit seiner Aufgabe leicht nimmt, d. h. sich seine Ziele nicht hoch steckt, hartnäckig seine Menschen und Dinge nur von der einen Seite sieht und schildert"; daß er sich unbekümmert der epischen Todsünde schuldig mache und „anstatt eines objektiven richterlichen Resumé" ein Staatsanwaltsplädoyer gäbe. Spielhagens Beredsamkeit kann nicht darüber hinwegtäuschen, daß diese Erklärung nicht erklärt, sondern diskriminiert, freilich in sehr charakteristischer Form. Und zwar *weil* er Zola Subjektivität nur im Sinne einer geistigen Haltung vorwirft, die einen Gegenstand (seine Menschen und Dinge) nicht gerecht von allen Seiten, nicht objektiv wie ein Richter betrachtet und wiedergibt (und darum zu einem falschen Ergebnis kommt). Denn dabei wird Subjektivität unter der Hand zu einer Frage fast nur des Charakters und des guten Willens eines individuellen Geistes, während die essentielle Subjektivität der Welterfahrung, die auch das von allen Seiten Gesehene nur immer schon vermittelt und perspektivisch vorgeformt sichtbar werden läßt und darstellbar macht, durch solch ausschließliche Berücksichtigung dieser lebenspraktischen Bedeutung des Begriffs nahezu methodisch verdrängt wird. Daß sich dies hier mit dem

---

[33] Auch die Literaturwissenschaft steht zeitweilig im Banne dieses Gesichtspunktes. So wendet Oskar Walzel gegen die Objektivität des Erzählens in Spielhagens Romanen ein, daß er daneben um so deutlicher erkennen lasse, „was ihm lieb war und was nicht. Subjektivität der Gesinnung verband sich mit Objektivität der Darstellung." (Handbuch der Literaturwissenschaft. Deutsche Dichtung von Gottsched bis zur Gegenwart. Bd. 2, Potsdam 1930, S. 142.) Ähnlich Käte Friedemann, a. a. O., S. 4 f.

Vorwurf des Grellen und Schiefen, mit der Behauptung, Zolas Weltbild sei nur ein sogenanntes Weltbild, und so mit der Intoleranz verbindet, die nur *eine* Deutung der Welt als sachgerecht zulassen will, ist nur zu folgerichtig. Wird das Bild der Welt nicht als vermittelt erkannt, muß das eigene zum reinen Wesen der Welt selbst werden, und können die Gesetze, die das Menschentreiben zu einem Kosmos machen, mit den Gesetzen gleichgesetzt werden, die das Menschenleben regieren. Dann wird jede Abweichung zum Zeichen nur einseitiger, nicht richterlich-objektiver Betrachtung, die scheinbar im Namen der Wahrheit als grell und schief erledigt werden kann. Hieran läßt sich ablesen, wie nachhaltig dieser Bedeutungsaspekt dazu beiträgt, die tiefere Schicht der Subjektivitätsproblematik so zu verdecken, daß die theoretische Besinnung scheinbar davon absehen kann.

Diese Tatsache erlaubt nunmehr eine Teilantwort auf die grundsätzliche Frage nach der Wahrheit des ‚objektiven Darstellens'. Hält man sich an die Subjektivität des modernen epischen Dichters, die Spielhagen darlegt und erörtert, und geht man nur von der Subjektivität des episch Dargestellten aus, die er gleichsam theoretisch bewußt reflektiert und explizit formuliert, dann ist sein ‚objektives Erzählen' durchaus wahr und sinnvoll, wenn auch deswegen noch nicht die einzig berechtigte Gestaltungsweise. Die Subjektivität, die er als Problem kennt, gestattet die Idee des bloßen Abbildes und insofern ist es ästhetisch legitim, ein Erzählen zu fordern, dessen Kunst das Abgebildete so gegenwärtig zu machen sucht, daß es in der Phantasie des Lesers wie die reale Welt selbst gegeben zu sein scheint. Im übrigen bleibt als Korrektiv ja immer noch die Überlegung, ob das Dargestellte denn auch tatsächlich von allen Seiten gesehen und geschildert wird. Dies festzustellen sieht Spielhagen demgemäß als eine Hauptaufgabe des literarischen Kritikers an (vgl. B., S. 171 f.). Doch das ist wirklich nur eine Teilantwort. Denn sie beantwortet nicht eigentlich die Frage nach der Wahrheit des ‚objektiven Darstellens', stellt vielmehr bloß die theoretische Richtigkeit der Theorie des ‚objektiven Darstellens' fest, ihre Richtigkeit innerhalb von Spielhagens Theorie des Romans, mit deren übrigen Gedankengängen sie übereinstimmt. Die Theorie der ‚objektiven Darstellung' ist wahr im Hinblick auf die Problematik des Subjektiven im epischen Schaffen, die erkannt und behandelt wird und die als Problematik ausdrücklich bewußt ist. Das kann zwar verständlich machen, warum Spielhagen das ‚objektive Darstellen' unnachgiebig als conditio sine qua non jeder Erzählkunst fordert, ist aber — da es sich nur auf der Ebene der Subjektivität bewegt, die er thematisch direkt berücksichtigt — das Ergebnis eines Vogel-Strauß-Denkens, das sich seinerseits bemüht, die weltanschauliche Subjektivität des Dargestellten zu übersehen, die sich als Tatsache des epischen Erzählens in den Aussagen seiner Theorie geltend macht. Allerdings: sich geltend macht, ohne daß sie nun auch *als* Problem der Subjektivität des Erzählens und des Erzählten zur Kenntnis genommen und voll bewußt als ein Moment der epischen Gestaltung reflektiert wird, das der ‚objektiven Darstellung' widersprechen könnte. Eben deswegen aber muß diese „Grundschicht" interessieren: erst sie stellt die Wahrheit des ‚objektiven Darstellens' grundsätzlich in Frage. Und sie stellt außerdem die Frage, ob Spielhagens Aussagen über den Roman angesichts der geschichtlichen Wirklichkeit und trotz ihrer systematischen Geschlossenheit nicht zur Ideologie des Romans werden.

In diese Richtung weist bereits seine Auffassung des Verhältnisses von Epos und Roman. Sie sind dasselbe, obwohl er an sich davon ausgeht, der Roman sei „die heute noch einzig mögliche epische Dichtungsart", da die Lebensverhältnisse nicht mehr bestehen, die das Epos getragen haben. Aber er ist überzeugt, „daß die ästhetischen Gesetze für den alten Epiker und den modernen Romandichter dieselben sind trotz der so verschiedenen Bedingungen, unter denen sie arbeiten" (NB., S. 58). Hierbei spielt die wichtigste Rolle das Gesamtgefühl, das die antiken Epiker beherrschte, so daß „ihr Denken, Fühlen, Schauen das Denken, Fühlen und Schauen ihres Volkes war". Solch eine „Harmonie zwischen dem Dichter und seinem Volke" kennt der moderne Epiker nicht mehr und bedarf deswegen „für seine völlig individuelle Weltanschauung unabweislich eines individuellen Ausdrucksmittels", und das ist der Roman (NB., S. 53). Dennoch und als ob dieser Unterschied belanglos wäre, soll es für Epos und Roman nur einen Maßstab geben, nach dem sie ästhetisch zu werten sind: das „Gesetz der epischen Phantasie". Es ist „für uns absolut dasselbe, wie für die Dichter der Ilias und der Odyssee: Du sollst uns Menschen handelnd vorführen, du sollst dies und nichts anderes thun, weil du nichts anderes thun kannst, ohne in demselben Moment aufzuhören, ein epischer Dichter zu sein" (B., S. 90). Spielhagens Begründung ist bekannt — die epische Phantasie kann gar nichts anderes „als Gestalten schaffen, da sie nur im Gestaltenschaffen besteht". Und das wiederum bedeutet — der anschließende Abschnitt erläutert es —, daß der Erzähler nicht durch „Reflexionen" hervortreten darf, weswegen auch Goethes so oft kritisierter Einschub im ersten Satz der „Wahlverwandtschaften" („Eduard — so nennen wir einen reichen Baron im besten Mannesalter — Eduard hatte...") eine „prosaische, gänzlich überflüssige Notiz" ist, die Spielhagen in dem Glauben streichen möchte, „damit dem Altmeister und seinem Werke einen Dienst zu erweisen" (B., S. 91 f.). Das ästhetische Gesetz ist die ‚objektive Darstellung'. Sie ist gültiges Gesetz für den antiken Epiker — bei ihm „kann von einer Welt- und Lebensanschauung, die nur ihm eignete, nicht die Rede sein" (B., S. 143). Sie ist verbindlich für den modernen Romandichter — in seinem Werk aber drückt sich eine völlig individuelle Weltanschauung aus [34]. Mit anderen Worten: alles hat sich geändert, und deswegen ist nur noch der Roman möglich; für die Epik bleibt darum aber doch alles beim alten. Das läßt auf zwei Möglichkeiten schließen. Entweder ist diese individuelle Weltanschauung im Grunde folgenlos, unterscheidet zwar den modernen Epiker vom antiken, hat im übrigen aber keine andere Wirkung als die subjektive Empfindung, die der Erzähler des Ich-Romans in die Dinge legen kann, „ohne das wirkliche Wesen

---

[34] Nur unter einem anderen Gesichtspunkt beschreiben denselben Unterschied zwischen antikem Epiker und modernem Romandichter Spielhagens Äußerungen über die Gesellschaft, in der sie jeweils leben und für die sie dichten. Vom „Publikum" des antiken Epikers heißt es, es sei „nicht in sich geschieden" gewesen „durch die Unduldsamkeit der religiösen Bekenntnisse, durch die tiefe Kluft der Stände und Vermögensverhältnisse, die noch tiefere der Bildung und Kenntnisse" (B., S. 326). Dagegen charakterisiert die Lage des modernen Romanschriftstellers: „Buntscheckigkeit der Gesellschaft; ihre Zerklüftung in zahlreiche, durch Bildung, Vermögen, Ansehen streng geschiedene Klassen; das Raffinement der Kulturverhältnisse; die Teilung der Arbeit ins endlose" (NB., S. 52 f.).

derselben anzutasten, d. h. ohne die Objektivität im mindesten zu beeinträchtigen" (B., S. 228). Oder aber die ‚objektive Darstellung' ist ein Mittel, um ein von der individuellen Weltanschauung bestimmtes und geformtes Bild der Welt so darzustellen, daß es als objektiv und nur das wirkliche Wesen der Dinge wiedergebend erscheint, ohne es zu sein. Welche Möglichkeit auf den Roman der Theorie Spielhagens zutrifft und inwieweit er sich darüber äußert, ist abschließend genauer zu klären.

Der Epiker könne nie, heißt es einmal, „mit seiner Weltanschauung so zu sagen abschließen, sondern muß stets gewärtig sein, daß sich sein Horizont erweitert, und stets bereit sein, seine Weltanschauung daraufhin zu modifizieren" (B., S. 168). Der Satz stellt nur einen Zusammenhang zwischen Weltanschauung und (sich erweiternder) Erfahrung her. Doch verweist Spielhagen an dieser Stelle außerdem noch auf eine frühere Erörterung, in der er „das Eintreten dieser Erweiterung des Horizontes und folglichen notwendigen Modifikation der Weltanschauung in einem und demselben epischen Werke an ein paar eklatanten Beispielen nachzuweisen gesucht" habe. Dieser Hinweis bezieht sich auf die Besprechung der Fortsetzung des „Don Quichotte", des letzten Buches des „Simplicissimus" und vor allem der „Wanderjahre" im Aufsatz über den Helden (B., S. 75 ff.). Er läßt erwarten, dort Aufschluß zu bekommen, wie sich die Weltanschauung des modernen Epikers in seinem Werk auswirkt, was sie für eine Bedeutung hat und ob ihr überhaupt eine entscheidende zugedacht wird. Der Nachweis besteht für die „Wanderjahre", die zunächst als Beispiel dienen mögen, in der Behauptung, Goethe habe sich der Gestalt Wilhelm Meisters seelisch entfremdet, das persönliche Verhältnis zwischen dem Dichter und seinem Helden habe sich gelöst, weshalb „der Held schließlich ganz wo anders hingelangt, als er — und mit ihm der Leser — ursprünglich gewollt, weil sein Ziel infolge der Wandlung, die mit dem Dichter vor sich gegangen, mittlerweile ein ganz anderes geworden ist ...". Diese allgemeinen Thesen sollen einen Sachverhalt deuten, den gegenständlicher der Satz umschreibt, „daß der feurige Liebhaber Mariannens und phantastische Theaterschwärmer in seinem Blut noch keinen Tropfen spürte von dem steifstelligen Verehrer Makariens und kosmopolitischen Auswanderungsagenten"! Es fällt schwer, dies als Nachweis einer

Modifikation der Weltanschauung in einem und demselben Werk zu lesen. Nicht etwa weil die „Lehrjahre" und die „Wanderjahre" als eines genommen werden, sondern weil es bereits schwerfällt, es überhaupt als eine ernsthaft beschreibende Charakteristik der beiden Romane zu lesen[35]. Immerhin ist, wenn man den bildlichen Ausdruck auf seinen gedanklichen Kern reduziert, zu erkennen, worin die Modifikation der Weltanschauung besteht, auf die es Spielhagen ankommt: im Wandel vom Ideal der Selbstentfaltung und der allseitigen, harmonischen Bildung, die Wilhelm anfangs erstrebt (Wilhelm als Liebhaber Marianes und Theaterschwärmer), zur Idee der Entsagung und seinem Bemühen, die Einsicht zu leben, daß der Mensch „sich bedingen" muß (Wilhelm als Verehrer Makaries und Auswanderungsagent). Das sind ebenso sicher wesentliche Aussagen der beiden Romane wie es sie zweifellos in verschiedener Hinsicht unzulänglich erfaßt. Derselbe Vorbehalt gilt für die parallelen Feststellungen über die Modifikation der Weltanschauung Grimmelshausens und des Cervantes: bei jenem die Wandlung seines Helden von der Weltbejahung zur Weltabsage; bei diesem Don Quichottes Wandlung vom ritterlichen Narr und närrischen Ritter, als der er auszieht, zum frommen Christen, als der er stirbt.

Für unseren Zusammenhang ist hieran eine grundsätzliche Tatsache interessant. Hat die Modifikation der Weltanschauung eines Romandichters innerhalb seines Werkes eine Wandlung des Helden zur Folge, dessen „Ziel" sich ändert, weil sich inzwischen die Ansichten seines Dichters geändert haben, so bedeutet dies — eben daß es der Held ist, durch den sich die individuelle Weltanschauung im Roman ausdrückt und durch den sie sich in ihm niederschlägt. Er ist

[35] Im Wilhelm Meister der „Lehrjahre" nicht mehr zu sehen als den feurigen Liebhaber Marianes und phantastischen Theaterschwärmer, liegt aber durchaus auf der Ebene jenes früher dargelegten Verständnisses, das aus der veränderten Zeit- und Bewußtseinslage heraus auch in Goethes Romanen nur noch eine — mehr oder weniger vollkommene — Darstellung und Abbildung von Wirklichkeitsstoff findet. Es kommt hier auch noch zum Ausdruck in der abfälligen Bemerkung über „das schattenhafte Treiben Wilhelms auf der Plattform der Observatorien oder in den Boudoirs verblaßter schöner Seelen". Fast absurd, daß dies seinen Aufenthalt bei Makarie charakterisieren soll.

der Exponent dieser Weltanschauung im Roman. Spielhagens Interpretation des „Werther" spricht das auch direkt aus. Das moderne dichterische Ich nahm hier seine Erfahrungen und Erlebnisse und erzählte eine Geschichte, deren Held es selbst war — noch mehr: eine Geschichte, deren Held Träger „der Weltanschauung und Welteinsicht, wie sie sich bei ihm gebildet", ist (B., S. 239). Diese Rolle des Helden ist nicht erstaunlich. Sie entspricht nur der inneren Einheit von Dichter und Held, die der Aufsatz über den Ich-Roman auf über hundert Seiten zu beweisen versucht und deren tragender Grund — der These vom persönlich Erlebten als Material der Dichtung auch historisch unmittelbar benachbart — Spielhagens Überzeugung sein dürfte, echte Dichtung sei immer ein „Bekenntnis", eine „Generalbeichte". Obwohl er zugesteht, daß sich der Er- wie der Ich-Held vom „aktuellen Ich" des Erzählers sogar durch weitgehende Abweichungen unterscheiden könne, darf jedoch niemals „das geistige Band" zwischen ihnen zerreißen, was denn auch „bei wirklichen Dichtern niemals geschieht" (B., S. 203).

Die Rolle des Helden als „Träger" der Weltanschauung des Erzählers in der Dichtung gibt des weiteren auch der zentralen Stellung, die Spielhagen ihm einräumt, einen tieferen Sinn. Diese „Person der Personen" (B., S. 75) hört auf, bloß den Erzählstoff zu organisieren, übersichtlich zu gliedern und erzähltechnisches Prinzip der Darstellung zu sein. Sie hat neben ihrer „formalen" die konkrete Aufgabe, Vermittler dessen zu sein, was der Dichter im besonderen aussagen will — also beispielsweise den Gedanken der Weltabsage zu verkörpern oder auch das Wissen, daß der Mensch „sich bedingen" muß. Dies erlaubt nunmehr auch, genauer zu bestimmen, *als was* sich die Weltanschauung im Roman niederschlägt und worin sie sich ausprägt. Sie erscheint als der Grundgedanke, den die Handlung ausdrückt und der im Leben und den Schicksalen des Helden anschaulich wird. Allgemeiner: sie erscheint als die *Bedeutung*, die das erzählte Geschehen hat, und entspricht weitgehend dem, was man als den „Gehalt" eines Romans bezeichnet. Nur daß dieser bei Spielhagen eben durch den Helden exponiert wird, durch das, was er ist, was ihm widerfährt und wohin er schließlich gelangt. In dieser Funktion macht sich die Form des ‚Helden-Romans' der objektiven Darstellungsmethode von neuem geltend, und das offenbart eine Seite ihrer Fragwürdigkeit. Der Held exponiert den Gehalt des Romans als seinerseits Exponent bloß der individuellen Weltanschauung des Dichters. Das heißt, er verwirklicht dessen Weltanschauung als Gehalt eines Werkes der Erzählkunst, deren Kunst es darauf absieht, das erzählende Subjekt für den Leser restlos verschwinden zu lassen, und die sich methodisch bemüht, am Erzählten, wiewohl seine Bedeutung nur diese individuelle Weltanschauung ausdrückt, alle Male seines Ursprungs zu tilgen, ihm ästhetisch eine „objektive" Wirklichkeit zu geben und es nicht als Produkt des Erzählers, sondern gleichsam als „Natur" erscheinen zu lassen.

„Ich war immer der Meinung — das ist der recht eigentliche Anfang für den modernen Roman. Der epische Dichter unserer Tage hat uns nichts zu sagen als: Ich habe diese Meinungen von Gott und den Menschen und so bin ich zu diesen Meinungen gekommen." Er sagt es jedoch nur, indem er es an einer Person darstellt, die „dasselbe mit denselben Augen sieht, mit denen er selbst es gesehen; dieselben Erfahrungen macht, die er selbst gemacht; aus denselben Erfahrungen dieselben Schlüsse zieht, die er selbst gezogen. Die (dichterische) Darstellung aber, wie dies alles an und in einer Person vor sich geht und zustande kommt, ist der Roman; jene Person selbst nennen wir den Helden desselben" (B., S. 173 f.). Das begründet die Einheit von Erzähler und Romanheld, der in seinen „Anschauungen, Ansichten und Erfahrungen dem Dichter ähneln, ja bis zu einem gewissen Punkte gleichen muß...". Doch sorgt die Vertretung des Erzählers, die der Held übernimmt, im Roman des ‚objektiven Darstellens' nach Kräften dafür, daß dessen Meinungen von Gott und den Menschen nicht als seine individuellen Meinungen sichtbar werden. Wird der Erzähler — als ein Moment der ästhetischen Wirklichkeit — dem Roman ausgetrieben und dem Romandichter außerdem, genauer: *zugleich* auferlegt, die Wirklichkeit so ‚darzustellen', daß sie selbst gegenwärtig zu sein scheint, dann macht solch ein Roman nicht nur nicht deutlich, daß er bloß eine bestimmte Weltanschauung ausdrückt. Er gibt sich im Gegenteil gerade den Anschein, als sei es nicht so. „Ich war immer der Meinung — das ist der recht eigentliche Anfang für den modernen Roman." Es ist aber gerade nicht der Anfang des Romans der

‚objektiven Darstellung', den Spielhagens Theorie als allein künstlerisch verkündet. Meldet der Erzähler sich derart zu Wort, so verweist sie es ihm und wähnt, Goethe und seinem Werk einen Dienst zu erweisen, wenn sie die Einmischung des Erzählers aus dem ersten Satz der „Wahlverwandtschaften" streicht [36].

Dieser Einfall, so aberwitzig er ist, hat symptomatischen Wert und kann den Kern der Problematik von Weltanschauung, Subjektivität, Objektivität und des ‚Darstellens' Spielhagens bloßlegen. Denn die Einmischungen des Erzählers stehen gerade in den „Wahlverwandtschaften" in einem bedeutsamen Funktionszusammenhang. In einer ganz speziellen Hinsicht gilt das für den Anfang „Eduard — so nennen wir ...". Er enthüllt seinen Sinn, sobald der Leser (im 3. Kapitel des 1. Buches) erfährt, daß der Erzähler ihn so nennt, aber auch er selbst sich so nennt, ohne so zu heißen. Eigentlich heißt er ja Otto, trat „diesen hübschen, lakonischen Namen" nur dem Hauptmann ab, zumal ihm Eduard „besser gefiel" — eine Einzelheit, die in der geistigen Welt des Romans ihre Bedeutung hat. So wird der Einschub des ersten Satzes allmählich zu einem sehr ernsten Scherz des Erzählers und zeichnet in seiner ebenso subtilen wie unauffälligen Ironie die Höhenlage alles weiteren Erzählens vor. Seine Eigenschaften hat Paul Stöcklein und sehr genau Benno von Wiese beschrieben, Thomas Mann brachte sie vor über dreißig Jahren auf die Formel: „Ineinander von Plastik und Idee, von Vergeistigung und Verleiblichung" [37]. Es ist der symbolische Stil — „alles ist Gegenwart, Bild und Gestalt", und doch werden die Dinge zugleich zu „Gleichnissen, Chiffren" [38]. Treffender als der mittlerweile ziemlich unscharf gewordene Ausdruck

[36] Vgl. hierzu auch die Diskussion über den idealen Romananfang, B., S. 91 f.

[37] Paul Stöcklein in seinem Buch „Wege zum späten Goethe", Hamburg 1949. — Benno von Wiese in den Anmerkungen zu den „Wahlverwandtschaften" im 6. Bd. der Hamburger Ausgabe, S. 653 ff. — Thomas Mann, Zu Goethes „Wahlverwandtschaften". In: Die neue Rundschau, 1925, S. 393. — Vgl. auch H. G. Barnes, Bildhafte Darstellung in den „Wahlverwandtschaften". In: Deutsche Vierteljahrsschrift für Literaturwissenschaft und Geistesgeschichte, 30. Jahrg./1956, S. 41 ff.

[38] Benno von Wiese, a. a. O., S. 653, S. 656.

„Symbol" dürften diese Begriffe den Sachverhalt bezeichnen. Wenn im Fortgang des Romans beispielsweise die Platanen zum Lebensbaum oder die Astern zur Todesblume Ottilies werden, so ist diese Ding-„Symbolik" symbolisch zwar noch im Sinne der Maximen und Reflexionen, insofern die Erscheinung in Idee und die Idee in ein Bild verwandelt ist, in welchem sie „immer unendlich wirksam und unerreichbar bleibt", und sie ist es doch zugleich nicht mehr. Es fehlt ihr jene Qualität des Symbolischen, die Goethes Überlegungen über den allegorischen, symbolischen und mystischen Gebrauch der Farbe hervorheben. Von dem Eindruck ausgehend, den eine jede Farbe „auf den Menschen mache und dadurch ihr Wesen sowohl dem Auge als Gemüt offenbare", wird als symbolischer Gebrauch derjenige bestimmt, „der mit der Natur völlig übereinträfe, ... indem die Farbe ihrer Wirkung gemäß angewendet würde und das wahre Verhältnis sogleich die Bedeutung ausspräche". Demgegenüber kennzeichnet den allegorischen Gebrauch ein „mehr Zufälliges und Willkürliches, ja man kann sagen, etwas Konventionelles, indem uns erst der Sinn des Zeichens überliefert werden muß, ehe wir wissen, was es bedeuten soll"[39]. Weder die Ding-„Symbolik" der „Wahlverwandtschaften" noch — mit Gradunterschieden — die Bedeutungsweise der ja tatsächlich restlos durchsymbolisierten Gegenständlichkeit, die im Roman dargestellt wird, ist hiermit völlig zu erfassen. Um bei unserem früheren Beispiel zu bleiben: die Bedeutung der Platanen als Lebensbaum und der Astern als Todesblume Ottilies ist keine Offenbarung des Wesens dieser „Dinge", trifft nicht mit der Natur überein, und *insofern* haftet ihr etwas Willkürliches an. Sie ist trotzdem nicht allegorisch. Der Sinn des Zeichens muß nicht erst überliefert werden, ehe wir wissen, was es bedeuten soll, überliefert auch nicht in dem Sinn, daß es der Erzähler ausdrücklich erklärt. Benno von Wiese hat recht: „Die Phänomene selbst sind die Lehre. Auch wo der Erzähler reflektiert, sucht er sie nicht nachträglich zu erklären oder zu deuten[40]." Und

---

[39] Maximen und Reflexionen. Hamburger Ausgabe, Bd. 12, S. 470, Nr. 749. — Allegorischer, symbolischer, mystischer Gebrauch der Farbe. Zur Farbenlehre, Paragraph 915 ff. Hamburger Ausgabe, Bd. 13, S. 520.
[40] Benno von Wiese, a. a. O., S. 656.

doch muß eben der ganze Roman bewußt gegenwärtig sein, will man die Bedeutung der dargestellten Wirklichkeit voll einsehen. Das Gegenständliche bekommt seine Bedeutung nicht direkt zugesprochen, sie ereignet sich vielmehr aus dem Zusammenhang heraus, in den es nach und nach tritt. Sie ‚geschieht' — aber sie geschieht im Prozeß des Erzählens, das das Wirkliche allmählich mit einer Bedeutung anreichert, die aus der Natur nicht unmittelbar hervorgeht. Und zwar eines Erzählens, das sich selbst niemals verleugnet und das niemals verleugnet, daß es die Welt aufbaut, die der Leser dargestellt findet: „Eduard — so nennen wir ..." Oder — auch in der geheimen und doch buchstäblich todernsten Ironie — dem Anfangssatz korrespondierend: „Im gemeinen Leben begegnet uns oft, was wir in der Epopöe als Kunstgriff des Dichters zu rühmen pflegen ...", womit der zweite Teil beginnt. Es bleibt die Idee „im Bild immer unendlich wirksam und unerreichbar", aber es ist der nie zu vergessende Erzähler, dessen Erzählen sie ihm vermittelt. Sein Hervortreten in den „Wahlverwandtschaften", nicht nur dessen Häufigkeit, über das Spielhagen sich so fleißig ereifert — sein Exemplar des Romans zeigt „durch die angestrichenen Stellen, daß der Text von Anfang bis Ende von diesen undichterischen Auswüchsen durchsetzt ist" (NB., S. 117) —, sondern auch dessen qualitative Eigentümlichkeit scheint uns von hier aus seinen ästhetischen Sinn zu erkennen zu geben. Es steht nicht etwa in einem kausalen Zusammenhang mit dem Zeichen- und Chiffrehaften der erzählten Wirklichkeit. Der Erzähler, auch wo er reflektiert, erklärt und deutet nicht direkt. Aber es steht in einem Wesenszusammenhang mit einem Erzählen, durch das die Dinge gleichsam schweigend einen Gehalt zugesprochen bekommen, der die Natur übersteigt und über das „Symbolische" hinausgeht. Die Anwesenheit des Erzählers entfaltet innerhalb des Werkes selbst das subjektive Moment, das auch im Chiffrehaften des Erzählten liegt und wirksam ist. Beide Tatsachen der Form reflektieren aufeinander und lassen ein Erzählkunstwerk entstehen, in dem — sit venia verbo — mit offenen Karten gespielt wird.

Goethes Romane, deren jeder für Erzählkunst und Romanform neue Möglichkeiten erschließt und sie mit den „Wanderjahren" zuletzt so weit vorantreibt, daß man den großen Altersroman entweder nur noch als Unkunst verwerfen oder als eine Vorwegnahme der Probleme des Romans im 20. Jahrhundert begreifen kann, sind mit dem Roman, den Spielhagens Theorie entwirft, kaum zu vergleichen. Allein schon weil seine Idee des ‚Darstellens' auf sie nur sehr begrenzt anwendbar ist, trotz Goethes Maxime: „Der Dichter ist angewiesen auf Darstellung. Das Höchste derselben ist, wenn sie mit der Wirklichkeit wetteifert, d. h. wenn ihre Schilderungen durch den Geist dergestalt lebendig sind, daß sie als gegenwärtig für jedermann gelten können [41]." Die Worte bestätigen nur scheinbar Tendenzen des späteren 19. Jahrhunderts, wenngleich man sie auch als Signal des Kommenden lesen kann. Umgekehrt sind es gerade die sinnenhafte Gegenwärtigkeit des Dargestellten, wie sie das ‚objektive Darstellen' erstrebt, und sein Realitätsanspruch, die dem Problem der uneingestandenen Subjektivität seinen besonderen Charakter geben. In voller Schärfe aktuell wird es in dem Moment, in dem sich die Weltanschauung des Erzählers, über den abstrakten und nur künstlich zu isolierenden Aspekt des „Gehalts" hinausgehend, in der dargestellten Wirklichkeit überhaupt ausprägt. Ohne weiteres anzunehmen, daß dies in anderer Form als in den „Wahlverwandtschaften" der Fall sein wird. Goethes Roman zeigt aber eine gestaltete und Form gewordene Lösung dieses Problems, lehrreich vor allem, weil er dadurch, und das begründet eine Rangordnung, zum positiven Gegenbild wird. Denn Spielhagens Theorie beschreibt, wenn auch zum Teil ziemlich verhüllt, diese Wirksamkeit der Subjektivität, ohne daß sie als Problem der Gestaltung erfaßt wird, von Folgerungen für das ‚objektive Darstellen' ganz zu schweigen.

Sie kommt andeutungsweise zur Sprache, wenn aus der Weltanschauung des Epikers der Standpunkt wird, von dem das „einheitliche Licht" ausgeht, „das er von da über die bunte, vielgestaltige Welt strahlen läßt, so daß alles und jedes in diesem Lichte steht" (B., S. 169). Sie kommt in schon weniger verdeckter Form im Bericht über die Entstehung der „Problematischen Naturen" zur Geltung. Dort ist von dem „Gesichtswinkel" die Rede, „unter welchem

---

[41] Betrachtungen im Sinne der Wanderer. Hamburger Ausgabe, Bd. 8, S. 294, Nr. 71.

der junge Poet das Weltfragment sah, das er zu schildern gedachte"
(NB., S. 197). Er ist „das einem Roman sein besonderes Gepräge
gebende und seine Bedeutung bestimmende Moment" (NB., S. 203).
Dieser Gesichtswinkel, „unter dem der Autor der problematischen
Naturen seine Welt sah", entpuppt sich endlich als die „ruling
passion seiner Seele", als das besondere Pathos, „in dessen Färbung
sich vor seinem Blick notgedrungen das Menschentreiben tauchte",
inhaltlich als „Freiheits- und Schönheitspathos" erklärt (NB.,
S. 204 ff.). Freiheit und Schönheit, so phrasenhaft sie im einzelnen
beschrieben werden, stellen sich somit als die Ideen und leitbildhaften Vorstellungen heraus, die die Welterfahrung und Weltdarstellung perspektivisch vorformen, in deren Färbung sich das Menschentreiben notgedrungen tauchte. Den grundsätzlichen Sachverhalt
erläutert schließlich mit fast begrifflicher Sorgfalt eine Feststellung
in der Rezension zweier Erzählungen von Marie von Ebner-Eschenbach, die ein *später* Aufsatz enthält [42]. Spielhagen beginnt mit der
Bemerkung, wie wertvoll ihm, je älter er werde, bei der Betrachtung eines Kunstwerks der Blick sei, den es „in die Seele seines
Schöpfers, in sein tempérament thun läßt", und schlägt für „tempérament" die Übersetzung „Gemütsverfassung" vor [43], definiert als
„das Resultat und der Niederschlag seiner durch natürliche Veranlagung, Erfahrungen, Erlebnisse, Nachdenken, Studien formierten
Weltanschauung". Und durch diese Gemütsverfassung „muß der
Dichter, der Künstler jedes Objekt sehen, das er zur Darstellung
bringt". Sie sei es vor allem, die über das Interesse entscheide: „Das
Subjekt trägt über das Objekt, der Darsteller über das Dargestellte
... den Sieg davon" (NB., S. 168 f.).

Hiermit ist der Punkt erreicht, an dem die „Objektivität" des
‚objektiven Darstellens' aufhört, noch irgend etwas auszudrücken
und zu bedeuten. Sie wird zu einer leeren Hülse, Trugbild einer
Erzählkunst, die glaubt, im Erzählen die gegenständliche Welt nur

---

[42] „Streifblicke über den heutigen deutschen Roman." Der Aufsatz ist,
wie auch alle anderen Beiträge dieses Bandes, nicht datiert, kann jedoch
frühestens 1896 entstanden sein (vgl. NB., S. 132).

[43] Schon das Wort „tempérament" weist auf Zola hin. Vgl. auch NB.,
S. 163 und Martha Geller, a. a. O., S. 49.

abzubilden und widerzuspiegeln. „Nein! es gab nicht eine naive und sentimentalische Dichtkunst; es gab nur eine gute und schlechte Art zu dichten, oder, es anders auszudrücken: eine, die dem Objekt gerecht wird, und eine, die es nicht wird und nicht werden kann, weil sie es nicht liebevoll erfaßt, sondern dies und das und alles mögliche in dasselbe hineinlegt, vielmehr hineinzulegen versucht, was, da es nichts mit ihm zu tun hat und also auch nicht hineingeht, nun als subjektive Fetzen und Lappen um das Objekt herumhängt[44]." So lautet Spielhagens Antwort auf Schillers Unterscheidung, gegen die er polemisiert, weil sie die „souveräne Willkür des Subjekts" auf den Thron setze. Sie spricht zugleich die gedankliche Grundlage der ‚objektiven Darstellung' aus, die hinfällig wird angesichts der Feststellung über die Weltanschauung und Gemütsverfassung, durch die der Dichter jedes Objekt sehen muß, das er darstellt. Die Antithese von ‚liebevollem Erfassen' und ‚Hineinlegen' erweist sich vor dieser Erkenntnis als unzulänglich und irreal. Diese Erkenntnis macht zugleich die ‚objektive Darstellung' zum Täuschungsmanöver. Sie möchte die Welt abbilden, wie sie ist, ohne dazu imstande zu sein; und sie bemüht sich, der erzählten Wirklichkeit ein Sein zu vermitteln, durch das sie in der Phantasie wie die reale Wirklichkeit selbst gegeben zu sein scheint, erzählt aber nur eine Wirklichkeit, die von der Weltanschauung und „Gemütsverfassung" des Erzählers abhängt — ohne daß diese subjektive Gebrochenheit dichterisch eingestanden und formal realisiert wird, realisiert werden kann. Die erstrebte Illusion der Wirklichkeit läßt als objektive Wirklichkeit erscheinen, was es nicht ist, und dies um so mehr, je vollendeter das ‚objektive Darstellen' durchgeführt und dadurch verborgen wird, was die erzählte Wirklichkeit tatsächlich ist: ein Produkt des Erzählers. In einer Zeit der Subjektivität verhüllt das „Objektive" des ‚objektiv Dargestellten' die tatsächlichen Gegebenheiten mit einem dichterischen Schleier, der nicht mehr aus der Hand der Wahrheit stammt.

[44] Finder und Erfinder, a. a. O., S. 375.

5

Es ist hier nicht mehr möglich, die Bemerkungen über die „Wahlverwandtschaften" weiterzuführen und im einzelnen darzulegen, wie es jenseits — oder scheinbar sogar innerhalb — der Regeln Spielhagens gelang, diese Problematik aufzulösen und die Subjektivität als eine Tatsache des Erzählens in die epische Dichtung mit ‚hineinzugestalten'. Das gilt keineswegs nur für das 20. Jahrhundert, dessen künstlerisch gültige Epik es allerdings in einem besonders hohen Grade kennzeichnet und in Anbetracht der sich immer mehr radikalisierenden Subjektivität wohl auch kennzeichnen muß. Um nur bei der deutschen Dichtung zu bleiben: Musil oder Thomas Mann, aber auch Kafka verwirklichen es, wenngleich in sehr verschiedener Form und jeweils mit den Mitteln ihres Stils. Hierfür wenigstens einen kurzen Hinweis. Mit Ausnahme der „Lotte in Weimar" beginnen seit dem „Zauberberg" alle Romane Thomas Manns damit, daß in einer ihrer individuellen Form entsprechenden Weise die Bedingungen ihrer Möglichkeit und Wirklichkeit entfaltet werden. Im „Doktor Faustus" ist vor allem dies die Funktion des ersten Kapitels, also jener Seiten, auf denen Serenus Zeitblom mit umständlicher Genauigkeit ‚nur' seine Zweifel auszubreiten scheint, „ob ich zu meiner Aufgabe die nötige Affinität besitze". Diese Bedenken müssen kommen, da seine „durchaus gemäßigte und, ich darf wohl sagen, gesunde, human temperierte, auf das Harmonische und Vernünftige gesicherte Natur..." das Dämonische „jederzeit als entschieden wesensfremd" empfunden hat und aus ganz anderen Voraussetzungen als das „Genie und seine *jedenfalls* dämonisch beeinflußte Natur" lebt, während er sich jetzt doch einer Sphäre nähert und sie mit der Biographie seines Freundes darstellen will, auf die „die versichernden Epitheta, die ich ihr beizulegen versuchte, ‚edel', ‚human-gesund' und ‚harmonisch', nicht recht... passen wollen...". Diese seelisch-geistige Verfassung, diese „Gemütsverfassung", wird schließlich auch noch geschichtlich konkretisiert: Zeitblom betrachtet sich gern als „Nachfahre der deutschen Humanisten aus der Zeit der ‚Briefe der Dunkelmänner', eines Reuchlin, Crotus von Dornheim, Mutianus und Eoban Hesse". Der humanen Natur wird der humanistische Gelehrte zugeordnet (Zeitblom ist klassischer Philologe), nicht anders als das Dämonische, das durch Adrian Leverkühn als Doktor Faustus mit der „historischen" Faust-Gestalt des Volksbuches verknüpft wird. Damit entwirft das erste Kapitel ein Schema zweier geistig-seelischer Möglichkeiten des Menschlichen, deren eine der Erzähler, deren andere das „Objekt" seines Erzählens verkörpert. Der Roman gibt so nicht nur von vornherein ausdrücklich zu verstehen, daß alles Erzählte im Horizont einer bestimmten subjektiven Deutung erscheint, sondern erklärt sie auch noch inhaltlich und macht sie zuletzt als eine überindividuelle Tatsache deutlich: der Erzähler individualisiert sich, „die sonderbare Verzögerung dieser Kartenabgabe" auch noch hervorhebend, erst am Beginn des *zweiten* Kapitels zum Dr. phil. Serenus Zeitblom. Das durch eine humanistische Weltanschauung und Gemütsverfassung hindurch gesehene und gedeutete Dämonische und seine Darstellung läßt sich nicht auf die Person, das Ich des fiktiven Dichters selbst zuspitzen. Diese bestimmende und die erzählte Wirklichkeit prägende Subjektivität wird den ganzen Roman hindurch immer wieder von neuem herausgestellt. Noch ehe der Erzähler Leverkühns „Apocalipsis" beschreibt, teilt er schon mit, daß ihr „zuviel *für meinen Sinn* Befremdendes und Ängstigendes" eigne; in der Analyse des Werkes selbst betont er, daß die Instrumentalisierung des Chors und die Vokalisierung des Orchesters „... — wenigstens *für mein Gemüt* — auch etwas Beklemmendes, Gefährliches, Bösartiges an sich hat" [45].

Das ist nur ein Gesichtspunkt, unter dem das Subjektive des Erzählten in die dichterische Form aufgenommen und umgesetzt wird (es reicht gerade im „Doktor Faustus" bis in die Struktur der Sprache), aber er genügt schon für die Frage, bis zu welchem Grade es sich hier um eine persönliche Leistung und inwieweit es sich um eine Antwort auf geschichtliche Bedingungen handelt. 1931 schreibt Robert Musil über die Reportage, die „objektive Daseinsreportage" und ihre Sachlichkeit: sie vernachlässige, „was schon die subjektive Erlebnisreportage des Impressionismus außer acht gelassen hat, daß es keinen Tatsachenbericht gibt, der nicht ein geistiges System vor-

---

[45] Thomas Mann, Doktor Faustus. Stockholmer Gesamtausgabe, S. 493, S. 498. Die anderen Zitate aus dem ersten Kapitel, S. 9 ff. Hervorhebungen von uns.

aussetzt, mit dessen Hilfe der Bericht aus den Tatsachen ‚geschöpft' wird"[46]. Dies geistige System bestimmt wesentlich intensiver noch als den Tatsachenbericht — selbst eine Verfallsform der alten realistischen Abbildung des Wirklichen — das dichterische Erzählen, bestimmt es jedoch historisch und graduell sehr verschieden. Daß Musil dieses subjektive Moment als Voraussetzung selbst noch des Tatsachenberichts namhaft machen kann, verdankt er wohl nicht allein seinem philosophischen Studium, das dem Autodidakten Spielhagen fehlte, sondern auch seiner geschichtlich späteren Situation. Ebenso wie die Subjektivität überhaupt ein Phänomen der Geschichte des Bewußtseins ist, ebenso ist es auch die Subjektivität des episch Dargestellten, geschichtlich auch in dem Sinne, daß sie sich nur allmählich herausbildet und ästhetische Wirklichkeit wird. Die Eule der Minerva aber beginnt erst mit der einbrechenden Dämmerung ihren Flug. Man braucht gar nicht Hegelianer zu sein, um für die Theorie — in anderer Hinsicht auch für die Praxis — der epischen Gestaltung hieraus die Konsequenz zu ziehen. Um Hegels Satz aus der „Vorrede zu den Grundlinien der Philosophie des Rechts" abzuwandeln: als der Gedanke des Romans wird sie diese Subjektivität als ein Problem des Erzählens voll bewußt erst reflektieren, ‚nachdem die epische Wirklichkeit ihren Bildungsprozeß vollendet und sich fertig gemacht hat'. Dies schließt die Möglichkeit ein, daß einmal der Augenblick kommt, in dem sich die Subjektivität dichterisch bereits ausprägt, ohne sich schon verfestigt zu haben, daß sie — um es wiederum mit Hegel zu sagen — bereits eine Gestalt des Lebens, aber noch nicht so alt geworden ist, daß die Theorie bereits ihr Grau in Grau malen kann. Die historische Stellung von Spielhagens Theorie des Erzählens ist damit ungefähr charakterisiert. Ihre Aussagen lassen erkennen, daß sich das Subjektive im Erzählten geltend macht, daß es sich durchsetzt und als Weltanschauung „da ist", und zuletzt spricht sie aus, daß der Dichter jedes Objekt, das er darstellt, „durch" seine Weltanschauung und Gemütsverfassung sehen muß. Sie steht damit an dem Punkt, an dem etwas episch Wirkliches sich in der Theorie bereits auswirkt, ohne doch schon so bewußt zu sein, daß es auch zum theoretischen Problem der epi-

---

[46] Robert Musil, a. a. O., S. 704.

schen Gestaltung werden und als ein Moment des Erzählens und seiner Objektivität erfaßt und behandelt werden kann. Hieran läßt sich die Frage anknüpfen, ob Spielhagen das „nicht kann", weil die überkommene Idee des Abbildes und das ebenfalls traditionell vorgegebene Verständnis der Subjektivität als Bindung an das Erlebnis und als allseitige Betrachtung ihm die Möglichkeit nehmen. Oder ob er umgekehrt mit diesen Vorstellungen arbeitet, weil er die gleichsam unsichtbarer wirksame Subjektivierung wohl gelegentlich aussagen, aber — historisch — noch nicht ausdrücklich als Problem der ‚Darstellung' und ihrer „Objektivität" reflektieren *kann*. Die Einwände, die nicht nur von Zeitgenossen gegen seine „Objektivität" erhoben worden sind, legen nahe, diese zweite Möglichkeit anzunehmen. Auch sie jedoch wirft auf seine Theorie des ‚objektiven Erzählens' den Schatten der Ideologie.

KRITISCHER UND SOZIALISTISCHER REALISMUS

Von A. Iwastschenko

Das Problem des Realismus ist eines der Probleme, die heute von den Wissenschaftlern ganz besonders beachtet werden. So befassen sich die Wissenschaftler mit den wichtigen Fragen der realistischen Methode, der Wechselbeziehungen zwischen dem Realismus und den anderen literarischen Richtungen, mit der historischen Entstehung des Realismus und seiner Formen in den verschiedenen Entwicklungsperioden und mit dem klassischen Erbe.

Auf allen diesen Gebieten gibt es wertvolle Forschungsergebnisse. Weniger als alles andere aber ist das für unsere Zeit so besonders wichtige Problem der Beziehungen zwischen dem kritischen und dem sozialistischen Realismus ausgearbeitet. Es ist deshalb dringend notwendig, das Wesen der Erbfolge dieser beiden Realismustypen zu untersuchen und die Beziehungen zwischen dem Realismus und den nichtrealistischen Strömungen zu klären.

Der ästhetische Entwicklungsprozeß der Gesellschaft ist überaus mannigfaltig, er kann nicht nur auf eine Kunstrichtung, den Realismus, reduziert werden, wenn dieser auch zweifellos die wesentlichste und schöpferisch fruchtbarste Kunstrichtung ist.

Die wissenschaftliche Auffassung von der Literaturgeschichte ist das Ergebnis der Untersuchung sowohl der historischen Rolle, die die einzelnen literarischen Richtungen spielen, als auch des Kampfes und der Wechselwirkung zwischen den verschiedenen Strömungen in der Entwicklung der nationalen Literaturen. Dabei darf auch der wichtige Umstand nicht vergessen werden, daß nicht selten innerhalb einer Methode verschiedene künstlerische Tendenzen existieren; ebenso erhebt sich die Frage nach den individuellen Besonderheiten, nach der Manier dieses oder jenes Schriftstellers, dessen Schaffen nicht immer den charakteristischen Merkmalen der Richtung entspricht. Das bezieht sich unmittelbar auf den Realismus in der zweiten Hälfte des 19. Jahrhunderts, denn gerade in dieser Periode tauchen so viele verschiedene literarische Richtungen auf, wie es in der Vergangenheit nie der Fall war.

In diesem Artikel sollen nur einige Aspekte dieser außerordentlich wichtigen Teilfrage des Problems des Realismus (hauptsächlich an Beispielen aus der französischen Literatur) betrachtet werden.

Der kritische Realismus des 19. Jahrhunderts ist eine der ideellen Folgen, zu denen die Herausbildung neuer gesellschaftlicher Verhältnisse führte, und kann nicht außerhalb eines sehr wesentlichen Problems verstanden werden, das durch die Entwicklung der Widersprüche im Kapitalismus ganz besonders aktuell wurde, des Problems der Aktivität des Menschen.

Karl Marx enthüllte den besonderen Charakter der Beziehungen zwischen der Persönlichkeit und der Gesellschaft, zwischen dem Individuum und der historisch bestimmten Gemeinschaft von Menschen, die die Gesellschaft bilden. In seiner Arbeit „Zur Kritik der politischen Ökonomie" weist er darauf hin, daß die bürgerlichen gesellschaftlichen Verhältnisse aus ihrer Natur heraus unweigerlich zum Antagonismus unter den Menschen führen. Er schreibt: „Die bürgerlichen Produktionsverhältnisse sind die letzte antagonistische Form des gesellschaftlichen Produktionsprozesses, antagonistisch nicht im Sinn von individuellem Antagonismus, sondern eines aus den gesellschaftlichen Lebensbedingungen der Individuen hervorwachsenden Antagonismus..."[1] Das ist die Beziehung *der Gesellschaft* zum Individuum.

Die Gesamtheit der materiellen Lebensbedingungen der bürgerlichen Gesellschaft wirkt sich mit objektiver Notwendigkeit dahingehend aus, daß die Menschen in antagonistische Beziehungen zueinander gebracht werden.

Andererseits sind schon im 18. Jahrhundert die verschiedenen Formen der gesellschaftlichen Beziehungen in der bürgerlichen Gesellschaft für die Einzelpersönlichkeit nur ein Mittel zum persön-

---

[1] Karl Marx, Zur Kritik der politischen Ökonomie. Dietz Verlag, Berlin 1951, S. 14.

lichen Zweck, nur eine äußere Notwendigkeit. Das ist die Beziehung des *Individuums* zur Gesellschaft.

Auf dieser Grundlage bildeten sich die Besonderheiten des menschlichen Lebens im Kapitalismus heraus, in dem die Beziehungen zwischen Individuum und Gesellschaft völlig verzerrt sind. Die Gesellschaft ist gezwungen, ihrer Bestimmung zu entsagen und die Individuen in Antagonismus und Zerrissenheit zu stoßen; die Individuen aber betrachten die Gesellschaft nur als nackte äußere Notwendigkeit. Der Kapitalismus brachte eine durch keine Illusionen verhüllte, grausame Ausbeutung der Mehrheit durch die Minderheit mit sich. Er unterwarf die Beziehungen zwischen den Menschen reinen Geldbeziehungen. Indem er die gesellschaftlichen Verhältnisse revolutionär umgestaltete, erzeugte er zugleich das Proletariat, das sich unter den unerbittlichen Schlägen des Kapitalismus und im Kampf gegen ihn seiner großen historischen Mission bewußt wurde, die Klassengegensätze, die Ausbeutung des Menschen durch den Menschen, den „Krieg aller gegen alle" für immer zu beseitigen.

Unter diesen Bedingungen erstand vor der Literatur als einer Form des gesellschaftlichen Bewußtseins mit objektiver Notwendigkeit das Problem der Lebenstätigkeit, der Praxis, der Aktivität des Menschen als das wichtigste Problem.

Das Problem der Aktivität des Menschen ist von grundsätzlicher Bedeutung. Der von tiefen Widersprüchen gekennzeichnete Charakter der Beziehungen zwischen Persönlichkeit und Gesellschaft, von dem Marx spricht, ist ein Merkmal des Kapitalismus, der letzten antagonistischen Formation, mit der die Vorgeschichte der Menschheit abschließt. Ganz besonders akut wurde das Problem der Aktivität des Menschen und der Tendenz dieser Aktivität im 19. Jahrhundert, im Zusammenhang mit dem Sieg der kapitalistischen Verhältnisse. Noch aktueller und schärfer aber ist dieses Problem in unserer Zeit, in der die Menschheit im welthistorischen Maßstab darangeht, die grandiose Aufgabe des Übergangs vom Kapitalismus zum Sozialismus zu lösen.

Eine Untersuchung dieses Problems gibt uns die Möglichkeit, eines der *Kriterien* zu finden, um die Erbfolge zwischen den verschiedenen Perioden in der Geschichte des Realismus im 19. und 20. Jahrhundert zu bestimmen. Andererseits wird dadurch der wahre

Sinn der Trennung zwischen dem alten (kritischen) und dem sozialistischen Realismus klar, einer Trennung, entsprechend dem neuen Inhalt, den die Aktivität des Menschen unter den Bedingungen des Kampfes zwischen dem Sozialismus und dem Kapitalismus erlangt.

Das Problem des *Handelns* wurde in der ersten Hälfte des vorigen Jahrhunderts in vielen Werken sachlich und umfassend dargestellt. Die Darstellung des gesellschaftlichen Menschen in möglichst vielen Handlungen bildete bei den Realisten des 19. Jahrhunderts die Grundlage ihres Programms der künstlerischen Erkenntnis. Balzac zog 1840 das Fazit aus der Entwicklung der Literatur seiner Zeit und stellte fest, daß diese in den letzten 25 Jahren eine Umwandlung erfahren hatte, die „die Gesetze der Poetik veränderte". Worin bestand diese Umwandlung? In welcher Richtung hatten sich die Gesetze der Poetik verändert?

Zum Inhalt der Kunst wurde die „Entgesellschaftung" des Menschen, die Dialektik der gegenseitigen Entfremdung zwischen Mensch und Gesellschaft, die Gegenwart mit ihren häßlichen sozialen Kontrasten, mit ihrem Kampf der Leidenschaften und verschiedenartigen Bestrebungen. Die Ästhetik des kritischen Realismus in Europa basierte auf einem Widerspruch, auf dem Widerspruch zwischen der (vom sozialen Standpunkt) mißgestalteten gesellschaftlichen Formation und der Tatsache, daß gerade die häßliche Disharmonie der Gesellschaft den Gegenstand der Kunst bildete. Die Realisten waren gezwungen, mit dem „Material" zu arbeiten, das das Leben selbst lieferte, aber die Wirklichkeit in ihrer tatsächlichen Gestalt wurde in den Händen der realistischen Schriftsteller zum Quell großer künstlerischer Leistungen. „Dieses Chaos aber ist der Quell der Schönheit", schrieb Balzac.

Entscheidend für die Entwicklung des Romans war — nach Meinung der großen Realisten Balzac und Stendhal — der Reichtum der Formen des gesellschaftlichen Lebens in Frankreich, die Mannigfaltigkeit der Typen und der dramatischen Konflikte: „Hier spricht und denkt man über alles, hier wird alles vollbracht." (Balzac.)

Die Darstellung der neuen, komplizierten Formen der menschlichen Tätigkeit führte zur Zerstörung der Grenzen zwischen den Genres. Als Realist schuf Balzac sein künstlerisches Bild der Wirklichkeit streng auf der Grundlage der Tatsachen. Die Tatsache selbst war aber für Balzac, Dickens und andere große Romanciers nur der Ausgangspunkt, um die Ursachen und Folgen der sich im Leben abspielenden Dramen zu ergründen. Die Tatsache an sich, isoliert genommen, kann die in der Gesellschaft vor sich gehenden Prozesse nicht erklären. Die Tatsache aus dem Leben wird erst dann zu einem Gegenstand der Kunst, wenn sie das untergründige Wirken der Leidenschaften sichbar macht. Die Dialektik der komplizierten Beziehungen zwischen Persönlichkeit und Gesellschaft führte die Realisten der Vergangenheit zu der Notwendigkeit, in die untergründigen Tiefen der Tatsachen einzudringen.

Damit die Tatsache in einem literarischen Werk *lebt,* muß der Schriftsteller, so meint Balzac, alle ihre Wurzeln bloßlegen, ihr Gesicht und ihre Rückseite zeigen und den Sinn offenbaren, der sehr häufig der äußeren Erscheinung direkt entgegengesetzt ist.

Doch in der Notwendigkeit, die komplizierte Verflechtung der Umstände, die zu der Tatsache führten, herauszustellen und sichtbar zu machen, erschöpfte sich bei weitem nicht die Aufgabe, das Chaos des privaten Lebens künstlerisch darzustellen, eine bürgerliche Epik zu schaffen. Der Schriftsteller mußte die soziale Triebkraft alles Geschehens (Balzac „Das Mädchen mit den Goldaugen"), die Grundlage der Grundlagen, Anfang und Ende der Lebensaktivität finden. Die kritischen Realisten des 19. Jahrhunderts sahen diese soziale Triebkraft allen Geschehens in den materiellen Interessen, die den Menschen beherrschen, in den Leidenschaften als dem konzentrierten und zielbewußten Ausdruck der menschlichen Aktivität. So ist Balzacs Veautrin z. B. als ein Mensch gedacht, in dem der Geist und die Leidenschaften des Sträflingslebens, „seine furchtbare Größe, ... Gemeinheit..." zum Ausdruck kommen.

Unter diesem Gesichtswinkel war die Tatsache selbst eine eigenartige Verschmelzung zwischen dem *persönlichen Willen,* den Bestrebungen des Menschen, und den diesem entgegenwirkenden Umständen und deren von dem *Individuum unabhängigen* und ihm feindlichen logischen Entwicklung. Die Helden des kritischen Realismus des 19. Jahrhunderts sind die verdichtete, konzentrierte Verkörperung der in der Gesellschaft herrschenden Leidenschaften. Als Beispiel sei hier Stendhal angeführt, der aufmerksam die Methoden der „Jagd nach dem Glück" studierte und eine eigene Konzeption der sozialen Entwicklung aufstellte. Diese Konzeption basierte auf dem Begriff der herrschenden Leidenschaft, deren verschiedene Formen die verschiedenen historischen Perioden kennzeichnen.

Der kritische Realismus des 19. Jahrhunderts prangerte die Geschwüre der kapitalistischen Weltordnung an: den Egoismus und das Schmarotzertum, die Profitjagd, die Fetischisierung des persönlichen Vorteils usw. Wir dürfen aber auch die andere Seite des Realismus nicht vergessen: Die kritischen Realisten der ersten Hälfte des vorigen Jahrhunderts beobachteten nicht nur die zersetzenden Folgen der Herrschaft des Egoismus und des persönlichen Vorteils auf den Menschen, sie suchten auch nach einem Ausweg aus dem Reich des Geldes, nach Möglichkeiten einer außerbürgerlichen Existenz für ihre Helden. Die Realisten der Vergangenheit waren bestrebt, die positiven sozialen Möglichkeiten für den Menschen zu entdecken, und zeigten die Tragik der ungenutzten, unentwickelten oder äußerst eingeengten Möglichkeiten für eine positive menschliche Aktivität. Treffende Worte spricht Stendhal über seinen Julien: „Er ist noch recht jung, aber wie mich dünkt, ein edles Gewächs. Sein Weg führte nicht, wie bei den meisten Menschen, von der Zartheit zur Verschlagenheit; und das reife Alter hätte ihn mit einer leicht zu rührenden Güte beschenkt, ihn von dem irrigen Mißtrauen geheilt... Aber was sollen diese überflüssigen Prophezeihungen?" In der Welt der außerbürgerlichen Existenz hatten die Menschen nicht nur aggressive Interessen, da gab es auch Träumer (D'Artes), beschauliche Betrachter (Ponce) bei Balzac, die Pickwickier bei Dickens...

Man darf die Bedeutung des Ringens um das Ideal eines harmonischen und humanen Lebens keineswegs unterschätzen, wird doch damit die Auffassung widerlegt, daß die Realisten der Vergangenheit nur verneinende, entlarvende Werke schufen. Nicht selten zeigte sich selbst in der Entlarvung und Verneinung durch eine bestimmte Tendenz, durch eine bestimmte Bevorzugung *ein in negativer Form zum Ausdruck gebrachtes Ideal.* Für die kritischen Realisten der ersten Hälfte des 19. Jahrhunderts war der positive Held noch kein deutlicher Begriff, noch kein bestimmter gesellschaftlicher Typ. Fest steht aber, daß Balzac z. B. klar erkannte, daß ein Träger der positiven Aktivität solchen Gestalten wie Nucingen, Gobseck,

Grandet äußerst fernstand. Nur ein objektivistischer und konsequenter Naturalist oder ein von der angeborenen Perversität und Verdorbenheit des Menschen überzeugter Dekadenzler reproduziert das Abstoßende und Schmutzige um seiner selbst willen. Die antikapitalistische Tendenz im Schaffen der großen Realisten der Vergangenheit ist in bedeutendem Maße auf die revolutionären Erfahrungen der werktätigen Massen zurückzuführen, wenn diese Erfahrungen auch in einer sehr komplizierten, mittelbaren Form zum Ausdruck gelangten. Bedeutend offener und direkter traten die historischen Erfahrungen der Massen in der revolutionär-demokratischen Literatur des 19. Jahrhunderts hervor.

Der kritische Realismus der ersten Hälfte des vorigen Jahrhunderts ging von der Überzeugung aus, daß dem Menschen gewaltige soziale Möglichkeiten offenstehen, und stellte deshalb in den Mittelpunkt seiner Aufmerksamkeit die Bedeutung der menschlichen Aktivität. Das war ein Ergebnis der großen historischen Umwälzungen, die den Beginn neuer, höherer und fortschrittlicherer Formen des menschlichen Zusammenlebens bedeuteten. Die Realisten zeigten den Geist, den Willen und die großen Leidenschaften des Menschen dieser Zeit, sie sahen aber darüber hinaus, welche ungeheuerlichen, verzerrten Formen die Tätigkeit, die Aktivität des Bourgeois annimmt, da diese Aktivität egoistisch und nur auf *sich selbst* gerichtet war.

In der zweiten Hälfte des vergangenen und zu Beginn unseres Jahrhunderts, als sich der Imperialismus herausbildete und entwickelte, wurde das Problem des Zweckes und der Zielrichtung der menschlichen Praxis für den westeuropäischen Realismus noch aktueller. In den letzten Jahrzehnten des 19. Jahrhunderts begann für den westeuropäischen Realismus eine neue Periode seiner Geschichte. Worin bestehen die Eigenart, die Besonderheiten dieser Periode des Realismus, die sie zu einer neuen Geschichtsperiode machen?

Die Realisten der ersten Hälfte des 19. Jahrhunderts verstanden unter dem Begriff „typische Umstände" etwas ganz Bestimmtes. Den unendlich mannigfaltigen Sujets lag eigentlich stets die gleiche, sozusagen typische Hauptsituation zugrunde: Einzelpersönlichkeit und Gesellschaft stehen einander feindlich gegenüber; die Gesellschaft ist für jedes ihrer Mitglieder eine grausame äußere Notwendigkeit; der Druck der Gesellschaft und ihrer Wolfsgesetze bestimmt die Fähigkeiten und Neigungen des Menschen.

Man muß hinzufügen, daß im Schaffen der großen Romanschriftsteller der Vergangenheit das Bild des Verderbens und des moralischen Verfalls unter dem Einfluß der kapitalistischen Lebensbedingungen nicht als fatale Notwendigkeit erscheint. Zeigten diese Schriftsteller den Untergang des Guten, so gaben sie diesem Fiasko keine absolute, außerhistorische Bedeutung; die Entartung der positiven Elemente im Menschen wurde von ihnen stets sozial motiviert. Gerade die *Genauigkeit* der sozialen Motivierung menschlicher Schicksale ist hier von sehr großer Bedeutung; das Gute erschien nicht nur als zum Untergang verurteilt, es zeigte auch eine gewisse Stabilität, die Fähigkeit, dem ihm widersprechenden Milieu entgegenzutreten, wies sogar auf Möglichkeiten hin, die feindlichen Kräfte im Leben zu besiegen (z. B. in den Romanen von Dickens).

Bereits im Schaffen Flauberts, das in vieler Hinsicht einen Übergang von der einen Periode des Realismus zur anderen darstellt, zeichnet sich die Tendenz zu einer neuen Auffassung von den typischen Umständen ab. „Madame Bovary" führt den Leser zu der pessimistischen Schlußfolgerung, daß der Mensch in verhängnisvoller Weise von seinem Milieu abhänge und jeder Versuch, die alles Leben erstickenden Fesseln des sozialen Milieus zu sprengen, völlig sinnlos sei. Es ist kein Zufall, daß Flauberts Roman von den Brüdern Goncourt und von Zola als ein programmatisches realistisches Werk bezeichnet wurde. Die typischen Umstände, unter denen bei den realistischen Schriftstellern der ersten Hälfte des Jahrhunderts die Helden handeln, sind voll Bewegung: Sie befinden sich in der Umwandlung, im *Werden*. Die Umstände dagegen, in die die Personen aus den in der zweiten Hälfte des Jahrhunderts geschaffenen Werken gestellt sind, sind innerlich statisch und wenig veränderlich; diese Tatsache verstärkt das Gefühl der Ausweglosigkeit, der Perspektivlosigkeit des Lebens.

Zola und andere Realisten an der Wende des 19. und 20. Jahrhunderts setzten die Aufgabe des kritischen Realismus fort: Sie zeigten, in welchen vielfältigen vulgären und grob egoistischen Formen sich die Aktivität des Menschen äußerte. Zugleich spielte aber das „Milieu" immer mehr eine fast selbständige Rolle; immer größere Bedeutung wurde der fatalen Umwelt des Helden zugeschrieben. Man begann, die Erklärung für die im sozialen Sinne negativen oder positiven Formen der Aktivität des Menschen in der Vererbung, in dem biologischen Wesen der menschlichen Natur zu suchen. Obwohl die *Darstellung* des Milieus in den Werken immer mehr Platz einnahm, wurde die *Auffassung* vom Milieu im Vergleich zu der früheren Periode enger und ärmer. Die genaue Beschreibung der Einzelheiten des Alltags und der Umgebung verdeckte die „soziale Triebkraft", die im Schaffen Balzacs das Wesentliche war.

Wie wichtig das Problem der menschlichen Tätigkeit und ihres sozialen und moralischen Sinns für den kritischen Realismus war, können wir den Werken Flauberts entnehmen. Im Schaffen des Verfassers der „Erziehung der Gefühle" werden Fragen aufgeworfen, die mit der Entwicklungsgeschichte der bürgerlichen Gesellschaft und mit der Geschichte des Realismus selbst zusammenhängen. In all ihrer tragischen Unlösbarkeit stand vor Flaubert die Frage nach der *Krise des Handelns, der Krise der Vollziehung*.

Flaubert wurde von Zweifeln geplagt, ob das Erscheinen der revolutionären Demokratie in der Arena des aktiven öffentlichen Lebens nicht ein Zeichen dafür sei, daß die Gesellschaft in das barbarische Mittelalter zurückkehre, und ob andererseits das Wüten der bürgerlichen politischen Reaktion nicht vielleicht das Ende allen sozialen Fortschritts bedeute. Seine tiefe Skepsis spiegelt sich in den Schicksalen zweier seiner Helden aus der „Erziehung der Gefühle" wider, Delorier und Moreau. Beide hatten im Leben keinen Erfolg — weder der eine, der von der Macht, noch der andere, der von der Liebe träumte. Wenn der Schriftsteller sich auch im Hinblick auf die revolutionäre Demokratie seiner Zeit sehr irrte, so war doch der Gedanke von der Krise des Handelns, der Krise der Vollziehung ein Problem, das eine gewaltige historische Bedeutung hatte und die weitere Entwicklung des kritischen Realismus mit bestimmte. Natürlich war Flaubert nicht der Vater dieses Gedankens, denn schon vor und auch nach ihm, in unserer Zeit, konzentriert sich der kritische Realismus hauptsächlich darauf, die verschiedenen Formen der Krise des Handelns, der Krise der Aktivität darzustellen.

Der gleiche Flaubert, der die Aktivität des Individuums im Leben in ihren verschiedenen Formen skeptisch ablehnte, suchte nach einem Ausweg in der, seiner Meinung nach, einzigen von den Ketten der Bourgeoisie freien Sphäre, in der Sphäre der Visionen, des geistigen Lebens, des Intellekts. In dem Bestreben, sich über die Krise des bürgerlichen gesellschaftlichen Denkens zu erheben, vertrat er eine besondere Form der Freidenkerei, den „intellektuellen Liberalismus", wie er ihn nannte. Sein Liberalismus war den konkreten Formen des politischen, in der Praxis scheiternden Liberalismus feindlich. Für Flaubert waren die Künstler und Denker — die Vertreter der „Partei der Philosophen" — die Träger der Vernunft, weil sie der Welt des Alltags grundsätzlich feindlich gegenüberstanden und deshalb gleichsam die Existenz einer abstrakten objektiven Wahrheit verkörperten.

Flauberts Linie führt weiter zu France. Bei France hat die Gestalt des einsamen Denkers eine prinzipielle Bedeutung: sein Held gelangt gerade als Denker, als beschaulicher Betrachter zum Humanismus. Die Helden von France pflegen frei, umfassend und scharf zu denken, eine Eigenschaft, die dem Bourgeois en masse unzugänglich ist. Die Flucht in das intellektuelle, geistige Leben ist für die Helden von France die einzig mögliche und natürliche Tätigkeitssphäre. Das war eine Weiterentwicklung der Konzeption des intellektuellen Liberalismus, die von dem „Einsiedler aus Croisset" bereits vorgezeichnet war.

Bei France sind die Vertreter der breiten, vernünftigen Auffassung vom Leben Menschen aus der „Partei der Philosophen", doch France brachte in die Gestalt des denkenden Helden eine innere Widersprüchlichkeit hinein, ein Moment der Selbstkritik, die entweder vom Autor selbst ausgesprochen wird oder im objektivierten Bewußtsein des Helden wurzelt. Bergeret ironisiert, wenn er sich als „denkenden Schimpanse" bezeichnet, sein eigenes Ideal des wahren Lebens — des Lebens in der Sphäre des geistigen Genusses, der skeptischen Betrachtungen eines Einzelgängers, der nicht daran glaubt, daß in der Welt etwas verändert werden kann. Die Helden mit entwickeltem philosophischen Intellekt werden bei France gleichsam durch die Menschen des fleischlichen Genusses ergänzt, so z. B. in der „Bratküche zur Königin Pédauque" Coignard durch Tournebroche... Das unmittelbare sinnliche Bewußtsein, dargestellt in einer konkreten Person und eng mit dem Verteter des philosophischen Denkens verbunden, sollte die gewisse Einseitigkeit des letzteren kompensieren.

In welchem Sinne kann man von einer Weiterentwicklung der Ideen des intellektuellen Liberalismus nach Flaubert sprechen? France schrieb seine „Zeitgenössische Geschichte" unter den Bedingungen eines intensiven gesellschaftlichen Kampfes. Sein Bergeret ist zu Beginn der epischen Geschichte, angesichts der anwachsenden Reaktion, ein überzeugter Pessimist, der nicht an den sozialen Fortschritt glaubt. Sein Pessimismus ist im wesentlichen durch den Anblick des unerbittlichen egoistischen Kampfes des Menschen gegen den Menschen bedingt, durch das Bild dessen, wie „die Menschen sich gegenseitig auffressen". Er ist sogar überzeugt, daß das Leben nichts anderes sei als Vernichtung, daß jede Handlung nur Schaden bringe. Darin drückt sich, in den Bereich des geistigen Ringens übertragen, die Krise des Handelns aus.

Flaubert blieb bei der Widerspiegelung des geistigen Ringens („Bouvard et Pécuchet") stehen. Ganz anders France. Der Standpunkt des „denkenden Schimpansen", auf den sich Bergeret zu Beginn der Erzählung so gerne stellt, wird später aufgegeben. Bergeret, der beschauliche Betrachter, der Kommentator der für ihn unannehmbaren Wirklichkeit, ringt sich schließlich zu einem hohen gesellschaftlichen Ideal durch; er spürt das Bedürfnis, aktiv in das Leben einzugreifen, es wachsen ihm „Flügel des Enthusiasmus".

In den „Verlorenen Illusionen" hat Balzac mit erstaunlicher Ausdruckskraft die gesellschaftlichen Bedingungen geschildert, die ein künstlerisches Talent in die Prostitution und den Untergang treiben. Die Schriftsteller der späteren Periode der europäischen Literaturgeschichte gingen weiter als Balzac, sie richteten ihre Aufmerksamkeit auf das *innere* geistige Ringen. Dabei wurde in ideeller Hinsicht die Tragödie des geistigen Lebens von verschiedenen Standpunkten aus beleuchtet, so bei Zola („Das Werk"), bei Bourget

("Der Schüler"), in den Romanen von Barrès; doch die detaillierte Analyse des Inhalts der geistigen Aktivität wurde immer mehr zu einem charakteristischen Zug der Schriftsteller in der zweiten Hälfte des vergangenen und zu Beginn unseres Jahrhunderts.

In der „Zeitgenössischen Geschichte" von France und der Epopöe „Johann Christof" von Rolland ist das Bestimmende im Sujet eine eigenartige Biographie des menschlichen Geistes. Diese Tatsache bedingte auch das Genre des Romans bei Rolland. Es ist ein Lebensroman, in dem ein breites Gemälde der Wirklichkeit mit der Geschichte eines reichen und komplizierten Lebens des menschlichen Bewußtseins verflochten ist.

In „Johann Christof" zeigen sich deutlich sowohl die starken als auch die schwachen Seiten des kritischen Realismus nach Balzac. Seine Stärke besteht in der ungewöhnlich prägnanten Offenbarung des geistigen, schöpferischen Wesens des menschlichen Seins, d. h. eben des Wesens, das der Naturalismus nicht beachtete. Seine Schwäche aber liegt darin, daß die schöpferische Kraft des Menschen, vom Schriftsteller als den Kräften des Kapitalismus feindlich empfunden, keine klare historische Zielrichtung besitzt. Die geistigen Fähigkeiten des Menschen werden mit den elementaren Naturgewalten auf eine Stufe gesetzt.

„... göttliche Lust am Schaffen! Es gibt nur eine Lust — schaffen! Die nur leben, die schaffen. Alle anderen sind Lebensfremde, Schatten, die über die Erde fortschweben. Alle Freuden im Leben sind auch Freuden des Schaffens: „Liebe, Genie, Tat — Fackeln der Kraft, aus einer einzigen Glut entflammt."

Romain Rolland teilt hier das Schicksal des kritischen Realismus, der ganz dicht an das große Problem *der die Welt verändernden Aktivität* herankam und dann stockte.

Im Zusammenhang damit erhebt sich das wichtige Problem der künstlerischen Methode. Nehmen wir z. B. Zola, einen der Größten in der Literatur der zweiten Hälfte des 19. Jahrhunderts. Über ihn schrieb Plechanow: „Ich erinnere mich natürlich, daß Zola ‚Germinal' geschrieben hat. Man darf aber, abgesehen von den schwachen Seiten dieses Romans, eines nicht vergessen: Wenn Zola gar, wie er sagte, zum Sozialismus hinzuneigen begann, erwies sich seine sogenannte experimentelle Methode vollends als ungeeignet zur künstlerischen Erfassung und Darstellung der großen gesellschaftlichen Bewegungen ... Indem die Künstler dieser Methode treu blieben, konnten sie ihre ‚Mastodone' und ‚Krokodile' zwar als Individuen studieren und darstellen, aber nicht als Glieder eines großen Ganzen."[2]

Was die naturalistische Schule betrifft, so hat Plechanow zweifellos recht. Die künstlerische Methode Zolas jedoch läßt sich nicht in die Grenzen des naturalistischen Dogmas und der Philosophie des Positivismus zwängen. Innerhalb der Methode Zolas gibt es verschiedene künstlerische Tendenzen, man kann sie nicht auf die Theorie des experimentellen Romans reduzieren. Die künstlerische Methode Zolas war breiter und reicher als die von ihm konstruierte Theorie des „wissenschaftlichen Romans", deshalb konnten neben „Erde", „Bestie im Menschen" und „Doktor Pascal" solche Werke wie „Germinal" oder „Zusammenbruch" erscheinen. Diese Tatsache beweist das Vorhandensein verschiedener künstlerischer Tendenzen innerhalb der Schaffensmethode Zolas: Er erwies sich als fähig, sich neben der Erforschung von „Mastodonen" und „Krokodilen" zu einer Darstellung der „Glieder eines großen Ganzen" aufzuschwingen.

Hauptmanns Drama „Vor Sonnenaufgang" (1889), in dem die physiologischen Details des menschlichen Lebens verdichtet sind und die Vererbung als das Element dargestellt wird, das allein die sozialen Schicksale der Menschen bestimmt, entsprach in jeder Hinsicht den Forderungen der naturalistischen Thesen. Der abstoßend anschauliche Naturalismus dieses Dramas ist eine feststehende Tatsache. Hauptmann hat aber auch das Drama „Die Weber" (1892) geschrieben, das unverkennbar markante realistische Züge besitzt und dem ein außergewöhnlich scharfer, akuter sozialer Konflikt zugrunde liegt. Mehring schrieb darüber: „Sie stehen in schärfstem Gegensatz zu jener ‚genialen' Kleckserei, die irgendein beliebiges Stück banaler und brutaler Wirklichkeit mit photographischer Treue abkonterfeit und damit wunder was erreicht zu haben glaubt. Die ‚Weber' quellen über von echtestem Leben, aber nur, weil sie mit

[2] G. W. Plechanow, Kunst und Literatur. Dietz Verlag, Berlin 1955, S. 258.

dem angestrengtesten Fleiße eines feinen Kunstverstandes gearbeitet sind."³

Durch die Tatsache, daß im Schaffen der Schriftsteller widerspruchsvolle künstlerische Tendenzen bestehen, wird die richtige Auffassung von der Methode erschwert. Nehmen wir z. B. die Tatsache, daß Rimbaud und Mallarmé, die in der Theorie ähnliche Prinzipien vertraten, in ihrer Praxis gegensätzliche Tendenzen erkennen lassen. Rimbauds Symbolik hat eine soziale Färbung und bleibt auf dem Boden des Konkreten, während der Symbolismus Mallarmés abstrakt ist. Hier drängt sich die Schlußfolgerung auf, daß die künstlerische Methode eines Schriftstellers, der zu einer bestimmten literarischen Richtung gehört, nicht immer mit allen charakteristischen Merkmalen dieser Richtung übereinstimmt. Die Methode ist also ein beweglicher, reicher und tiefgehender Begriff und entspricht nicht der dogmatischen Auffassung, wie man sie häufig antrifft.

Die Auseinandersetzung über den Impressionismus ist durchaus nicht etwa von rein akademischer Bedeutung, hier geht es um weit mehr als um das konkrete Problem einer Strömung in der Malerei. Die Diskussion über den Impressionismus berührt das viel umfassendere Problem des Realismus und seiner Ausdrucksformen. Der Impressionismus, der in den 60er Jahren des vergangenen Jahrhunderts entstand, war ohne Zweifel eine Erscheinung, die nicht nur die Maler anging. Bekanntlich unterstützte Zola die neue Strömung in der Kunst ganz entschieden. Nach seiner Auffassung waren diese jungen Künstler, die gegen die traditionelle Malerei rebellierten, Vertreter des Realismus. Zola trat gegen die Beckmesser auf, die den kühnen, lebensvollen und von tiefer Wahrheit erfüllten Bildern den Zugang zu den Salons versperrten. Er war überzeugt davon, daß diese wagemutigen Künstler, die Neues schufen, die nach neuen Möglichkeiten der Malerei suchten und die konventionelle, schönfärberische Malerei ablehnten, um Lebenswahrheit rangen.

Der Zola der 60er Jahre erkannte die Möglichkeiten der Impres-

---

³ Franz Mehring, Beiträge zur Literaturgeschichte. Berlin 1948, S. 270/71.

sionisten und stellte mit Recht die impressionistische Malerei der Salonmalerei entgegen. Dreißig Jahre später, als der Impressionismus zu einer bestimmten Richtung geworden war und das suchende Schaffen der frühen Impressionisten zum Universalprinzip erhoben wurde, rief Zola in seinem Artikel „Die Malerei" (1895) mit Bitterkeit aus: „Einst sah ich die Saat — jetzt sehe ich die Ernte. Diese Ernte aber erschüttert mich als der größte unvorgesehene Unsinn!" Was brachte der Impressionismus der Kunst, als seine Prinzipien sich herauskristallisiert hatten und er zu einer einflußreichen Schule herangewachsen war? Es gab eine Zeit, da wirkten die von Licht und Luft überfluteten Bilder eines Monet, Manet oder Pissarro auf dem Hintergrund der Salonmalerei wie weitgeöffnete Fenster zur Welt. Jetzt war davon nichts weiter übriggeblieben als das „Pleinair". Der Anblick dieser vorsätzlich blutlosen Malerei ließ in Zola den Gedanken aufkommen: „Wenn das Neue der Mode in die Klauen fällt, wird es abstoßend und verliert den elementarsten gesunden Sinn."

Die Maltechnik — das Malen von Flecken, die Wiedergabe der Wirkung des Lichtes und der Luft auf die Formen der Gegenstände — artete zu einem Absolutum, zu einem sinnlosen Nebeneinander von Farbflecken, zu formalistischer Spielerei mit Lichteffekten aus. Jetzt wurde alles zu Flecken, die Gesichter, die Bäume, die Häuser. „Konnte ich jemals ahnen", bemerkte Zola, „daß der Sieg eines Künstlers, der so richtig begann, seine Nachfolger zu einem so ungeheuerlichen Mißbrauch verleiten würde?"

Die frühen Impressionisten zogen die natürliche Beleuchtung dem künstlichen Licht im Atelier vor, sie stellten immer wieder Versuche mit einer Unzahl von Farbschattierungen an, zerlegten die Farben, studierten das Spiel des Sonnenlichts auf den Gegenständen und malten die Reflexe. Die Spätimpressionisten machten aus dem Malen der Lichtreflexe eine abstoßende Karikatur, indem sie die Natur in ganz unnatürlichen Farben wiedergaben. Monet und Pissarro, so sagt Zola, kannten sich in den Gesetzen der Farbzerlegung in der Malerei sehr gut aus und konnten deshalb bezaubernde, reale Lichtreflexe erzielen; ihre Nachfolger aber übertrieben diese neue Methode, verwandelten sie in ein absolutes Darstellungsprinzip, in eine Absurdität.

Die hervorragenden Vertreter der russischen realistischen Kunst beobachteten die Versuche der Impressionisten sehr aufmerksam, stimmten aber den zur Methode erhobenen wesentlichen Prinzipien dieser Schule nicht zu.

Kramskoi schrieb an Tretjakow, daß die „Impressionalisten" ohne Zweifel eine Zukunft hätten. Auch Stassow verfolgte aufmerksam diese neuen Erscheinungen in der Malerei. In einer seiner Arbeiten vergleicht er Courbet und Manet als zwei Menschen, die sich gegen die „akademische Formalistik", gegen die Tyrannei der Konvention erhoben. Manet, so meinte Stassow, verkünde mit seinem Pinsel die Wahrheit in der Kunst. Er sei für die wahrheitsgetreue Darstellung der Wirklichkeit, ohne Rücksicht darauf, ob das, was er darstellt, schön ist oder nicht. Die Vertreter der russischen Kultur fanden also in der Malerei der Impressionisten die guten Seiten heraus und stellten sie über die akademische Salonkunst.

Aber wenn die russischen Künstler die Tätigkeit Manets und anderer impressionistischer Maler auch aufmerksam beobachteten, so erkannten sie doch schon in der Blütezeit der neuen Richtung die in ihr enthaltenen Gefahren. So sagte z. B. Repin schon 1874: „Die Malerei selbst ist eigentlich talentvoll, aber eben nur die Malerei, der Inhalt fehlt ihr gänzlich..." Diese Beobachtung berührt einen der größten Mängel der impressionistischen Werke. Repin machte sich Gedanken über die neue Strömung in der Malerei und erkannte, daß die Künstler dieser Strömung die ideelle, inhaltliche Seite der Kunst vernachlässigten, daß diese Vernachlässigung allmählich zum Prinzip wurde und sich auf die Ergebnisse des künstlerischen Suchens sehr nachteilig auswirkte: „... die inhaltliche Leere führte sie zu einer hohlen künstlerischen Form, und bald werden sie zu Nullen herabsinken, wenn sie nicht entschieden einen menschenwürdigen Weg einschlagen."

Eine sehr gute Analyse der Möglichkeiten des Impressionismus gibt Plechanow in seiner hervorragenden Arbeit „Die Kunst und das gesellschaftliche Leben". „Insofern nicht der Mensch, mit seinen mannigfaltigen Erlebnissen, sondern das Licht die Hauptperson in der Kunst der Impressionisten ist, können sie die dramatischen Momente des Lebens nicht darstellen." Plechanow schlägt vor, sich einmal vorzustellen, was ein Impressionist aus dem stark dramatischen Thema des berühmten „Heiligen Abendmahls" von Leonardo da Vinci machen würde: „... ihr (der Freske) künstlerisches Hauptinteresse wäre nicht darauf gerichtet gewesen, was in der Seele Jesu und seiner Schüler vor sich geht, sondern auf das, was an den Wänden des Zimmers vor sich geht, in dem sie sich versammelt haben, auf dem Tisch, vor dem sie sitzen, und auf ihrer eigenen Haut, d. h. auf die mannigfaltigen Lichteffekte. Wir hätten nicht ein erschütterndes Seelendrama vor uns, sondern eine Reihe schön gemalter Lichteffekte..."

Die Schlußfolgerung daraus ist: Das, was im Schaffen der Impressionisten dem Realismus nahesteht und ihm als eines der künstlerischen Mittel zur ästhetischen Erkenntnis der Wirklichkeit dient, führt, zum Universalprinzip der Kunst, zum System erhoben, weit von der Wahrheit des Lebens weg und gibt von ihr nur eine unvollständige oder verzerrte Vorstellung. Eine bis zu einem gewissen Grade analoge Erscheinung ist in der Literatur in der letzten Hälfte des 19. Jahrhunderts und zu Beginn des 20. Jahrhunderts zu beobachten. Die einen Schriftsteller bauten ihr ganzes Schaffen auf dem impressionistischen Prinzip auf (Schlaf, Holz, Schnitzler), während andere, die realistischen Schriftsteller (Flauberts „Erziehung der Gefühle", Zola „Ein Blättchen Liebe"), in das System ihrer realistischen Darstellung hin und wieder eine impressionistische Landschaft einflochten und es dadurch bereicherten.

In Zolas theoretischen Artikeln aus den 60er bis 70er Jahren und in den Werken der Impressionisten aus der gleichen Zeit stoßen wir auf eine ähnliche Einstellung zu dem Problem der Beziehung der Kunst zur Wirklichkeit. Diese Ähnlichkeit zeigt sich in dem Streben, sich an die Natur, an das lebendige, unmittelbare „Naturell" zu halten, in der Hervorhebung des Prinzips der unmittelbaren Beobachtung und in dem Objektivismus, in einer gewissen Gleichgültigkeit gegenüber dem Inhalt der Kunst. Für eine psychologische Analyse im realistischen Geiste eines Balzac ließ die Theorie des „experimentellen Romans" keinen Raum. In dem Buch „Zola" von Barbusse wird das Schaffensprinzip des Autors der „Thérèse Raquin" folgendermaßen formuliert: „Zuviel Gewühl im ‚Innern'. Der Erfolg eines Schriftstellers hängt davon ab, inwieweit er die äußere Welt erfaßt." Der impressionistischen Kunst der flüchtigen

Eindrücke lägen Empfindungen zugrunde. „Aber die Lichtempfindung ist eben nur eine Empfindung, d. h. *noch nicht* Gefühl, *noch nicht* Gedanke. Der Künstler, der seine Aufmerksamkeit auf das Gebiet der Empfindungen beschränkt, bleibt gleichgültig gegen Gefühle und Gedanken." Nach Auffassung Plechanows verstanden die Impressionisten nicht das „Evangelium der Sinne", wollten es nicht verstehen und blieben so an der „Kruste der Erscheinungen" haften. Das war auch der Grund für die Entartung der impressionistischen Schule.

Ein Naturalist untersucht nur „ein Stück des Lebens", ohne auf das Prinzip der Auswahl und der Typisierung zu achten. Der Impressionist verwandelt seine Gemälde, indem er die Wechselwirkung zwischen Licht und Farbe untersucht, in Analysen eines „Stücks Malerei". Barbusse führt einen Gedanken Zolas an: „Wir analysieren nur, ohne die Synthese zu ziehen", und bemerkt dazu, wobei er offensichtlich die naturalistischen Werke Zolas meint: In Wirklichkeit geht auch die Analyse nicht über eine bestimmte Grenze hinaus; der Künstler berührt nur das Vorhandene, „erfaßt nur die Oberfläche, nur das ‚Motiv', um einen Ausdruck Cézannes zu gebrauchen". Die Schriftsteller, die konsequent die Prinzipien des Naturalismus einzuhalten suchten, wichen damit unausbleiblich von dem Wege der sozial bedeutenden Kunst ab. Hier zeigt sich das Gemeinsame zwischen diesen Schriftstellern und den Vertretern des Impressionismus. Ein Beispiel dafür ist Hauptmann. In seinem Drama „Fuhrmann Henschel", 1898 erstmalig aufgeführt, beweist er sein Talent zu „einer mikroskopisch feinen, freilich auch kleinen Beobachtung" (Mehring).

Die theoretischen Deklarationen Zolas konnten den Aufgaben, die sich Zola als realistischer Schriftsteller stellte, nicht dienen. Die Theorie des „experimentellen Romans" brachte den Schriftsteller dem Verständnis der wichtigsten Gesetzmäßigkeiten des Lebens nicht näher, sondern führte ihn davon ab. Bekanntlich waren die Bilder in den Werken Zolas bedeutend umfassender, als die Möglichkeiten der naturalistischen Theorie zuließen. Gewöhnlich sagt man, daß der Künstler Zola in seinem Schaffen den Theoretiker Zola ausschaltete. Tatsächlich aber ist diese Frage bedeutend komplizierter. Es wäre falsch, wollte man annehmen, daß die naturalistischen Prinzipien keinen schädlichen Einfluß auf seine Werke ausübten: Wir kennen Werke Zolas, die ganz im naturalistischen Geiste geschrieben sind. Fest steht jedenfalls, daß der Positivismus, diese Spielart der idealistischen Metaphysik, nicht die philosophische Grundlage der realistischen Methode sein konnte; sein Einfluß zeigte sich klar in den programmatisch naturalistischen Werken Zolas, in „Thérèse Raquin" und „Madeleine Férat". Das Schaffen Zolas umfaßt aber bei weitem nicht nur diese und ähnliche Werke.

Andererseits wäre es nicht richtig zu glauben, daß die naturalistischen Momente in Zolas Werken immer ein Verzicht auf den Realismus, ein „Abgleiten des Schriftstellers" usw. bedeuteten. Es wäre vielmehr an der Zeit zu untersuchen, ob die Elemente des Naturalismus in den *realistischen* Romanen Zolas nicht eine zweitrangige Rolle spielen und nicht selten den *Gesetzen der realistischen Typisierung unterworfen sind.* Wir müssen hier einen neuen Zug des Realismus in der zweiten Hälfte des vorigen Jahrhunderts und zu Beginn unseres Jahrhunderts berücksichtigen, in dem Elemente des „Naturalismus" in widerspruchsvoller Weise wirkten. Bei den Realisten — Flaubert, Zola, Maupassant, Daudet, Hardy, Ibsen, Dreiser — finden die naturalistischen Motive in dem System der künstlerischen Mittel einen mehr oder weniger bedeutenden Platz und sind der *Logik der realistischen Darstellung der Wirklichkeit unterworfen.* In den Werken vieler Nachfolger der Theorie Zolas dagegen, z. B. bei Hennique, Alexis, Céard und anderen, ist der Naturalismus die Methode. Und das wirkte sich sehr nachteilig auf ihr Schaffen aus, führte zur Dekadenz, zum fotografischen Kopieren der zufälligsten Lebenserscheinungen. Mehring hatte vollkommen recht, wenn er energisch dagegen protestierte, daß der moderne Naturalismus „als weltumwälzendes Kunstprinzip verkündet wird". Der Naturalismus als Methode mit eigenen philosophischen und ästhetischen Merkmalen ist metaphysisch und antihistorisch; er gibt seinen Jüngern keine Möglichkeit, in das Leben, unter die „Kruste der Erscheinungen" einzudringen. Die naturalistischen Momente in den Werken Zolas und anderer Realisten dagegen erfüllen oft, wenn auch *nicht immer,* eine realistische Funktion. So ist die Geschichte der Marthe Mouret aus der „Eroberung von Plassans", isoliert genommen, nur ein klinischer Fall, naturalistisch gestaltet, aber im

Roman ist diese Geschichte nur eine der Komponenten des Werkes, das als Ganzes ein ziemlich umfassendes soziales Bild gibt.

Grausam in ihrer Unverhülltheit ist die Darstellung des Lebens der Bergleute in „Germinal". Lemaitre sah in ihr nur „eine pessimistische Epopöe des Tierischen im Menschen". In Wirklichkeit aber sind diese Bilder in „Germinal" von tiefem sozialen Sinn und *realistisch gerechtfertigt*, denn sie verdeutlichen den Gedanken von der unmenschlichen kapitalistischen Ausbeutung in aller sichtbaren, physischen Anschaulichkeit. In seinen Bemerkungen zu dem Roman sagt Zola treffend und klar: „... Der Kampf zwischen Arbeit und Kapital, darin liegt die Bedeutung des Buches; es blickt in die Zukunft und wirft die Frage auf, die im 20. Jahrhundert die Hauptfrage sein wird."

Die Methode ist eine bewegliche und komplizierte Erscheinung. Das bestätigt z. B. das Schaffen von Norris. Norris entwickelte sich allmählich von eigentlich naturalistischen Werken, „Verfluchtes Gold" und „Vandover und die Bestie", zu dem realistischen Roman „Die Kracke", obwohl auch er von naturalistischen Momenten, die *den Gesetzen der realistischen Typisierung nicht unterworfen wurden* und deshalb unrealistisch blieben, nicht ganz frei ist.

Man kann nicht an der Rolle vorbeigehen, die an der Wende des 19. zum 20. Jahrhundert verschiedene nichtrealistische Strömungen in der Literatur und Kunst spielten (Naturalismus, Impressionismus, Symbolismus), und bei der Betrachtung der nichtrealistischen Literatur muß man gründlich und genau differenzieren. Man darf z. B. Rimbaud, den „jugendlichen Dichter der Pariser Kommune, Hasser der Bourgeoisie, der sich revolutionär in der Dichtkunst versuchte" (Ralph Fox), nicht Mallarmé gleichsetzen, der zur stark dekadenten Literatur gehört.

Die Erscheinungsformen der Dekadenz am Ende des 19. und zu Beginn des 20. Jahrhunderts in ihren vielen Spielarten sind uns feindlich und stehen mit dem grassierenden Verfall der bürgerlichen Ideologie in Zusammenhang. Trotz der formalen Unterschiede zwischen den einzelnen Dekadenzströmungen haben sie einige gemeinsame Momente: die tiefgehende Deformierung der objektiven Realität und ihre krasse Entstellung; das Fehlen des Gefühls für die Zukunft; die zum Prinzip erhobene Amoralität; das Nitzscheanertum in seinen verschiedenen Schattierungen, die Verkündung des Rechtes des Starken und die Apologie der rohen Gewalt; die krankhafte Vorliebe für die Erscheinungen des Verfalls und der Fäulnis; die Erhebung alles Dunklen, Pathologischen zur Norm...

Trotz aller formalen Nuancierungen, durch die sich die einzelnen Literaturgrüppchen voneinander abgrenzen, ist ihnen allen zweifellos gemeinsam, daß sie die großen Leistungen der Literatur, die im Verlaufe von Jahrhunderten und von vielen Generationen mühevoll geschaffen wurden und aus primitiven Anfängen eine Literatur der großen Kunst machten, einfach über Bord warfen. Die Dekadenz ist unfruchtbar und eklektisch (verloren das Sujet, verschwunden der Charakter, entstellt das Bild der Wechselwirkung zwischen Persönlichkeit und Gesellschaft).

Marx definierte die bürgerlichen Gesellschaftsverhältnisse als die letzte antagonistische Form des gesellschaftlichen Produktionsprozesses und schrieb dazu: „... aber die im Schoß der bürgerlichen Gesellschaft sich entwickelnden Produktivkräfte schaffen zugleich die materiellen Bedingungen zur Lösung dieses Antagonismus." In engem Zusammenhang damit steht die Frage nach der Entstehung des neuen Typs des künstlerischen Realismus. Die wachsende Entwicklung der materiellen Bedingungen, die zur Beseitigung des Kapitalismus beitragen, erzeugen auch neue Formen des gesellschaftlichen Bewußtseins.

Das Schaffen Gorkis ist ein Beweis dafür, daß der sozialistische Realismus schon unter den Verhältnissen der alten Ausbeutergesellschaft entstehen kann. Diese These wird durch die Praxis der fortschrittlichen Literatur des Auslandes bestätigt. Zugleich ist der neue Typ der künstlerischen Erkenntnis des Lebens keine mechanische, direkte Verneinung der alten Kunstform, er entwickelt sich nach den Gesetzen *sowohl der Erbfolge als auch der Überwindung*. Hier wirkt die gleiche Gesetzmäßigkeit, die wir am Beispiel des kritischen Realismus des 19. Jahrhunderts, aus seinem Verhältnis zu anderen Entwicklungstendenzen der Literatur und Kunst erkennen können.

Das Problem der Erbfolge, der schöpferischen Übernahme des Erbes, ist für den Realismus des neuen Typs, den sozialistischen

Realismus, von erstrangiger Bedeutung. In dieser Hinsicht ist z. B. das Schaffen von Barbusse sehr aufschlußreich; es gibt viele konkrete Anhaltspunkte zur Lösung dieses Problems.

Es ist erstaunlich, wie dieser hervorragende Schriftsteller die alten, von der Literatur längst praktizierten künstlerischen Mittel der großen sozialistischen Idee dienstbar macht. Es handelt sich hier um die symbolischen und naturalistischen Motive in den Werken von Barbusse. Aber mit welch einem neuen, tiefen Sinn erfüllt der Schriftsteller diese Motive! Er überwand die dekadente Lyrik vom Ausgang des vorigen Jahrhunderts und erklomm die Höhen des sozialistischen Realismus.

Die „naturalistischen" Züge haben in den bedeutendsten Werken von Barbusse eine ganz neue Funktion. Deshalb ist in diesem Falle der Terminus „Naturalismus" überaus ungenau und nur bedingt anwendbar. Angefangen mit dem Roman „Feuer", strömen seine Werke über von einer breiten Flut von Bildern des Krieges, der Gewalttätigkeiten, körperlicher Folterungen, unmenschlicher Leiden. „Wahre Geschichten", „Die Henker" und andere Werke spiegeln alle Schrecken der modernen Hölle. Barbusse verkündet die Wahrheit über die kapitalistische Barbarei, tritt als unbestechlicher, unermüdlich nach Wahrheit suchender Richter auf. Er verteidigt sein Recht als Künstler, mit den Mitteln der Kunst alle Schrecknisse der Wirklichkeit darzustellen. Mit Empörung spricht er in seinem Buch „Die Henker" von dem heuchlerischen Verlangen des Spießers, die allzu tragischen Züge unserer Gegenwart zu mildern. Ja, Barbusse ist unermüdlich im Sammeln von Fakten, und er tut dies mit einer Sorgfalt, die der „Zola-Schule" alle Ehre machen würde; und doch sind ihm Objektivismus, Faktografie und kaltes Experimentieren fremd. Er sammelt die Fakten, beseelt von der Devise, „nichts darf vergessen werden", weil er mit seinem Werk an die Vernunft und das Gewissen der Menschheit appelliert, weil er eine Wiederholung der furchtbaren Schrecken, die die Menschheit erduldet, unmöglich machen will.

Wenn man bei Barbusse unbedingt äußere *Übereinstimmungen* mit dem Naturalismus finden will, so ist das natürlich möglich. Barbusse reproduziert das Bild des gequälten menschlichen Körpers. Kühn erweitert er die Grenzen der Ästhetik, indem er in seinen

Werken das Entsetzliche in seinen unverhülltesten Formen zeigt. Mit allen Einzelheiten fixiert er die verschiedenen Momente des Lebens und Sterbens des menschlichen Körpers. Unerschöpflich ist Barbusse in den anschaulichen Beschreibungen, so grausam wie das Leben selbst, das er beschreibt. Für einen Naturalisten ist diese Darstellung Selbstzweck; der sozialistische Realist Barbusse jedoch gestaltet aus einem bestimmten sozialen und sittlichen Ideal heraus und ordnet sein Werk der hohen Aufgabe unter, ideologisch auf die Wirklichkeit einzuwirken. In dem sozialen und sittlichen Ideal von Barbusse gibt es keine Demut vor dem Schicksal, keine fatale Macht des Milieus, kein biologisches Verhängnis für den Menschen wie im Naturalismus. Der Naturalist zeigt die Macht der Schrecken über den Menschen, der Realist offenbart den Kampf und die Überwindung der realen Schrecken in der Wirklichkeit und im menschlichen Bewußtsein.

Die Plastizität der Darstellung, das betont Physische in der Ausdrucksweise, die massenhaften Details usw., all das ist auch der naturalistischen Schule eigen, aber die Tatsache, daß diese Züge in den Werken von Barbusse ebenfalls vorhanden sind, darf nicht zu falschen Schlußfolgerungen führen. Die richtige Schlußfolgerung ist die, daß nicht selten formal ähnliche künstlerische Mittel, innerhalb verschiedener Methoden angewandt, auch eine verschiedene Wirkung ausüben und verschiedene Funktionen erfüllen. „... Der Sinn einer Tatsache, aus der richtigen Perspektive des Ganzen herausgelöst, kann verschiedene Formen annehmen: Die Beschreibung der Schrecken des Krieges ohne einen klaren allgemeinen Standpunkt kann sowohl nationalistische als auch pazifistische Gefühle hervorrufen ... Lassen wir Fakten sprechen, sehr wohl. Aber wir müssen sie zumindest in der richtigen Perspektive darstellen." (Barbusse „Zola").

Die Fakten in der richtigen Perspektive darstellen bedeutet aber, die fortschrittliche Weltanschauung besitzen. Die Weltanschauung spielt im schöpferischen Prozeß eine gewaltige Rolle. Die Weltanschauung des Schriftstellers, im Verein mit seinem Talent, bestimmt den Platz und die Funktion der künstlerischen Mittel in einem Werk. So erfüllt z. B. in dem Roman „Feuer" jede der — bedingt gesagt — naturalistischen Einzelheiten objektiv die Funktion eines

Arguments. Sie nimmt ihren Platz in dem breiten System der Beweismittel ein, die seine Helden zu der unter Qualen erkannten Wahrheit führen; *hier* bahnt sich mit Hilfe dieser Argumente und durch sie das sozialistische Ideal den Weg. Dazu muß noch betont werden, daß die anschaulichen, dem Naturalismus ähnelnden Darstellungen bei Barbusse — nehmen wir auch hier den Roman „Feuer" — durch das aktive humanistische Ideal veredelt sind und deshalb eine ganz andere ästhetische Emotion hervorrufen als die naturalistischen Beschreibungen, die, wie z. B. bei den Medanern im 19. Jahrhundert, nur dem Selbstzweck oder, wie bei Selin, der Herabwürdigung, der Erniedrigung des Menschen dienen und Ekel erzeugen. An dieser Stelle sei an den Gedanken von Diderot über die Abhängigkeit der ästhetischen Emotion von der Erfahrung erinnert: „Je nach dem Wesen des Gegenstandes und je nachdem, ob dieser Gegenstand uns die maximal mögliche Anzahl von Urteilen wahrnehmen läßt, je nach dem Charakter dieser Urteile ist der Gegenstand anziehend und schön ... oder häßlich und niedrig! ..." Weiterhin könnte man Beispiele dafür anführen, wie eine wichtige Errungenschaft der Literatur der Vergangenheit, das Symbol, in den Werken des sozialistischen Realismus zu einem mächtigen Mittel zur Verallgemeinerung der historisch-konkreten Züge der Wirklichkeit wird. Die reichen realistischen Möglichkeiten der Symbolik hat Barbusse in seinen Romanen „Feuer" und „Klarheit" in hervorragender Weise genutzt. Es wäre aber nicht richtig, das möchte ich noch hinzufügen, zu glauben, Barbusse habe nach einer fertig ausgearbeiteten Methode des sozialistischen Realismus gearbeitet. Seine Werke geben uns ein Bild des sozialistischen Realismus in seinem Werden. Barbusse erlitt zuweilen auch Mißerfolge: die naturalistischen Tendenzen blieben ohne schöpferische Bearbeitung.

Wir sagen, daß dem sozialistischen Realismus die reichsten künstlerischen Möglichkeiten offenstehen und daß er dem Schriftsteller gestattet, die künstlerische Aussage so erschöpfend wie nur möglich zum Ausdruck zu bringen. Diese Behauptung wird durch die Praxis der bedeutendsten Vertreter des sozialistischen Realismus bestätigt.

„Der kritische, analysierende Realismus der alten Literatur" (Gorki) konstatierte die furchtbaren Folgen der Herrschaft der Bourgeoisie. Eng verbunden mit der alten Form des Realismus waren Motive der historischen Perspektivlosigkeit im Leben der Gesellschaft und Motive des Individualismus, der sozialen Hilflosigkeit und der Vereinsamung der Persönlichkeit.

Der neue, der sozialistische Realismus bejaht das Leben als Tat und den Menschen als eine herrliche Kraft, die die Welt verändert. Die Grundlage des sozialistischen Realismus bildet die *Veränderung im Wesen der Lebenstätigkeit des Menschen,* bildet die Aktivität, die darauf gerichtet ist, die Lebensbedingungen der Gesellschaft im Sinne der Demokratie und des Sozialismus und auch die Persönlichkeit des Menschen umzuwandeln; und das bedingt auch sein ideologisches und künstlerisches Neuerertum. Das Erscheinen des aktiven *Umgestalters der Welt* als Norm für die Gestalt des Menschen bringt den sozialistischen Realismus einen neuen Schritt vorwärts in der künstlerischen Erkenntnis der Wirklichkeit. Der grundsätzlich neue Charakter der Beziehungen zwischen dem Menschen und der Welt stützt sich auf das sozialistische Ideal, das in unserer Zeit eine reale Verkörperung erfährt.

Das Problem der Tat, der Aktivität des Menschen, schon zu allen Zeiten und bei allen Völkern ein wichtiges Thema für den Künstler, erhält in unserer Zeit eine ganz besonders große Bedeutung. Der sozialistische Realismus hat die Aufgabe, ein Maximum an künstlerischen Mitteln *schöpferisch anzuwenden,* um all das Neue und Reiche im gesellschaftlichen Leben des Menschen tiefgehend und ästhetisch vollwertig darzustellen.

In dieser Hinsicht ist der Roman von Aragon „Die Kommunisten" von grundsätzlichem Interesse. In diesem Roman ist das neue Thema — die Widerspiegelung der Prozesse, die im Volke vor sich gehen — mit, man kann schon sagen, unübersehbar reichen Mitteln gestaltet. Unter diesen Mitteln gibt es auch solche, die bereits bekannt sind, aber Aragon wendet sie schöpferisch, originell, eigenartig und überraschend an und zwingt sie, dem großen Thema des Romans zu dienen.

Der Schriftsteller hatte dabei außergewöhnliche Schwierigkeiten zu überwinden. Die Schwierigkeiten begannen schon bei der Auswahl des *Handlungsmomentes:* Aragon „begann mit der Schilderung des französischen Proletariats in dem Moment, als dieses das Schicksal und die Zukunft der Nation in seine Hände nahm; er

zeigt das französische Proletariat in seinem nationalen Kampf".
(J. Fréville, „Pensée", Nr. 39/1951.) Die vielen Personen und die
gewaltige Spannweite des Themas waren für den Künstler eine
Gefahr: Er hätte leicht, ohne es selbst zu merken, schematisch werden
können. Das ist aber nicht geschehen. Der Roman „Die Kommunisten"
ist ein wahrheitsgetreues, von wahrhaft überzeugender
Menschlichkeit erfülltes Werk. Dieser Erfolg ist in vieler Hinsicht
darauf zurückzuführen, daß Aragon sich nicht auf einseitige künstlerische
Mittel beschränkte.

Auf alle von Aragon in seinem Roman „Kommunisten" angewandten
neuen künstlerischen Verfahren einzugehen, wäre nur in
einer speziellen Abhandlung über die Probleme des sozialistischen
Realismus möglich. In diesem Artikel können nur einige dieser Mittel
betrachtet werden.

Wie für jeden wahren Künstler, bestand für Aragon die größte
Schwierigkeit darin, daß er unzählige Menschen individualisieren,
lebendig und glaubwürdig gestalten mußte. Er mußte den individuellen
Weg eines jeden seiner Helden zum Kommunismus zeigen;
mit einem Wort, Aragon mußte aus jedem Faktum des Lebens ein
Faktum der Kunst schaffen. Die Helden Aragons sind „so verschieden
wie die Wolken am Himmel". Bei dieser Überfülle an Lebenstatsachen
würden einseitige künstlerische Mittel unvermeidlich zum
Schematismus führen. Ohne Zweifel, je reicher die Idee eines Kunstwerkes,
um so reicher und vielfältiger müssen auch die Formen sein,
um so ein größerer Meister der Künstler.

Als echter Meister verwendet Aragon mit der Sicherheit des
Künstlers alles, was die realistische Typisierung vertiefen hilft; mit
sicherem Gefühl findet Aragon für jedes künstlerische Mittel den
Platz, auf dem es zu „wirken" beginnt.

Die westeuropäischen Schriftsteller gingen seit der zweiten Hälfte
des 19. Jahrhunderts daran, die epische Struktur des Romans
immer mehr zu zerstören und die Romanform zu subjektivieren
(skrupulöse Analyse des unmittelbaren Bewußtseinsprozesses, Analyse
des Unterbewußten).

Das besondere Thema verlangte von Aragon, in die Tiefen des
menschlichen Bewußtseins einzudringen. Kühn löste er diese Aufgabe,
ohne jedoch die epische Grundlage des Romans zu zerstören.

Denken wir an das Verhör von Robert Gaillard. Gaillard, früher Inhaber eines Juweliergeschäfts, ist jetzt Offizier der französischen Armee. Seine Frau Yvonne ist in Paris verhaftet worden, weil sie den Kommunisten geholfen hat. Aragon zeigt, wie während des Verhörs das, was im Unterbewußtsein des Bourgeois Robert Gaillard lebte, allmählich nach außen gelangt und *Gestalt erhält*. Durch unzählige, noch unklare und gestaltlose Empfindungen ringt sich Gaillard zu seiner neuen Überzeugung durch. Wir sind Zeugen eines sehr interessanten Momentes: der Verwandlung des Unbewußten in Bewußtes. „Er sprach Worte, wie er sie sonst niemals gesprochen hatte. Er sprach wie ein Kommunist..." Robert hatte sich gleichsam geteilt: der eine Robert spricht, und der andere hört ihm als Zeuge zu — und dieser Zeuge ist Herr Robert Gaillard, der Inhaber des Juwelier- und Uhrengeschäftes im Bezirk des Hauptmarktes.

Oder die etwas abseits von der Handlung des Romans liegende Episode mit einer der unauffälligsten Gestalten des Romans, dem Arbeiter Toto. Auch er bleibt im Gedächtnis des Lesers haften, weil Aragon eine hervorragende Synthese des *typischen Milieus und des inneren Zustandes* des Arbeiters Toto geschaffen hat. Wie hat er das erreicht? Das Getöse des krachenden und knackenden Metalls, der stählerne Sturmhauch, die ständige Gefahr... Toto wird zwischen seinen Gedanken und Empfindungen hin und her getrieben... Langsam, mit Unterbrechungen, kristallisieren sich jedoch seine Gedanken: „War nicht jetzt, jetzt schon für sie, die Arbeiter der Wisner-Werke, war nicht für sie schon immer Krieg? Ein Krieg, in dem sie Finger, Arme, das Leben verloren?... Wem der Krieg nützt, das ist jetzt schon zu sehen... Gegen wen wird Krieg geführt?... Gegen uns führen sie den Krieg..." Diese Episode ist kein Bild einer passiven Erinnerung und passiver Assoziationen, es ist eine aktive Arbeit des Bewußtseins, es ist die *Geburt des Gedankens* unter den hier gegebenen Verhältnissen, die die „Kettenreaktion" der geschilderten Gestalt zugleich bedingt erschwert. Die Wiedergabe der tiefen, inneren Bewußtseinsprozesse dient hier der realistischen Typisierung.

Mit erstaunlicher Meisterschaft enthüllt Aragon die besonderen Zustände des menschlichen Intellektes, jene Momente, in denen aus dem chaotischen Wirrwarr einander jagender Gedanken der kristallklare und tiefe Entschluß, die sozial bedeutsame Schlußfolgerung gezogen wird. Der im Militärdienst stehende Kommunist Raoul Blanchard schwebt zwischen Tod und Leben; in seinem Bewußtsein wechseln mit Blitzeseile kurze, aber ungewöhnlich klare Gedanken. Sie sind wie ein Wirbelsturm, in dem das Vergangene mit dem Gegenwärtigen und Zukünftigen, das intim Persönliche mit dem gesellschaftlich Bedeutsamen durcheinandergeschleudert werden. Die innere Welt Raoul Blanchards liegt weit offen vor uns — *praktisch erschöpft sie sich nicht mit der Beschreibung, die im Roman gegeben ist:* hinter jedem flüchtigen Augenblick spüren wir die Weite des Erlebens und der Lebensbeziehungen. Aragon will damit keine selbstgenügsame Beschreibung des Denkprozesses geben, er untermauert damit die Schlußfolgerung Raoul Blanchards: „Ich bin nicht geboren, um zu töten. Aber auch nicht, um getötet zu werden." Der große Schriftsteller des sozialistischen Realismus hat hier ein neues Prinzip gefunden, die innere Welt des Menschen künstlerisch darzustellen.

In der subjektivistischen Literatur wird das Sterben, der Abschied vom Leben, als Untergang des Alls dargestellt. Aragon gab dieser ewigen Tragödie des Menschen, diesem schon von den Romantikern des 19. Jahrhunderts oft verwandten Motiv eine neue Deutung. So schreibt er über den tödlich verwundeten Lehrer Oustric: „Das einem jungen Mädchen gewidmete Poem wird keinen Abschluß haben... Für ihn, Oustric, wird es weder ein Mädchen noch die Grundschule in dem kleinen Bergdorf geben... Ihre Kinder werden nicht zusammen mit anderen Kindern in die zwitschernde Klasse treten... wieviel menschliche Erinnerungen sind für immer verschwunden... es verschwindet das Gedächtnis, in dem die Gesichter der Spanier in dem denkwürdigen Jahr in Perpignan und der Senegalesen an der Grenze eingeprägt sind... es verschwinden die nicht geringen Erfahrungen, die aus diesem Manne einen Erbauer der Zukunft machen könnten." Die Episode mit Oustric widerspiegelt die edle, humanistische Konzeption des Schriftstellers, seine hohe sozialistische Vorstellung von der menschlichen Persönlichkeit; der Mensch ist, sozial gesehen, außerordentlich wertvoll, scheidet er aus dem Leben, geht eine ganze Welt mit ihm unter, die Welt der Möglichkeiten, die in ihm beschlossen waren.

Höchst zweckmäßig benutzt und betont Aragon die physiologischen Details, wenn er sie zur Charakterisierung der negativen Personen einsetzt. So empfinden wir z. B. die ungenierte Beschreibung des häuslichen Lebens der Familien Orfilat und Lemerle als organisch zur Charakterisierung ihres inneren Wesens gehörend. Auf dem Hintergrund der trivialen kleinbürgerlichen Häuslichkeit tritt sehr plastisch das Bild des Ehepaars Orfilat in all seiner physischen und geistigen Erbärmlichkeit hervor. Auch hier sind die Schilderungen dem Prinzip der realistischen Typisierung untergeordnet.

Man muß hier auch auf die grundsätzlich neuartige Darstellung des beruflichen und des persönlichen, des politischen und des Privatlebens in der Gestalt des positiven Helden (François Lebecq) eingehen. Die Gestalt Lebecqs, eines Bankangestellten und Sekretärs der Parteizelle, ist eine sehr gelungene Variante der künstlerischen Darstellung des positiven Helden. Alles an dieser Gestaltung ist interessant, alles bemerkenswert: die Art, frei und kühn von vornherein über die Schwächen des Helden zu sprechen; die Schilderung seines persönlichen Lebens... Aragon hat aber das gesellschaftliche Wesen Lebecqs so klar bestimmt, seiner Gestalt eine so unverwüstliche Fähigkeit gegeben, gegen die eigenen Schwächen anzukämpfen, daß die kleinen Dinge des Alltags weder seinen Wert verringern noch ihn in unseren Augen herabsetzen können. Lebecq ist kein Schema eines Parteifunktionärs, der gegen alles gewappnet ist. Er ist eine von warmer Menschlichkeit durchglühte, aus dem wirklichen Leben übertragene, reale Gestalt des Kommunisten, eine Einheit von hohen Ideen und Alltagsleben. Diese Gestaltung des Kommunisten ist für die fortschrittliche Literatur des Auslandes von großer Bedeutung, obwohl sie natürlich nicht die einzig mögliche ist. Aragon machte den Kommunisten Lebecq zu einer Gestalt, die breiten Leserkreisen verständlich und vertraut ist, die von ihnen als ihresgleichen empfunden wird, und erreichte diese Darstellung, *ohne das ideologische Wesen der Gestalt zu beeinträchtigen, ohne sie im Alltäglichen aufzulösen.*

Der reiche Inhalt dieses Werkes, in dem eine Vielzahl von Schicksalen beschlossen ist, machte es Aragon möglich, eine hohe Synthese zu erreichen. In den „Kommunisten" gibt es sowohl Episches als auch Dramatisches, Lyrisches als auch Satirisches... Aragons Palette ist sehr mannigfaltig — in ihr finden sich die Farben sowohl für die physisch grobschlächtige Beschreibung des Ehepaares Orfilat als auch die aquarellzarten Töne für den „Roman der Micheline".

In den „Kommunisten" tritt ganz klar eine der Gesetzmäßigkeiten des sozialistischen Realismus in Erscheinung: der neue Realismustyp entwickelt sich sowohl *durch Übernahme als auch durch Überwindung der Erfahrungen der Vergangenheit,* durch Erarbeitung neuer Formen der künstlerischen Erkenntnis der Wirklichkeit... Die ästhetischen Besonderheiten des Realismus unserer Zeit sind nur dann zu verstehen, wenn man die beiden in ihm wirkenden Tendenzen — die der Anziehung und die der Abstoßung — berücksichtigt.

Die große ästhetische Errungenschaft des sozialistischen Realismus ist die Gestalt des neuen Menschen. Das Wesen des fortschrittlichen Menschen unserer Zeit ist die Tat, die Aktivität und ihr sozialistischer Gehalt. Engels wies darauf hin, daß in der künftigen Gesellschaft der Kampf ums Einzeldasein aufhört und der Mensch aus tierischen Daseinsbedingungen in wirklich menschliche tritt. „Die eigne Vergesellschaftung der Menschen, die ihnen bisher als von Natur und Geschichte oktroyiert gegenüberstand, wird jetzt ihre eigene, freie Tat."[4]

Wie bereits erwähnt, war die Aktivität des literarischen Helden im kritischen Realismus in den typischen Fällen eine Aktivität für sich selbst. Aber selbst dort, wo eine Handlung für andere begangen wurde, konnte sie höchstens einzelne menschliche Schicksale verändern.

Aus dieser Tatsache ergibt sich das Kriterium für einen der Unterschiede zwischen dem kritischen und dem sozialistischen Realismus. Das Problem der Aktivität, der Lebenstätigkeit des Menschen, das im kritischen Realismus eine so große Bedeutung hatte, bekommt im sozialistischen Realismus einen grundsätzlich neuen Inhalt. Das wichtigste Objekt des sozialistischen Realismus ist die *umgestal-*

---

[4] Engels, Antidühring. Dietz Verlag, Berlin 1953, S. 351.

tende Aktivität, die Tat, die darauf gerichtet ist, das gesellschaftliche und das persönliche Leben des Menschen zu verändern.

Die umgestaltende Aktivität des neuen Menschen äußert sich in unendlich vielen Erscheinungsformen. Es ist ein mannigfaltiger Prozeß, in dem sich die auf die Umgestaltung der Welt gerichtete Energie und die verschiedenen wechselseitig miteinander verbundenen sozialen Aspekte dieses Prozesses herausbilden: physisch und intellektuell (Arbeit), psychologisch (das Denken, das Bewußtsein), ethisch (moralische Haltung) usw.

Das Prinzip der Bewegung, auf dem die neue realistische Typisierung beruht, findet in dem Roman „Die Kommunisten" in ungewöhnlich umfassendem Maße Ausdruck: in der äußeren Bewegung, dem eigentlichen Handlungsablauf des Romans, und in der inneren Bewegung, denn die Helden Aragons sind niemals statisch, sie befinden sich immer in Entwicklung... Sie sind in einem gewaltigen geistigen Wachstumsprozeß dargestellt, nichts ist hier unbeweglich. Auch die negativen Personen sind keine starren Masken, sie bewegen sich auf der absteigenden Linie (Orfilat).

Ebenso wie andere große Vertreter des sozialistischen Realismus wendet sich Aragon ganz besonders der Entwicklung der Persönlichkeit, der Herausbildung des neuen Bewußtseins zu. Diese Probleme gestaltet der Autor der „Kommunisten" ganz besonders überzeugend, da er meistens die sozusagen extremen Momente der Bewegung zeichnet: die Vergangenheit des Helden als gewisser Ausgangspunkt und seine Entwicklung in der Gegenwart. Das Ausgangsmoment (die Vergangenheit) bedingt und erklärt zum größten Teil die Besonderheiten, in denen sich bei jedem einzelnen Individuum das neue Bewußtsein herausbildet. Oustric kam auf einem anderen Weg zum Kommunismus als Vallier, Barbentane anders als Blanchard, Paulette anders als Marguerite Corvisart... Erstaunlich gedrängt erzählt der Schriftsteller die Vorgeschichte der Helden, die jedesmal eine verdichtete menschliche Erfahrung ist.

Die Vorgeschichte des Armand Barbentane z. B. motiviert direkt oder indirekt alle seine Handlungen. Armand ist ein dem Volke treu ergebener Kommunist, Mitarbeiter der „Humanité", und doch „fühlte sich Armand immer noch als Schuldner der anderen, wegen seiner Kindheit, wegen seiner Familie, auch jetzt, wo er mit ihr gebrochen hatte". Barbentane ist sich selbst gegenüber unerbittlich streng, er kann sich gleichsam nicht verzeihen, daß er, im Unterschied zu seinen Kameraden, aus der Welt der reichen Bürger stammt. Manchmal hat er das Gefühl, daß er wegen dieses Minderwertigkeitskomplexes der Partei weniger nütze als er ihr nützen könnte: „Ein Mensch, der auf geradem Wege aus dem Volk hervorgegangen ist, denkt nicht an solche Dinge." Barbentanes Arbeit für die Partei und das Volk ist zugleich ununterbrochene Überwindung des Alten, ein Teil seiner Kraft ist immer gegen etwas gerichtet, das ein Bestandteil von ihm selbst ist. Nur ein Schriftsteller mit so großen Erfahrungen wie Aragon kann sich eine derartig gedrängte Form der Erzählung erlauben, in der die Hauptereignisse im Leben des Helden nur gestreift werden. Dabei findet er aphoristisch kurze und psychologisch tiefe Passagen, die an das Schaffen Tolstois erinnern.

Wir sind weit davon entfernt, das hervorragende epische Werk Aragons als den Gipfel des sozialistischen Realismus zu werten. Das Wesen des neuen Realismus birgt unerschöpfliche Möglichkeiten der schöpferischen Entwicklung, und diese Möglichkeiten werden immer originellere Werke erstehen lassen, die Neues enthalten und uns tief bewegen...

Der Roman „Die Kommunisten" wird aber für immer ein wichtiger Meilenstein in dem großen Entwicklungsprozeß des sozialistischen Realismus bleiben.

Aragon hat uns, wie alle anderen hervorragenden Vertreter des sozialistischen Realismus, den neuen Menschen gezeigt, der die Welt verändert und selbst von ihr verändert wird. Vor etwa zwanzig Jahren schrieb Ralph Fox: „Es erhebt sich daher die Frage: Welche Art Männer und Frauen sollen wir in unseren Büchern beschreiben? Wie sollen wir den handelnden Menschen sehen? ... Der neue Realismus, den zu schaffen unsere Aufgabe ist, muß dort beginnen, wo der bürgerliche Realismus aufgehört hat. Er darf nicht nur den kritischen Menschen zeigen oder den Menschen, der sich in einem hoffnungslosen Krieg mit einer Gesellschaft befindet, in die er als Individuum nicht hineinpaßt, sondern den Menschen, der am Werk ist, seine Verhältnisse zu ändern, mit dem Leben fertig zu werden,

den Menschen, *der sich in Übereinstimmung mit der geschichtlichen Entwicklung befindet* und imstande ist, Herr seines eigenen Schicksals zu werden."[5]

---

[5] Ralph Fox, Der Roman und das Volk. Dietz Verlag, Berlin 1953, S. 96 (Hervorgehoben von mir, A. I.).

ERPRESSTE VERSÖHNUNG

Zu Georg Lukács: ‚Wider den mißverstandenen Realismus'

Von Theodor W. Adorno

Den Nimbus, der den Namen von Georg Lukács heute noch, auch außerhalb des sowjetischen Machtbereiches, umgibt, verdankt er den Schriften seiner Jugend, dem Essay-Band ‚Die Seele und die Formen', der ‚Theorie des Romans', den Studien ‚Geschichte und Klassenbewußtsein', in denen er als dialektischer Materialist die Kategorie der Verdinglichung erstmals auf die philosophische Problematik prinzipiell anwandte. Ursprünglich etwa von Simmel und Kassner angeregt, dann in der südwestdeutschen Schule gebildet, setzte Lukács bald dem psychologischen Subjektivismus eine objektivistische Geschichtsphilosophie entgegen, die bedeutenden Einfluß ausübte. Die ‚Theorie des Romans' zumal hat durch Tiefe und Elan der Konzeption ebenso wie durch die nach damaligen Begriffen außerordentliche Dichte und Intensität der Darstellung einen Maßstab philosophischer Ästhetik aufgerichtet, der seitdem nicht wieder verloren ward. Als, schon in den frühen zwanziger Jahren, der Lukácssche Objektivismus sich, nicht ohne anfängliche Konflikte, der offiziellen kommunistischen Doktrin beugte, hat Lukács nach östlicher Sitte jene Schriften revoziert; hat die subalternsten Einwände der Parteihierarchie unter Mißbrauch Hegelscher Motive sich gegen sich selbst zu eigen gemacht und jahrzehntelang in Abhandlungen und Büchern sich abgemüht, seine offenbar unverwüstliche Denkkraft dem trostlosen Niveau der sowjetischen Denkerei gleichzuschalten, die mittlerweile die Philosophie, welche sie im Munde führte, zum bloßen Mittel für Zwecke der Herrschaft degradiert hatte. Nur um der unterdessen widerrufenen und von seiner Partei mißbilligten Frühwerke willen aber wurde, was Lukács während der letzten dreißig Jahre veröffentlichte, auch ein dickes

Buch über den jungen Hegel, überhaupt diesseits des Ostblocks beachtet, obwohl in einzelnen seiner Arbeiten zum deutschen Realismus des neunzehnten Jahrhunderts, zu Keller und Raabe, das alte Talent zu spüren war. Am krassesten wohl manifestierte sich in dem Buch ‚Die Zerstörung der Vernunft' die von Lukács' eigener. Höchst undialektisch rechnete darin der approbierte Dialektiker alle irrationalistischen Strömungen der neueren Philosophie in einem Aufwaschen der Reaktion und dem Faschismus zu, ohne sich viel dabei aufzuhalten, daß in diesen Strömungen, gegenüber dem akademischen Idealismus, der Gedanke auch gegen eben jene Verdinglichung von Dasein und Denken sich sträubte, deren Kritik Lukács' eigene Sache war. Nietzsche und Freud wurden ihm schlicht zu Faschisten, und er brachte es über sich, im herablassenden Ton eines Wilhelminischen Provinzialschulrats von Nietzsches „nicht alltäglicher Begabung" zu reden. Unter der Hülle vorgeblich radikaler Gesellschaftskritik schmuggelte er die armseligsten Clichés jenes Konformismus wieder ein, dem die Gesellschaftskritik einmal galt.

Das Buch ‚Wider den mißverstandenen Realismus' nun, das 1958 im Westen, im Claassen-Verlag herauskam, zeigt Spuren einer veränderten Haltung des Fünfundsiebzigjährigen. Sie dürfte zusammenhängen mit dem Konflikt, in den er durch seine Teilnahme an der Nagy-Regierung geriet. Nicht nur ist von den Verbrechen der Stalin-Ära die Rede, sondern es wird in früher undenkbarer Formulierung sogar von einer „allgemeinen Stellungnahme für die Freiheit des Schrifttums" positiv gesprochen. Lukács entdeckt posthum Gutes an seinem langjährigen Gegner Brecht und rühmt dessen Ballade vom toten Soldaten, die den Pankower Machthabern ein kulturbolschewistischer Greuel sein muß, als genial. Gleich Brecht möchte er den Begriff des sozialistischen Realismus, mit dem man seit Jahrzehnten jeden ungebärdigen Impuls, alles den Apparatschiks Unverständliche und Verdächtige abwürgte, so ausweiten, daß mehr darin Raum findet als nur der erbärmlichste Schund. Er wagt schüchterne, vorweg vom Bewußtsein der eigenen Ohnmacht gelähmte Opposition. Die Schüchternheit ist keine Taktik. Lukács' Person steht über allem Zweifel. Aber das begriffliche Gefüge, dem er den Intellekt opferte, ist so verengt, daß es erstickt, was immer darin freier atmen möchte; das sacrifizio dell'intelletto läßt diesen selbst nicht unberührt. Lukács' offenbares Heimweh nach den frühen Schriften gerät dadurch in einen tristen Aspekt. Aus der ‚Theorie des Romans' kehrt die „Lebensimmanenz des Sinnes" wieder, aber heruntergebracht auf den Kernspruch, daß das Leben unterm sozialistischen Aufbau eben sinnvoll sei — ein Dogma, gerade gut genug zur philosophisch tönenden Rechtfertigung der rosigen Positivität, die in den volkssozialistischen Staaten der Kunst zugemutet wird. Das Buch bietet Halbgefrorenes zwischen dem sogenannten Tauwetter und erneuter Kälte.

Den subsumierenden, von oben her mit Kennmarken wie kritischer und sozialistischer Realismus operierenden Gestus teilt Lukács, trotz aller entgegenlautenden dynamischen Beteuerungen, nach wie vor mit den Kulturvögten. Die Hegelsche Kritik am Kantischen Formalismus in der Ästhetik ist versimpelt zu der Behauptung, daß in der modernen Kunst Stil, Form, Darstellungsmittel maßlos überschätzt seien (s. insbes. S. 15) — als ob nicht Lukács wissen müßte, daß durch diese Momente Kunst als Erkenntnis von der wissenschaftlichen sich unterscheidet; daß Kunstwerke, die indifferent wären gegen ihr Wie, ihren eigenen Begriff aufhöben. Was ihm Formalismus dünkt, meint, durch Konstruktion der Elemente unterm je eigenen Formgesetz, jene „Immanenz des Sinnes", der Lukács nachhängt, anstatt, wie er selber es für unmöglich hält und doch objektiv verficht, den Sinn von außen dekretorisch ins Gebilde hineinzuzerren. Er mißdeutet willentlich die formkonstitutiven Momente der neuen Kunst als Akzidentien, als zufällige Zutaten des aufgeblähten Subjekts, anstatt ihre objektive Funktion im ästhetischen Gehalt selber zu erkennen. Jene Objektivität, die er an der modernen Kunst vermißt und die er vom Stoff und dessen „perspektivischer" Behandlung erwartet, fällt jenen die bloße Stofflichkeit auflösenden und damit erst sie in Perspektive rückenden Verfahrensweisen und Techniken zu, die er wegwischen möchte. Gleichgültig stellt er sich gegen die philosophische Frage, ob in der Tat der konkrete Gehalt eines Kunstwerks eins sei mit der bloßen „Widerspiegelung der objektiven Wirklichkeit" (S. 108), an deren Idol er mit verbissenem Vulgärmaterialismus festhält. Sein eigener Text jedenfalls mißachtet all jene Normen verantwortlich geprägter Darstellung, die er durch seine Frühschriften zu statuieren geholfen hatte. Kein bärtiger Geheimrat könnte kunstfremder über Kunst perorieren; im Ton des Kathedergewohnten, der nicht unterbrochen werden darf, vor keinen längeren Ausführungen zurückschreckt und offensichtlich jene Möglichkeiten des Reagierens einbüßte, die er an seinen Opfern als ästhetizistisch, dekadent und formalistisch abkanzelt, die allein aber ein Verhältnis zur Kunst überhaupt erst gestatten. Während der Hegelsche Begriff des Konkreten bei Lukács nach wie vor hoch im Kurs steht — insbesondere, wenn es darum geht, die Dichtung zur Abbildung der empirischen Realität zu verhalten —, bleibt die Argumentation selber weithin abstrakt. Kaum je unterwirft sich der Text der Disziplin eines spezifischen Kunstwerks und seiner immanenten Probleme. Statt dessen wird verfügt. Der Pedanterie des Duktus entspricht Schlamperei im einzelnen. Lukács scheut sich nicht vor abgetakelten Weisheiten wie: „Eine Rede ist keine Schreibe"; er verwendet wiederholt den aus der Sphäre des Kommerzes und Rekords stammenden Ausdruck „Spitzenleistung" (S. 7); er nennt das Annullieren des Unterschieds von abstrakter und konkreter Möglichkeit „verheerend" und erinnert daran, wie „eine solche Diesseitigkeit etwa ab Giotto das Allegorisieren der Anfangsperioden immer entschiedener überwindet" (S. 41). Wir nach Lukács' Sprache Dekadenten mögen ja Form und Stil arg überschätzen, aber vor Prägungen wie „ab Giotto" hat uns das bislang ebenso bewahrt wie davor, Kafka zu loben, weil er „glänzend beobachte" (S. 47). Auch von der „Reihe der außerordentlich vielen Affekte, die zusammen zum Aufbau des menschlichen Innenlebens beitragen" (S. 90), dürften Avantgardisten nur selten etwas vermeldet haben. Man könnte angesichts solcher Spitzenleistungen, die sich jagen wie auf einer Olympiade, fragen, ob jemand, der so schreibt, unkundig des Metiers der Literatur, mit der er souverän umspringt, überhaupt das Recht hat, in literarischen Dingen im Ernst mitzureden. Aber man fühlt bei Lukács, der einmal gut schreiben konnte, in der Mischung aus Schulmeisterlichkeit und Unverantwortlichkeit die Methode des Justament, den rancuneerfüllten Willen zum Schlechtschreiben, dem er die magische Opferkraft zutraut, polemisch zu beweisen, wer es anders hält und sich anstrengt, sei ein Taugenichts. Stilistische Gleichgültigkeit ist übrigens stets fast ein Symptom dogmatischer Verhärtung des Inhalts. Die forcierte Uneitelkeit eines Vortrags, der sich sachlich glaubt, wofern er nur die Selbstreflexion versäumt, bemäntelt einzig, daß die Objektivität aus dem dialektischen Prozeß mit dem Subjekt herausgenommen ward. Der Dialektik wird Lippendienst gezollt, aber sie ist für solches Denken vorentschieden. Es wird undialektisch.

Dogmatisch bleibt der Kern der Theorie. Die gesamte moderne Literatur, soweit auf sie nicht die Formel eines sei's kritischen, sei's sozialistischen Realismus paßt, ist verworfen, und es wird ihr ohne Zögern das Odium der Dekadenz angehängt, ein Schimpfwort, das nicht nur in Rußland alle Scheußlichkeiten von Verfolgung und Ausmerzung deckt. Der Gebrauch jenes konservativen Ausdrucks ist inkompatibel mit der Lehre, deren Autorität Lukács durch ihn, wie seine Vorgesetzten, der Volksgemeinschaft angleichen möchte. Die Rede von Dekadenz ist vom positiven Gegenbild kraftstrotzender Natur kaum ablösbar; Naturkategorien werden auf gesellschaftlich Vermitteltes projiziert. Eben dagegen jedoch geht der Tenor der Ideologiekritik von Marx und Engels. Selbst Reminiszenzen an den Feuerbach der gesunden Sinnlichkeit hätten schwerlich dem sozialdarwinistischen Terminus Einlaß in ihre Texte verschafft. Noch im Rohentwurf der Grundrisse der Kritik der politischen Ökonomie von 1857/58, also in der Phase des ‚Kapitals‘, heißt es:[1] „Sosehr nun das Ganze dieser Bewegung als gesellschaftlicher Prozeß erscheint, und sosehr die einzelnen Momente dieser Bewegung vom bewußten Willen und besonderen Zwecken der Individuen ausgehn, sosehr erscheint die Totalität des Prozesses als ein objektiver Zusammenhang, der naturwüchsig entsteht: zwar aus dem Aufeinanderwirken der bewußten Individuen hervorgeht, aber weder in ihrem Bewußtsein liegt, noch als Ganzes unter sie subsumiert wird. Ihr eigenes Aufeinanderstoßen produziert ihnen eine über ihnen stehende, fremde gesellschaftliche Macht; ihre Wechselwirkung als von ihnen unabhängigen Prozeß und Gewalt. Die gesellschaftliche Beziehung der Individuen aufeinander als verselbständigte Macht über den Individuen, werde sie nun vorgestellt als

---

[1] Karl Marx, Grundrisse der Kritik der politischen Ökonomie (Rohentwurf). 1857—1858, Berlin 1953, S. 111.

Naturmacht, Zufall oder in sonst beliebiger Form, ist notwendiges Resultat dessen, daß der Ausgangspunkt nicht das freie gesellschaftliche Individuum ist." Solche Kritik hält nicht inne vor der Sphäre, in der der Schein der Naturwüchsigkeit von Gesellschaftlichem, affektiv besetzt, am hartnäckigsten sich behauptet und in der alle Indignation über Entartung beheimatet ist, der der Geschlechter. Marx hat, etwas früher, die „Religion des neuen Weltalters" von G. F. Daumer rezensiert und spießt einen Passus daraus auf: „Natur und Weib sind das wahrhaft Göttliche im Unterschiede von Mensch und Mann ... Hingebung des Menschlichen an das Natürliche, des Männlichen an das Weibliche ist die ächte, die allein wahre Demuth und Selbstentäußerung, die höchste, ja einzige Tugend und Frömmigkeit, die es gibt." Dem fügt Marx den Kommentar hinzu: „Wir sehen hier, wie die seichte Unwissenheit des spekulierenden Religionsstifters sich in eine sehr prononcierte Feigheit verwandelt, Herr Daumer flüchtet sich vor der geschichtlichen Tragödie, die ihm drohend zu nahe rückt, in die angebliche Natur, d. h. in die blöde Bauernidylle, und predigt den Kultus des Weibes, um seine eigene weibische Resignation zu bemänteln."[2] Wo immer gegen Dekadenz gewettert wird, wiederholt sich jene Flucht. Lukács wird zu ihr gezwungen durch einen Zustand, in dem gesellschaftliches Unrecht fortwährt, während es offiziell für abgeschafft erklärt ist. Die Verantwortung wird von dem von Menschen verschuldeten Zustand zurückgeschoben in Natur oder eine nach ihrem Modell konträr ausgedachte Entartung. Wohl hat Lukács versucht, den Widerspruch zwischen Marxischer Theorie und approbiertem Marxismus zu eskamotieren, indem er die Begriffe gesunder und kranker Kunst krampfhaft in soziale retrovertiert: „Die Beziehungen zwischen den Menschen sind historisch veränderlich, und es verändern sich dementsprechend auch die geistigen und emotionalen Bewertungen dieser Beziehungen. Diese Erkenntnis beinhaltet jedoch keinen Relativismus. In einer bestimmten Zeit bedeutet eine bestimmte menschliche Beziehung den Fortschritt, eine andere die

---

[2] Karl Marx, Rezension der Schrift G. F. Daumers. Die Religion des neuen Weltalters. Hamburg 1850, in: Neue Rheinische Zeitung. Nachdruck Berlin 1955, S. 107.

Reaktion. So können wir den Begriff des sozial Gesunden finden, eben und zugleich als Grundlage aller wirklich großen Kunst, weil dieses Gesunde zum Bestandteil des historischen Bewußtseins der Menschheit wird."[3] Das Unkräftige dieses Versuchs ist offenbar: wenn es sich schon um historische Verhältnisse handelt, wären Worte wie gesund und krank überhaupt zu vermeiden. Mit der Dimension Fortschritt/Reaktion haben sie nichts zu tun; sie werden mitgeschleppt einzig um ihres demagogischen Appells willen. Überdies ist die Dichotomie von gesund und krank so undialektisch wie die vom auf- und absteigenden Bürgertum, die ihre Normen selbst einem bürgerlichen Bewußtsein entlehnt, das mit der eigenen Entwicklung nicht mitkam. — Ich verschmähe es, darauf zu insistieren, daß Lukács unter den Begriffen Dekadenz und Avantgardismus — beides ist ihm dasselbe — gänzlich Heterogenes zusammenbringt, nicht nur als Proust, Kafka, Joyce, Beckett, sondern auch Benn, Jünger, womöglich Heidegger; als Theoretiker Benjamin und mich selber. Der heute beliebte Hinweis darauf, daß eine angegriffene Sache gar keine sei, sondern in divergentes Einzelnes auseinanderfalle, liegt allzu bequem zur Hand, um den Begriff aufzuweichen und dem eingreifenden Argument mit dem Gestus: „das bin ich gar nicht" sich zu entziehen. Ich halte mich also, auf die Gefahr hin, durch den Widerstand gegen die Simplifizierung selbst zu simplifizieren, an den Nerv der Lukácsschen Argumentation und differenziere innerhalb dessen, was er verwirft, nicht viel mehr, als er es tut, außer wo er grob entstellt.

Sein Versuch, dem sowjetischen Verdikt über die moderne, nämlich das naiv-realistische Normalbewußtsein schockierende Literatur das philosophisch gute Gewissen zu machen, hat ein schmales Instrumentarium, insgesamt Hegelschen Ursprungs. Für seine Attacke auf die avantgardistische Dichtung als Abweichung von der Wirklichkeit bemüht er zunächst die Unterscheidung von „abstrakter" und „realer" Möglichkeit: „Zusammengehörigkeit, Unterschied und Gegensatz dieser beiden Kategorien ist vor allem eine Tatsache des Lebens selbst. Möglichkeit ist — abstrakt, bzw. subjektiv angese-

---

[3] Georg Lukács, Gesunde oder kranke Kunst? in: Georg Lukács zum siebzigsten Geburtstag. Berlin 1955, 243 f.

hen — immer reicher als die Wirklichkeit; Tausende und aber Tausende Möglichkeiten scheinen für das menschliche Subjekt offenzustehen, deren verschwindend geringer Prozentsatz verwirklicht werden kann. Und der moderne Subjektivismus, der in diesem Scheinreichtum die echte Fülle der menschlichen Seele zu erblicken vermeint, empfindet ihr gegenüber eine mit Bewunderung und Sympathie gemischte Melancholie, während der Wirklichkeit, die die Erfüllung solcher Möglichkeit versagt, mit einer ebenfalls melancholischen Verachtung entgegengetreten wird." (S. 19) Über diesen Einwand ist, trotz des Prozentsatzes, nicht hinwegzugleiten. Hat Brecht etwa versucht, durch infantilistische Abkürzung gleichsam reine Urformen des Faschismus als eines Gangstertums auszukristallisieren, indem er den aufhaltsamen Diktator Arturo Ui als Exponenten eines imaginären und apokryphen Karfioltrusts, nicht als den ökonomisch mächtigster Gruppen entwarf, so schlug das unrealistische Kunstmittel dem Gebilde nicht zum Segen an. Als Unternehmen einer gewissermaßen gesellschaftlich exterritorialen und darum beliebig „aufhaltsamen" Verbrecherbande verliert der Faschismus sein Grauen, das des großen gesellschaftlichen Zuges. Dadurch wird die Karikatur kraftlos, nach eigenem Maßstab albern: der politische Aufstieg des Leichtverbrechers büßt im Stück selbst die Plausibilität ein. Satire, die ihren Gegenstand nicht adäquat hat, bleibt auch als solche ohne Salz. Aber die Forderung pragmatischer Treue kann sich doch nur auf die Grunderfahrung von der Realität und auf die membra disjecta der stofflichen Motive beziehen, aus denen der Schriftsteller seine Konstruktion fügt; im Fall Brecht also auf die Kenntnis des tatsächlichen Zusammenhangs von Wirtschaft und Politik und darauf, daß die gesellschaftlichen Ausgangstatsachen sitzen; nicht aber auf das, was daraus im Gebilde wird. Proust, bei dem genaueste „realistische" Beobachtung mit dem ästhetischen Formgesetz unwillkürlicher Erinnerung so innig sich verbindet, bietet das eindringlichste Beispiel der Einheit pragmatischer Treue und — nach Lukácsschen Kategorien — unrealistischer Verfahrensweise. Wird etwas von der Innigkeit jener Fusion nachgelassen, wird die „konkrete Möglichkeit" im Sinn eines unreflektierten, in starrer Betrachtung draußen vorm Gegenstand verharrenden Realismus der Gesamtanschauung interpretiert und das dem

Stoff antithetische Moment einzig in der „Perspektive", also einem Durchscheinenlassen des Sinnes geduldet, ohne daß diese Perspektive bis in die Zentren der Darstellung, bis in die Realien selber eindränge, so resultiert ein Mißbrauch der Hegelschen Unterscheidung zugunsten eines Traditionalismus, dessen ästhetische Rückständigkeit Index seiner historischen Unwahrheit ist.

Zentral jedoch erhebt Lukács den Vorwurf des Ontologismus, der am liebsten die ganze avantgardistische Literatur auf die Existentialien des archaisierenden Heidegger festnageln möchte. Wohl rennt auch Lukács hinter der Mode her, es käme darauf an zu fragen: „Was ist der Mensch?" (S. 16), ohne von den Spuren sich schrecken zu lassen. Aber er modifiziert sie wenigstens durch die allbekannte Aristotelische Bestimmung des Menschen als eines gesellschaftlichen Wesens. Aus ihr leitet er die schwerlich bestreitbare Behauptung ab, „die rein menschliche, die zutiefst individuelle und typische Eigenart" der Gestalten der großen Literatur, „ihre künstlerische Sinnfälligkeit" sei „mit ihrem konkreten Verwurzeltsein in den konkret historischen, menschlichen, gesellschaftlichen Beziehungen ihres Daseins untrennbar verknüpft" (a. a. O.). „Völlig entgegengesetzt" jedoch sei, so fährt er fort, „die ontologische Intention, das menschliche Wesen ihrer Gestalten zu bestimmen, bei den führenden Schriftstellern der avantgardistischen Literatur. Kurz gefaßt: für sie ist ‚der' Mensch: das von Ewigkeit her, seinem Wesen nach einsame, aus allen menschlichen und erst recht aus allen gesellschaftlichen Beziehungen herausgelöste — ontologisch — von ihnen unabhängig existierende Individuum." (a.a.O.) Gestützt wird das auf eine ziemlich törichte, jedenfalls für das literarisch Gestaltete unmaßgebliche Äußerung Thomas Wolfes über die Einsamkeit des Menschen als unausweichliche Tatsache seines Daseins. Aber gerade Lukács, der beansprucht, radikal historisch zu denken, müßte sehen, daß jene Einsamkeit selber, in der individualistischen Gesellschaft, gesellschaftlich vermittelt ist und von wesentlich geschichtlichem Gehalt. In Baudelaire, auf den schließlich alle Kategorien wie Dekadenz, Formalismus, Ästhetizismus zurückdatieren, ging es nicht um das invariante Menschenwesen, seine Einsamkeit oder Geworfenheit, sondern um das Wesen von Moderne. Wesen selbst ist in dieser Dichtung kein abstraktes An sich, sondern gesellschaftlich. Die objektiv in seinem Werk waltende Idee will gerade das historisch Fortgeschrittene, Neueste als das zu beschwörende Urphänomen; es ist, nach dem Ausdruck Benjamins, „dialektisches Bild", kein archaisches. Daher die ‚Tableaux Parisiens'. Substrat sogar von Joyce ist nicht, wie Lukács ihm unterschieben möchte, ein zeitloser Mensch schlechthin, sondern der höchst geschichtliche. Er fingiert, trotz aller irischen Folklore, keine Mythologie jenseits der von ihm dargestellten Welt, sondern trachtet deren Wesen oder Unwesen zu beschwören, indem er sie selbst, kraft des vom heutigen Lukács gering geschätzten Stilisationsprinzips, gewissermaßen mythisiert. Fast möchte man die Größe von avantgardistischer Dichtung dem Kriterium unterstellen, ob darin geschichtliche Momente als solche wesenhaft geworden, nicht zur Zeitlosigkeit verflacht sind. Lukács fertigte vermutlich die Verwendung von Begriffen wie Wesen und Bild in der Ästhetik als idealistisch ab. Aber ihre Stellung im Bereich der Kunst ist grundverschieden von der in Philosophien des Wesens oder der Urbilder, von allem aufgewärmten Platonismus. Lukács' Position hat wohl ihre innerste Schwäche darin, daß er diesen Unterschied nicht mehr festzuhalten vermag und Kategorien, die sich aufs Verhältnis des Bewußtseins zur Realität beziehen, so auf die Kunst überträgt, als hießen sie hier einfach das gleiche. Kunst findet sich in der Realität, hat ihre Funktion in ihr, ist auch in sich vielfältig zur Realität vermittelt. Gleichwohl aber steht sie als Kunst, ihrem eigenen Begriff nach, antithetisch dem gegenüber, was der Fall ist. Das hat die Philosophie mit dem Namen des ästhetischen Scheins bedacht. Auch Lukács wird kaum überspringen können, daß der Gehalt von Kunstwerken nicht in demselben Sinn wirklich ist wie die reale Gesellschaft. Wäre dieser Unterschied eliminiert, so verlöre jegliche Bemühung um Ästhetik ihr Substrat. Daß aber die Kunst von der unmittelbaren Realität, in der sie einmal als Magie entsprang, qualitativ sich sonderte, ihr Scheincharakter, ist weder ihr ideologischer Sündenfall noch ein ihr äußerlich hinzugefügter Index, so als wiederholte sie bloß die Welt, nur ohne den Anspruch, selber unmittelbar wirklich zu sein. Eine solche subtraktive Vorstellung spräche aller Dialektik Hohn. Vielmehr betrifft die Differenz von empirischem Dasein und Kunst deren innerste Zusammensetzung. Gibt sie Wesen, „Bilder", so ist das keine idealistische Sünde; daß manche Künstler idealistischen Philosophien anhingen, besagt nichts über den Gehalt ihrer Werke. Sondern Kunst selber hat gegenüber dem bloß Seienden, wofern sie es nicht, kunstfremd, bloß verdoppelt, zum Wesen, Wesen und Bild zu sein. Dadurch erst konstituiert sich das Ästhetische; dadurch, nicht im Blick auf die bloße Unmittelbarkeit, wird Kunst zu Erkenntnis, nämlich einer Realität gerecht, die ihr eigenes Wesen verhängt und was es ausspricht zugunsten einer bloß klassifikatorischen Ordnung unterdrückt. Nur in der Kristallisation des eigenen Formgesetzes, nicht in der passiven Hinnahme der Objekte konvergiert Kunst mit dem Wirklichen. Erkenntnis ist in ihr durch und durch ästhetisch vermittelt. Selbst der vorgebliche Solipsismus, Lukács zufolge Rückfall auf die illusionäre Unmittelbarkeit des Subjekts, bedeutet in der Kunst nicht, wie in schlechten Erkenntnistheorien, die Verleugnung des Objekts, sondern intendiert dialektisch die Versöhnung mit ihm. Als Bild wird es ins Subjekt hineingenommen, anstatt, nach dem Geheiß der entfremdeten Welt, dinghaft ihm gegenüber zu versteinern. Kraft des Widerspruchs zwischen diesem im Bild versöhnten, nämlich ins Subjekt spontan aufgenommenen Objekt und dem real unversöhnten draußen, kritisiert das Kunstwerk die Realität. Es ist deren negative Erkenntnis. Nach Analogie zu einer heute geläufigen philosophischen Redeweise könnte man von der „ästhetischen Differenz" vom Dasein sprechen: nur vermöge dieser Differenz, nicht durch deren Verleugnung, wird das Kunstwerk beides, Kunstwerk und richtiges Bewußtsein. Eine Kunsttheorie, die das ignoriert, ist banausisch und ideologisch in eins.

Lukács begnügt sich mit Schopenhauers Einsicht, das Prinzip des Solipsismus lasse sich nur „in der abstraktesten Philosophie mit völliger Konsequenz durchführen", und „auch dort nur sophistisch, rabulistisch" (S. 18). Aber seine Argumentation schlägt sich selber: wenn der Solipsismus nicht durchzuhalten ist; wenn in diesem sich reproduziert, was er zunächst, nach phänomenologischer Redeweise, „ausklammert", dann braucht man ihn als Stilisierungsprinzip auch nicht zu fürchten. Die Avantgardisten haben sich denn auch über die ihnen von Lukács zugeschriebene Position objektiv in ihren Werken hinausbewegt. Proust dekomponiert die Einheit des Subjekts vermöge dessen eigener Introspektion: es verwandelt sich schließlich in einen Schauplatz erscheinender Objektivitäten. Sein individualistisches Werk wird zum Gegenteil dessen, als was Lukács es schmäht: wird anti-individualistisch. Der monologue intérieur, die Weltlosigkeit der neuen Kunst, über die Lukács sich entrüstet, ist beides, Wahrheit und Schein der losgelösten Subjektivität. Wahrheit, weil in der allerorten atomistischen Weltverfassung die Entfremdung über den Menschen waltet und weil sie — wie man Lukács konzedieren mag — darüber zu Schatten werden. Schein aber ist das losgelöste Subjekt, weil objektiv die gesellschaftliche Totalität dem Einzelnen vorgeordnet ist und durch die Entfremdung hindurch, den gesellschaftlichen Widerspruch, zusammengeschlossen wird und sich reproduziert. Diesen Schein der Subjektivität durchschlagen die großen avantgardistischen Kunstwerke, indem sie der Hinfälligkeit des bloß Einzelnen Relief verleihen und zugleich in ihm jenes Ganze ergreifen, dessen Moment das Einzelne ist und von dem es doch nichts wissen kann. Meint Lukács, es werde bei Joyce Dublin, bei Kafka und Musil die Habsburger Monarchie als „Atmosphäre des Geschehens" gleichsam programmwidrig fühlbar, bleibe jedoch bloß sekundäres Nebenprodukt, so macht er um seines thema probandum willen die negativ aufsteigende epische Fülle, das Substantielle, zur Nebensache. Der Begriff der Atmosphäre ist Kafka überhaupt höchst unangemessen. Er stammt aus einem Impressionismus, den Kafka gerade durch seine objektive Tendenz, die aufs geschichtliche Wesen, überholt. Selbst bei Beckett — vielleicht bei ihm am meisten —, wo scheinbar alle konkreten historischen Bestandstücke eliminiert, nur primitive Situationen und Verhaltensweisen geduldet sind, ist die unhistorische Fassade das provokative Gegenteil des von reaktionärer Philosophie vergötzten Seins schlechthin. Der Primitivismus, mit dem seine Dichtungen abrupt anheben, präsentiert sich als Endphase einer Regression, nur allzu deutlich in ‚Fin de partie', wo wie aus der weiten Ferne des Selbstverständlichen eine terrestrische Katastrophe vorausgesetzt wird. Seine Urmenschen sind die letzten. Thematisch ist bei ihm, was Horkheimer und ich in der ‚Dialektik der Aufklärung' die Konvergenz der total von der Kulturindustrie eingefangenen Gesellschaft mit den Reaktionsweisen der Lurche nannten. Der substantielle Gehalt eines Kunstwerks kann in der exakten, wortlos polemischen Darstellung heraufdämmernder Sinnlosigkeit bestehen und verlorengehen, sobald er, wäre es auch nur indirekt durch „Perspektive", wie in der didaktischen Antithese richtigen und falschen Lebens bei Tolstoi seit der ‚Anna Karenina', positiv gesetzt, als daseiend hypostasiert wird. Lukács' alte Lieblingsidee einer „Immanenz des Sinnes" verweist auf eben jene fragwürdige Zuständlichkeit, die seiner eigenen Theorie zufolge zu destruieren wäre. Konzeptionen wie die Becketts jedoch sind objektiv-polemisch. Lukács fälscht sie zur „einfachen Darstellung des Pathologischen, der Perversität, des Idiotismus als typischer Form der ‚condition humaine'" (S. 31), nach dem Usus des Filmzensors, der das Dargestellte der Darstellung zur Last schreibt. Vollends die Vermengung mit dem Seinskultus, und gar mit dem minderen Vitalismus Montherlants (a.a.O.), bezeugt Blindheit gegen das Phänomen. Sie rührt daher, daß Lukács verstockt sich weigert, der literarischen Technik ihr zentrales Recht zuzusprechen. Statt dessen hält er sich unverdrossen ans Erzählte. Aber einzig durch „Technik" realisiert die Intention des Dargestellten — das, was Lukács dem selbst anrüchigen Begriff „Perspektive" zumißt — in der Dichtung sich überhaupt. Wohl möchte man erfahren, was von der attischen Tragödie übrigbliebe, die Lukács gleich Hegel kanonisiert, wenn man zu ihrem Kriterium die Fabel erhebt, die auf der Straße lag. Nicht minder konstituiert den traditionellen, selbst den nach Lukács' Schema „realistischen" Roman — Flaubert — Komposition und Stil. Heute, da die bloße empirische Zuverlässigkeit zur Fassaden-Reportage herabsank, hat die Relevanz jenes Moments extrem sich gesteigert. Konstruktion kann hoffen, die Zufälligkeit des bloß Individuellen immanent zu bemeistern, gegen die Lukács eifert. Er zieht nicht die ganze Konsequenz aus der Einsicht, die im letzten Kapitel des Buches durchbricht: daß wider die Zufälligkeit nicht hilft, einen vermeintlich objektiveren Standpunkt entschlossen zu beziehen. Lukács sollte der Gedanke vom Schlüsselcharakter der Entfaltung der technischen Produktivkräfte wahrhaft vertraut sein. Gewiß war er auf die materielle, nicht auf die geistige Produktion gemünzt. Kann aber Lukács im Ernst sich dagegen sperren, daß auch die künstlerische Technik nach eigener Logik sich entfaltet, und sich einreden, die abstrakte Beteuerung, innerhalb einer veränderten Gesellschaft gälten automatisch und en bloc andere ästhetische Kriterien, reiche aus, jene Entwicklung der technischen Produktivkräfte auszulöschen und ältere, nach der immanenten Logik der Sache überholte, als verbindlich zu restaurieren? Wird nicht unterm Diktat des sozialistischen Realismus gerade er Anwalt einer Invariantenlehre, die von der von ihm mit Grund abgelehnten nur durch größere Grobheit sich unterscheidet?

So rechtmäßig auch Lukács in der Tradition der großen Philosophie Kunst als Gestalt von Erkenntnis begreift, nicht als schlechthin Irrationales der Wissenschaft kontrastiert, er verfängt sich dabei in eben der bloßen Unmittelbarkeit, deren er kurzsichtig die avantgardistische Produktion zeiht: der der Feststellung. Kunst erkennt nicht dadurch die Wirklichkeit, daß sie sie, photographisch oder „perspektivisch", abbildet, sondern dadurch, daß sie vermöge ihrer autonomen Konstitution ausspricht, was von der empirischen Gestalt der Wirklichkeit verschleiert wird. Noch der Gestus der Unerkennbarkeit der Welt, den Lukács an Autoren wie Eliot oder Joyce so unverdrossen bemängelt, kann zu einem Moment von Erkenntnis werden, der des Bruchs zwischen der übermächtigen und unassimilierbaren Dingwelt und der hilflos von ihr abgleitenden Erfahrung. Lukács vereinfacht die dialektische Einheit von Kunst und Wissenschaft zur blanken Identität, so als ob die Kunstwerke durch Perspektive bloß etwas von dem vorwegnähmen, was dann die Sozialwissenschaften brav einholen. Das Wesentliche jedoch, wodurch das Kunstwerk als Erkenntnis sui generis von der wissenschaftlichen sich unterscheidet, ist eben, daß nichts Empirisches unverwandelt bleibt, daß die Sachgehalte objektiv sinnvoll werden erst als mit der subjektiven Intention verschmolzene. Grenzt Lukács seinen Realismus vom Naturalismus ab, so versäumt er, Rechenschaft davon zu geben, daß der Realismus, wenn der Unterschied ernst gemeint ist, mit jenen subjektiven Intentionen notwendig sich amalgamiert, die er wiederum aus dem Realismus verscheuchen möchte. Überhaupt ist der von ihm inquisitorisch zum Richtmaß erhobene Gegensatz realistischer und „formalistischer" Verfahrensweisen nicht zu retten. Erweist sich die ästhetisch objektive Funktion der Formprinzipien, die Lukács als unrealistisch und idealistisch anathema sind, so sind umgekehrt die von ihm unbedenklich als

Paradigmen hochgehaltenen Romane des früheren neunzehnten Jahrhunderts, Dickens und Balzac, gar nicht so realistisch. Dafür mochten sie Marx und Engels, in der Polemik gegen die zu ihrer Zeit florierende, marktgängige Romantik halten. Heute sind an beiden Romanciers nicht nur romantische und archaistisch-vorbürgerliche Züge hervorgetreten, sondern die gesamte ‚Comédie humaine' von Balzac zeigt sich als eine Rekonstruktion der entfremdeten, nämlich vom Subjekt gar nicht mehr erfahrenen Realität aus Phantasie[4]. Insofern ist er nicht durchaus verschieden von den avantgardistischen Opfern der Lukácsschen Klassenjustiz: nur daß Balzac, der Formgesinnung seines Werkes nach, seine Monologe für Weltfülle hielt, während die großen Romanciers des zwanzigsten Jahrhunderts ihre Weltfülle im Monolog bergen. Danach bricht Lukács' Ansatz zusammen. Unvermeidlich sinkt seine Idee von „Perspektive" zu dem herab, wovon er im letzten Kapitel der Schrift so verzweifelt sie zu differenzieren trachtet, zur aufgepfropften Tendenz oder, in seinen Worten, zur „Agitation". Seine Konzeption ist aporetisch. Er kann des Bewußtseins nicht sich entschlagen, daß ästhetisch die gesellschaftliche Wahrheit nur in autonom gestalteten Kunstwerken lebt. Aber diese Autonomie führt im konkreten Kunstwerk heute notwendig all das mit sich, was er unterm Bann der herrschenden kommunistischen Lehre nach wie vor nicht toleriert. Die Hoffnung, rückständige, immanent-ästhetisch unzulängliche Mittel legitimierten sich, weil sie in einem anderen Gesellschaftssystem anders stünden, also von außen her, jenseits ihrer immanenten Logik, ist bloßer Aberglaube. Man darf nicht wie Lukács als Epiphänomen abtun, sondern muß selber objektiv erklären, daß, was sich im sozialistischen Realismus als fortgeschrittener Stand des Bewußtseins deklariert, nur mit den brüchigen und faden Relikten bürgerlicher Kunstformen aufwartet. Jener Realismus stammt nicht sowohl, wie es den kommunistischen Klerikern paßte, aus einer gesellschaftlich heilen und genesenen Welt, als aus der Zurückgebliebenheit der gesellschaftlichen Produktivkräfte und des Bewußtseins in ihren Provinzen. Sie benutzen die These vom qualitativen Bruch zwischen Sozialismus und Bürgertum nur

---

[4] Vgl. Th. W. Adorno, Balzac-Lektüre, Noten zur Literatur II, S. 19 f.

dazu, jene Zurückgebliebenheit, die längst nicht mehr erwähnt werden darf, ins Fortgeschrittenere umzufälschen.

Mit dem Vorwurf des Ontologismus verbindet Lukács den des Individualismus, eines Standpunkts unreflektierter Einsamkeit, nach dem Modell von Heideggers Theorie der Geworfenheit aus ‚Sein und Zeit'. Lukács übt am Ausgang des literarischen Gebildes vom poetischen Subjekt in seiner Zufälligkeit jene Kritik (S. 54), der stringent genug Hegel einst den Ausgang der Philosophie von der sinnlichen Gewißheit des je Einzelnen unterworfen hatte. Aber gerade weil diese Unmittelbarkeit in sich bereits vermittelt ist, enthält sie, verbindlich im Kunstwerk gestaltet, die Momente, die Lukács an ihr vermißt, während andererseits dem dichterischen Subjekt der Ausgang vom ihm Nächsten notwendig ist um der antizipierten Versöhnung der Gegenständlichkeit mit dem Bewußtsein willen. Die Denunziation des Individualismus dehnt Lukács bis auf Dostojewski aus. „Aus dem Dunkel der Großstadt" sei „eine der ersten Darstellungen des dekadent einsamen Individuums." (S. 67) Durch die Verkopplung von dekadent und einsam wird aber die im Prinzip der bürgerlichen Gesellschaft selbst entspringende Atomisierung zur bloßen Verfallserscheinung umgewertet. Darüber hinaus suggeriert das Wort „dekadent" biologische Entartung Einzelner: Parodie dessen, daß jene Einsamkeit vermutlich weit hinter die bürgerliche Gesellschaft zurückreicht, denn auch die Herdentiere sind, nach Borchardts Wort, „einsame Gemeinde", das zoon politikon ist ein erst Herzustellendes. Ein historisches Apriori aller neuen Kunst, das sich selber nur dort transzendiert, wo sie es ungemildert anerkennt, erscheint als vermeidbarer Fehler oder gar als bürgerliche Verblendung. Sobald jedoch Lukács auf die jüngste russische Literatur sich einläßt, entdeckt er, daß jener Strukturwechsel, den er unterstellt, nicht stattfand. Nur lernt er daraus nicht, auf Begriffe wie den der dekadenten Einsamkeit zu verzichten. Die Position der von ihm getadelten Avantgardisten — nach seiner früheren Terminologie: ihr "transzendentaler Ort" — ist im Streit der Richtungen die geschichtlich vermittelter Einsamkeit, nicht die ontologische. Die Ontologen von heutzutage sind nur allzu einig mit Bindungen, die, dem Sein als solchem zugeschrieben, allen möglichen heteronomen Autoritäten den Schein des Ewigen erwirken. Darin vertrügen sie sich mit Lukács gar nicht so schlecht. Daß die Einsamkeit als Formapriori bloßer Schein, daß sie selbst gesellschaftlich produziert ist; daß sie über sich hinausgeht, sobald sie sich als solche reflektiert, ist Lukács zuzugestehen.[5] Aber hier genau wendet die ästhetische Dialektik sich gegen ihn. Nicht ist an dem einzelnen Subjekt, durch Wahl und Entschluß, über die kollektiv determinierte Einsamkeit hinauszugelangen. Wo Lukács mit der Gesinnungspoesie der standardisierten Sowjetromane abrechnet, klingt das vernehmlich genug durch. Insgesamt wird man bei der Lektüre des Buches, vor allem der passionierten Seiten über Kafka (s. etwa S. 50 f.), den Eindruck nicht los, daß er auf die von ihm als dekadent verpönte Literatur reagiert wie das legendäre Droschkenpferd beim Ertönen von Militärmusik, ehe es seinen Karren weiterzieht. Um ihrer Attraktionskraft sich zu erwehren, stimmt er in den Kontrollchor ein, der seit dem von ihm selber unter die Avantgardisten eingereihten Kierkegaard, wenn nicht seit der Empörung über Friedrich Schlegel und die Frühromantik, auf dem Interessanten herumhackt. Die Verhandlung darüber wäre zu revidieren. Daß eine Einsicht oder eine Darstellung den Charakter des Interessanten trägt, ist nicht blank auf Sensation und geistigen Markt zu reduzieren, die gewiß jene Kategorien beförderten. Kein Siegel der Wahrheit, ist sie doch heute zu deren notwendiger Bedingung geworden; das, was „mea interest", was das Subjekt angeht, anstatt daß es mit der übermächtigen Gewalt des Vorherrschenden, der Waren, abgespeist würde.

Unmöglich könnte Lukács loben, was ihn an Kafka lockt, und ihn dennoch auf seinen Index setzen, hätte er nicht insgeheim, wie skeptische Spätscholastiker, eine Lehre von zweierlei Wahrheit bereit: „Diese Betrachtungen gehen immer wieder von der historisch bedingten künstlerischen Überlegung des sozialistischen Realismus aus. (Es kann allerdings nicht oft genug gegen Auslegungen Verwahrung eingelegt werden, die aus dieser historischen Gegenüberstellung unmittelbare Schlüsse auf die künstlerische Qualität einzelner Werke — sei es im bejahenden, sei es im verneinenden Sinn — ziehen wollen.) Die weltanschauliche Grundlage dieser Über-

---

[5] Vgl. Theodor W. Adorno, Philosophie der neuen Musik. 2. Auflage, Frankfurt am Main 1958, S. 49 ff.

legenheit liegt in der klaren Einsicht, die die sozialistische Weltanschauung, die Perspektive des Sozialismus für die Literatur besitzt: die Möglichkeit, das gesellschaftliche Sein und Bewußtsein, die Menschen und die menschlichen Beziehungen, die Problematik des menschlichen Lebens und ihre Lösungen umfassender und tiefer zu spiegeln und darzustellen, als es der Literatur auf Grundlage früherer Weltanschauungen gegeben sein konnte." (S. 126) Künstlerische Qualität und künstlerische Überlegenheit des sozialistischen Realismus wären demnach zweierlei. Getrennt wird das literarisch Gültige an sich von dem sowjetliterarisch Gültigen, das gewissermaßen durch einen Gnadenakt des Weltgeistes dans le vrai sein soll. Solche Doppelschlächtigkeit steht einem Denker, der pathetisch die Einheit der Vernunft verteidigt, schlecht an. Erklärt er aber einmal die Unausweichlichkeit jener Einsamkeit — kaum verschweigt er, daß sie von der gesellschaftlichen Negativität, der universalen Verdinglichung vorgezeichnet ist — und wird er zugleich Hegelisch ihres objektiven Scheincharakters inne, so drängte der Schluß sich auf, daß jene Einsamkeit, zu Ende getrieben, in ihr eigenes Negat umschlage; daß das einsame Bewußtsein, indem es im Gestalteten als das Verborgene aller sich enthüllt, potentiell sich selbst aufhebe. Genau das ist an den wahrhaft avantgardistischen Werken evident. Sie objektivieren sich in rückhaltloser, monadologischer Versenkung ins je eigene Formgesetz, ästhetisch und vermittelt dadurch auch ihrem gesellschaftlichen Substrat nach. Das allein verleiht Kafka, Joyce, Beckett, der großen neuen Musik ihre Gewalt. In ihren Monologen hallt die Stunde, die der Welt geschlagen hat: darum erregen sie so viel mehr, als was mitteilsam die Welt schildert. Daß solcher Übergang zur Objektivität kontemplativ bleibt, nicht praktisch wird, gründet im Zustand einer Gesellschaft, in der real, allerorten trotz der Versicherung des Gegenteils, der monadologische Zustand fortdauert. Überdies dürfte gerade der klassizistische Lukács von Kunstwerken heute und hier kaum erwarten, daß sie die Kontemplation durchbrächen. Seine Proklamation der künstlerischen Qualität ist unvereinbar mit einem Pragmatismus, der gegenüber der fortgeschrittenen und verantwortlichen Produktion sich mit dem verhandlungslosen Urteilsspruch „bürgerlich, bürgerlich, bürgerlich" begnügte.

Lukács zitiert, zustimmend, meine Arbeit über das Altern der neuen Musik, um meine dialektischen Überlegungen, paradox ähnlich wie Sedlmayr, gegen die neue Kunst und gegen meine eigene Absicht auszuschlachten. Das wäre ihm zu gönnen: „Wahr sind nur die Gedanken, die sich selber nicht verstehen"[6], und kein Autor hat an ihnen Besitztitel. Aber die Argumentation Lukács' entreißt diesen mir denn doch wohl nicht. Daß Kunst sich auf der Spitze des reinen Ausdrucks, die unmittelbar identisch ist mit Angst, nicht einrichten kann, stand in der ‚Philosophie der neuen Musik',[7] wenngleich ich nicht den offiziellen Optimismus Lukács' teile, geschichtlich wäre zu solcher Angst heute weniger Anlaß; die „dekadente Intelligenz" brauchte sich weniger zu fürchten. Über das pure Dies der Expression hinausgehen kann jedoch weder spannungslose, dinghafte Instaurierung eines Stils meinen, wie ich sie der alternden neuen Musik vorwarf, noch den Sprung in eine im Hegelschen Sinn nicht substantielle, nicht authentische, nicht vor aller Reflexion die Form konstituierende Positivität. Die Konsequenz aus dem Altern der neuen Musik wäre nicht der Rekurs auf die veraltete, sondern ihre insistente Selbstkritik. Von Anbeginn jedoch war die ungemilderte Darstellung der Angst zugleich auch mehr als diese, ein Standhalten durchs Aussprechen, durch die Kraft des unbeirrten Nennens: Gegenteil alles dessen, was die Hetzparole „dekadent" an Assoziationen aufstachelt. Lukács hält immerhin der von ihm gelästerten Kunst zugute, daß sie auf eine negative Wirklichkeit, die Herrschaft des „Abscheulichen", negativ antworte. „Indem jedoch", fährt er fort, „der Avantgardismus all diese in seiner verzerrten Unmittelbarkeit widerspiegelt, indem er Formen ersinnt, die diese Tendenzen als alleinherrschende Mächte des Lebens zum Ausdruck bringen, verzerrt er die Verzerrtheit über deren Phänomenalität in der objektiven Wirklichkeit hinaus, läßt alle Gegenkräfte und Gegentendenzen, die in ihr real wirksam sind, als unbeträchtliche, als ontologisch nicht relevante verschwinden." (S. 84 f.). Der offizielle Optimismus der Gegenkräfte und

---

[6] Theodor W. Adorno, „Minima Moralia". Frankfurt am Main 1951, S. 364.
[7] Theodor W. Adorno, „Philosophie der neuen Musik", a. a. O., S. 51 f

Gegentendenzen nötigt Lukács, den Hegelschen Satz zu verdrängen, die Negation der Negation — „Verzerrung der Verzerrung" — sei die Posititon. Dieser erst bringt den fatal irrationalistischen Terminus „Vielschichtigkeit" in der Kunst zu seiner Wahrheit: daß der Ausdruck des Leidens und das Glück an der Dissonanz, das Lukács als „Sensationslüsternheit, die Sehnsucht nach dem Neuen um des Neuen willen" (S. 113) schmäht, in den authentischen neuen Kunstwerken unauflöslich sich verschränken. Das wäre zusammenzudenken mit jener Dialektik von ästhetischem Bereich und Realität, der Lukács ausweicht. Indem das Kunstwerk nicht unmittelbar Wirkliches zum Gegenstand hat, sagt es nie, wie Erkenntnis sonst: das ist so, sondern: so ist es. Seine Logizität ist nicht die des prädikativen Urteils, sondern der immanenten Stimmigkeit: nur durch diese hindurch, das Verhältnis, in das es die Elemente rückt, bezieht es Stellung. Seine Antithese zur empirischen Realität, die doch in es fällt und in die es selber fällt, ist gerade, daß es nicht, wie geistige Formen, die unmittelbar auf die Realität gehen, diese eindeutig als dies oder jenes bestimmt. Es spricht keine Urteile; Urteil wird es als Ganzes. Das Moment der Unwahrheit, das nach Hegels Aufweis in jedem einzelnen Urteil enthalten ist, weil nichts ganz das ist, was es im einzelnen Urteil sein soll, wird insofern von der Kunst korrigiert, als das Kunstwerk seine Elemente synthetisiert, ohne daß das eine Moment vom anderen ausgesagt würde: der heute im Schwang befindliche Begriff der Aussage ist amusisch. Was als urteilslose Synthesis die Kunst an Bestimmtheit im einzelnen einbüßt, gewinnt sie zurück durch größere Gerechtigkeit dem gegenüber, was das Urteil sonst wegschneidet. Zur Erkenntnis wird das Kunstwerk erst als Totalität, durch alle Vermittlungen hindurch, nicht durch seine Einzelintentionen. Weder sind solche aus ihm zu isolieren, noch ist es nach ihnen zu messen. So aber verfährt Lukács prinzipiell, trotz seines Protestes gegen die vereidigten Romanschreiber, die in ihrer schriftstellerischen Praxis so verfahren. Während er das Inadäquate an ihren Standardprodukten sehr wohl bemerkt, kann seine eigene Kunstphilosophie jener Kurzschlüsse gar nicht sich erwehren, vor deren Effekt, dem verordneten Schwachsinn, ihm dann schaudert.

Gegenüber der essentiellen Komplexität des Kunstwerks, die nicht als akzidentieller Einzelfall zu bagatellisieren wäre, sperrt

Lukács krampfhaft die Augen zu. Wo er einmal auf spezifische Dichtungen eingeht, streicht er rot an, was unmittelbar dasteht, und verfehlt dadurch den Gehalt. Er lamentiert über ein gewiß recht bescheidenes Gedicht von Benn, das lautet:

> O, daß wir unsere Ururahnen wären.
> Ein Klümpchen Schleim in einem warmen Moor.
> Leben und Tod, Befruchtung und Gebären
> glitte aus unseren stummen Säften vor.
>
> Ein Algenblatt oder ein Dünenhügel,
> vom Wind geformtes und nach unten schwer.
> Schon ein Libellenkopf, ein Mövenflügel
> wäre zu weit und litte schon zu sehr.

Daraus liest er „die Richtung auf ein jeder Gesellschaftlichkeit starr gegenübergestelltes Urtümliches", im Sinn von Heidegger, Klages und Rosenberg, schließlich eine „Verherrlichung des Abnormalen; einen Antihumanismus" (S. 32), während doch, selbst wenn man das Gedicht durchaus mit seinem Inhalt identifizieren wollte, die letzte Zeile Schopenhauerisch die höhere Stufe der Individuation als Leiden anklagt und während die Sehnsucht nach der Urzeit bloß dem unerträglichen Druck des Gegenwärtigen entspricht. Die moralistische Farbe von Lukács' kritischen Begriffen ist die all seiner Lamentationen über die subjektivistische „Weltlosigkeit": als hätten die Avantgardisten buchstäblich verübt, was in Husserls Phänomenologie, grotesk genug, methodologische Weltvernichtung heißt. So wird Musil angeprangert: „Der Held seines großen Romans, Ulrich, antwortet auf die Frage, was er tun würde, wenn das Weltregiment in seinen Händen wäre: ‚Es würde mir nichts übrig bleiben, als die Wirklichkeit abzuschaffen.' Daß die abgeschaffte Wirklichkeit von der Seite der Außenwelt ein Komplement zur subjektiven Existenz ‚ohne Eigenschaften' ist, bedarf keiner ausführlichen Erörterung." (S. 23) Dabei meint der inkriminierte Satz offensichtlich Verzweiflung, sich überschlagenden Weltschmerz, Liebe in ihrer Negativität. Lukács verschweigt das und operiert mit einem wirklich nun „unmittelbaren", gänzlich unreflektierten Begriff des Normalen, und dem zugehörigen der pathologischen Verzerrung. Nur ein von jedem Rest der Psychoanalyse glücklich gereinigter Geisteszustand kann den Zusammenhang zwischen jenem Normalen und der gesellschaftlichen Repression verkennen, welche die Partialtriebe ächtete. Eine Gesellschaftskritik, die ungeniert von normal und pervers daherredet, verharrt selbst im Bann dessen, was sie als überwunden vorspiegelt. Lukács' Hegelianische, kraftvoll-männliche Brusttöne über den Primat des substantiellen Allgemeinen vor der scheinhaften, hinfälligen „schlechten Existenz" bloßer Individuation mahnen an die von Staatsanwälten, welche die Ausmerzung des Lebensuntüchtigen und der Abweichung verlangen. Ihr Verständnis von Lyrik ist zu bezweifeln. Die Zeile „O, daß wir unsere Ururahnen wären" hat im Gedicht einen völlig anderen Stellenwert, als wenn sie einen buchstäblichen Wunsch ausdrückte. Im Wort „Ururahnen" ist Grinsen mitkomponiert. Die Regung des poetischen Subjekts gibt sich — übrigens eher altväterisch denn modern — durch die Stilisierung als komisch uneigentlich, als schwermütiges Spiel. Gerade das Abstoßende dessen, wohin der Dichter sich zurückzuwünschen fingiert und wohin man sich gar nicht zurückwünschen kann, verleiht dem Protest gegen geschichtlich produzierte Leiden Nachdruck. All das will ebenso wie der montagehafte „Verfremdungseffekt" im Gebrauch wissenschaftlicher Worte und Motive bei Benn mitgefühlt werden. Durch Übertreibung suspendiert er die Regression, die Lukács geradewegs ihm zuschreibt. Wer solche Obertöne überhört, ähnelt jenem subalternen Schriftsteller sich an, der Thomas Manns Schreibweise beflissen und geschickt nachahmt und über den dieser einmal lachend sagte: „Er schreibt genau wie ich, aber er meint es ernst." Simplifizierungen vom Typus des Lukácsschen Benn-Exkurses verkennen nicht Nuancen, sondern mit diesen das Kunstwerk selber, das erst durch die Nuancen eines wird. Sie sind symptomatisch für die Verdummung, die auch den Klügsten widerfährt, sobald sie Weisungen wie der zum sozialistischen Realismus parieren. Früher schon hatte Lukács, um die moderne Dichtung des Faschismus zu zeihen, triumphierend sich ein schlechtes Gedicht von Rilke ausgesucht, um darin herumzuwüten wie der Elefant in der Wiener Werkstätte. Offen bleibt, ob die bei Lukács spürbare Rückbildung eines

Bewußtseins, das einmal zum fortgeschrittensten rechnete, objektiv den Schatten der drohenden Regression des europäischen Geistes ausdrückt, jenen Schatten, den die unterentwickelten Länder über die entwickelteren werfen, die bereits beginnen, an jenen sich auszurichten: oder ob darin etwas über das Schicksal von Theorie selber sich verrät, die nicht nur ihren anthropologischen Voraussetzungen, also dem Denkvermögen der theoretischen Menschen nach verkümmert, sondern deren Substanz auch objektiv einschrumpft in einer Verfassung des Daseins, in der es mittlerweile weniger auf die Theorie ankommt als auf Praxis, die unmittelbar eins wäre mit der Verhinderung der Katastrophe.

Vor Lukács' Neo-Naivität ist auch der umschmeichelte Thomas Mann selbst, den er mit einem Pharisäismus gegen Joyce ausspielt, vor dem es dem Epiker des Verfalls gegraust hätte, nicht gefeit. Die von Bergson ausgelöste Kontroverse über die Zeit wird wie der gordische Knoten traktiert. Da Lukács nun einmal ein guter Objektivist ist, muß die objektive Zeit partout recht behalten und die subjektive bloße Verzerrung aus Dekadenz sein. Die Unerträglichkeit jener dinghaft entfremdeten, sinnleeren Zeit, die der junge Lukács einmal an der Education sentimentale so eindringlich beschrieb, hatte Bergson zur Theorie der Erlebniszeit genötigt, nicht etwa, wie der staatsfromme Stumpfsinn jeglicher Observanz sich das vorstellen mag, der Geist subjektivistischer Zersetzung. Nun entrichtete aber auch Thomas Mann im Zauberberg dem Bergsonschen temps durée seinen Tribut. Damit er für Lukács' These vom kritischen Realismus gerettet wird, erhalten manche Figuren aus dem Zauberberg eine gute Note, weil sie auch „subjektiv ein normales, objektives Zeiterleben haben". Dann heißt es wörtlich: „Bei Ziemssen ist sogar die Ahnung einer Bewußtheit vorhanden, daß das moderne Zeiterlebnis einfach eine Folge der abnormalen, von der Alltagspraxis hermetisch getrennten Lebensweise des Sanatoriums ist." (S. 54) Die Ironie, unter der insgesamt die Figur Ziemssens steht, ist dem Ästhetiker entgangen; der sozialistische Realismus hat ihn selbst gegen den gepriesenen kritischen abgestumpft. Der beschränkte Offizier, eine Art nach-Goethischer Valentin, der als Soldat und brav, wenngleich im Bett, stirbt, wird ihm unmittelbar zum Sprecher richtigen Lebens, etwa so wie Tolstois Lewin geplant und mißlungen war. In Wahrheit hat Thomas Mann ohne alle Reflexion, aber mit höchster Sensibilität das Verhältnis der beiden Zeitbegriffe so zwiespältig und doppelbödig dargestellt, wie es seiner Art und seinem dialektischen Verhältnis zu allem Bürgerlichen gemäß ist: Recht und Unrecht sind beide geteilt zwischen dem dinghaften Zeitbewußtsein des Philisters, der vergebens aus dem Sanatorium in seinen Beruf flüchtet, und der phantasmagorischen Zeit derer, die im Sanatorium, der Allegorie von Bohème und romantischem Subjektivismus, verbleiben. Weise hat Mann weder die beiden Zeiten versöhnt noch für eine gestaltend Partei ergriffen.

Daß Lukács am ästhetischen Gehalt selbst seines Lieblingstextes drastisch vorbeiphilosophiert, gründet in jenem vorästhetischen parti pris für Stoff und Mitgeteiltes der Dichtungen, den er mit ihrer künstlerischen Objektivität verwechselt. Während er sich um Stilmittel wie jenes keineswegs allzu versteckte der Ironie, geschweige denn um exponiertere, nicht kümmert, belohnt ihn für solchen Verzicht kein vom subjektiven Schein gereinigter Wahrheitsgehalt der Werke, sondern er wird mit ihrer kargen Neige abgespeist, dem Sachgehalt, dessen sie freilich bedürfen, um den Wahrheitsgehalt zu erlangen. So gern Lukács auch die Rückbildung des Romans verhindern möchte, er betet Katechismusartikel nach wie den sozialistischen Realismus, die weltanschaulich sanktionierte Abbildtheorie der Erkenntnis und das Dogma von einem mechanischen, nämlich von der unterdessen abgewürgten Spontaneität unabhängigen Fortschritt der Menschheit, obwohl der „Glauben an eine letztthinnige immanente Vernünftigkeit, Sinnhaftigkeit der Welt, ihre Aufgeschlossenheit, Begreifbarkeit für den Menschen" (S. 44) angesichts der irrevokabeln Vergangenheit einiges zumutet. Dadurch nähert er sich zwanghaft doch wieder jenen infantilen Vorstellungen von der Kunst, die ihm an den minder versierten Funktionären peinlich sind. Vergebens sucht er auszubrechen. Wie weit sein eigenes ästhetisches Bewußtsein bereits beschädigt ist, verrät etwa eine Stelle über die Allegorese in der byzantinischen Mosaikkunst; Kunstwerke dieses Typus von ähnlich hohem Rang könnten in der Literatur „nur Ausnahmeerscheinungen" (S. 42) sein. Als ob es in der Kunst, es sei denn in der von Akademien und Konservatorien, den Unterschied von Regel und Ausnahme überhaupt gäbe; als ob nicht alles

Ästhetische, als Individuiertes, dem eigenen Prinzip, der eigenen Allgemeinheit nach immer Ausnahme wäre, während, was unmittelbar einer allgemeinen Regelhaftigkeit entspricht, eben dadurch als Gestaltetes bereits sich disqualifiziert. Ausnahmeerscheinungen sind demselben Vokabular entlehnt wie die Spitzenleistungen. Der verstorbene Franz Borkenau sagte nach seinem Bruch mit der Kommunistischen Partei einmal, er hätte nicht länger ertragen können, daß man über Stadtverordnetenbeschlüsse in Kategorien der Hegelschen Logik und über die Hegelsche Logik im Geist von Stadtverordnetenversammlungen verhandle. Dergleichen Kontaminationen, die freilich bis auf Hegel selbst zurückdatieren, ketten Lukács an jenes Niveau, das er so gern mit seinem eigenen ausgliche. Die Hegelsche Kritik am „unglücklichen Bewußtsein", der Impuls der spekulativen Philosophie, das scheinhafte Ethos der isolierten Subjektivität unter sich zu lassen, wird ihm unter den Händen zur Ideologie für borniertes Parteibeamte, die es zum Subjekt noch gar nicht gebracht haben. Ihre gewalttätige Beschränktheit, Rückstand des Kleinbürgertums vom neunzehnten Jahrhundert, erhöht er zu einer der Beschränktheit bloßer Individualität enthobenen Angemessenheit ans Wirkliche. Aber der dialektische Sprung ist keiner aus der Dialektik heraus, der auf Kosten der objektiv gesetzten gesellschaftlichen und technischen Momente der künstlerischen Produktion durch bloße Gesinnung das unglückliche Bewußtsein in glückliches Einverständnis verwandelte. Der vermeintlich höhere Standpunkt muß, nach einer von Lukács kaum wohl bezweifelten Hegelschen Lehre, notwendig abstrakt bleiben. Der desperate Tiefsinn, den er wider den Schwachsinn der boy meets tractor-Literatur aufbietet, bewahrt ihn denn auch nicht vor Deklamationen, abstrakt zugleich und kindisch: „Je mehr der behandelte Stoff ein gemeinsamer ist, je mehr die Schriftsteller von verschiedenen Seiten dieselben Entwicklungsbedingungen und -richtungen derselben Wirklichkeit erforschen, je stärker sich diese, mit allen geschilderten Trennungen, in eine überwiegend oder rein sozialistische verwandelt, desto näher muß der kritische Realismus dem sozialistischen kommen, desto mehr muß sich seine negative (bloß: nicht ablehnende) Perspektive, durch viele Übergänge, in eine positive (bejahende), in eine sozialistische verwandeln." (S. 125) Der jesuitische Unterschied zwischen der negativen, nämlich „bloß nicht ablehnenden" und der positiven, nämlich „bejahenden" Perspektive verlagert die Fragen der literarischen Qualität genau in jene Sphäre vorschriftsmäßiger Gesinnung, der Lukács entrinnen möchte.

An seinem Willen dazu freilich ist kein Zweifel. Man wird dem Buch nur dann gerecht, wenn man sich vergegenwärtigt, daß in Ländern, wo das Entscheidende nicht beim Namen genannt werden darf, die Male des Terrors all dem eingebrannt sind, was anstelle jenes Entscheidenden gesagt wird; daß aber andererseits dadurch selbst unkräftige, halbe und abgebogene Gedanken in ihrer Konstellation eine Kraft gewinnen, die sie à la lettre nicht besitzen. Unter diesem Aspekt muß das gesamte dritte Kapitel gelesen werden, trotz aller Disproportion des geistigen Aufwands zu den behandelten Fragen. Zahlreiche Formulierungen brauchte man nur weiter zu denken, um ins Freie zu kommen. So die folgende: „Eine bloße Aneignung des Marxismus (gar nicht zu sprechen von einer bloßen Teilnahme an der sozialistischen Bewegung, von einer bloßen Parteizugehörigkeit) zählt allein, für sich genommen, so gut wie nichts. Für die Persönlichkeit des Schriftstellers können die auf solchen Wegen erworbenen Lebenserfahrungen, durch sie erweckten intellektuellen, moralischen usw. Fähigkeiten sehr wertvoll werden, dazu beitragen, diese Möglichkeit in eine Wirklichkeit zu verwandeln. Aber man ist in einem verhängnisvollen Irrtum, wenn man meint, der Prozeß der Umsetzung eines richtigen Bewußtseins in eine richtige realistische, künstlerische Widerspiegelung der Wirklichkeit sei prinzipiell direkter und einfacher als der eines falschen Bewußtseins." (S. 101 f.) Oder, gegen den sterilen Empirismus des heute überall gedeihenden Reportageromans: „Es ist ja auffallend, daß auch im kritischen Realismus das Auftreten eines Ideals der monographischen Komplettheit, etwa bei Zola, ein Zeichen der inneren Problematik war, und wir werden später zu zeigen versuchen, daß das Eindringen solcher Bestrebungen für den sozialistischen Realismus noch problematischer geworden ist." (S. 106) Urgiert Lukács in solchem Zusammenhang, mit der Terminologie seiner Jugend, den Vorrang der intensiven Totalität vor der extensiven, so brauchte er seine Forderung nur ins Gestaltete selbst hineinzuverfolgen und würde zu eben dem genötigt, was er, solange er ex cathedra doziert, den Avantgardisten verübelt; grotesk, daß er trotzdem immer noch den „Antirealismus der Dekadenz" „besiegen" will. Er kommt sogar einmal der Einsicht nahe, die russische Revolution habe keineswegs einen Zustand herbeigeführt, der eine „positive" Literatur verlange und trage: „Vor allem darf man die sehr triviale Tatsache nicht vergessen, daß diese Machtergreifung zwar einen ungeheuren Sprung vorstellt, daß aber die Menschen in ihrer Mehrheit, also auch die Künstler, dadurch allein noch keine wesentliche Umwandlung durchmachen." (S. 112) Gemildert zwar, als handele es sich um einen bloßen Auswuchs, plaudert er danach doch aus, was es mit dem sogenannten sozialistischen Realismus auf sich hat: „Es entsteht dabei eine ungesunde und minderwertige Variante des bürgerlichen Realismus oder wenigstens eine äußerst problematische Annäherung an seine Ausdrucksmittel, wobei naturgemäß gerade dessen größte Tugenden fehlen müssen." (S. 127) In dieser Literatur werde der „Wirklichkeitscharakter der Perspektive" verkannt. Das will sagen, „daß viele Schriftsteller das, was zwar als eine in die Zukunft weisende Tendenz, aber nur als eine solche, vorhanden ist, die eben darum, richtig aufgefaßt, den entscheidenden Standpunkt zur Bewegung der gegenwärtigen Etappe ergeben könnte, einfach mit der Wirklichkeit selbst identifizieren, die oft nur im Keime vorhandenen Ansätze als vollentfaltete Realitäten darstellen, mit einem Wort, daß sie Perspektive und Wirklichkeit einander mechanisch gleichsetzen" (S. 128). Aus der terminologischen Verschalung gelöst, heißt das nichts anderes, als daß die Prozeduren des sozialistischen Realismus und der von Lukács als deren Komplement erkannten sozialistischen Romantik ideologische Verklärung eines schlechten Bestehenden sind. Der offizielle Objektivismus totalitärer Literaturbetrachtung erweist sich für Lukács als selber bloß subjektiv. Ihm kontrastiert er einen menschenwürdigeren ästhetischen Objektivitätsbegriff: „Denn die Formgesetze der Kunst, in all ihren komplizierten Wechselbeziehungen von Inhalt und Form, von Weltanschauung und ästhetischem Wesen usw., sind ebenfalls von objektiver Wesensart. Ihre Verletzung hat zwar keine derart unmittelbaren praktischen Konsequenzen, wie das Mißachten der Gesetze der Ökonomie, sie bringt aber ebenso zwangsläufig problematische, ja einfach mißlungene, minderwertige Werke hervor." (S. 129) Hier, wo der Gedanke die Courage zu sich selbst hat, fällt Lukács weit triftigere Urteile als die banausischen über die moderne Kunst: „Das Zerreißen der dialektischen Vermittlung bringt dadurch sowohl in der Theorie wie in der Praxis eine falsche Polarisation hervor: auf dem einen Pole erstarrt das Prinzip aus einer ,Anleitung zur Praxis' zu einem Dogma, auf der anderen verschwindet das Moment der Widersprüchlichkeit (oft auch das der Zufälligkeit) aus den einzelnen Lebenstatsachen." (S. 130) Er nennt bündig das Zentrale: „Die literarische Lösung wächst also nicht aus der widerspruchsvollen Dynamik des gesellschaftlichen Lebens heraus, sie soll vielmehr zur Illustration einer im Vergleich zu ihr abstrakten Wahrheit dienen." (S. 132) Schuld daran sei die „Agitation als Urform", als Vorbild von Kunst und Gedanken, die dadurch erstarren, einschrumpfen, praktizistisch-schematisch werden. „Anstelle einer neuen Dialektik steht eine schematische Statik vor uns." (S. 135) Kein Avantgardist hätte dem etwas hinzuzufügen.

Bei all dem bleibt das Gefühl von einem, der hoffnungslos an seinen Ketten zerrt und sich einbildet, ihr Klirren sei der Marsch des Weltgeistes. Ihn verblendet nicht nur die Macht, die, wenn sie überhaupt den unbotmäßigen Gedanken Lukács' Raum gewährt, sie kaum kulturpolitisch beherzigen wird. Sondern die Kritik Lukács' bleibt in dem Wahn befangen, die heutige russische Gesellschaft, die in Wahrheit unterdrückt und ausgepreßt wird, sei, wie man es in China ausgeklügelt hat, zwar noch widerspruchsvoll, aber nicht antagonistisch. All die Symptome, gegen die er protestiert, werden selber hervorgebracht von dem propagandistischen Bedürfnis der Diktatoren und ihres Anhangs danach, jene These, die Lukács mit dem Begriff des sozialistischen Realismus implizit billigt, den Massen einzuhämmern und aus dem Bewußtsein zu vertreiben, was immer sie irr machen könnte. Die Herrschaft einer Doktrin, die so reale Funktionen erfüllt, wird nicht gebrochen, indem man ihre Unwahrheit dartut. Lukács zitiert einen zynischen Satz von Hegel, der den sozialen Sinn des Prozesses ausspricht, wie ihn der ältere bürgerliche Erziehungsroman beschreibt: „,Denn das Ende solcher Lehrjahre besteht darin, daß sich das Subjekt die Hörner abläuft, mit seinem Wünschen und Meinen sich in die bestehenden Verhältnisse und die Vernünftigkeit derselben hineinbildet, in die Verkettung der Welt eintritt und in ihr sich einen angemessenen Standpunkt erwirbt.'" (S. 122) Daran schließt Lukács die Reflexion an: „In einem bestimmten Sinn widersprechen viele der besten bürgerlichen Romane dieser Feststellung Hegels, in einem anderen, ebenso bestimmten Sinn, bestätigen sie wiederum seine Aussage. Sie widersprechen, indem der Abschluß der von ihnen gestalteten Erziehung keineswegs immer eine derartige Anerkennung der bürgerlichen Gesellschaft beinhaltet. Der Kampf um eine den Jugendträumen und Überzeugungen entsprechende Wirklichkeit wird von der gesellschaftlichen Gewalt abgebrochen, die Rebellen oft auf die Knie, oft zur Flucht in die Einsamkeit etc. gezwungen, aber die Hegelsche Versöhnung wird doch nicht von ihnen erpreßt. Allerdings, indem der Kampf mit Resignation endet, kommt sein Ergebnis dem Hegelschen doch nahe. Denn einerseits siegt die objektive soziale Realität dann doch über das bloß Subjektive der individuellen Bestrebungen, andererseits ist die von Hegel proklamierte Versöhnung schon bei diesem einer Resignation keineswegs völlig fremd." (a.a.O.) Das Postulat einer ohne Bruch zwischen Subjekt und Objekt darzustellenden und um solcher Bruchlosigkeit willen, nach Lukács hartnäckigem Sprachgebrauch, „widerzuspiegeln" Wirklichkeit jedoch, das oberste Kriterium seiner Ästhetik, postuliert, daß jene Versöhnung geleistet, daß die Gesellschaft richtig ist; daß das Subjekt, wie Lukács in einem anti-asketischen Exkurs einräumt, zu dem Seinen komme und in seiner Welt zu Hause sei. Nur dann verschwände aus der Kunst jenes Moment von Resignation, das Lukács an Hegel gewahrt und das er erst recht am Urbild seines Begriffs von Realismus, an Goethe, konstatieren müßte, der Entsagung verkündigte. Aber die Spaltung, der Antagonismus überdauert, und es ist bloße Lüge, daß er in den Oststaaten, wie sie das so nennen, überwunden sei. Der Bann, der Lukács umfängt und ihm die ersehnte Rückkunft zur Utopie seiner Jugend versperrt, wiederholt die erpreßte Versöhnung, die er am absoluten Idealismus durchschaut.

ZUM BEGRIFF DES REALISMUS FÜR DIE ERZÄHLENDE DICHTUNG DES NEUNZEHNTEN JAHRHUNDERTS*

Von Richard Brinkmann

„Realismus" heißt in der Forschung zur deutschen Literatur des 19. Jahrhunderts fast durchweg: „Gegenständlichkeit", unvoreingenommene, vorbehaltlose, „objektive" Aufnahme der tatsächlichen Wirklichkeit aller Bereiche der Welt, des Menschen, freilich auch seiner Seele, aller Stände und Berufe in die Dichtung, der Natur, des Historischen im positiven und genauen Sinne, des Häßlichen und Niederen auch; dies alles mehr oder weniger verklärt, ästhetisch erhoben, verschönt, vergoldet, und wie die Formulierungen noch lauten. Die Art und Weise dieser Aufnahme der Wirklichkeit wird freilich z. T. verschieden gesehen; das hängt zuweilen von der Weltanschauung der Forscher ab, von dem, was sie unter „Wirklichkeit" verstehen, oder von ihren methodischen Ansätzen. Man geht entweder aus von der sogenannten Wirklichkeit selbst, wie man sie versteht, und schaut nach, was davon in der Dichtung zu finden ist — je mehr und genauer sie aufgenommen ist, um so realistischer ist die Dichtung. Oder man geht von der Dichtung aus und interpretiert sie im Hinblick auf die Struktur der Wirklichkeit, der Welt, die *in* ihr, d. h. intentional in ihren Aussagen gegeben ist.

---

* Auf Bitte der Herausgeber dieser Zeitschrift (Orbis Litterarum) und mit freundlicher Genehmigung des Max Niemeyer Verlages, Tübingen, fasse ich hier kurz die Ergebnisse meines Buches „Wirklichkeit und Illusion. Studien über Gehalt und Grenzen des Begriffs Realismus für die erzählende Dichtung des neunzehnten Jahrhunderts" (Tübingen 1957) zusammen, d. h. im wesentlichen das, was ich dort in dem Schlußkapitel („Grenzen des Realismus-Begriffs") dargelegt habe. Einiges wiederhole ich wörtlich, anderes formuliere ich — nicht nur aus Gründen der Kürze — neu und mit anderen Nuancen.

Dabei spielt häufig die Frage eine bedeutsame Rolle, ob in den realistischen Dichtungen das Einzelne auf eine ganzheitliche Ordnung, eine höhere Einheit bezogen sei oder bleibe, oder ob vielmehr gerade die Vereinzelung zu den konstituierenden Merkmalen des Realismus gehöre.

Wo der Begriff den Sinn einer wie auch immer im einzelnen verstandenen „getreuen", „objektiven" Aufnahme der tatsächlichen Wirklichkeit bekommt, geht sein Verständnis aus von einer dogmatischen Gegenstandsvorstellung und nimmt, ob bewußt oder unbewußt, für das sprachliche Kunstwerk grundsätzlich die gleiche intentionale Funktion an wie für die Sprache der Mitteilung, der Verständigung, der Wissenschaft, des faktisch-historischen Berichts. Dichtung aber ist, wo immer sie Dichtung bleibt, nicht Wiedergabe einer Wirklichkeit „draußen" mit mehr oder weniger ästhetischem Firnis. Sie baut — das bedarf heute kaum mehr der Erinnerung — eine eigene Wirklichkeit auf mit eigener Struktur, eigenen Gesetzen, eigener Logik. Zwar hat sie als sprachliches Gebilde — solange sie nicht ihr Wesen als Kunst des Wortes, des Logos verleugnet und höhere Aussagekraft im Übergang zu rein abstrakten Strukturformen sucht, die im Grunde und ihrem Wesen nach anderen Künsten zugehören, wie z. B. der Musik — immer einen intentionalen Bezug zur Wirklichkeit „draußen", zu einer außersprachlichen Realität. Aber *dieser* intentionale Bezug, der jeder sinnvollen sprachlichen Aussage eignet, ist nicht eben das, was erzählende Dichtung als Dichtung konstituiert. Die Sprache der Mitteilung und der Verständigung realisiert ihre intentionalen Bezüge in den einzelnen Wörtern und in Sätzen und Sinnzusammenhängen, die nach den Regeln der Grammatik geordnet sind. Diese Sprache mit ihren intentionalen Bezügen wird in der Dichtung unter neuen Formgesetzen gestaltet. Sie ist das Substrat der sprachlichen Realität der Dichtung, die ein intentionales Sein von eigener und autonomer Art und Valenz darstellt.

Um zu erkunden, was der sogenannte Realismus in der Literatur des 19. Jahrhunderts sei, gilt es, die Strukturformen genau zu analysieren und ihren Aussagegehalt eben im Hinblick auf die Spannung hin zu interpretieren zwischen dem herkömmlichen Sinn der einzelnen Wörter und Sätze und ihrer neuen Funktion im Dienste der Form, der Struktur, der Komposition und *ihres* Aussagewerts, d. h. wenn man so will, die „Symbolfunktion der Mimesis" in allen ihren Mitteln im Einzelnen und Ganzen zu deuten.[1]

Eine größere Zahl von Textanalysen dieser Art, von denen ich als Beispiele einige veröffentlicht habe,[2] zugleich zum Aufweis erster denkbarer geometrischer Örter auf der Linie einer Entwicklung, führen zu folgenden hier thesenhaft und notwendig abstrakt zusammengefaßten Ergebnissen:

Zunächst erweisen sie den üblichen Realismus-Begriff für die Erzählkunst des 19. Jahrhunderts noch in einem weiteren Sinne als fragwürdig, soweit er durch eine ausgesprochene oder unausgesprochene Identifizierung von gegenständlicher Realität und Objektivität, von Realismus und „Objektivismus" gebildet ist. Denn auch da, wo es der erzählenden Dichtung programmatisch und praktisch auf den intentionalen Bezug zur tatsächlichen Wirklichkeit ankommt, wo sie bewußt und entschieden in der Sprache eine Vergegenwärtigung der Tatsächlichkeit will und sonst nichts, kommt sie nicht zu gegenständlicher Objektivität. Je genauer sie nämlich das besondere, individuelle Tatsächliche in der Sprache zu erfassen und darzustellen versucht, um so mehr treten an die Stelle reiner intentionaler „Gegenständlichkeit", an die Stelle der „Gegenstände" die subjektiven Bestimmungen, mit denen sie in ihrer Besonderheit vorgestellt werden sollen. Die hypostasierte „objektive", „tatsächliche" Wirklichkeit verbirgt sich unter den Formen, in denen sie „nüchtern" und „vorbehaltlos" offenbar gemacht und intentionale Anschaulichkeit werden soll. Daß das eine sprachphilosophische Binsenwahrheit und ein erkenntnistheoretisches Faktum sein mag, das nicht nur für die Dichtung gilt, ändert nichts an

---

[1] Käte Hamburger, Die Logik der Dichtung. Stuttgart 1957. S. 249. Das Buch bestätigt überhaupt von seinem grundsätzlichen, „dichtungslogischen" Ansatz her in manchem das hier und im Folgenden sowie in meinem Buch dargelegte. — Vgl. auch: Wilhelm Emrich, Das Problem der Symbolinterpretation im Hinblick auf Goethes „Wanderjahre". DVjs 26. 1952. S. 331—352, besonders das zum Symbolcharakter von realistischen Dichtungen (S. 335, 336), von „dichterischen Sprachformen, Kompositionsweisen, geschilderten Vorgängen usw." Gesagte (S. 340); damit stimme ich überein. [2] In dem oben erwähnten Buch.

seiner spezifischen Bedeutung und seinen Folgen auch für die poetische Struktur in dem „realistischen" Bemühen der Dichter.

Wenn man genauer zusieht, muß man entdecken, daß in der Erzählkunst des sogenannten Realismus die tatsächliche Wirklichkeit erst recht eigentlich problematisch geworden ist. Das „Objektive" ist gerade das Problem des Subjektiven, der Subjektivität; anders gewendet: des Verhältnisses des Subjekts zur Tatsächlichkeit oder der „Wirklichkeit" des Subjekts, d. h. der Wirklichkeit, die das einzelne Subjekt erfassen und „haben" kann.

Im Hinblick auf die Denkbewegungen des Idealismus und die Poesie der Klassik und die Reflexionen und die Dichtungen der Romantik, ja sogar älterer deutscher und europäischer Literaturwerke des 18. Jahrhunderts ist das zunächst nichts grundsätzlich Neues. Nicht nur bei Heinrich von Kleist, der freilich keineswegs Ideen und Probleme gestalten wollte, sind diese Fragen die bewegenden Kräfte des Dichtens und Denkens, sondern auch bei Goethe, bei Schiller auf seine Weise, bei den Romantikern sind sie von zentraler Bedeutung. Aber im Laufe des 19. Jahrhunderts verändert sich allmählich und konsequent die Form dieser Fragen, und der Schwerpunkt verlagert sich. Die Vorstellung einer ganzen und komplexen Wirklichkeit, in die das Subjekt als selbst konstituierender Bestandteil einbezogen ist, schwindet trotz der überaus starken Fortwirkung von Klassik und Romantik, von Kant und Hegel langsam zugunsten einer neuen Scheidung von Objekt und Subjekt, und die Frage wird brennend, wie das Einzelsubjekt (zunächst nicht mehr das „transzendentale") die konkrete Tatsächlichkeit erkennen und bewältigen könne.[3]

Zwar hatte man theoretisch nicht vergessen, daß „die Erscheinung ... vom Beobachter nicht losgelöst, vielmehr in die Individualität desselben verschlungen und verwickelt" ist;[4] aber wie in Naturwissenschaft und Geschichtsschreibung huldigte man doch

---

[3] Es ist klar, daß in dieser Entwicklung Hegel eine bedeutsame Rolle spielt. (Vgl. Karl Löwith, Von Hegel zu Nietzsche. Stuttgart ²1950, besonders S. 153). Aber auch Impulse aus dem vorkantischen 18. Jahrhundert werden hier aufs neue wirksam.

[4] Goethe, Maximen und Reflexionen. Neu geordnet, eingeleitet und erläutert von Günther Müller. Stuttgart (Kröner) ³1949. Nr. 1020. S. 172.

grundsätzlich auch in der Erzählkunst weithin dem Ideal, das, wie Ranke an König Max II. von Bayern schrieb, „darin liegen" würde, „daß das Subject sich rein zum Organ des Objects... machen könnte".[5] Freilich sollte die Erzählkunst immer Kunst bleiben; aber der Geist des wissenschaftlichen Wahrheitsbegriffs erfaßte sie doch auch da, wo sie sich ihrer poetischen Eigengesetzlichkeit noch bewußt war und im Ganzen mehr und anderes wollte als die bloße Wiedergabe der Erfahrung. Indessen: die „realistischen" Dichter im 19. Jahrhundert verstrickten sich — so zeigt sich dem genauer zusehenden Blick — eben bei dem Versuch, das „Objekt" als „Objekt" zu isolieren, Wirklichkeit illusionslos als konkrete, „objektive" Tatsächlichkeit zu sehen und darzustellen und über die „Subjektivität" der romantisch-idealistischen Poesie hinauszukommen, in die individuelle Subjektivität.[6] Die Anstrengung, das „Objekt" zu isolieren und das Tatsächliche objektiv und detailliert zu vergegenwärtigen, löste — notwendig, so scheint es — die Ganzheit der Wirklichkeit allmählich und bis zu einem gewissen Grade auf. Die Erkenntnis Lugowskis, die er von Cocteau übernimmt, ist sicher richtig, daß „erst ‚isoliert' die (Einzel-)Dinge ganz und nur sie selbst", „‚real' im wahren Sinn" seien.[7]

[5] Brief vom 26. Nov. 1859. Sämtl. Werke Bd. 53—54. S. 404 f.

[6] Eine jüngst erschienene Arbeit, die wenn auch von anderen Perspektiven her, unsere Thesen im Prinzip bestätigt und ergänzt, hat gezeigt, wie sich eben bei einem der entschiedensten Versuche zu „objektiver" Erzählung zu kommen, nämlich in Spielhagens Theorie und Praxis, Subjektivität einschleicht. Diese Subjektivität — so weist der Verfasser nach — bleibt unreflektiert erhalten und verdeckt eben durch das Zugeständnis einer harmloseren und wenig interessanten Subjektivität; einer gewissermaßen selbstverständlichen Subjektivität, die darin besteht, daß der Autor einer notwendigen *quantitativen* Beschränkung in der in diesen äußeren Grenzen gleichwohl — wie Spielhagen meint — „objektiven" Wiedergabe der Welt unterworfen ist. (Winfried Hellmann, Objektivität, Subjektivität und Erzählkunst. Zur Romantheorie Friedrichs Spielhagens. In: Wesen und Wirklichkeit des Menschen. Festschrift für Helmuth Plessner, hersg. von Klaus Ziegler. Göttingen 1957. S. 340—397).

[7] Clemens Lugowski, Die Form der Individualität im Roman. Studien zur inneren Struktur der frühen deutschen Prosaerzählung. Neue Forschung 14. Berlin 1932. S. 56 f.

Die Ahnung und Einsicht dieser Tatsache aber trieb die Dichter im 19. Jahrhundert meist um so mehr dazu, neue Formen der Ganzheit zu finden oder zu entwerfen und sie in ihren Dichtungen zu gestalten. Daß sie dabei zuweilen alte Formschemata übernahmen, um sie mit neuem Inhalt zu füllen, ist ein naheliegender Ausweg aus dem Dilemma, in das sie geraten mußten. Immermanns „Epigonen" sind ein aufdringliches Beispiel dafür. Aber die Bemühungen, neue Formen einer Ganzheit zu finden, die das isolierte Einzelne verbinden und zuordnen sollten, sind von mannigfacher Art: Man suchte sie in der Einheit und Kontinuität der Geschichte, in der Verbundenheit mit Landschaft und Natur, in der Einheit eines christlichen Welt- und Menschenbildes verschiedener Färbung, in der Vision eines „ordo" mittelalterlicher Prägung, in der Wiederaufnahme und Umbildung einer Organismus-Vorstellung Goethescher oder romantischer Herkunft, in der Konstruktion einer lückenlos funktionierenden Kausalität, in der Wiederbelebung alter Mythen und in der Schöpfung neuer, in der Einschränkung des Blicks und der Form auf den „Mikrokosmos" des vertrauten und „gemütlichen" Lebenskreises und so fort. Die Beispiele für dies alles liegen ja für den Kenner auf der Hand.

Sicherlich aber ist es falsch, nun gerade die Ganzheit, die Beziehung des Einzelnen auf eine übergreifende Ordnung und höhere Einheit zum wesentlichen und begründenden oder mindestens mitbegründenden Bestandteil des Begriffs Realismus der erzählenden Literatur des 19. Jahrhunderts zu machen. Diese Beziehung des Einzelnen auf eine höhere Einheit gehört wohl vielerorts zum Bild der realistischen Dichtung im 19. Jahrhundert. Aber sie ist nicht gerade das, was die neue Tendenz des literaturgeschichtlichen Werdens bezeichnet, die dem Namen Realismus den Inhalt gibt. Man kann — überspitzt — geradezu sagen: Es gibt das Postulat und die Vorstellung einer höheren Einheit *trotz* der zentralen Tendenz, die das Neue und Eigentümliche des Realismus ausmacht. Diese Ganzheiten sind zum großen Teil hypostasierte Ganzheiten, die nicht aus der erfahrenen Tatsächlichkeit abgelesen sein wollen, sondern nach denen das in der Erfahrung isolierte Einzelne normativ angeordnet wird, und die man nach ästhetischer Zweckmäßigkeit als Aufbauschemata der Erzählkunstwerke braucht. Sie haben vielfach den Charakter des Surrogats einer verlorenen Totalität der idealistisch-klassisch-romantischen Epoche und der Ganzheit früherer Zeiten.[8] — Ganzheit gehört nicht konstitutiv zu einem Begriff des Realismus im 19. Jahrhundert, oder jedenfalls nur in dem Sinne, wie Ganzheit zu jedem vollendeten Kunstwerk gehört.

Die Absicht, das Tatsächliche „objektiv" zu erfassen, bedingt nicht nur eine Differenzierung und Vermehrung der Aussageformen, die das Tatsächliche detailliert und individuell umgreifen und vorstellen sollen. Vielmehr werden freilich auch die „Gegenstände", die in diesen Aussageformen intentional erfaßt und so zum „Material" der autonomen Intentionalität der Dichtungen werden, immer zahlreicher und mannigfaltiger. Denn wo zu den Antriebskräften des Dichtens die Suche nach dem Tatsächlichen, d. h. mindestens *auch* eine Art wissenschaftlichen Geistes gehört, da müssen die Grenzen dessen, was in die Dichtung „aufgenommen" werden kann, was die Dichtung interessiert, sich *grundsätzlich* so sehr erweitern, wie es überhaupt die allgemeine und wissenschaftliche Kenntnis der Zeit von der Welt und allen ihren Erscheinungen, den dauernden und sich wandelnden, den gegenwärtigen und vergangenen zuläßt. Wo das Kriterium der „Wahrheit" im Sinne von Tatsächlichkeit zu einem wesentlichen „künstlerischen Wert"[9] erhoben wird, da kann es auf die Dauer keine grundsätzlich von der Dichtung ausgeschlossenen Gegenstandsbezirke mehr geben. Grenzen setzen hier die ästhetischen Baugesetze der Dichtungen, ihre autonome Intentionalität, von der ich gesprochen habe.

Die reiche „Gegenständlichkeit", die Fülle des Tatsächlichen, die so oft als das entscheidende Kennzeichen des Realismus gepriesen

[8] Dabei muß man sich vor Augen halten, daß auch die Formen der Ganzheit der idealistisch-klassisch-romantischen Epoche keineswegs „objektive" Widerspiegelung einer allgemeinen Situation der Zeit sind, sondern in gewissem Sinne gegen die Zeit und ihre Tendenzen gestaltet sind. Indessen ist doch auch gerade diese Tatsache symptomatisch für den Geist der Zeit.

[9] Hugo Bieber, Der Kampf um die Tradition. Die deutsche Dichtung im europäischen Geistesleben 1830—1880. Epochen der deutschen Literatur, hrsg. v. Julius Zeitler, Bd. V. Stuttgart 1928. S. 2.

wird, sagt aber nur *indirekt* über das Wesen dieses Realismus etwas aus. Sie macht keinesfalls — das zeigt sich auch unter diesem Gesichtspunkt von neuem — dieses Wesen unmittelbar selbst aus. Die beträchtliche Erweiterung des Wissens auf allen Gebieten, die interessierte Beschäftigung mit zahllosen neuen „Gegenständen" — dies ist ein Kennzeichen der Zeit, an dem die Dichtung nur in gewissem Sinne *auch teilhat* (wie natürlich auch, in mancherlei Stilphänomenen, an den technischen, sozialen und anderen Veränderungen der Epoche). Was die Dichtungen in ihrer gestalteten Wirklichkeit, in ihrer autonomen Intentionalität vorstellen und „meinen", ist nicht diese Erweiterung und Differenzierung des Wissens, diese „vorbehaltlose" Erforschung und Erfassung des Tatsächlichen *an sich*, es ist auch nicht die Vermittlung und Darstellung von solchem Wissen im Einzelnen, also auch nicht etwa die Darbietung verfeinerter Psychologie und so fort, was doch gemeinhin als das eigentlich Neue und Realistische angesehen wird. Vielmehr vergegenwärtigen gerade die „modernen" erzählenden Dichtungen, die für die Tendenz des Neuen, Realistischen bezeichnend sind, das eigentliche und menschliche Problem, das es hier gibt: nämlich — so sagte ich schon unter anderem Aspekt — das „Problem" des Subjekts, der Subjektivität, der Möglichkeit, dieser Wirklichkeit habhaft und ihr gerecht zu werden; und dies eben nicht nur im Hinblick auf ihre gewissermaßen wissenschaftliche Erkenntnis, sondern im Hinblick auf ihre — wenn man einmal so sagen darf — existentielle Erkenntnis und Bewältigung. Es geht um die Wirklichkeit des einzelnen Menschen, um die Wirklichkeit, die der Einzelne „hat" im existentiellen Sinne.

In solchem Betracht ist es für das Wesen des „Realismus" im 19. Jahrhundert freilich alles andere als gleichgültig, daß eine große Mannigfaltigkeit von Tatsächlichem neu in die Dichtung hineinkommt und sich ihr neue und weite Gegenstandsbereiche eröffnen.[10] Aber die andrängende Fülle des neuen Tatsächlichen führt in der Dichtung zur poetischen Vergegenwärtigung einer Situation, die über die Lage und Haltung der Wissenschaft und des allgemeinen Bewußtseins ihrer Zeit grundsätzlich schon hinaus ist.

---

[10] Vgl. auch Emrich a. a. O. S. 335 f., 341.

Die bedeutsame und ausdrucksvolle Realität ihrer Formen und Strukturen zeigt — mehr oder weniger bewußt — gerade dieses Tatsächliche und das Verhältnis des Einzelnen zu ihm schon als fragwürdig.

Es ist eine eigentümliche Paradoxie, daß eben die Fülle des Tatsächlichen in der erzählenden Dichtung nicht eigentlich zu einem verbreiterten „objektiven" Erkenntnis- und Vorstellungsbesitz der Welt führt, sondern zur differenzierten Erschließung des Einzelsubjekts, seiner Organe, seiner Empfindungen und Reaktionen, in denen die Welt erscheinen soll; daß bei der Suche nach den besonderen Tatsachen mehr und mehr das Einzelsubjekt und *seine* spezifische Wirklichkeit in den Mittelpunkt treten. Was die sogenannte realistische Erzählkunst auf vielfältige Weise beschwört und vorstellt, das ist die zunehmende Subjektivierung der Wirklichkeit gerade *in* der Erfahrung einer neuen Fülle und neuer Formen des Tatsächlichen. So bildet diese Erzählkunst zwar nicht „objektiv" die vermeintlich „objektive" Tatsächlichkeit ab (das kann auch als Dichtkunst gar nicht ihre Aufgabe sein), aber sie vergegenwärtigt „objektiv" die Situation des Menschen in der Begegnung mit den neuen Erfahrungen, wie sie, auf *ihre* Weise, Wissenschaft und Philosophie begrifflich zu definieren versuchten. Zu diesen Erfahrungen gehört auch das Erlebnis und die Problematik des Einzelnen in der Gemeinschaft verschiedener, zum Teil neuer Art. Sie zeigt den einzelnen Menschen auf dem Wege zu *seiner* Wirklichkeit. Nicht *nur* dies freilich vergegenwärtigt und offenbart die erzählende Dichtung im 19. Jahrhundert, aber sie tut es jedenfalls, insofern sie an der neuen Werdetendenz Anteil hat, die man mit Realismus zu bezeichnen pflegt.

So repräsentieren auch die erzählenden Dichtungen des 19. Jahrhunderts, gleichgültig welcher Entwicklungsstufe, „objektive" Realität und zwar im Prinzip nicht weniger als etwa diejenigen Goethes.[11] Es wäre deshalb falsch, diese „realistische" Kunst als solche mit dem — vielleicht tadelnd gemeinten — Namen „Subjektivismus" zu belegen. Auch das ist in der Forschung oft genug geschehen, freilich immer nur im Hinblick auf „Inhalt" und dargestellte „Ideen". „Subjektivistisch" sind diese Kunstwerke, soweit

---

[11] Vgl. Käte Hamburger a. a. O. S. 83 ff., 94 ff.

sie immer Kunstwerke genannt werden dürfen, ebensowenig wie
diejenigen Goethes oder irgendeiner anderen Epoche. Sie vergegenwärtigen
die „Subjektivität", von der ich abkürzend spreche, grundsätzlich
ebenso „objektiv" wie die erzählenden Dichtungen des reifen
Goethe jene gewisse „Objektivität", von der man, bei mancherlei
Einschränkungen auch (vgl. oben Anm. 8), doch sprechen darf:
die, weil sie eben letztlich noch aus anderer Welterfahrung kommt,
auch das Subjektive, ja subjektive Verirrung der Gestalten (z. B. in
den „Lehrjahren") im Stil des Ganzen mediatisiert. Wenn den realistischen
Erzählkunstwerken das Prädikat „objektiv" gebührt, so
aber nicht deshalb, weil sie die Erfahrung oder die Erkenntnisse
der Wissenschaft und Philosophie darstellten. Denn auch die realistische
Dichtung läßt sich nicht aus der Erfahrung *erklären,* und
ebensowenig ist sie — auch das ist angesichts der Realismus-Forschung
zu sagen — ästhetisch verbrämte Wissenschaft oder Philosophie.
Die Dichtung hat ihre eigene Glaubwürdigkeit und autonome
„Objektivität". Diese Glaubwürdigkeit und „Objektivität"
beruht auf der Einheit, der inneren Geschlossenheit, der „Stimmigkeit"
ihrer Struktur. Die Dichtung bedarf nicht der Legitimation
durch die empirische Wirklichkeit, sondern ihre Glaubwürdigkeit
legitimiert die Wirklichkeit, die sie gibt und die sie selbst *ist.* Das
ist kein ästhetizistischer Relativismus; denn was wir dürftig und
unzulänglich „Struktur" der Dichtung nennen, das ist ja nicht nur
ein wohlgeordnetes, genußreiches Spiel von Formen, sondern immer
auch eine geistige Realität, die zur Auseinandersetzung herausfordert.
Diese Struktur „meint" etwas, stellt in der Weise intentionalen
Seins eine Wirklichkeit vor, die elementar den Menschen betrifft,
den ganzen Menschen mit Leib, Seele und Geist. Wir erinnern
an Goethes Wort: „Wir wissen von keiner Welt als im Bezug auf
den Menschen; wir wollen keine Kunst, als die ein Abdruck dieses
Bezugs ist."[12] Man darf ergänzen: Es *gibt* keine Kunst (wenn
immer sie wirklich Kunst ist), als die ein Abdruck dieses Bezugs ist.

Manche sind, wenn sie die Wirklichkeit, die Goethes Dichtung
„objektiv" repräsentiert, mit der vergleichen, die in den früheren

---

[12] Maximen und Reflexionen, a. a. O. Nr. 758. S. 126.

oder erst recht den späteren realistischen Dichtungen erscheint, der Meinung, daß die Entwicklung eine negative, bedauernswürdige Wendung genommen habe, daß das 19. Jahrhundert als ein „Abstieg" im Hinblick auf Goethe und seine Zeit oder frühere Epochen anzusehen sei. Diese Auffassung klingt in der Forschung über das 19. Jahrhundert häufig an. Aber, abgesehen davon, daß sie zuweilen auf einer falschen Meinung über Goethe und seine Zeit beruht, muß man sich klar darüber sein, daß das Weltanschauung, Geschichtsphilosophie, Kulturkritik ist oder wie immer man es nennen mag. Es hat keinen Sinn, einen Verlust der Ganzheit, der Verbindlichkeit, der „Mitte" oder was sonst dieser Art der Dichtung, der Kunst als Kunst zur Last zu legen, zumal einer solchen, die man gleichzeitig als „realistisch" in einem empirisch-gegenständlichen Sinne etikettiert. Manchmal handelt es sich bei jener pessimistischen Ansicht auch uneingestanden um eine Wertung und Kritik im Hinblick auf die künstlerische Qualität. Die ist in vielen Fällen berechtigt in der deutschen Literatur. Aber Rangunterschiede, die dabei deutlich werden, haben keine prinzipielle, die „Objektivität" der Dichtung im eben erläuterten Sinne betreffenden Ursachen.[13] Wohl kann man — zumal, wenn man einen guten Teil der zeitgenössischen europäischen Literatur vergleichend betrachtet — soziologische Gründe annehmen. Jedoch diese Frage bedarf erst noch einer gründlicheren Untersuchung; denn auch die Antworten einer soziologischen Betrachtungsweise darauf sind bisher ganz unzureichend.[14]

Allein abgesehen von diesen Tatsachen kann man nicht übersehen, daß in der Entwicklungstendenz, die man in dem Begriff Realismus zu fassen versucht, denn doch auch eine grundsätzliche Wandlung im Selbstverständnis der Dichtung liegt. Die Dichtung

---

[13] Vgl. dazu die Andeutungen von Hugo Kuhn, Versuch über Interpretation schlechter Gedichte. In: Konkrete Vernunft. Festschr. f. Erich Rothacker, 1958. S. 395—399.

[14] Es muß eine wesentliche Aufgabe der Literaturwissenschaft sein, diese Zusammenhänge zu klären, und zwar ohne apriorische ideologische Zwangsvorstellungen, die schon in den anthropologischen und geschichtsphilosophischen Prämissen zu Widersprüchen führen. (Vgl. dazu u. a. mein Buch S. 59 ff.)

hört, im gleichen Maße, wie sich diese Tendenz durchsetzt, auf, fiktive Wirklichkeit mit normativem Anspruch aufzubauen. Nachdem die Annahme einer idealen, aber doch im höheren Sinne wirklichen Ganzheit jedweder Art geschwunden ist, erlischt freilich auch der Glaube an jede normative Instanz, an eine verbindlich „richtige" Ordnung und Form der Wirklichkeit und an einen verbindlich „richtigen" Weg des Menschen zu einem idealen Ziel. Es bleibt, wo die erzählenden Dichter diese Folgerungen vollziehen, mindestens prinzipiell, nur die Auseinandersetzung mit der als tatsächlich erfahrenen Wirklichkeit. Bindend ist nicht mehr die Vorstellung einer zu erfüllenden Ganzheit, sondern nur noch die „zufällig" gewordene Tatsächlichkeit selbst. Es gilt, wo sie begegnet, sie als gegebenen Anspruch aufzugreifen und ihr „gerecht" zu werden. Die erzählende Dichtung hat die rein „historische" Situation, das Schicksal des Menschen in der ihm aufgegebenen Wirklichkeit seines Lebens, sei es im Ganzen oder in einzelnen Episoden zu gestalten. Was zunächst noch bleibt, sind gewisse ethische Normen, die in dem Verhältnis des Menschen zu der „zufällig" gewordenen vereinzelten Wirklichkeit Ordnung schaffen. Dieser ethische Anspruch, der sich zunächst immer noch an überkommene, konventionelle Ordnungen der Gesellschaft klammert, nimmt dabei immer mehr und mehr rein formalen Charakter an im Sinne der Aufforderung zu einer Art „Wirklichkeitsfrömmigkeit", das heißt zum schlichten Dienst an der gegebenen Wirklichkeit als einer *auf*gegebenen. Mit der Zeit löst sich auch dieser normative Rest auf, und die Dichtung stellt nur noch vor, wie die Tatsächlichkeit selbst ist oder vielmehr, wie die Menschen sie erfahren und erleben, wie sie in *ihrer* Wirklichkeit existieren. Erst hier ist die Entwicklungstendenz des Realismus in ihrer letzten idealtypischen Vollendung. Aber in einer Paradoxie, die vielleicht überhaupt das Gesetz geschichtlichen Werdens kennzeichnet, erscheint an diesem Punkt der Vollendung das ursprüngliche Wesen des realistischen Wollens schon als unerfüllbar, ja, es hat sich verkehrt.

Der Fortgang der Literaturgeschichte am Ende des 19. und im 20. Jahrhundert ist in seinen Grundzügen und in vielen Einzelheiten zu begreifen als Konsequenz aus den realistischen Tendenzen der vorhergehenden Zeit, wenngleich manches als „Gegenschlag" erscheint und es unter gewissen Aspekten auch sein mag. Die Entwicklung der Literatur seit dem „Realismus" aber ist erst möglich geworden aus dem erschöpfenden Bemühen um diese Welt der Tatsachen und „Gegenstände". „Erschöpfend" im doppelten Sinn: nämlich von „restlos, ganz und gar" und von „ermüdend". Beides ist wichtig. Denn erst nachdem die Formen, in denen jene „Gegenstands"-Welt erfahren werden konnte, bis zu subtilster Differenziertheit ausgeschöpft waren, vermochte jener ermüdende Überdruß an dieser Welt der Tatsachen und der Sinneserfahrung aufzukommen; und erst diese Ermüdung konnte das Faktum und das Problem der entschiedenen Subjektivität aller Erfahrung ins helle Bewußtsein heben und das Subjekt selbst und seine Beziehung zur Wirklichkeit, seine „existentielle" Wirklichkeit zum eigentlich interessanten Gegenstand der Dichtung werden lassen. Erst die äußerste Durchdringung jener „Wirklichkeit", an die das 19. Jahrhundert glaubte, ermöglichte die Auflösung dieser Wirklichkeit, ihre Entlarvung als subjektive Illusion und die Verneinung aller verbindlichen Anschauungsformen, Kategorien und Schemata, die von „objektiver" Allgemeingültigkeit sein sollten, ermöglichte aber auch erst, Anzeichen einer neuen „Transzendentalität" jener subjektiven Wirklichkeit sichtbar werden zu lassen.[15]

So hat der Begriff Realismus für die erzählende Dichtung des 19. Jahrhunderts sein gutes Recht, aber er hat es nur, wenn er mit dem kritischen Bewußtsein der entscheidenden Grenzen und Einschränkungen ausgesprochen wird, die ich angedeutet habe. Denn nichts kann irreführender und verfälschender sein, als wenn man ihn naiv und dogmatisch versteht. Er bedarf stets der geistigen Anführungszeichen. Vor allem muß man im Auge behalten, daß er Merkmale der *Dichtung* meinen soll; unnötig zu wiederholen, was

[15] Vgl. dazu Wilhelm Emrich, Die Struktur der modernen Dichtung. Wirkendes Wort 3. 1952—53. S. 213—223. Erich Kahler, Untergang und Übergang der epischen Kunstform. Die Neue Rundschau 64. 1953. S. 1 bis 44. — Paul Kluckhohn, Die Wende vom 19. zum 20. Jahrhundert in der deutschen Dichtung. DVjs 29. 1955. S. 1—19. — Richard Brinkmann, Romanform und Werttheorie bei Hermann Broch. Strukturprobleme moderner Dichtung. DVjs 31. 1957. S. 169—197.

eben diese Tatsache schon an positiven und eingrenzenden Bestimmungen bedeutet.

Es wird eine Aufgabe der Forschung sein, in weiteren exakten Einzelinterpretationen die Strukturformen der Erzählkunstwerke des 19. Jahrhunderts aufzudecken und auch zu zeigen, was etwa die hypostasierten „Ganzheiten", von denen früher die Rede war, im Hinblick auf das Verhältnis zur Wirklichkeit im einzelnen Falle besagen. Solche Untersuchungen werden vielleicht einzelne der hier mitgeteilten Ergebnisse modifizieren und freilich ergänzen können. Nur so kann es zu einer im einzelnen begründeten Geschichte des Realismus im 19. Jahrhundert kommen.

UM EINE NEUBEGRÜNDUNG
DES REALISMUSBEGRIFFS

Von GERHARD KAISER

Gedanken zu Richard Brinkmanns „Wirklichkeit und Illusion", Studien über Gehalt und Grenzen des Begriffs Realismus für die erzählende Dichtung des 19. Jahrhunderts

Mit einem Beitrag zur Klärung des Realismusbegriffs in der Geschichte der erzählenden Literatur des 19. Jahrhunderts greift der Tübinger Germanist in seiner Habilitationsschrift eines der drängendsten Probleme der neueren deutschen Literaturwissenschaft auf. Es ist bekannt, wie sehr Deutung und Geschichtsschreibung der deutschen Literatur des 19. Jahrhunderts an der Unbestimmtheit der Realismuskonzeption leiden, die völlig uneinheitlich gefaßt wird und bald in vager Allgemeinheit verschiedenartigste Phänomene übergreifen soll, bald wieder auf die Beschreibung ganz individueller Gestaltungsmerkmale verengt ist. Brinkmann betont demgegenüber mit Recht, daß ein Realismusbegriff nur als exakt abgegrenzter Kollektivbegriff für die Forschung fruchtbar und sinnvoll werden könne, der auf Grund konkreter struktureller Übereinstimmung eine Gruppe individueller dichterischer Einzelerscheinungen zusammenfaßt — eine Überlegung, die sich ja wohl in jeder Bemühung um literarhistorische Epochengliederungen erhärten läßt.

Der erste Schritt Brinkmanns gilt der Festlegung unterscheidender Kriterien, auf Grund derer ein literaturwissenschaftlicher Realismusbegriff für das 19. Jahrhundert konstituiert werden kann. In kritischer Auseinandersetzung mit den bisherigen Bemühungen von Adolf Stern bis Georg Lukács und Erich Auerbach kommt der Verfasser dabei zu dem Ergebnis, daß die Realismusforschung bis auf wenige Ausnahmen an den spezifisch literarischen Kategorien vorbeigegangen sei, indem sie nämlich die Realismusvorstellung allein auf „Gegenstände, Motive, ausgesprochene oder dargestellte Meinungen, Ansichten, Weltanschauungen, die man in der Dichtung vorfindet", begründet habe. (S. 80.) Es sei demgegenüber an der Zeit, die stoffliche durch eine strukturelle Realismuskonzeption zu ersetzen, denn „der Begriff des Realismus der Dichtung des 19. Jahrhunderts kann sich zu allererst nur beziehen auf die Strukturformen der Dichtung selbst". (S. 79.)

Indem Brinkmann hier energisch auf die Forschungsergebnisse der letzten Jahre mit ihrer Betonung der Autonomie der Dichtung zurückgreift, bricht er einer Einsicht Bahn, die in alle anderen literarhistorischen Epochenabgrenzungen schon seit langem tiefer eingegangen ist als in die des Realismus, der nicht zuletzt durch seine eigenen Dichtungstheorien immer wieder über dem Blick auf die abgebildete Wirklichkeit die Eigengesetzlichkeit des Kunstwerks vergessen ließ. Zugleich mit seiner Anlehnung an die Grundgedanken der modernen Interpretation behält Brinkmann aber schon allein durch seine Fragestellung eine geistesgeschichtlich entwickelnde Perspektive bei, mit der er über die Gefahren des Eklektizismus und der Vereinzelung hinauskommen will: „Gewiss soll (die Literaturwissenschaft) im Einzelnen ‚begreifen', was uns ergreift, und in der Auslegung des besonderen Kunstwerkes zu aufgeschlossenerem, erkenntnisreicherem, füglich geistigerem Genießen führen; aber indem sie das tut, ist sie immer auch Geistesgeschichte." (S. X.) Als Ziel zeichnet sich damit eine Synthese der interpretierenden und der historischen Forschung ab.

Auch arbeitstechnisch versucht Brinkmann eine Verbindung von Einzelinterpretation und übergreifender historischer Darstellung, indem er drei Erzählwerke des 19. Jahrhunderts (Franz Grillparzer, ‚Der arme Spielmann', Otto Ludwig, ‚Zwischen Himmel und Erde', Eduard von Keyserling, ‚Beate und Mareile', 1903 erschienen, aber nach Brinkmann noch in den geschichtlichen Zusammenhang gehörig, den man als 19. Jahrhundert bezeichnet) für sich auf ihre leitenden Strukturmerkmale untersucht, um dann die allen drei Dichtungen gemeinsame, aber in einer historischen Entwicklung immer deutlicher hervortretende Gestaltungsrichtung mit der Formung von Goethes Wahlverwandtschaften zu vergleichen. In feinfühliger und behutsamer Nachzeichnung der Formgesetze, unter denen der Wirklichkeitsstoff vom Erzähler organisiert wird, kommt der Verfasser dabei zu der These, „daß in der Erzählkunst des sogenannten Realismus die Wirklichkeit erst recht eigentlich problematisch geworden ist" (S. 312) und daß sich „Dichter im 19. Jahrhundert eben bei dem Versuch, das ‚Objekt' als ‚Objekt' zu isolieren, Wirklichkeit illusionslos als konkrete, ‚objektive' Tatsächlichkeit zu sehen und darzustellen und über die ‚Subjektivität' der romantisch-idealistischen Poesie hinauszukommen, in die individuelle Subjektivität verstricken." (S. 314.) „Das ‚Objektive' der Dichtungen ... ist gerade das Problem des Subjektiven, der Subjektivität." (S. 312 f.)

Einige Zitate mögen zeigen, wie Brinkmann seine Theorie im einzelnen entwickelt, und damit eine Grundlage der Würdigung geben: Die genannte Problematik kündigt sich bei Grillparzer an. „Die ‚Welt' Goethes und ihre ‚Jederzeitigkeit' ist hier von vornherein verengt und festgelegt auf einen historisch umgrenzten Ausschnitt von Raum und Zeit ... die historisch genau bestimmte Einzelsituation und -begebenheit muß in die relative Weite eines abgesteckten, begrenzten historischen Bereichs gefügt werden, damit sie ‚Welt' hat und über die Abgeschlossenheit ihrer Einzigkeit hinauskommt." (S. 150.) Besonders fein führt Brinkmann den Nachweis, wie Grillparzer als Übergangserscheinung schwankt zwischen der Objektivität und Autorität des im Sinne Goethes allwissenden Dichters, die auf einer Dichter und Publikum gemeinsamen Anschauung von der Welt beruhen, und dem Bestreben, „die Geschichte als ganze an reale Bedingungen zu knüpfen, real zu begründen, wie er zu ihr kommt und auch alle übrigen Aussagen über den Spielmann durch ein entsprechendes ‚realistisches' Arrangement wenigstens grundsätzlich zu legitimieren." (S. 130.) Dieser Zwiespalt zwischen Realität und Idealität, Individualität und Allgemeinheit, in dem sich Grillparzer als Dichter und Mensch befindet, wird zum Symbol in der Gestalt des armen Geigers, in dessen Spiel „sich Subjektives und Objektives (vermischen) in dem Wechsel von persönlich ermessendem Festhalten oder Verwerfen und von gewissenhaftem Aufrechterhalten respektvoll anerkannter Regeln" (S. 142).

In der Analyse der Erzählung „Zwischen Himmel und Erde" zeigt Brinkmann, wie bei Otto Ludwig die Welt die unendliche

Weite der Idee vollständig verloren hat. „Es ist deshalb auch überflüssig, das Einzelne in einen weiteren Weltausschnitt zu stellen. Es interessiert keine andere ‚Welt' als diejenige, die als der Komplex der empirischen Bedingungen an einem Geschehen, einer Kette von Begebenheiten unmittelbar wirksam ist. Es gilt den Weltausschnitt so eng zu fassen, daß er als das Gewebe von Kausalreihen überschaubar bleibt." (S. 227.) Es kommt zu einer „Isolierung und Vereinzelung des Tatsächlichen in krasser Schärfe". (S. 215.) „Auf dieser Jagd nach den Tatsachen, die sich ruhelos aller Mittel bedient, ... sind die Tatsachen geprägt und umgebildet worden vom Erzähler und seinen Manövern, sie einzufangen und ihrer habhaft zu werden, und es fragt sich, ob sie nicht sogar dabei verlorengegangen sind." (S. 195.) „Der Dichter ... muß im Grunde das gleiche erfahren wie seine Geschöpfe in der Erzählung" (S. 213), die „in der oft dumpfen Befangenheit ihrer eigenen Vorstellungen ... doch eigentlich nur sich selbst kennen und nicht die Welt." (S. 212.) Bei alledem geht auch die Symbolkraft der Dichtung verloren — „Die Deutung auf einen innewohnenden bedeutsamen, ja symbolischen Sinn hin entstammt ... einer rein rationalen Setzung des Dichters." (S. 203.)

In „Beate und Mareile" sehen wir diese Entwicklung schließlich auf dem Höhepunkt: „... bei Keyserling gibt es als Objektives im wesentlichen nur noch das Subjektive" (S. 307). „Die Wirklichkeit ... ist gleichsam angesogen von dem Subjekt ..., von ihm her und auf ihn (den Helden) hin ist sie geordnet ... Günthers Erlebnis-Realität wird als ‚objektive' Wirklichkeit dargeboten." (S. 243.) Infolgedessen ist „die Vermischung von ... subjektiver Perspektive und einem aus der Subjektivität geformten ‚objektiven' Bericht das Eigentümliche und Neue" (S. 243 f.) der Erzählstruktur, die wiederum wie bei Grillparzer und Ludwig der seelischen Haltung der Personen entspricht: „Gewiß fühlen die Menschen ihre Einsamkeit ..., aber sie haben nichts in der Hand, was sie darüber hinausführen könnte. Es gibt keine wesenhaft verbindende Wirklichkeit. Jeder hat nur seine eigene, und wirklich ist sie nur, wie und insofern der Einzelne sie sieht und als wirklich an sich selbst spürt". (S. 306 f.) Selbst der Versuch einer Symbolisierung, bei Ludwig fast gewaltsam noch unternommen, fehlt: „Der Untertitel ‚Eine

Schloßgeschichte' besagt weder etwas Symbolisches noch etwas Allgemeines im Sinne einer Idee; er bedeutet allenfalls einen Typus, und zwar im Sinne einer Verallgemeinerung zusammengefaßter Erfahrung, ... eine empirische Feststellung." (S. 232.)

Der ganze von Brinkmann in einigen Fixpunkten fixierte Prozeß ist vor dem bekannten geistesgeschichtlichen Hintergrund des 19. Jahrhunderts zu sehen und ordnet sich ihm mühelos ein. Mehr noch: Der Verfasser eröffnet einen Blick für die Kontinuität der Entfaltung jener Lebens- und Kunstproblematik, die nach unterirdischer Evolution im 19. Jahrhundert im beginnenden 20. Jahrhundert plötzlich aktuell wurde und ins Zeitbewußtsein trat als Verwandlung des klassischen Naturbildes in das formale Weltbild der modernen Naturwissenschaften, als Umschlag des Impressionismus zum Expressionismus, als totale Auflösung und Entfremdung der Wirklichkeit bis hin zur Zersetzung des empirischen Ichbewußtseins in der modernen Literatur, die Schicht um Schicht alle Konventionen des Weltbegreifens abbaut, um von einer radikalen Erfahrung der Existenz als reiner Funktion her eine neue ‚Objektivität' zu gewinnen. „So ist die moderne Dichtung in der Tat nicht ein ‚Gegenschlag' aus heiterem Himmel oder eine Reihe von sich ablösenden ‚Gegenschlägen', wie es häufig in der Literaturgeschichtsschreibung dargestellt wird, sondern eine folgerichtige Vollendung, ... die rückhaltlose Aufdeckung und Extremisierung dessen, was dem genauer zusehenden Blick schon grundsätzlich im Realismus eines fortgeschrittenen Stadiums sichtbar ist, ja schon im frühen Realismus angelegt erscheint." (S. 333.)

Die Fruchtbarkeit all dieser Thesen ist evident: sie erweist sich auch für das 20. Jahrhundert z. B. in der Untersuchung des Verfassers zu Hermann Broch (Deutsche Vierteljahrsschrift 1957, S. 169 f.). Auf die Verbindungslinien zu Beißners Kafka-Untersuchung macht Brinkmann selbst aufmerksam. Es ist bei alledem eine Pflicht der wissenschaftlichen Gerechtigkeit, darauf hinzuweisen, daß der marxistische Literaturwissenschaftler Georg Lukács, den Brinkmann in seiner kritischen Auseinandersetzung nicht gründlich genug würdigt, schon seit langem Ansichten entwickelt hat, die unter der Decke eines starren Doktrinarismus doch wichtige Ansätze zu einer vertieften Auffassung des Realismusproblems in

Richtung von Brinkmanns Überlegungen geben — nur mit dem Unterschied, daß Lukács seine Thesen vorwiegend an französischen und russischen Realisten expliziert und daß er nicht wie Brinkmann Goethe und den Realismus, sondern Realismus und Naturalismus gegenüberstellt, womit er den Umschwung in einer späteren Phase als Brinkmann erfaßt. Lukács ist zwar insofern methodisch anfechtbar, als er seine literarischen Wertmaßstäbe aus der Genauigkeit der Widerspiegelung der Realität, und zwar einer einseitig ökonomisch-soziologisch gesehenen Realität, in der Literatur ableitet; da er aber als ein besonders stark von der deutschen klassischen Philosophie berührter Marxist von einem Gesellschaftsbegriff ausgeht, der für das Verhältnis Individuum—Gesellschaft von der Klassik her entwickelte Kategorien bereithält, kann er einen sehr scharfen Blick für die auch bei Brinkmann betonten Phänomene der Vereinzelung und Subjektivierung in der Literatur des 19. Jahrhunderts ausbilden. Besonders müßten hier Lukács' Essays „Erzählen oder beschreiben?"[1] (aus dem Jahre 1936) und „Die intellektuelle Physiognomie der künstlerischen Gestalten"[2] genannt werden. Lukács untersucht hier u. a. die Verflechtungen zwischen handelnden Personen und Umwelt in der Erzählkunst, wobei er unter „Erzählen" jene epische Technik versteht, die, wie Brinkmann am Beispiel Goethes entwickelt, aus der Erfahrung einer organischen und sinnvollen Ganzheit der Wirklichkeit erwächst. In den Raum der Erzählung tritt jeweils nur soviel an geschilderter Umwelt ein, wie in der *handelnden Begegnung* des Helden mit seiner menschlichen und dinglichen Umgebung lebendig wird, wobei in dem Maße, wie der Held an Individualität gewinnt, die ganze Fülle des Daseins, „das Gesamtbild einer bewegten Ordnung, einer offenbar gewordenen Gesetzmäßigkeit der Welt" hervortritt. (Lukács, Essays über Realismus, Berlin 1948, S. 40.) Bei klarer Scheidung von Subjekt und Objekt ist im Individuellen unmittelbar das Allgemeine, im einzelnen die Totalität des Lebens gegenwärtig. Der Erzähler gibt „die dichterische Auswahl des Wesentlichen aus dem

---

[1] In: Georg Lukács, Schicksalswende. Beiträge zu einer neuen deutschen Ideologie. Berlin 1948.
[2] In: Georg Lukács, Essays über Realismus. Berlin 1948.

breiten Reichtum des Lebens, die Gestaltung des Wesentlichen in einer Weise, die die Illusion der Gestaltung des ganzen Lebens in seiner vollständigen entfalteten Breite erweckt". (Lukács, Schicksalswende, Beiträge zu einer neuen deutschen Ideologie, Berlin 1948, S. 139.) Lukács sieht nun den Übergang vom Realismus zum Naturalismus, historisch fixiert im Wechsel der Generationen Stendhal/Balzac—Flaubert/Zola, in der Verwandlung der Technik des Erzählens in die des „Beschreibens"; an Stelle der Held und Umwelt gleichzeitig konstituierenden Handlung tritt ein Nebeneinander von Handlung und Szenerie, die pointiert in allen Einzelheiten aufgebaut wird: „Der Schauplatz hat eine selbständige Bedeutung als Element der Vollständigkeit des Milieus". (Schicksalswende, S. 122.) Auch für die Gestaltung der handelnden Personen gilt als oberstes Gesetz der Versuch der adäquaten Widerspiegelung des konkreten Einzelzuges. „Die künstlerische Phantasie ist in der Richtung angespannt, alle augenblicklichen, vorbeihuschenden Züge des Hier und Jetzt — nach der Terminologie Hegels — festzuhalten. Denn für die moderne bürgerliche Auffassung ist die Wirklichkeit mit diesem Hier und Jetzt identisch. Alles, was darüber hinausgeht, erscheint als leere Abstraktion, als Verfälschung der Wirklichkeit. Die ausschließliche Orientiertheit auf die durchschnittliche Alltäglichkeit in den Anfängen des neueren Realismus verfeinert sich einerseits technisch immer mehr, andererseits verfestigt sie sich zu einem prinzipiellen Kleben an der empirisch-zufälligen gegebenen Oberfläche des Lebens, nimmt das Zufällige als Vorbild und Modell, an dem nichts geändert werden darf, wenn die Wirklichkeit nicht verfälscht werden soll." (Essays über Realismus, S. 54.) Diese Technik führt dazu, daß die Handlungen immer mehr episodisch werden; der Bezug des einzelnen auf ein Allgemeines geht verloren. „Eine Bedeutsamkeit können (die Handlungen) nur dadurch erhalten, daß irgendein abstraktes Gesetz, das der Verfasser in seinem Weltbild für ausschlaggebend hält, unmittelbar an diese Dinge geknüpft wird. Dadurch erhält das Ding zwar keine wirkliche dichterische Bedeutsamkeit, es wird ihm aber eine solche Bedeutsamkeit angedichtet." (Schicksalswende, S. 144.) „Die Metapher wird zur Wirklichkeit aufgebauscht." (Ebd. S. 122.) Auf diese Weise wird Subjektivität zum hervorstechenden Merkmal der

Gestaltung wie der Figuren: „Der Blickpunkt des Autors hüpft unruhig umher. Es entsteht ein ununterbrochenes Flimmern der wechselnden Perspektiven. Der Autor ... sinkt absichtlich auf das Niveau seiner Gestalten: er weiß über die Zusammenhänge nur so viel, wie die einzelnen Gestalten jeweils wissen. Die falsche Gegenwärtigkeit des Beschreibens verwandelt den Roman in ein schillerndes Chaos." (Schicksalswende, S. 146 f.) „Es entsteht eine ununterbrochene Vibration, ein unruhiges, nie zum Stillstand kommendes Flackern, in dem aber gar keine wirkliche Bewegung enthalten ist, das in Wirklichkeit einen Stillstand, einen Zustand darstellt." (Essays über Realismus, S. 62.) „Erstarrte, fetischisierte Dinge werden von einer wesenlosen Stimmung umflattert." (Schicksalswende, S. 147.) Die Erzählung wird „von der vereinzelten, lyrisch gefaßten, auf sich gestellten Subjektivität einer Person aus aufgebaut". (Ebd. S. 148.) „Die Eigenschaften der Menschen existieren nebeneinander und werden in diesem Nebeneinander beschrieben" (ebd. S. 155), ihre intellektuelle Physiognomie „wird blind und ohne Kontur, wenn sie sich bloß um die eigene Subjektivität herum im Kreise dreht" (Essays über Realismus, S. 41). Alles in allem: „Die Darstellungsmittel der Literatur verfeinern sich immer mehr. Diese Verfeinerung geht aber ausschließlich darauf hinaus, das bloß Einzelne, das Augenblickliche und Stimmungshafte möglichst angemessen auszudrücken." (Essays über Realismus, S. 54.) Die „tote Dinghaftigkeit des falschen Objektivismus" und der „extreme Subjektivismus" gehören aufs engste zusammen. (Schicksalswende, S. 162.) Die Konsequenz dieser Entwicklungen im 19. Jahrhundert sieht Lukács wie Brinkmann in der Literatur des 20. Jahrhunderts, die den Begriff des empirischen Subjekts wie den der empirischen Wirklichkeit überhaupt sprengt: Die „äußerste Individualisation hebt jede Individualität auf". (Essays über Realismus, S. 56.) „Das als endgültig fixierte Einzelne, das Hier und Jetzt ist ... das Allerabstrakteste. Und es ist klar, daß dieses Haschen nach dem flüchtigen Augenblick, diese falsche Konkretheit der westeuropäischen Literatur des 20. Jahrhunderts in offene Abstraktheit umschlagen mußte." (Ebd. S. 55.) Die Berührungspunkte zwischen Lukács und Brinkmann in diesen Ergebnissen liegen auf der Hand. Natürlich sind dabei Lukács' Wertungen immer und überall normativ — man müßte die Frage stellen, 1. ob und wieweit die moderne Entwicklung der westlichen Gesellschaft und damit die Wandlung der Funktionen und der Formsprache der Kunst in ihr unvermeidlich ist — Lukács beantwortet diese Frage vom Standpunkt des Marxismus aus mit Nein — und 2. ob diese Entwicklung von Gesellschaft und Kunst negativ zu werten sei, wie das Lukács tut. Doch diese Fragen könnten nur vor einem breiteren weltanschaulichen Hintergrund ausdiskutiert werden. Hier geht es zunächst nur um die Analogien in der Charakterisierung einer literaturgeschichtlichen Entwicklung bei Lukács und Brinkmann.

Kommen wir nach diesem Seitenblick auf Lukács zur eigentlichen inhaltlichen Auseinandersetzung mit der Arbeit Brinkmanns, so müssen wir ausgehen von der schon eingangs berührten Grundsatzproblematik, in die jede — auch historische — Untersuchung des Realismuskomplexes hineinstoßen muß; die Problematik nämlich, wie weit das Sprachkunstwerk generell seinem Wesen nach Mimesis — Abbildung der realen Welt — ist oder sein kann bzw. wieweit es Gebilde sui generis ist. In diesem Komplex steckt die erkenntnistheoretische Vorentscheidung, ob dem Menschen überhaupt eine adäquate, wesensmäßige Wirklichkeitserfassung möglich ist. Nirgends scheiden sich wie hier die Geister, und das ist natürlich ein zusätzlicher Grund für das Auseinanderklaffen der Meinungen in der Realismusforschung des 19. Jahrhunderts. Lukács vertritt eine naive Widerspiegelungstheorie marxistisch-materialistischer Konvenienz — ein Sprachkunstwerk ist gerade so gut, wie es die Realität (und zwar eine verengt ökonomisch-soziologisch gesehene Realität) angemessen wiedergibt. Daß Lukács diese sehr plane Konzeption durch einen überaus voraussetzungsreichen und widerspruchsvollen Wirklichkeitsbegriff differenziert, braucht hier nicht weiter verfolgt zu werden. Brinkmanns Position wurde bereits angedeutet. Zunächst verneint er unter Berufung auf die moderne Naturwissenschaft und Philosophie die erkenntnistheoretische Möglichkeit einer objektiven Wirklichkeitserfassung im landläufigen Sinne (S. 309), und seine Realismuskonzeption hat ihr unterscheidendes Merkmal eben im Ausgehen von der Struktur, die die Dichtung als autonomes Gebilde neben der empirischen Welt konstituiert. Allerdings räumt Brinkmann doch einen gewissen intentionalen Bezug zur

Wirklichkeit ein. „Erzählende Dichtung ist nicht Wiedergabe einer Wirklichkeit ‚draußen' mit mehr oder weniger ästhetischem Firnis, sie baut eine eigene Wirklichkeit auf mit eigener Struktur, eigenen Gesetzen, eigener Logik. Zwar hat sie als sprachliches Gebilde, immer, ob sie will oder nicht, einen intentionalen Bezug zur Wirklichkeit ‚draußen'. Aber *dieser* intentionale Bezug, der jeder sinnvollen sprachlichen Aussage eignet, ist nicht eben das, was erzählende Dichtung als Dichtung konstituiert, was sie zur Dichtung macht ... Sie (die Sprache) ist das Substrat der sprachlichen Realität der Dichtung, die ein intentionales Sein von eigener und autonomer Art und Valenz darstellt. Ihre Intentionalität bezieht sich, mindestens im Ganzen, niemals, solange überhaupt von Dichtung die Rede sein kann, bloß auf eine tatsächliche Wirklichkeit ‚draußen'." (S. 309 f.) Ich muß gestehen, daß ich diese theoretische Position für nicht ganz klar halte. Das könnte gleichgültig sein, da es sich ja hier nicht um eine theoretische Abhandlung handelt, hätte die Unschärfe der Ausgangsposition nicht Folgen auch für den darstellenden Teil von Brinkmanns Arbeit. Es ist deshalb notwendig, hier kurz zu verweilen.

Fürs erste erscheint zweifelhaft, ob Dichtung tatsächlich nur in ihrer Eigenschaft als „sprachliches Gebilde" einen intentionalen Bezug zur Wirklichkeit draußen hat. Auch andere als sprachliche Kunst kann man sich ganz ohne Bezug nach draußen nicht vorstellen. Es wäre ja auch eine Geistesgeschichte der literarischen Formen ganz unmöglich, wenn die Literatur nur in ihrem sprachlichen Material, nicht aber auch in ihrem Geist auf die geschichtliche Welt bezogen wäre. Offenbar ist Brinkmann selbst bei seiner Bestimmung nicht ganz wohl, denn er schwächt seine Aussage im letzten Satz soweit ab, daß er nur noch behauptet, Dichtung gehe in ihrer Intentionalität niemals „bloß" auf eine tatsächliche Wirklichkeit aus. Das ist zweifellos richtig. Entscheidend ist nun aber die Frage, worin außer der sprachlichen die zusätzlichen Verflechtungen zwischen Dichtung und Wirklichkeit bestehen. Brinkmann antwortet implicite, indem er in seinen Interpretationen weit über einen nur in der Sprache gegebenen Bezug zwischen Kunstwerk und Wirklichkeit hinausfragt. Schon sein Leitgesichtspunkt — Subjektivierung der Struktur als Ergebnis des Strebens nach objektiver Erfassung der Welt — weist ja weiter auf ein dialektisches Wechselverhältnis zwischen Wirklichkeit und Kunstwerk, und darüber hinaus führt der Verfasser alle seine Interpretationen systematisch zu dem Nachweis hin, daß die Welterfahrung des Dichters, die der Struktur des Erzählens zugrunde liegt, und die Lebenshaltung seiner Personen einander entsprechen. Er rührt damit jedesmal von neuem an das Geheimnis des Symbols, d. h. an das größere oder geringere Vermögen des Kunstwerks, auf ein übergreifendes Ganzes hinzudeuten. Dabei ist dieses Vermögen füglich in seiner Doppelrichtung erfaßt: einmal nämlich stimmen die Einzelglieder der Dichtung zusammen zu einem Organismus, der jede Einzelheit unter das Gesetz der Gesamtfunktion stellt (jeder Teil ist Symbol des Ganzen), zum anderen transzendiert die Dichtung als Ganzes auf das große Ganze der Welt, sei dieses nun als religiöser, ideeller oder auch nur kausaler Zusammenhang erfaßt. Damit sehen wir uns von Brinkmann selbst zu einer ersten mehrschichtigen Aussage über das Verhältnis zwischen Wirklichkeit und Sprachkunstwerk hingeführt:

1. Dichtung bezieht ihr gesamtes Material — nicht nur das sprachliche — aus der realen Welt.

2. Dichtung, auch ‚realistische‘, ist autonom, soweit sie ihr Material unter ein spezifisches Strukturgesetz stellt und es damit von Grund auf verwandelt — wobei allerdings die Gestaltungsintention des Dichters wiederum mannigfach von der realen Situation her bedingt ist.

3. Diese autonome Gestalt der Dichtung aber weist als Symbol über sich selbst hinaus in die reale Welt zurück.

Bei allen diesen Verwebungen zwischen Realität und Dichtung, die Brinkmann als Interpret in den Blick bekommt, bleibt sein Ausgang betont bei der Form. Die reale Welt tritt nur unter dem Gesichtspunkt in Erscheinung, daß sie im Dichtwerk strukturell neu organisiert ist, und zum Nachweis dieser Verwandlung, wie auch der Dichter nur als Gestalter, nicht aber als Zeitgenosse gesehen wird. Trotz aller Zustimmung zu den Ergebnissen, die Brinkmann aus dieser Perspektive gewinnt, und bei voller Erkenntnis des Fortschritts, der so in der Realismusforschung erreicht wird, muß hier nun doch das Bedenken geäußert werden, ob Brinkmann mit seiner Konzeption nicht einer ähnlichen Einseitigkeit verfällt wie eine nur vom Stoff der Dichtung ausgehende Forschung. Ich halte die Frage, wie die Welt beschaffen ist, die sich dem Dichter zur Gestaltung anbietet, und welche Elemente aus der Totalität der Wirklichkeit vom Dichter in den Gestaltungsprozeß einbezogen werden, für ebenso wichtig, wie die andere, von Brinkmann allein verfolgte, nach der Art der Verwandlung der Wirklichkeit im Sprachkunstwerk. Nicht weniger bedeutsam als das „Wie" ist das „Was" der Gestaltung; denn wie jedes andere Material bringt auch das der erlebten Wirklichkeit als Rohstoff der Dichtung im Ästhetisierungsprozeß seine Eigenart zur Geltung und bestimmt bis zu einem gewissen Grade die Form vor. Neue Elemente der geschichtlich sich wandelnden Wirklichkeit erweisen sich als mit den hergebrachten Techniken nicht formbar und erzwingen deren Wandel. Und diese höchst verschlungene gegenseitige Bedingung von Gehalt und Gestalt wird nun noch vermittelt vom Dichter in seiner individuellen und geschichtlichen Besonderheit, der sich dem Material fügen, von seiner Sprödigkeit zurückweichen oder aber dessen Schwierigkeiten in äußerster Anstrengung besiegen kann, wie er auch als Zeitgenosse entweder dem herrschenden Trend verfällt oder ihm mehr oder weniger entgegensteht. Erst beim Blick auf dieses vielfältige Spiel der Kräfte kann die Dialektik zwischen Sprachkunstwerk und Wirklichkeit und damit auch die komplizierte Problematik von Stil und Form in ihrer Tiefe erfaßt werden. Ich glaube also, daß auch eine „Geistesgeschichte nur als verstehende und deutende *Form*geschichte", wie sie der Verfasser in berechtigtem Gegensatz gegen alle pure Stoff- und Ideenhuberei anstrebt (S. X), niemals allein von der Form her möglich ist.

Versuchen wir, auch wenn Bekanntes wiederholt wird, wenigstens skizzenhaft den geistesgeschichtlichen Zusammenhang zu vergegenwärtigen, der bei Brinkmann nur Hintergrund bleibt, der in Wirklichkeit aber voll in die literaturwissenschaftliche Diskussion einbezogen werden muß, wenn wir die Stilfragen des 19. Jahrhunderts in ihrer Konkretheit und in ihrem Wechselspiel in den Blick bekommen wollen. Das 19. Jahrhundert bringt gegenüber früheren Epochen eine revolutionäre Veränderung der menschlichen Welt. Technisierung, Bürokratisierung, Atomisierung der Gesellschaft sind die herrschenden Tendenzen des Zeitalters. Totalität und Ganzheit der Welterfahrung verwandeln sich in die unendliche Vielzahl positivistischer Einzelerkenntnisse. Das Individuum wird aus den gewohnten ethischen, religiösen und gesellschaftlichen Bindungen freigesetzt, in der Massengesellschaft gleichzeitig völlig vereinzelt und voll funktionalisiert. In dem Maße, wie sich die äußere Welt verfremdet — sie kann vom einzelnen her nicht mehr überblickt werden —, findet sich der Mensch auf seine innere Welt zurückgeworfen. Die Subjekt-Objekt-Beziehungen sind zersetzt.

In diesen ganzen gewaltigen Prozeß ist nun der Dichter als Zeitgenosse verwickelt — auch er wird privatisiert, verliert die ideelle Totalansicht des Lebens, wird von der Gesellschaft als seinem Publikum abgetrennt, entwickelt sich zum Schreibspezialisten. Aus der Art, wie er schöpferisch auf diese Herausforderung antwortet, ergibt sich eine Vielzahl von literarischen Strukturproblemen, die noch verschlungener sind, als Brinkmann sieht.

Zunächst einmal bedingt die außerordentliche Umwälzung und Komplizierung im Verhältnis des Menschen zum Menschen (Staat, Gesellschaft) und im Verhältnis des Menschen zur Natur (Technik) eine Verbreiterung auch der Komposition der Erzählwerke, eine reichere und nuancengenauere Beschreibung. Ein technifizierter Bergwerksbetrieb (Zola ‚Germinal‘) z. B. ist eben in seinem Funktionieren weniger leicht zu vergegenwärtigen als eine Handwerksstube; eine großstädtische Gesellschaft (Balzac) ist in ihrer Verflechtung, in ihren Beziehungen und Beziehungslosigkeiten schwerer zu übersehen als ein höfischer Zirkel oder eine Gutsherrschaft. (Das heißt natürlich nicht, daß eine Erscheinung objektiv aus mehr Einzelelementen bestünde als die andere — jede Beschreibung kann man ja theoretisch ins Unendliche verfeinern; zum Verständnis gehört jedoch von Fall zu Fall ein ganz verschiedener Grad von Ausführlichkeit.) Die Beziehungen werden menschlich problematischer und stärker diffus, wo sie nicht mehr durch ständische Konventionen vorbestimmt sind. Ein Mitglied der alten Adelsgesellschaft ist auch da noch, wo sie als Elite zu verbürgerlichen beginnt, in der Wechselbeziehung seiner Handlungen mit seinem Charakter geradliniger bestimmbar als der Mensch der Moderne, dessen ‚Handlungen‘ zum großen Teil aus Hemmungen und Unterlassungen bestehen. Der ganze Begriff der selbstverantworteten Tat ist ja fragwürdig geworden in einer Welt, in der Handlungen sich übergangs- und resonanzlos aus der individuellsten Sphäre in abstrakteste Allgemeinheit verlieren und entweder höchst spezielle Äußerungen des Privaten oder normierte Reaktion ohne jeden individuellen Charakter sind. In dem Maße, wie der handelnde Mensch zu einem ‚behandelten', sich anpassenden wird, wird sein Verhältnis zur Realität undurchsichtig, und wie der ‚Held' aus der Wirklichkeit verschwindet, verschwindet er auch aus der Dichtung. Auch die intellektuelle Physiognomie des Menschen schließlich ist in ihrem Profil uneinheitlicher geworden: wie im Leben stehen sich auch hier Allgemeinstes und Speziellstes, abstrakte Subjektivität und abstrakte Objektwelt, individuellste, flüchtigste Regung und starrer Schematismus gegenüber. Alles das zu erfassen, bedarf es ganz neuer Mittel. Es ist also fragwürdig, wenn Brinkmann, allerdings speziell für die Psychologie, behauptet: „Diese subtile Psychologie (des 19. Jahrhunderts) ist eingeschränkt auf gewisse Vorstellungen vom Menschen und von seinem Verhältnis zur Wirklichkeit... (Sie hat) wohl einen sehr interessanten illustrierenden Wert, aber an ‚objektiver' Realität bringt sie grundsätzlich nichts Neues hinzu." (S. 308.) Erstens sind die Dinge auf den Kopf gestellt; denn natürlich kann die dichterische Kunst der Psychologisierung nichts Neues hinzubringen, sondern nur eine neue Realität erfassen, und zweitens ist diese Realität wirklich ‚objektiv' neu, denn sie ist nicht nur eine beziehungslos in der Luft schwebende neue ‚Vorstellung' vom Menschen, sondern der Mensch ist tatsächlich ein anderer geworden in einer veränderten Welt. Wenn der Dichter nicht mehr so unmittelbar wie der reife Goethe im Einzelnen das Ganze wiederfinden kann, dann nicht, weil sich nur seine Perspektive, nein, weil sich die Realität und erst mit ihr auch die Richtung seines Gestaltungswillens verwandelt hat.

Wir sprachen von einer Verbreiterung der Komposition. Sie wird notwendig, wenn der Dichter nach wie vor die Totalität des Seins im Sprachkunstwerk einfangen, wenn er die so viel komplexer gewordene Beziehung zwischen Teil und Ganzem gestalten will, besonders aber dann, wenn er die veränderte Welt gerade in ihren dynamischen Zentren (Großstadt, Fabrik, Massendasein) zu fassen versucht. Auf diese Weise und mit Hilfe der Entwicklung einer szenischen Technik, die an Stelle der glatt durchlaufenden Erzählung immer entschiedener Schwerpunkte ausprägt, gelingt dem Realismus, etwa Frankreichs und Rußlands, eine Ausbalancierung subjektiver und objektiver Momente, indem nämlich die handelnden Personen in ihrer Einzigkeit aus einem sehr breiten Feld heraus entwickelt werden. Diese Balance ist zwar sehr viel vermittelter, sehr viel labiler als die Lösungen der deutschen Klassik; sie ist aber der veränderten Wirklichkeit ganz angemessen und erfaßt sie tief als Symbol. Erst *nach* solcher großen Synthese setzt das Auseinanderfallen subjektiver und objektiver Momente ein und schließlich der Versuch der Moderne, entweder vom Subjekt her eine neue Ganzheit der Welt zu erschließen (James Joyce) oder durch ein ‚Kollektiv' von Helden der Vielseitigkeit der Welt gerecht zu werden (Dos Passos).

Sehen wir hier die Großform als spezifisches Strukturphänomen des Realismus, so führt ein anderer Weg zur dichterischen Technik des Ausschnitts. Ein Fragment aus der Totalität der Lebenserfahrung wird zum Stoff der Dichtung gewählt, das von den charakteristischen Entwicklungen der Moderne relativ lange verschont wird: der bäuerliche oder kleinbürgerliche Lebenskreis etwa. Mit der Traditionalität der Verhältnisse bleiben auch ein gewisser formaler Konservatismus und traditionelle Lösungen möglich, wenn auch die auflösenden Tendenzen hier allmählich immer mehr eindringen und auf alle Fälle ja schon der Dichter die Dinge mit neuen Augen sieht, selbst wenn er es nicht wahrhaben will. Letzten Endes führt die Technik des Ausschnitts zur Kleinform der Novelle, wie sie vor allem der deutsche Realismus gepflegt hat. Zweifellos kann in der Novelle als Struktur die Subjektivierung der Daseinserfahrung im Sinne Brinkmanns zum Ausdruck kommen: ein Einzelphänomen wird unter die Lupe genommen und damit aus dem Gesamtzusammenhang isoliert. Aber auch das Umgekehrte ist möglich: Der Mensch wird durch die Technik des Ausschnitts in einer existentiellen Grenzsituation seines Daseins erfaßt, in der seine vielfältigen subjektiven Bedingtheiten zurücktreten und sein Verhalten unmittelbar zum Symbol werden kann; in der unerhörten Begebenheit schlingt sich das sonst breite Gewebe seiner Lebensbezüge zu einem einzigen Knoten zusammen, und im Sonderfall wird noch einmal die alte Einfachheit und Durchsichtigkeit der Welt auch für den Leser hergestellt. Freilich bedarf es höchster Gestaltungskraft, glücklichster Entsprechung von Gehalt und Gestalt, damit sich das große Schicksal weder in der Komplexität des Daseins verliert noch als lebloses Bild symbolischer Bedeutung erstarrt. Im Zusammenhang der Novellenform wird auch die Rahmentechnik immer weiter ausgebaut und verfeinert — ebenso mit Doppelfunktion. Sie kann zuweilen die Isolierung des Phänomens steigern, sie kann aber auch zur Vermittlung zwischen individuellem Fall und Allgemeinheit der Idee dienen. Indem sie einen äußeren Rahmen setzt, schließt sie den Kranz von Novellen zusammen zum Totalentwurf einer Lebensbedeutung, wie schließlich auch vom Rahmen her der Aufbau der Großform versucht werden kann, wobei der Erzähler durch ironische Distanzierung oder durch Verschränkung mehrerer Perspektiven einen stark subjektiven Vorgang objektivieren kann. Im ‚Doktor Faustus' sehen wir an einem Spätwerk, wie kunstvollste Rahmentechnik zunächst das Wesentliche eines Lebens isoliert und deutet und dann diese Deutung wiederum vor den objektiven Hintergrund eines Weltgeschehens stellt: ein Spiel gegenläufiger Gestaltungstendenzen.

Eindeutigkeit im Sinne Brinkmanns herrscht tatsächlich nur in der atmosphärischen Erzählkunst im Stil Keyserlings und anderer Nachzügler der Epik des 19. Jahrhunderts. Der Mensch ist als individuelle Einzelgestalt ganz Betrachter geworden und löst stimmungshaft sich in der Welt, die Welt in sich auf. Weiter als in der herkömmlichen Ich-Erzählung ist hier die Subjektivierung getrieben, denn dort objektiviert gerade die Ich-Form das Subjektive, indem sie es in seiner Subjektivität herausstellt, während hier das Objektive subjektiviert ist. Ein Schritt weiter führt zur Erzählstruktur des durchgehenden inneren Monologs (‚Leutnant Gustl' von Schnitzler) und der erlebten Rede, zum Schritt von der Individualität in die tiefenpsychologisch erfaßte Sphäre des Vorpersonalen oder in jene Typisierung des Subjekts, wie wir sie bei Kafka finden.

Wozu diese Ausbreitung von Einzelhinweisen, die in ihrer Kürze natürlich ungenau bleiben müssen und sich unvorteilhaft von Brinkmanns sauberer Methode abheben? Ich vertrat die Ansicht, daß Brinkmanns allein von der Struktur ausgehende Fragestellung einseitig werden muß — nicht nur in dem Sinne, daß sie ergänzungsbedürftig wäre, sondern in der Weise, daß sie die Phänomene nicht differenziert genug erfaßt: Zweifellos ist Subjektivierung der Erzählkunst eine *wesentliche* Tendenz in der literarhistorischen Entwicklung des 19. Jahrhunderts. Hier liegt Brinkmanns bedeutendes und bleibendes Ergebnis. Nur wenn aber ins Auge gefaßt wird, wie sehr diese Entwicklung ‚materialbedingt' ist, d. h. beim Blick auf die Zeit und die Zeitumstände, treten die entscheidenden Gegenkräfte voll heraus, die erst — das muß betont werden — die repräsentativen Leistungen realistischer Erzählkunst konstituieren. Allenfalls könnte man Grillparzers „Armen Spielmann" zu ihnen zählen. Bei Otto Ludwig aber müssen doch trotz seiner Theorie vom ‚Poetischen Realismus' Bedenken auftauchen, ob angesichts der mannigfachen Brüche und illusionär-sentimentalen Aufweichungen der Struktur seine Erzählkunst als typusbildend für einen Realismus des 19. Jahrhunderts akzeptiert werden kann. Ähnlich problematisch ist Keyserlings Erzählung, die zwar strukturell einheitlich, an Gehalt aber relativ arm ist. Brinkmann gesteht ja auch selbst zu, daß die von ihm interpretierten Texte nicht „Werke der üblicherweise als Realisten Bezeichneten" (S. 85) und „idealtypische literarische Ausprägungen des Zeitalters überhaupt" sind (S. 84 f.), sondern nur „idealtypische Ausprägungen jener *einen* wesentlichen Tendenz zur Darstellung der Wirklichkeit, wie sie tatsächlich ist" (S. 85). Das hindert ihn aber nicht daran, seinen Realismusbegriff allein von dieser einen Tendenz her zu definieren, indem er die These aufstellt, realistische Erzählkunstwerke des 19. Jahrhunderts seien solche, die in ihrer Struktur durch „die je nach der Entwicklungsstufe weniger oder mehr ausgeprägte ‚Subjektivität' der besonderen Wirklichkeit des Einzelnen" bestimmt sind (S. 321). Realität ist also nicht mehr Wirklichkeit als verbindende, sondern als ganz individuelle, ja einzigartige Welterfahrung, Realismus des 19. Jahrhunderts die auf sie abzielende künstlerische Intention. Ganz abgesehen davon, daß diese Terminologie fast ebenso unspezifisch ist wie die Lukács' oder Auerbachs (jedenfalls ist im Terminus nichts mehr von der dahinterstehenden Definition sinnfällig), scheint uns hier eine petitio principii vorzuliegen. Denn wenn Brinkmann zum Nachweis seiner These nicht Werke typischer

Realisten, sondern Erzählungen auswählt, die besonders deutlich die Subjektivierung der Struktur zeigen, nimmt er ja sein Ergebnis schon durch die Auswahl vorweg. Typische Züge des Realismus lassen sich aber — grob gesagt — nur an typischen Realisten nachweisen. Sicher ist es richtig, daß es sich bei dem Trend zum Subjektivismus der Gestaltung um einen herrschenden Zug in der literarhistorischen Entwicklung des 19. Jahrhunderts handelt, er ist aber nicht *die* Konsequenz des Willens zur Erfassung der Wirklichkeit des 19. Jahrhunderts, sondern nur eine; sicher gibt es Werke, in denen sie sich fast rein ausprägt, aber bei den eigentlichen Realisten ist das nicht der Fall, jedenfalls wenn wir die übliche Anwendung des Begriffs beibehalten wollen, die sich bei aller Streuung im einzelnen doch auf eine bestimmte Gruppe von Namen wie Keller, Raabe, Gotthelf, die Droste konzentriert.

Man könnte nun einwenden, mit der von Brinkmann vorgenommenen Entwertung der bisherigen Kriterien des Realismusbegriffs sei auch die übliche Verwendung hinfällig geworden; dem Verfasser stehe es also frei, den Begriff neu zu definieren und anzuwenden. Diese Konsequenz wäre aber angesichts eines so vielfältigen Phänomens befremdlich; zumindest könnte sich auch eine neue, veränderte Verwendung des Begriffs nicht nur auf die Kritik an den Grundlagen der bisherigen Terminologie stützen, sondern müßte sich vordringlich mit der Frage auseinandersetzen, ob und inwieweit die bisher meist Realisten Genannten in ihrer Werkgestalt der neudefinierten, spezifischen Realismusstruktur entsprechen. Darüber hinaus ist zu sagen, daß die Definition eines Epochenstils nicht eine Tendenz isolieren und sich auf sie einschränken kann, sondern sich an den Synthesen der einander widerstreitenden Gestaltungstendenzen orientieren muß. So wäre es z. B. mißlich, den Stilbegriff ‚Klassik' auf das reine Phänomen der Typisierung abzustellen ohne Einbeziehung der gegenwirkenden Intention auf Differenzierung und Individualisierung; die Höhe der Epoche wird durch die innige Durchdringung der Tendenzen bestimmt, und der Epochenstil ist nichts anderes als eben diese innige Durchdringung; die Wissenschaft kann sie aufdröseln, aber sobald sie zu Stilvorstellungen kommen will, muß sie Ganzheiten erfassen, die Gegenläufiges integrieren. Genauso wie jede andere Leistung beruht eben auch das

Sprachkunstwerk gerade in seinen höchsten Verkörperungen auf polaren Spannungen, nicht auf reiner Verwirklichung einer isolierten Gestaltungstendenz. Das ist im 19. Jahrhundert nicht anders als in anderen Epochen.

Damit stehen wir vor der Wertfrage, die man meines Erachtens nicht so weitgehend aus der Bemühung um den Begriff eines Epochenstils ausschalten kann, wie Brinkmann das will. Freilich ist es bedenklich, wenn etwa die Realismuskonzeption bei Lukács oder Auerbach rein normativ wird, denn dem Begriff ‚Stil' wohnt ein starkes historisches Moment inne, das man nicht austilgen sollte. Andererseits aber bleibt doch auch in der Konzeption eines Epochenstils unabdingbar ein normatives Element gesetzt, indem nämlich die Frage nach einem Epochenstil letzten Endes die Frage nach der in einer bestimmten Zeit unter bestimmten historischen Bedingungen *höchstmöglichen* Verwirklichung des überzeitlichen Phänomens Kunst in sich einschließt. Die Konzeption eines Zeitstils muß sich also, wenn sie nicht nur negativ als Verfall gefaßt werden soll, an den großen repräsentativen Leistungen einer Zeit bestätigen und erproben. Wir bemerkten aber bereits, daß die Linie Grillparzer—Ludwig—Keyserling eine absteigende Tendenz hat, d. h. neben Kennzeichen eines Zeitstils stehen Symptome eines von Fall zu Fall geringeren epischen Integrationsvermögens. Ich bin jedenfalls überzeugt, daß bei Einbeziehung etwa Kellers, Balzacs oder Tolstois eine ganz andere Fülle gestalteten konkreten Weltgehalts sichtbar geworden wäre. Da aber liegt sowohl die wesentliche Intention speziell des Realismus wie überhaupt ein Wertmaßstab der Dichtung; denn nur in dem Maße, in dem Welt in das Sprachkunstwerk eingegangen ist, kann es über sich hinaus auf unsere Lebenswirklichkeit weisen. Diese Forderung bedeutet für das epische Kunstwerk Breite und Fülle der Welt, während etwa Lyrik punktuell, aber in unendliche Tiefe lotend sich des Lebensgehalts bemächtigen kann. Umgekehrt zeigt sich an der Fähigkeit, diese stoffliche Fülle nun auch zu integrieren, die Kraft der jeweiligen epischen Struktur; nur wenn die Teile wirklich auf das Ganze des Werks bezogen sind und über dieses Ganze erst auf unser Leben, kann jene wunderbare Doppelfunktion des Schönen entstehen, daß es „selig in ihm selbst scheint" und doch unsere ganze konkrete Daseinswirklichkeit erhellt. Das ist nur in geringem Maße möglich, wenn der in das Sprachkunstwerk eingegangene Lebensausschnitt so schmal ist wie etwa in „Beate und Mareile", das ist ebenso kaum möglich, wenn Struktur und Inhalt nur parallele Charakteristika aufweisen, ohne doch wirklich zusammenzustimmen, und das ist vollends unerreichbar, wenn der Bezug zwischen Kunstwerk und Leben nur in gleichgearteten Krisensymptomen besteht.

In diesem Punkt gibt es Gefahren des Mißverständnisses bei Brinkmann, da er neben seiner Ausklammerung der ‚Materialfrage' auch das Wertproblem als Formproblem nicht scharf genug herausarbeitet. Das zeigt sich schon in Andeutungen bei der Interpretation Grillparzers, vor allem aber dann in der Analyse von ‚Zwischen Himmel und Erde'. Brinkmann betont hier immer wieder die Entsprechung von Form und Inhalt, die es dem Interpreten möglich mache, in der Form zugleich den Gehalt, im Gehalt die Form zu deuten (S. 141), und formuliert dann: „In dieser ‚indifferenten' Einheit von Gehalt und Gestalt liegt der Stil, ja der Symbolwert auch dieser Dichtung (Zwischen Himmel und Erde), nicht in den pseudosymbolischen, konstruierten Beziehungen von gewissen rationalen Ideen zu dem konkreten Vorgang; (darin liegt vielmehr eine ihrer Hauptschwächen). Diese Einheit allein kann ihren poetischen Wert ausmachen, bei all ihren Mängeln." (S. 214.) Das ist zumindest schief formuliert. Denn in Wirklichkeit hat Ludwig (und in gewissem Maße auch Grillparzer) eben nicht eine Struktur gefunden, die die Begrenztheit, Dumpfheit und Isoliertheit seiner Gestalten von einem höheren Niveau aus als Begrenztheit, Dumpfheit und Isoliertheit heraustreten ließe, sondern er steht als Gestalter auf der Ebene der Problematik seiner Figuren und vertuscht diese Beschränktheit der Perspektive durch künstliche, gemachte Symbolik. Nun wird man als ‚Einheit von Gehalt und Gestalt' aber doch wohl nicht den Fall bezeichnen können, daß die dichterische Form die gleichen Schwächen aufweist wie sie die dargestellten Personen zeigen, sondern die adäquate Struktur ist zweifellos diejenige, in der das individuelle Phänomen einen objektiven formalen Horizont gewinnt; wir müßten denn für die Darstellung des planlos treibenden jungen Wilhelm Meister eine ebenso planlos treibende Erzählung verlangen.

Die gleiche Unklarheit wie in der Auffassung der inneren symbolischen Einheit des Sprachkunstwerks wiederholt sich noch einmal in Brinkmanns Verständnis der Symbolbeziehung zwischen Kunst und Leben. Auch hier ist das legitime, wertsetzende Verhältnis keineswegs bloß das der Entsprechung und Parallelität, wie Brinkmann meint, dessen Unsicherheit sich hier auch schon terminologisch zeigt. Nachdem er nämlich die Termini ‚objektiv' und ‚Objektivität' schon vorher in dreierlei verschiedenen Bedeutungen verwendet hat (1. im herkömmlichen Sinne als adäquate Erfassung einer Erscheinung der Wirklichkeit, 2. zur Kennzeichnung der Gestaltungsweise des reifen Goethe mit ihrer Intention auf Totalität, 3. als Attribut aller echten Dichtung, das „auf der Einheit, der inneren Geschlossenheit, der Stimmigkeit ihrer Struktur" beruht [S. 321]), wendet Brinkmann sie schließlich an, um damit die Stimmigkeit auch zwischen der von ihm herausgestellten subjektivierenden Gestaltungstendenz und der Lebenswirklichkeit des 19. Jahrhunderts zu bezeichnen: „Sie (die Kunstwerke) vergegenwärtigen die ‚Subjektivität', von der wir abkürzend sprechen, grundsätzlich ebenso ‚objektiv' wie die erzählenden Dichtungen des reifen Goethe jene ‚Objektivität', die wir zu beschreiben versuchten." (S. 321.) Brinkmann versteht hier unter Objektivität Symptomatik, und er sieht in solcher Symptomatik den wesentlichen Bezug des Kunstwerks auf die historische Wirklichkeit. Das wird noch deutlicher an einer anderen Stelle, wo er die Bezeichnung Realismus für die deutsche erzählende Dichtung des 19. Jahrhunderts mit dem Argument verteidigt, daß „eben diese Zwiespältigkeit der deutschen erzählenden Dichtung einer realen Bewußtseinslage, dem tatsächlichen Verhältnis dieser Zeit zur Wirklichkeit entspricht". (S. 325.) Diese Äußerungen besagen nicht mehr und nicht weniger, als daß Brinkmann, der sonst so großen Wert auf das Spezifische der künstlerischen Gestalt legt, in der letzten Überschau nicht nur auf den Qualitätsbegriff, sondern sogar auch auf jedes Spezifikum der Kunst überhaupt verzichtet. Denn symptomatisch, den tatsächlichen Verhältnissen der Zeit entsprechend, ist wie jede menschliche Lebensäußerung auch jede literarische Produktion, ganz unabhängig von ihrem Kunstcharakter. (Sogar das Unzeitgemäße einer Zeit ist ja letzten Endes noch zeitgemäß — eben das Unzeitgemäße einer bestimmten historischen

Zeit.) Konkret auf Brinkmanns Bild des 19. Jahrhunderts bezogen: eine Epoche der Subjektivität muß in allen ihren Äußerungen subjektivistisch sein, das „Subjektive vergegenwärtigen", wie der Verfasser sagt. Kunst entsteht aber erst in dem Augenblick, in dem das Subjektive nicht nur vergegenwärtigt, sondern *gestaltet* wird, und solche Gestaltung ist um so tiefer und umfassender, je mehr sie sich über das dargestellte Phänomen zu erheben und es damit aufzuheben vermag. Das ist freilich auf verschiedensten Wegen möglich; wesensgemäß aber liegt in jedem Kunstwerk ein Stück Antithese zur Zeit.

Kommen wir zum Schluß: Weil er Kunststil ist, möchte ich den Realismus des 19. Jahrhunderts nicht von seiner puren Entsprechung zu den Tendenzen des Subjektivismus, sondern von dessen Ausbalancierung in der Gestaltung her definieren, wie sie etwa Keller, Gotthelf, Balzac gelungen ist — Stilkriterium und Wertkriterium verschmelzen so. Offen bleibt allerdings auch für mich ein letzter Aspekt, der noch weiter ins Historische hineinführen muß: Brinkmanns Gegenbild zum Realismus des 19. Jahrhunderts bleibt Goethe, und das mit Recht. Wir stoßen hier auf die Frage, wieweit einer Epoche eine objektiv tiefere und umfassendere künstlerische Aussage geschenkt sein kann als einer anderen. Die deutsche Klassik stand in der Gunst des einmaligen geschichtlichen Moments, in dem das Individuum bei voller Entfaltung doch noch von einer Ordnung mit fest geglaubten Normen übergriffen wurde. Objektivität und Subjektivität, Individualität und Totalität standen in fruchtbarer Spannung, ohne schon auseinanderzuklaffen. In dieser glücklichen Epoche war eine Höhe der künstlerischen Konzeption möglich, die einen überzeitlichen, ‚klassischen' Maßstab konstituierte. Und eine solche glückliche Epoche war das 19. Jahrhundert wohl nicht.

Methodisch möchte ich festhalten, daß Brinkmanns Ausgehen von der Interpretation vieles für sich hat. Vor allem sind wohl geistesgeschichtliche wie formgeschichtliche Ergebnisse einer literaturwissenschaftlichen Überschau letztlich nur jeweils am *Ganzen eines Werkes* verifizierbar. Wenn allerdings Brinkmann in der interpretierenden Methode einen Schutz gegen die Versuchung sieht, mit einem vorgebildeten Begriffsapparat die individuellen Ganzheiten der Dichtung zu zerreißen, „vorgefaßte Meinungen nur zu demonstrieren und Unpassendes zu übergehen" (S. 86), so läßt sich manches dagegen einwenden. Erstens muß natürlich auch die Einzelinterpretation mit gewissen vorgegebenen Kategorien arbeiten: der hermeneutische Zirkel unserer Wissenschaft ist nicht zu vermeiden, gleichgültig, ob der Ausgangspunkt bei einem umfassenden literarischen Komplex oder beim Einzelwerk liegt. Und zweitens liegt nicht nur in der Interpretation selbst, sondern erst recht schon in der Auswahl der Exempel ein subjektives Moment der interpretierenden Methode, das zumindest gleich groß ist wie das einer breiten systematischen Darstellung. Darüber hinaus sehe ich eine spezielle Gefahr der formorientierten Interpretation, die es ins kritische Bewußtsein zu bekommen gilt: die Gefahr nämlich, daß die Dialektik zwischen Form und Inhalt nicht voll erfaßt wird und damit schließlich auch strukturelle Fragen in einseitiger Beleuchtung verharren. Alles in allem ist zu sagen, daß auch die interpretierende Literaturwissenschaft gegen die methodischen Schwächen der systematischen oder historischen Breitendarstellung nicht eo ipso gefeit ist. Am weitesten wird noch eine Fragestellung kommen, die beide Richtungen miteinander verbindet. Lag hier auch Brinkmanns Ziel, wie wir schon eingangs bemerkten, so ist er doch in einer ihn gewiß ehrenden Vorsicht vielleicht etwas zu sehr Forminterpret geblieben, allerdings ein Interpret von hohen Graden. Dadurch sind seine Ergebnisse in einem gewissen Maße eingeschränkt. Ganz abgesehen von einzelnen Desideraten liegt aber allein schon in der aufgeworfenen Fragestellung ein großes Verdienst; ist sie doch geeignet, der Realismusforschung wichtige neue Impulse zu geben.

Hans Mayer, Von Lessing bis Thomas Mann, Wandlungen der bürgerlichen Kultur in Deutschland, Pfullingen, 1959, S. 198—246. (Mit freundlicher Genehmigung des Neske Verlags, Pfullingen.)

DIE WIRKLICHKEIT E. T. A. HOFFMANNS

Von Hans Mayer

Zwei Welten des Erzählers Hoffmann

Wie also? Der seltsame Musiker, der in einem Hause unweit der Berliner Friedrichstraße im Spätherbst des Jahres 1809 die Ouvertüre und Schlußszene aus Glucks Oper *Armida* vorgespielt hatte, während auf dem Notenpult die Seiten umgewendet werden mußten, wenngleich keine Noten darauf geschrieben oder gedruckt waren, schien der Frage seines Gastes, wer er denn eigentlich sei, zunächst auszuweichen. Er „war mit dem Lichte durch die Türe entwichen" und hatte den Besucher im Finstern gelassen. Plötzlich erschien er wieder „in einem gestickten Galakleide, reicher Weste, den Degen an der Seite, mit dem Licht in der Hand". Er faßte die Hand des Besuchers und gab nun erst, nach diesem Zwischenfall, die Antwort auf die noch im Raume hängende Frage: „Was ist das? Wer sind Sie?" Der Musiker antwortete „sonderbar lächelnd" mit den nun keineswegs klärenden, sondern nur tiefer verwirrenden Worten: „Ich bin der Ritter Gluck!"

So schließt E. T. A. Hoffmanns erste Erzählung, die Geschichte vom *Ritter Gluck* mit dem Untertitel „Eine Erinnerung aus dem Jahre 1809". Wie also? Saß hier wirklich der Tonsetzer der Oper *Armida* vor dem Instument? Das ist nicht wohl möglich, denn Christoph Willibald Ritter von Gluck war — die Musikgeschichte läßt nicht daran zweifeln — am 15. November 1787 zu Wien verstorben. Seitdem waren zweiundzwanzig Jahre vergangen. Außerdem starb Gluck im Alter von dreiundsiebzig Jahren, während unser Musiker vom Erzähler mit den Worten eingeführt wird: „Der Mann mochte über fünfzig sein." Wer also spielt, wer hat hier gespielt: vor sich die leere Partitur, aber dennoch offenbar nicht bloß als reproduzierender Künstler, der die Partitur im Kopfe hat, so daß er der Noten nicht bedarf. Immer wieder hatte „Ritter Gluck" den Erzähler dadurch erschreckt und zur Verwunderung gezwungen, daß der musikalische Text der Überlieferung von ihm frei abgewandelt wurde, nicht durch Phantasieren oder Variieren, sondern gleichsam in einer verbesserten Textfassung, wie sie dem eigenen Tonsatz oder Gedicht stets nur der Schöpfer gewähren kann.

Wenn es also nicht der Ritter Gluck war und sein konnte, wer dann hatte in Berlin, im Jahre 1809, im Vollbesitz von Glucks Schöpfertum gespielt? Der Zugang zum Gesamtwerk E. T. A. Hoffmanns hängt von der Antwort ab, die einer hier zu geben hat. Die erste eigentliche Dichtung des damals dreiunddreißigjährigen Hoffmann enthält im Keim die Grundstruktur all seiner späteren poetischen Werke; der ungelöste Rest, den der Leser der Geschichte vom Ritter Gluck zu bewältigen hat, wird auch späterhin nicht durch den *Goldnen Topf* oder die *Elixiere des Teufels,* durch den Bericht über die *Lebensansichten des Katers Murr* oder das Märchen vom *Meister Floh* wieder ausgeglichen. Die Wirklichkeit Hoffmanns trägt im Gesamtwerk die gleichen Züge wie in dieser ersten meisterhaften Erzählung. Christoph Willibald Gluck also hat nicht gespielt. Wer denn? Werner Bergengruen gibt in seiner Lebensdarstellung Hoffmanns eine sonderbar stumpfe Deutung, wenn er Hoffmanns Fabel zusammenfaßt: „Er schildert die Begegnung mit einem wahnsinnigen Musiker, der sich bis zur Identität in Glucks Schöpfungswelt eingelebt hat und allen Verständiggebliebenen im tiefen Erfassen der Musik voraus ist." Scheinbar läßt sich das hören. Der wunderliche Musiker besitzt zweifellos skurrile, wenn nicht krankhafte Züge. Er scheint gleichzeitig in der Berliner Gegenwart des Jahres 1809 und in einer zurückliegenden Ära beheimatet zu sein. Ein sehr weiter moderner Überrock hüllt ihn ein, darunter entdeckt man aber später „eine gestickte Weste mit langen Schössen, schwarzsamtene Beinkleider und einen ganz kleinen silbernen Degen". Der Mann lebt in Berlin, aber er haßt die Berliner und bezeichnet sich als exiliert. Seine Launen, die jähen Wandlungen des Gefühls, sein plötzliches Verschwinden und auch Wiederauftauchen, alles mutet ungewohnt, krankhaft an. Was sollen die wiederkehrenden wunderlichen Anspielungen auf den „Euphon"? Von Mozarts weltberühmtem *Don Juan,* dessen Titel er zunächst einmal vergessen hat, spricht der erstaunliche Mensch als von „meines jungen Freundes Oper". Ein Gespräch über Gluck, seine Werke und deren Aufführung verursacht Gefühlsäußerungen, die im Grunde keinem Enthusiasten anstehen, auch nicht dem leidenschaftlichen Verehrer dieser Musik, sondern nur Gluck selbst, nur dem Tonsetzer. Der aber kann nicht zugegen sein. Es bleibt also wohl bei der Auslegung: Wahnsinn in der Form schöpferischer Identifizierung mit dem Werk eines großen Toten.

Doch nicht ganz. Daß gerade Bergengruen die Grenze zwischen Schöpfertum und höchstem Nachschöpfertum verkennt, ist sonderbar. Der vorzüglichste Kenner der Werke Glucks vermag vielleicht gegenüber Verfälschungen der Wiedergabe, von denen in der Erzählung mehrfach die Rede ist, die Reinheit des originalen Satzes wiederherzustellen; auch kann intensive Versenkung in diese Tonwelt dazu führen, daß der Spielende der Partitur entraten darf. Niemals aber kann Anverwandlung und Identifizierung dazu führen, daß das Originalwerk durch Veränderungen ebenbürtiger Art gleichsam neu komponiert wird, ohne daß dabei Epigonentum entsteht. Ein „wahnsinniger Musiker", in dem Glucks Genius schöpferisch wirkt, ist ein musikalischer Genius: in ihm muß mehr sein als eine Epigonenrolle aus dem Jahre 1809 hergeben kann. Genialer Schüler Glucks kann er nicht heißen, so wie etwa der junge Beethoven bei Joseph Haydn in die Schule ging, denn die Musik, die hier in der Berliner Friedrichstadt erklingt, bleibt in ihrer Substanz bei allen Veränderungen und Ergänzungen doch Musik von Gluck. So vor dem Klavier sitzen, so spielen kann nur Gluck selbst. Das sonderbare Lächeln und die Vorstellung am Schluß der Erzählung scheinen Wahrheit auszusagen. Der Satz steht im Sperrdruck: *„Ich bin der Ritter Gluck!"* Er ist der Ritter Gluck. Als Gluck konnte er von Mozarts Oper als der des jungen Freundes sprechen. Als Komponist durfte er den selbstgeschaffenen Text ergänzen und umformen.

Der Konflikt ist für den Leser nun vollends unlösbar geworden. Die äußere Wahrheit des Jahres 1809 spricht gegen die Möglichkeit einer Präsenz des Ritters Gluck in Berlin. Die innere Wahrheit der Geschichte verlangt nach Glucks Gegenwart als der allein zuständigen und zulänglichen Erklärung. Die erste Hoffmann-Erzählung enthüllt bereits, daß Hoffmanns Wirklichkeitsauffassung der Eindeutigkeit entbehrt. Hier sind offenbar zwei Wirklichkeiten ineinandergeschachtelt: die eine schließt die Anwesenheit des verstorbenen Tonsetzers aus, die andere muß sie voraussetzen. Die Zwischenlösung „wahnsinniger Enthusiast" vermag nicht zu befriedigen. Die Welt Hoffmanns kann nur in ihrer Dualität verstanden werden. Die eine Welt des Dichters ist Realität des Hier und Jetzt; wir befinden uns in Berlin im Spätherbst 1809, die Umwelt des Gartenlokals an der Heerstraße, des Theaters, der Friedrichstraße ist unverkennbar. Ebenso präzise benannt wie Linksches Bad und Brühlsche Terrasse im *Goldnen Topf,* wie römischer Corso und Piazza Navona in der *Prinzessin Brambilla* oder wie der Roßmarkt zu Frankfurt am Main im Märchen vom *Meister Floh*. In diesem Bereich der Hoffmannschen Wirklichkeit wird mit höchster Sorgfalt gearbeitet. Die Details stimmen; wenn der Erzähler eine venezianische Geschichte schreibt, so finden ihn die Freunde und Besucher über einen Stadtplan von Venedig gebeugt, um durch Studium zu ersetzen, was der Augenschein versagt hatte. Der geographischen Präzision entspricht jeweils die historische und politische Genauigkeit. In der „Erinnerung aus dem Jahre 1809" fällt die Zeit des Erzählers mit der Zeit der erzählten Begebenheit zusammen. Zu Beginn des Jahres 1809 schreibt Hoffmann diese eigentümliche „Erinnerung" nieder. Die Geschichte vom *Goldnen Topf* wird als „ein Märchen aus der neuen Zeit" angekündigt. Der erste Satz ist gleichsam um protokollarische Genauigkeit bemüht: Dresden, Himmelfahrtstag, „nachmittags um drei Uhr". In dieser Wirklichkeit wäre der verstorbene Ritter Gluck nur als Gespenst möglich. Nun wäre dem Dichter E. T. A. Hoffmann, dem Todfeind eines berlinischen Realismus der Nicolai-Nachfolge, solche Gespensterbeschwörung an sich durchaus zuzutrauen. Der gleichsam leitmotivische Hohn in der Erzählung auf die Flachheit des Berliner Lebens könnte dazu führen, auch hier eine Geschichte des „Gespenster-Hoffmann" zu vermuten. Allein Spukgeschichten wie die vom *Sandmann* oder vom *Elementargeist* oder manches in den *Elixieren* haben bei Hoffmann doch noch eine andere Erzählstruktur. Auch ist die Wirkung, die von unserem Musiker ausgeht, nicht unheimlich oder gespenstisch: die Gestalt wirkt ergreifend, sie hat Größe und Genie. Sie läßt —

aller Wahrscheinlichkeit zum Trotz — die Deutung als „Ritter Gluck" durchaus zu. Solche Deutung aber verlangt eine Daseinsebene mit Raum- und Zeitbegriffen von völlig anderer Art. Der Erzähler Hoffmann wäre ohne diese zweite Ebene außerstande, seine poetischen Absichten zu erfüllen. Anfang und Ende seiner verhältnismäßig kurzen Laufbahn als Erzähler stehen im Zeichen dieser Dualität. Was im *Ritter Gluck* von 1809 bereits stutzen machte: das Arbeiten mit einer Realität des Komponisten Gluck zweiundzwanzig Jahre nach dessen Tode, entspricht genau der dualistischen Zerrissenheit in Hoffmanns letzter großer Erzählung, dem *Meister Floh* von 1822. Hier begegnen wir, abermals offenbar innerhalb der Wirklichkeit des Erzählers, in der Stadt Frankfurt am Main zu Beginn der zwanziger Jahre des 19. Jahrhunderts, den nach dem Geschichtsbuch längst verstorbenen Naturforschern Swammerdam und Leuwenhoek. Im zweiten Abenteuer der Erzählung kann Leuwenhoek selbst nicht umhin, das Sonderbare der Lage festzustellen. Er sagt zu Pepusch: „Ihr seid der einzige Mensch in der ganzen Stadt Frankfurt, welcher weiß, daß ich begraben liege in der alten Kirche zu Delft seit dem Jahre Eintausend siebenhundert und fünf und zwanzig, und habt es doch noch Niemandem verraten." Pepusch selbst hat allerdings, in seiner Doppelexistenz als George Pepusch und als Distel Zeherit, wenig Veranlassung, den jetzigen Flohbändiger der Öffentlichkeit als anachronistischen Zeitgenossen zu denunzieren.

Die Zweiteilung der Wirklichkeit als Dualität gegensätzlicher Raum- und Zeitvorstellungen durchzieht gerade die wichtigsten Werke des Erzählers Hoffmann. Im *Goldnen Topf* unterschreibt der Archivarius Lindhorst seinen Brief als „der Salamander Lindhorst p. t. Königl. geh. Archivarius". In dem Capriccio um die Prinzessin Brambilla bleibt es nicht beim Durcheinander von Lebenswirklichkeit und Theaterwirklichkeit; es gibt einen als real hingestellten Bereich der Erzählung nach Hoffmanns Willen, worin die Schneiderin Giacinta nicht bloß die Prinzessin Brambilla spielt, sondern ist. Es gibt zwei Wirklichkeiten in der Dichtung E. T. A. Hoffmanns.

Das allein allerdings vermöchte den außerordentlichen Zauber noch nicht zu erklären, der von Hoffmanns Märchen und Erzählungen ausging und den Ruhm des Erzählers zunächst bei deutschen Lesern, dann in der Leserwelt anderer Nationen begründete. Bei aller scheinbaren Verwandtschaft mit früherer deutsch-romantischer Dichtung war das Ungewöhnliche, fast Normwidrige dieser Wirklichkeitsauffassung nicht zu verkennen. Der Begriff der romantischen Ironie im Sinne Friedrich Schlegels oder Tiecks hilft nicht weiter. Die Wirklichkeiten etwa, die in Tiecks *Gestiefeltem Kater* mit der Märchenwelt kontrastiert werden, sind nicht eigentlich real, sondern Stilisierung, wenn man genau hinschaut. Sie bilden eine stilisierte Philisterwelt, gesehen durch das satirische Temperament eines romantischen Künstlers. Auch bei Hoffmann gibt es bösartige Philistermassen aller Art: dennoch sind sie wesentlich konkreter, und gerade dadurch viel unheimlicher als bei Tieck. In Tiecks Märchen und Märchenspielen ist die romantische Einheit im Grunde gewahrt: die wirkliche Welt wird niemals zum integrierenden Bestandteil des Kunstwerks. Tiecks Märchenerzählungen und seine sogenannten „realistischen" Novellen bezeichnen ein zeitliches Nacheinander, verschiedene Etappen in Ludwig Tiecks künstlerischer Entwicklung. Bei Hoffmann besteht in seinen größten Schöpfungen wie bereits in diesem ersten *Ritter Gluck* ein räumlich-zeitliches Miteinander. Die reale Welt der Hoffmann-Zeit, genau nach Ortschaft, Straße und Wohnung bezeichnet, verschmilzt zu beängstigender Einheit mit dem schlechthin Unrealen und Phantastischen. Wenn Goethe 1795 die *Unterhaltungen deutscher Ausgewanderten* mit einem übergipfelnden zusammenfassenden *Märchen* beschlossen hatte, so blieb der erzählerische Bereich einheitlich: die erzählerische Wirklichkeit war ausschließlich Märchenwirklichkeit. Der Erzähler schien zwar gegenwärtiges Geschehen zu berichten, er schien bei allen Ereignissen anwesend zu sein, um sie zu berichten, aber sorgfältig war alles vermieden, was an eine Wirklichkeit erinnert hätte, die sich geographisch und geschichtlich nachprüfen ließ. Da gab es den Fluß, den Fährmann, die Irrlichter als homogenen Bereich, aber keinerlei verwirrende Nachbarschaft zu Städten wie Dresden oder Berlin oder Frankfurt. Novalis beginnt das Märchen von Hyazinth und Rosenblütchen in der Erzählhaltung der Volksmärchen, die aller geschichtlichen und geographischen Präzisierung abhold sind: „Vor langen Zeiten lebte weit gegen Abend ein blutjunger Mensch." Jedesmal ist die Märchenwirklichkeit, die klassische bei Goethe und die romantische bei Novalis, einheitlich. Bei Hoffmann ist sie dualistisch, zweigespalten. Wobei der Erzähler Hoffmann keineswegs — wie die Jüngerschaft des Novalis — danach strebt, die Philisterwelt des Hier und Jetzt mit Friedrichstraße oder Linkschem Bade schließlich in einen romantisch-mythischen Bereich aufzulösen, nach dem berühmten Wort des Novalis also zu „romantisieren". So wenig es daher angeht, Hoffmanns Realitätsbegriff bloß als Widerspiegelung zeitgenössischer Wirklichkeit zu verstehen, so wenig ist das Nebeneinander der beiden erzählerischen Bereiche gemäß der Doktrin frühromantischer Ästhetik zu deuten.

Das Beunruhigende, nicht Aufzulösende dieser Erzählkunst liegt darin, daß beide Bereiche — die genau konturierte Wirklichkeit damaliger Zeit *und* die raum- und zeitlose Mythenwelt — stets unmittelbar miteinander und nebeneinander vorhanden sind. In der Berliner Wirklichkeit des Jahres 1809 kann es die Gegenwart des Komponisten Gluck nicht geben. In der mythischen Gegenwelt spricht nichts gegen diese Gegenwart, wie auch nichts gegen die Gegenwart Leuwenhoeks in Frankfurt am Main spricht. Daß nur von hier aus die Dichtung Hoffmanns entschlüsselt werden darf, erweist sich an den Eigentümlichkeiten der dichterischen Sprache. Während bei Goethe und Novalis der Einheitlichkeit des erzählerischen Bereichs auch eine Einheitlichkeit von Sprache und Stil entsprach, mußte sich Hoffmann für das Nebeneinander seiner beiden Welten auch einer antithetischen Sprachhaltung bedienen. Die künstlerische Struktur seines größten Werkes, des *Kater Murr,* beruht sogar wesentlich auf dem Nebeneinander dieser grundverschiedenen Sprach- und Stilmittel.

Die eigentliche Wirkung einer zugleich grausigen und komischen Erzählkunst erzielt Hoffmann gerade dadurch, daß er das Wunderbare und durchaus Unwahrscheinliche mit Vorliebe mitten in der banalen Alltagsunterhaltung auftreten läßt. Auch hierin ist bereits die Erzählung vom *Ritter Gluck* stellvertretend. Eine banale Unterhaltung zwischen zufälligen Besuchern des Etablissements von Klaus und Weber wird angesponnen. Plötzlich erhält das Gespräch eine ganz neue Höhenlage: Wendungen wie „elfenbeinernes Tor", wie „Reich der Träume" finden sich ein, Psyche, Feuerfaden, höchster Moment! Dreimal Rückfall in das Alltagsgespräch, dreimal, immer auf höherer Ebene und mit gesteigerter Enthüllung, erfolgt die Darstellung des Mythos vom Sonnenauge. Allerdings pflegt Hoffmann aus künstlerischen Gründen den zugrunde liegenden Mythos, der sich in jeder seiner großen Erzählungen findet, jeweils auch im Zusammenhang und mit deutlich abgehobener Sprachhaltung vorzutragen. Das geschieht im *Goldnen Topf* in der Achten Vigilie, wobei auch hier, wie im *Ritter Gluck,* das Motiv des Dreiklangs dazu dienen muß, aus der Alltagswirklichkeit in den mythischen Bereich hinüberzuleiten. Ähnlich steht es mit dem Mythos des Urdar-Brunnens in der *Prinzesin Brambilla* oder der zusammenfassenden Enthüllung im siebenten Abenteuer der Geschichte vom *Meister Floh.* „Sehr feierlich" spricht dort Peregrinus die Deutung. Immer wieder aber pflegt Hoffmann dann Elemente des Mythos mitsamt den ganz eigentümlichen Raum- und Zeitbegriffen der mythischen Welt mitten in die Alltagsunterhaltung einbrechen zu lassen, so daß sich aus dem Zusammenstoß der beiden Welten, genauer: aus der Behandlung des mythischen Bereichs mit den Mitteln der Alltagsrede, eine sonderbar komische, befremdende Wirkung erzielen läßt.

In reizender Weise wird dieser Zusammenstoß in der Dritten Vigilie im *Goldnen Topf* geschildert, wenn Archivarius Lindhorst mit dem Studenten Anselmus, dem Registrator Heerbrand und dem Konrektor Paulmann bei Punsch und Tabak zusammensitzt und Familiengeschichten erzählt. Etwa die Geschichte von seinem Bruder. Man will wissen, wo dieser lebe, ob er königlicher Beamter oder privatisierender Gelehrter sei. „Nein!" erwiderte der Archivarius, ganz kalt und gelassen eine Prise nehmend, „er hat sich auf die schlechte Seite gelegt und ist unter die Drachen gegangen." — „Wie beliebten Sie doch zu sagen, verehrtester Archivarius", nahm der Registrator Heerbrand das Wort: „unter die Drachen?" Erfährt man dann noch auf weitere Fragen vom gleichen Archivarius Lindhorst, daß dessen Vater „vor ganz kurzer Zeit starb, es sind nur höchstens dreihundertfünfundachtzig Jahre her, weshalb ich auch noch Trauer trage", so ist die Komik auf dem Höhepunkt. Dabei geschieht nichts anderes, als daß gewöhnliche Vorgänge und Begriffe der mythischen Wirklichkeit in den Bereich der Alltagswirklichkeit eingeführt und zur Annahme präsentiert werden. Im mythischen Bereich spricht nichts dagegen, daß Ritter Gluck im Jahre 1809 vor dem Klavier sitzt, daß Leuwenhoek, statt im Grabe zu Delft zu ruhen, als Flohbändiger zu Frankfurt sein Geld verdient, daß der Archivarius Lindhorst in Trauer geht, da sein Vater erst vor dreihundertfünfundachtzig Jahren starb. Vorgetragen dagegen in der Sprache des bürgerlichen Alltags aus dem frühen 19. Jahrhundert, muß sich daraus ein Gefühl der Unsicherheit und Mehrdeutigkeit ergeben, das zwar beim Leser einen spezifischen Reiz erzeugt, wie man ihn nur als Leser Hoffmanns erfährt, das aber eigentlich alle Erzählungen Hoffmanns der Lösung und klassischen Abrundung beraubt. Zwei getrennte Bereiche also mit eigener Geographie und Geschichte, eigener Zeit und eigenem Raum. Zwei sprachliche Haltungen und Stilformen: das mythische, oft opernhafte Pathos bei Darstellungen des mythischen Bereichs, und eine sorgfältig banalisierte und kunstvoll abgestumpfte Alltagsrede für die herkömmliche Realität.

Da dies alles nicht nur nebeneinander steht, sondern einander beständig durchdringt, muß Hoffmann vor einer formalen Abrundung seiner Erzählungen und Romane zurückscheuen. Notwendigerweise bietet sich ihm hier die romantische Form einer fragmentarischen, ungelösten und unerlösten Erzählung. Innerhalb des Zyklus der Serapionsbrüder gibt es zwar auch Erzählungen nach klassischem Muster, die manchmal sogar dem Novellentyp in Goethes Sinne einer einmaligen, in sich gerundeten und außergewöhnlichen Begebenheit angenähert sind. Im allgemeinen aber bleiben Hoffmanns Erzählungen ohne abschließende Deutung und Rundung; wie es selten vorkommt, daß seine gespenstisch gebannten Gestalten wirklich erlöst werden können, so findet sich auch selten ein formaler Aufbau, der alles abschließt. Ein wirklicher Abschluß ist in den bedeutendsten und prägnantesten Erzählungen dieses Dichters gar nicht möglich, denn er könnte nur im zeitlichen und räumlichen Bereich unserer Wirklichkeit erfolgen, während solche Endgültigkeit in dem Augenblick preisgegeben werden muß, da diese Wirklichkeit nur als Erscheinungsform und ephemere Verkörperung der großen überzeitlichen und mythischen Bereiche verstanden wird. Es ist daher auch kein Zufall, daß Hoffmann so häufig mit Rahmenhandlungen und epischen Einkleidungen arbeiten muß: daß er als Herausgeber nachgelassener Papiere auftritt, als Jurist einen zurückliegenden Streitfall zu berichten hat wie im *Majorat,* daß er die Prinzessin Brambilla und ihren Geliebten Giglio gleichsam als Verkörperung von Zeichnungen Callots agieren läßt und so fort. In alldem findet sich zweifellos romantische Erzählungskunst; allein sie ist nahezu überall eine Romantik unverwechselbarer Art. Sie gehört nicht unbedingt einer Schule an, weder dem Kreise der Jenenser noch jenem der Heidelberger Romantiker. Gewiß hat Hoffmann in seiner späten Berliner Zeit den Einfluß Clemens Brentanos erfahren; er war mit Chamisso und Fouqué befreundet. Dennoch ist der landläufige literarhistorische Begriff einer „Berliner Romantik", zu welcher E. T. A. Hoffmann gerechnet werden soll, kaum haltbar. Die Serapionsbrüder mit Hoffmann und Contessa, mit Doktor Koreff oder auch dem gelegentlichen Besucher Chamisso waren keine Schule, die sich an verbindender und sammelnder Kraft mit dem Wirken Hardenbergs oder Friedrich Schlegels in Jena, mit dem Heidelberger Freundeskreis um Arnim und Brentano, Görres und Eichendorff hätte vergleichen lassen. Nicht das serapiontische Prinzip als solches war folgenreich. Dieses serapiontische Kunstideal war wesensgleich mit der eigentümlichen Kunst und Kunstanschauung dieses einen E. T. A. Hoffmann. Eigentümlich war ihm die Dualität der Daseinsebenen, die er weder im Sinne Goethes auf der sinnlichen Erfahrbarkeit der Außenwelt aufzubauen gedachte, noch als Nachfolger des Novalis dergestalt zu romantisieren gedachte, daß die reale Welt in der poetischen Welt möglichst ohne Rest aufgelöst wurde. Bei Hoffmann lebt man gleichzeitig in Dresden und in Atlantis. Beides ist durchaus möglich. Der Erzähler des *Goldnen Topfes* darf sogar mit bescheidenem Stolz berichten, daß er zwar im Jetzt und Hier und in ziemlicher Beengung lebe, immerhin aber in Atlantis einen bescheidenen Meierhof besitze, wenn auch nicht ein ordentliches Rittergut wie sein Student Anselmus...

Noch ein anderes unterscheidet die Wirklichkeitsauffassung E. T. A. Hoffmanns von den anderen Romantikern. Wenn bei Ludwig Tieck etwa oder auch bei Brentano die Wirklichkeit geschildert wird, so entbehrt sie fast immer der konkreten, unterscheidenden

Merkmale. Das Italien in Eichendorffs *Taugenichts* ist eine romantische Traumlandschaft; in Hoffmanns Erzählungen wird es so real wie möglich gehalten, obgleich auch Hoffmann das südliche Land ebensowenig gesehen hat wie der Freiherr von Eichendorff. Die Volkstypen haben im Durchschnitt der romantischen Erzählung weder Beruf noch soziale Eigenart: ihre Sprache ist nicht Alltagssprache, ihre Verrichtungen und Handlungen sind unkonkret. Auch Hoffmann hat sich gelegentlich dieses epischen Schemas bedient, und zwar durchaus nicht zum Nachteil der Erzählung: besonders etwa in der Nürnberger Geschichte von Meister Martin dem Küfner und der fragmentarischen letzten Erzählung *Der Feind*. Im allgemeinen aber haben die Hoffmannschen Gestalten in der Alltagswelt ihren genau mitgeteilten Rang und Beruf als Konrektor, Registrator, Oberhofmeister, Offizier, Student, Schauspieler. Die sozialen Möglichkeiten der Gestalten sind genau nach ihren Aufstiegschancen im Rahmen der gegebenen Gesellschaft bestimmt. Der Beamte und Jurist Hoffmann kannte sich aus in der Behördenhierarchie deutscher Kleinstädte und Fürstentümer. Dieser Genauigkeit in der Wiedergabe der Rangkategorien und Wirkungsbereiche entspricht jeweils auch ein besonderer, gesellschaftlich determinierter Sprechstil. Königliche Hoheiten reden anders als bürgerliche Akademiker, Prinzessinnen anders als Töchter des Kleinbürgertums. Unverkennbar hat der Musiker Hoffmann die sprachlichen Tönungen musikalisch erfaßt und sich bemüht, den jeweiligen Sprachklang gemäß der sozialen Rangordnung wiederzugeben. Unübertrefflich gelingt dabei jedesmal die Karikatur der gebildeten Schwätzer und falschen Kunstliebhaber: hier entfaltet Hoffmann seine satirische Kunst in aller Liebe, im gebildeten Gerede des Hundes Berganza wie in der feinsinnigen Modeschriftstellerei des schöngeistigen Katers Murr.

Auch damit aber ist eine Eigentümlichkeit des Erzählers Hoffmann bezeichnet, die ihn gegen alle anderen deutschen Romantiker stellt. Die Alltagswirklichkeit nämlich, insbesondere die deutsche Wirklichkeit seiner Zeit, wird vom Erzähler *fast immer als Satire dargestellt*. Wo gäbe es Zustimmung oder Billigung bei der Darstellung der Dresdner Bürger im *Goldnen Topf*, bei der Schilderung des Physikprofessors Mosch Terpin und seines aufgeklärten Fürsten

Barsanuph, wo fände sich eine Regung der Sympathie des Erzählers mit der unbeschreiblichen Dummheit und Herzensroheit des Fürsten Irenäus und seiner Schranzen im *Kater Murr!* Fast alle großen Erzählungen Hoffmanns, die ihm wichtig waren, die er nicht bloß des Erwerbes wegen schrieb, stimmen in der Wirklichkeitsdarstellung dahin überein, daß das Nebeneinander der beiden Welten, der wirklichen und der mythischen, notwendig sei, da der Künstler in der deutschen Wirklichkeit *als Künstler* zugrunde gehen müsse. Die deutsche Wirklichkeit erscheint in Hoffmanns Schilderung als tief geist- und kunstfeindlich. Die Gestalt des Kapellmeisters Kreisler, Hoffmanns großartigste und persönliche Schöpfung, lebt nur in diesem Kontrast. Erfüllte Kunst ist hier nicht möglich, erfüllte Liebe auch nicht. Ein eigentümliches Leitmotiv Hoffmannscher Dichtung besteht darin, daß die Vereinigung der Liebenden im Zeitgenössischen für unmöglich erklärt wird. Sind aber Kunst und Liebe in einer solchen deutschen Realität nicht möglich (wobei Hoffmann seine satirische Bitterkeit bei den Spießbürgertypen ansetzt, um sie mit zunehmender Schärfe in der Darstellung offizieller Gelehrsamkeit, Künstlerschaft und schließlich in den Verbrecherwelten seiner kleinen Höfe und Fürsten gipfeln zu lassen), so bleibt nur der tragische Ausweg, den Hoffmann in den verschiedensten Formen immer wieder gestaltet hat: Selbstmord, Wahnsinn, Kloster und Einsiedelei. *Oder* es dringt die mythische Gegenwelt in den Wirklichkeitsbereich, um die Künstler und die Liebenden, die bei Hoffmann meistens identisch sind, aus der Welt deutscher Misere in den ewigen Bereich von Atlantis hinüberzuholen. Atlantis ist Leben in der Poesie, da im realen Deutschland für Hoffmann ein Dichterleben offenbar nicht denkbar sein kann. Man erkennt: das Gegeneinander der beiden Welten in Hoffmanns poetischem Werk dient letztlich doch nicht, wie bei anderen Romantikern, einer Entwesung der Wirklichkeit. Der epische Dualismus Hoffmanns ist nicht romantisch im Sinne von Novalis (trotz aller einzelnen romantischen Züge), sondern weit eher sentimentalisch im Sinne von Schillers berühmter Definition. Das Gegeneinander der beiden Welten, der realen und der mythischen, erscheint als Ausdruck ungelöster deutscher Gesellschaftsverhältnisse. Der Satiriker schildert die Unreife und Fäulnis deutscher Zustände, der Elegiker klagt darüber, daß reines Gefühl und reine Kunst offenbar des Mythos bedürfen, um sich zu entfalten. Das Neben- und Ineinander der beiden Welten erweist sich nicht als Entschärfung der Wirklichkeitsdarstellung, sondern als Versuch einer Wirklichkeitsdeutung, die im Bereich ihrer Zeit und Zeitgenossen offenbar keine Möglichkeit sieht, die tiefen Lebenskonflikte anders als durch Ausweichen in den mythischen Bereich lösen zu können.

Hoffmanns Entwicklung als Schriftsteller

Diese besondere Wirklichkeitsauffassung aber hat nicht nur mit den deutschen Verhältnissen zu tun, sondern auch mit der ganz ungewöhnlichen und höchst eigentümlichen Entwicklung des Schriftstellers Hoffmann, von der in diesem Zusammenhang zu sprechen ist, da die Biographie hier Ergänzungen für die Deutung der Realitätsauffassung zu geben vermag.

Der Erste Abschnitt in Kreislers fragmentarischer Biographie, die bekanntlich mit den Lebensansichten des Katers Murr zu einem vielschichtigen literarischen Gebilde vereinigt wurde, endet mit Ausschnitten aus einem Dreigespräch zwischen dem Kapellmeister Johannes Kreisler, dem Meister Abraham und dem „kleinen Geheimrat". Kreisler hat, milde gestimmt und in ungewöhnlichem Maße zur Aussprache bereit, von seiner Jugend erzählt: es ergab sich der Lebenslauf einer Künstlernatur, die, nahezu halb unernst, den Gedanken an künstlerische Tätigkeit aufgegeben hatte, um „dem Oheim gleich, dereinst Legationsrat" zu werden. Er war also Jurist geworden, Verwaltungsfachmann, ohne sich „umzuschauen und die schiefe Richtung des Weges, den ich genommen, wahrzunehmen". Kreisler wird Legationsrat, bis ein Ereignis eintritt, das ihn mit Gewalt aus der Beamtenlaufbahn wirft und durch äußere Not die innere Erfüllung des Künstlerberufs erzwingt. Dieses umwälzende Ereignis aus Kreislers Biographie wird im Zweiten Abschnitt vom Herausgeber der Lebensbeschreibung so dargestellt, daß, „ehe man sich's versah, ein gewaltiger gekrönter Koloß den Fürsten in der Residenz heimsuchte und ihn als seinen besten Freund so innig und herzlich in seine eisernen Arme schloß, daß der

Fürst darüber den besten Teil seines Lebensatems verlor. Der Gewaltige hatte in seinem Tun und Wesen etwas ganz Unwiderstehliches, und so kam es, daß seine Wünsche befriedigt werden mußten, sollte auch, wie es wirklich geschah, darüber alles in Not und Verwirrung geraten. Manche fanden die Freundschaft des Gewaltigen etwas verfänglich, wollten sich wohl gar dagegen auflehnen, gerieten aber selbst darüber in das verfängliche Dilemma, entweder die Vortrefflichkeit jener Freundschaft anzuerkennen oder außerhalb Landes einen andern Standpunkt zu suchen, um vielleicht den Gewaltigen im richtigeren Licht zu erblicken. Kreisler befand sich unter diesen." Man hat den Sachverhalt demnach so zu lesen: Der Legationsrat Kreisler stand im Dienst eines jener kleinen deutschen Fürsten, die durch Napoleons Sieg, vermutlich in der Folge der preußischen Niederlage von 1806, abgesetzt und ihres Landes beraubt wurden. Mit seinem Landesherrn wurde auch der Legationsrat Kreisler stellungs- und brotlos. Er fand sich auf sein Künstlertum zurückgeworfen und genötigt, mit den erworbenen künstlerischen, vor allem den musikalischen Fähigkeiten von nun an das Leben zu fristen.

„Glückselig, heilbringend also die Katastrophe, rief der Geheimrat, die dich aus den Fesseln befreite!

Sage das nicht, erwiderte Kreisler, zu spät trat die Befreiung ein. Mir geht es wie jenem Gefangenen, der, als er endlich befreit wurde, des Getümmels der Welt, ja des Lichts des Tages so entwöhnt war, daß er, nicht vermögend der goldenen Freiheit zu genießen, sich wieder zurücksehnte in den Kerker."

Hier ist ganz unverkennbar die Lebensgeschichte E. T. A. Hoffmanns zum Bestandteil der Kreisler-Biographie geworden. Der preußische Regierungsrat Hoffmann verlor bekanntlich 1806 durch den Sieg Napoleons seine Beamtenstellung, um sie erst acht Jahre später wiederzuerlangen. Er war nun, als entlassener Jurist, ganz wie sein Kapellmeister Kreisler gezwungen, Musik, Malerei und Poesie als Beruf zu betreiben und nicht, wie Kreisler das ausdrückt, als „ganz angenehme Dinge" zu behandeln, die „zur Erheiterung und Belustigung dienen könnten". Nun hatte Hoffmann die Musik, die Kunst der Bühne, die bildende Kunst auch während der Beamtenzeit in Posen, Plock oder Warschau niemals als bloße Unterhaltung und gefälligen Zeitvertreib behandelt: das bezeugen insbesondere seine großen Kompositionen aus jenen Jahren. Auch muß man Kreisler nicht aufs Wort glauben: sogar als Legationsrat war er sicher nicht der Mann, die Musik nach der unverbindlichen Weise vornehmer Dilettanten auszuüben. Dennoch stimmt die Aussage Kreislers auch für Hoffmann: die Katastrophe von 1806 erst zwang den kunstbegeisterten und handwerklich hervorragend durchgebildeten „Enthusiasten" (um Hoffmanns Untertitel zu den *Fantasiestücken in Callot's Manier* anklingen zu lassen), von nun an ganz der Kunst zu leben.

Bis hierher läßt sich die Aussage Kreislers als Selbstaussage Hoffmanns interpretieren. Soll man aber ein Hoffmannsches Eingeständnis auch darin sehen, daß Kreisler die Befreiung zur Kunst, die durch äußeren Zwang erfolgte, als unglücklich, als verspätet empfindet? Zu spät sei die Katastrophe eingetreten; der Gefangene sehne sich in den Kerker zurück, also in die Beamtenlaufbahn.

Die Romangestalt Johannes Kreisler mag damit vielleicht nur eine von ihren „konfusen Ideen" äußern, wie der kleine Geheimrat sogleich bemerkt. In der Tat läßt der weitere Verlauf der fragmentarischen Biographie des Kapellmeisters (die allerdings auch noch in einem ganz anderen Sinne fragmentarisch geblieben ist, da es Hoffmann nicht mehr vergönnt war, den Dritten Band des *Kater Murr* zu schreiben) nicht darauf schließen, daß sich der Musiker ernsthaft nach der diplomatischen Laufbahn zurückgesehnt hätte. Die Gestalt Kreislers ist wesentlich die eines Musikers: es wird kein Charakterzug sichtbar, es bietet sich kein äußerer Vorgang, die den Schluß zuließen, Kreislers Künstlerlaufbahn sei durch die zu späte Freisetzung gehemmt oder gar gebrochen worden.

Findet dieser Gedanke des Kapellmeisters im Roman mithin keine Entsprechung, so muß er doch als Selbstaussage Hoffmanns ernst genommen werden. Der Erste Teil des „Kater Murr" entsteht im Frühjahr und Frühsommer 1819 in Berlin. Der einstmals durch Napoleon verjagte Regierungsrat Hoffmann ist längst wieder in königlich preußischen Diensten; seit 1816 trägt er den Titel eines Kammergerichtsrats. Er ist inzwischen ein berühmter Mann geworden. Die Einschätzung hat sich weithin durchgesetzt, die dann von den Freunden auf Hoffmanns Grabstein eingraviert wurde, daß er

„ausgezeichnet" war „im Amte, als Dichter, als Tonkünstler, als Maler". Drei Jahre vor der Niederschrift dieser Äußerungen des Kapellmeisters Kreisler, am 3. August 1816, war Hoffmanns Oper *Undine* im königlichen Schauspielhaus zu Berlin mit großem Erfolg aufgeführt worden. Der literarische Erfolg des Erzählers Hoffmann beim damaligen Publikum war beträchtlich. Die Katastrophe des Jahres 1806 hatte also zwar einen Einschnitt in Hoffmanns Leben bedeutet, war aber — von außen betrachtet — keinesfalls zu einer Lebenskatastrophe entartet: weder für den Juristen, noch für den Künstler. Erfolgreich in der Beamtenlaufbahn, als Komponist, als Dichter — und dennoch jene düstere Einsicht Kreislers, dennoch die Behauptung, die befreiende Katastrophe sei zu spät in Hoffmanns Leben getreten?

Was der Dichter gemeint haben mag, wird eher verständlich, wenn man äußeres und inneres Gelingen in Lebensentwicklung und Kunstwerk scharf voneinander trennt. Nicht Mangel an äußerem Erfolg berechtigte Hoffmann zu Rückblicken solcher Art. Anders stand es um das innere Gelingen, um die Erfüllung künstlerischer Ideale. Hoffmann war nicht Richard Wagner. Jean Paul zwar hatte in seiner Vorrede zum ersten Band der *Fantasiestücke in Callot's Manier* nach dem Hörensagen über den Musikdirektor Hoffmann in Dresden geschrieben: „Kenner und Freunde desselben, und die musikalische Kenntnis und Begeisterung im Buche selber, versprechen und versichern von ihm die Erscheinung eines hohen Tonkünstlers. Desto besser und desto seltener! denn bisher warf immer der Sonnengott die Dichtgabe mit der Rechten und die Tongabe mit der Linken zwei so weit auseinanderstehenden Menschen zu, daß wir noch bis diesen Augenblick auf den Mann harren, der eine echte Oper zugleich dichtet und setzt." In der Tat hatte Hoffmann recht häufig für die Zwecke des Theaterbedarfs und sogar für Liebhaberaufführungen gleichzeitig gedichtet und komponiert. Dennoch war es sicherlich nicht seine Absicht, als Dichter *und* Tonsetzer in einer Gestalt ein romantisches Gesamtkunstwerk der späteren Wagner-Konzeption zu entwerfen. Es mag auffallen, daß Hoffmann als Opernkomponist seit der Frühzeit doch mit Vorliebe auf Schauspieltexte anderer Dichter zurückgriff, auf Brentano, Zacharias Werner, Calderon, in der *Undine* schließlich auf Fouqué. Daran spürt man, daß er sich in der Selbstbewertung vor allem als Musiker empfand. Er ist auch nur auf dem Umweg über die Musik und durch den Erfolg seiner musikalischen Skizzen und Erzählungen zum „Berufsschriftsteller" geworden.

Die Nachwelt hat dann aber das Urteil der Mitwelt bestätigt. Der Komponist Hoffmann besitzt in der Musikgeschichte einen ehrenvollen Platz; dennoch ist seine Musik nicht mehr Bestandteil unseres Musiklebens. Die unsterblichen musikalischen Kreisleriana stammen nicht vom Tonsetzer Hoffmann, sondern von Robert Schumann. Das als sekundär angesehene Talent des Erzählers und Schriftstellers dagegen, spät entfaltet, den Briefen und Tagebüchern zufolge auch nicht immer vom Schreibenden sehr hoch gewertet, machte den Namen E. T. A. Hoffmann unsterblich. Hier war ein wirklicher Zwiespalt. *Das* wahrscheinlich meinte Kreislers unwillige Bemerkung von der allzu späten Befreiung. Die große musikalische Erfüllung des Tonsetzers war ausgeblieben. Hoffmann wußte es, denn er war ein unbestechlicher Kritiker auch seiner selbst. Zudem mußte er sein tonsetzerisches Schaffen stets mit dem gleichzeitigen Wirken Beethovens und Carl Maria von Webers vergleichen. Im letzten Lebensjahrzehnt tritt daher die Tonkunst immer mehr zurück. Das künstlerische Wirken Hoffmanns in seinen letzten Lebensjahren ist nahezu identisch mit seiner Schriftstellerei, die gleichfalls eine Entwicklung eigentümlicher Art dadurch vollzieht, daß sie in ihren Anfängen noch vorherrschend essayistischer und kritischer Art ist, dann aber in zunehmendem Maße durch rein erzählerische Werke bestimmt wird. Dennoch darf angenommen werden, daß Hoffmann diesen Ablauf nur als Notlösung, nicht als wirkliche Erfüllung vor sich gelten ließ. Er war, wie es ihm in diesen letzten Lebensjahren scheinen mochte, als Musiker dadurch gescheitert, daß er nicht von Anfang an, ausschließlich und zusammengenommen, der Berufung des Tonsetzers folgte. Daß überdies sein Schwanken zwischen geistlicher und weltlicher Musik, überhaupt zwischen „himmlischer" und irdischer Kunst, vom Künstler als unheilvoll empfunden wurde, mag man an mancher Stelle der beiden großen Romane, an Erzählungen wie der *Jesuiterkirche in G.* oder an dem großen Aufsatz *Über alte und neue Kirchenmusik* ablesen.

Den Dichterruhm und noch mehr den Erfolg als Unterhaltungsschriftsteller vermochte der Künstler Hoffmann nur bedingt als Gegengabe für das Versagen vor dem höchsten tonkünstlerischen Anspruch zu empfinden. Darf man, zugespitzt ausgedrückt, sagen, daß Hoffmann das Dichtertum E. T. A. Hoffmanns gern geopfert hätte für das musikalische Schöpfertum eines Beethoven oder auch noch eines Weber? Etwas dergleichen spürt man an jenen Worten des Kapellmeisters Kreisler. Nur diese Zusammenhänge aber von äußerem Lebensgeschehen und künstlerischer Idealvorstellung machen verständlich, warum Aufstieg und Entwicklung des Schriftstellers E. T. A. Hoffmann so ungewöhnlich verliefen.

Eigentümliches Bild also einer dichterischen Entwicklung; die literarische, erst recht die dichterische Schöpfung ist Ausdruck reifer Mannesjahre. Die Werke haben eigentlich keine Vorstufen durchlaufen: es fehlt die literarische Lehr- und Gesellenzeit. Die ersten Schöpfungen Hoffmanns in diesem Bereich sind sogleich meisterhaft. Sie sind außerdem, was die künstlerische Eigenart betrifft, nahezu vergleichslos. Die erste dichterische Arbeit Hoffmanns fixiert sogleich den Rang und die künstlerische Eigenart dieses Schriftstellers. Der zweite Schritt im literarischen Bereich ließ die eigentümlichste, die unvergeßliche Gestalt fast fertig hervortreten, die dem Dichter Hoffmann glücken sollte: den Kapellmeister Johannes Kreisler.

Soll man von Geburt ohne Empfängnis reden? Mancherlei spricht dagegen. Die literarische Schöpfung war erst möglich, als Hoffmann durch die Katastrophe von 1806 ganz auf das Künstlerleben verwiesen worden war. Kreisler ist ferner ein Musiker; überhaupt sind die ersten Erzählungen Hoffmanns nur als Schöpfungen eines Musikers möglich. Wir erleben die Geburt eines Dichters aus dem Geiste der Musik. In seiner Vorrede zu den *Fantasiestücken* sieht Jean Paul, wenngleich er sonst von der Eigenart dieser Schöpfungen nicht viel zu verstehen scheint, daß hier eine durchaus eigentümliche literarische Gattung aus der Verschmelzung von zwei Künsten entstanden ist. Die fehlende literarische Tradition und Lehrzeit, darf man vielleicht sagen, wird in der Entwicklung des Dichters Hoffmann durch die musikalische Lehrzeit und Erfahrung ersetzt. Die tiefe Kenntnis von Glucks musikalischer Dramatik bewirkt eine Erzählung wie den *Ritter Gluck*. Die Liebe zu Mozart, das Verständnis für die einzigartige Bedeutung des *Don Giovanni*, vermag

sich in dichterische Substanz zu verwandeln und eine Erzählung wie
Don Juan möglich zu machen.

Die Liebestragödie als gesellschaftliche Erfahrung

Noch etwas tritt hinzu, neben die Zäsur von 1806 und die ins
Literarische transponierte musikalische Erfahrung: das ergreifende
und für Hoffmanns Leben entscheidende Liebeserlebnis mit Julia
Marc. Die Bedeutung dieser Liebe eines reifen, häßlich zu nennen-
den, in unglücklicher Ehe festgehaltenen Mannes zu der blutjungen
Sängerin (sie war zwölf Jahre alt, als Hoffmann sie zuerst sah),
die von ihrer Mutter, der Konsulin Marc, mit einem rohen und ver-
derbten, aber reichen Geschäftsmann zu gleichfalls unglücklicher
Bindung zusammengekoppelt wird, ist in der Hoffmann-Literatur
mit aller philologischen und psychologischen Akribie dargestellt
worden. Auch der Psychoanalyse wurde dabei ihr Teil, wenn etwa
Joachim Rosteutscher das Julia-Erlebnis Hoffmanns als „ästhetisches Idol" verstand, wobei er sich bemühte, die Verwandlung des
Julia-Erlebnisses in ein Idol der Musik, der bildenden Kunst und
der Poesie durch das Gesamtwerk Hoffmanns zu verfolgen und zu
zeigen, daß Julia sowohl die Gestalt der Heiligen und Märtyrerin
(in den *Elixieren des Teufels*) wie auch deren Gegenbild einer teuf-
lischen Huldin in den *Abenteuern der Silvester-Nacht* anzunehmen
vermochte. Das alles ist nicht unzutreffend, wenngleich es für die
Gesamterscheinung Hoffmanns und seines Werkes nur partiellen
Aussagewert besitzt. Selbst jenes Werk nämlich, das bis in den
Namen Julia hinein die Bindung an das auslösende Erlebnis respek-
tiert, selbst der *Kater Murr*, der die Konstellation von Kreisler und
Julia am reinsten reproduziert, erschöpft sich als Gehalt im mindesten nicht in diesem Liebeskonflikt. Daß Hoffmann tief an dieser
Liebe, ihrer Unerfüllbarkeit, am Untergang Julias durch die Schuld
der Mutter gelitten hat, steht außer Zweifel. Wir kennen heute die
Eintragungen des Bamberger Tagebuchs, besitzen den ergreifenden
Brief des Rückblicks, den Hoffmann von Berlin aus am 1. Mai 1820
an Doktor Speyer in Bamberg schreibt, als er von Julias Scheidung
erfahren hat. Die Briefstelle gehört zu den schönsten Lebenszeug-

nissen E. T. A. Hoffmanns: „Finden Sie es geraten und tunlichst, meinen Namen in der Familie M. zu nennen oder überhaupt von mir zu reden, so sagen Sie in einem Augenblick des heitern Sonnenscheins Julien, daß ihr Andenken in mir lebt— darf man *das* nämlich nur Andenken nennen, wovon das Innere erfüllt ist, was im geheimnisvollen Regen des höheren Geistes und die schönen Träume bringt von dem Entzücken, dem Glück, das keine Arme von Fleisch und Bein zu erfassen, festzuhalten vermögen —, sagen Sie ihr, daß das Engelsbild aller Herzensgüte, aller Himmelsanmut wahrhaft weiblichen Sinns, kindlicher Tugend, das mir aufstrahlte in jener Unglückszeit acherontischer Finsternis, mich nicht verlassen kann beim letzten Hauch des Lebens, ja daß *dann* erst die entfesselte Psyche jenes Wesen, das ihre Sehnsucht war, ihre Hoffnung und ihr Trost, recht anschauen wird, im wahrhaftigen Sein! —"

Fehlten diese Lebenszeugnisse, man könnte noch aus dem Werk Hoffmanns auf die Stärke des Bamberger Erlebnisses schließen. Der Künstler und die Sängerin, der reife Mann und das blutjunge Mädchen, Liebe und Unerfüllbarkeit: das ist von nun an ein Leitmotiv in Hoffmanns Dichtung. Es führt von der fast rüpelhaften und indiskreten Nacherzählung realer Vorgänge in Bamberg und Pommersfelden in der *Nachricht von den neuesten Schicksalen des Hundes Berganza* zur Erzählung vom *Rat Krespel* und eben zur Liebe zwischen Kreisler und Julia im *Kater Murr*. Das Julia-Erlebnis mußte zu der Erfahrung des Jahres 1806 und zur Erfahrung des Musikers Hoffmann hinzutreten, um die Dichterkraft des großen Erzählers in Freiheit zu setzen.

Die Eigenart des Julia-Erlebnisses aber besteht darin, daß hier Individualerfahrung und Gesellschaftserfahrung untrennbar miteinander verknüpft sind. Hoffmann erlebte in Bamberg gleichzeitig die reine Welt Julias, die er auch als seine eigene empfand, die Welt der Tonkunst, die sich im menschlichen Gesang zu höchstem Ausdruck steigert (am schönsten hat er diesen Zustand in *Ombra adorata* beschrieben) — und die Welt bösartiger, krämerhafter, dabei ästhetisch-geschwätziger Kunstfeindlichkeit. Die Begegnung Hoffmanns mit Julia war nicht zu trennen von der Umwelt, worin sie sich vollzog: vom Dasein des Bamberger Kapellmeisters inmitten des Bamberger Theaterpublikums; vom Kontrast der Kunst Julias mit den läppischen ästhetischen Schaustellungen im Salon ihrer Mutter, der Frau Konsulin; vom Bereich der Bamberger Kneipen und von der Protektion des Weinhändlers Kunz, der freundschaftlich und doch gönnerhaft bereit war, Hoffmanns erster Verleger zu werden. Zwei Erlebnisstränge trafen hier zusammen, und es zeigte sich, daß die Wurzeln der nun entstehenden Meisterschöpfungen des Dichters Hoffmann tief in die Vergangenheit hinabreichten. Alle Erfahrung mit Kunst und Künsten, alle Sehnsucht nach Reinheit, körperlicher wie geistiger Schönheit fand sich, gleichzeitig fratzenhaft und doch wirklich, in der Bamberger Umwelt. Die Umwelt zerstörte das Schöne und das schöne Menschentum. Durch ihre Mutter, ihre Umwelt, durch ihren ungeliebten Verlobten wurde Julia, das Mädchen und die Künstlerin, aufgeopfert; mit ihr zugleich aber die Verbindung zwischen Julia und Hoffmann, zwischen dem Musiker und der Sängerin. Aus beiden Erlebnissen erwuchs nun die Substanz der Dichtung Hoffmanns, die in ihren wichtigsten Werken von nun an eigentlich nur ein einziges Thema immer wieder abwandeln sollte: das Verhältnis von Künstlertum und kunstfeindlicher Gesellschaft.

Wandlungen in Hoffmanns Menschenbild

Nur so aber wird verständlich, warum Hoffmann-Kreisler sein freigesetztes Künstlertum als eine zu späte Befreiung empfand. Zwei Lebenserfahrungen des Menschen und Künstlers Hoffmann sollten damit ihre Widerspiegelung im dichterischen Werk des Erzählers finden. Die eine hatte mit der Eigenart dieser schriftstellerischen Laufbahn zu tun: mit ihr verband sich von nun an das Leitmotiv eines Menschen, der gezwungen ist, in mehreren Berufen gleichzeitig zu leben, ohne jedoch wahrhaft in einem von ihnen Erfüllung zu finden. Der begeisterte Musikenthusiast und Komponist Hoffmann, der Beamter hatte werden müssen, durch die Zeitereignisse aus dem Brotberuf vertrieben wurde, fast durch Zufall die künstlerische Erfüllung im Schreiben fand, aber nicht im Komponieren — das wird von nun an zur Erlebnisgrundlage für die typisch Hoffmannschen Menschenbilder, die jeweils zugleich in verschienen Bereichen und Inkarnationen leben müssen, ohne sich doch irgendwo ganz erfüllen zu können. Das gilt für Anselmus und Balthasar, für Medardus aus den *Elixieren* wie für den Kapellmeister Kreisler oder den Peregrinus Tyß. Das zweite Erlebnis, die Bamberger Tragödie mit Julia Marc, erzeugt das Hoffmann-Thema einer ästhetischen Liebe, die eine Erfüllung als irdisches Glück niemals erreichen kann und wohl auch nicht anstrebt. Zwei gesellschaftliche Erfahrungen also, die entscheidend mitwirkten, die sonderbar dualistische Wirklichkeit Hoffmanns und sein eigentümliches Menschenbild zu prägen.

Zu den Besonderheiten der Hoffmann-Gestalten gehört es nämlich, daß sie — die besonders charakteristischen Figuren vor allem — in einem Zustand höchster Unstabilität und gesellschaftlicher Fragwürdigkeit gezeigt werden. An den beiden großen Romanen des Erzählers, den künstlerisch recht fragwürdigen *Elixieren des Teufels* und den wunderbaren, leider fragmentarisch gebliebenen *Lebensansichten des Katers Murr*, läßt sich das besonders klar demonstrieren. Es fällt zunächst auf, wie stark sich einige Grundsituationen der *Elixiere* in Hoffmanns letztem großen Roman wiederholen, so daß man genötigt ist, eine geheime Vorliebe des Dichters für solche Konstellationen zu vermuten. Den Hauptgestalten beider Romane ist es gemeinsam, daß ihre Stellung in der gesellschaftlichen Hierarchie als höchst fragwürdig, bisweilen sogar als usurpatorisch zu gelten hat. Sind die Prinzessinnen wirklich von fürstlichem Rang? Sind nicht zwischen Fürstin und Dienerin die Rollen in geheimnisvoller Vorvergangenheit vertauscht worden? Entstammen die Fürstenkinder wirklich einer ehelich-legalen und fürstlich-legitimen Verbindung, sind sie Erzeugnisse des Ehebruchs oder einer unstandesgemäßen Verbindung? Bildnisse tauchen auf — in den *Elixieren* wie im *Kater Murr* —, bei deren Anblick rätselhafte Gefühlsbewegungen zu beobachten sind; Zigeuner, Kindesunterschiebung, Ehebruch und Inzest, geheimnisvolle Affinitäten zwischen Personen, die einander scheinbar fremd sind, an solcher Wahlverwandtschaft aber als Verwandte erkannt werden; Außenseiterfiguren in der Form des einsamen Künstlers, des Wahnsinnigen, des Eremiten: das ganze Reservoir deutscher Schauerromantik ist auch von Hoffmann aufgeboten. Literarhistorische Motivforschung alten Stils mag versucht sein, die Abhängigkeit der beiden Hoffmann-Romane und auch manch anderer Erzählung des Dichters von den berühmten *Nachtwachen des Bonaventura* nachzuweisen. Das ist nicht unberechtigt, zumal Hoffmann mit Friedrich Gottlob Wetzel, dem mutmaßlichen Verfasser der *Nachtwachen,* in Dresden zusammengetroffen war. Allein durch solche literarische Abhängigkeit läßt sich die Häufung dieser Themen gerade in Hoffmanns umfangreichsten und persönlichsten Werken nicht erklären. Hinter all diesen im äußeren Sinne unwahrscheinlichen, oft schaurigen, bisweilen sogar tragikomischen Vertauschungen und Unterschiebungen steht eine höchst eigentümliche Menschenauffassung Hoffmanns, die eigentlich Gesellschaftsauffassung ist. Weit ist man entfernt von aller sozialen Hierarchie und Stabilität. Der automatenhafte, vollkommen anachronistische Legitimismus des Fürsten Irenäus in *Kater Murr,* nicht minder jedoch die gleichfalls automatenhafte und anachronistische Aufklärungsdespotie des Fürsten Barsanuph im *Klein Zaches* machen klar, daß diese höfische Welt als vollkommen unwirklich empfunden werden muß. Wobei zwischen der „aufgeklärten" Spielart und dem konsequenten Metternich-Geist (siehe auch die Figur des Knarrpanti im *Meister Floh)* von Hoffmann kein Unterschied gemacht wird. Der Legitimismus der Welt beruht überall auf geheimer Illegitimität. Zigeunerkinder als Fürstenkinder, Fürstenkinder als Bürgerkinder oder als Erzeugnisse aus verbotener, sogar verbrecherischer Bindung: alle Positionen sind unsicher und vertauschbar. In Goethes Erzählungen war die höfische Welt in sich selbst wenigstens nach außen hin stabil, Goethes Bürger waren wirkliche Bürger. Bei Hoffmann sind sämtliche Gestalten auch innerhalb der realen Alltagswelt höchst fragwürdig geworden: niemand weiß genau, ob sie auch wirklich das sind, was sie in der gesellschaftlichen Hierarchie nach außen hin darzustellen scheinen.

Diese Grunderfahrung, die Hoffmanns Menschenbild bestimmt, ist undenkbar ohne das Erlebnis der revolutionären und der napoleonischen Ära. Der geschichtliche Anachronismus der Restaurationszeit, die Hoffmann in seinen letzten Lebensjahren durchleben mußte, spiegelt sich in der grenzenlosen Vertauschbarkeit der Figuren ebenso wie in ihrer sozialen Unbestimmtheit.

Da aber diese Realität vom Dichter als brüchig empfunden wird, kann es ihm nicht genügen, die Vertauschbarkeit allein immer wieder zu gestalten. Gemäß der Doppelnatur seiner Realität, die gleichzeitig alltäglich und mythisch zu sein hat, wird das Gesellschaftserlebnis auch in den mythisch-phantastischen Bereich transponiert. Innerhalb der eigentlichen Realsphäre konnte der Vorgang der sozialen Unsicherheit mit Hilfe von Verwechslungen, Doppelgängerschaften, Kindesunterschiebungen gestaltet werden. Bemerkenswerter aber war es für Hoffmann, daß sich der Vorgang in die raum- und zeitlose Mythenwelt übertragen ließ. Nun war es dem Erzähler plötzlich möglich, nicht bloß darzustellen, daß eine Prinzessin eigentlich gar keine war, sondern sogar zu zeigen, daß die geistige Leistung in ihrem Erfolg keineswegs an denjenigen gebunden sein mußte, der sie vollbracht hatte. Es gehört zu Hoffmanns genialsten Einfällen, daß er im *Klein Zaches* die Produktion einer geistigen und künstlerischen Leistung von deren Verwertbarkeit personal zu scheiden wußte. Das Feengeschenk an den kleinen Zaches besteht darin, dem Wechselbalg alle vortrefflichen Leistungen zuzurechnen, die andere in seiner Gegenwart vollbracht haben. Daß hier ein phantastischer Vorgang als Widerspiegelung von höchst realen wirtschaftlichen Vorgängen verstanden werden muß, ist kaum zu leugnen. Die phantastische Erzählung deutet nach Absicht des Erzählers einen geschichtlichen Umwandlungsprozeß an, den Hoffmann erlebte und als einer der ersten nachzugestalten wußte.

Zu den Eigentümlichkeiten des Menschenbildes in Hoffmanns Wirklichkeitsbereich gehört ferner, daß die Konfrontierung der Menschenwelt und der Tierwelt eine große Rolle spielt. Der Zusammenstoß zwischen Mensch und Tier muß gleichfalls leisten, was im Dualismus von bürgerlichem Alltag und Geisterwelt, von Raum- und Zeitbegriffen der Alltagswelt und der Mythenwelt gezeigt werden sollte: die Unvereinbarkeit von deutscher Bürgermisere und Hoffmannschem Künstlertum. Allein drei von Hoffmanns wichtigsten Werken (zu welchen sich noch der Kunstaffe Milo gesellt) sind schon im Titel mit Tiernamen verknüpft: der Hund Berganza, der Kater Murr und der Meister Floh. Die Eigentümlichkeit von Hoffmanns Gesellschaftskritik läßt sich im Übergang von der ersten zur letzten dieser drei „Tiergeschichten" ebenso klar demonstrieren wie die bedeutsame Wandlung des Menschenbildes in Hoffmanns letzter

Lebenszeit. Die Tierthematik hängt eng mit den Bamberger Erlebnissen zusammen. Hier liegt wohl auch die Erklärung dafür, daß sich Hoffmann der Welt Callots mit ihren Mischgestalten aus Tier und Mensch so nahe verwandt fühlte. Es war wohl nicht so, daß Hoffmann seine Zwittergebilde in Anlehnung an die Zeichnungen Callots konzipierte. Eher darf angenommen werden, daß die spezifischen Hoffmann-Erfahrungen den Blick für die Bedeutung solcher Gestalten aus zwei Daseinsbereichen geschärft hatten: daß der Künstler bei Callot gestaltet fand, was er als Erfahrung und Vision auch für sich gewonnen zu haben glaubte. Eine Bemerkung aus Hoffmanns Vorrede zu den *Fantasiestücken,* worin er von der Kunst Callots spricht, macht diesen Sachverhalt wahrscheinlich: „Die Ironie, welche, indem sie das Menschliche mit dem Tier in Konflikt setzt, den Menschen mit seinem ärmlichen Tun und Treiben verhöhnt, wohnt nur in einem tiefen Geiste, und so enthüllen Callots aus Tier und Mensch geschaffene groteske Gestalten dem ernsten tiefer eindringenden Beschauer, alle die geheimen Andeutungen, die unter dem Schleier der Skurrilität verborgen liegen."

Die Akzente sind hier so gesetzt, daß die wahre Menschlichkeit beim Tier, das wahrhaft Tierische dagegen im ärmlichen Tun und Treiben der Menschen erkannt werden soll. Darin sieht Hoffmann — zu Beginn seiner Laufbahn als Schriftsteller — das eigentlich ironische Prinzip. Der Bericht über die *Neuesten Schicksale des Hundes Berganza* ist genau nach diesem Schema abgefaßt. Berganza ist zwar — worin der Reiz Hoffmannscher Erzählungskunst liegt — mit authentisch hündischen Zügen ausgestattet; dennoch repräsentiert er die höhere Weisheit und Menschlichkeit. Berganza ist eine Künstlernatur, er liebt die Musiker und paßte in der Tat nicht schlecht in die Gesellschaft eines Kapellmeisters Kreisler. Die Menschenwelt ist ihm wesensgleich mit der scheinhaften und käuflichen Umwelt der bürgerlichen Salons. Unschwer kann man Berganzas Bericht durch die Nachrichten ergänzen, die der Pudel Ponto seinem Freunde, dem Kater Murr, über das Stutzer- und Wüstlingsleben des Barons Alkibiades von Wipp überbringt.

Berganza steht bei Hoffmann zunächst noch in einer satirischen Tradition, die es seit jeher schätzte, vorhandene Gesellschaftszustände durch Konfrontierung mit einem hinzugereisten Indianer oder Perser oder Chinesen oder auch durch Gegenüberstellung der Menschenwelt mit der Tierwelt zu verspotten und bloßzustellen. Nicht zu Unrecht verweist Jean Paul in seiner Vorrede zu den *Fantasiestücken* auf Swift: manches Urteil des Hundes Berganza über die ihm bekannten Menschen erinnert an die ethischen Normen der edlen Pferde in *Gullivers Reisen*.

Allein neben diese satirische Überlieferung tritt sogleich schon die besondere Hoffmannsche Ironie, die er auf das Verhältnis des Künstlers zur Spießbürgerwelt gegründet hat. Berganza fühlt sich den Künstlern, den Musikern vor allem, verwandt. Eine wunderbare Stelle läßt sich unschwer als Selbstaussage Hoffmanns, die dem Hund Berganza in den Mund gelegt ist, interpretieren.

Berganza „Ich kann die Musiker um des allen nur lieben, und da überhaupt ihr Reich nicht von dieser Welt ist, erscheinen sie, wie Bürger einer unbekannten Stadt, in ihrem äußeren Tun und Treiben seltsam, ja lächerlich, denn Hans lacht den Peter aus, weil er die Gabel in der linken Hand hält, da er, Hans, seine Lebtage hindurch sie in der rechten Hand gehalten."

Ich „Aber warum lachen gemeine Menschen über alles, was ihnen ungewöhnlich ist?"

Berganza „Weil das Gewöhnliche ihnen so bequem geworden, daß sie glauben, der, welcher es anders treibt und hantiert, sei ein Narr, der sich deshalb mit der ihnen fremden Weise so abquäle und abmartere, weil er ihre alte bequeme Weise nicht wisse; da freuen sie sich denn, daß der Fremde so dumm ist und sie so klug sind und lachen recht herzlich, welches ich ihnen denn auch von Herzen gönne."

Solche Sätze könnten auch in den *Kreisleriana* stehen; der Hund Berganza spricht wie der Kapellmeister Kreisler. Die besondere Kunst und ironische Tiefe Hoffmanns besteht aber darin, daß er diese Identität nicht durchwegs zuzulassen gedenkt. Berganza wird sehr rasch wieder ins wahrhaft Hündische zurückgeführt.

Noch tiefer und verzwickter ist die ironische Beziehung zwischen Tier und Mensch, Künstler und Bürger, Künstler und Tier in Hoffmanns wohl großartigster Dichtung, in den *Lebensansichten des Kater Murr*. Auch hier finden wir das von Hoffmann auf Callot zurückgeführte Prinzip des Konflikts zwischen Menschen- und Tiernatur. Es ist daher eigentlich schwer zu verstehen, weshalb selbst bedeutende Interpreten E. T. A. Hoffmanns wie Korff und andere in der Koppelung der Kater-Murr-Biographie mit der Kreisler-Biographie nur eine „verrückte Idee" Hoffmanns sehen wollen, durch welche „der Zusammenhang der Kreisler-Biographie auf die mutwilligste Weise zerstört" werde (Korff). Ernst von Schencks Hoffmann-Buch betont dagegen die gedankliche Einheit des Romans, sieht aber in Murr wohl zu einseitig eine Selbstkarikatur Hoffmanns. Allein hinter dieser scheinbaren Sonderbarkeit und angeblichen Jean-Paul-Nachfolge steckt ein strenges künstlerisches Kompositionsprinzip! Bei genauem Eindringen in den Gesamtroman, also nicht bloß den Kreisler-Roman, offenbaren sich die verschiedenen Abschnitte in Kreislers und Murrs Lebensbericht als streng aufeinander bezogen. An allen wichtigen Stellen wirkt Murr als philiströses Gegenstück zu Kreislers Künstlerleben. Murrs Katerliebe ist die Parodie der Künstlerliebe des Kapellmeisters Kreisler; Kreisler seinerseits parodiert eben durch diese Doppelschichtigkeit der Erzählung die bürgerliche Normalexistenz des selbstzufriedenen Katers. Nur in dieser Ironie, die jeweils den einen Partner zum Parodisten des andern macht, enthüllt sich das Gesamtkonzept des Buches, das Hoffmann selbst als sein wichtigstes ansah. Murr verhält sich einmal zu Kreisler wie Sancho zu Don Quijote, allein der relativen Billigung des Sancho-Standpunkts durch Cervantes, den Hoffmann sehr gut kannte und dem er ja auch die Gestalt des Hundes Berganza entlehnt hatte, entspricht in der Geschichte Kreislers und Murrs keinerlei Billigung der Murr-Welt durch den Dichter. Die Biographie Kreislers ist von Freundeshand geschrieben, die Lebensansichten des Katers dagegen erscheinen als autobiographischer Bericht. Daraus ergibt sich ein durchaus verändertes Verhältnis zwischen Mensch und Tier. Berganza stand als Hund und Künstler gegen die Menschen- und Bürgerwelt. Der Kater Murr und auch die anderen seiner Art, Katzen wie Kater, *sind* eigentlich Menschen und Spießbürger. Kater Murr ist im bürgerlichen Bereich das Gegenstück und die Ergänzung zu den Lebensansichten des Fürsten Irenäus im höfischen Umkreis. Gegen beide stehen Kreisler und Julia. Die bürgerliche Lebensmisere erscheint gerade dadurch in aller Trostlosigkeit, daß sie —

zu Unrecht — als überaus stabil empfunden wird. Der Fürst Irenäus, Prototyp der Metternich-Zeit und des Restaurationsregimes, findet seine Ergänzung in der Deutschtümelei und burschenschaftlichen Maskerade der Kater Murr und Hinzmann. Unverkennbar haben wir hier den politischen Standpunkt des späten E. T. A. Hoffmann, der sich auch als Künstler gegen „Demagogen" wie Demagogenschnüffler, gegen restaurierte Feudalität und spießbürgerliche Kraftmeierei zu wenden entschlossen ist. Von hier führt literarisch ein gerader Weg zu Karl Immermanns Epigonen-Roman. Die scheinbare Gemeinsamkeit der Ausgangslage bei Berganza und Murr erweist sich als trügerisch. Berganza verhält sich zu Murr wie der Hoffmann der *Fantasiestücke* zum Meister des Kreisler-Romans: die subjektive Bürgerfeindlichkeit der Bamberger Zeit hat sich in die objektive Gesellschaftskritik des *Kater Murr* verwandelt.

Die letzte große Erzählung vom *Meister Floh* nimmt das Thema der Tier-Mensch-Relation abermals auf, um sie abermals entscheidend abzuwandeln. Meister Floh ist — schon aus Gründen der Zoologie! — wesentlich stärker Symbol denn reale Gestalt oder gar reales Tier. Berganza war durchaus Hund, Murr besaß unverkennbare Katerzüge, der Meister Floh aber konnte notwendigerweise nicht in ähnlichem Sinne mit Wirklichkeitszügen ausgestattet werden. Er gleicht mehr einem Schutzgeist, Kobold oder gütigem Zwerg als einem Tier. Dennoch wiederholt sich auch hier die ironische Spiegelung der Menschenwelt durch die Tierwelt. Berganza war ein Künstler, Murr war ein die Menschen imitierender bürgerlicher Philister und Schöngeist; Meister Floh aber besitzt die unheilvolle Brille, die es ihm und seinem Freunde Peregrinus Tyß ermöglicht, das Reden der Menschen mit ihren wirklichen Gedanken sogleich zu konfrontieren. Der ironische Konflikt ist diesmal *in* die Person des einzelnen Menschen gelegt: seine geäußerten und seine wahren Gedanken, seine geheuchelten und seine echten Absichten widersprechen einander. Allein diesmal ist Hoffmann gewillt, den Konflikt nicht in aller Schärfe bestehen zu lassen, wie in den *Kreisleriana* oder den vollendeten Teilen des Kreisler-Romans. Freiwillig verzichtet Peregrinus auf die tückische Brille. „Fort, fort mit der unseligen Gabe!" Das bittere Callot-Prinzip ist vom todkranken Dichter fortgebannt, damit Vertrauen in reine Menschlichkeit einziehen kann. „Immer aufs Neue hoffend, immer aufs Neue vertrauend und immer wieder bitter getäuscht, wie kann es anders möglich sein, als daß Mißtrauen, böser Argwohn, Haß, Rachsucht in der Seele sich festnisten und jede Spur des wahrhaft menschlichen Prinzips, das sich ausspricht in mildem Vertrauen, in frommer Gutmütigkeit, wegzehren muß?"

Hier spricht ein gewandelter Hoffmann. Es klingt wie ein Abschied des Menschen und Künstlers und entspricht durchaus dem Grundgedanken einer anderen Meistererzählung aus Hoffmanns letzter Lebenszeit: den Ansichten, die der Titelheld der Erzählung *Des Vetters Eckfenster* zu seinem Besucher äußert. Die doppelte Richtung der Satire, gegen höfischen wie bürgerlichen Schwachsinn und Dünkel, ist geblieben. Dennoch hat sich die Schärfe der Karikatur an all jenen Stellen zusehends vergrößert, die von der höfischen Welt im weitesten Sinne handeln. Vom Fürsten Barsanuph, seinem Professor Mosch Terpin und seinem Minister Zinnober über den Fürsten Irenäus nebst Hofstaat im *Kater Murr* bis zu dem offenkundig königlich preußischen Denunzianten und Polizeichef Knarrpanti im *Meister Floh* steigert sich die Schärfe der Ablehnung, die Erbitterung des Satirikers. (Es ist bekannt, daß gerade diese Teile des *Meister Floh* die letzte Lebenszeit Hoffmanns mit schwerster Sorge um Amtsentsetzung und Verhaftung erfüllt haben.) Dennoch wächst — zugleich mit der gesellschaftskritischen Wucht — auch das menschliche Zutrauen des Dichters. Wir wissen nicht, wie Hoffmann die Konflikte des Kreisler-Romans zu lösen gedachte. Daß Kreisler im Schlußteil in den Wahnsinn getrieben werde, wie in der Hoffmann-Literatur immer wieder behauptet wird, bleibt nach wie vor eine Hypothese, die mit gewichtigen Gründen angefochten werden darf. Die Geschichte von *Klein Zaches* endet zwar märchenhaft, aber doch in schöner poetischer Verklärung. Auch Peregrinus Tyß erlebt ein anderes Glück als sein Vorgänger, der Student Anselmus aus dem *Goldnen Topf*, dem Erfüllung nur in Atlantis vom Dichter zugebilligt werden konnte. Peregrinus Tyß findet ein Philisterglück, das aber dennoch, nach Meinung des Erzählers, wert zu sein scheint, erstrebt und genossen zu werden.

So sehr es daher richtig ist, bei Beurteilung des Erzählers Hoffmann stets von der Eigentümlichkeit seiner Lebens- und Künstlerlaufbahn auszugehen; so sehr das Thema unerfüllter und wohl unerfüllbarer Künstlerträume das ganze Werk durchzieht; so entscheidend die Bamberger Zeit mit dem Julia-Erlebnis für Hoffmann geworden ist, da er die damalige Konstellation Kapellmeister Hoffmann—Julia Marc, Konsulin Marc—Bräutigam Gröpel in immer neuen Versionen und gleichsam unter einem Wiederholungszwang nachgestaltete — so wenig geht es an, das Werk Hoffmanns als ungewandelte Einheit, als bloßes Spiel mit den stets gleichen Leitmotiven zu betrachten. Wirkliche Leitmotive — das sollte nicht verkannt werden — sind der höchsten Wandlung fähig: Vergrößerungen oder Verkleinerungen des Themas, Wechsel der Tonart, des Rhythmus, der Lautstärke, der Instrumentierung vermögen die Aussage in entscheidendem Maße zu verändern. Das gilt besonders auch für die Leitmotive in Hoffmanns Erleben und Dichten. Die Weltperspektiven des späten Hoffmann sind anders als jene der Bamberger oder der Dresdner Zeit. Ähnliche, sogar gleiche Motive dienen einer weithin gewandelten künstlerischen und menschlichen Aussage. Der zu permanent unglücklicher Liebe verurteilte, in schmerzlicher Zerrissenheit verkommende, trunksüchtige Hoffmann ist zwar durch die Kunst Jacques Offenbachs zu einer bedeutenden Gestalt der Opernszene geworden, sollte aber nicht, allen Legenden um die Tafelrunde bei Lutter & Wegner zum Trotz, mit den letzten Lebens- und Schaffensjahren des Kammergerichtsrats Hoffmann zu Berlin verwechselt werden. Der Erzähler E. T. A. Hoffmann ist ein Meister der ironischen Brechung und perspektivischen Täuschung. Man denke einen Augenblick an den Beginn des Märchens vom *Meister Floh*. Da beginnt der Erzähler eine Weihnachtsgeschichte im gemütvollen, leicht weinerlichen Tonfall des herkömmlichen Jugendschriftstellers. Mit hausbackener Wortwahl und Erzählweise wird der Kinderjubel vor einem Weihnachtsbaum geschildert. Nach einigen Seiten solcher Prosa folgen drei Sätze, die der ahnungslose Leser wie einen Stoß oder Schlag empfinden muß: „Sehr irren würde jeder, welcher glauben sollte, daß Peregrinus Tyß ein Kind sei, dem die gütige Mutter oder sonst ein ihm zugewandtes weibliches Wesen, romantischer Weise Aline geheißen, den heiligen Christ beschert. — Nichts weniger als das! — Herr Peregrinus Tyß hatte sechs und dreißig Jahre erreicht und daher beinahe die besten." Jäh also hat sich die erbauliche Geschichte für folgsame Kinder in eine Phantasmagorie der Einsamkeit und des Grauens verwandelt.

Das Beispiel mag zeigen, wie notwendig es ist, bei Beschäftigung mit Hoffmanns Werken die ganze Vielschichtigkeit der Gebilde vor Augen zu haben, weder die konstanten Lebenselemente und Leitmotive noch deren Veränderungen und Abwandlungen zu unterschätzen. Auch darin scheint sich Hoffmann als Dichter von den meisten Gestalten der Weltliteratur zu unterscheiden, daß er völlig anders wirkt, je nachdem ob man nur einzelne seiner Werke oder das Gesamtwerk zur Kenntnis nimmt.

Kunst und Wirklichkeit
(Das serapiontische Prinzip)

Man ist vor allem stets in Gefahr, den perspektivischen Täuschungen des großen Ironikers zu erliegen, will man von ihm Antwort auf die wichtige Frage nach dem Verhältnis von Kunst und Wirklichkeit erhalten. In jedem Falle ist Hoffmann ein trivialer Utilitarismus in Kunstdingen von Grund auf zuwider. Ob man seine großen kunsttheoretischen Dialoge durchdenkt, dem Hunde Berganza zuhört oder der Satire auf den aufgeklärten Despotismus eines ganz kleinen Monarchen im *Klein Zaches* nachgeht — allenthalben vertritt Hoffmann das Eigenrecht der Kunst und des Künstlers. Er wehrt sich dagegen, Kunstwerk und Kunstschaffen nach etwaigen Zwecken zu befragen, ganz zu schweigen von aller Untersuchung des künstlerischen Gebildes auf seinen unmittelbaren Nützlichkeitsgehalt. Aus wiederkehrenden Anspielungen ist zu entnehmen, daß der Dichter wie der Theatermann Hoffmann nicht gewillt war, Schillers Forderung von der Schaubühne als einer moralischen Anstalt zu unterschreiben.

Dennoch würde einer fehlgehen, sähe er in Hoffmanns Ästhetik ein uneingeschränktes Bekenntnis zum Eigencharakter der Kunst und zum Recht des Künstlers, die Gesetze und Formen des realen Lebens zu mißachten. Dagegen sprechen zunächst das eifrige Mühen und die hohe Sorgfalt, die der Erzähler Hoffmann jedesmal aufwendet, um die scheinbar luftigsten Gebilde seiner Phantasie mit einem Höchstmaß an sinnlicher Anschaulichkeit zu begaben. Ähnlich verhält es sich auch mit Hoffmanns ästhetischen Anschauungen über die Nachbarkünste der Poesie. Die nazarenische Malerei konnte ihm auf die Dauer nicht zusagen. Seine Vorstellung von Farbe und Kontur mußte den Maximen der Nazarener ebenso widersprechen wie seine epische Technik der Erzählweise im *Heinrich von Ofterdingen* oder im *Taugenichts*. Die zeitweilige Verbindung mit dem nazarenischen Maler Philipp Veit, einem Sohn der Dorothea Mendelssohn und Stiefsohn Friedrich Schlegels, blieb ohne tieferen Einfluß auf seine Kunstanschauung. In den *Elixieren des Teufels* zwar sind gewisse Gedanken der Nazarener, ist deren Forderung nach Abkehr vom „schnöden Sinnentrug" vorübergehend aufgenommen; allein schon wenige Jahre später, im *Kater Murr,* nimmt Hoffmann alles wieder zurück. Er konfrontiert die Nazarener mit ihren bewunderten Vorbildern aus der italienischen Renaissance und läßt den Abt darüber zu Kreisler bemerken: „Es fehlt unseren jungen Malern an der wahren Begeisterung, die das Bild in aller Glorie des vollendetsten Lebens aus dem Innern hervorruft und ihnen vor Augen stellt... Unsere jungen Maler bringen es nicht zur deutlichen Anschauung der im Innern aufgefaßten Gestalt, und mag es vielleicht nicht lediglich daher kommen, daß sie, gerät ihnen auch sonst alles so ziemlich gut, doch die Färbung verfehlen? — Mit einem Wort, sie können höchstens zeichnen, aber durchaus nicht malen."

Nach wie vor will Hoffmann der inneren Anschauung den Vorrang zuerkennen; allein er strebt immer wieder nach der Entsprechung der inneren Vision im Bereich der äußeren Welt. Das schlechthin Innerliche, das weder durch Anschauung von Wirklichkeit angeregt wäre, noch danach strebte, selbst den Eindruck kunstgeschaffener Wirklichkeit hervorzurufen, konnte Hoffmanns Sache nicht sein. Es ist demnach durchaus kein Widerspruch, wenn die Betrachtung der künstlerischen Gesamtgestalt, also des Dichters, Malers und Tonsetzers Hoffmann, offenkundig werden läßt, daß er in keinem Einzelbereich den romantischen Grundnormen in vollem Maße entsprochen hat. Seine Erzählung ist auch im Märchen oder Capriccio stets grundverschieden von Novalis, dem frühen Tieck oder Eichendorff. Clemens Brentano, vielleicht der einzige wirklich geniale Mensch, mit dem Hoffmann näheren Umgang gepflogen hat, stand ihm schon näher; dennoch gibt es kein Werk Hoffmanns, das so uneingeschränkt erzromantisch genannt werden könnte wie die meisten Dichtungen Brentanos.

Zu einer Berührung Hoffmanns mit der romantischen Malerei kommt es ebensowenig. Am sinnfälligsten aber ist die unromantische Grundhaltung des Musikers und Musikschriftstellers. Daß Hoffmanns Musik nicht zur musikalischen Romantik gezählt werden kann, ist durch Erwin Krolls und Gustav Beckings Untersuchungen überzeugend nachgewiesen worden. „Noch 1809 nimmt Hoffmann Mozartsche Thematik unverändert in seine Werke herüber, nicht etwa um neue andersgeartete Abwandlungen zu bieten — solche Gedanken kommen ihm nicht, sondern augenscheinlich in dem Glauben, daß es idealeres, vortrefflicheres Material gar nicht geben könne" (Becking). Die Meisterkritiken über Werke Beethovens, die dem Rezensenten die Dankbarkeit des Meisters eintragen sollten, vermitteln keineswegs ein romantisches Beethoven-Bild. Im Gegenteil spürt man — bei allem Verständnis — das künstlerische Unbehagen Hoffmanns vor manchen Kühnheiten des verehrten Musikers, etwa im *Geistertrio* oder in der Pastoral-Sinfonie. Es mutet an, als sei Hoffmann bestrebt, den verehrten Beethoven in die Normenwelt der Mozart-Musik zurückzudrängen. Vielleicht ist es doch mehr als müßige Spekulation, wenn man ahnt, die Welt des späten Beethoven hätte bei dem Musiker und Kritiker Hoffmann vor allem Befremden erregt.

In solchen Widersprüchen vollzieht sich das Kunsterleben und Kunstschaffen E. T. A. Hoffmanns. Die alten Musiker bis hin zu Mozart sind für ihn musikalische Norm schlechthin. Die Dichtung der deutschen Klassik dagegen ist ihm *nicht* Vorbild. Auch zwischen echter und falscher Romantik vermag er nicht immer zu unterscheiden. Die Jugendverbindung mit Zacharias Werner blieb nicht ohne Einfluß. Es klingt Spott auf gegen Ludwig Tieck, aber den Baron de la Motte-Fouqué hält Hoffmann für einen großen Dichter.

So fragwürdig es erscheinen mag, Begriffe wie Romantik und

Realismus schlechthin als Antithese zu setzen, so verfehlt ist es vor allem, aus der offenkundig stark romantischen Teilsubstanz seiner Dichtung auf eine Abkehr Hoffmanns vom Realismus zu schließen. In der Theorie wie der Praxis seines Schreibens strebt der Erzähler Hoffmann nach dem Einklang von innerer und äußerer Vision. Auch die innere Anschauung vom Darzustellenden will er niemals gegen die äußere Welt und ihre Rechte ausspielen. Es ist schon richtig, wenn Korff betont, daß die beiden theoretischen Selbstaussagen des Erzählers Hoffmann: in der Vorrede zu den *Fantasiestücken* und später in der Erläuterung des „Serapiontischen Prinzips", nur scheinbar im Widerspruch zueinander stehen, sondern in Wirklichkeit die gleiche Grundauffassung ausdrücken. Nicht übereinstimmen mit Korff wird man dagegen, wenn er Hoffmanns Kunstanschauung so versteht: „Je stärker die Phantasie ist, um so mehr hat das, was sie erschafft, den Charakter der Wirklichkeit." Das ist nur die Hälfte der Hoffmannschen Formel. Sie muß dadurch ergänzt werden, daß, nach Hoffmann, die Phantasie ihr Gebilde aus vorhergehender Anschauung der Wirklichkeit nährt und erzeugt — und daß darauf die so hervorgerufene innere Vision des Künstlers für den Leser die äußere Form der Anschaulichkeit anzunehmen vermag; daß sich mithin das Gebilde der Innerlichkeit ent-äußern muß, wenn es zum wirklichen Kunstwerk reifen soll. Damit aber steht Hoffmann den künstlerischen Bemühungen des späten Schiller und den Grundgedanken der objektiv-idealistischen Ästhetik Hegels gar nicht so fern, wie es zuerst scheinen mochte. Genauer gesagt: Wenn die eigentlich romantische Schule in Deutschland seit Novalis und Friedrich Schlegel ein enges philosophisches Bündnis mit dem subjektiven Idealismus Fichtes eingegangen war, so ist Hoffmann in dieser Hinsicht kein Romantiker. Auch die fichteanischen Anspielungen der *Prinzessin Brambilla* mit ihrer Gegenüberstellung der verschiedenen „Ich" des Schauspielers Giglio und seiner Partnerin Giacinta haben weit mehr mit Persönlichkeitsspaltung in mehrere reale Gestalten, vergleichbar den Florestan und Eusebius bei Robert Schumann, zu tun, als mit subjektivem Idealismus.

Darum auch ist die Ironie Hoffmanns im Grunde der romantischen Ironie etwa Tiecks oder Brentanos entgegengesetzt. Der Erzähler Hoffmann steht dem Humor Sternes und Jean Pauls viel näher als einer Ironievorstellung der Romantiker, die bemüht ist, alle Wirklichkeit zu entwesen und durchscheinend zu machen, während Hoffmann umgekehrt danach strebt, seine erträumten oder geschauten Gestalten und Szenen mit Wirklichkeit und Lebenskraft zu begaben. Der deutsche Maler Franz Reinhold spricht in der *Prinzessin Brambilla* eine Grundanschauung Hoffmanns aus: „So ist die Urdarquelle, womit die Bewohner des Landes Urdargarten beglückt wurden, nichts anderes, als was wir Deutschen Humor nennen, die wunderbare, aus der tiefsten Anschauung der Natur geborne Kraft des Gedankens, seinen eigenen ironischen Doppelgänger zu machen, in dessen seltsamlichen Faxen er die seinigen — ich will das freche Wort beibehalten — die Faxen des ganzen Seins hienieden erkennt und sich daran ergötzt." Das aber will sagen: die tiefste Anschauung der Natur dient dem Künstler dazu, den Widerspruchscharakter alles Seins (und damit auch des eigenen Ich) zu erkennen. Die „Faxen des Seins" sind Widersprüche, die dem Objekt wie dem Subjekt eignen. Der Humor des Künstlers besteht im Nachempfinden und Nachgestalten dieser Widersprüche. Aus dieser Grundanschauung lebt Hoffmanns gesamtes Werk.

Daß die Wirklichkeit E. T. A. Hoffmanns in ihrem immer wieder durchbrechenden Doppelcharakter nicht mit dem epischen Realismus eines Fielding oder Goethe oder Stendhal gleichgesetzt werden kann, versteht sich von selbst. Äußere Ähnlichkeiten und Vorbilder verweisen weit eher auf Yorick-Sterne, auf *Jacques le Fataliste* von Diderot, immer wieder auf Jean Paul. Trotzdem ist die Wirklichkeit E. T. A. Hoffmanns auch nicht durch solche Vorbilder zu erklären. Gewiß ist das serapiontische Prinzip, so wie es Hoffmann versteht, den Romantikern näher als dem klassischen Erzählideal des 18. Jahrhunderts. Der philosophische Idealismus, der trotz allem der inneren Vision den Vorrang einräumen möchte vor der Nachgestaltung von Vorgängen der Außenwelt, dringt unverkennbar durch. Allerdings ist der Idealismus E. T. A. Hoffmanns ebenso fern der Fichte-Nachfolge wie der Hegel-Nachfolge. Schelling wurde, wie überliefert ist, eines der großen Bildungserlebnisse des Künstlers Hoffmann. Dennoch dient die Dichtung Hoffmanns in ihrer Gesamtheit keineswegs irgendeinem Gesellschaftsideal des Obskurantismus. Schon im Frühwerk vom *Goldnen Topf* stehen

Elegie, Satire und Utopie hart nebeneinander: Gesellschaftskritik und Sehnsucht nach Atlantis. Im Spätwerk des Dichters wird der atlantische Bereich immer stärker und versöhnender in die Alltagswirklichkeit zurückgeführt, die für den späten Hoffmann allerdings nicht eine Wirklichkeit der Höfe und bürgerlichen Ästheten ist, sondern der einfachen Menschen im Volk.

Daß diese Einsicht und Weltdeutung Hoffmanns nicht einer vorübergehenden Stimmung und Laune entsprach, zeigt die Erzählung *Des Vetters Eckfenster*, die als ein einziges Hinstreben des (todkranken) Künstlers zur Wirklichkeit des Lebens im Volke, unter einfachen Menschen, aufzufassen ist. Dieser Ausklang Hoffmannscher Dichtung und Lebensanschauung hat zwar alle diejenigen Interpreten mit Unbehagen erfüllt, die den Künstler E. T. A. Hoffmann als Kronzeugen wirklichkeitsfeindlicher Kunst, als Ahnherrn gewisser neuromantischer Süchte in Anspruch nehmen möchten. Die Schaffenskurve Hoffmanns aber gibt ein anderes Bild. Schon Heine empfand Novalis und Hoffmann als Gegensätze; er bereits war entschlossen, Hoffmann als Künstler über Novalis zu stellen. Wie dem auch sein möge: in den wesentlichen Zügen seiner Gesamtgestalt erweist sich Hoffmann als durchaus untypisch im Sinne des romantischen Credo. Untypisch wie sein Bildungsgang, wie seine Laufbahn als Schriftsteller, ist auch die Entwicklung seiner Kunst und ihr Bemühen um die verlorene Einheit von innerer und äußerer Vision. Seit Novalis hatten die Romantiker den künstlerischen Universalismus gefordert, die Gesamtkunst, die mehr wäre als eine Summe aus den Teilkünsten. Scheinbar war der Künstler Hoffmann die ragende Erfüllung solcher universalistischer Romantik. Nur scheinbar indessen: in allen wesentlichen Zügen verläuft Hoffmanns Denken und Schaffen, im Ganzen wie in den künstlerischen Einzelbereichen, in unromantischer Weise. Nur so aber erklärt es sich wohl, daß Hoffmanns Dichtung in so eminentem Maße weltläufig wurde; daß es nach Schiller und Goethe eigentlich nur zwei deutsche Dichter des 19. Jahrhunderts waren, die — in durchaus verschiedenem Sinne und mit sehr verschiedenem Ergebnis — auf andere Nationen und Nationalliteraturen zu wirken vermochten: E. T. A. Hoffmann und Heinrich Heine.

Hoffmanns Nachruhm

Mit behaglichem Hohn notiert Goethe am 21. Mai 1827 im Tagebuch: „Hoffmanns Leben. Den Goldnen Becher angefangen zu lesen. Bekam mir schlecht, ich verwünschte die goldnen Schlängelein." Mehr Ablehnung läßt sich auf so knappem Raum schwerlich zusammendrängen. Der Titel des Märchens vom goldenen Topf wird — bewußt oder unbewußt — verzerrt. Die Notiz sagt aus, daß Goethe seine Hoffmann-Lektüre nicht zu Ende brachte. Ästhetische Ablehnung wird in körperliches Unbehagen transponiert. Eine schärfere Form künstlerischer Negation ist nicht gut denkbar. Alle anderen Äußerungen Goethes über Hoffmann stehen in der gleichen Tonart. Der einzige Hinweis, den Eckermann überliefert (3. Dezember 1824), nennt Hoffmann als einen Autor, den zu lesen ganz unnötig sei. Goethe flankiert ihn mit so miserablen Vielschreibern des damaligen Tages wie Franz Horn und dem Hofrat Clauren. Beide Äußerungen, die von 1824 wie jene von 1827, fallen nach Hoffmanns Tode, als dessen Gesamtgestalt bereits überschaubar vor der Mitwelt steht.

Hegels Abscheu vor der Kunst E. T. A. Hoffmanns war nicht minder groß. Die einzige Erwähnung in den *Vorlesungen über die Ästhetik* (1. Teil, Drittes Kapitel) lautet so: „Vorzüglich jedoch ist in neuester Zeit die innre haltlose Zerrissenheit, welche alle widrigsten Dissonanzen durchgeht, Mode geworden, und hat einen Humor der Abscheulichkeit und eine Fratzenhaftigkeit der Ironie zu Wege gebracht, in der sich Theodor Hoffmann z. B. wohlgefiel."

Es wäre zu zeigen, daß die Einwände Goethes und Hegels gegen Hoffmanns Dichtung gleichen Ursprungs sind. Goethe vermag in Hoffmanns Erzählen keine Poesie zu entdecken, genausowenig wie bei Horn oder Clauren. Nun mußte Hoffmann natürlich für die klassische Ästhetik in Deutschland ein Ärgernis bedeuten. Dennoch nimmt es wunder, daß der Dichter des Zweiten Faust nicht die poetische Eigentümlichkeit der künstlerisch so vielschichtigen Hoffmann-Werke zu erkennen vermochte. Auch Hegel stößt sich an jenem Widerspruch zwischen Ideal und miserabler Alltäglichkeit in Hoffmanns Kunst. Allerdings hatte der gleiche Hegel kurz vor dem Hieb gegen Hoffmann auch den *König Lear* verworfen und behauptet, „der Teufel für sich" sei „eine schlechte, ästhetisch unbrauchbare Figur". Die Ablehnung durch Goethe und Hegel offenbart also ebensoviel über die künstlerische Eigentümlichkeit der Dichtung Hoffmanns wie über die ästhetischen Prinzipien seiner beiden großen Widersacher.

Der wachsende, schließlich sensationelle Erfolg des Erzählers Hoffmann bei seinen zeitgenössischen deutschen Lesern steht in sonderbar ungerader Proportion zu Hoffmanns geringem Einfluß auf das literarische Schaffen der deutschen Zeitgenossen. Die Romantiker mochten ihm günstiger gesinnt sein als Goethe oder Hegel; trotzdem kann von einem Einfluß Hoffmannscher Kunst und Ästhetik auf die Spätzeit der romantischen Schule nicht eigentlich gesprochen werden. Gewiß hatte Hoffmann vor allem in seiner letzten Lebenszeit mit vielen bedeutenden oder selbst genialischen Menschen vertrauten Umgang: mit Brentano besonders und Adalbert von Chamisso. Die Bekanntschaft mit Zacharias Werner stammte noch aus der Jugendzeit. Den Text zu Hoffmanns Oper *Undine* hatte Fouqué geliefert; die Bühnenbilder waren nach Entwürfen Schinkels (und Hoffmanns) angefertigt worden. Die Freundschaft des Dichters mit dem genialischen Schauspieler Ludwig Devrient wurde zur Legende. Dennoch ergaben diese Freundschaften kein gemeinsames künstlerisches Programm. Der Kreis der Serapionsbrüder — das wurde bereits betont — vertrat in der literarischen Welt keinerlei Gemeinsamkeit eines ästhetischen Programms. Es ist kein Zufall, daß sich Hoffmann in der Rahmengeschichte seiner *Serapionsbrüder* in mehrere Gestalten aufteilen mußte: in Theodor, Cyprian und Lothar. Das hatte nicht bloß mit Äußerlichkeiten der Werkkomposition zu tun, sondern zeugte vom Mangel eines wirklichen ästhetischen Programms, das der Tafelrunde gemeinsam gewesen wäre.

Was bereits zu Lebzeiten des Dichters auffallen mußte, wurde offenbar nach dem frühen Tode des großen, umstrittenen Dichters. Die Wirkungsgeschichte eines Künstlers hängt stets — selbst dort, wo bare Mißverständnisse oder sichtbare Verfälschungen auftreten — mit Grundelementen seiner Kunst zusammen. Die Wandlungen des Hoffmannismus können als Exempel dienen. Hoffmanns Nachwirkung war immens. Allein er hat nicht als ein Romantiker unter anderen gewirkt; erst recht nicht im Sinne seines serapiontischen Prinzips. Er wurde auch nicht als Musiker folgenreich, sondern als Erzähler. Seine Musikschriftstellerei hat ebensowenig Schule gemacht wie sein musikästhetisches Programm. Gewiß sind Robert Schumann oder Richard Wagner als Musikschriftsteller nicht ohne Hoffmanns Vorbild zu denken, aber seine eigene unmittelbare Wirkungskraft muß auch hier weit geringer angesetzt werden als die Schumanns oder gar Richard Wagners.

Allein Hoffmanns Erzählungen wurden folgenreich. Zunächst durch ihre Stoffwelt und Thematik. Das ergab nicht immer eine gute Nachfolge. Richard Wagner tat eine richtige Wahl, als er sich des bloß Stofflichen aus Hoffmanns *Krieg der Sänger* für den *Tannhäuser*, des Stofflichen zusammen mit einigen Gestalten aus der Erzählung von Meister Martin, dem Küfner, für die *Meistersinger* bediente. Im allgemeinen aber hielt sich die deutsche wie außerdeutsche Hoffmann-Nachfolge an ihre Vorstellung vom sogenannten „Gespenster-Hoffmann". Die Nachtseite des Lebens, das Schaurige, Ungeheure, die eigentümliche Zwischenwelt zwischen Traum und Tun, die für Hoffmanns Erzählungen oft so kennzeichnend ist — das vor allem ist unheimlich fruchtbar geworden. Mit Hoffmann tritt eigentlich zum ersten Mal eine Kunst auf, die sich mit Vorliebe den Randgestalten des Lebens, den seelischen Sonderfällen, den Grenzlagen aler Art zugewandt hat.

Mit ihm beginnt gleichzeitig eine ganz neue Darstellungsweise für Vorgänge des Grauens. Die frühere deutsche Romantik, gipfelnd in der Schauerromantik der berühmten *Nachtwachen* von Bonaventura, suchte das Romantische als Requisit zu verwenden: Einsiedeleien, abgelegene Mordstellen, nächtliche Kirchhöfe, Freischützen, hexenartige alte Weiber, Wahnsinnige. Mit Hoffmann debütiert eine Kunst, die das Grauenhafte ohne grauenhafte Requisiten zu produzieren vermag, der es gelingt, das Entsetzliche in den Mittelpunkt des bürgerlichen Alltags zu bannen. Damit war eine Tradition begründet, die zu Edgar Allan Poe hinüberleitet, zu Stevensons berühmter Geschichte von Dr. Jekyll und Mr. Hyde, zu Franz Kafkas *Verwandlung*. Das alles ist ohne Hoffmann nicht denkbar. Übrigens auch nicht eine Gesellschaftssatire von betonter Fratzenhaftigkeit, die dem Gegenstand ihrer Karikatur durchaus ungütig gegenübertritt. Flaubert hat seinen Hoffmann gekannt, denn der war im 19. Jahrhundert gerade in Frankreich und Rußland durch zahlreiche Übersetzungen verbreitet.

Seelenzustände und Gesellschaftslagen, wie sie der Kammergerichtsrat nahezu als erster beschrieb, werden dann im weiteren Verlauf des 19. Jahrhunderts zu vordringlichen Themen der Dichtung, keineswegs bloß der Novelle oder des Romans. Mit Baudelaire, der nicht zufällig auch Edgar Allan Poe für Frankreich entdeckte, dringen Hoffmann-Themen und Hoffmannsche Randgestalten in den lyrischen Bereich: die Wirkung auf die moderne Lyrik läßt sich gar nicht absehen. Aus diesen Folgen aber entsprang gleichzeitig eine sehr heftige Ablehnung Hoffmanns und erst recht des Hoffmannismus durch Künstler aller Art. Man machte den Meister und Urheber für die Resultate seiner Kunst verantwortlich. Dabei läßt sich eine sehr verschiedenartige Entwicklung der Hoffmann-Rezeption in Frankreich und in Rußland beobachten. In Frankreich kommt die Entwicklung der bürgerlichen Kunst seit 1848 durchaus dem entgegen, was man für Hoffmannismus hält: das führt von Baudelaire und Rimbaud über Huysmans bis zu den Surrealisten, die ohne Frage bei Hoffmann sehr viel lernten und sich in aller Bewußtheit auf die deutsche Romantik, insbesondere die Schauerromantik, berufen. Einen verhältnismäßig breiten Raum nimmt der Hoffmannismus in der russischen Literatur des 19. Jahrhunderts ein, wobei sich die Akzente von den 30er bis zu den 50er Jahren sehr wesentlich verschieben. In einem Aufsatz über *Das Hoffmann-Bild der russischen revolutionären Demokraten* (Aufbau, Jahrgang 1957, Heft 12) behandelt Wolf Düwel die Wirkung des deutschen Erzählers vor allem auf Herzen, Belinskij und Tschernyschewskij. Es ist dabei nicht verwunderlich, daß — entsprechend der dualistischen Struktur dieser Dichtungen — die Wirkung Hoffmanns in Rußland bald durch die satirisch-realistischen, bald durch die mythischen oder auch mystischen Elemente erzeugt wurde. Entscheidend ist dabei eine Bemerkung, die Düwel macht: „Von Deutschland hatte Belinskij zuvor mehr oder weniger romantische Vorstellungen gehabt. Hoffmanns Dichtung hat dazu beigetragen, daß er mit diesen Illusionen fertig wurde. Auf ihn hat vor allem das realistische Element in Hoffmanns Dichtung gewirkt. Ebenso wie im *Dämon*

Lermontows fand er bei Hoffmann das Prinzip der Negation, das ihn hinausführte in die Freiheit einer wirklich kritischen und in der Konsequenz revolutionären Weltanschauung." Später gelangte Belinskij zu einer Gesamteinschätzung des Dichters, der es weitgehend gelingt, die verschiedenen Elemente und Momente der Wirklichkeit E. T. A. Hoffmanns in ihrer relativen Fruchtbarkeit oder auch Schädlichkeit gegeneinander abzuwägen. In den 50er Jahren tritt dann die Wirkung Hoffmanns auf die revolutionären Demokraten in Rußland stark zurück. Tschernyschewskij versteht den Dichter des *Meister Floh* bereits als eine wesentlich historische, aus deutschen eigentümlichen Zeitverhältnissen erklärbare literarische Erscheinung.

Zweifellos ist es richtig, wenn die Wirklichkeit E. T. A. Hoffmanns als Ausdruck sowohl persönlicher wie allgemeiner gesellschaftlicher Erfahrungen verstanden wird. Dem Dualismus dieser dichterischen Gesamtheit entsprach zwar keine Zweiteilung der deutschen Wirklichkeit, aber nur die besondere Lage der damaligen deutschen Zustände konnte das Auseinanderfallen in Alltag und Mythos, in Dresden und Atlantis überhaupt erst möglich machen. Hoffmann selbst liefert in seinem Gesamtwerk den Beweis für die besondere Zeitgebundenheit seiner Wirklichkeitsauffassung, denn ohne Zweifel weist die Dichtung des späten Hoffmann andere, historisch konkretere Züge auf als das Frühwerk, ohne daß eine Einbuße an künstlerischer Prägekraft damit verbunden wäre. Diese Wandlungen in Hoffmanns Wirklichkeitsauffassung hat Paul Reimann ganz richtig herausgearbeitet; er hat sie vielleicht allzu stark akzentuiert und zu wenig hervorgehoben, daß auch im Spätwerk Hoffmanns der Dualismus der Hoffmannschen Wirklichkeit unverändert fortbesteht.

Es wäre aber verfehlt, das Nebeneinander der beiden Welten in Hoffmanns epischem Werk ausschließlich als Ausdruck einer realen Misere, als Fluchttendenz oder romantische Verzweiflung zu verstehen. Hoffmanns Dichtung ist — besonders in ihren satirischen Bestandteilen — nicht bloß als Widerspiegelung damaliger Zustände zu verstehen, sondern auch als bemerkenswerte Vorwegnahme künftiger Zustände. Das Eigentümliche Hoffmannscher Gesellschaftskritik liegt überhaupt darin, daß er gesellschaftliche Übergangsformen, die er im damaligen deutschen Bereich erleben mußte, kraft seines Künstlertums, seiner Hellsicht und Reizbarkeit, bereits im Zustand der Überreife und Entartung sah, während sie in der Realität noch im Reifestadium standen. Sowohl der *Kater Murr* wie der *Meister Floh* lassen eine Interpretation dieser Art ohne weiteres zu. Leicht zu verstehen also, daß die Wirkung dieser Kunst in dem Augenblick sehr stark sein mußte, da in der Tat die gesellschaftliche Überreife eingetreten war. Der Hoffmannismus erhielt dadurch aber eine ganz andere Funktion, als sie die Kunst Hoffmanns in der Hoffmann-Zeit besessen hatte. Zudem unterscheidet sich die Darstellungsweise des Mannes, der *Klein Zaches* oder den *Sandmann* schrieb, nicht unwesentlich von der Attitüde seiner Nachfahren. Hoffmann liebte das Grauen und Nachtseitige nicht: er mußte es gestalten, da es ihn bedrängte, aber er suchte es nicht auf, suchte es wohl eher zu meiden. Hoffmanns Streben galt der Harmonie: in dieser Hinsicht ist Johannes Kreisler sicherlich als Interpret seines Dichters zu verstehen. Man vergleiche etwa — so meisterhaft sie sein mögen — die Illustrationen Alfred Kubins zu Hoffmanns *Nachtstücken* mit Hoffmanns eigenen Zeichnungen oder auch Karikaturen zu seinen Werken, um den Funktionswandel zu verstehen. Es bleibt die Frage nach der künstlerischen Lebenskraft. Die ist unbestreitbar. Gerade die bis in unsere Tage hinein mit unveränderter Wucht geführte Auseinandersetzung um Hoffmanns Bedeutung für die deutsche Literaturgeschichte — mit ihren Gegenpositionen von schroffster Ablehnung und grenzenloser Verehrung — vermag das zu beweisen. Hoffmanns Werk in seinen wichtigsten Bestandteilen ist lebendige Literatur geblieben. Sprachliche und stilistische Mängel dieses Erzählers lassen sich leicht aufdecken; dennoch hat das der Faszination bis heute keinen Abbruch getan. Auch das Weltbild des Künstlers sollte gegen grobes Mißverstehen gefeit sein. Hoffmann war ein großer Mensch, ein unbestechlicher Kritiker, ein kühner, gegen sich und die Umwelt rücksichtsloser Schilderer. Er hat ein großes Werk hinterlassen.

WILHELM RAABES ‚PRINZESSIN FISCH'

Wirklichkeit und Dichtung im erzählenden Realismus des 19. Jahrhunderts

Von Fritz Martini

Wir wählen für die folgenden Überlegungen, in denen es um einige Perspektiven auf das schwierige und umstrittene Verhältnis zwischen Wirklichkeit und Dichtung in der deutschen erzählenden Literatur des Realismus im 19. Jahrhundert geht, als Ausgangspunkt die Erzählung ‚Prinzessin Fisch' von Wilhelm Raabe, die in den Jahren 1881 und 1882 entstanden ist. Es sind die gleichen Jahre, in denen von Gottfried Keller ‚Das Sinngedicht', von Theodor Fontane ‚L'Adultera', von Friedrich Nietzsche die ‚Morgenröte' und die ‚Fröhliche Wissenschaft', schließlich von Julius und Heinrich Hart die ‚Kritischen Waffengänge' als die polemischen Vorsignale der naturalistischen Bewegung erschienen sind. Man kann diese Jahre als Schwellenjahre zwischen dem Stil des literarischen Realismus, wie man sich die künstlerische Optik der zweiten Jahrhunderthälfte in der europäischen Literatur zu bezeichnen gewöhnt hat, und dem Naturalismus notieren. Diese Schwellensituation hat ein doppeltes Gesicht. Sie meint einmal eine Zusammengehörigkeit. Denn gegenüber der geläufigen, von seinen Programmatikern und Autoren selbst energisch vertretenen These, es handle sich im literarischen Naturalismus um eine Revolution der Literatur, ja der gesamten Denk- und Lebensvorstellungen gegen die bürgerliche Literatur des 19. Jahrhunderts, ihre ästhetischen Auffassungen und Konventionen, hat die Sicht aus historischer Distanz gelehrt, daß, was sich im Naturalismus vollzog, mehr eine radikalisierte Entwicklung von Tendenzen bedeutete, die bereits im Realismus angelegt waren und sich in seinen Späterscheinungen — bei G. Keller, W. Raabe, C. F. Meyer, F. von Saar, Th. Fontane — ankündigten.

Der Naturalismus zog Konsequenzen aus Erfahrungen, die sich im Verlaufe des 19. Jahrhunderts auf dem Gebiet der philosophischen, naturwissenschaftlichen, sozialen Bewegungen, in dem durch sie geprägten Wirklichkeitsbild längst abgezeichnet hatten. Aber eben in dieser Radikalisierung, in der rücksichtslosen Negation des schon überaus verdünnten und subjektivierten idealistischen Erbes, an dem die bürgerliche Literatur noch immer festzuhalten suchte, lag die historische Wendung, die diese Schwelle nun doch zwei Zeiträume scheiden läßt. Denn erst mittels des versachlichten Stils des Naturalismus sprach man ein Krisenbewußtsein aus, das die Darstellungsform des literarischen Realismus noch überdeckt hatte. Dies geschah ethisch durch die Überwindungskraft des Einzelmenschen, wie sie sich im Humor, im Innerlichen und seiner subjektiven Gefühlskraft ausdrückte. Es geschah weiterhin durch die ästhetische Bestimmung der Kunst zur harmonischen Rundung. Denn die Kunst sollte das nur Wirkliche verhüllen und läutern. Darin erkannte noch Theodor Fontane trotz eines entschiedenen ‚Realismus' den Eigenwert der Kunst.

Der Realismus und der Naturalismus — wir bleiben bei diesen nun einmal geläufig gewordenen Formeln, obwohl sie nur mit Vorbehalten benutzbar sind — hatten es im Besonderen mit dem Problem der Erfahrung und der auslegenden Gestaltung von ‚Wirklichkeit' im literarischen Deuten zu tun. Die erzählte, also fiktive Welt sollte möglichst getreu analog der realmenschlichen Wirklichkeit gestaltet werden. Für beide Stilrichtungen ergab sich das Problem, wie sich die jederzeit mit aller realen Erfahrung mitgegebene Polarität der Subjekt-Objekt-Relation lösen ließe, die sich im Erzählen als eine Polarität von objektivierendem und subjektivierendem Stil nach dieser Analogie wiederholen mußte. Denn in jedem Falle verband sich mit der objektivierenden Aufnahme von Weltstoff in der fiktiven Erzählwelt dessen Deutung aus einer Subjektivität der Anschauung und Erfahrung des fiktiven Erzählers. Sie mußte sich um so mehr aufdrängen, da das 19. Jahrhundert zum Abbau von objektiven und übergeordneten Erfahrungs- und Wertnormen geführt hatte und den Weltblick und das Lebensverständnis immer mehr in das Einzelne, Dingliche, Relative und Subjektive zersplittern ließ. Diese Subjektivierung mußte sich paradoxal gerade dort auswirken, wo sie, wie im Naturalismus, fiktiv gänzlich ausgeschaltet werden sollte, um nichts als eine sichtbare, empirische, in allen Einzelheiten dinglich getreue, aber auch damit in sich zerstückelte, nur noch kausal und mechanisch zusammenhängende Wirklichkeit wiederzugeben. Naturalismus und eine den Weltblick reduzierende Subjektivierung zum Isolierten, nur noch Persönlichen und Okkasionellen, Augenblicklichen, wie sie sich im Stil des Impressionismus ergab, fordern sich gegenseitig heraus. Dies wird an der Struktur von Gerhart Hauptmanns frühen Dramen sehr sichtbar. Daß es sich in diesem Problem der Subjekt-Objekt-Relation um ein zentrales Erfahrungs-, Form- und Stilproblem des literarischen Realismus handelt, ist vor kurzem energisch zur Diskussion gebracht worden [1].

Eine auf die Formanalyse ebenso präzis wie ausschließlich beschränkte Untersuchung arbeitete als Grundtendenz des Realismus die fortschreitende Subjektivierung des Erzählens heraus — nicht nur, um darzulegen, wie irrig es sei, von einer ‚objektiven' Realitätswiedergabe in der erzählenden Dichtung seit der Mitte des 19. Jahrhunderts zu sprechen, sondern auch um zu erweisen, daß diese Subjektivierung in Weltsicht und Erzählformen, die zur Vereinzelung des Dinglichen und des Individuellen, entsprechend zu einer inneren Zwiespältigkeit der Erzählfügungen führte, die beherrschende Entwicklungslinie in der Geschichte des erzählerischen Realismus im 19. Jahrhundert, geradezu seine historische Stilsignatur ausmache. Damit war Richtiges und Wesentliches gesehen. Aber zugleich mußte sich die dringliche Frage anmelden, ob mit dieser Einsicht schon über das Gesamtphänomen des literarischen Realismus im 19. Jahrhundert, gerade als Stilphänomen, entschieden sei; ob hier nicht eine sicher vorhandene Tendenz überakzentuiert und damit die Möglichkeit verstellt wurde, gerade das historisch und künstlerisch Spezifische des deutschen literarischen Realismus auf-

[1] R. Brinkmann: Wirklichkeit und Illusion. Studien über Gehalt und Grenzen des Begriffs Realismus für die erzählende Dichtung des neunzehnten Jahrhunderts. Tbg. '57; ders.: Zum Begriff des Realismus für die erzählende Dichtung des 19. Jahrhunderts, Orbis Literarum '58. *Zur Kritik:* G. Kaiser: Um eine Neubegründung des Realismus-Begriffs. Z. f. dt. Philologie 77, '58.

zufassen, das in der polaren Spannung liegt, die durch die Subjekt-Objekt-Relation vorgezeichnet ist. Der These, daß die erzählende Literatur des Realismus im 19. Jahrhundert nur als ein Prozeß der fortschreitend dominierenden Subjektivierung der Weltbegegnung zu verstehen sei, halten wir die These entgegen, daß dies Erzählen vielmehr aus dem innigsten, sehr differenzierten Ineinanderwirken des Subjektiven und Objektiven, der Erfahrung des gemüthaft-psychologisch Individuellen und des vorgegebenen, es umschließenden Ganzen, aus dem Gegeneinander und Ineinander von Vereinzelung und Eingebundenheit in einen gemeinsamen Bedingungs- und Ordnungszusammenhang des Lebens zu verstehen ist und aus diesem Ineinander der polaren Spannungen seinen spezifischen historischen und künstlerischen Charakter erhält. Dem zunehmenden Bewußtsein der subjektivierten Vereinzelung, das in den Erzählformen die Formen der verpersönlichten Bewußtseinsperspektive (Erinnerung, Rückschau etc.) überwiegen läßt, tritt, im Bemühen um ein Gleichgewicht, das um so dringlichere Bedürfnis gegenüber, sich eines Gemeinsamen, Bindenden zu vergewissern, das angesichts der fortschreitenden Relativierungen ein Gesetzliches als einen zugleich kausalen und irrationalen „Zusammenhang der Dinge" erscheinen läßt. Die Erfahrung des Einzelschicksals, seine Gestaltung aus seiner subjektiven Innerlichkeit heraus bleibt auf dies Gemeinsame als sein Bedingungsfundament, seine Sinngebung und seine Grenze bezogen. Damit ist im realistischen Erzählen noch ein symbolisches Sprechen möglich geblieben, das sich fähig hält, im Einzelnen auf ein Ganzes als Gemeinsamkeit, als Überindividuelles, als Sinnzusammenhang zu deuten; im Unterschied zum ‚Symbolismus', in dem die Symbolzeichen selbst zur subjektivierten Sprache des Künstlers aus der esoterischen Willkür seiner Einbildungskraft werden und damit Ersatzfunktionen übernehmen. Zwar hat sich die Möglichkeit zum symbolischen Gestalten bereits in der Erzählentwicklung von Stifter bis zu Raabe, Fontane oder Meyer mehr und mehr eingeschränkt. Weist Stifters Symbolgestaltung noch auf einen objektiven und universalen Weltzusammenhang, der sich als dem Leben immanent erweist — bei Raabe, Fontane und Meyer hat sich die Sprache der Symbole schon erheblich subjektiviert oder rationalisiert und mehr zum Erzählfunktionalen zusammengezogen. Das

Symbolgewebe weist bei ihnen nicht mehr aus dem Erzählzusammenhang hinaus auf übergeordnete, objektive Lebensordnungen, die ihm vorausgesetzt werden, sondern es dient zu der Verdeutlichung der in ihm geschilderten Zusammenhänge und bekommt so eine primär leitmotivische Funktionalität. Doch bleibt auch bei diesen Erzählern bis in die Einzelheiten der Formgestaltung hinein die Tendenz gegenwärtig, das Einzelgeschehen und Einzelschicksal nicht nur als ein subjektiviert Vereinzeltes, sondern aus einem innerweltlichen und transrationalen Lebenszusammenhang zu verstehen und zu gestalten, der eine Gesetzlichkeit als Natur, Geschichte, Zeitgeschick, Sitte, Sittlichkeit, Ethos des Humanen, Fügung oder Schicksal aufscheinen läßt, das Einzelne zu einem bedingenden und umfangenden Ganzen hin sprechend macht, auch wenn dies sich mehr und mehr in das Unbestimmbare entzieht.

Die ‚Prinzessin Fisch‘ gehört dem Altersstil Raabes zu, der mit den zwei Büchern Lebensgeschichten ‚Alte Nester‘ von 1877 bis 1879 einsetzte und, nach heute allgemeiner Überzeugung, zu den besten Leistungen seines eigenwilligen Erzählens geführt hat; nach der Vorbereitung im ‚Horacker‘ von 1875 vornehmlich in dem ‚Horn von Wanza‘, in ‚Unruhige Gäste‘, ‚Stopfkuchen‘, den ‚Akten des Vogelsangs‘ und in den beiden historischen Erzählungen ‚Odfeld‘ und ‚Hastenbeck‘. Sie sind, gerade auch vom künstlerischen Erproben einer vorausweisenden, ‚modern‘ erscheinenden Erzähltechnik her beurteilt[2], die Gipfelleistungen seines in den frühen und mittleren Jahren oft im künstlerischen Niveau bedenklich schwankenden und unsicheren, in seinen Formen diffusen Erzählens. Daß sich Raabes dichterische Formkraft erst im Alter voll und frei entfaltete, gehört wie bei Storm, Meyer, Fontane, im Grunde auch schon bei Stifter und selbst Keller, zu der geistigen Physiognomie dieses bürgerlichen Zeitalters und findet zahlreiche Parallelen auf dem Gebiet der bildenden Künste, in den Wissenschaften und selbst im Bereich des Staatlich-Politischen. Überall wird im 19. Jahrhundert das Alter zur bedeutsamsten produktiven Zeit. Für die Formentwicklung des dichterischen Sprechens heißt dies, daß eine Objektivi-

---

[2] B. Fairly: The Modernity of W. Raabe. German Studies, presented to L. A. Willoughby, Oxford '52, 66 ff.

tät der Distanz im Alter gewonnen wurde, die das Unruhige, Aufgelöste, Verwirrte, Sprunghafte und Sentimentale des jugendlich Subjektiven beschwichtigte, versachlichte und damit eine festere und gelassenere Formordnung ermöglichte. Sie ist gerade Raabe schwierig geworden, da sein Stil der Subjektivierungen, der besonders auf die Bilder- und Innerlichkeitssprache der lyrisierenden Ergriffenheit, des Gemüthaften und des Humors angewiesen war, eine problematische Neigung zum Überhäuften und Labyrinthischen hatte.

Es handelt sich in der ‚Prinzessin Fisch' um eine Zwischenform zwischen dem Roman und der Erzählung, die der spätere Raabe als seine spezifische Form ausbildete. Er war kein Novellist trotz einiger oft gerühmter Novellen, da es ihm, so wenig wie Fontane, nicht auf die „unerhörte", stark profilierte Begebenheit, auf eine Spannungsführung durch das akzentuierte Ereignis ankam. Es bewegte ihn in der zum Personalen zusammengezogenen Verinnerlichung seines Erzählens nicht der ungewöhnliche Vorgang, der herausgehobene und überraschende Fall. Vielmehr suchte er gerade umgekehrt eine alltäglich unscheinbare, in ihrer Simplizität unauffällige Fabel, bei der alles Erzählgewicht in dem Aufdecken des innerlichen Geschehens lag, das gerade in dieser Einfachheit etwas Typisches und Exemplarisches erhalten konnte. Spannungswirkungen hat Raabe, der Typik der Novelle widersprechend, eher ironisch und parodistisch behandelt. Er vermied ebenso die Weltbreite des vielfigurigen gesellschaftlichen Ereignis- oder Raumromans. Denn er erzählte, mit einer auf das Persönlich-Subjektive reduzierten epischen Perspektive, vom individuellen Einzelgeschick, von der Innerlichkeit des Einzelmenschlichen. Deshalb bevorzugte er die Formen der Erinnerung, der Rückschau, des monologischen Dialogs. Die Novelle stellte vor noch relativ fest umrissene objektive und distanzierende Formforderungen, so elastisch bereits ihre formale Variationsbreite innerhalb der allgemeinen Subjektivierung des Formdenkens in diesem Jahrhundert geworden war. Die Erzählung ließ hingegen eine größere, subjektivere Freiheit der Erzählbewegung. Sie setzte, was bisher noch wenig bedacht und untersucht wurde, der Novelle typologisch eine eigene Erzählstruktur gegenüber. Diese Unterschiedlichkeit hat offensichtlich mit einer anderen Art der kompositorischen Auswahl zu tun, die in der Novelle, die sich auf die Begebenheit oder mehrere Begebenheiten konzentriert, das Sprunghafte akzentuiert, den Einzelteilen eine relativ größere Selbständigkeit läßt, sie gegeneinander abhebt, zu Beziehungs- oder Kontrastpositionen stilisiert. Hingegen richtet sich die Erzählung mehr auf eine gleichmäßig fließende Entwicklung, auf das Ineinanderwirken vieler kleiner Elemente, die sich gegenseitig bedingen und begründen. Sie erzählt mehr auf eine chronologische und kausale Lückenlosigkeit bedacht, sie bringt alle das Geschehen bewirkenden, für die Fabel nötigen Faktoren zu Wort. Sie erklärt und beleuchtet, macht übersichtlich und verständlich, spart weniger aus als die Novelle und kann deshalb breiter das Reflexive und Genrehafte in sich hereinnehmen. Die Novelle bekommt ihren spezifischen künstlerischen Charakter dadurch, daß sie das Irrationale des Hinter- und Untergründigen durch Symbolandeutungen ahnen läßt. Die Erzählung legt breiter aus, sie legt das Problem nicht in das Irrational-Unfaßbare von Begebenheits- und Schicksalsfügungen, sondern mehr in eine vollständig dargelegte psychologische Entwicklung. Gerade Raabe charakterisiert das Bedürfnis zur ausgebreiteten Rede, zu einer Wucherung der erzählerischen Verdeutlichung, die wiederholt seiner künstlerischen Formung eine Grenze gezogen hat; ihn bezeichnet die Intensität einer subjektiven Beteiligung, die nichts unausgesprochen lassen will. Deshalb wurde ihm die Erzählung zur geeigneten Form, denn sie erlaubte die größere Unmittelbarkeit des subjektivierten Sprechens. Raabe hat ihr eine eigene Architektonik gegeben; in den soeben genannten Erzählungen trotz des scheinbar Diffusen, das seine Lektüre oft schwierig macht, mit einer kompliziert schichtenden und verrätselnden Beziehungsverwobenheit, deren Kunstrang man erst versteht, wenn man in das Besondere seiner Symbolsprache eingedrungen ist. Denn das Erzählen wird ihm zu einem durchaus symbolischen Erzählen, zum Verwandeln des vordergründigen, pragmatischen Erzählstoffes zu einer nach innen gewandten, in offenen Perspektiven zum Lebensganzen deutenden Bedeutungs- und Ausdrucksfigur.

Allerdings erzählt die Erzählung ‚Prinzessin Fisch' relativ einfach, ohne die von Raabe meist gewählte Rahmengebung mit ihrer Innerlichkeitsrückschau, ihrer mehrschichtigen Stufung der Perspektiven, ohne sein oft kompliziertes Ineinanderschichten mehrerer

Zeit- und Raumbereiche, mehrerer kontrastierender Stimmungsführungen. Sie erzählt einlinig vorwärtsschreitend, in deutlich abgesetzten chronologischen Phasen, auf einen jungen Menschen konzentriert, die Geschichte einer Erziehung. Raabe hielt, trotz seiner epischen Tendenz zum mehrfigurigen Erzählen mit breiter psychologischer Profilierung jeder individuellen Gestalt, an dem 'Helden' als dem inneren Mittelpunkt fest, dem sich die übrigen Figuren in Ergänzungen oder Kontrastierungen zuordnen. Die Nebenfiguren bilden, teils mit positiver, teils mit negativer Wertung, symmetrische Gruppen. Denn das menschliche Leben wickelt sich für ihn, auch wenn es von dem Einzelnen allein gelebt und bestanden werden muß, als ein Leben in der Gemeinsamkeit ab, die sich als eine beseelte Gemeinsamkeit in Volk, Geschichtslandschaft, Heimat, Gemeinde, Nachbarschaft, Freundeskreis, Familie darstellt. Dieses Gemeinschaftsdenken in intimen, beseelten Gruppierungen und Lebensräumen entspricht der generellen Typik des realistischen Erzählens, seiner Komposition aus der Korrelation von Einzelsein und Gemeinsamkeit, die sich von Stifter bis zu Fontane in vielen thematischen und formalen Variationen beobachten läßt. Unsere Erziehungsgeschichte führt ihren 'Helden' durch die Knaben- und Jünglingsjahre, bald szenisch verweilend, bald im Bericht raffend, in elastischer Verfügung über die Erzählfolge, bis an die Schwelle des anbrechenden Mannestums. Es geht um eine sich aufwärts bewegende Entwicklung. Aber sie scheint paradoxal zugleich abwärts zu führen, von der Illusion des Glücks zur Desillusion und Resignation, die jedoch als eine notwendige Stufe der Initiation in das Leben, als eine Wappnung für das Zukünftige erfahren und bejaht wird. Diese Erziehung gipfelt nicht am Schlusse in einer persönlichen 'Vollendung' oder darin, daß dieser junge Mensch eine ethische Erfüllung erfährt, indem er in eine über das Persönliche hinausweisende ethische Wertgemeinschaft eingegliedert wird. Die 'Entsagung' hebt nicht, wie bei Goethe, den Einzelnen in ein höheres und soziales Ganzes der Pflichten und Werte hinein. Vielmehr muß er, allein, ausgewiesen aus seiner Heimat und ihrer Geborgenheit, ganz auf sich gestellt, in eine unbekannte Zukunft hinauswandern. Diese Wanderschaft führt nicht auf romantische Weise steigernd und weitend in das Unbegrenzte, auch nicht wie bei Gottfried

Keller zurück zu einem Kreis des gefestigten und ordnenden Lebens, sondern sie wird zum 'Aufbruch'. Ihn hat Raabe immer wieder seinen Menschen zugemutet, damit sie, jenseits des 'Behagens' der Idylle, eines Sich-Verkriechens in der Enge, im Durchschnittlichen und Verkapselten, zu ihrem Ich lebensfest reifen. In des Stopfkuchen Devise „Geh aus dem Kasten" hat diese Lebensregel ihre Formel gefunden.

Es ist jedoch bemerkenswert: das eigentliche aktive Handeln in der Wirklichkeit der zeitgenössischen Welt wird ausgespart. Wie schon bei Stifter zeigt sich bei Raabe die Tendenz zur Reduktion der erzählten Lebensstufen auf die Jugend und auf das Alter, also auf die Stadien vor und nach dem tätigen Leben, die, in ihrer kontemplativen Zurückgewiesenheit auf das Ich, hier eine unruhig drängende Erwartung, dort eine resigniert gelassene Rückschau und Überschau, eine Stilisierung in die Innerlichkeitserfahrung erlauben[3]. In der frühen Jugend wie im Alter löst sich das Leben zum Traumhaften; im vorausträumenden Ahnen und im Erinnern wird eine Gestimmtheit möglich, die die Wirklichkeit aus ihren starren und nüchternen Konturen entläßt. Der Typus der Erziehungsgeschichte entstammt der deutschen Tradition, die im 19. Jahrhundert, einem im krisenhaften Werden zwischen dem Alten und dem Neuen, zwischen Verlust und Fortschritt erfahrenen Jahrhundert, besonders gepflegt wurde. Der Zeitgenosse des 19. Jahrhunderts erfuhr sich unter einem geschichtlichen Gesetz der allzu raschen und problematischen Entwicklung; er suchte zugleich diese Entwicklung durch Wertideen zu lenken, um nicht einer baren und wertleeren Fortschrittlichkeit zu verfallen. Er erfuhr den Menschen als ein Wesen in der sich wandelnden, alles auflösenden Geschichte, in den Relativierungen des Zeithaften, die mehr Werte zu verzehren als zu schaffen schienen. Die Dichter — Stifter, Keller, Raabe u. a. — suchten eben deshalb als Widerstand moralisch-pädagogisch übergeschichtliche Werte, die sie schließlich nur noch im zeitentzogenen Innerlichen oder, wie Fontane, als eine Spontaneität des unmittelbar und unabhängig Menschlichen innerhalb der Gesell-

---

[3] R. Pascal: The Reminiscence-Technique in Raabe. The Modern Language Review XLIX 3, '54, 339 ff.

schaft aufdeckten. Raabe hat sich seit seinem ersten, gedanklich und künstlerisch ins Unklare mißglückten Erziehungsroman ‚Die Leute aus dem Walde' von 1861 und 1862 in den Spuren Goethes — weniger des Dichters als des Lebensbildners — bewegt. Die Lektüre von ‚Dichtung und Wahrheit' während der Arbeit an ‚Prinzessin Fisch' ist bezeugt[4]. Die Gretchen-Episode, die ihrerseits eine Vorstufe in der ‚Manon Lescaut' des Abbé Prévost besitzt[5], hat ersichtlich eingewirkt. Raabe hat seine Erzählung ausdrücklich unter das Zeichen Goethes gestellt. Ihr zunächst befremdlicher Titel ist ein Zitat. Er entnahm es Goethes 1774 entstandenem Gedicht ‚Der neue Amadis', das wiederum an eine Verserzählung Wielands von 1771 anknüpfte, und er tauschte damit den Titel der ersten Fassung seiner Erzählung, ‚Zu spät im Jahre', aus.

„Als ich noch ein Knabe war, / Sperrte man mich ein, / Und so saß ich manches Jahr / Über mir allein, / Wie in Mutterleib, / ... Ritterlich befreit ich dann / Die Prinzessin Fisch; / Sie war gar zu obligeant, / Führte mich zu Tisch, / Und ich war galant"...

Erst im zwölften Kapitel, also nach der Erzählungsmitte, liest der „gute Junge" Theo Rodburg das Gedicht. Dies ist für Raabes genau komponierenden Verschleierungs- und Enthüllungsstil bezeichnend. Er arbeitete mit inneren Verzögerungen und Verdeckungen, die er sich nur langsam enthüllen ließ, und erzielte so eine hintergründige Spannungsführung. Dennoch wird, bald nach dem Beginn, in dem die Formel ‚Zu spät im Jahre' noch dominiert, das zusammenfassende und symbolisierende Leitmotiv konstant gegenwärtig.

„Es ist wahrlich kein leerer Titel, was vor diesem Buche steht! Mit der Prinzessin Fisch, dem urewigen, großen, unentbehrlichen, pädagogischen Zauberspuk haben wir es auf jeder Seite desselben zu tun."

Mit der spielerischen Grazie dieser Verse vermischt sich an der gleichen Stelle ein anderes Symbolzitat.

[4] H. Pongs: Wilhelm Raabe. Hdlbg '58, 478 ff.
[5] H. H. Remak: Manon Lescaut und die Gretchenepisode in Dichtung und Wahrheit. Goethe-Jahrbuch '57, Bd. 19, 138 ff.

„Auf und ab schritt der Ilmenthaler junge Mensch, vor sich hinsummend: Es war ein König von Thule, und zwar mit Tränen im Auge und einem krampfhaften Schlucken im Halse, doch immer klang es neckisch — mit schalkhaftem Ernste dazwischen."

In dieser Ineinanderschichtung von Melancholie und Heiterkeit, Empfindung und Ironie, Resignation und Humor prägt sich aus, was man den Stil einer erzählerischen Tragikomik bei Raabe nennen könnte und von dem aus er die dargestellte Welt interpretiert, sie der inneren Erfahrung zugänglich macht.

Diese Tragikomik bildet den Stimmungston der Erzählung, der den wiedergegebenen Weltausschnitt so durchdringt, daß der Leser mehr durch ihn als durch die dargestellte, so alltägliche wie einfache Sache gefesselt wird. In solcher Mischung liegt, was für Raabe spezifisch ist; am Beginn der Erzählung zitiert er selbst seinen Beruf als Autor — „unser grimmiges und gutmütiges, unser tragisches und komisches, unser lachendes und weinendes Werk unter Menschen und ihren Schicksalen". Raabes Erzählführung ist mit allen Mitteln der suggestiven Formgestaltung und Sprachlichkeit darauf gerichtet, dem Leser seine verpersönlichte Erfahrung und Deutung des Lebens mitzuteilen. Er spricht aus dem Subjektivismus dieser Lebensdeutung und er prägt sie typisierend, oft auch bis zum Überdruß wiederholend, als gleichen Stimmungston seinen Figuren und ihren monologischen Dialogen ein. Bei aller Individualisierung bekommen deshalb seine Figuren etwas Rollenhaftes, durch das der Autor selbst hindurchspricht. Die Gestaltung der redenden Figur aus ihrer Psychologie, ihrer Klassen- und Zeitzugehörigkeit tritt zurück hinter der Methode, durch die Figur selbst reflektierend und kommentierend durchzusprechen, sie zum Sprachorgan des Erzählers zu machen. Damit wird unzweifelhaft die Erzählungsintegration gestört. Der Kommentar, das 'eigentlich' Gemeinte läßt sich wiederholt als 'Raabeweisheit' von dem erzählten Vorgang ablösen, wie man denn auch eine ganze Anthologie von Aussprüchen Raabes zusammengestellt hat.

Es charakterisiert diesen 'realistischen' Erzählstil, daß er darauf angelegt ist, die Erzähldistanz, das heißt also, den erzählten fiktiven Abstand zwischen dem Erzählakt, der Gegenwart des fiktiven Erzählers und dem Geschehen in der Vorstellung des Lesers möglichst zu verringern, um die Fiktion einer Gegenwärtigkeit, einer nahen Realität des Erzählten zu schaffen. Der Leser soll das Erzählte miterleben, weil es darin um etwas geht, was sich im gemeinsam Menschlichen immer wieder vollzieht und vollziehen wird. Das Subjektive enthält in sich zugleich das Typische, das der Erzähler mit vielen Mitteln, die hier nicht alle aufgezählt und analysiert werden sollen, einzuprägen bemüht ist. Raabes Erzählform befindet sich stets in einem Fluktuieren zwischen der Erzähldistanz des fiktiven Erzählers, der reflektierend und überschauend das Geschehene kommentiert, und der Präsenz im gegenwärtigen Erzählaugenblick, die zum szenischen Ausgestalten, zu einem Schildern aus der Betroffenheit des Erlebenden führt, also seine subjektive Innenperspektive wählt. Es hätte nahegelegen, hier die 'erlebte Rede', den 'inneren Monolog' einzusetzen; Raabe hat dagegen die schon altmodisch gewordene Form des breiten monologischen Sprechens seiner Figuren bewahrt, deren Schwerfälligkeit künstlerisch beeinträchtigt, aber notwendig war, da diese Monologe immer noch in der Dialogsituation bleiben, also gemeinschaftsbildend wirken, während die 'erlebte Rede' in ihrer modernen Zuspitzung die Figur auf sich selbst isoliert, die Gemeinsamkeit mit einem Partner abschneidet. Erst im 'inneren Monolog' hat sich eine radikale Subjektivierung als stilisierende Erzählform durchgesetzt; deshalb kam sie im deutschen Realismus des 19. Jahrhunderts seit Otto Ludwig nicht über Ansätze hinaus. Der Vermittlungs- und Erzählvorgang durch den fiktiven Erzähler, der damit zugleich eine zusätzliche Gemeinschaft mit seinem fiktiven Leser schafft, und die 'personale' Erzählsituation, die das Tun und Fühlen der erzählten Figuren unmittelbar, aus ihnen selbst heraus, wie gegenwärtig sichtbar macht, sind hier dicht ineinandergeschichtet.

In der charakteristischen Mischung von Melancholie und Heiterkeit, Desillusion und Lebensvertrauen, die gewiß auch das Sentimentale nicht vermied und aus der der epische Humor seiner Erzählung erwuchs, glaubte Raabe der Textur der Wirklichkeit in der Ambivalenz ihrer Widersprüche am wahrhaftigsten nahezukommen. Diese Widersprüche spalten auf, aber sie knüpfen auch zusammen. Ihre Typik macht die Einheit seines Stils aus. Allerdings läßt sich dies Ineinanderschichten des Gegensätzlichen nicht auf eine

Formel vereinfachen. Die in der Raabe-Literatur lange gängigen Schlagworte Pessimismus und Optimismus sind gänzlich unbrauchbar. Sie verstellen nur den gerechten Zugang durch ihre verfälschenden Verallgemeinerungen. Die Mischung der Stimmungen nahm, je aus der individuellen Lage, die er schilderte und in der es ihm immer um die Innerlichkeitszuständlichkeit des einzelnen Menschen, nicht um abstrahierte und prinzipielle Konflikte oder Probleme ging, wechselnde Tönungen an. Lächeln und Weinen — beides weist hier auf den realen Weltwiderspruch, der in jedem Augenblick da ist. In ihm muß sich der Einzelne ganz für sich allein zurechtfinden. Das Bewußtsein des Widerspruchs aufzudecken, der nicht nur zwischen der Wirklichkeit und dem Glücksverlangen des Menschen, auch in ihm selbst als eine Ratlosigkeit und Verstörung aufbricht, erschien Raabe als das Wahrheitsethos seines Erzählens. 1866 heißt es in einem seiner Briefe: „Es ist viel Lüge in unserer Literatur, und ich werde für mein armes Theil nach Kräften das Meinige dazu tun, sie herauszubringen, obgleich ich recht gut weiß, daß meine Lebensbehaglichkeit dabei nicht gewinnen wird."[6] In dem Ringen um einen Durchbruch durch die Literaturkonventionen, ihre zum Idealtypischen verfärbenden Verdeckungen und Verklärungen, mit dem das Ringen um eine eigene erzählende Prosa und ihre im Subjektiven zum Typischen und Symbolischen verweisende Wahrhaftigkeit parallel ging, lag ein wesentlicher Gestaltungsimpuls des literarischen Realismus. An die Stelle der Harmonisierung des Lebensbildes und ihrer Technik des sentimentalen Ausgleichs trat zunehmend das Bewußtsein einer sich zum Unauflöslichen verhärtenden Widersprüchlichkeit, die hinter der dominierenden Geltungsmacht des Scheinhaften das eigentliche, verborgene Sein immer schwerer zugänglich machte. Dieses Kontrastspiel zwischen Schein und Sein, ein Kernthema der deutschen Dichtung des 19. Jahrhunderts, ist doppeldeutig. Die äußere Wirklichkeit der Zeit, das 'Säkulum' kann zum Schein, die Innenexistenz des Menschen zum wahrhaftigen Sein werden. Doch begegnet ebenso die Umkehr: das nur Subjektive kann zur Scheinexistenz, die objektive Wirklichkeit kann zum bedingenden und begrenzenden, Ordnun-

---

[6] In alls gedultig. Briefe W. Raabes, hrsg. von W. Fehse, Bln '40, S. 52.

gen und Verantwortungen setzenden Seienden werden. Die Mischung beider Perspektiven zeigt sich bei Ludwig und Keller, ebenso bei Storm, Raabe, Fontane und Meyer. Denn das nur Subjektive bedeutet bei ihnen auch einen Verlust an 'Welt' und 'Wirklichkeit', mit denen sie das individuelle Dasein im Gleichgewicht zu halten bestrebt sind.

Bereits in der ‚Chronik der Sperlingsgasse', Raabes noch tief im Biedermeierlichen und Vormärzlichen verhaftetem Erstlingswerk, hatte er geschrieben: „Wunderliches Menschenvolk, so groß und so klein in demselben Augenblick. Welch eine Tragödie, welch ein Kampf, welch ein Puppenspiel jedes Leben." Der bis in seine letzte Erzählung, das Fragment ‚Altershausen', wiederkehrende, sehr umfangreiche Bild- und Metaphernkomplex der Lebensbühne, der Lebenskomödie, des Rollenhaften, des Marionetten- und Puppenspiels, der ironischen und bitteren Posse in der Hand des unbekannten, willkürlichen Regisseurs, des Ballspiels des Fatums, des unenträtselbaren Gewebes der Parzen, wie es leitmotivisch die Erzählung ‚Prinzessin Fisch' durchzieht, löst die Wirklichkeit in das Schattenhafte, Traumhafte, Vergängliche und Irreale auf. Aber Raabe zwang nicht nur vor diese illusionslose Erkenntnis der Proteusnatur des Lebens, des andauernden Widerspruchs in der „wirklichen, wahrhaftigen, heißen Daseinsschlacht, in dem großen, furchtbaren, anfang- und endlosen Drama des Lebens." Er fragte, mitten im Entlarven immer zugleich ein Moralist und Pädagoge, dem in dem künstlerischen Sprechen die rechten Ordnungen des Lebens faßbar wurden, danach, wie es dem Menschen, diesem einzelnen und einsamen Menschen, der in solchem Rätselspiel sein Leben bis zum Ende agieren muß, es zu erleiden und zu verantworten hat, möglich sei, nicht nur es zu ertragen, sondern sinnvoll zu machen.

Die Ergriffenheit, mit der Raabe als Erzähler an dem von ihm Erzählten teilnahm — ein Grund, warum er oft nicht über den von ihm dargestellten Figuren und Schicksalen eine künstlerisch objektivierende Distanz gewann, sondern auf ihrer Ebene blieb und damit die Gestaltungsüberlegenheit verfehlte —, bedurfte als Gegengewicht der Distanz. Diese erzählerische Distanz wird hier, sichtbarlich an der von uns zitierten Stelle, durch die Doppelung des literarischen Zitats, des literarischen Symbols geschaffen, das zugleich deutet und ironisiert. Daß dieser Ilmenthaler Knabe wieder einmal erfuhr, was Goethe einst als eine mehrschichtige Erfahrung in spielender Heiterkeit und mit schmerzlicher Bewegtheit, in ‚Amadis' und im ‚König von Thule' bezeugte, deutet auf den Realitätskern und das Typische in der Wiederholung. Denn in Goethe kommt das Typisch-Menschliche zur Sprache. Daß er dies bereits aussprach und damit gestaltend überwand, ironisiert und reduziert die noch hilflose Befangenheit des Knaben in seinem träumerisch-geängstigten Pubertätserlebnis der Prinzessin Fisch. Das Goethe-Zitat bleibt nicht allein. Später taucht die Erinnerung an Don Quichotte auf, den Raabe sehr vertrauten tragischen Narren der verzaubernden Phantasie, ebenso an Molière, den Dichter und Psychologen der verkletterten Phantasienaturen, der Käuze und des Misanthropen. Das Zitat, ein von Raabe allen seinen Erzählungen mit vielen Variationen eingesetztes episches Integrationsmittel, durchleuchtet perspektivisch das Sinngefüge des Ganzen. Es wird eng mit dem Themengewebe verbunden und übergreift das vordergründig Erzählte zu einem weiteren Bedeutungszusammenhang. Es durchbricht die nur pragmatische Erzählebene, es löst das individuelle Einzelgeschehen aus seiner Isolierung und bildet eine leitmotivische Oberstimme. Wie später bei Thomas Mann wurde das literarische Zitat ein wesentliches Erzählmittel zur Objektivierung und zur Innenführung des Vorgänglichen[7].

Zwei Wirklichkeitsbereiche werden mit einer generellen kulturkritischen Antithetik gegeneinander und ineinander komponiert. In die Idylle eines weltfernen kleinen Gebirgsortes, der unverstört noch im Lebensboden der Natur ruht, bricht die neue Unternehmerwelt, die Fremdenindustrie, die mobilisierte und ruhelose Zivilisationsmoderne ein — mit Eisenbahnen, Kurhotels, Feuerwerk und mit mehr als fragwürdigen internationalen Spekulanten des Glücks. Was im beseelten Kreis eine zwar enge Ordnung bildete, wird durch das Fremde in Verwirrungen gebracht. Raabes geläufiges zeitgeschichtliches Motiv von den „alten Nestern", die der Zerstörung

---

[7] Zur Typologie des literarischen Zitats: H. Meyer: Das Zitat als Strukturelement in Rabelais' Erzählwerk. Gestaltprobleme der Dichtung. Festschrift für G. Müller, hrsg. von R. Alewyn u. a. Bonn '57, 49 ff.

preisgegeben werden, ist neu variiert. Es hat ihm lange den Ruf eines sentimentalen *laudator temporis acti* eingetragen; eines in der Zeit des endenden progressiven Jahrhunderts schon anachronistischen biedermeierlichen Idyllikers. Doch war dies bei weitem zu einfach gesehen. Gewiß stellte sich seine Kulturkritik mehr als einmal mit kleinbürgerlichen Hemmungen auf die Seite des Beharrend-Alten gegen das Befremdend-Neue, dem hier selbst die Natur, wie alle Lebensbeziehungen, nur noch zum Geschäftsobjekt, zur Geldkulisse, zur Ware wurde und das alles zum kapitalistischen Objekt, zu Genuß und Gewinn vergewaltigte. So wird die Landschaft Ilmenthals durch ihre allzu unternehmungslustigen pietätlosen Ausbeuter buchstäblich 'denaturiert', zum Künstlichen und Effektvollen umarrangiert. Die neue Welt vergeht sich gegen ihre „Unschuld". Aber Raabe erkannte zugleich diesen Wandel als etwas Unaufhaltsames, als ein Gebot der wechselnden Zeit in der Geschichte. Er floh nicht vor ihm zurück. Er hat ihn, als Krise und Übergang, als zeitgeschichtliches Problem vielmehr zum beherrschenden Thema seines Erzählens und zur Frage an den von ihm gestalteten Menschen gemacht. In der Problematik des Übergangs zwischen dem Alten und dem Neuen behandelte er ein für das Geschichts- und Gegenwartsbewußtsein des bürgerlichen 19. Jahrhunderts repräsentatives Thema, das auch bei Stifter, Keller, Gotthelf, Fontane für die gesellschaftliche Thematik bestimmend wird. „Es ist eben der letzte Augenblick der hübschen Idylle. Wir halten nichts auf, was kommen soll und muß, und möchten höchstens den wohl einmal sehen, der das könnte", heißt es in ‚Prinzessin Fisch'. Raabe war kein romantisierender Utopist, der die Geschichte zum Stillstand bringen wollte. Entscheidend war für ihn die Bewahrung der menschlichen Substanz, die sich unabhängig von der Zeit — im Alten oder, wie in ‚Alte Nester', in ‚Villa Schönow', in ‚Pfisters Mühle', im Neuen — zu bewähren vermochte. Seine Menschen leben in der geschichtlichen Situation; aber sie sind nicht ihre Gefangenen. Gerade wenn sie sich nur dem Vergangenen oder nur dem Gegenwärtigen hingeben, versagen sie an der rechten Bewältigung des Lebens.

Hinter dem kleinen Ilmenthal öffnet sich ein Welthorizont. Ein alter Kriegszahlmeister, gebürtiger Schwabe aus Bödelfingen, also aus einem Kernland deutscher Phantastik und Biederkeit, kehrt mit seiner exotischen Frau Romana, jener Prinzessin Fisch, die zur ersten großen Lebensprobe des jungen Theodor Rodburg wird, aus Südamerika zurück. Nicht zufällig taucht gleichzeitig der ältere Bruder Theodors, der Verschollene, einst als boshafter, charakterlich sehr zweifelhafter Taugenichts dem elterlichen Hause entflohen, nach einem skrupellosen Abenteurerleben aus dem gleichen Kontinent wieder auf. Beide trafen sich im Mexiko des Kaisers Maximilian und der Revolution von 1867. Die Spanierin wird das geheime Bindeglied. Der Freund vertraute sie dem Freunde an; der Freund verriet und betrog mit ihr den Freund. Das wiederholt sich jetzt in Ilmenthal. Der so verführerische wie gewissenlose Lebemann betrügt damit zugleich seinen eigenen Bruder um das Traumbild seiner nach dem Schönen hungrigen Phantasie, um das verzaubernde Ideal seines erwachenden unschuldigen Knabenherzens. Dieser Betrug spielt sich in dem alten elterlichen Hause und Garten ab, die der Kriegszahlmeister als Alterssitz erwarb, unmittelbar neben der Zuflucht, die der verwaiste Jüngste, der „zu spät Gekommene", bei alten Nachbarsleuten gefunden hat. Zwei Räume werden als Sinnbilder zweier unvereinbarer Wirklichkeiten gegeneinander gestellt. Die eine Wirklichkeit, das ferne Mexiko, bedeutet Rausch und Verlockung des Abenteuers, des bunten Lebens, Betrug, Verführung, Gewalttat, zerbrechende Illusionen, Freiheit bis zum Anarchischen, ein Fortunaspiel zwischen Gewinn und Niederlagen, das nur übersteht, wer, gleichsam ohne Seele, Spielerglück hat und es skrupellos auszunützen versteht. Raabe hat diese mexikanische Welt nur in Stichworten, in Bruchstücken der zurückspiegelnden Erinnerung auftauchen lassen. Denn es kam ihm nicht auf ihre Stofflichkeit und deren exotische Sensationen an, nur auf ihre Symbolfunktion im Gegensatz zu der deutschen Idylle, die ihrerseits, als Parallele zu dem Innerlichkeitsgeschehen in dem Knaben, von ihrem Symbolsinn her gestaltet wird. Denn ihr geschieht das gleiche wie ihm: die Verführung durch die glänzende Illusion und deren Entlarvung, der im Lebensgesetz angelegte Wechsel aller Dinge. Er ist unaufhaltsam; die alten Wege und Lebensweisen verfallen, die neue Gegenwart legt hastig ihre Schienen. Dies Ineinanderkomponieren von individuellem Geschick und, im Raum symbolisiert, allgemeinem zeitlichem Geschick ist für die Erzählformen des literarischen

Realismus im 19. Jahrhundert charakteristisch. Das Subjektive spiegelt sich im Objektiven; so entsteht um das Individuelle herum 'Welt' als 'Zusammenhang des Ganzen'.

Aber diese Raumsymbolik führt noch tiefer; sie nimmt die mehrschichtige Polarität des Erzählthemas in sich herein. Raabe baut sein Erzählen durchweg vom Zuständlichen, Situationären her auf. Das Räumliche bekommt eine sinnbezügliche Bildfunktion. Denn nur durch das Bildhafte vermochte das Geistig-Innere seines Erzählgewebes zu sprechen. Er hat nirgends eine 'objektive' Realität um ihrer Dinglichkeit willen beschrieben; er hat, was er seiner empirischen Erfahrungswirklichkeit entnahm, funktional dem Sinngewebe des Ganzen mittels des symbolischen Sprechens zugeordnet und eingestaltet. Es kam ihm nicht auf die einzelnen Realien um ihrer selbst willen an, sondern auf ihren erhellenden Sinnbezug zum Erzählganzen und der in ihm sich aufdeckenden Lebensproblematik. Das Einzelne bekommt seine Wahrheit, die in seiner Bedeutung, nicht in seinem baren Vorhandensein liegt, nur aus dem Zusammenhang des Ganzen. Denn nur so verwandelt es sich aus dem Stofflichen zu einer erzählten, poetisch gedeuteten Welt. In das Räumliche wird die Zeit hineingeschichtet, sie wird sichtbar als Verwandlung der Räume, als ein Wechsel der individuellen Situation im Gleichen. Der kleine Theodor Rodburg, ein Waisenkind, von seinen erwachsenen Geschwistern wie schon von seinem Vater beiseitegeschoben, zu spät geboren, in das Abseits gestellt, hilflos auf sich allein angewiesen, steht am Beginn der Erzählung. An ihrem Ende ist er wiederum mit sich ganz allein, durch die Schuld des Bruders aus der bergenden Gemeinsamkeit hinausgewiesen, heimatlos geworden. „Er war sich nie bewußt geworden, daß er doch diesem Ganzen da unten als ein Einzelwesen gegenüberstehe." Dies ist die für Raabes Menschen immer wiederkehrende Situation, in der sich sein Geschick in der Welt auslegt. Das alte Nest ist für ihn zerstört. Aus der Fundamentalsituation des Einzelseins, der Einsamkeit mit sich selbst, die das Leben jedem aufzwingt, wie immer man sich im Beseelten und Vertrauten der nachbarlichen Gemeinsamkeit für geborgen und gesichert halte, hat Raabe den Menschen verstanden. Denn erst im einsamen Mit-sich-selbst-Sein erfährt er das wirkliche Wesen dieser Welt und erprobt er sich selbst. Diese Einsamkeit kann zur Angst werden, „gegeneinander auf der Hut, mißtrauisch und das Schlimmste voneinander befürchtend", wie es einmal in unserer Erzählung gesagt wird. Sie kann aber auch zu einer lebensfesten, schicksalsgewappneten Freiheit, einem „Frei-Durchgehen" führen, in dem ein innerer Sieg über das mörderisch andrängende und erstickende Leben wartet. Solche Polarität ist in Raabes Erzählwerk immer gegenwärtig.

Dem Theodor Rodburg wird zwar die trostlose Vereinsamung der hungernden Kinder neben der Leiche der Mutter wie ‚Im alten Eisen', die Verlassenheit des verspotteten Stopfkuchen unter der Hecke, die Einsamkeit des Velten Andres in der leeren großstädtischen Totenkammer wie in den ‚Akten des Vogelsangs' erspart. Denn Raabe hilft ihm — dies ist die andere konstante Konstellation in seinem Erzählwerk seit der ‚Chronik der Sperlingsgasse' — durch die Zuflucht in die bergende Gemeinschaft helfender und verstehender Seelen. Sie sind gleich ihm abseitige Einzelgänger, aber sie sind durch ihr erprobtes Leben zu dem ironischen „Behagen" einer festen Überlegenheit über die Verwirrungen und Verstörungen des Daseins gelangt, die zugleich illusionslos, scharfsichtig und vertrauend macht. Diese beiden Alten, der Buchbinder Bruseberger und die Mutter Schubach, bereiten dem Knaben ein Nest in dem kleinen Stübchen, dessen Fenster in den Garten des verlorenen Elternhauses blickt. Der eng umwandende Raum, ein Flucht- und Schutzraum, Geborgenheit und Versteck, ein sicherer und behütender Ort über dem Wechsel der Dinge, wird zum Symbolraum der zu sich selbst zurückgezogenen Innerlichkeit. Aber das Fenster zu dem Garten erhält auch eine pädagogische Funktion. Es lehrt Gelassenheit im Anblick des Verlorenen; es lehrt, daß der Mensch in dieser Welt kein dauerndes Eigentum besitzt und das Paradies immer nur ein verlorenes Paradies ist. Das Stübchen bedeutet jenen Binnenraum, aus dem sich in vielen Variationen Raabes Innerlichkeitserzählen entfaltet hat. Zu seiner Bildsymbolik gehört die typische Situation des Blicks aus dem Fenster [8]. Der Raum ist abgekapselt, eine Insel des Daseins — an einer ähnlichen Inselvorstellung ent-

---

[8] H. Meyer: Raum und Zeit in W. Raabes Erzählkunst. DVJS 27, '53, 236 ff.

zündet sich schon am Beginn der Erzählung der Robinsontraum des allein gelassenen Knaben, seine Phantasie der Flucht und eines fernen Glücks. Das Stübchen im Nachbarhaus erhält als Wachstumsraum des jungen und reifenden Menschen eine kompositionelle Schlüsselstellung. Es bedeutet die Bildwerdung eines emotionalen und pädagogischen Sinnbezugs. Zugleich aber ist sein Fenster offen — zu der exotischen Welt der Anderen, zu dem Raum, in dem sich der Kriegszahlmeister mit seiner geheimnisvoll faszinierenden und rätselhaften Frau und illegitim der weltmännische Bruder angesiedelt haben. Der Blick aus dem Engen in ihre Weite, aus dem Geborgensein in ihr lockend Unbekanntes, diese Verbindung der noch unbewußten *vita contemplativa* binnen mit der in bunten Farben glühenden Welt draußen, dieser Blick durch den kleinen Ausschnitt in eine unermeßlich erscheinende Ferne wird zu einem entscheidenden Motiv- und Strukturelement in dem Wirklichkeitsaufbau der Erzählung. Der Buchbinder Bruseberger, der dem Knaben diesen Schutzraum öffnete, hatte ihm einen pädagogischen Sinn zugedacht: als ein kräftigendes und befreiendes „ganz von oben auf die verlorene Herrlichkeit" Herunter-gucken-Können, als jene überwindende Gelassenheit im Wechsel der Dinge, die den Schmerz des Verlustes beschwichtigt und vor Selbsttäuschungen behütet. Es ist die Vorform zu jenem Blick des Abschieds von dem Städtchen unten, zu dem er am Schlusse den erneut Heimatlosen führt. Aber dieser Blick aus dem Fenster gerät genau umgekehrt zu dieser pädagogischen Berechnung dem Knaben zum verstörenden Geschick.

Das Paar der schützenden Erzieher, der Buchbinder und die Witwe Schubach, erscheint als eine für Raabe typische polare Einheit. Der alte Mann, ein „ganz ausbündiger Narr", ein Sonderling, ein kauziger Lebensphilosoph, ein Phantast und Traumgeher mit dem kindlichen Herzen und der Weisheit des Gemüts, die Witwe als die Verkörperung eines mütterlichen, handfesten, um das Richtig-Praktische wissenden Wirklichkeitssinns: in Raabes Sprache als „das Druckfehlerverzeichnis", das unser Herrgott an sein großes Weltbuch angehängt hat, in welches ihm der Teufel so viel Unverständlichkeit und falsche Wörter und Zahlen gesät hat. Die Zuneigung des Erzählers gehört diesem breit ausgesponnenen

Paar. Dennoch sind sie vor dem 'ganzen' Leben einseitige, ohnmächtige Erzieher.

In genauer Symmetrie steht ihnen die andere Gruppe gegenüber: der ältere Bruder Alexander und Romana, die Prinzessin Fisch, beide Amoralisten in ihren Trieben und in ihrer Seelenlosigkeit. Ihnen verfällt Theodor. In ihnen erlebt diese unbewußte junge Seele träumend, wie in einer Verzauberung, alle Idealität und Phantasie der „Wunder der Zauberwelt", den lockenden Ruf des Märchens des Schönen, Abenteuerlichen, Exotischen, eine Glückswelt seiner zum Leben erwachenden Sehnsucht, „die Herrlichkeit zwischen Himmel und Erde". Stufe für Stufe wird geschildert, wie diese Verlockung in dem Ahnen und Warten seiner Pubertätsjahre in ihn eindringt, ihn fesselt und betäubt. In seinem Innern verwandelt sich ihm die Welt. Raabe hat sich nicht der Mittel der psychologischen Analytik bedient, die bald darauf das um und nach 1900 beliebte Erzählen von Kindheitswandlungen und Jugendkrisen einsetzte. Denn es trennt ihn von der seit dem Naturalismus ausgebreiteten Erzählmethode, daß er nicht von dem partikularen psychologischen Einzelfall aus, sondern als der Moralist des Humanen erzählte, dem es um das Typische ging, von dem aus sich symbolisch der Sinnbezug zur Daseinsproblematik des Menschen in dieser Wirklichkeit überhaupt öffnete. Er schilderte das personal Einzelne mit der Frage nach dem in ihm aufscheinenden ganzen Lebenszusammenhang, der sich mit allen seinen Widersprüchen und Rätseln in jedem Einzelgeschick von neuem darstellt und dessen Geheimnis ihn, mit immer wieder wechselnden und dennoch in sich gleichartigen Antworten, von Erzählwerk zu Erzählwerk getrieben hat, bis das letzte, ‚Altershausen‘, im Fragment endete — abgebrochen angesichts der Irrationalität des letzthin Unbeantwortbaren. Denn dieser 'Zusammenhang der Dinge', der den Schicksalsfiguren des Lebens zugrunde liegt, entzog sich der Formel und wies in das Irrationale, das sich nur in Bildern, die der Dichter schafft, aufweisen ließ. Der Traum des Idealen und Schönen, der Theodor Rodburg durchglüht und der das ältliche Gesicht des „zu spät Gekommenen" mit Jugendglanz erfrischt, zerbricht. Er wird als eine trügerische Illusion entlarvt. Der Bruder, mit dem für ihn der Traum eines größeren Lebens begann, betrügt ihn um diesen Traum.

Jenes „wundervolle, unermeßliche Reich der Ungebundenheit, der Freiheit, der Schönheit, des Lichtes, der Jugend, des tapferen Mutes und des Glücks", das sich für ihn in der Symbolfigur der Prinzessin Fisch konzentrierte, wird zerschlagen. Nichts bleibt übrig als eine platte, sehr häßliche und nichtswürdige Wirklichkeit. So wird der Traum des Theodor Rodburg zu einer ironischen Tragödie der verirrten Phantasie, die ihn fast zugrunde richtet. Der Traum wird zur höhnischen Komödie der irrenden Illusionen. Ist dies der Kern der Wirklichkeit? Raabe führt den aufgewühlten Studenten in ein Theater, und er läßt ihn in der naturalistischen Ehebruchskomödie, die dort glanzvoll gespielt und laut beklatscht wird, sein eigenes Erlebnis wiedererkennen. Schein und Wirklichkeit gleiten ineinander — genau wie einst in Ilmenthal, nur in exakter Umkehr zu dem beglückten Traumglauben seiner Illusionen.

„Es war ja alles wahr, was er sah und hörte, und doch gerade deshalb alles nur Komödie!... Echteste Komödie, wundervollster, wahrhaftigster Schein alles!... Es war wirklich zum Lachen und wirklich eine so große Beruhigung, daß sehr wenig in der Welt der Mühe, der Sehnsucht und des Schweißes des Edlen wert war."

Sollte diese Erziehungsgeschichte mit diesem höhnischen Lachen der Enttäuschung bis zum Nichts enden?

Es ist an diesem Punkt unserer Erörterung notwendig, zu unserem generellen Thema, der Frage nach dem Verhältnis von Dichtung und Wirklichkeit in der erzählenden Literatur des 19. Jahrhunderts zurückzublicken. Bringt man dies hier sich anbietende Problem auf eine simplifizierte Formel, so darf man sagen: es liegt in dem Bemühen, mittels der Sprache des dichterischen Gestaltens, die neben die ‚wirkliche' Welt als höhere Seinsstufe eine ‚erzählte' Welt stellt, eine zur Ganzheit schließende Sinngebung, Sinndeutung der in das Vereinzelte und Subjektive auseinanderfallenden empirischen Erfahrungswelt zu erzeugen. Die Dichtung soll diese Erfahrungswelt nicht reproduzieren, nicht ‚photographieren', sondern in ihr das Typische, Wesenhafte aufzeigen, das sich in der Mannigfaltigkeit ihrer Erscheinungen und deren Bedingungsfaktoren abzeichnet. Der Begriff des Typischen hat dabei eine schwankende, doppelte Bedeutung: er meint das, was im Grunde alles Einzelnen ‚immer' und deshalb auch ‚wahr' ist. Diese Sinndeutung zu einer immanenten

Ordnung des Daseins, in der von Stifter bis zu Fontane die Eigensprache der Kunst festgehalten wurde, die sie von der bloßen ‚realistischen' Reproduktion abhebt, — diese Sinndeutung zu einem notwendigen Zusammenhang der Dinge, in dem alles seinen Grund findet, über dem nur Relativierten, Zufälligen, Subjektivierten und Disparaten des lediglich Wirklichen, der rohen Tatsächlichkeit, setzte das Bewußtsein einer umgreifenden, objektiven, aus sich verbürgten Sinneinheit des Seienden voraus. Diese Überzeugung ist in dem Jahrhundert der krisenhaften Verwandlungen, Abbrüche und Anfänge auf allen Gebieten zunehmend fragwürdig geworden. Das angestrengte Bemühen, sie wenigstens in der Sprache der Dichtung zu bewahren, über und in dem Einzelnen ein Typisches und Gemeinsames festzuhalten, deutet auf die widersprechende faktische Daseinserfahrung zurück. Sie schien zunehmend durch den Zerfall in das Institutionelle und Partikulare, in eine unübersehbar werdende Menge von Vereinzeltem und einander widersprechenden Tatsächlichkeiten bestimmt. Die Gründe dafür lagen in der Ablösung von der christlichen Glaubensordnung, dem Verlust an metaphysischen Überzeugungen, in der Autonomisierung und Vereinzelung der individuellen Existenz und der Klassen im gesellschaftlichen Gefüge, in dem Verlust von Bindungen an die Natur und an die Geschichte, in der Preisgabe gemeinschaftsbildender Traditionen im versachlichten Fortschrittsdenken, in der naturwissenschaftlichen Aufklärung und ihren mechanistischen, biologisch-kausalen Konsequenzen, in der gesellschaftlichen und psychologischen Subjektivierung oder konventionellen Erstarrung und Entleerung der Wertnormen, in der Vertauschung des subtantiellen zum funktionalen Denken. Der liberale und wissenschaftliche Positivismus, der in allen Gebieten das Einzelne zu sich selbst isolierte, nur noch Kausalketten analysierte, führte zum Verfall der qualitativen ‚Totalität' der Welterfahrung und ließ sie in eine antinomische Vielheit von Einzeltatsachen zersplittern. Auch die Dichtung wurde, gerade angesichts des Krisenhaften dieser Entwicklung, in der Sorge um das Gemeinsam-Humane moralisch-pädagogisch der zeitgeschichtlichen Wirklichkeit verpflichtet, von diesem Prozeß ergriffen. Sie konnte sich ihm nicht entziehen. Die Dichtung wurde angesichts einer ihr immer radikaler widersprechenden Wirklichkeit vor die

Frage gestellt, wie denn überhaupt noch eine eigene Bestimmung der Kunst behauptet werden konnte. Denn aus der klassisch-romantischen Tradition des ästhetischen Denkens hielt die Dichtungsauffassung bis zur Schwelle des Naturalismus als ihre intentionale Sinnbestimmung fest, Idee und Wirklichkeit, das Typische und das Reale als ein einheitliches Sinngefüge, als einen im ‚Poetischen' offenbaren Zusammenhang des Lebensganzen zu bewahren.

Es soll hier nicht die Geschichte der Ästhetik des literarischen Realismus aufgerollt werden, an der auch die Autoren mit gelegentlichen Äußerungen teilgenommen haben, die erweisen, wie sie in diesem Verhältnis von Dichtung und Wirklichkeit ihr Kernproblem sahen, das sie allerdings weniger theoretisch lösen zu können, vielmehr durch ihr Werk auf eine individuelle Weise zu beantworten überzeugt waren. Eine Formel, die der Ästhetiker des Realismus, Friedrich Theodor Vischer, prägte, zeigt, wie intensiv die klassische Ästhetik nachwirkte.

„In jedem wahrhaft Schönen nämlich sehen wir den Zwiespalt zwischen dem Endlichen und dem Unendlichen wirklich gelöst, denn was sich ewig zu widersprechen scheint, ist im Schönen harmonisch verschmolzen und auch die letzte Spur des Widerspruchs getilgt."

Diese Versöhnung verstand Vischer zunächst — auf die Wandlungen seiner Konzeption des Ästhetischen kann hier nicht eingegangen werden [9] — nicht als ein Produkt der subjektiven Phantasie des Künstlers, sondern als ein Sichtbar-Machen, als ein Im-Kunstwerk-Sprechen des außerhalb seiner verborgenen harmonischen Wesens der Welt. Nur noch im Kunstwerk kommt dies harmonisch Ganze zur Erscheinung, wird es Bild und Sprache. Das Kunstwerk öffnet zum Wesenhaften, zum ‚Zusammenhang der Dinge' in und über der Wirklichkeit. Adalbert Stifters idealtypisches episches Sprechen hat diese harmonische Ganzheit des Weltseins in allen seinen Erscheinungen bis hin zu der Grenze einer im Gestillt-Reinen erstarrenden und abstrahierenden Stilisierung festgehalten. Was dies einschloß, wird deutlich, wenn man sich die innere Polarität dieser Stilisierung vergegenwärtigt. Sie bedeutet

[9] W. Oelmüller: Das Problem des Ästhetischen bei F. Th. Vischer. Jahrbuch der Deutschen Schillergesellschaft, Stgt '58 Bd. 2, 237 ff.

einerseits ein Überdecken und Verbergen der widerspruchsvollen, im Disharmonischen brüchigen Wirklichkeit durch die ästhetische Illusion der Harmoniesprache der Kunst, die, bei aller Intention zur strengen, das Ich ausschaltenden Objektivität des Stils, auf subjektivem Grunde ruhte und aus ihm Züge des Utopischen annahm. Sie schloß andererseits die Überzeugung ein, im Ideell-Harmonischen der künstlerischen Gestaltung und Sprache, mittels ihrer Ordnungs- und Zusammenhangsbildungen, die reale und verborgene, allem innewohnende ‚Wahrheit' des Wirklichen auszusagen, die etwas Objektives, mehr als nur ein Resultat der subjektiven Einbildungskraft war. Der ästhetische Theoretiker Vischer bemühte sich um die Lösung des Spannungsverhältnisses zwischen dem Allgemeinen und dem Besonderen, zwischen der Kunst und der Wirklichkeit, das immer bewußter und versöhnungsloser zu werden schien, mit dem Ziel, im objektiv Schönen innerhalb einer problematischen Wirklichkeit eine Harmonie des Seins zu erhellen und durch die Kunst, durch ihren Ausgleich zwischen dem Subjektiv-Zufälligen und Objektiv-Wesenhaften, dessen Sinneinheit zu verbürgen. Denn in der Existenz des Schönen sah er den faktischen Beweis, daß der Glaube an eine immanente Versöhnung der Welt nicht bloß ein Hirngespinst sei. Solche Versöhnung konnte nach Vischer nicht nur ein erhöhendes und verklärendes Resultat der Phantasie sein, sondern es erschien ihm als die Sprache des im nur Empirischen verborgenen Wesens der Welt. Ähnlich hat Stifter aus dem Erbe des klassischen Kunstdenkens heraus, mit dem sich bei ihm ein religiös-ethisches Anschauen und Fühlen verband, das künstlerische Reinigen und Bilden des nur subjektiv und zufällig Wirklichen zum Idealtypischen als eine Sprache aus dem innersten Weltgesetz verstanden. Allerdings weist die berühmte Ausdrücklichkeit, mit der er in programmatischen Aufsätzen und in seinen Briefen seine Überzeugung darlegte, ebenso das verdeckte Pathos der Stilisierungen seines Erzählens auf eine innere Unsicherheit. Sie ist der Unsicherheit verwandt, die Vischer rasch nach der Beendigung und Herausgabe der stattlichen Bände seiner ‚Ästhetik', die 1857 abgeschlossen wurde, am Gelingen und an der Beweiskraft seines Werkes zweifeln ließ. Der spätere Vischer gab seinen ästhetischen Realidealismus mehr und mehr als eine Illusion angesichts einer gänzlich anders gearteten Wirklichkeit preis. Das Schöne wurde ihm jetzt in der Tat nur zu einem Produkt der subjektiven Phantasie, die das Reale verklärend mit der Scheinwahrheit des Schönen überdeckt, hinter der immer wieder die eigentliche, unversöhnbar in Widersprüche auseinanderbrechende Wirklichkeit sichtbar werden muß. In dieser Spätzeit erhielt das Kunstwerk bei ihm seine Bestimmung aus der psychologischen und moralischen Notwendigkeit der Illusion über der wirklichen Wirklichkeit. Es heißt im vierten Band der ‚Kritischen Gänge‘: „Jeder lebendige Geist vollzieht noch heute und in aller Zukunft den Akt, dem die Götter der Religionen ihr Dasein verdanken; der Unterschied ist nur, daß die Geschöpfe unserer Phantasie uns nicht mehr wirkliche Wesen sind." Das ist die Entwicklungsstufe, auf der sich auch Raabes ‚Prinzessin Fisch‘ befindet. Der Mensch des späteren neunzehnten Jahrhunderts hat es gelernt, um die Selbsttäuschungen seines ‚Idealismus‘ zu wissen. Die Verklärungen der Kunst wurden ihm zu einem Traum aus seiner subjektiven und sehnsüchtigen ‚poetischen‘ Einbildungskraft.

Es ist bekannt, daß Otto Ludwigs Bemühen um eine Programmierung des ästhetischen Realismus unermüdlich die Frage nach einer möglichen Synthese des Ideellen und Realen durchdachte und in vielen, jedoch recht widersprüchlichen und schwankenden Formulierungen zu begründen suchte. Gerade weil diese Synthese zwischen dem im Grunde Unvereinbaren einen Mittelbegriff suchte, war sie so schwer zu fassen. Denn die Negation der Grenzpositionen des nur ‚Idealistischen‘, des nur Subjektiven, nur Ideellen und nur Zufälligen ergab noch nicht die Positivität eines Ausgleichs, auf die es ihm ankommen mußte. Ihm schwebte als Bestimmung eines dichterischen Erzählens vor, „eine Poesie der Wirklichkeit" zu gestalten, welche „die nackten Stellen des Lebens überblumend, die an sich poetischen nicht über die Wahrscheinlichkeit hinausgehoben", die Vorstellung einer zum Typischen gereinigten und zum Wesenhaften beseelten Realität in mittlerer Lage zwischen dem nur Idealen und dem ausschließlich und roh Wirklichen vermittelte. „Also das ideale wie das reale Element, beide in möglichster Steigerung ins möglichste Gleichgewicht gebracht." Die Tendenz zum Ausgleich entsprach der spezifischen, gewiß nicht zuletzt gesellschaftlich bedingten Denkweise des deutschen Bürgertums um die Mitte des 19. Jahrhunderts. Jedoch zeigen Ludwigs Studien und Reflexionen auf jeder Seite und in immer neu ansetzenden, wieder entgleitenden und anders umschreibenden Formulierungen, wie ihm diese Konstruktion des ästhetischen Ausgleichs mißlang. Er war einerseits überzeugt, in dieser mehr gefühlsmäßig und moralisch konzipierten als rational faßbaren, ideellen Realität und realen Idealität das Wesen der immanenten und objektiven, letzthin sittlichen und natürlichen Weltordnung auszusprechen. Er meinte, den Widerspruch, der ihn bedrängte, dadurch aufzulösen, daß der Künstler das Einzelne zum Typischen gestaltete, wobei das Typische wieder im doppelten Sinne als das, was sein sollte, und das, was allem Einzelnen als Grundform zugrunde liegt, aufgefaßt wurde. Im Typischen glaubte er durch das Dichtwerk die vernünftige, moralische und kausale Sinnordnung des Daseins, die alles durchzieht und ordnet, gespiegelt, die ‚Wahrheit' des Lebens über allen seinen Zufälligkeiten und Verstörungen ausgedrückt zu sehen. Aber es verrät sich das innerlich Brüchige dieses immanenzgläubigen ‚Realidealismus' als eine Illusion der Kunst, die sorgfältig von der nur wirklichen Wirklichkeit abgehoben und gegen sie geschützt werden mußte.

„Diese Zauberwelt, dieser wahre Schein der Wirklichkeit ist nicht streng genug abzuschließen. Denn sowie ein bildloser Gedanke, ein ungedankenhaftes Gefühl, irgend ein unmittelbar wirklicher Laut in seinen Kreis sich eindrängt, ist die Harmonie des Zaubers aufgehoben. Aber wunderbar! Der Zauber schwindet nicht vor dem Wirklichen; umgekehrt; in der Tat ist es das Gesetz des Wirklichen, welches über dessen bloß zufällige Erscheinung siegt."

Diese Sätze umschreiben deutlich den Widerspruch, aus dem Ludwig sich nicht befreien konnte. Daß er als Erzähler an der Paradoxie dieses Kompromisses scheiterte und seine erzählerische Praxis sowohl weltanschaulich, psychologisch wie stilistisch die symptomatischen Bruchstellen in einer unkünstlerischen Stilvermengung sichtbar macht, ist mehrfach nachgewiesen worden[10]. Ihm miß-

---

[10] R. Brinkmann: Wirklichkeit und Illusion (s.Anm. 1), 145 ff. Vor ihm bereits H. J. Weigand: Zu Otto Ludwigs ‚Zwischen Himmel und Erde'. Monatshefte für deutschen Unterricht, Wisconsin XXXVIII '46, 385 ff.; vgl. ferner L. Besch: Die künstlerische Gestaltung der Novelle ‚Zwischen Himmel und Erde'. GRM '43, XXI, 19 ff.

glückte, was Keller nicht nur gelang, weil er über die größere epische Erzählbegabung verfügte, sondern auch deshalb meistern konnte, weil er sein Vertrauen auf eine immanente und objektive Weltordnung tiefer in die sinnliche Anschauung eines innerweltlichen, naturhaft-organischen All-Zusammenhangs des Lebendigen und in die moralische Vernunft und Gemütsinnerlichkeit des Humanen legte. In einer schwer faßbaren, weil sehr persönlichen Mischung von jener dauernd mitschwingenden Grundtrauer, von der er einmal gesprochen hat, und einem Lebensvertrauen, das ihm seine ironisch spielende Heiterkeit über den Dingen erlaubte, hielt er an dem immanenten Gesetz eines ausgleichenden Lebenszusammenhangs fest, der durch das Natürliche und Vernünftige spricht und in sich die Kraft einer Wiederherstellung gegenüber den in die Irre gehenden Abweichungen des nur Subjektiven, nur Illusionären und nur roh Tatsächlichen besitzt. Der 'Monismus' Kellers machte ihm sein symbolisches Sprechen möglich, das in allem Einzelnen und Individuellen einen umfassenden, ausgleichenden und gesetzlichen Weltzusammenhang erkennen und gestalten ließ. So vermochte er die Phantasie als eine Sprache des 'Poetischen', die aus dem inneren Wesen des Ganzen spricht und das nur isoliert Subjektive aufhebt, in sein dichterisches Abbilden der angeschauten und erfahrenen Wirklichkeit hereinzunehmen und ihr in ihm einen freien Spielraum in 'Reichsunmittelbarkeit' zu lassen. Wo sich hingegen bei ihm, in seinen beiden Romanen wie in seinen Novellen, die Phantasie als eine Phantastik des nur Subjektiven von der rechten Wahrnehmung und Ordnung des Lebens emanzipierte, in das Wahnhafte und Verstörende verkletterte, holte er sie durch die moralisch-ironische Korrektur, durch die Konsequenz der Dinge, deren immanente natürliche Vernunft, durch das versöhnende Lachen zurück; wenn er sie nicht bis in Vernichtungen zum Närrisch-Grotesken und selbst zum Höhnisch-Grausamen entlarvte. Das Thema der Korrektur zum rechten Leben, durch die das nur Subjektive sich seinen Ordnungen fügt, in ihnen zum Wesenhaften und Exemplarischen kommt, ist das konstante Thema von Kellers Erzählen; selbst dort, wo er, wie im ‚Grünen Heinrich' und mehr noch in ‚Romeo und Julia auf dem Dorfe', an das Tragische rührte und Mächte unter der Schwelle des Moralischen und Vernünftigen beschwor.

Dies hat sich jedoch — wir wählten deshalb die ‚Prinzessin Fisch' als Ausgangspunkt unserer Überlegungen — bei Raabe geändert. Das poetisch Ideale, enttäuscht zur Illusion eines knabenhaften Träumens, und die Wirklichkeit, als das Banale, Amoralische und Bösartige entlarvt, brechen in dieser Erzählung weit auseinander. Das Ideal wird zur gänzlich subjektivierten, damit psychologisch relativierten Illusion des naiv-weltfremden jungen Menschen, zur Täuschung eines kindlich-einfältigen Phantasten. Es kommt in das zweifelhafte Licht des Tragikomischen, eines Pubertätswahns. Das 'Schöne' erweist sich als eine Lüge und die Prinzessin Fisch entpuppt sich als eine seelenlose, betrügerische und schon angealterte Abenteurerin mit einer dubiosen Vergangenheit. Das Ideal wird zur „unschuldigen, wundervollen, auf Goldwolken über olympische Disteln herfallenden Eselhaftigkeit des armen Jungen". Der Zusammenbruch eines Schönheitstraumes und der Triumph der wirklichen, niederträchtigen Welt, der ihn völlig wehrlos läßt, macht sinnfällig, daß mit der Welt „man im Traum und in der Stille schlecht fertig wird". Die Frage drängt sich unweigerlich auf: ist damit nicht zugleich diese ganze Welt der Idylle, des stillen Wachstumsgrundes, der im Gemüthaften bergenden Gemeinschaft der Herzen, der reinen Träume aufgehoben und entmächtigt? Hat Raabe damit nicht selbst widerlegt, was man als seine spezifische, als Dichtung gestaltete Innenwelt kennt, um die seine Symbolsprache beständig kreist? Die Welt, so lesen wir weiter, ist „eben kein Märchen" und der Mensch, der in ihr gefangen ist, ist kein Phantasma, kein Geschöpf der bunten Einbildungskraft, sondern eine „von seiner Mutter mit Schmerzen geborene, in Sorgen und Not... sich durchringende Kreatur der Wirklichkeit". Hat also nicht der Dichter überhaupt sein Recht auf die Phantasie, auf das Ideal, den Traum und die Verzauberung, dies durch die Zitate aus Goethes Gedichten, der als der Genius der weltüberwindenden Phantasie angerufen wird, ausdrücklich verbriefte und legitimierte Recht, preisgegeben? Hat er nicht seine eigene Position aufgehoben, wenn nur diese nüchterne, häßliche, falsche, allem Humanen widersprechende Wirklichkeit triumphiert und über alle Phantasie in ein höhnendes Gelächter ausbricht? Raabe hat in der ‚Prinzessin Fisch' um sein eigenes Problem eines dichterischen Sprechens zwischen dem Glückstraum des Poetischen

und seiner Desillusion durch die Wirklichkeit, zwischen dem reinen
Reich der Innerlichkeit und dem entlarvenden Zugriff der nichtswürdigen Alltäglichkeit gerungen. Das generelle Thema der ‚Prinzessin Fisch' ist die Not des Dichters in dieser Zeit. Mit anderen
Worten ausgedrückt: es ist das Problem der Phantasie. Denn sie ist
einerseits notwendig, um das Leben nicht im Banalen ersticken zu
lassen. Sie führt andererseits jedoch verstörend aus den Grenzen
der Wirklichkeit hinaus. Sie kann in das Wehrlose, Närrische oder
Wahnhafte, ja bis zu Zerstörungen der Existenz bringen.

In der Figur des Sonderlings, des Kauzes und Einzelgängers hat
seit der Romantik diese Problemsituation der Phantasie und der
Kunst als Verteidigung des Poetisch-Humanen gegen den Zwang
der Wirklichkeit, als Gefährdung zugleich des Poetisch-Humanen
durch das im nur Subjektiven drohende Chaotische und Anarchische
eine breite und differenzierte Gestaltung gefunden. Je mehr das
Wirkliche sich in sich versachlichte, um so heimatloser wurde die
Phantasie als Sprache des Dichters, um so mehr drohte sie, einem
Subjektivismus des Illusionären und Wahnhaften zu erliegen. Das
unbedingte Recht, das die romantische Dichtung für sie behauptete,
konnte ihr die Dichtung der realistischen Generation nach 1848
nicht mehr zutrauen, da sie zu genau die Grenzen sah, die ihr die
Wirklichkeit zog und die zu überschreiten bedeutete, in das Abgründige abzustürzen oder in der Scheinwelt der Träume die Seinswelt der Ordnungen zu verlieren. Doch andererseits konnte das
Humane sich nur rein erhalten, wenn es die Fähigkeit zum Traum,
zur Phantasie, zum Enthusiasmus gegen die Wirklichkeit bewahrte.
Das Wahrhaftigkeitsethos Raabes, der diese Doppeldeutigkeit der
Phantasie in vielen Erzählungen variiert hat, lag darin, daß er
auch hinter das nur Idyllische und Gemüthafte ein Fragezeichen
setzte und in ihm eine — wenn auch schöne und lebensnotwendige
— Illusion erkannte. Man hat allzu oberflächlich in Raabe den
Dichter dieser Gemütswelt gelesen, ohne die Doppelgriffe seines
humoristisch-ironischen Erzählens, das, indem es die Positionen
setzt, sie auch schon wieder relativiert und zurücknimmt, ausreichend zu beachten. Gewiß scheint er oft in eine kleinbürgerliche
Gemütssentimentalität und Idyllenromantik abzuschweifen, in einer
Innerlichkeitsthematik, der die Resignation in der Nestwärme leicht

fällt, sich allzu rasch und endgültig abzukapseln, damit auch seine erzählte 'Welt' zu sehr zu beschränken. Theodor Adorno schrieb kürzlich mit kritischem Blick auf das bürgerliche 19. Jahrhundert:

„Das sich Verstocken bei der Beschränktheit des je Eigenen, das selber einem Zwang gehorcht, macht dann Ideale wie die des Behaglichen und Gemütlichen so suspekt. Der Sinn selber wird an die Zufälligkeit des individuellen Glücks gebunden; gleichsam usurpatorisch wird ihm eine Würde zugeschrieben, die er erst zusammen mit dem Glück des Ganzen erlangte." [11]

Das „Behagen" wird in unserer Erzählung oft zitiert; doch würde man ihre Mehrstimmigkeit versäumen, würde man den ironischen Unterton überhören, der diese Zitationen begleitet, auch in das Bild der beiden alten Erzieher des Theodor Rodburg einverwoben ist. In diesem Behagen steckt auch die melancholisch lächelnde Ironie des Verzichts, ein resigniertes Wissen um die Grenze, die das Geschick und die eigene Natur auferlegt haben.

Die Entlarvung seiner Illusion bringt den jungen Menschen Theodor Rodburg bis nahe an die Grenze des seelischen Zusammenbruchs. Aber es gehört zu dem inneren Doppelgriff des Erzählens Raabes, daß, indem er die Desillusion der Phantasie durch die bare Realität zeigt, zugleich das Recht der Träume und die Notwendigkeit der Illusionen in diesem Leben bestätigt. Die ‚Prinzessin Fisch' schließt nicht mit dem Hohn der Ehebruchskomödie in dem Leipziger Theater; Raabe hat nicht die Schwelle zum Naturalismus überschritten. Denn er erzählte nicht nur eine Tragikomödie der Entzauberung. Er erzählte vielmehr eine Erziehungsgeschichte, die von dem Aufbau eines rechten, von den humanen Kräften des Gemüts und der Erkenntnis bestimmten Lebens handelt. Aber dieser Aufbau muß durch Enttäuschungen und Schmerzen hindurchführen. Darin, wie er sie bewältigt, erweist sich die Innerlichkeitssubstanz des Einzelnen. Der Mensch in der Welt Raabes, in der Welt der bürgerlichen Humanität des 19. Jahrhunderts, bedarf, um der Ganzheit seines Daseins willen, der Kräfte des Traumes, ihrer zum Idealen und Schönen bereiten, liebesfähigen und vertrauenden Innerlichkeit. Der Irrtum dieses jungen Menschen war

---

[11] Th. Adorno: Noten zur Literatur. Ffm '58, 95.

sein notwendiges Lebensrecht, eine Legitimation seiner höheren Artung, auch wenn sich das Objekt und Medium seiner Verzauberung als falsch erwies. Das Schöne ist auch dann als Sehnsucht und Glaube gültig, wenn es sich im Wirklichen als ein leerer Betrug entblößt. Die für Raabe typische Doppelwendung besagt, daß der Mensch, um das Leben in dieser Wirklichkeit zu ertragen, der Illusionen bedarf, auch wenn sie nur eine subjektive Täuschung und eine Lüge sind. Sie werden zu einem Bergungsort im Ungeborgenen der von Raabe gesichteten Welt der Widersprüche und Enttäuschungen. „Unsere tägliche Selbsttäuschung gib uns heute", heißt es in der im Jahre 1875 geschriebenen Geschichte ‚Vom alten Proteus'. In Raabes Aphorismen lesen wir: „Der Mensch lebt von seinen Illusionen." — „Das Behagen der Welt ist auf Märchen gestellt." Und in ‚Prinzessin Fisch':

„Man nennt dieses das Ideal, Meisterin, und davon mag jeder andere halten, was er will und wie er es von seinem Fenster und Standpunkt ansieht, wenn es nur für den, den es speziell angeht, eine echte Prinzessin bedeutet. Wie lange — das hängt freilich wohl von den jeweiligen Umständen ab. Du lieber Gott, was würde aus deiner Welt werden, wenn du keine falschen Prinzessinnen und nachgemachte Treu und Redlichkeit, Fröhlichkeit und Brüderlichkeit hineingesetzt hättest, um uns arme Sünder zur rechten Zeit aufzufrischen? So häufig und gemein ist die Ware nicht, daß du für die Nachfrage auf deinem großen Markte damit ausreichtest."

Diese resignierte Ironie ist recht weit von der verdeckten Pathetik der idealtypischen Daseinsgestaltungen in Stifters Erzählen, von seiner Erfüllung des Lebens im Reinen und Ganzen der objektiven Weltgerechtigkeit entfernt, obwohl sich zwischen den ‚Nachsommer' und die ‚Prinzessin Fisch' nur fünfundzwanzig Jahre legen. Aber mit dieser Notflucht der Phantasie in einen Traum, den das Leben verweigert, mit dieser Nothaltung des Verzauberns und Verklärens, die sich dicht am Rande der 'Lebenslüge' anzusiedeln scheint, ist noch nicht das Ganze ausgesagt, das Raabe symbolisch ausdrücken wollte. In der Ironie ist zugleich das ernste Wissen enthalten, daß erst eine solche Traum- und Vertrauenskraft sich das Humane in der banal-brutalen Realität entfalten läßt; daß sich erst durch sie das rechte Miteinander und Füreinander in der mitmenschlichen

Gemeinsamkeit herstellt. Wenn auch die Illusion an der objektiven Gegebenheit der Welt scheitert; sie bewahrt im subjektiven Fühlen des Einzelnen ihren Lebenssinn. Die Enttäuschung, die den Menschen aus dem Traumglück der Idylle, der Phantasie, der nestwarmen und gläubigen Daseinsharmonie vertreibt, erzieht ihn für das härtere wirkliche Leben. Aber daß er dies Traumglück erfahren, seine Enttäuschung so schmerzlich durchleiden konnte, daß er einmal in dem „versunkenen Phantasie-Wunderlande" daheim war, gibt ihm einen Innenwert des Fühlens, der das Banale und Nichtswürdige immer hinter sich lassen wird.

Dieser Wert scheint ganz in das Innerlichkeitsethos zurückgezogen zu sein; aber er strahlt von ihm aufbauend auf die soziale Gemeinschaft aus. Raabe suchte so über den Brüchen, die sich zwischen dem Idealen, dem subjektiven Glauben und Wahn und schließlich der gegebenen Wirklichkeit aufspalteten, in der Innerlichkeit des Einzelnen eine Möglichkeit zur Synthese des Idealen und Realen festzuhalten. Nur in dem einzelnen Menschen scheint sich eine Ordnung zu erhalten, die im Lebenswirklichen außerhalb seiner nicht mehr gegeben ist. „Es wird eine Zeit kommen, da wird man nach deinesgleichen rufen und dann geht deine Zeit der harten Arbeit, aber auch der neuen Wunder- und Zauberwelt dir bei uns an", heißt es am Schlusse. Doch bleibt es bei diesem allgemeinen Ausblick. Raabe hat hier so wenig wie sonst die Synthese, die sich im tätigen Wirken in der wirklichen Welt beweisen sollte, konkret gestaltet. Er hat das Werden, aber nicht die Tatverwirklichung dieses Werdens geschildert. Die moralisch-pädagogische Lebenslehre tritt hier, wie oft bei Raabe, programmierend und kommentierend, aus der Gestaltung heraus. Zieht man die Erstfassung zu Rate, so wird deutlich, daß der Schluß unserer Erzählung etwas Gewaltsames, Unentwickeltes, Brüchiges an sich hat, ihm die Stimmigkeit der inneren Entwicklung ermangelt. Auf die eigene Problematik der Erzählschlüsse Raabes kann hier nicht eingegangen werden, da sie den Blick auf das gesamte Erzählwerk fordern würde. Er schloß seine Erzählungen entweder, oft genug ironisch, mit einer konventionellen Wendung ab — Verlobung, Eheglück etc., oder er ließ sie offen zum Irrationalen des Lebens, das immer in der Frage bleibt, eine zum harmonischen Kreis schließende, zur endgültigen Lösung bringende Rundung als eine belletristische Unwahrheit verweigert. Denn sein konstantes inneres Thema war der Mensch und das Leben im Widerspruch, im Zwiespalt und die Frage, wie dieser Mensch sich darin zurechtfindet, zu sich selbst gelangt; hier im Zwiespalt von Illusion und Wirklichkeit, von Ideal und Leben — gestaltet als eine Tragikomödie und als eine Erziehung zur Reife der personalen Innerlichkeit im „Zusammenhang der Dinge". Gerade in dieser Erzählung taucht diese Formel sehr oft auf.

Das subjektive Geschick des Theodor Rodburg wird zum Typischen geführt, weil sich in ihm Grundformen des menschlichen Lebens überhaupt dartun, die eine humane Objektivität enthalten. Auf die Einprägung, daß es hier um Typisches geht, das nicht nur diese historische Zeit und ihre Krise einschließt, wie das Raumsymbol des verstörten „alten Nestes" bemerken läßt, sondern das immer sein kann und gewesen ist, wie die Goethe entnommenen Symbolzitate belegen, ist die gesamte Symbolsprache der Erzählung gerichtet. Zu ihr gehört die Formel vom „Zusammenhang der Dinge", die, bei Stifter wie bei Keller, bei Wilhelm Busch wie bei Fontane wiederkehrend, eine Kernformel auch der zeittypischen Philosophie von Hermann Lotze[12], sehr viel vom Lebensgefühl und von den Gestaltungsintentionen des deutschen bürgerlichen Realismus in der Erzählliteratur des 19. Jahrhunderts aussagt. Allerdings läßt sich ihre Bedeutung, zumal in den zahlreichen Wiederholungen im Munde des alten Bruseberger in unserer Erzählung, schwer eindeutig fixieren. Durch diesen kauzigen und weisen, kindlichen und überlegenen, selbst irrenden und dennoch sehr scharf und klar blickenden Buchbinder, in dem sich die Polarität von subjektiver Beteiligung und objektiver Überlegenheit vereinigt, spricht mit allen Weitschweifigkeiten der Erzähler selbst hindurch. Er hat ihm die Rolle des rechten Pädagogen, die innere Überlegenheit eingelegt, die nicht dadurch beeinträchtigt wird, daß ihn der gleiche Zauber wie den jungen Theodor aufstört. Denn nur so vermag er mitzufühlen, zu verstehen und zugleich seine Einsicht in die dro-

---

[12] H. Lotze: Mikrokosmos, Ideen zur Naturgeschichte und Geschichte der Menschheit. Bd. 3, Buch 9: Der Zusammenhang der Dinge, Lpz ² 1872, 453 ff.

hende Gefahr, seine Kraft zur Distanzierung zu bewähren. Eben weil auch er sich verwirrt, begreift er den „Zusammenhang der Dinge" und wird bewiesen, daß es in dieser exotischen Frau wirklich um einen jedes männliche Wesen, ob alt oder jung, verwirrenden Zauber ging, durch Theodor etwas nicht lediglich Subjektiv-Isoliertes sprach. Brusebergers stehende Wendung vom „Zusammenhang der Dinge" meint ebenso die Einsicht in die Kausalität dessen, was geschieht und seine eigene Logik hat, wie ein resignatives Sich-Schicken in das nun einmal Gegebene und Unabwendbare. Sie meint die Erkenntnis, daß im Zusammenspiel der Faktoren alles wie von selbst kommt und begründet kommen muß, kein Mensch sich ihm entziehen kann. Sie meint, daß jede Ursache aus sich ihre Folgen hat. Der Mensch ist dem „Zusammenhang der Dinge" ausgesetzt; er vermag ihn nicht zu ändern. Aber er kann sich in ihm, indem er sich ihm öffnet, zurechtfinden und er kann, indem er ihn erkennt, zu sich selbst als einem gerechten Dasein in den Grenzen, Bindungen und Verantwortungen dieser ihn umschließenden Wirklichkeit finden. Das Wort vom „Zusammenhang der Dinge" meint jedoch ebenso ein Vertrauen in die immanente Ordnung dessen, was sich entwickelt, eine Ordnung, in der alles wie notwendig und sinnvoll ineinandergreift, so daß sie sich zu einer gerechten Fügung schließt. In dem Zusammenhang der Dinge stellt sich trotz aller Verwirrungen ein Gleichgewicht des Lebens her. In ihm wird alles nur Subjektive, nur Zufällige, nur bis zum Sinnlosen und Zerstörerischen Schmerzliche im doppelten Sinne dieses Wortes „aufgehoben". Mit anderen Worten: über das Leiden der Einzelexistenz im Zwiespalt des Lebens legt sich die Erfahrung, daß sich dieser Zwiespalt und sein Leiden aus höherer Distanz letzthin doch zu einer Sinnfolge des Ganzen durchsichtig machen lassen. Sie verwandelt das Negative des Irrtums und des Leidens dieses jungen Menschen zum Sinngefüge seiner Erziehung zur Reife, durch die Exemplarisches, etwas für das Humane Paradigmatisches durchblickt. Der Widerspruch zwischen dem Traum und der Wirklichkeit und die Not in der subjektiven Existenz werden sich nicht selbst überlassen, sondern sie werden in eine zwar spannungsreiche, aber überwölbende Notwendigkeit des Ganzen hineingenommen, die sich in der Formel vom „Zusammenhang der Dinge" ausdrückt.

Wie sich der Einzelne als Einzelner mit aller seiner Subjektivität im Ganzen zurechtfindet, wie sich dies Ganze in dem Einzelnen spiegelt und symbolisiert, in diesem Einzelnen also immer wieder die Mächte sichtbar werden, die das Leben als Ganzes formen und bestimmen, — diese Themaverknüpfung hat dem deutschen Erzählen im Realismus des 19. Jahrhunderts sein spezifisches historisches und stilistisches Gepräge gegeben. Sieht man in seinen Formungen lediglich die Tendenz zum Subjektivierenden als dominierende Entwicklungslinie, so verfehlt man die eigentümliche und geschichtliche Kunstleistung dieser Erzähler, die in der differenzierten Spannungsintensität zwischen der Subjektivierung der Welterfahrung und ihrer Aufhebung in der Objektivität des „Zusammenhangs der Dinge" liegt. Im Naturalismus und im Impressionismus war mit der Vereinzelung des nur Versachlichten, bzw. nur Subjektiven nicht mehr möglich, dies nuanciert balancierende Gleichgewicht zu erhalten. Dies hat auch zu einer Minderung der erzählerischen Kunstleistungen geführt. In Raabes ‚Prinzessin Fisch' ist das Auseinanderbrechen des nur Subjektiven und der gegebenen Wirklichkeit thematisch geworden; er hat es zugleich als Erzähler mittels seiner 'tragikomischen' Symbolgestaltung zum „Zusammenhang der Dinge" noch einmal aufgefangen. Mit einer zugleich persönlichen und literaturgeschichtlichen Bezüglichkeit lautet der letzte Satz der Erzählung: „Wir aber — wir hatten zuerst die Absicht, dieser wahrhaft wahren Geschichte den Titel zu geben: Auf der Schwelle!"

Hüter der Sprache, Perspektiven der deutschen Literatur, hrsg. von Karl Rüdinger,
München 1959, S. 39—61. (Mit freundlicher Genehmigung des Bayerischen Schulbuch-
Verlages, München.)

DAS REALISMUSPROBLEM

Von Clemens Heselhaus

Wie man literaturwissenschaftlich den Realismus und den realistischen Stil bestimmen soll, darüber gehen die Meinungen immer weiter auseinander. Für die ältere, geistesgeschichtlich geschulte Generation ist zwar die Epochen- oder Stil-Vorstellung noch selbstverständlich, nur sind die Ansichten über die Signatur und die Abgrenzung des Realismus im 19. Jahrhundert verschieden; aber für die jüngere, vorwiegend interpretatorisch interessierte Generation verlieren solche Epochen- und Stilbezeichnungen gegenüber den umworbenen phänomenologischen oder anthropologischen Aperçus immer mehr an Bedeutung. Die „blumige" Redewendung verdrängt die philosophische oder ästhetische Begrifflichkeit. Es waren allerdings schon in den dreißiger Jahren mit Hilfe des Lebensstil-Begriffes „Biedermeier" einige Dichter wie Grillparzer, Stifter, die Droste aus dem lockeren Komplex „Realismus" herausgelöst worden. Dann aber wurden wieder Büchner, Gotthelf und die Droste zum Frührealismus gezählt (E. Alker); nun melden sich von neuem Stimmen, die für Büchner einen Supranaturalismus postulieren (W. Höllerer), bei Gotthelf auf seine zeitlose Christlichkeit verweisen (F. Sengle) und die Droste wieder für das Biedermeier in Anspruch nehmen wollen (J. Hermand). Das ist von einer verwirrenden Vielfalt und Widersprüchlichkeit. Den Grund dafür sehe ich ebenso in einer mangelhaften Definition des Begriffes Realismus wie in der stets weiteren Anwendung des Begriffes, Zeichen seiner fortwirkenden Lebenskraft. Durch die „Shakespeare-Studien" Otto Ludwigs (ed. 1874 und 1891) war eben Stil und Technik der realistischen Kunst gekennzeichnet, als Alfred Kerr 1891 in der Vossischen Zeitung einen Aufsatz über die „Technik des realistischen Dramas" schrieb und damit das naturalistische Drama von Ibsen bis Hauptmann meinte. Als man schon von der „neuen Sachlichkeit" und vom Surrealismus sprach, schrieb Bertolt Brecht noch 1938 einen Aufsatz über „Weite und Vielfalt der realistischen Schreibweise" und exemplifizierte sie an einem Gedicht von Shelley (!): er wollte damit zeigen, daß nicht nur „die bürgerlichen realistischen Romane des vorigen Jahrhunderts" Muster für einen realistischen Stil seien. Beides, sowohl die Lebenskraft dieses literarischen Begriffs als auch seine mangelhafte Definition, sind Grund genug, das Realismus-Problem noch einmal durchzusprechen.

*Universaler Realismus — empirischer Realismus —
literarischer Realismus*

Die Handbücher verweisen bei dem Artikel „Realismus" zunächst fast immer auf den scholastischen Streit zwischen Realismus und Nominalismus. Es ging damals um die Frage, ob die Gattungsbegriffe (Universalien) in der Wirklichkeit, außerhalb des Denkens und der Vorstellung, existieren oder nicht. Als Realismus bezeichnet man jene Richtung, die eine Existenz oder Präexistenz der Begriffe, in oder vor den Dingen, annahm. Die Gegenrichtung, insbesondere von Occam vertreten, nennt man Nominalismus: Die Universalien seien nur „voces" oder Begriffe ohne reale Existenz oder Begriffe, die nur in der Seele existieren. Seit dem 16. Jahrhundert (Petrus Nigri) spricht man vom „realista" und „nominalista". So auch noch die knappe Erläuterung in der französischen Encyclopédie (1778) mit dem bezeichnenden Zusatz: „Es gibt sehr viel mehr Realisten, als man meint". Nun hat zwar dieser scholastische Universalienstreit für den literaturwissenschaftlichen Begriff des Realismus keine unmittelbare Bedeutung mehr; aber immerhin verweist die Frage nach der Existenz (bzw. Präexistenz) oder Nicht-Existenz der Begriffe auf ein wichtiges Problem der Begriffsbildung. Möglicherweise hängen die unterschiedlichen Meinungen über den Sammelbegriff Realismus damit zusammen, daß jeweils unterschiedliche Erwartungen an den Realismus-Begriff geknüpft werden. Sodann aber kann der ironische Schlußsatz des Réaliste-Artikels in der Encyclopédie immerhin nahelegen, daß die Realismus-Haltung des Mittelalters auch in der Neuzeit noch nicht ganz verschwunden ist und ein solcher „universaler Realismus" je und je wieder in Erscheinung treten kann.

Der mittelalterliche Nominalismus scheint dann in dem erkenntnistheoretischen Realismus des 18. Jahrhunderts wiederaufzuleben. Man braucht nur, wie es Locke getan hat, die nominalistische Trennung von Begriff und Wirklichkeit bei der Untersuchung über den Ursprung der Vorstellungen zugrunde zu legen und man wird von selbst auf die Erfahrung, die innere wie die äußere, als Quelle der Vorstellungen verwiesen. In welcher Weise der Nominalismus den Sieg über den mittelalterlichen Realismus davongetragen hat, wird schon dadurch deutlich, daß jene Erkenntnislehre, die sich auf die Erfahrung stützt, nun Realismus (Locke) genannt wird. Die Wendung vom philosophisch-theologischen Realismus des Mittelalters zum empirischen Realismus der Aufklärung bedeutet also nicht nur eine Verlagerung von der Ontologie zur Erkenntnistheorie, sondern zugleich auch eine Umkehrung dessen, was man als Realismus bezeichnete. Gemeinsam ist dem universalen Realismus des Mittelalters und dem empirischen Realismus der Aufklärung lediglich die allgemeine Beziehung des Geistes auf die Wirklichkeit und Gegenständlichkeit der Welt, grundverschieden sind aber die Voraussetzungen dieser Beziehung.

Bekannt ist bei uns die ausführliche und geistreiche Unterscheidung des Realisten und des Idealisten, die Schiller am Ende seines Aufsatzes „Über naive und sentimentalische Dichtung" (1795) gibt. Sie steht durchaus im Zusammenhang mit der aufklärerischen Entgegensetzung von empirischem Realismus und rationalem Idealismus. Für den Schillerschen Realisten ist kennzeichnend „ein nüchterner Beobachtungsgeist und eine feste Anhänglichkeit an das gleichförmige Zeugnis der Sinne", „eine resignierte Unterwerfung unter die Notwendigkeit (nicht aber unter die blinde Nötigung) der Natur: eine Ergebung also in das, was ist und sein muß"; für den Schillerschen Idealisten ist kennzeichnend „ein unruhiger Spekulationsgeist, der auf das Unbedingte in allen Erkenntnissen dringt", und „ein moralischer Rigorism, der auf dem Unbedingten in Willenshandlungen besteht". In Octavio und Max Piccolomini, beziehungsweise in Wallenstein und Max hat Schiller Beispiele für diese anthropologischen Typen geschaffen. Wenn man in der Literaturgeschichte von einer „realistischen Wendung" des späten Schiller gesprochen hat, dann ist das nur so zu verstehen, daß Schiller dem erkenntnistheoretischen Realismus in seinen späteren Werken eine positive Rolle zugedacht hat. Natürlich hat Schiller den Idealismus, das Bekenntnis zu Vernunft und Moral, bis zuletzt nicht aufgegeben; aber gegenüber Kant, der in der „Kritik der Urteilskraft" (§ 58) den „Realism der Zweckmäßigkeit" vom „Idealism der Zweckmäßigkeit" abgesetzt hatte, suchte Schiller doch dem erkenntnistheoretischen Realismus mehr Platz einzuräumen: Die menschliche Gesellschaft teilt sich für ihn in Realisten und Idealisten auf, und dieser Gegensatz („Antagonism") liegt sogar seiner Unterscheidung von naiv und sentimentalisch zugrunde. Allerdings hat auch der spätere Goethe etwa in „Dichtung und Wahrheit" (III, 14) von seinem „angeborenen und angebildeten Realismus" gesprochen, in den Annalen bei dem Metamorphose-Gespräch mit Schiller von seinem „hartnäckigen Realismus", und andernorts sieht er den Realismus, den er meint, besonders bei den Kindern ausgeprägt. Aus solchen Wendungen geht aber hervor, daß Goethe weniger den erkenntnistheoretischen Realismus Schillers im Auge hat als ein naives und angeborenes Interesse am Gegenstand.

Sehr schwierig ist die Frage, wie sich der literarische Realismus des 19. Jahrhunderts zum empirischen Realismus des 18. Jahrhunderts verhält. Im 19. Jahrhundert tritt uns nämlich der Begriff Realismus als Bezeichnung für eine literarische Kunstform entgegen. Seit den fünfziger Jahren hat Otto Ludwig vom „poetischen oder künstlerischen Realismus" gesprochen: „Der Begriff des poetischen Realismus fällt keineswegs mit dem Naturalismus zusammen; oder mit dem des naturalistischen Realismus der künstlerische ... Eine Welt, die in der Mitte steht zwischen der objektiven Wahrheit in den Dingen und dem Gesetze, das unser Geist hineinzulegen gedrungen ist, eine Welt, aus dem, was wir von der wirklichen Welt erkennen, durch das in uns wohnende Gesetz wiedergeboren. Eine Welt, in der die Mannigfaltigkeit der Dinge nicht verschwindet, aber durch Harmonie und Kontrast für unsern Geist in Einheit gebracht ist; nur von dem, was dem Falle gleichgültig ist, gereinigt. Ein Stück Welt, solchergestalt zu einer ganzen gemacht, in welcher Notwendigkeit, Einheit nicht allein vorhanden, sondern sichtbar gemacht

sind. Der Hauptunterschied des künstlerischen Realismus vom künstlerischen Idealismus ist, daß der Realist seiner wiedergeschaffenen Welt soviel in ihrer Breite und Mannigfaltigkeit läßt, als sich mit der geistigen Einheit verträgen will, wobei diese Einheit selbst vielleicht schwerer, aber dafür weit großartiger ins Auge fällt."
(Gesammelte Schriften, ed. A. Stern, V, 458/59.) So Otto Ludwig in seinen „Dramaturgischen Aphorismen" (zwischen 1840 und 1860). Mit dem neuen Begriff „poetischer oder künstlerischer Realismus" ist nicht mehr der empirische Realismus des 18. Jahrhunderts gemeint; auch nicht eine beschönigende Poetisierung der Wirklichkeit, wie man heute landläufig meint; sondern ein literarischer Realismus als Stil und Kunstform. Damit wird zum erstenmal das eigentliche Problem des Realismus in der Kunst gesehen: nicht Darstellung von Realistischem oder von Realisten in der Kunst, sondern Einführung der realistischen Seh- und Erkenntnisweise in die Kunst. Das ist ein bedeutendes Problem: denn die Wirklichkeit ist an und für sich nicht künstlerisch; um das Natürliche und Wirkliche in die Kunst aufzunehmen, muß eine solche Auswahl getroffen werden oder müssen Erscheinungen der Wirklichkeit so zusammengerafft werden, daß der Anschein von Kunst entsteht. „Die Kunstwelt des künstlerischen Realisten ist ein erhöhtes Spiegelbild des Gegenstandes..." Mit anderen Worten: das Problem des literarischen Realismus ist die Erhebung der Wirklichkeit zu einem künstlerischen Bild, das aber ein Abbild der Welt und der Wirklichkeit bleibt. Die beiden Gegenpole zum literarischen Realismus sind der Naturalismus, der nur die Welt gibt, wie sie in ihrer Mannigfaltigkeit und Breite wirklich ist, und der Idealismus, der nur die Welt gestaltet, wie sie nach seiner Vorstellung und Überzeugung sein müßte. Zwischen der bloßen Abschilderung der Welt (Naturalismus) und der reinen gedanklichen oder willentlichen Durchformung der Welt (Idealismus) liegt das künstlerische realistische Spiegelbild der Welt. Diese künstlerisch gespiegelte Welt vermittelt sowohl etwas von der objektiven Wahrheit in den Dingen als auch etwas von dem Gesetz, das der menschliche Geist dem Bilde der Welt oder ihrem Verlauf zugrunde legt. Wenn ich es richtig verstehe, heißt das, der literarische Realismus hat zum Gegenstand die Relationen zwischen Wirklichkeit und Mensch, und zwar sowohl die Einwirkun-

gen der Wirklichkeit auf den Menschen als die Versuche des Menschen, die Wirklichkeit zu interpretieren.

An diesem Punkt dürfen wir den Versuch wagen, den literarischen Realismus mit dem universalen und empirischen Realismus in Beziehung zu setzen. Wenn Otto Ludwig von der „objektiven Wahrheit in den Dingen" spricht, dann scheint er doch einen universalen oder zumindest einen naiven Realismus anzunehmen, der den Dingen nur *ihre* Wahrheit, sondern sogar allgemeine Wahrheit (auch über die Erkenntnis des Menschen) zuerkennt. Das Überraschende dieser naiven oder universalen Wendung wird in etwa verständlich, wenn man sich klar macht, daß Otto Ludwig den künstlerischen Realismus am Werke Shakespeares abgelesen hat und daß er gern Goethe gegen Schiller ausspielt. Die Shakespeare-Studien sind von einer leidenschaftlichen Schiller-Kritik durchzogen, die in der Ablehnung der Schillerschen moralisch-sittlichen Tendenz und der Schillerschen Reflexionen durch die dramatischen Figuren gipfelt. In einem eigenen Abschnitt verwahrt sich Ludwig gegen die Schillersche Gleichsetzung von naiv und realistisch, von sentimental (!) und idealistisch. Auch wenn er bei der Bestimmung des poetischen Realismus „dem Gesetze, das unser Geist hineinzulegen gedrungen ist", ausdrücklich „das in uns wohnende Gesetz" gegenüberstellt, zerstört er die erkenntnistheoretische (nominalistische) Trennung von Außenwelt und Erkenntnis.

Erinnern wir uns einen Augenblick an die Kantische Lösung des Paralogismus vom „Realism der Zweckmäßigkeit" und an die Schillersche Lösung des Antagonismus von Realist und Idealist. Kant lehnt es in der „Kritik der Urteilskraft" (§ 58) ausdrücklich ab, daß in der schönen Kunst ein „ästhetischer Realism", statt des „Idealism der Zweckmäßigkeit" zum Prinzip erhoben werden könne. Das folgert er daraus, daß die schöne Kunst nicht als ein „Produkt des Verstandes und der Wissenschaft, sondern des Genies betrachtet werden muß, und also durch ästhetische Ideen ... ihre Regel bekomme". Schillers Lösung des Antagonismus zwischen Realist und Idealist besteht darin, daß er auf den „reichen Gehalt der menschlichen Natur" verweist, der über die „Einseitigkeit beider Systeme" hinaus sei; daß er einen „wahren Realism" und einen „wahren Idealism" verlangt; daß er schließlich die Karikatur des

Realisten, den „gemeinen Empiriker", ebenso verurteilt wie die Karikatur des Idealisten, den willkürlichen Phantasten. D. h. also Kant wie Schiller nehmen bei der kritischen Bewertung ihre Zuflucht zu Erscheinungen der Wirklichkeit: Kant zum Genie, Schiller zur Menschennatur. Einem aufmerksamen Beobachter wird dabei wohl nicht entgehen, daß eben diese Einbeziehung wirklicher Erscheinungen in die idealistische Kritik einem Idealismus-Gegner wie Otto Ludwig die Handhabe gegeben hat, die Aufhebung des Realismus im Idealismus wieder in Frage zu stellen. Er sucht den Antagonismus in der Schillerschen Welt damit rückgängig zu machen, daß er den Idealisten aus der wirklichen Welt verweist und nur den Realisten darin zurückbeläßt. So ist es leicht einzusehen, daß Otto Ludwigs Kampf gegen Schillers Idealisten und seine Durchrealisierung von Schillers Realisten eine konsequente Weiterentwicklung von Schillers realistischer Wendung bedeutet, bis der Idealismus darin überwunden und vernichtet ist. In solchem Sinne ist der literarische Realismus auch durch den zunehmenden Empirismus im 18. Jahrhundert heraufgeführt worden, und er stellt dessen eigentlichen Kulminations- und Gipfelpunkt dar. Dieser Höhepunkt der empirischen Weltdurchforschung wurde dadurch erreicht, daß die Prinzipien des Empirismus, Erkenntnis durch Erfahrung (sensation) und Überlegung (reflexion), über die Prinzipien des Rationalismus gestellt wurden. Eben diese Beschränkung auf die Erfahrungs- und Reflexionslust bringt nun ein Moment des Schauens, des Betrachtens, des Anerkennens in die Erkenntnisweise hinein, das dem Empirismus in diesem Maße nicht bekannt war. So bildet sich jene neue Erkenntnisweise aus, die Otto Ludwig erst sehr ungenau bestimmen kann und die wir heute aus der gewonnenen Distanz als das eigentlich Neue im literarischen Realismus erkennen: das Denken im Fühlen und Schauen, das Sprechen im Handeln und Bilden, das Unterrichten im Zeigen und Hinweisen. Diese eigentliche realistische Seh- und Schaffensweise des literarischen Realismus ist zwar aus dem empirischen Realismus hervorgegangen, aber sie hat sich zu einem objektiven und positiven Realismus erhoben, der sich in der Anerkennung der Natur, der Dinge und der Erscheinungen am deutlichsten sowohl vom universalen als auch vom empirischen Realismus unterscheidet und doch auch wieder von beiden gewisse Züge enthält. Von seiner Herkunft her haftet diesem literarischen Realismus eine empirische Tendenz zur Erfahrungswelt an. In seinem Ergebnis führt der literarische Realismus überall zur Anerkennung der Wirklichkeit als sinnvolle Welt, als unendliche Aufgabe oder als letzte Sinneinheit. Otto Ludwig führt in den Shakespeare-Studien einen beispielhaften Kampf gegen seine eigene Tendenz zum naturalistischen Realismus, den er einmal seinen „Tick" nennt. Am Ende des Jahrhunderts schlägt der künstlerische Realismus zum Naturalismus um: das bedeutet, daß die nominalistische Tendenz zur gesetzmäßigen Erfassung die Oberhand gewinnt.

Auf diese Weise kann man etwa die geistige Signatur des literarischen Realismus geben und ihn in eine Beziehung zum universalen und empirischen Realismus bringen. Daraus erhellt aber, daß es sich beim literarischen Realismus nicht nur um eine Verfallserscheinung der Klassik oder Romantik handelt oder um eine Verengung des geistigen Horizontes, sondern auch und mehr noch um eine neue Erkenntnisweise und um eine neue geistige und künstlerische Haltung. Das ist die Voraussetzung dafür, den literarischen Realismus als Stil und Kunstform ernst zu nehmen. Bevor wir nun dazu übergehen, die Möglichkeiten und Ziele dieser neuen realistischen Kunst näher zu erläutern, empfiehlt es sich, die neueren Bestimmungen des literarischen Realismus mit unserem Ergebnis zu vergleichen.

Neuere Realismus-Theorien

Clemens Lugowski hat in seinem Buche „Die Form der Individualität im Roman" (Berlin 1932) schon einen wichtigen Hinweis auf die Bestimmung des Realismus gegeben. Er beschäftigt sich in diesem Buch nicht mit dem Realismus des 19. Jahrhunderts, sondern mit den frühen deutschen Prosaerzählungen; aber er zeigt auf, wie die Geschlossenheit der mittelalterlichen Welt im 16. Jahrhundert zu einer Vereinzelung aufgelöst wird. An einer Stelle deutet er an, daß solche Vereinzelung die Voraussetzung des Realismus sei: „Erst ‚isoliert' sind also die (Einzel)Dinge ganz und nur sie selbst, sie sind ‚real' im wahren Sinn." (S. 57, Anm. 2.) Unterstützt wird diese Bemerkung durch ein Zitat von Cocteau, das sich mit dem „wahren Realismus" beschäftigt (lies: Surrealismus!). Offensichtlich geht Lugowski an dieser Stelle von der erkenntnistheoretischen Fassung des Begriffes Realismus aus: das vereinzelte, aus dem Zusammenhang gelöste Ding erscheint uns anders („verfremdet" würde Brecht sagen) als das Ding in seinem natürlichen Zusammenhang. Diese Gedanken hat Lugowski in dem späteren Buch „Wirklichkeit und Dichtung. Untersuchungen zur Wirklichkeitsauffassung Heinrich von Kleists" (Frankfurt 1936) weiter verfolgt. Da wird es nun deutlich, daß es Lugowski mehr um Realität in der Dichtung als um Realismus zu tun ist. Er kompliziert in diesem Buche noch die Fragestellung, indem er nun nationale Denkbilder hinzunimmt und einen Unterschied zwischen der französischen und deutschen Wirklichkeitshaltung annimmt. Die französische Wirklichkeitshaltung sieht er in der „desillusion" bei Stendhal, Balzac, Flaubert; die deutsche Wirklichkeitshaltung nennt er „unmittelbar". Französische „desillusion" sieht er denn auch im französischen Antiroman des 17. und 18. Jahrhunderts; deutsche Unmittelbarkeit sowohl bei Kleist als in der altisländischen Saga. Methodisch hat man schon früh dagegen eingewendet, daß die Übertragung ethnographischer Charakteristika einer gewissen Zeit in die Literatur mißlich sei. Das wird es um so mehr, wenn damit nationalistische oder sogar chauvinistische Werturteile verbunden werden. Zudem ist die „unmittelbare Wirklichkeitserfahrung" eine sehr vage Kategorie, ein Aperçu und keine Definition. Lugowskis früherer Ausgangspunkt von der „res extensa", von dem isolierten und abgegrenzten Einzelding, war glücklicher gewesen; nur blieb diese Beobachtung im Rahmen der Erkenntnistheorie des 18. Jahrhunderts und drang nicht bis zum literarischen Realismus vor.

Für die Bestimmung des Realismus, die *Fritz Martini,* ausgehend von Beobachtungen zum Biedermeier, vorgenommen hat, ist der Gedanke der Ganzheit und der Bindung sehr wichtig geworden. In seinem Aufsatz „Das Problem des Realismus im 19. Jahrhundert und die Dichtung Wilhelm Raabes" (Dichtung und Volkstum 36/1935, S. 271—302) sieht er die „bürgerliche Wirklichkeit" als Grundlage des Realismus an; ebenso die Überwindung der Lebenskrise, die Forderung nach einer bedingenden Ordnung und die Beziehung auf eine höhere Einheit. Aber indem Martini diese Phänomene schon beim alten Goethe vorgebildet sieht und nun an Raabes „Symboldichtung" aufzeigt, rückt er das nachklassische Element sehr stark in den Vordergrund, vermengt er Soziologisches mit Ethischem und Künstlerischem und geht er an dem eigentlichen Problem des Realismus vorbei, obwohl gerade Martini die problematische Situation in der Bestimmung des Begriffs Realismus zu Eingang seines Aufsatzes betont. In einem späteren Aufsatz „Bürgerlicher Realismus und der deutsche Roman im 19. Jahrhundert" (Wirkendes Wort I/1950/51, S. 148—159) ist Martini deutlicher geworden: „Realismus heißt nicht allein die Offenheit zum objektiven ‚Da-Sein' der Dinge, sondern das Ringen um eine tiefere, fundamentale, in und über den Dingen erfahrbare Gesetzlichkeit des Seins aus metaphysischem Grunde. Es ist das Ringen um die gesetzhafte Vereinigung von Ich und Nicht-Ich, von Sinnlich-Zufälligem und Ideell-Werhaftem in der lebendig-wirklichen und sinnbildlichen Erscheinung, die Versöhnung von Mensch und Leben in dem Wissen um eine zueinander bindende, schlechthin gültige und wahrhaftige Ordnung." (152) Das Gesetzlich-Notwendige der Wirklichkeit und das ethisch-humane Selbstbewußtsein des Menschen sei das Gemeinsame der deutschen Romanerzähler um die Mitte des 19. Jahrhunderts. Dies Gemeinsame bezeichnet er als „deutschen bürgerlichen Realismus", der einerseits auf christlich-humaner, andererseits auf „volklicher Grundlage" erwachse. Manche dieser Wendungen erinnern an Otto Ludwig, und so kann man Martini nicht unbedingt im Inhaltlichen widersprechen. Aber ganz davon abgesehen, daß die Umschreibungen sich wenig für eine Definition eignen, vermengen sie immer noch Ethnographisches, Soziologisches und Ethisches. Von der Technik und den Mitteln des Realismus als Kunst erfährt man sehr wenig.

So hat denn auch *Georg Lukács* eine Realismus-Theorie entwickelt, die nicht nur um vieles klarer ist, sondern auch an entscheidenden Punkten der These von Martini widerspricht: „Deutsche Realisten des 19. Jahrhunderts" (Berlin 1951), „Balzac und der französische Realismus" (Berlin 1952). Zwei Stellen verdeutlichen die Realismus-Theorie von Lukács: „Er (Heine) beobachtet scharfsinnig die Tatsachen und Entwicklungstendenzen der bürgerlichen

Gesellschaft, folgert daraus die Notwendigkeit einer sozialistischen Umwälzung. Diese erscheint aber in seinen Gedanken — einerlei ob mit Begeisterung oder mit Schaudern — als eine phantastische Götterdämmerung der bürgerlichen Gesellschaft, als das plötzliche Hereinbrechen eines neuen Weltalters." (Deutsche Realisten, S. 107.) „Der wirklich große Realismus stellt also den Menschen und die Gesellschaft nicht von einem abstrakt-subjektiven Aspekt aus gesehen dar, sondern gestaltet sie in ihrer bewegten, objektiven Totalität ... Die adäquate künstlerische Darstellung des ganzen Menschen ist die zentrale ästhetische Frage des Realismus." (Balzac, S. 9.) Solche Ansichten gehen natürlich auf die Interpretation des Menschen und der Gesellschaft bei Karl Marx zurück. Nach Marx ist die Totalität des Menschen, seine wahre Funktion, durch die Trennung in den Menschen des öffentlichen Lebens und in den Privatmenschen in Frage gestellt und gestört. Nach Lukács soll dies Phänomen schon den Realisten bekannt gewesen sein, und sie hätten gegen die Verstümmelung des Menschen protestiert und das „poetische" Bild vom „ganzen" Menschen, auch gegen ihre eigene Gesellschaft und deren Ansicht, erneuert. Man wird nun nicht in Abrede stellen können, 1. daß die Realisten Zeitgenossen von Karl Marx gewesen sind und also dieser Gedanke von Marx (wenn er ein realistischer wäre) zur Erhellung des realistischen Verhältnisses zur Gesellschaft herangezogen werden kann; 2. daß die Realisten den Menschen mehr in seinen sozialen und gesellschaftlichen Bindungen und Relationen sehen als irgendeine frühere Zeit oder Epoche. Auf der anderen Seite aber wird man in diesen Anschauungen den „sozialistischen Realismus" von Maxim Gorki wiedererkennen, und der ist in einem solchen Maße richtungweisend für Lukács, daß er je nach der Erfüllung sozialistisch-realistischer Gedankengänge die Bewertungen der Dichter, insbesondere der deutschen Realisten, vornimmt. Allerdings geht es den Realisten um den ganzen Menschen, aber nicht nur in bezug auf sein Verhältnis zur Gesellschaft. Insofern ist Marx doch nur ein sehr einseitiger Repräsentant der deutschen Gesellschaft zwischen 1830 und 1880. Man wird auch nicht sagen können, daß die künstlerische Darstellung des ganzen Menschen die zentrale ästhetische Frage des Realismus gewesen ist; sondern im Unterschied zur Klassik zeigt sich sehr deutlich, daß der Mensch überhaupt nicht mehr das zentrale Thema der Realisten ist, sondern die Relationen zwischen Mensch und Wirklichkeit, zwischen Mensch und Menschen. Zuletzt ließe sich auch noch sagen, daß Lukács doch zu wenig berücksichtigt, daß die Realisten noch wirklich künstlerische Fragen kannten und nicht nur anthropologische oder gar nur gesellschaftliche. Immerhin zeigt uns gerade die Realismus-Theorie von Lukács, wie leicht man bei der Bestimmung des Realismus von bestimmten „realistischen" Fragestellungen der Gegenwart ausgeht und wie bedenklich es ist, wenn man lediglich von der Realität des 19. Jahrhunderts her den Realismus bestimmen will. Wenn es überhaupt erlaubt ist, den Realismus einer Zeit von ihrer Wirklichkeit her zu bestimmen, dann doch höchstens nur, wenn man sich fragt, in welcher Weise jene Zeit künstlerisch und dichterisch mit ihrer Wirklichkeit fertig geworden ist.

Den bedeutendsten Beitrag zur Bestimmung des Realismus hat *Erich Auerbach* in seinem Buch „Mimesis. Dargestellte Wirklichkeit in der abendländischen Literatur" (Bern 1946) geliefert. Auerbach ist Romanist, und ihm ist der Realismus der Balzac, Flaubert, Goncourt und Zola vertraut. Die Untersuchung erweiterte sich, wie er im Nachwort angibt, zu der Frage nach der Interpretation des Wirklichen durch literarische Nachahmung oder Darstellung. Das sucht er in der Beschreibung der Wirklichkeitsdarstellung von der Odyssee bis zu Virginia Woolfs „To the Lighthouse" zu zeigen. Es ist ihm dabei aufgegangen, daß der moderne Realismus damit zusammenhängt, daß „die antike und später von jeder klassizistischen Strömung wieder aufgenommene Lehre von den Höhenlagen der literarischen Darstellung" vollständig aufgegeben wurde. Mit der „Lehre von der Höhenlage" meint er jene alte Unterscheidung der drei Stile, des hohen, mittleren und niederen, dem jeweils bestimmte Gattungen und Dichtformen entsprechen. Nun stellt Auerbach fest: „Indem Stendhal und Balzac beliebige Personen des täglichen Lebens in ihrer Bedingtheit von den zeitgeschichtlichen Umständen zu Gegenständen ernster, problematischer, ja sogar tragischer Darstellung machten, zerbrachen sie die klassische Regel von der Unterscheidung der Höhenlagen, nach welcher das alltäglich und praktisch Wirkliche nur im Rahmen einer niederen oder mittleren Stilart, das heißt entweder als grotesk komisch oder als angenehme, leichte, bunte und elegante Unterhaltung seinen Platz in der Literatur haben dürfe." (494) Weiterhin hatte sich für Auerbach aus seinen Interpretationen ergeben, daß diese Revolution des modernen Realismus gegen die klassische Lehre von der Höhenlage nicht die erste ihrer Art gewesen war. Während des ganzen Mittelalters wie noch in der Renaissance hatte es einen „ernsten" Realismus gegeben. Es war damals möglich gewesen, die alltäglichen Vorgänge der Wirklichkeit in einem ernsten und bedeutenden Zusammenhang darzustellen. Dieser erste Einbruch in die klassische Theorie habe sich mit der Geschichte Christi, „mit ihrer rücksichtslosen Mischung von alltäglich Wirklichem und höchster, erhabenster Tragik, die die antike Stilregel überwältigte", ergeben. Die spätantike und christlich-mittelalterliche Wirklichkeitsanschauung nannte Auerbach „figural": „ein auf Erden geschehender Vorgang, unbeschadet seiner konkreten Wirklichkeitskraft hier und jetzt, [bedeutet] nicht nur sich selbst, sondern zugleich auch einen anderen, den er vorankündigt oder bestätigend wiederholt; und der Zusammenhang zwischen Vorgängen wird nicht vorwiegend als zeitliche oder kausale Entwicklung angesehen, sondern als Einheit innerhalb des göttlichen Planes, dessen Glieder und Spiegelungen alle Vorgänge sind; ihre unmittelbare irdische Verbindung untereinander ist von geringerer Bedeutung, und die Kenntnis derselben ist für die Interpretation zuweilen ganz entbehrlich." Es geht nun Auerbach nicht darum, den modernen Realismus mit diesem mittelalterlichen Realismus in Beziehung zu bringen oder ihn davon abzusetzen und so eine Art Geschichte des Realismus zu entwerfen, sondern es geht ihm einzig um „Maß und Art des Ernstes, der Problematik oder Tragik in der Behandlung von realistischen Gegenständen" (496). Als Kategorie für die Werke, die er untersucht, erwähnt er zuletzt „realistische Werke ernsten Stils und Charakters".

Unter den neueren Arbeiten zum Realismus ist diese zweifellos die bedeutendste; denn hier wird endlich das Phänomen als ein literarisches und nicht nur als ein weltanschauliches, inhaltliches oder soziologisches gewürdigt. Insbesondere findet meine Vermutung über den universalen Realismus durch Auerbachs Erläuterung des figuralen Realismus im Mittelalter nicht nur eine Ergänzung, sondern eine eigentliche literarhistorische Begründung. Was bei Auerbach als Frage offen bleibt, ist das Verhältnis des modernen zum mittelalterlichen Realismus. Es kann hier nicht der Ort sein, darüber lange Ausführungen zu machen. Aber einen Hinweis möchte ich doch bringen: wie der figurale Realismus des Mittelalters mit Entsprechungen und Analogien arbeitete, so arbeitet der moderne Realismus mit symbolischen Spiegelungen. Bei aller weltanschaulichen Verschiedenheit scheint sich damit eine stilistische und künstlerische Entsprechung anzudeuten. Wenn man sich fragt, warum Auerbach diesen Schritt, der so nahe zu liegen scheint, nicht vollzieht, kann man dafür zwei Gründe anführen. Einmal ist er von seinem Ausgangspunkt her, der klassischen Lehre von der Höhenlage der Stile, nicht daran interessiert, eine Geschichte des Realismus zu entwerfen. Zum andern aber übernimmt er offenbar bei der Bestimmung des modernen Realismus überkommene Meinungen, die nun in sein System nicht recht hineinpassen. So etwa wenn er sagt: „Die ernsthafte Behandlung der alltäglichen Wirklichkeit, das Aufsteigen breiterer und sozial tieferstehender Menschengruppen zu Gegenständen problematisch-existentieller Darstellung einerseits — die Einbettung der beliebig alltäglichen Personen und Ereignisse in den Gesamtverlauf der zeitgenössischen Geschichte, der geschichtlich bewegte Hintergrund andererseits — dies sind, wie wir glauben, die Grundlagen des modernen Realismus, und es ist natürlich, daß die breite und elastische Form des Prosaromans sich für eine so viele Elemente zusammenfassende Wiedergabe immer mehr durchsetzte." (437/38) Hier wird gar nicht erst der Versuch gemacht, wie beim figuralen Stil des Mittelalters die Technik zu finden und zu benennen, mit welcher die zusammenfassende Wiedergabe so vieler Elemente überhaupt erst möglich wird. Es ist auch schade, daß Auerbach so wenig Zutrauen zu den Leistungen des deutschen Realismus gehabt hat, weder zum Roman oder zur Novelle, noch zur Lyrik (Droste) oder zum Drama (Büchner und Hebbel). Einzig Schillers „Musikus Miller" wird als Beispiel für die Darstellung gesellschaftlicher Wirklichkeit behandelt und im Zusammenhang damit der Realismus bei Goethe. Immerhin zeigt gerade die Fragestellung von Auerbach, „ernsthafte Behandlung der alltäglichen Wirklichkeit", daß wir es im Realismus mit ernstzunehmenden, vielleicht sogar hohen Dichtungen zu tun haben.

Wieweit deutsche Realisten neben den Franzosen bestehen können, wird die weitere Forschung zu zeigen haben.

Zuletzt hat sich noch *Richard Brinkmann* in einem umfangreichen Buch mit dem Realismus-Begriff auseinandergesetzt: „Wirklichkeit und Illusion" (Tübingen 1957). Ihm geht es vor allem darum, aufzuzeigen, was der Realismus im 19. Jahrhundert nicht ist: er sei nicht schlechthin Gegenständlichkeit, Objektivität, Ganzheit; sondern das Tatsächliche selbst werde nur wieder als subjektive Illusion begriffen und dargestellt, so daß die Subjektivität im Laufe der Zeit immer mehr das wesentliche Kennzeichen des Stils werde. Die Dichtung höre auf, fiktive Wirklichkeit mit normativem Anspruch aufzubauen. Es blieben allerdings zunächst noch gewisse ethische Normen übrig, die in dem Verhältnis des Menschen zu der zufälligen vereinzelten Wirklichkeit Ordnung schaffen können und sollen. Diese Bestimmung dessen, was der Realismus des 19. Jahrhunderts sein soll, ist nicht recht befriedigend; schon deshalb nicht, weil zu viel mangelhafte Definitionen abgewehrt werden und eine neue überzeugende Definition nicht an die Stelle des Abgelehnten und Abgewehrten gesetzt wird. Denn das Ergebnis, daß auch die Realität des Realismus nur eine Fiktion und Illusion sei, ist eigentlich eine Banalität: was sollte sie in einem Kunstwerk auch anderes sein! Auch der Aufbau des Buches ist merkwürdig: in einem ersten Teil werden die verschiedenen Realismus-Definitionen der Literaturgeschichten kritisch geprüft; in einem zweiten Teil werden drei realistische Erzählungen interpretiert, um „dem Inhalt des Realismus-Begriffs für die erzählende Literatur des 19. Jahrhunderts ein wenig näher zu kommen" („Der arme Spielmann" von Grillparzer, „Zwischen Himmel und Erde" von Otto Ludwig, „Beate und Mareile" von Eduard Keyserling); schließlich werden in einem kurzen 3. Abschnitt Grenzen des Realismus-Begriffs angedeutet. Es geht also wieder wesentlich um eine inhaltliche Bestimmung des Realismus-Begriffs, nämlich darum, wie weit es im 19. Jahrhundert gelungen ist, Realität und Objektivität darzustellen. Realistische Dichtungen werden als Dokumente für die Wirklichkeitserschließung im 19. Jahrhundert angesehen, allerdings mit dem Ergebnis, daß die dargestellte Wirklichkeit auch nur eine Fiktion sei. Mir scheint, daß damit erst die eigentliche Frage beginnt, nämlich zu welchem Zwecke und in welcher Weise nun die Fiktion und Illusion von der Wirklichkeit beglaubigt sein muß. Es ließe sich zeigen, daß es in der dichterischen Fiktion des Realismus nicht mehr nur um Wahrscheinlichkeit geht wie im 18. Jahrhundert, sondern um die Dokumentation durch die Tatsächlichkeit des gelebten Lebens. Um das zu zeigen, muß man allerdings wohl die Realismus-Anschauung der Realisten heranholen und nicht nur die Realismus-Theorien einiger Literarhistoriker.

Realismus-Anschauung der Realisten

Nun hat es mit der Realismus-Anschauung der Realisten eine besondere Schwierigkeit, und das wird der Grund sein, warum keiner der herangezogenen Literarhistoriker auf die eigenen Äußerungen der Realisten im einzelnen eingegangen ist. Diese besondere Schwierigkeit besteht darin, daß die Realisten keine großen Theoretiker sind wie die Romantiker, daß sie der Theorie überhaupt abhold sind und daß man infolgedessen sich die Äußerungen zu ihrem Kunstverständnis mühsam zusammensuchen muß. Aber wer diese Mühe nicht scheut, wird eine Reihe von so charakteristischen Äußerungen finden, die sich über viele Jahrzehnte hin ergänzen, daß man sich nur wundern muß, daß diese Äußerungen früher nicht schon ernst genommen worden sind.

Schon vor Otto Ludwigs Realismus-Studien gibt es einen wichtigen Versuch, den neuen Realismus als Stil zu bestimmen. Dieser Versuch stammt von *Büchner* und findet sich in der Novelle *„Lenz"*. Es ist jenes Tischgespräch über die Literatur, das der kranke Lenz mit seinem Freunde Kaufmann, der noch ein Anhänger des Idealismus ist, führt. In diesem Gespräch fällt zwar nirgends der Begriff Realismus ausdrücklich, sondern es ist nur von Dichtern die Rede, die „Leben, Möglichkeit des Daseins" gestalten können; aber indem diese Dichter im Gegensatz und im Widerspruch zum Idealismus gezeigt werden, wird deutlich, daß hier im Grunde nur vom Realismus die Rede sein kann. Auch hier bei Büchner steht diese neue Kunst schon zwischen dem Idealismus („Die Leute können auch keinen Hundsstall zeichnen ... Dieser Idealismus ist die schmählichste Verachtung der menschlichen Natur") und dem Naturalismus („Die Dichter, von denen man sage, sie geben die Wirklichkeit, hätten auch keine Ahnung davon; doch seien sie immer noch erträglicher als die, welche die Wirklichkeit verklären wollten"). Diese gegenidealistische und doch nicht-naturalistische Kunst wird folgendermaßen begründet: „Der liebe Gott hat die Welt wohl gemacht, wie sie sein soll, und wir können wohl nicht was Besseres klecksen; unser einziges Bestreben soll sein, ihm ein wenig nachzuschaffen. Ich verlange in allem — Leben, Möglichkeit des Daseins, und dann ists gut; wir haben dann nicht zu fragen, ob es schön, ob es häßlich ist. Das Gefühl, daß was geschaffen sei, Leben habe, stehe über diesen beiden und sei das einzige Kriterium in Kunstsachen." Shakespeare, das Volkslied, Goethe werden als Vorbilder genannt. Das Programm der neuen realistischen Kunst gibt Lenz-Büchner mit folgenden Worten: „*Der* Dichter und Bildende ist mir der liebste, der mir die Natur am wirklichsten gibt, so daß ich über seinem Gebild fühle; alles übrige stört mich." Und dort, wo er von der Schönheit, als einer in der Welt anwesenden, spricht: „Die schönsten Bilder, die schwellendsten Töne gruppieren, lösen sich auf. Nur eins bleibt: eine unendliche Schönheit, die aus einer Form in die andre tritt, ewig aufgeblättert, unverändert." Beide Sätze umfassen in nuce das Programm des Realismus: überzeugende Wahrheit der Darstellung und Aufblätterung einer unendlichen Schönheit. Diese unendliche Schönheit ist ebenso wie die Darstellung keine fixierte oder normierte, sondern die Schönheit des Schauspiels, die auch in der Abfolge mit dem Häßlichen noch gegenwärtig sein kann. Das ist eine Schönheit der Anschauung, nicht mehr eine Schönheit nach Regeln und Gesetzen. Gerade im Vergleich mit Otto Ludwigs späteren Formulierungen könnte man zeigen, daß Büchner hier schon viel davon in seinem bewegten und bildhaften Vortrag vorweggenommen hat. Es bleibt noch eine Aufgabe der Stilforschung, die ästhetischen Elemente dieses realistischen Manifestes herauszuarbeiten.

Nicht von der gleichen Deutlichkeit ist eine Briefstelle der *Droste* an Levin Schücking vom Dezember 1843, in welcher sie ihren Freund auf seine realistischen Anfänge aufmerksam macht und vor der glatten spätromantischen Form warnt: „Jetzt eben lese ich in den neu angekommenen „Dombausteinen" Ihr „Stiftsfräulein". Sie haben recht, es macht sich gedruckt sehr gut und bezeichnet, neben das Spätere gehalten, genau Ihren Übergang aus einer Schreibart in die andre, aus dem wilden westfälischen Wuchs in die anmutige Form der heutigen Literatur. Sie haben einerseits bedeutend gewonnen an Geist, Stil, klarer Form und Harmonie des Ganzen; das „Stiftsfräulein" hat noch viel Zerstückeltes, viel, wenn nicht den Schüler, doch den angehenden Doctor legens Verratendes, aber auch große Originalität: es steht noch der Hauch der Heide mit ihren abgeschlossenen Charakteren, ihren bald barocken, bald träumerischen Wolkenbildern darüber; hüten Sie sich, ihn ganz zu verlieren — das eine behalten und das andere nicht lassen! — er ist ihr eigenstes Eigentum, mit dem ersten Hauche eingesogen, und kein Fremder machts Ihnen nach. Ich will damit nicht sagen, Ihre Gestalten sollten und müßten auf westfälischem Boden wandeln, sondern bringen Sie die westfälische Naturwüchsigkeit in die Fremde mit, sehn und hören Sie — d. h. lassen Sie Ihre Gestalten hören und sehn — mit der unblasierten Gemütlichkeit westfälischer Sinne, reden Sie mit den einfachen Lauten, handeln Sie in der einfachen Weise Ihres Vaterlandes, und die Überzeugung wird sich immer mehr in Ihnen befestigen, daß nur das Einfache großartig, nur das ganz Ungesuchte wahrhaft rührend und eindringlich ist." (Briefe II, 244.) Die sonst mit literaturkritischen und besonders mit ästhetischen Bemerkungen äußerst sparsame Droste ist hier einmal beredter geworden, weil sie um das literarische wie geistige Schicksal ihres Schützlings Levin besorgt ist; und so weist sie ihn auf die ethischen Kräfte des realistischen Stils hin, wobei das Einfache und das Originelle, das schon Büchner betont hatte (die Mädchen aus dem Volke und die Bilder der Niederländer), hier noch um das Naturwüchsige (die unblasierte Gemütlichkeit westfälischer Sinne) vermehrt wird.

Eine Stelle von *Kierkegaard* aus „*Entweder — Oder*" (1843) kann man hier auch anführen, obwohl darin noch eine romantisch-idealistische Sprechweise vorherrscht und nur in der Ablehnung des idealistischen Dichters etwas von einer realistischen Wendung deutlich wird: „Das dichterische Ideal ist immer ein unwahres Ideal, denn das wahre Ideal ist immer das wirkliche. Wenn dem

Geist nun nicht gestattet wird, sich in die ewige Welt der Geister emporzuschwingen, so bleibt er sozusagen zwischen Erde und Himmel unterwegs und erfreut sich der wechselnden Wolkenbilder und weint über ihre Vergänglichkeit. Die Dichterexistenz ist darum als solche eine unglückliche Existenz; sie steht über der Endlichkeit und erhebt sich doch nicht zur Unendlichkeit. Der Dichter sieht die Ideale, aber er muß sich aus der Welt hinausflüchten, um sich ihrer zu erfreuen." Die realistische Wendung deutet sich bei Kierkegaard in dem Widerspruch von Idee und Wirklichkeit an und in der neuen Interpretation des Dichters als Existenz dieses Widerspruchs.

In den fünfziger Jahren erschien *Gottfried Kellers Gotthelf-Kritik*, und in ihr sind eine Reihe Hinweise auf den realistischen Stil, den Keller als das Ideal hinstellt, enthalten. Keller fordert mehr als bloße Volksschriftstellerei (die Abschilderung „des Volkslebens, der Bauerndiplomatik, der Dorfintrigen, des Familienglücks und Familienleids", die Kenntnis von „Feld und Stall, Stube und Küche und Speicher"): „Ewig sich gleich bleibt nur das, was rein menschlich ist, und dies zur Geltung zu bringen, ist bekanntlich die Aufgabe aller Poesie, also auch der Volkspoesie, und derjenige Volksdichter, der ein gemachtes Prinzip braucht, um arbeiten zu können, tut daher am besten, die Würde der Menschheit im Volke aufzusuchen und sie demselben in seinem eigenen Tun und Lassen nachzuweisen. Gelingt ihm dies, so erreicht er zugleich einen weiteren Zweck und deckt eine Blöße im Getriebe der Kultur." (Sämtliche Werke, München 1958, III, 918.) Dann betont Keller Gotthelfs Begabung und Anlage zur „Erbauung und Belehrung": „denn nichts Geringeres haben wir daran als einen reichen und tiefen Schacht nationalen, volksmäßigen poetischen Ur- und Grundstoffs, wie er dem Menschengeschlechte angeboren und nicht angeschustert ist, und gegenüber diesem positiven Gute das Negative solcher Mängel, welche in der Leidenschaft, im tiefern Volksgeschick wurzeln und in ihrem charakteristischen Hervorrragen neben den Vorzügen von selbst in die Augen springen und so mit diesen zusammen uns recht eigentlich und lebendig predigen, was wir tun und lassen sollen, viel mehr als die Fehler der gefeilten Mittelmäßigkeit oder des geschulten Unvermögens." (III, 964/65) Alles, was über die Volksschriftstellerei hinausragt, faßt Keller schließlich mit dem

Begriff des Epischen zusammen und versucht damit die kunstmäßige Erhöhung der bloß realistischen Abschilderung zu charakterisieren: „Kennzeichen des wahren Epos, ... daß die Erscheinung und das Geschehende ineinander aufgehen." „Bedeutung des Gegenstandes in einer poetisch allgemeinen und höheren Bezeichnung." Die gegenständliche Genauigkeit genügt also auch Keller allein nicht; zur Kunst gehöre eine höhere und allgemeinere Bedeutung. Die kräftige und wahre Empfindung, die Keller bei Gotthelf rühmt, aber andernorts auch für sich selbst in Anspruch nimmt, ist allein noch nicht genug; es müsse auch die „schriftstellerische Mäßigung und Beherrschung der Schreibart" hinzukommen; sie erlerne man vor allem von den klassischen Werken, ob es nun die griechische Klassik (Homer) oder die deutsche Klassik (Goethe) sei. Schließlich entwirft Keller dort auch eine Anleitung zum guten Schreiben: „Das edle Handwerk der Büchermacherei hat verschiedene Stufen in seiner Erlernung, welche zurückgelegt werden müssen. Zuerst handelt es sich darum, daß man so einfach, klar und natürlich schreibe, daß die Legion der Esel und Nachahmer glauben, nichts Besseres zu tun zu haben, als stracks ebenfalls dergleichen hervorzubringen, um nachher mit langer Nase vor dem mißratenen Produkte zu stehen. Alsdann heißt es, hübsch fein bei der Sache zu bleiben und sich durch keine buhlerische Gelegenheit, viel weniger durch einen gewaltsamen Haarzug vom geraden Wege verlocken und zerren zu lassen ... Hat man gelernt, nicht wie eine alte Waschfrau, sondern wie ein besonnener Mann zu sprechen und bei der Sache zu bleiben, so ist es endlich noch von erheblicher Wichtigkeit, daß man auch diejenigen Einfälle und Gedanken, welche zu dieser Sache gehören mögen, einer reiflichen Prüfung und Sichtung unterwerfe, zumal wenn man kein Sterne, Hippel oder Jean Paul ist, welches man durchaus nicht sein darf, wenn man für das Volk schreibt, für das „Volk" nämlich mit Gänsefüßchen eingefaßt. Denn obgleich wir jene Herren gehörig verehren, besonders den letzten, so wird uns doch mit jedem Tag leichter ums Herz, wo ihre Art und Weise zum mindern Bedürfnis wird. Es war eine unglückselige und trübe Zeit, wo man bei ihr Trost holen mußte, und verhüten die Götter, daß sie nach der Olmützer Punktation und den Dresdener Konferenzen noch einmal aufblühe." (III, 938/39.)

Neben diese Kellerschen Hinweise auf das Volkstümliche, auf das ewig Menschliche, auf die Würde der Menschheit im Volke, auf die Bedeutung von Erbauung und Belehrung, auf das Epische und auf die Besonnenheit des Stils mögen noch einige Stellen aus den *Roman-Studien* von *Otto Ludwig* genannt werden: „Ein Idealist ist eigentlich ein Mensch, dem die Wahrheit zu rein, zu farblos ist; sein charakteristisches Merkmal ist daher der Schmuck; er muß das Große und Schöne erst mit Flitter umhängen, wenn es ihm groß und schön erscheinen soll. Das Poetische ist ihm das Geschmückte; von Schmuck umhängt nimmt er die bare Prosa für Poesie..." (VI, 19) „Es liegt doch ein großer Zauber im Scheine der Wirklichkeit, und dieser scheint jetzt der herrschende. Es liegt wahrlich eine große Quantität Poesie auch in dem wirklichen Leben unserer Zeit... Nichtsdestoweniger ließe sich das wahrhaft Künstlerische und diese Lust an der Wirklichkeit vereinigen; nämlich wenn man das Künstlerische auf dem Wege der scheinbarsten Wirklichkeit zu erreichen trachtete — wenigstens im Romane, meine ich, wäre es möglich. Die Wirklichkeit sieht aus, wie wenn sie eben nur als Gegensatz künstlerischer Anordnung existierte, oder umgekehrt, als wäre die Kunst die völlige Leugnung der Wirklichkeit..." (193/94) „Das Unmittelbarwirkende, Stoffartige muß hinwegfallen; wir haben es auf dem Theater nicht mit den wirklichen Dingen zu tun, sondern mit ihrem gereinigten, geschloßnen poetischen Bilde. Alles völlig abgelöst von der gemeinen Wirklichkeit, aber wiederum in eine Wirklichkeit verwandelt. Das Ganze stilisiert, ohne von der Nachahmung der Wirklichkeit in der Tat abzugehen. Schöne, geistgeschwängerte Wirklichkeit" (S. 34) Dann gibt Otto Ludwig selbst ein Beispiel solch geistgeschwängerter Wirklichkeit: „Mir fällt eben aus den Maiunruhen in Dresden die Bemerkung ein, daß während die Menschen in Wut und Aufregung miteinander kämpften, der Vogelgesang in den Alleen tönte..." (189)

Neben diesen kritischen Bemerkungen Ludwigs, die die Ausbildung des Realismus begleiten, schließlich noch ein Wort von *Theodor Fontane*, das aus der Rückschau die Entwicklung des Realismus umreißt: „Mit dem Erscheinen von Gustav Freytags „Soll und Haben" (1855), welcher Roman so recht eigentlich den

„Griff ins volle Menschenleben" für uns bedeutete, war der entscheidende Schritt getan. Man wollte Gegenwart, nicht Vergangenheit, Wirklichkeit, nicht Schein, Prosa, nicht Vers. Am wenigsten aber wollte man Rhetorik. Eine Zeit brach an, in der nach jahrzehntelanger lyrischer und lyrisch-epischer Überproduktion im ganzen genommen wenig Verse geschrieben und noch weniger gekauft und gelesen wurden. Mit andern Worten, es vollzog sich der große Umschwung, der dem Realismus zum Siege verhalf." In diesem Wort sieht Fontane den Umschwung zum Realismus in der Abwendung vom Lyrischen, von der Schau der Vergangenheit, vom schönen Schein und vom Verse und in der Hinwendung zur Gegenwart, zum vollen Menschenleben, zur Prosa.

Realismus als literarischer Stil im 19. Jahrhundert

Wenn wir diese verschiedenen Äußerungen der Dichter des 19. Jahrhunderts zu ihrer neuen Kunstrichtung zusammennehmen, können wir das Gemeinsame am ehesten noch mit dem Begriff Realismus kennzeichnen. Realismus ist dann ein Stil- und Kunstbegriff, und er wird durch das Vorherrschen realistischer Momente in der Kunstauffassung bestimmt. Gemeinsam ist allen diesen Äußerungen von Büchner bis zu Fontane die Absetzung vom Idealismus, ja sogar die Polemik gegen den Idealismus der Klassik und Romantik. Damit erhalten wir eine negative Bestimmung des Realismus: er versteht sich selbst als Gegenidealismus; d. h. als den Versuch, die Motive und Formen weitgehendst im wirklichen Leben aufzusuchen; Regeln und Formen idealischer Schönheit werden leidenschaftlich abgelehnt. Die Begründung dieser Ablehnung ist immer die gleiche: das Idealische entspreche nicht der Wirklichkeit. Das Ideal, das Hegel in seiner Ästhetik durch die Objektivierung in den Erscheinungen noch hatte retten wollen, ist offenbar vor dem anbrechenden Sturm der Wirklichkeitserfahrung verblaßt. Damit werden selbst die tiefen sittlichen Kräfte, die hinter der idealischen Umformung der Welt im Gedicht gestanden hatten, verneint oder wenigstens abgelehnt. Diese Ablehnung bedeutet also gleichzeitig die Aufrichtung einer neuen Wertetafel. Diese neuen literarischen

Werte erkennen, heißt zugleich die Möglichkeiten und Ziele der neuen realistischen Kunstrichtung erfassen.

Als ein Wert an sich erscheint nun das gelebte Leben oder die Wirklichkeit. Aber damit taucht ästhetisch wie ethisch und theologisch ein großes Problem auf, das eigentliche Realismus-Problem: die Wirklichkeit ist an sich kein Wert, kein Absolutes, sondern ein Relatives. Die Wirklichkeit ist an sich nicht künstlerisch, nicht sittlich, nicht religiös. Sie ist nicht künstlerisch, weil sich die Wirklichkeit nicht nach Gesetzen der Kunst vollzieht; sie ist nicht sittlich, weil sich das Leben nicht nur oder überhaupt nicht nach moralischen Gesetzen vollzieht; sie ist nicht religiös, weil die Beschränkung auf die Wirklichkeit den Bereich der Transzendenz und der Gnade ausschließt. So sehen wir denn tatsächlich auch die Dichter bemüht, ihre neue realistische Kunst zu den ästhetischen, sittlichen und theologischen Gegebenheiten in ein Verhältnis zu setzen. Daraus ergeben sich wichtige Themen realistischen Dichtens im 19. Jahrhundert: 1. die religiöse Interpretation der Wirklichkeit, so daß sie nicht nur kraft ihres Daseins gerechtfertigt ist, sondern auch im Verhältnis zum Religiösen, Absoluten und Göttlichen; 2. die sittliche Interpretation der Gesellschaft, so daß der an und für sich amoralische Zustand der Gesellschaft zu einem sittlichen oder wenigstens zu einem gerechten Zustand verwandelt wird; 3. die ästhetische Interpretation der Wirklichkeit, so daß das Häßliche in seinem Verhältnis zum Ganzen doch wieder ein „Schönes" ergibt. Das Ergebnis dieser drei Interpretationen läuft darauf hinaus, daß die starke Betonung der Wirklichkeit als Gegengewicht die starke Betonung des ganz Anderen, des Überlegenen und Absoluten herausfordert. Das Religiöse erhält dort, wo es realistisch ergriffen wird, alttestamentarische oder verborgene Züge; das Sittliche erhält wieder gesellschaftsbindende Kraft; das Schöne erhält eine über das Häßliche der Welt transzendierende Inbrunst. Diese Tendenzen herrschen in den großen Dichtungen des Realismus vor. Dadurch erhält die realistische Dichtung eine eigentümliche und charakteristische Fügung der Mehrschichtigkeit. Das Leben, das diese Kunst spiegelt und wiedergibt, bleibt auf der einen Seite dem gelebten Leben so nahe wie niemals zuvor, auf der anderen Seite schimmert es durch die Reflexion der Dichter wie eine eigene, fast mythische

Größe. Schopenhauer, der recht eigentlich philosophisch die Denkschemata für die neue Welt- und Lebenserfahrung bereitgestellt hat, unterscheidet schon zwischen der realen und nominalen Bedeutung eines Begriffs oder Gegenstandes. Realistische Werke haben von daher zwei Möglichkeiten der Deutung, bis sie im Brennpunkt der ästhetischen Gestaltung je und je zusammengefaßt werden. Das geschieht an zwei Punkten: einmal dort, wo das „realistische Ideal" (Otto Ludwig) in Erscheinung tritt, im einfachen Menschen, im Volk, in der Kreatur; dann dort, wo das Leben in seiner dichtesten Form in Erscheinung tritt, in der Gestalt, in der Zusammenschau der bewegenden Kräfte, in der Vereinigung von Bild und Gedanke.

Die Schönheit und Bedeutung des Einfachen wird von den Realisten immer wieder hervorgehoben. Im Zusammenhang damit tauchen die Themen aus dem einfachen Volksleben, aus dem Dorf und aus dem Bauern- oder Handwerkerdasein als die exemplarischen Fälle auf, an denen sich ästhetische Grunderfahrungen darstellen und ablesen lassen. Mit dem Sinn für das Einfache wandelt sich auch der Geschmack in der bildenden Kunst: weg von der raffaelisierenden oder italienischen Kunst und hin zu den Niederländern, weg von der idealisierenden Landschaft der Ruinen, Veduten und phantastischen Gegenden und hin zu der realistischen Landschaft des täglichen Lebens, der Arbeit, der Natur.

Die Begründung für diese Wendung zum Einfachen mag gelegentlich soziologisch gegeben werden; im allgemeinen erfolgt sie aus der Mitte der neuen realistischen Kunst selbst. Büchner sprach vom Fühlen über dem dichterischen Gebilde; die Droste von der Originalität und Naturwüchsigkeit der „unblasierten Sinne"; Gottfried Keller von den Vorzügen und Schwächen des Volks und vom Volksschriftsteller. Noch Stifter läßt seinen Heinrich Drendorf von einer Aufführung des Shakespeareschen Lear sagen, das sei „wirklichste Wirklichkeit" gewesen. Aus diesen Äußerungen geht hervor, daß es um die Intensität des Lebens und Erlebens geht. Die Begründung für die Hinwendung zum Einfachen liegt also weniger in der Abwendung vom Hohen und Erhabenen, als in dem Verlangen nach ungebrochener Kraft und Leidenschaft. Das Einfache wird nun ebenso zum Kern des Ästhetischen, weil es voller Saft und Kraft sei, wie früher einmal das Hohe und Erhabene der Kern des Ästhetischen war, weil es voll der Spannungen großer sittlicher und geistiger Entscheidungen war.

Das eigentlich Neue und bis heute noch Umstrittene des Realismus ist aber die Entdeckung des Häßlichen als Gegenstand für die Kunst. Die idealistische Kunst sparte das Häßliche aus, und ihre Idealisierung im platten Verstande bestand darin, daß das idealkritische Auswahlsystem gerade das Häßliche wegließ oder es nur als das Böse aufnahm. Häßlich und böse wurden identisch miteinander. In seiner realistischen Wendung hat Schiller zwar dieses Schema durchbrochen, indem auch der Böse zum Helden werden kann (der Empörer Wallenstein, der Betrüger Demetrius); freilich mußte Schiller, um diese Wendung durchführen zu können, zum aristotelischen Typus des gemischten Charakters zurückkehren und das Gute, die Legitimität oder Autorität, von der Bühne verbannen. Im Realismus aber wird es möglich, wie etwa bei Büchner, ein Stück ganz in der schmutzigen Welt der Revolution spielen zu lassen oder in der verluderten und schmierigen Welt der Soldaten, Kasernen und Weiber. Selbst sogar bei der frommen Droste kann ein Christian von Braunschweig zum Helden eines Epos werden, ein Judenmörder zum Helden einer Novelle, ein Teufelsbündler zum Helden einer christlichen Balladendichtung. Die Wendung zum Häßlichen geht keineswegs so vor sich, daß das Häßliche zum alleinigen Kunstgegenstand erhoben wird, sondern das Häßliche wird als ein notwendiges Element in der Welt auch in die Kunstwelt aufgenommen; seine Konfrontierung mit dem unabänderlichen ewigen Recht oder mit dem Gang der Welt oder mit der Entwicklung der Gesellschaft kann die Schönheit sichtbar machen, um die es hier geht und die Büchner „ewig aufgeblättert, unverändert" nannte. Das ist eine Schönheit, die im Einfachen Ereignis werden kann, die aber auch im Schauspiel „Leben" oder „Welt" oder „Gesellschaft" einen fast intellektuellen Genuß vermitteln kann. So etwa der „arme Spielmann" Grillparzers, dessen Mißtöne die Schönheit der Musik nicht überlärmen können; so etwa Kellers Schwankerzählung von den „Drei gerechten Kammachern", deren groteske und grausige Begebenheiten nicht nur durch die moralische Tendenz des Erzählers ein „schönes" Bild vom Leben entwerfen; so Raabes „Stopfkuchen", dessen langsames und bequemes Essen von dem Hintersinn einer tiefen Lebensgeduld verklärt ist. Das sind einige Hinweise auf die neue Kunstanschauung des Realismus: als Kunst strebt sie ebenso eine Kritik wie eine Verklärung der Wirklichkeit an.

Es scheint mir für die Bestimmung dessen, was wir den Stil des Realismus nennen wollen, sehr wichtig zu sein, daß wir uns klarmachen, daß Otto Ludwig und seine Zeit- und Generationsgenossen nicht unbedingt die Modellfiguren realistischen Denkens und Dichtens sind. Bei Otto Ludwig wie beim späteren Gottfried Keller finden wir in mehr oder weniger deutlicher Abwandlung die Versöhnung des realistischen Stils, der sich inzwischen durchgesetzt hatte, mit der mächtigen klassischen Tradition. So lehnen Ludwig wie Keller zwar das Gewollte und Künstliche der idealistischen Kunst ab, aber sie fordern auch, daß die darin zum Ausdruck gekommenen ewigen Gesetze der Kunst unauffällig weiter angewandt würden. Das Klassische selbst muß sich eine realistische Uminterpretation zu einer Art popularisierter Klassik gefallen lassen; aber auch das realistische Wollen der Zeit muß eine gewisse Veredelung im Sinne der klassischen und allgemein gültigen Kunst annehmen. In diesem Sachverhalt gründet das Schicksal des deutschen Realismus: am Anfang, bei Büchner und bei der Droste etwa, setzte er sich in revolutionären und neuen Formen durch; dann aber wurde er durch die Amalgamierung mit der klassischen Tradition umgewandelt und verwandelt. Ein fanatischer Liebhaber der realistischen Kunst könnte sagen, auch das sei eine vertane Revolution in Deutschland gewesen — wie die Revolution von 1848. Aus objektiver Schau wird man sagen müssen, daß ein anderer Weg kaum denkbar, ja vielleicht nicht einmal wünschenswert war; denn die Klassik stellte eine solche literarische Leistung dar, daß man sie getrost zum Ausgangspunkt einer literarischen Tradition machen konnte. Diese Auseinandersetzung mit der klassischen Tradition hat dem deutschen Realismus aber auch den Kunstcharakter, der immer das Problem realistischer Tendenzen ist, gesichert. Die unmittelbare Macht der klassischen Tradition erklärt es auch, warum sich der deutsche Realismus so eigenartig von dem französischen oder englischen oder russischen Realismus des 19. Jahrhunderts unterscheidet. Dort gab es nicht die unmittelbare Nachbarschaft einer klassischen Kunst: in Frankreich lag die Klassik schon um fast 150 Jahre zurück, in England noch länger, hingegen hatte Rußland seine klassische Literatur überhaupt noch nicht gehabt. So ist also der deutsche Realismus dadurch gekennzeichnet, daß er einerseits den Aufbruch zu einem neuen Stil bedeutet, daß er aber andererseits, kaum entstanden, zur Auseinandersetzung mit der Macht der klassischen Tradition gezwungen war.

Um es abschließend formelhaft zu sagen: ich würde als Realismus in Deutschland jene Stilerscheinungen bezeichnen, in denen das realistische Moment für die Darstellung, Thematik und Form des Kunstwerkes und des Geschmacks entscheidend wird und in denen aus der Auseinandersetzung mit den realistischen Tendenzen der Zeit besondere Kunstformen entstehen, die, wenn auch nicht realistisch in jedem Falle und in jeder Einzelheit, dennoch auf das realistische Erleben der Zeit und der Welt bezogen sind. Das Realistische in den Dichtungen des Realismus besteht nicht allein darin, daß die Realität der Zeit, vorwiegend die gesellschaftliche Realität, in ihnen zur Darstellung kommt, sondern das Realistische besteht noch mehr darin, daß die Kunstmittel und Kunstformen nun ihres formelhaften Charakters entkleidet werden und aus der natürlichen Sprechlage, aus der Anschauung der Natur, aus der Wirklichkeit der damaligen Gesellschaft neugeboren und wiedergeschaffen werden. Die geistreiche Symbolik, die aus mythologischen und christlichen Elementen gebildet worden war, muß natürlichen „realen" Symbolbildern und -zeichen weichen; die kunstvollen Formen, die aus der Antike und aus der Weltliteratur bei uns eingeführt worden waren, werden durch einfach-volkstümliche oder einfach-natürliche, zweckbestimmte Strukturen ersetzt; der Vers ist weniger ein starres Schema als ein willkommenes Mittel, dem neuen natürlichen und eigenwüchsigen Rhythmus zur Darstellung und zum Ausdruck zu verhelfen. Literarischer Realismus ist also nichts anderes als die neue Interpretation der Kunst und der Kunstmittel auf eine naturnahe, möglichst wenig rationale oder artistische Weise. Er stellt den bedeutenden Versuch dar, nach einer Periode der stilisierten Kunst das Anliegen der Kunst aus dem Volke, aus dem Leben, aus der Menschennatur zu erneuern und es gegen alle artistischen Kunststücke, gegen das übersteigerte Kunstpathos und gegen die ästhetische Spekulation zu sichern. Dieses war nach dem klassisch-romantischen Raffinement der Kunst dichtungsgeschichtlich ebenso notwendig, wie es als Kritik der Kunst von ihren natürlichen Voraussetzungen her je und je unternommen werden muß, wenn die Kunst ihre gesellschaftliche Funktion in vollem Umfange beibehalten und behaupten will.

Zbigniew Folejewski, Socialist Realism in Western Literary Criticism, in: Comparative Literature II, University of North Carolina Studies in Comparative Literature 24, 1959, S. 565—573. — Aus dem Englischen übersetzt von Christel und Lothar Köhn.

DER SOZIALISTISCHE REALISMUS IN DER WESTLICHEN LITERATURWISSENSCHAFT

Von Zbigniew Folejewski

In letzter Zeit wurde in Sowjetrußland und im Westen viel über das Thema des Realismus in der Literatur und besonders über den Sozialistischen Realismus diskutiert. Zum ersten Mal seit vielen Jahren nahm man in der sowjetischen Diskussion ausländische Äußerungen zur Kenntnis. In einer Reihe von Vorträgen und Artikeln wurde auf verschiedene westliche Quellen hingewiesen, und einige wurden im Detail zitiert und analysiert.

Von besonderem Interesse war eine im Frühjahr 1957 im Maxim-Gorkij-Institut für Weltliteratur in Moskau veranstaltete Diskussion. Einige der dort gehaltenen Vorträge wurden später in der neuen sowjetischen Zeitschrift *Probleme der Literatur* (*Voprosy Literatury*) veröffentlicht. Auch Zeitschriften wie die *Literaturzeitung* (*Literaturnaja Gazeta*), *Russische Literatur*, *Ausländische Literatur* (*Inostrannaja Literatura*) und andere widmeten diesem Problem viele Seiten — nicht ohne interne Polemik, aber doch im großen ganzen vereint in der gemeinsamen Anstrengung, die Doktrin des Sozialistischen Realismus zu rechtfertigen und kritische, angeblich feindselige westliche Stellungnahmen dazu zu brandmarken.

Die sowjetische Diskussion veranlaßte den Verfasser dieses Vortrags, westliche Äußerungen über den Sozialistischen Realismus zu sichten und sie in chronologischer Folge ganz allgemein zu umreißen. Es ist nicht die Absicht dieses Vortrags, in eine Grundsatzdiskussion über den Sozialistischen Realismus einzutreten; es gibt hierzulande und in Europa Wissenschaftler, die auf dem Gebiet der sowjetrussischen Literaturtheorie und der literarischen Praxis Autoritäten sind, und es ist zu hoffen, daß bald eine diesem Gegenstand gewidmete detaillierte Spezialuntersuchung erscheinen wird. Dieser

Überblick ist nur eine Skizze, die auf einige der interessanten Punkte hinweisen soll.

Überprüft man die amerikanischen und europäischen Urteile über den Sozialistischen Realismus chronologisch, so zeigt sich, daß diese Doktrin und die unter ihren Vorzeichen geschriebenen Werke keineswegs feindselig aufgenommen wurden. Im Gegenteil konnte bei einer Anzahl von Artikeln und Besprechungen eine beachtliche Bereitschaft festgestellt werden, optimistische sowjetische Schlagworte unbesehen zu akzeptieren; ja, in einigen Fällen war eine ideologische Sympathie nicht zu verkennen.

Es muß darauf hingewiesen werden, daß sich nur wenige Untersuchungen speziell mit dem Problem des Sozialistischen Realismus befassen — und diese sind relativ neu. Bis jetzt gibt es noch keine ausführliche Monographie über die literarische Theorie, wie z.B. Victor Erlichs Studie *Russian Formalism* oder Edward Browns Werk über die Periode des RAPP (*The Proletarian Episode in Russian Literature 1928—1932*). Trotzdem haben sich verschiedene westliche Kritiker und Literaturhistoriker rückblickend über den Sozialistischen Realismus geäußert und auch dessen Aussichten für die Zukunft untersucht, seitdem dieser vor mehr als zwei Jahrzehnten zum offiziellen Programm der Sowjetliteratur proklamiert wurde. Natürlich kann ich in einem halbstündigen Vortrag nur in Auswahl darüber berichten.

Einer der frühesten bei uns unternommenen Versuche, die Theorie des Sozialistischen Realismus zu definieren, war der Vortrag von Samuel H. Cross ‚The Criteria of Socialist Realism', den er vor der Slawistischen Abteilung der Modern Language Association bei der Jahrestagung 1938 in New York hielt und später in *The Slavonic Year-Book* (Bd. XX der *Slavonic and East European Review*, 1941) veröffentlichte. Cross nahm Serebrianskijs Buch *Der Sowjetische Historische Roman* (*Sovetskij istoričeskij roman*, Moskau 1936) als Ausgangsbasis, um den kritischen Forderungen nachzugehen, die sich aus der Theorie des Sozialistischen Realismus ergeben. Er fügte einige eigene Beispiele und Beobachtungen hinzu und kam zu dem Schluß, daß der Sozialistische Realismus in seinen literatur-theoretischen Voraussetzungen größtenteils die Fortsetzung des literarischen Programms des 19. Jahrhunderts ist, wie es von

Belinskij, Dobroljubov und anderen entworfen wurde. Jedoch wurde im Verlauf der Entwicklung ein Unterschied sichtbar, den Cross nur erwähnte, ohne ihm besondere Bedeutung beizumessen, nämlich im Prinzip der freien Auswahl, die in der sowjetischen Literatur mehr und mehr eingeschränkt wurde, während man ein immer stärkeres Gewicht auf die didaktische Aufgabe der Kunst legte. Im übrigen stimmen Cross' Beobachtungen, und einige seiner Bemerkungen sind immer noch gültig und könnten als gutes Beispiel einer objektiven, leidenschaftslosen und wissenschaftlichen Betrachtungsweise dieses Themas angeführt werden.

Man könnte mit einer gewissen Berechtigung sagen, daß der Sozialistische Realismus später zum Gegenstand der Auseinandersetzung wurde, jedoch nicht so sehr anläßlich der Analyse seiner eigentlichen literarischen Grundsätze als vielmehr bei der Bewertung seines ideologischen Gehalts. Zunächst waren die meisten westlichen Kritiker geneigt, den hoffnungsvollen Ton verschiedener sowjetischer Stimmen anzuerkennen. Schlagworte wie „revolutionäre Romantik", „Glaube an das Leben", „neuer Humanismus" usw. werden nicht nur in eindeutig linksgerichteten Veröffentlichungen betont, sondern auch in so maßgebenden wissenschaftlichen Quellen wie z. B. Ernest Simmons' *Modern Russian Literature 1880—1940*, Alexander Kauns *Soviet Poets and Poetry* und anderen. „Der Unterschied zwischen dem sowjetischen und dem bürgerlichen Realisten", schrieb Simmons in seinem Buch, „ist im wesentlichen der Unterschied zwischen dem Glauben an das Leben und dem Fehlen dieses Glaubens. Der sowjetische Schriftsteller kann genauso leidenschaftlich realistisch und kritisch sein wie der bürgerliche, aber er ist von einer anderen Philosophie inspiriert — er hat einen neuen Glauben an den Menschen ... Die sowjetische Literatur hat noch kaum begonnen, ihre gewaltigen Möglichkeiten auszuschöpfen, doch ihre gegenwärtige Vitalität, ihr Selbstgefühl und ihr unerschütterlicher Glaube versprechen eine große Zukunft" (S. 73 f.).

Man kann sich kaum über fehlende Sympathie in diesen Sätzen beklagen; dasselbe gilt für die folgende Definition des Sozialistischen Realismus von Alexander Kaun: „Grob gesagt ist diese Theorie die direkte Fortsetzung des russischen Realismus, ohne dessen negative Haltung, aber mit der Vision eines im Entstehen begriffenen sozialistischen Gemeinwesens. 1932 wurde die Atmosphäre gereinigt, und die Schriftsteller konnten freier atmen und ohne Furcht vor kleinlichen Verfolgungen arbeiten" (S. 160).

Allerdings finden sich von Anfang an auch skeptischere Stellungnahmen in Werken anderer europäischer und amerikanischer Fachgelehrter über die sowjetische Literatur. Und im Laufe der Zeit empfand man eine Neubewertung der Richtung immer öfter als notwendig. George Reavey — in seinem zusammenfassenden Buch *Soviet Literature To-Day* —, Nils Åke Nilsson (*Soviet-rysk litteratur*) und andere wiesen auf die Zeichen künstlerischer Unfruchtbarkeit in Werken hin, die unter strenger politischer Kontrolle geschrieben worden waren. Auch wurden sehr oft Einwände erhoben gegen die übermäßige Betonung der didaktischen Funktion der Kunst, gegen den einseitig akzentuierten Auftrag der Literatur, „die Massen im kommunistischen Geist zu erziehen" (vgl. N. Å. Nilsson, S. 135).

Wie ich schon sagte, haben wir noch keine Spezialuntersuchung über den Sozialistischen Realismus; man muß sich das Material aus verschiedenen Büchern und Zeitschriften zusammensuchen. Die maßgebende und zugleich knappste Analyse von Theorie und Praxis des Sozialistischen Realismus, die es zur Zeit gibt, ist das fünfte Kapitel in Gleb Struves Buch *Soviet-Russian Literature 1917—1950* (S. 238—297 und 368—372). Diese Analyse übt an einigen Stellen ausgesprochen scharfe Kritik, aber sie ist auch die am besten belegte faktennahe Darstellung sowohl der Fehlschläge als auch der Erfolge dieser Periode der russischen Literatur. Die kritischsten Äußerungen des Autors sind wahrscheinlich die Überschrift des Kapitels ‚Literature in the Doldrums' (‚Stagnation der Literatur') und die Schlußfolgerung, daß „er (der Sozialistische Realismus) ein für allemal mit der wahren Freiheit des Künstlers unvereinbar ist" (S. 371).[1]

In vielen Fällen haben Wissenschaftler, die zunächst für den Sozialistischen Realismus Sympathie empfanden, ihre Haltung später revidiert, als sie zu beurteilen suchten, wie er in der Praxis

---

[1] Noch mehr auf dem laufenden ist die Erörterung des Sozialistischen Realismus in der kürzlich erschienenen deutschen Ausgabe von Struves Buch *Geschichte der Sowjetliteratur*.

aussieht. So fühlte sich z. B. Ernest Simmons verpflichtet, in seiner Einleitung (‚Soviet Literature and Controls') zu dem Sammelband *Through the Glass of Soviet Literature* festzustellen, daß „der Sozialistische Realismus der Gegenwart anscheinend die Irrealität des herkömmlichen Märchens angenommen hat, in dem die böse Stiefmutter am Ende immer ihre gerechte Strafe bekommt und die verfolgte Heldin immer den tapferen Helden heiratet — und wenn sie nicht gestorben sind, so leben sie heute noch" (S. 26).[2]

Auf der anderen Seite erscheinen immer noch Arbeiten, die den Sozialistischen Realismus nicht nur als literarische Methode für Sowjetrußland, sondern auch als allgemeingültiges Rezept für die Weltliteratur propagieren. Wir können Louis Aragon in Frankreich nennen (*Pour un réalisme socialiste*), André Bonnard (*Vers un humanisme nouveau*), ganz zu schweigen von Anna Seghers' „linientreuen" Manifesten in Ostdeutschland (*Die große Veränderung und unsere Literatur*).

Um zu veranschaulichen, wie schwierig es ist, Kriterien für den Sozialistischen Realismus zu finden, die West und Ost zufriedenstellen, möchte ich den Aufsatz ‚Über den Sozialistischen Realismus' (‚O socialističeskom realizme') des sowjetischen Literaturwissenschaftlers V. Ščerbina zitieren, der in *Probleme der Literatur* (Band 4, 1957, S. 3—31) veröffentlicht wurde — wo übrigens meinem eigenen bescheidenen Beitrag zur Diskussion über den Sozialistischen Realismus (‚Frustrations of Socialist Realism', JAAC, XIV, S. 485 bis 488) ziemlich unverdiente Aufmerksamkeit zuteil wurde. Während mein Artikel nicht mehr sein wollte als eine kurze Stellungnahme zu einer früheren Diskussion in den sowjetischen Literaturzeitschriften, ehrte ihn der sowjetische Kritiker dadurch, daß er ihn als „symptomatisches" Beispiel der „reaktionären westlichen Haltung", der „ideologischen Offensive des Westens" usw. anführte. Unglücklicherweise basieren einige von Ščerbinas Bemerkungen nicht nur auf der unterschiedlichen Auffassung der literarischen

---

[2] Das erinnert übrigens sehr stark an gelegentliche Klagen einiger sowjetischer Schriftsteller und Kritiker in den Jahren 1954—56 (von denen ich ein paar in meinem Artikel ‚Frustrations of Socialist Realism', JAAC, XIV, zitiert habe).

Theorie, sondern auch auf Fehlern, die ihm beim Übersetzen aus dem Englischen unterliefen. Ansonsten wäre es wahrhaftig erfreulich, diesen beginnenden Ost-West-Austausch über solch ein wichtiges Thema sich weiterentwickeln zu sehen, besonders im Hinblick auf den Versuch des Verfassers, die ganze Diskussion auf eine mehr ästhetische als politische Ebene zu verlagern. Ich möchte die Gelegenheit benützen, hier einige von Ščerbinas Behauptungen richtigzustellen. Es scheint, die Fehlübersetzung meines Titels hat den sowjetischen Autor zu weiteren Mißverständnissen geführt. Aus dem Wort „Frustrations" machte er „Break-down" (Zusammenbruch — russisch *krach*), was das Ende der Doktrin implizieren würde. Deshalb kommt er zu dem Schluß, daß der Artikel „wie eine ganze Reihe *ähnlicher* (kursiv von mir) Äußerungen zu beweisen versucht, die sowjetische Literatur sei in eine Periode der radikalen Veränderung ihrer Grundsätze eingetreten" (S. 28). Es ist nicht ganz klar, welche anderen Äußerungen der Autor genau meinte, doch waren meine eigenen Schlußfolgerungen gerade das Gegenteil dessen, wofür er sie hält. Meine Feststellung lautete wörtlich: „Das Endergebnis der Diskussion ist, daß man unter den gegenwärtigen Umständen nichts tun kann, obgleich offensichtlich ist, daß etwas getan werden sollte. Denn es würde heißen, die Doktrin selbst zu ändern, wollte man das Prinzip des Sozialistischen Realismus ändern, das eine Funktion der starren Parteidoktrin ist" (S. 487).

Natürlich lassen sich Verallgemeinerungen und Vereinfachungen in einem kurzen Überblick über literarische Richtungen nicht vermeiden, aber Ščerbina geht zu schematisch vor, wenn er die weitreichende Feststellung macht, neuere westliche Untersuchungen über den Sozialistischen Realismus seien „verbunden mit einer breit angelegten Offensive der reaktionären Ideologie, und ... in den meisten von ihnen werde der Sozialistische Realismus gewöhnlich als eine Erfindung charakterisiert ..., die durch Parteipropaganda für Parteizwecke geschaffen wurde, ohne daß diese Behauptung durch irgendwelche den Tatsachen entsprechenden Argumente gestützt würde". Die Vereinbarkeit der Kunst mit der kommunistischen Idee ist ja eine ideologische Überzeugung, die keine Untersuchung einer literarischen Doktrin ignorieren darf. Deshalb sehe ich keinen Grund, warum ein westlicher Literaturwissenschaftler von einer anderen Voraussetzung ausgehen sollte.

In dieser Hinsicht mag es interessant sein, sich folgende Stadien der Auseinandersetzung zu vergegenwärtigen, die meinen Standpunkt erhärten. Die Zeitschrift *Probleme der Literatur* selbst wurde unmittelbar nach dem Erscheinen von Ščerbinas Aufsatz in der *Literaturzeitung* einer ziemlich strengen Kritik unterworfen. Dort wurde ein langer Artikel (von D. Evremin) unter dem „symptomatischen" Titel ‚Ohne klare Absicht' (‚Bez jasnoj celi'; Nr. 5, 1958) veröffentlicht. V. Ščerbinas Ansichten werden in diesem Artikel ausführlich behandelt. Ščerbina versuchte in seiner apologetischen Darstellung den Sozialistischen Realismus als die natürliche Entwicklung einer rein ästhetischen Eigengesetzlichkeit aufzuzeigen. Er betrachtete das offensichtlich als einen trefflichen Gegenschlag gegen die „westliche" Kritik, sei es außerhalb oder innerhalb des Eisernen Vorhangs (besonders in Polen), wo betont wurde, daß die Kunst auf Grund der politischen Überwachung ihre Aufgabe nicht erfüllen könne. Es ist nur natürlich, daß die politische Schwäche einer solchen Position Ščerbina von jemandem klargemacht werden mußte, der in der marxistisch-leninistischen Ästhetik besser bewandert war als er. Wenn das ganze Problem freilich in einem ausschließlich künstlerischen Bezugssystem gesehen würde, könnte die Möglichkeit einer „radikalen Wandlung" Wirklichkeit werden. Folgerichtig betonte die *Literaturzeitung* erneut, wie wichtig der Prüfstein der Ideologie für die sowjetische Literaturwissenschaft sei und stellte das nochmals der „formalistischen", „professoralen", „akademischen" Betrachtungsweise dieses Bereichs gegenüber. Ščerbina mußte daran erinnert werden, daß er „all die wichtigen Dokumente des Zentralkomitees der Kommunistischen Partei über Probleme der Kunst übersehen zu haben" schien.

Die sowjetischen Literaturwissenschaftler erkennen natürlich die Existenz einer „fortschrittlichen" Gruppe von Kritikern an. Ihre Vorstellungen beruhen normalerweise auf dem einfachen Denkschema des dialektischen Gegensatzes „fortschrittlich" — „reaktionär". Aber diese theoretischen Kriterien scheinen manchmal einigermaßen relativ zu sein, wie z. B. am Fall Henri Lefèbvres gezeigt werden kann, der teilweise in *Probleme der Literatur* (a.a.O.) noch gelobt, aber unmittelbar danach von Jurij Borev in *Ausländische Literatur* (Nr. 4, 1958, S. 183—193) wegen seiner nicht ganz orthodoxen Interpretation der marxistischen Ästhetik gerügt wird. Der eigentliche Gegenstand von Borevs Entrüstung sind Lefèbvres kritische Ausführungen über den Sozialistischen Realismus in seinem Artikel ,Vers un romantisme révolutionnaire'; man kann jedoch darauf hinweisen, daß es auch in Lefèbvres früherem Werk *Contribution à l' esthétique* einige beunruhigende Anzeichen von Skepsis gab — z.B. die Bemerkungen über gewisse grundlegende Widersprüche in der marxistischen Ästhetik, vor allem über die Schwierigkeit, die These, daß die Kunst nur als Funktion einer gegebenen ökonomischen Basis existiere, mit der Tatsache in Einklang zu bringen, daß sie zugleich gewisse von den gesellschaftlich bestimmten historischen Bedingungen unabhängige Werte besitzt (vgl. a.a.O. S. 64 ff.).

Im übrigen wäre es sehr interessant, die Äußerungen Lefèbvres zu diesem Punkt mit den wohldurchdachten Erläuterungen des Altmeisters der marxistischen Ästhetik, Georg Lukács, in seinem Essay ,Literatur und Kunst als Überbau' (in: *Beiträge zur Geschichte der Ästhetik*, S. 404—428) zu vergleichen. Und doch wurden sogar Lukács' Interpretationen in der jüngsten sowjetischen Diskussion wegen ihres „Objektivismus" scharf kritisiert.[3] Ferner ist erwähnenswert, daß Halldor Laxness' Lobrede auf den Sozialistischen Realismus, ,Digtningens problematik i vor tid' (erschienen in seiner Essay-Sammlung *Dagur i senn*, S. 219—242), die teilweise ins Russische übersetzt und in *Ausländische Literatur* (1957, Nr. 1, S. 206 bis 212) veröffentlicht wurde, mit kritischen Anmerkungen versehen werden mußte, die den isländischen Autor wegen seiner „falschen" Betrachtungsweise des Problems der Konfliktlosigkeit und wegen mangelnder Authentizität zur Rede stellten.

Im ganzen scheinen sowjetische Schriftsteller den Eindruck gewonnen zu haben, daß jede westliche Literaturkritik eine Art hinterlistiger ideologischer „Einkreisung" ist. Bei der letzten Voll-

---

[3] Vgl. I a. Elsberg, ,Über falsch verstandene Ansichten Lukács" (,Ob ošibočnych vzgljadach Lukacsa'), *Literaturzeitung*, 9. April 1958.

versammlung des Vorstandes des Sowjetischen Schriftstellerverbandes (im Februar 1958) hörte man Reden dieses Inhalts — z. B. Nikolai Tichonovs Exposé des Sozialistischen Realismus, aus dem der folgende Auszug stammt: „In letzter Zeit sind einige Schriftsteller in ideologische Zweifel verfallen. Sie neigten dem Revisionismus zu angesichts der Angriffe ausländischer Feinde der sozialistischen Literatur, die ein volles Vierteljahrhundert von deren Geschichte in Frage stellen und sich zu einem Frontalangriff auf den Sozialistischen Realismus vereinigen. Im Verlauf dieses Kampfes ist die große Mehrheit unserer Schriftsteller der Position der Partei treu geblieben und hat nicht zugelassen, daß deren Linien ins Wanken gerieten". (Vgl. *Literaturzeitung* Nr. 19, 1958).

Vor kurzem schalt V. Ščerbina die westlichen Kritiker erneut wegen ihrer „falschen Auffassung" und der „irreführenden Legende" vom Verfall der sowjetischen Literatur während der Periode des Sozialistischen Realismus, einer Legende, die sie keinesfalls auf Grund ihrer Idealvorstellung von der Freiheit der Kunst verbreitet hätten. (Vgl. V. Ščerbina, ‚Nekotoryje problemy sovetskoj literatury', *Probleme der Literatur,* Bd. 2, 1958, S. 19). Es überrascht nicht, daß diese Frage nach solchen Äußerungen schließlich die Ebene der politischen Presse erreichte[4]; aber es ist doch ziemlich überraschend, daß man sogar in den wissenschaftlich ausgerichteten *Problemen der Literatur* typische Propagandatöne findet, wie z. B. einen anonymen Leitartikel mit dem Titel ‚Gegen bürgerliche und revisionistische Theorien in der Literaturwissenschaft' (Nr. 8, 1958), der praktisch die Herausgeber des *American Journal of Aesthetics* anklagt, einen förmlichen Feldzug gegen die sowjetische Literatur zu unternehmen, indem sie nicht nur „einheimische Dozenten",

---

[4] Vgl. den Artikel ‚Kommunistischer Parteigeist und schöpferische Freiheit' (‚Komunistyčna partijnist' i svoboda tvorčosti', Komunist Ukrainy, Nr. 7, 1958, S. 58—68). Wegen des offensichtlichen Propagandacharakters dieses Artikels braucht er hier kaum diskutiert zu werden; aber es ist interessant zu sehen, wie sogar die abgelegensten westlichen Bemerkungen über die sowjetische Literatur eine derart heftige Reaktion hervorrufen können. Mag es genügen zu sagen, daß der Autor, I. Dzeverin, westliche Kritiker wörtlich des Versuchs anklagt, die gesamte kommunistische Doktrin verändern zu wollen.

sondern auch „Wiener Freudianer" (Max Rieser) und andere mobilisierten.[5]

Zu all dem möchte ich abschließend nur sagen, daß es in Anbetracht des Hintergrundes und des Wesens des Sozialistischen Realismus ganz natürlich ist, wenn politische und ideologische Urteile in westlichen Darstellungen dieses literarischen Programms immer wieder in den Vordergrund gestellt werden. Gibt es Übertreibungen, so gleichermaßen im Lob wie in der Kritik. Im ganzen ist man wohl auf Grund einer sorgfältigen Überprüfung westlicher Quellen berechtigt zu schließen, daß die meisten Kritiker und Wissenschaftler im Westen einfach versuchen, die positiven und negativen Aspekte des Sozialistischen Realismus zu analysieren und gegeneinander abzuwägen. Ihre Ansichten darüber, wo das Schwergewicht liegen soll, stimmen teils überein, teils gehen sie auseinander. All diese kritischen Bemühungen eine „feindselige bürgerliche Einkreisung" zu nennen, wie es die sowjetischen Quellen tun, ist, gelinde gesagt, eine ungeheure Vereinfachung.

Literatur

Aragon, Louis, Pour un réalisme socialiste. Paris 1954.
—, Littérature soviétique. Paris 1955.
Bonnard, André, Vers un humanisme nouveau. Réflexions sur la littérature soviétique (1917—1947). Lausanne 1948.
Borland, Harriet, Soviet Literary Theory and Practice During the First Five-Year Plan, 1928—1932. New York 1950.
Brown, Edward, The Proletarian Episode in Russian Literature 1928 — 1932. New York 1953.

---

[5] Hier ist es wiederum auffällig, daß diese sowjetischen Wissenschaftler sich nicht einmal bemühten zu überprüfen, ob die von ihnen zitierten Werke richtig übersetzt wurden. Um mich auf meinen eigenen Fall zu beschränken: nicht nur der Titel meines Artikels in JAAC wird in entstellter Form wiedergegeben (wahrscheinlich nach *Probleme der Literatur*), auch der Titel meiner Sammlung *Studies in Modern Slavic Poetry* wird zitiert als *An Outline (očerk) of Modern Slavic Poetry*. Meine Ansichten über Majakovskijs Futurismus, die ich in diesem Werk geäußert habe, müssen falsch verstanden worden sein.

Cross, Samuel, The Criteria of Socialist Realism, in: The Slavonic Year-Book. New York 1941. S. 315—323.
Erlich, Victor, Russian Formalism. Den Haag 1956.
Folejewski, Zbigniew, Frustrations of Socialist Realism. Journal of Aesthetics and Art Criticism XIV, 1955—56. S. 485—488.
Goriely, Benjamin, Science des lettres soviétiques. Paris 1947.
Eastman, Max, Artists in Uniform. London 1934.
Farrell, James, Literature and Morality. New York 1947.
Harkins, William, Dictionary of Russian Literature. New York 1957.
Horskjaer, Erik, Sovjet Literatur. Kopenhagen 1948.
Jameson, Storm, The Writer's Situation. London 1950.
Kaun, Alexander, Soviet Poets and Poetry. Berkeley, California, 1943.
Laxness, Halldor, Dagur i senn. Reykjavik 1955.
Lefèbvre, Henri, Contribution à l'esthétique. Paris 1955.
—, Problèmes actuels du marxisme. Paris 1958.
—, Vers un romantisme révolutionnaire. La Nouvelle Revue Française Nr. 58, 1957. S. 644—672.
Lindsay, Jack, After the Thirties. The Novel in Britain and Its Future. London 1956.
—, Russian Poetry 1917—1955. London 1957.
Lo Gatto, Ettore, L'estetica e la poetica in Russia. Florenz 1947.
Lukács, Georg, Beiträge zur Geschichte der Ästhetik. Berlin 1954.
—, Der russische Realismus in der Weltliteratur. Berlin 1952.
—, Probleme des Realismus. Berlin 1955.
Nilsson, Nils Åke, Sovjet-rysk litteratur. Stockholm 1947.
Neumann, F. W., Die Entwicklung der russischen Literatur unter dem Sowjetregime, in: Das Sowjetsystem in der heutigen Welt. München 1956.
Reavey, George, Soviet Literature To-Day. New Haven, Conn., 1947.
Rieser, Max, The Aesthetic Theory of Social Realism. Journal of Aesthetics and Art Criticism XVI, 1957—58. S. 234—248.
Seghers, Anna, Die große Veränderung und unsere Literatur. Berlin 1958.
Simmons, Ernest, An Outline of Modern Russian Literature. Ithaca, N.Y., 1943.
—, Russian Fiction and Soviet Ideology. New York 1958.
—, (Hrsg.), Through the Glass of Soviet Literature. New York 1953.
Slonim, Marc, Modern Russian Literature. New York 1953.
Storck, Sven, Russisk litteratur idag. Aalborg 1946.
Struve, Gleb, Geschichte der Sowjetliteratur. München 1957.
—, 25 Years of Soviet-Russian Literature. London 1934.
—, Soviet-Russian Literature 1917—1950. Norman, Oklahoma, 1951.

J. M. Ritchie, The Ambivalence of „Realism" in German Literature 1830—1880, in: Orbis Litterarum XV, 1961, S. 200—217. — Aus dem Englischen übersetzt von Hans Wolfschütz.

DIE AMBIVALENZ DES „REALISMUS" IN DER DEUTSCHEN LITERATUR 1830—1880

Von J. M. Ritchie

Realismus als literarische Bezeichnung kann sich auf jede Epoche beziehen. Nicht dieser immer vorhandene Realismus soll uns jedoch hier beschäftigen, sondern der im historischen Sinn verwendete Begriff, wie er auf die deutsche Literatur des 19. Jahrhunderts zur Anwendung kam. Champfleury nannte „Realismus" eine der 1848 aufgekommenen Religionen auf — *ismus*, doch haben Nachforschungen gezeigt, daß der Begriff schon lange vorher in literarischen Diskussionen verbreitet war.[1] Der Zweck unserer Untersuchungen ist es nicht, dem Begriff bis zu seinen Ursprüngen nachzugehen; vielmehr wollen wir uns fragen, wie weit er sinnvoll auf die deutsche Literatur der zur Diskussion stehenden Zeit angewendet werden kann — eine Frage, zu der die Meinungen in der Forschung stark auseinandergehen.[2] Bieber versuchte in einer deutschen Litera-

---

[1] Symposium on Realism. *Comparative Literature.* No. 3, 1951.
David-Sauvageot, *Le réalisme et le naturalisme.* n. d. Borneque et Cogny. *Réalisme et Naturalisme.* Classiques Hachette.
Henry H. Remak, The German reception of French realism. *PMLA* 69, 1954. R. Borgerhoff, Réalisme and kindred words. *PMLA* 53, 1938, S. 837 bis 843.

[2] Hugo Bieber, *Der Kampf um die Tradition.* Die deutsche Dichtung im europäischen Geistesleben, 1830—1880. Stuttgart 1928.
Erich Auerbach, *Mimesis. Dargestellte Wirklichkeit in der abendländischen Literatur.* Bonn 1946.
Fritz Martini, Bürgerlicher Realismus und der deutsche Roman im 19. Jh. *WW* 1, 1956/57.
Ders., Wilhelm Raabes „Prinzessin Fisch": Wirklichkeit und Dichtung im erzählenden Realismus des 19. Jh. *Der Deutschunterricht,* 11 (1959), Heft 5.

turgeschichte des 19. Jahrhunderts das Wort „Realismus" überhaupt zu vermeiden; Auerbach in seiner umfangreichen Übersicht über den europäischen Realismus ignoriert praktisch die Deutschen. Dagegen hat die neuere Forschung — es sei hier besonders auf Martini und Brinkmann hingewiesen — den Versuch einer Neubewertung des Begriffs unternommen. Nur in Ostdeutschland wird „Realismus", wie nicht anders zu erwarten ist, als *das* Kriterium schlechthin, nicht nur für diese, sondern auch für jede andere Epoche angenommen. Mit Ausnahme des Ungarn Lukács jedoch verwenden kommunistische Kritiker den Begriff auf sehr wenig sinnvolle Weise. Bei ihnen richtet sich die Bewertung der Literatur nach dem Verhältnis subjektiv—objektiv, bzw. progressiv—reaktionär. So wird z. B. der allgemeine Grundgedanke des Realismus bedingungslos anerkannt, die gesamte Romantik dagegen als reaktionär verworfen: „Es ändert nichts, daß der eine oder der andere Romantiker persönlich fortschrittlich dachte und handelte — die Romantik diente der Reaktion und wurde durch diese gefördert."[3]

Gewiß stellen die hier zur Diskussion stehenden 50 Jahre — das Zeitalter des Realismus, wenn wir diese allgemeine Beschreibung akzeptieren — eine Periode großer Umwälzungen in jeder Sphäre des sozialen und politischen Lebens in Deutschland dar. Religiöse Uneinigkeiten, die sich verändernde Stellung des Bürgertums, das stetige Anwachsen des philosophischen Materialismus, der Naturwissenschaften und der Industrialisierung, das Problem des politischen Zusammenschlusses — all dies und vieles andere muß in Betracht gezogen werden, um das Wesen des Realismus in der deutschen Literatur dieser Zeit richtig erfassen zu können. Gänzlich naiv aber ist es, eine derartig schablonenhafte Schwarz-Weiß-Formulierung des Realismus zu erwarten, wie sie die kommunistische

---

Ders., Zur Theorie des Romans im dt. Realismus. *Festgabe für Ed. Berend zum 75. Geburtstag.*

Richard Brinkmann, *Wirklichkeit und Illusion*. Studien über Gehalt und Grenzen des Begriffs Realismus für die erzählende Dichtung des 19. Jh. Tübingen 1957.

[3] Alexander Abusch, *Literatur und Wirklichkeit*. Beiträge zu einer neuen deutschen Literaturgeschichte. Aufbau-Verlag, Berlin 1952, S. 49.

Forschung zu geben versucht. Doch nicht nur bei kommunistischen Kritikern oder deren antikommunistischen westlichen Kollegen findet man, daß Realismus ein emotionelles Wort ist, das die wahre Natur der literarischen Werke, die es zu beschreiben versucht, genauso sehr verschleiert wie auch offenbar werden läßt. Die Antworten der sogenannten Realisten selbst zum Problem des Übergangszeitalters, in dem sie lebten, sind weit davon entfernt, klar und eindeutig zu sein, sondern eher verwickelt und vielschichtig; aus diesem Grunde soll hier zu ihrer Beschreibung der allgemeine Begriff „Ambivalenz" verwendet werden. — Die Wahl der 50 Jahre zwischen 1830 und 1880 rechtfertigt sich nur insofern, als diese Zeitspanne allgemein als das Zeitalter des Realismus anerkannt wird. Versuche, die Epoche zu unterteilen — z. B. in die Zeit vor 1848 (Vormärz), nach 1848 (Reaktion und Restauration) oder in Nachromantik, Junges Deutschland, Biedermeier, Hochrealismus etc. —, werden nicht gemacht, da sie sich, obwohl sicherlich sehr aufschlußreich für einzelne Dichter, in der Vergangenheit nicht als sehr fruchtbar für die Diskussion um den Realismus erwiesen haben.

Realismus ist also zur gleichen Zeit ein allgemein akzeptierter wie auch ein stark in Frage gestellter Begriff. In fast allen deutschen Literaturgeschichten erscheint er in irgendeiner Wortverbindung, sei es jetzt als *Poetischer Realismus, Bürgerlicher Realismus*, oder *Literarischer Realismus* etc., aber alle Versuche, diesen Realismus genau zu definieren, oder gar die Dichter dieser Epoche in Realisten oder Nichtrealisten einzuteilen (Keller? Ludwig? Storm? Raabe? Fontane? Meyer? Stifter?), haben nur zu größerer Verwirrung geführt. Brinkmann, von dem die bisher beste Abhandlung zu diesem Problem stammt, deckt sehr eindringlich die Schwächen der heutigen Auffassung vom Realismus auf und zeigt auch, wie wenig man sich im klaren darüber ist, ob das Wort Realismus als ein Ausdruck für eine im Kunstwerk sich offenbarende und gestaltende Philosophie, für charakteristische Merkmale des Stils und der künstlerischen Mittel oder für die Verwendung bestimmter Objekte, Motive, Themen usw. zu betrachten ist. Man möge den Argwohn des nicht-deutschen Kritikers entschuldigen, doch scheint es, als liege diese Abneigung, einen so wenig exakt definierten Begriff zu gebrauchen, nicht der ihm eigenen Vieldeutigkeit, sondern der für die deutsche Literatur des „Realismus" wesentlichen Ambivalenz zugrunde, besonders dann, wenn man findet, daß andere deutsche Kritiker ohne Zögern den Begriff auf andere Länder und andere Epochen anwenden.[4] Es mag ganz einfach daran liegen, daß man mit einem sich normalerweise auf den englischen, französischen und russischen Roman beziehenden Begriff die deutsche Literatur dieser Epoche überhaupt nicht erfassen kann. Sollte dies richtig sein, so folgt daraus eine weitere Frage: heißt das, daß die deutsche Literatur für eine bestimmte Zeit die Verbindung mit dem Hauptstrom der europäischen Literatur verlor; daß die deutsche Literatur, die mit Goethe, Schiller und den Romantikern eine so dominierende Rolle spielte, sich jetzt plötzlich in provinzieller Rückständigkeit vorfand, weit davon entfernt, sich zu einer kosmopolitischen Kraft ähnlich dem europäischen Realismus zu entwickeln? Abgesehen von Lukács[5], dessen Forschungsgebiet ungewöhnlich weit verzweigt ist, hat sich die Forschung wenig geneigt gezeigt, dieses Problem zu erörtern; will man jedoch die deutsche Literatur dieser Epoche mit dem Begriff Realismus beschreiben, so muß dabei das ausgeprägt Europäische dieses Begriffs notwendig miteinbezogen werden.

Die bisher erfolgreichsten Abhandlungen über die Bedeutung des Begriffs Realismus in der deutschen Literatur waren solche, die sich auf eine Erklärung dessen, was Realismus *nicht* ist, beschränkten. Es war weder eine literarische Schule noch eine Bewegung, auch gab es keine Programme oder Manifeste. Jeder einzelne der Dichter, die gewöhnlich Realisten genannt werden, lebte ohne besonderen Kontakt mit den anderen in seinem eigenen, versteckten Winkel Deutschlands, Österreichs oder der Schweiz (eine Situation, die schon in sich selbst keinen Vergleich zuläßt mit der weltstädtischen Atmosphäre Londons, Paris, St. Petersburgs, aus der die

---

[4] K. Vossler, *Realismus in der spanischen Dichtung der Blütezeit.* München 1926.

[5] G. Lukács, *Fortschritt und Reaktion in der deutschen Literatur.* Berlin 1947.
Ders., *Essays über Realismus.* Berlin 1948. *Balzac und der französische Realismus.* Berlin 1952. *Deutsche Realisten des 19. Jh.* Berlin 1952. *Georg Lukács Festschrift.* Berlin 1955.
Ders., *Der russische Realismus in der Weltliteratur.* 2. Aufl., Berlin 1952.

großen realistischen Romane entwuchsen). Ähnlich beschäftigten sie sich nie mit den oberen und unteren Extremen der Gesellschaft, mit der hohen Politik, mit dem Sexualproblem oder mit Problemen, die das Leben in der Stadt nach sich zieht — das heißt also, daß alle die Themen, die der arglose nichtdeutsche Leser mit dem Begriff Realismus verbindet, im deutschen Realismus einfach nicht vorhanden sind. Im ganzen waren sie zurückhaltend in ihren Äußerungen über ihre Kunst, und wenn sie wirklich, wie Otto Ludwig, an ästhetischen Problemen interessiert waren, so wirkte sich dies eher hemmend auf ihr künstlerisches Schaffen aus. Diese negativen Faktoren sowie das Fehlen jeglichen gemeinsamen Programmes machen es schwierig, sich dem deutschen Realismus auf der Grundlage einer allgemeinen Ästhetik zu nähern.[6] Aus diesem Grund hat es die Forschung oft vorgezogen, sich der realistischen Philosophie zuzuwenden, die allgemein in sich antithetisch gegenüberstehenden Begriffen ausgedrückt wird — so etwa Idealismus und Materialismus, Romantik und Naturalismus, Subjektivität und Objektivität, Illusion und Erfahrung, Idee und Wirklichkeit, Biedermeier und Bourgeoisie u. a. m. Der Standort des Realismus wird dann als irgendwo zwischen diesen jeweils entgegengesetzten Extrembegriffen liegend angenommen. Erkennt man aber die Anschauung als gültig an, so liegt darin sicherlich ein Hinweis auf die dem deutschen Realismus wesentliche Ambivalenz, durch die jede Aussage über das Wesen des Realismus sofort durch eine gegenseitige Aussage eingeschränkt werden muß. So ist der Realismus zum Beispiel zwar eine Reaktion gegen Schillers Idealismus, verfällt aber nicht einem extremen Materialismus; so distanziert er sich zwar von den Übertreibungen des Romantikers, vermeidet aber zur gleichen Zeit sorgfältig die Derbheiten der späteren Naturalisten. Das Ziel, wie es von den Kritikern gesehen wird, ist immer der gesunde Mittelweg — die *Philosophie der Mitte.* Wenn dies zutrifft, ist es unmöglich, irgendein Charakteristikum des deutschen Realismus als typisch herauszugreifen, das als ein grundlegender Unterschied zu Epochen vorher und nachher anzusehen

---

[6] Heinrich Reinhardt, *Die Dichtungstheorie der sogenannten Poetischen Realisten.* Würzburg 1939.

ist — was weiter bedeutet, daß jede Definition des deutschen Realismus gleichermaßen ambivalent sein muß.

Findet man es schon mühsam, sich dem deutschen Realismus von der Ästhetik und der Philosophie her zu nähern, so ergeben sich bei Versuchen, den realistischen Stil zu definieren, ungleich mehr Schwierigkeiten. Gibt es irgendwelche Gemeinsamkeiten im Stil Raabes, Kellers, Meyers oder Fontanes? Kann man den Prosastil des Biedermeier von dem des poetischen Realismus unterscheiden? Matthilde Deininger[7], die einen solchen Versuch unternahm, kam über vage Verallgemeinerungen, wie etwa „eine reine Wirklichkeit im Lichte milder Verklärung" selten hinaus; derartige eher unpräzise Aussagen können, sofern sie sich überhaupt auf etwas beziehen, sowohl auf das Biedermeier als auch auf den poetischen Realismus angewendet werden. Betrachtet man diverse andere Versuche, einen realistischen Stil herauszuarbeiten, so sind sie, obwohl durchaus nützlich, allzusehr auf Spezialgebiete beschränkt. Solch enge Spezialisierung schadet der Forschung über diese Epoche mehr als sie ihr nützt. Kritiker neigen dazu, sich auf einen Lieblingsautor zu beschränken, Dichter ihre eigene Gemeinde unkritischer Bewunderer zu haben. Selten gibt man sich die Mühe, stilistische Merkmale herauszuarbeiten, die *allen* Realisten gemein sein könnten. Eine allgemeine Bemerkung über den realistischen Stil sei jedoch hier zitiert: „Der wirkliche Stil des 19. Jahrhunderts ist der Realismus. Die Romantik bleibt dichterisch schwach. Die Ideen der klassischen Zeit konnten den neuen Kosmos nicht mehr tragen, aber im Raum der deutschen Sprache blieb der Stil Goethes über das ganze Jahrhundert vorbildlich; auch die Realisten schrieben goethisch. Was Goethe mit größter Anstrengung aus sich heraus und für seine Zeit verbindlich erzeugt hatte, wurde für seine Nachkommen Manier. Der Realismus schuf eine neue Anschauung vom Sein, aber Keller, Stifter, Raabe, Fontane und Storm drücken dies Sein erstaunlicherweise in einer Sprache aus, die vor der Zeit ihrer

---

[7] Matthilde Deininger, *Untersuchungen zum Prosastil von Wilhelm Hauff, Eduard Mörike, Annette von Droste-Hülshoff, Franz Grillparzer und Adalbert Stifter*. Ein Beitrag zur Biedermeierforschung. Diss., Tübingen 1945.

Geburt schon eine ganz anders organisierte Welt, ganz andere Ideen, Personen, Stoffe, Motive, Bilder und Kompositionen zu verdichten geleistet hatte. Sie alle redeten klassisch, als die Klassik schon eine historische Lebensform war."[8] Hohoffs Auffassung vom realistischen Stil ist sicherlich gerechtfertigt. Wie immer man schließlich den Stil in der deutschen Literatur dieser Epoche charakterisieren mag, er stellt nichts Neues dar; so zeigt der deutsche Realist auch in dieser Hinsicht wieder, in seiner Stellung zum Alten und Neuen, die ihm eigene Ambivalenz. Er übernahm den Stil, die Sprache und oft auch die Motive der ersten Hälfte des 19. Jahrhunderts, des Zeitalters Goethes und der Romantiker. Neue Elemente können folglich nur in Stil und Struktur und in vielen Fällen auch in den literarischen Formen des Früheren wahrgenommen werden. Auch hier wieder, in der Frage der literarischen Formen der Zeit, durch die die deutsche Leserschaft mit dem Realismus bekannt wurde, zeigt sich eine charakteristische Ambivalenz, besonders in der Stellung zur Erzählprosa, die heute allgemein als die bedeutendste dieser Formen angesehen wird. Die gegenwärtigen Diskussionen über die Novelle lassen niemals vermuten, daß gerade diese Form nur sehr langsam kritische Anerkennung fand.[9] Im 19. Jahrhundert gab es bestimmte, allgemein geltende Auffassungen über die Frage, welche literarischen Formen den Vorzug vor anderen besaßen. Dabei wurde das Drama vor der Lyrik am höchsten eingeschätzt. Erzählprosa wurde mit Argwohn als in vieler Hinsicht nicht zur Dichtung gehörig betrachtet, so daß Versepik der Novelle und dem Roman vorgezogen wurde. „Noch um die Jahr-

---

[8] Curt Hohoff, *Adalbert Stifter: seine dichterischen Mittel und die Prosa des 19. Jh.* Düsseldorf 1949.

[9] Reinhard Wagner, Die theoretische Vorarbeit für den Aufstieg des deutschen Romans im 19. Jh. 2. D. F. LXXIV. 4. 1954.

Ders.: *Wesen und Geltung der erzählenden Prosa im Urteil der Biedermeierzeit.* Diss. Tübingen 1952.

W. Brauer, *Geschichte des Prosabegriffs von Gottsched bis zum Jungen Deutschland.* Frankfurter Quellen und Forschungen zur germanischen und romanischen Philologie. Heft 18, 1938.

Fernand Baldensperger, Le raffermissement des techniques vers 1840 (vers, roman, nouvelle). *Revue de litt. comparée*, 15, 1935, S. 77—96.

hundertmitte war die Anerkennung der Prosa nicht allgemein durchgedrungen. Auch jetzt waren die Meinungen noch geteilt. Julian Schmidt und Gustav Freytag hielten *Roman* und *Novelle* für Dichtung, Spielhagen dagegen hatte schwerwiegende Zweifel. Erst in den folgenden Jahrzehnten wurde vor allem dank der realistischen Romane die Auffassung von einem Roman als einem Kunstwerk Allgemeingut." [10] Aber trotz dieser eindeutigen literarischen Rangordnung sank allmählich das Niveau der dramatischen Werke, was soviel bedeutet, daß sich der Realismus in der deutschen Literatur nicht in der Form ausdrückt, die die größte literarische Anerkennung genoß (obwohl es natürlich Elemente des Realismus im deutschen Drama des 19. Jahrhunderts gab), sondern in Formen, welche sich selbst bei Dichtern, die sich ihrer bedienten, nur geringer oder gar keiner Wertschätzung erfreuten. Für das Zurücktreten des Dramas um die Mitte des 19. Jahrhunderts wurden verschiedene Ursachen angeführt: [11] die Reaktion auf rhetorisches und schillersches Pathos, die untragische, kompromißhafte Haltung des Bürgers usw. Was für Gründe man auch vorbringt — das Drama war im Abstieg begriffen! Nach Hebbel und Wagner kam eine große Lücke bis zum naturalistischen Drama, das als solches eher episch als dramatisch ist. — Ähnlich war auch die lyrische Produktion mindestens so umfangreich wie zuvor, aber auch hier war das Niveau sehr niedrig.[12] Die Dichtung der Droste-Hülshoff, Kellers und Mörikes ist gerade in letzter Zeit Gegenstand einer beträchtlichen positiven Neubewertung geworden, im allgemeinen aber sind die lyrischen Werke dieser Zeit zwar durchaus wertvoll, keineswegs jedoch hervorragend. — Es ist die erzählende Prosa, und hier besonders die Novelle, die jetzt als das ästhetisch Wertvollste der Epoche anerkannt wird, obwohl zeitgenössische Kritiker, die fast automatisch lyrische und dramatische Dichtung vorgezogen haben, diese Ansicht kaum geteilt hätten. Gegen diesen Hintergrund der allgemein

---

[10] Reinhard Wagner, a. a. O., 1952.
[11] E. K. Bennett, *A history of the German Novelle from Goethe to Thomas Mann.* (vgl. Kapitel „The Novelle as a substitute for tragedy") Cambridge 1938.
[12] Hans Walter Erbe, Die bürgerliche Lyrik des späten 19. Jhs. *Die Sammlung.* Zt. für Kultur und Erziehung, Jg. 3 (1948), S. 471—480.

verbindlichen kritischen Überzeugung sollte man das verzweifelte Ringen Kellers, Ludwigs, Meyers, Droste-Hülshoffs und anderer um die dramatischen und lyrischen Formen verstehen. Für sie bedeutete es fast literarische Selbstaufgabe, überhaupt erzählende Prosa zu schreiben, und wenn sie sich doch der Prosa zuwandten, fanden sie wenig öffentlichen Beifall, denn das gebildete Leserpublikum klammerte sich immer noch an seine Vorliebe für Verse, wie der Erfolg der Verserzählungen von Roquette, Putlitz, Bodenstedt u. a. zeigt.[13] Die Zeit hat jetzt den Maßstab der Bewertung gewandelt: die Novellen werden hoch eingeschätzt, die Verserzählungen gering bewertet — und doch fragt man sich, wie groß denn wirklich der Unterschied zwischen beiden ist. Beide Gattungen neigten dazu, örtlich begrenzt, historisch orientiert, idyllisch und humorvoll zu sein, und Keller selbst versuchte ja *Romeo und Julia auf dem Dorfe* in Versen zu schreiben!

Warum erfreut sich die Novelle heutzutage solcher Wertschätzung? Gerade in letzter Zeit wurden eine Flut von scharfsinnigen Untersuchungen über die deutsche Novelle veröffentlicht (Walter Silz, Benno von Wiese, Johannes Klein, Fritz Lockemann), so viele, daß der arglose Leser dieser Werke leicht den Eindruck bekommt, die deutsche Literatur sei in einer glücklicheren Lage als alle anderen europäischen Literaturen, weil ihre Vertreter mit dieser höchst feinsinnigen Gattung mehr Erfolg hatten als mit der „verdächtigeren" Form des Romans. — Die Tendenz geht dahin, die Novelle isoliert zu betrachten. Es werden praktisch keine Vergleiche mit ähnlichen Prosaformen in anderen Ländern angestellt, etwa mit der englischen Kurzgeschichte, der französischen conte und nouvelle etc., obwohl die gegenwärtige Beliebtheit der amerikanischen Kurzgeschichte in Deutschland Dutzende Versuche ausgelöst hat, historische Vorgänger in der deutschen Literatur zu finden.[14] Es soll hier kein Versuch gemacht werden, den Rang der deutschen Novelle im 19. Jahrhundert zu mindern, wo doch ihr Erfolg unbe-

[13] Wilhelm Kurz, *Formen der Versepik in der Biedermeierzeit*. Ein Beitrag zu Problem und Geschichte der großen Epik und der Kleinepik. Diss., Tübingen 1955.
[14] Klaus Doderer, *Die Kurzgeschichte in Deutschland: ihre Form und ihre Entwicklung*. Wiesbaden 1953, S. 96.

streitbar ist; die ausschließliche Ausrichtung auf sie führt jedoch dazu, den fast völligen Fehlschlag des deutschen Romans im 19. Jahrhundert zu verbergen. Auch das ist wieder ein Problem, das zu diskutieren deutsche Kritiker mit bemerkenswerten Ausnahmen nicht gewillt sind. Warum war die deutsche erzählende Dichtung eher in der kleinen als in der großen Form erfolgreich? Die deutschen Romane des Realismus, die in ihrer eigenen Zeit mit Begeisterung aufgenommen wurden, sind heute fast nicht mehr lesbar; eine Ausnahme stellen die Bildungsromane dar, die jedoch von Natur aus dazu neigten, sich auf die Vergangenheit zu konzentrieren, wobei sie den idealen Helden auf der Eingangsschwelle zur Welt aus den Augen ließen — das heißt, sie zeigen nicht, wie er nach vollendetem Bildungsgang der Realität der Gegenwart gewachsen sein würde, eben jener Sphäre der großen realistischen Gesellschaftsromane, die Deutschland nie hervorgebracht hat.[15] Ist es eine ausreichende Antwort zu sagen, daß in Deutschland der große Gesellschaftsroman, den Frankreich, Rußland und England hervorbrachten, deshalb fehlte, weil es keine großen Romanautoren gab? Genügt es zu sagen, es sei dreißig Jahre lang kein großes Drama entstanden, weil es einfach keine großen Dramatiker gab? Einige Kritiker haben sich mit diesen einfachen Antworten nicht zufriedengegeben und nach anderen Gründen Ausschau gehalten: so wurde die Tatsache, daß das politische und soziale Leben in Deutschland kein Zentrum hatte, zur Erklärung für die Heimatlosigkeit des Gesellschaftsromans herangezogen; der Prozeß der Verbürgerlichung diente hingegen als Begründung für die Mittelmäßigkeit des Dramas. Im allgemeinen wurden aber eher literarische Gründe angeführt, um die Vorherrschaft der kleineren Gattungen, wie die Novelle, über die größeren, Drama und Roman, verständlich zu machen. Hier betont man hauptsächlich die Ähnlichkeiten zwischen der Novelle und der dramatischen Form (dabei wird Storms Bezeichnung der Novelle als Schwesterform des Dramas ständig herangezogen), um damit zu zeigen, daß die Novelle durch ihre Ähnlichkeit mit der höchsten literarischen Form gewissermaßen mehr

---

[15] J. Dresch, *Le Roman social en Allemagne, 1850—1890* (Gutzkow-Freytag-Fontane). Paris 1913.

ist als bloß erzählende Prosa. Ähnlich häufig betont werden die formalen Merkmale der Novelle, mit dem Ziel, sie über die übliche formlose Strumpfform des Romans zu stellen. Dies trägt zum Anspruch der Novelle bei, „Dichtung" zu sein, etwas was der Roman angeblich nicht sein soll. Gleichermaßen hervorgehoben wird die symbolische Bedeutung der Novelle, von der die Forschung behauptet, sie sei nie eine Geschichte, die um ihrer selbst willen erzählt werde (was man zu einem Verbrechen stempelt), sondern sie weise immer mit einer allegorischen, quasi-didaktischen oder mystischen Bedeutung gleichsam über sich selbst hinaus. — Das ist alles bestimmt richtig und trägt viel dazu bei, den Erfolg der Novellen besser zu verstehen, bedeutet aber von dem Standpunkt unseres Problems sicherlich eine Einschränkung des Begriffs Realismus. Das Ideal, das von den Dichtern jener Epoche angestrebt wurde, war gleichermaßen das Poetische, wie das Reale — *poetischer* Realismus, also gleichermaßen Dichtung wie auch Wahrheit. Der wesentliche Zug der Novellenform war immer die Auswahl des Bedeutsamen unter Ausschließung des Unpoetischen. Nie wurde versucht, ein allgemeines Bild sozialer Zustände zu geben[16], so daß die Novelle nicht mit den fast unüberwindlichen Schwierigkeiten zu kämpfen hatte, die sich dem deutschen Gesellschaftsroman entgegenstellten. Anstelle von Totalität (dem Ziel des Romans seit den Romantikern), bietet sie nur einen signifikanten kurzen Einblick, einen Ausschnitt aus der Wirklichkeit und entsprach damit mehr der fragmentarischen Natur der deutschen Gesellschaft. Konsequenter Realismus wurde als nicht vereinbar mit der noch allgemein gültigen Auffassung vom Wesen der „Dichtung" angesehen. Während sich der europäische Realismus im kosmopolitischen, sozialen, humanitären, in Umfang und Anlage sehr breiten Roman darstellte, war der deutsche Realismus in der kurzen, symbolischen, streng formalen Erzählprosa am erfolgreichsten. Ihr Bereich ist folglich viel beschränkter, so daß es an einigen ihrer Vertreter lag, zu beweisen, daß sie auch innerhalb solcher Einschränkungen große Literatur sein konnte.

Dieses sind die Extreme, zu denen deutsche Kritiker neigen: die

---

[16] W. A. R. Leppmann, *Die deutsche Novelle als Spiegel sozialer Zustände*. Diss. (Ph. D.), Princeton 1952.

Geringschätzung des Romans wegen der verhältnismäßigen Schwäche dieser Gattung in der deutschen Literatur des 19. Jahrhunderts und die daraus resultierende Überbewertung der Novelle. (Die einfache „Erzählung" wird sehr selten erörtert.) Sie sind vielleicht nur zu bereit, sich an das zu erinnern, was Storm über Novelle und Drama gesagt hat und vergessen zu schnell, daß der gleiche Schriftsteller mit Bedacht versuchte, ein möglichst großes Publikum anzusprechen, was so weit ging, daß er einem Bericht des *Deutschen Museums* von 1860 zufolge der „Lieblingsdichter der Damenwelt" war. Wenn dieser Realismus dem deutschen Publikum hauptsächlich durch die kurze Erzählprosa nähergebracht wurde, so möge man sich daran erinnern, wo diese Prosa zuerst erschien — nämlich in den zeitgenössischen Familienzeitschriften.[17] Das trägt gewiß viel dazu bei, die ambivalente Natur des deutschen Realismus verglichen mit seinen europäischen Parallelerscheinungen zu erklären, denn diese Schriftsteller waren bereit, ihren Realismus dem Geschmack eines besonderen Publikums anzupassen. Die „Ansprache an den Leser" zu der ersten Nummer der *Gartenlaube* faßt nicht nur die Ziele dieser Zeitschrift zusammen, sondern umreißt auch die allgemeine Entschlossenheit, eher zu *belehren* und zu *unterhalten*, als zu *beunruhigen* und zu *schockieren*, etwas das von den deutschen Realisten in so hohem Maße gilt. — Sie sind nie aggressiv.[18] „Ein Blatt soll werden für das Haus und die Familie, ein

[17] Werner Spies, *Der literarische Geschmack im Ausgang des 19. Jhs. im Spiegel der deutschen Zeitschriften*. Eine Studie zur Geschichte des literarischen Geschmacks und des Zeitschriftenwesens in Deutschland. Diss. (Masch.), Bonn 1953, S. 233.
Eva-Annemarie Kirschstein, *Die Familienzeitschrift: ihre Entwicklung und Bedeutung für die deutsche Presse*. 1937. Bd. 2. Beiträge zur Erforschung der deutschen Zeitschrift. Charlottenburg.
Wolfgang Ehekircher, *Westermanns illustrierte deutsche Monatshefte: ihre Geschichte und ihre Stellung in der deutschen Literatur der Zeit*. Georg Westermann Verlag 1952.
Ruth Koder, *Die Presse als Quelle für die Literaturgeschichte. Versuch einer ersten Klärung des Problems*. Diss. (Masch.), München 1952.
[18] Ruth Horovitz, *Vom Roman des Jungen Deutschland zum Roman der Gartenlaube: ein Beitrag zur Geschichte des deutschen Liberalismus*. Breslau 1937, S. 139.

Buch für Groß und Klein, für jeden, dem ein warmes Herz an den Rippen pocht, der noch Lust hat am Guten und Edlen! Fern von aller räsonnierenden Politik und allem Meinungsstreit in Religions- und anderen Sachen wollen wir Euch in wahrhaften guten Erzählungen einführen in die Geschichte des Menschenherzens und der Völker, in die Kämpfe menschlicher Leidenschaften und vergangener Zeiten... So wollen wir Euch unterhalten und unterhaltend belehren. Über das Ganze aber soll der Hauch der Poesie schweben wie der Duft auf der blühenden Blume und es soll Euch anheimeln in unserer Gartenlaube, in der Ihr gutdeutsche Gemütlichkeit findet, die zu Herzen spricht..." Dieses Zitat aus der *Gartenlaube* (ein Titel, der übrigens von Goethe ausging) läßt die Zeitschrift zweifellos viel harmloser erscheinen, als sie es wenigstens am Anfang war; diese und ähnliche Zeitschriften aber waren es, in denen viele der ersten realistischen Romane und Novellen zuerst veröffentlicht wurden, und wie kürzlich angestellte Untersuchungen gezeigt haben, bedeutete die Ausrichtung der bürgerlichen Zeitschriften auf die Familie in der Praxis eine besondere Einengung in der Auswahl ihrer Inhalte. Sie alle legten besonderen Nachdruck auf die moralische Seite der Dinge; wenn die sozialen Zustände auch nicht völlig verborgen bleiben konnten, so bemühte man sich doch, sie nicht allzu gründlich zu sondieren. — Man war sehr zurückhaltend. Das Wort Realismus beinhaltet für viele Leser automatisch einen gewissen Freimut: das trifft jedoch nicht auf diese Dichter zu. Sexuelle Probleme, Scheidungen und Selbstmorde etc. ließen sie entweder überhaupt weg, oder sie behandelten sie mit äußerstem Feingefühl und Takt. Dies bedeutete wiederum eine strenge Einschränkung der möglichen Themenwahl, obwohl sich die zeitgenössischen Dichter dessen nicht allzu sehr bewußt waren; auch war es einigen von ihnen, wie etwa Keller, immer noch möglich, große Werke auf dieser Basis zu schaffen. Aber es ist kaum verwunderlich, daß das allgemeine Niveau solcher Familienwerke allmählich immer tiefer sank, bis sie, wie auch die deutschen Gesellschaftsromane, einer kritischen Betrachtung nicht mehr wert waren.[19] Nur die wahrhaft Großen konnten sich den Gefahren des

---

[19] ebenda.

übermäßig Häuslichen, Idyllischen und Bürgerlichen entziehen. Es ist nicht der Zweck dieser kurzen Abschweifung auf das Gebiet der Familienzeitschriften, den deutschen Realismus herabzusetzen, sondern es soll nur versucht werden, alles ins richtige Verhältnis zu bringen. Die Novelle wurde im allgemeinen übertrieben hoch eingeschätzt und man ist nicht gewillt, sich daran zu erinnern, daß die realistische Erzählung (vgl. Storm) oft auf ein Niveau herabsinkt, das man eher von Familienzeitschriften erwartet. — Etwas vom ambivalenten Wesen dieses verhäuslichten Realismus zeigt sich also in den Wurzeln, aus denen er hervorging.

All das wird von einigen Kritikern als Teil des allgemeinen Prozesses der „Verbürgerlichung" angesehen — des Übergangs von den Romantischen Taschenbüchern zu den bürgerlichen Familienzeitschriften. Im wesentlichen hat man in Versuchen, den deutschen Realismus zu charakterisieren, die Elemente des Bürgerlichen immer am stärksten betont; obwohl dies zugegebenermaßen einer der charakteristischen Züge der ganzen Epoche ist, ist er doch geeignet, endlose Verwirrung zu stiften. Denn was gibt denn ein Begriff wie „bürgerlicher Realismus" eigentlich zu verstehen? — etwas, das an die *Gartenlaube* erinnert? oder vielleicht eine aggressive, antiaristokratische Tendenz, mit der der bürgerliche Schriftsteller die Rechte und Ideale seines Standes gegen den Adel verteidigt? — „Die Wendung zum Realismus ist zugleich eine Wendung zu Liberalismus, Demokratie und Republik"[20] — oder bedeutet es einfach, der Bürger schreibt über den Bürger, um damit die Bürgermoral hochzuhalten? Die ganze Vorstellung vom Bürger ist durchsetzt von Schwierigkeiten, und das besonders heutzutage, denn der Begriff ist völlig entwertet und wird allzuleicht mit *Spießbürger*, *Bourgeois* und *Philister* verwechselt. Das ist es sicher nicht, was der deutsche Realist im 19. Jahrhundert meinte, wenn er vom „Bürger" sprach. Für ihn bedeutete Bürgertum die Schichten der Gesellschaft außerhalb der Aristokratie, die durch *Besitz* und *Bildung* gekennzeichnet waren. Die Ausrichtung ausschließlich auf das erste, nämlich auf das

---

[20] Werner Mahrholz, Gesellschaftliche Umschichtung und geistige Wandlung. Ein Beitrag zur Soziologie der dt. Literatur im 19. Jh. *Preußische Jahrbücher*, 209 (Juli—September 1927), S. 165.

materielle Besitztum, führte zum Aufkommen der Bourgeoisie, die vom wahren Bürgerstand verachtet wurde. Der Besitz von Bildung und Kultur ohne soziales Prestige ergab das gleichermaßen verachtete intellektuelle Proletariat. Aber derselbe Bürgerstand hatte in sich selbst keine so feste Grundlage, denn er war zerspalten von gegensätzlichen Kräften, die Riehl als „die Mächte des Beharrens" und die „Mächte der Bewegung" beschreibt. Der ideale Bürger vereinigte beide in sich — er besaß die konservativen Kräfte der Aristokratie und der Bauernschaft und die fortschrittlichen Kräfte der Stadtbewohner. Bürgertum sollte zugleich eine Kraft des sozialen und wirtschaftlichen Fortschritts gegen die Aristokratie und eine Kraft der Dauer, Ordnung und Mäßigung sein. So neigte der Bürger dazu, politisch liberal und progressiv mit konservativen Tendenzen zu sein! Das Gleichgewicht zwischen den beiden Kräften war klarerweise prekär und als der Antrieb nach vorne vergessen war, kamen, sehr zum Kummer der bürgerlichen Realisten, die Selbstgerechtigkeit, gemeine Prahlerei und Heuchelei der Bourgeoisie zum Vorschein. Ähnliches galt, als die früheren hohen Ideale der Goethezeit verloren waren und nichts außer dem Verlangen nach Frieden, Ruhe und Bequemlichkeit zurückblieb („Ruhe ist die erste Bürgerpflicht"). Das völlige Fehlen jeglichen Interesses an dem, was außerhalb seines unmittelbaren Gesichtsfelds vor sich ging, war das Kennzeichen des Spießbürgers. Auch der Realist war sich dieser Gefahr bewußt, wurde aber durch seine Rechtfertigung des Bürgers und der Bürgermoral in eine seltsam ambivalente Lage gedrängt, denn die Trennungslinie zwischen Bürger und Spießbürger war oft sehr eng. Also auch diese Ambivalenz macht es so schwierig, den deutschen Realisten zu verstehen, greift er doch im Gegensatz zum europäischen Realisten den Bürger niemals wirklich an, und wenn er ihn auch oft satirisch zu betrachten scheint, so ist sein Angriff doch mehr auf den Spießbürger gerichtet und sogar das nicht einmal aus vollem Herzen. Ein Zitat von Raabe trägt vielleicht mehr zur Klärung dieses Problems bei [21] — er behauptet, daß alle Deutschen, selbst die Größten, irgendwie in der Welt des Spießbürgers verwurzelt sind: „Sie kommen alle aus Nippenburg,

---

[21] Wilhelm Raabe, *Abu Telfan*. Kap. 35, 1. Abschnitt.

wie sie Namen haben: Luther, Goethe, Jean Paul, und sie schämen sich ihres Herkommens auch keineswegs, zeigen gern ein beträchtliches Verständnis für die Werkstatt, die Schreibstube und die Ratsstube; und selbst Friedrich von Schiller, der doch von all unseren geistigen Heroen vielleicht am schroffsten mit Nippenburg und Bumsdorf brach, fühlt doch von Zeit zu Zeit das herzliche Bedürfnis, sich von einem früheren Kanzlei- und Stammverwandten grüßen und mit einem biederen ‚Weischt' an alte natürlich-vertraute Verhältnisse erinnern zu lassen." Es ist dies eine Haltung, die an Thomas Manns gleichermaßen ambivalente Stellung zum deutschen Bürgertum und zur deutschen Kultur erinnert. „Sein Verhältnis zur deutschen Kultur ist seiner Stellung zum Bürgertum verwandt und durch Haß-Liebe, also Unentschiedenheit bestimmt. Beide Welten greift er in diesem Augenblick an und bekennt sich im nächsten Moment liebend zu ihnen..."[22] Aber der Unterschied zwischen dem 19. und 20. Jahrhundert in Deutschland liegt in einer wesensmäßigen Verschiedenheit: das 19. Jahrhundert ist didaktisch, das 20. Jahrhundert kritisch ausgerichtet. Die deutschen Realisten des 19. Jahrhunderts gaben weder eine tatsächliche Darstellung vom Leben des Bürgers noch ein kritisches Bild von ihm. Sie wußten, daß abstoßendes soziales Übel existierte, aber es hätte nicht ihren sozialen Absichten entsprochen, sich damit zu befassen. Sie gingen „einen geraden Weg von Abbildern erlebter Wirklichkeit zu Vorbildern und Urbildern höheren Lebens".[23] Deshalb ist es so irreführend, Parallelen zu ziehen zwischen der Realität des Lebens in Deutschland und den literarischen Erzeugnissen der Realisten, die sich gleichermaßen mit dem Idealen wie mit dem Realen, mit dem „soll" wie mit dem „ist" beschäftigten.

Es war auch kein Zufall, daß sich dieser bürgerliche Realismus für seine „Vorbilder und Urbilder höheren Lebens" teilweise der Dorfgeschichte zuwandte, denn einen Gegensatz zwischen *bürger-*

[22] Karl Diedenhofen, *Theodor Fontane und Thomas Mann* (Eine vergleichende Untersuchung als Beitrag zu den Problemen der Ironie und der Bedeutung des intellektuellen Elements in der Literatur). Diss., Bonn 1951, S. 209.
[23] Eva Neuzil, *Bürgertum und Bürgerlichkeit bei Adalbert Stifter*. Diss., Wien 1947, S. 174.

lich und *bäuerlich* gibt es nicht.[24] Auch der englische und französische Realismus begann mit der Kleinstadterzählung und der Dorfgeschichte — (sogar *Madame Bovary* ist im wesentlichen die Geschichte vom Leben in einem kleinen Landstädtchen, obwohl der tiefere Sinn weit über diesen engen Rahmen hinausreicht). Der Unterschied aber ist, daß der Realismus in Deutschland viel länger rein regional und provinziell als der Realismus in diesen anderen Ländern beschränkt blieb. In einem Teil der Forschung wurde dieser Unterschied klar erkannt und als Erklärung dafür auf verschiedene soziale Umstände hingewiesen — auf das späte Aufkommen der industriellen Revolution, auf die Kleinstaaterei in Deutschland, auf die erstickende Atmosphäre der deutschen Residenzstädte, die kein Ersatz waren für das politische und soziale Bewußtsein in Zentren wie London oder Paris, die Deutschland immer noch fehlten. (Selbst 1871 war die deutsche Bevölkerung zu 64 % bäuerlich und ländlich.) Aber das erklärt noch immer nicht, warum der Bauer und Kleinstadtbewohner in den Blickpunkt des literarischen Interesses rückte und dort verblieb. Lokalpatriotismus allein war es nicht, denn man vergleiche nur, wie hoch z. B. der Schweizer Gotthelf selbst in Berlin eingeschätzt wurde. War es, wie Bennett andeutete, eine Reaktion gegen die von Paris aus zur Aggressivität erweckte Literatur der Jungdeutschen, daß sich die zeitgenössischen Schriftsteller von diesem Treibhausintellektualismus distanzierten und sich einer „etwas solideren, bleibenderen Grundlage" zuwandten, „etwas, das jahrhundertelang fern jeder Veränderung existiert hatte"? Oder ergaben diese malerischen Erzählungen über Kulturgeschichte und Tradition der deutschen Landschaft eine angenehme Verbindung des Romantischen mit dem Realen nach der Art Sir Walter Scotts, indem man der aristokratischen Salonkultur gute, feste und gesunde deutsche Gestalten gegenüberstellte? Beide Begründungen sind vorgebracht worden, und wirklich wird der Rea-

---

[24] Hermann Lemaire, *Das Stadt-Land-Problem und seine Gestaltung im dt. Roman des 19. und 20. Jhs.* Diss., Bonn 1933.
Friedrich Altvater, *Wesen und Form der deutschen Dorfgeschichte im 19. Jh.* Berlin 1930.
Maria Zahlbruckner, *Echte und unechte Dorfdichtung.* Diss., Wien 1952.

lismus ebensooft als ‚positiv‘ und ‚gesund‘ wie auch als ‚destruktiv‘ und ‚undeutsch‘ bezeichnet. Immermann und Auerbach heilten beide ihre Helden von den Übertreibungen der kulturellen Verfeinerung dadurch, daß sie sie mit der Lebensweise auf dem Lande in Berührung brachten. Es ist sicherlich eine richtige Antwort, wenn man sagt, daß Schriftsteller und Leser die Verwirklichung der idealen ‚bürgerlichen Haltung‘, der ‚holden Mitte‘ in der Kleinstadt- und Dorferzählung fanden. Bauern und Bürgern wurden viele Gemeinsamkeiten nachgesagt, nämlich Bodenständigkeit, Achtung vor Tradition und Obrigkeit, Einfachheit in Leben und Gewohnheiten und eine echte patriarchalische Lebenshaltung. Beide, Bürger- und Bauernstand, wurden wahrheitsgemäß und liebevoll, aber doch im hohen Maße idealisiert dargestellt. Soviel der deutsche Realist auch über Zunft und Gewerbe, Meister und Geselle schrieb und nie vom Unternehmer und Proletarier, so schrieb er auch in der Dorfgeschichte vom bodenständigen, hochgeachteten Bauern und nicht vom Halb-Leibeigenen oder Tagelöhner, der der Landbewohner in vielen Teilen Deutschlands und Österreichs noch war. Ziel war es, das Ideal einer patriarchalischen Gemeinschaft zu erfassen, die mehr und mehr vor dem Vormarsch der Gesellschaft zurückwich. Das Ergebnis war ein sehr ambivalenter Realismus. Jeder Leser, der von der Grundannahme ausgeht, daß der deutsche Realismus aggressiv, vorwärtsschauend und modern ist, wird überrascht sein, etwas gänzlich Verschiedenes vorzufinden. Er wird gute, solide, moralisch angehauchte Geschichten vom Leben in Kleinstädten oder Dörfern vorfinden, die immer noch völlig unberührt vom Tempo des modernen Lebens sind. Das heißt nicht, daß sich der deutsche Realist der Probleme des modernen Zeitalters nicht bewußt war, sondern daß er einfach in ein vorhergehendes geboren wurde. Er neigte dazu, Zustände festzuhalten, nicht wie sie sich in seiner eigenen Zeit, sondern wie sie sich in seiner eigenen Jugend dargestellt hatten, gesehen etwa vom geläuterten Standpunkt eines Stadtbewohners, der auf sein Leben auf dem Lande, oder eines reifen Mannes, der auf seine Kindheit zurückblickt. Er war sich der Veränderungen, die in der Welt, wie er sie kannte, vor sich gingen wohl bewußt, aber seine Einstellung dazu war ambivalent, gekennzeichnet eher durch Resignation als durch aufrichtige Bejahung.

Der Ton, den er anschlug, war elegisch. Er blickte in die Zukunft, lebte in der Gegenwart, aber schrieb von der Vergangenheit. Auch beschränkte er sich nicht auf seine eigenen Erinnerungen an die Vergangenheit. Der Blutsverwandte von *Madame Bovary,* jener realistischen Kleinstadtgeschichte, war *Salammbô,* die historische Romanze auf Tatsachengrundlage. In der Tat war die realistisch-historische Erzählung eine der erfolgreichsten literarischen Gattungen im ganzen 19. Jahrhundert, und das nicht zu geringem Maße auch in Deutschland. Auch hier wiederum werden von deutschen Kritikern, die das Problem des Historismus und der Literatur angingen, verschiedene Gründe für die weitverbreitete Popularität dieser Gattung vorgebracht. Sie weisen auf die sogenannte ‚Deutsche Bewegung' hin, die von Herder ausgehend auf die Romantiker übergriff und die den Anstoß gab zum Interesse an Volkskunde, Traditionen, nationaler Geschichte usw. Oder sie sehen diesen ‚historischen Realismus' als Nachahmung Sir Walter Scotts, — als gesunde Reaktion gegen den Journalismus und die Tagespolitik der Jungdeutschen — als Rückkehr zur gesunden nationalen Vergangenheit, ähnlich der ‚gesunden' Dorfgeschichte — oder als Nebenerscheinung der Anwendung naturwissenschaftlicher Prinzipien auf die Geschichte. Andererseits zeigt sich eine derartige Einschätzung des historischen Realismus nicht immer so positiv, was die Tatsache beweist, daß er auch als ‚Flucht in die Vergangenheit' beschrieben wird. Es gibt nichts Positives oder Gesundes an einer Flucht und zweifellos war es oft eine Art Flucht vor der unpoetischen Alltagswirklichkeit der Gegenwart, war Trost und Ermutigung für den kulturhungrigen Bürger in einem Zeitalter der Enttäuschungen und massiven Emigration, war ein Versuch, durch die glorreiche Vergangenheit zu zeigen, daß Nationen auch früher schon dunkle Tage mitgemacht und triumphierend daraus hervorgegangen sind. Selbst die in einem solchen ‚historischen Realismus' mitinbegriffenen politischen Erscheinungen waren ambivalent. — Er wurde oft als ein Werkzeug der Reaktion benutzt, um zu zeigen, wie falsch es wäre, die edelsten Wurzeln der Nation — nämlich die, die in der Vergangenheit liegen und sich organisch entwickelt haben — durch revolutionäre Veränderungen zu zerstören. Aber er war auch in gleicher Weise geeignet als Ausdruck einer mehr liberalen Anschauung zu dienen, und wurde auch oft zu diesem Zwecke gebraucht. Im wesentlichen war die realistisch-historische Erzählung (wie auch die Dorf- und Kleinstadtgeschichte) durchaus dazu geeignet, alle die verschiedenen Tendenzen in sich zu vereinigen, die progressiven und reaktionären, die den Tatsachen entsprechenden und die phantastischen; sie gab aber auch durch ihre Naturbeschreibungen und ihre malerische Durchführung einfachen Menschen und einfachen Dingen immer noch einen Anschein von Würde, Distanz und Poesie. Jetzt waren es Geschichten von Bürgern und Bauern, und nicht von Dichtern, Künstlern, Genies und Heroen wie in der Zeit der Romantik.

All diese literarischen Gattungen warfen das Problem eines sprachlichen Realismus auf, denn konsequenterweise verlangten sie Dialekt oder Archaismen. Mit einigen wenigen Ausnahmen wurde extremer Realismus der Sprache vermieden und der einheitliche Ton gewahrt, der sich in einer klugen Verbindung von Dichtung und Wahrheit, Idealisierung und Wirklichkeit, Objektivität und Subjektivität darstellt — mit einem Wort, eine sorgfältige Kultivierung der Mitte, ein sorgfältiges Vermeiden von Extremen, die Auswahl einer begrenzten Anzahl von Themen unter strenger Ausschließung vieler anderer, was das Kennzeichen schlechthin des Realismus ist — dieselbe Tendenz, die die Naturalisten zur Ansicht führte, daß dem Ideal der Schönheit zu viel Wahrheit geopfert worden sei.

Damit dürfte zur Genüge gezeigt worden sein, wie uneinig sich die Forschung in der Bewertung dieser Epoche ist und wie ambivalent der Realist selbst zu dieser Epoche eingestellt ist. Aber nirgends sonst ist die Divergenz tiefer als in den Versuchen, den allgemeinen Zeitgeist dieser Periode zu beschreiben. Manche etwa fassen sie als ein Zeitalter der Zufriedenheit auf, und die am häufigsten zitierte Definition des poetischen Realismus[25] beschreibt als sein Hauptmerkmal die „gesunde Lebensbejahung". Andere Kritiker hingegen betrachten das Zeitalter des Realismus als eines der tiefen Disharmonie und des unerfüllten Verlangens, charakterisiert

---

[25] Mercker-Stammlers *Reallexikon*. Artikel über den *Poetischen Realismus* von Max Nußberger.

durch einen kaum merklichen Zug von Wehmut.[26] Hier, wie auch anderswo liegt die Wahrheit zwischen den beiden Extremen — vieles kann für beide Seiten gesagt werden, denn der deutsche Realist stand in Wirklichkeit, wie schon angedeutet, sehr feinfühlig zwischen Optimismus und Pessimismus, indem er einerseits zufrieden war mit den Leistungen des Bürgertums, andererseits aber betrübt war durch die Gefahren, die es zu vernichten drohten. Er erkannte die Entwicklung vom Bürgertum zur Bourgeoisie, vom Sein zum Schein, und reagierte dagegen, indem er versuchte, alles, was an der alten patriachalischen Lebensweise gut war, vor der Flut des Neuen zu retten; und er tat dies unter anderem mit Hilfe des Humors, der, wie Baldensperger und andere gezeigt haben, keineswegs unbedingt das Ergebnis einer zufriedenen Zeit oder zufriedener Dichter war. („Die absolute Grundlage für den Humor all dieser Typen ist ihr an der Welt leidendes Gemüt.") Der Humorist (und fast alle Realisten waren in irgendeiner Form Humoristen) „sieht das Schwinden alter, ehrwürdiger Werte mit Wehmut, ohne daß er darum das Neue verabscheut".[27] Aber Wehmut ist nicht Verzweiflung: er kann immer noch humorvoll auf bestimmte Ideale hinweisen, die in gewissen urtümlichen Charakteren verkörpert sind, welche, so phantastisch sie auch erscheinen mögen, doch zeigen, wo die wahre Humanität zu finden war, nämlich in einzelnen Menschen im entlegensten Winkel von Stadt und Land — in Individuen und nicht in der anonymen Masse. Humor ist schon früh als ein charakteristischer Zug der Realisten erkannt worden, und doch ist es ein Begriff, der genausoviel wie andere auch zur Verwirrung um den deutschen Realismus beiträgt. Dafür ist wahrscheinlich wieder die Neigung, Schlüsse aus dem politischen und sozialen Zu-

---

[26] Fernand Baldensperger, *Etudes d'Histoire littéraire*. Bd. 1. Les définitions de l'humour, S. 176—222.

Hans Bunje, *Der Humor in der niederdeutschen Dichtung des Realismus*. Diss. (Masch.), Kiel 1951, S. 215.

Walter Bittermann, *Die Kunstmittel des Humors bei Raabe*. Diss. (Masch.), München 1951, S. 112.

Kurt Esselbrügge, *Die Struktur des Humors bei Gottfried Keller*. Leipzig 1939.

[27] Hans Bunje, a. a. O., S. 34 u. S. 78 f.

stand in den Ländern zu ziehen, verantwortlich zu machen, denn im Hinblick auf die Achtundvierziger Revolution oder die Politik Bismarcks könnte ein übereilter Leser dazu verführt werden, bittere Kritik oder wenigstens eine Spur von Satire zu erwarten. Das ist aber selten der Fall. Der Humor der Realisten wirkt eher warmherzig und nachdenklich als barsch und zerstörend. Deutsche Kritiker und Philosophen waren bisher allzu leicht bereit, sich auf tiefe und humorlose Diskussionen über die Quellen dieses Humors (der offensichtlich mehr ist als bloße Nachahmung literarischer Vorbilder, seien es deutsche, z. B. Jean Paul, oder englische, z. B. Dickens) und die Beziehung zwischen Humor und Realismus einzulassen. So heißt es, der Humorist mache sich lustig über die Wirklichkeit, während er aber gleichzeitig engen Kontakt mit ihr aufrechterhalte; vom Humor heißt es, er beruhe auf einem Gefühl der Unangemessenheit von Idee und ihrer Darstellung, von Gehalt und Gestalt, vom Eindruck, der durch die Außenwelt entsteht und seiner Darstellung durch den Humoristen usw. Aber allgemein gesprochen wird Humor als Träger der Ambivalenz angesehen, der Gegensätze versöhnt, wobei noch jener moralisierende Ton dazukommt, der in Werken bürgerlicher Realisten nie fehlt. „Der Gegensätze umspannende Reichtum seines Inneren befähigt den Humoristen, allen Menschen, seien sie gut oder schlecht, mit Verständnis und Sympathie zu begegnen und ihre Schwächen und Fehler gütig zu belächeln. Er fühlt sich nur als Kämpfer gegen den Schein für das Wesentliche, nämlich den Wert des Gemüts für das Sosein des einzelnen Menschen."[28] Humor wurde auch als Entwicklung aus der Romantischen Ironie angesehen, doch ist er mehr als jenes oft kalte intellektuelle Spiel. Die übermäßige Subjektivität der Romantiker wich der charakteristischen Balance von Subjektivität und Objektivität, was den Leser bewußt werden läßt, welch warmes Interesse der realistische Schriftsteller an seinen von ihm geschaffenen Figuren hatte, ohne dabei die Illusion der Wirklichkeit, wie sie von der Romantischen Ironie verlangt wurde, zu zerstören. Der Realist wollte unterhalten, wies aber zur gleichen Zeit immer leise auf die

---

[28] Anna Krüger, *Der humoristische Roman mit gegensätzlich verschränkter Bauform (Jean Paul, Raabe, Kurt Kluge).* Limburg/L. 1953, S. 12.

moralische Seite hin, und das nicht mit Hilfe der Satire, die verletzen könnte, sondern mit der befreienden Kraft des Humors. Das Ergebnis war, abgesehen von gelegentlichen grotesken Ausbrüchen, ein warmer goldener Glanz, eine Stimmungsharmonie, die es für die Opfer zuließ, über ihre eigenen Fehler zu lachen und die „Vorbilder und Urbilder höheren Lebens", die zu ihrer Belehrung hochgehalten wurden, zu verehren. Diese Art von Humor wird vielfach als eines der liebenswertesten Merkmale des Poetischen Realismus bewundert, hat aber doch auch ihre Kritiker gefunden: „Zudem entspricht der Geschmack an einem eingeschränkten Behagen und an einer von aller Form und Konvention befreiten Gemütlichkeit, an einem Sich-Gehen-Lassen, wohin man will, der niederen Natur des Menschen, und dieser kommt der Humor entgegen. Sich einkapseln ins Enge, Schiefe, Winklige und den Konflikt, der aus dem verschrobenen Zustand mit allem, was Freiheit und Ebenmaß besitzt, hervorgeht, ins Humoristische wenden, das ist ein Unternehmen, das immer auf Beifall zählen darf ... Wer kennt nicht jenen Humor, der das Provinzleben, die Kleinstädterei, das Banausentum der Ecken und Winkel anpreist und auch die verstaubten bürgerlichen Lokalitäten in das Helldunkel der Neigung taucht ... Das Vergolden fauler und abgestandener Zustände bleibt immer ein zweideutiges Geschäft." [29] Es besteht ein großer Unterschied, ob man z. B. Kellers Humor einen goldenen Glanz nennt oder ihn als Goldüberzug über etwas Faules bezeichnet.

Soweit wurden mehrere Wege, dem deutschen Realismus näherzukommen, erkundet — die repräsentativen literarischen Gattungen, die zeitgenössischen literarischen und intellektuellen Bewegungen, die Bedeutung seines lokalen, historischen und humoristischen Wesens und sein sozialer und politischer Hintergrund. Damit sind bei weitem nicht alle Möglichkeiten erschöpft, doch genügt es vielleicht, um anzudeuten, daß, bei Anwendung des Begriffes Realismus auf die deutsche Literatur des 19. Jahrhunderts, dies dem Wesen dieser Literatur nach nur mit unmittelbaren und umfassenden Einschränkungen gemacht werden kann. Und in der Tat steht der Begriff nie allein. In deutschen Literaturgeschichten wird Rea-

---

[29] F. G. Jünger, *Über das Komische*. Hamburg 1936, S. 64 f.

lismus immer mit den Adjektiven ‚poetisch', ‚malerisch', ‚dichterisch', ‚ideal', ‚bodenständig', ‚bürgerlich', ‚volkstümlich', ‚geschichtlich', ‚symbolisch' näher umschrieben. Fast immer liegt der Akzent eher auf dem Beiwort als auf dem Hauptwort, ein Hinweis darauf, daß es deutsche Forscher im allgemeinen wichtiger finden zu beweisen, die deutsche Prosa des 19. Jahrhunderts sei poetisch und symbolisch, als zu zeigen, inwiefern Realismus real ist. Denn welche Realität soll es sein, um die die Poetischen Realisten poetisch bemüht sind? Ihre eigene Zeit? Eine frühere Zeit? Die hier vorgeschlagene Antwort ist, daß es keine einfache Antwort und keine eindeutige Definition gibt, was unter Realismus des 19. Jahrhunderts zu verstehen ist. Das liegt nicht nur an den üblichen Unklarheiten literarischer Bezeichnungen wie Romantik, Realismus, Barock, sondern ist das Ergebnis einer wesentlichen Ambivalenz, mit der die zeitgenössischen Schriftsteller auf die Probleme ihrer Zeit antworteten. Es war ein Zeitalter der Krise, aber keines, das gewaltsame Antworten, unmittelbare positive und negative Reaktionen auf jedes mögliche Ereignis hervorrief. Es war eher eine Zeit allmählicher, aber doch grundlegender Veränderungen als eine bloße Übergangsepoche. Walter Höllerer deutet diese Zeit als eine „geistesgeschichtliche Wende" im Leben der Nation.[30] Nichts sollte bleiben, wie es vorher gewesen war. Traditionen, religiöser Glaube, sozialer Stand, Arbeitsbedingungen, berufliche und familiäre Beziehungen waren im beständigen Wechsel begriffen. Das alles spiegelte sich nicht nur an der Oberfläche, sondern auch im Herzen eines jeden, der schrieb. Natur, Geschichte, Humor breiteten ihren poetischen Reiz über ihren Realismus aus, das Gedächtnis bildete die Wirklichkeit gereinigt von allem Nebensächlichen nach, die selektive Technik der Novelle sonderte das Unerfreuliche aus und führte einen hohen moralischen Ton ein, und immer am Grunde ihrer Werke war das elegische, fast schon sentimentale Bewußtsein von ‚Zeit', denn im wesentlichen waren sie nicht darauf aus, die Realität aufzuzeichnen, wie sie sie sahen, sondern sie wollten das ideale Bild der alten Zeit bewahren, bevor es auf immer verschwand.

[30] Walter Höllerer, *Gottfried Kellers „Leute von Seldwyla" als Spiegel einer geistesgeschichtlichen Wende. Eine Studie zur Geschichte der Novelle im 19. Jh.* Diss. (Masch.), Erlangen 1949.

René Wellek, The Concept of Realism in Literary Scholarship, in: Neophilologus XXXXV, 1961, S. 1—20. (Auch als selbständige Schrift erschienen: Allard Pierson Stichting. Afdeling voor moderne Literatuurwetenschap, Universiteit van Amsterdam Nr. 31, 1961) — Deutsche Fassung von W. J. Lillyman. In: René Wellek, Grundbegriffe der Literaturkritik (Sammlung „Sprache und Literatur" 24) Stuttgart, Kohlhammer Verlag, 1965, S. 161—182.

DER REALISMUSBEGRIFF IN DER LITERATURWISSENSCHAFT

Von René Wellek

Die Diskussion über den Realismus ist heute, mehr als hundert Jahre nach der französischen Debatte, wieder aktuell. In der Sowjetunion, in allen Satellitenstaaten und vermutlich auch in China wurde der „Realismus" oder besser der „sozialistische Realismus" als die einzig erlaubte literarische Lehre und Methode offiziell eingeführt. Seine genaue Bedeutung, Geschichte und Zukunft werden in einer großen Anzahl von Schriften, deren Umfang wir uns hier im Westen kaum vorstellen können, endlos diskutiert. Glücklicherweise brauchen wir nicht jeder Änderung der Parteilinie zu folgen. Wir können schreiben und kritisieren, ohne uns um Regierung, Zensur, Beschlüsse, Vorschriften und Anordnungen zu kümmern.

Wäre die Auseinandersetzung mit dem Realismus nur eine Angelegenheit sowjetischer Kritiker und Schriftsteller, dann könnten wir sie unberücksichtigt lassen oder sie als einen Auswuchs der kulturellen Situation des Ostblocks ablehnen. Wir könnten die zeitgenössische russische Malerei als ein kulturelles Zurückgebliebensein, als ein erzwungenes Überbleibsel des Geschmacks des 19. Jahrhunderts für Genre und Farbendrucke bezeichnen, oder wir könnten die Romane über die Herstellung von Zement, die Errichtung von Dämmen, über Partisanenkämpfe und Parteiversammlungen als einen Versuch ansehen, Propagandakunst für eine große, noch vor kurzem aus Analphabeten bestehende Masse herzustellen.

Aber dies wäre meiner Ansicht nach ganz falsch. Die russische Diskussion befaßt sich mit grundlegenden ästhetischen Problemen, und besonders in der Formulierung, die ihnen der ungarische Marxist Georg Lukács gegeben hat, stellt sie die Grundvoraussetzungen der modernen Kunst und Ästhetik in Frage. Wegen seiner Vertrautheit mit der deutschen Tradition ist Lukács allerdings eine Ausnahme unter den Marxisten und verdankt einen Teil seines Erfolges der Fähigkeit, den Realismus mit dem Klassizismus zu verbinden. Trotzdem sollte man anerkennen, daß das Wiederauftauchen und die Neuformulierung des Realismusproblems an eine starke geschichtliche Tradition anknüpft. Dies aber ist der Fall nicht nur in Rußland, wo die sogenannten radikalen Kritiker der sechziger Jahre seine Gedankengänge vorwegnahmen, und nicht nur in der vorwiegend französischen realistischen Bewegung des 19. Jahrhunderts, sondern in der ganzen Literatur- und Kunstgeschichte. Realismus im Sinne einer naturgetreuen Darstellung ist zweifellos eine Hauptströmung der kritischen und schöpferischen Tradition sowohl in den bildenden Künsten als auch in der Literatur. Um nur Beispiele vor dem 19. Jahrhundert zu nennen, kann ich mich auf den naturgetreuen, genau nachahmenden Realismus vieler hellenistischer oder spätrömischer Plastiken oder auf viele holländische Gemälde oder, in der Literatur, auf Szenen des *Satiricon* von Petronius, auf mittelalterliche *fabliaux*, auf die große Masse der Schelmenromane, auf die umständliche Genauigkeit Daniel Defoes oder auf das bürgerliche Drama des 18. Jahrhunderts berufen. Noch wichtiger für unsere Diskussion: die große Bedeutung des Begriffs der Nachahmung in der ganzen kritischen Theorie seit Aristoteles zeugt von der fortdauernden Beschäftigung der Kritiker mit dem Problem der Wirklichkeit. In der Malerei ging es der antiken Theorie um die Hervorbringung von genauestem Naturalismus — ja sogar um Täuschung und Trug. Man denke nur an alle die Anekdoten von den Vögeln, die an den gemalten Kirschen herumpicken, oder von dem Maler Parrhasius, der seinen Rivalen Zeuxis dazu brachte, daß er einen gemalten Vorhang von seinem Bilde wegzuziehen versuchte.

In der Geschichte der Literaturkritik wurde der Begriff der Nachahmung, was auch immer seine genaue Bedeutung bei Aristoteles gewesen sein mag, oft als genaues Kopieren, als Naturalismus ausgelegt. In der klassizistischen Theorie begründete man die drei Einheiten hauptsächlich mit naturalistischen Argumenten. D'Aubignac forderte in seiner *Pratique du théâtre* (1657) ganz logisch, die Zeit der Handlung sei auf drei Stunden, die tatsächliche Dauer einer Vorstellung, zu beschränken. Die Einheit des Ortes wird mit der naturalistischen Behauptung verteidigt, daß das eine Bild (die Bühne) nicht zwei verschiedene Dinge vorstellen könne. Diderot hat den Naturalismus als regelrechte Täuschung ins Extrem geführt. Als er von einer Aufführung seines Stückes *Le Père de famille* berichtete, freute er sich darüber, daß „man sich in einem Familienkreise glaubte und vergessen hatte, im Theater zu sein, bevor die erste Szene ausgespielt war". Ähnlich naturalistische Maßstäbe finden sich bei solchen vermeintlich klassizistischen Kritikern wie Dr. Johnson und sogar Lessing.[1]

Die Stärke der Tradition darf man nicht unterschätzen. Sie kann einige ganz simple Wahrheiten für sich buchen. Die Kunst kann nicht umhin, sich mit der Wirklichkeit zu befassen, wie auch immer wir ihre Bedeutung einschränken oder die verwandelnde oder schöpferische Kraft des Künstlers betonen mögen. „Wirklichkeit", wie „Wahrheit", „Natur" oder „Leben", ist in der Kunst, in der Philosophie und im allgemeinen Gebrauch ein Wertbegriff. Bis heute hat die Kunst immer auf die Wirklichkeit abgezielt, selbst dann, wenn sie von einer höheren Wirklichkeit, einer „wesentlicheren" Wirklichkeit oder einer Wirklichkeit von Träumen und Symbolen sprach.

Ich habe jedoch in diesem Aufsatz nicht die Absicht, diesen „ewigen" Realismus, das ganze erkenntnistheoretische Grundproblem des Verhältnisses zwischen Kunst und Wirklichkeit zu diskutieren. Vielmehr möchte ich mich hier auf die Frage des Realismus im 19. Jahrhundert beschränken, eines Realismus, der in einem besonderen Augenblick in der Geschichte verankert ist und sich auf eine bekannte Anzahl von Texten bezieht. An anderen Stellen habe ich bereits die Benutzung solcher Periodenbegriffe verteidigt, doch müssen sie meiner Meinung nach gegen zwei Gefahren gesichert werden: erstens gegen die in der englischen und amerikanischen Literaturwissenschaft vorherrschende Tradition des extremen Nominalismus, der sie nur als willkürliche Etiketten auffaßt, und

---

[1] Siehe meine *History of Modern Criticism, I* (New Haven, 1955), S. 14 f., 47 f.

zweitens gegen die in Deutschland weitverbreitete Gewohnheit, solche Begriffe als fast metaphysische Wesenheiten zu betrachten, die nur intuitiv erfaßt werden können. Ich werde einige vom gesunden Menschenverstand diktierte Unterscheidungen treffen und dann zu einer konkreten Beschreibung des Periodenbegriffes des Realismus hinführen. Diesen betrachte ich als einen regulativen Begriff, als ein in einer bestimmten Zeit vorherrschendes System von Normen, deren Aufkommen und späteres Verschwinden sich durchaus nachweisen lassen und welche wir von den Normen der vorhergehenden und folgenden Perioden deutlich unterscheiden können.[2]

Es gilt, zwischen diesem Normensystem und der Geschichte des Realismusbegriffs zu unterscheiden. Diese Geschichte, wie die Geschichte der Kritik im allgemeinen, wird uns dazu verhelfen, die Ziele einer Periode, das Selbstverständnis ihrer Autoren zu erfassen, doch braucht sie uns nicht unbedingt festzulegen. In der Literaturgeschichte gehen Theorie und Praxis oft auseinander, und die Theorie könnte vielleicht auch ohne diesen oder jenen bestimmten Begriff auskommen. Dennoch ist es sinnvoll, die Geschichte eines Begriffs zu kennen, wenn auch nur, um den Gebrauch zu vermeiden, der seiner Geschichte widerspricht. Zweifellos könnten wir einem Begriff eine völlig neue Bedeutung geben, aber das wäre ebenso unklug, als wenn wir darauf bestehen wollten, einen „Hund" „Katze" zu nennen.

Den Realismusbegriff gab es vor langer Zeit in der Philosophie schon in einer ganz anderen Bedeutung als der unsrigen. Er bezeichnete den Glauben an die Wirklichkeit der Ideen und wurde dem Nominalismus entgegengesetzt, der die Ideen für bloße Namen oder Abstraktionen hielt. Mir ist keine Untersuchung der Bedeutungswandlungen bekannt, die offenbar im 18. Jahrhundert stattfanden. Der Realismus Thomas Reids wäre ein Beispiel für

---

[2] Siehe meine *Theory of Literature* (2. Aufl., New York, 1956), S. 252 ff.; „The Theory of Literary History", in *Travaux du cercle linguistique de Prague, 4* (1936), S. 173—91; „Periods and Movements in Literary History", in *English Institute Annual 1940* (New York, 1941). S. 73—93, und einige Änderungen in „The Concept of Evolution in Literary History". Siehe oben.

die Umkehrung der Bedeutung in der Philosophie. In der *Kritik der Urteilskraft* (1790) spricht Kant von dem „Idealismus und Realismus der Naturzwecke", und in seiner frühen Abhandlung „Vom Ich als Princip der Philosophie" schreibt Schelling vom „reinen Realismus", daß er „das Daseyn des Nicht-Ichs überhaupt" setze.[3] Offenbar aber haben Schiller und Friedrich Schlegel als erste den Begriff auf die Literatur angewandt. 1798 bezeichnet Schiller die Franzosen als „bessere Realisten als Idealisten"; dies wiederum liefert ihm „ein siegendes Argument daß der Realism [sic] keinen Poeten machen kann". Ungefähr zur gleichen Zeit behauptet Friedrich Schlegel paradoxerweise: „Alle Philosophie ist Idealismus und es gibt keinen wahren Realismus als den der Poesie." In Schlegels „Gespräch über die Poesie" (1800) wird eine der teilnehmenden Personen gelobt, weil er Spinoza wählt, „um uns den Urquell der Poesie in den Mysterien des Realismus zu zeigen".[4] In seinen *Vorlesungen über die Methode des academischen Studium* (1802) erwähnt Schelling einmal sogar den „poetischen Realismus", bezieht sich aber auf Platons „Polemik gegen den poetischen Realismus", was sicherlich nichts mehr als Realistik in der Poesie und keine besondere Art von Realismus bedeutet.[5] Man findet den Begriff ziemlich oft bei den deutschen Romantikern, ohne daß er aber bestimmte Dichter oder eine bestimmte Periode oder Schule bezeichnet. In Frankreich wurde der Begriff schon 1826 auf literarische Werke selber angewandt. So schreibt der *Mercure français*: „Diese

---

[3] Kant, *Kritik der Urteilskraft*, Par. 72; siehe auch Par. 58, *Werke*, V, (Wiesbaden 1957), S. 453, 506—07; Schelling, *Sämmtliche Werke* (Stuttgart 1856), 1. Abteilung, *I*, S. 213; vgl. S. 211 f.

[4] Schiller an Goethe, 27. April 1798; vgl. Brief über Wallenstein vom 5. Januar: „Es ist eine ganz andere Operation, das Realistische zu idealisieren, als das Ideale zu realisieren." Friedrich Schlegel, „Ideen", Nr. 96, in *Seine prosaischen Jugendschriften*, hg. v. J. Minor, *II* (Wien 1882), S. 299, 365.

[5] 14. Vorlesung, *Werke*, hg. v. M. Schröter, *III*, S. 368. Seltsam genug betrachten Brinkmann und Markwardt diese Stelle als Vorwegnahme von Ludwigs „poetischem Realismus" und machen viel Aufhebens von der Unwissenheit anderer Gelehrter, die den Begriff für Ludwigs Erfindung halten (Brinkmann, S. 3 f.; Markwardt, S. 608 f., 632).

Doktrin, die sich jeden Tag mehr durchsetzt und zur treuen Nachahmung nicht der Meisterwerke der Kunst, sondern der von der Natur angebotenen Originale führt, könnte man sehr wohl Realismus nennen. Nach einigen Kennzeichen zu urteilen, wird er die Literatur des 19. Jahrhunderts, die Literatur des Wahren sein."[6] Der zu seiner Zeit einflußreiche antiromantische Kritiker Gustave Planche gebrauchte ungefähr ab 1833 den Begriff Realismus, besonders in bezug auf die minuziöse Schilderung von Kleidung und Sitten in historischen Romanen, als fast gleichbedeutend mit Materialismus. Nach Planche macht sich der Realismus Sorgen darüber, „was für ein Wappen über dem Schloßtor hängt, welcher Wahlspruch auf einer Fahne steht und welche Farben ein liebeskranker Ritter trägt".[7] Offenbar ist der Realismus bei Planche fast gleichzusetzen mit „Lokalfärbung", mit einer Genauigkeit der Schilderung. 1834 beschwert sich zum Beispiel Hippolyte Fortoul, A. Thouret habe einen Roman mit einem „übertriebenen Realismus geschrieben, den er Herrn Hugos Manier entlehnt hat".[8] Zu dieser Zeit also ist der Realismus bloß ein Merkmal, das man in der Methode von Schriftstellern wie Scott, Hugo oder Mérimée beobachtete. Diese würden wir heute als Romantiker bezeichnen. Der Realismusbegriff wurde bald auf die genaue Schilderung zeitgenössischer Sitten in den Werken von Balzac und Murger übertragen, doch seine Bedeutung kristallisierte sich erst in den großen Debat-

---

[6] *XIII* (1826), zitiert von Borgerhoff, „*Réalisme* and Kindred Words", *PMLA, LIII* (1938), S. 837—43: „Cette doctrine littéraire qui gagne tous les jours du terrain et qui condurait à une fidèle imitation non pas des chefs-d'œuvre de l'art mais des originaux que nous offre la nature, pourrait fort bien s'appeler le réalisme: ce serait suivant quelques apparences, la littérature du XIXe siècle, la littérature du vrai."

[7] „Moralité de la poésie", in *Revue des deux mondes*, 4. Serie, *I* (1835), S. 259: „Quel écusson était placé à la porte du château, quelle devise était inscrite sur l'étendard, quelles couleurs portées par l'amoureux baron." Zitiert aus Borgerhoff.

[8] „Revue littéraire du mois", in *Revue des deux mondes*, *IV* (1. November 1834), S. 339: „M. Thouret a écrit son livre avec une exagération de réalisme, qu'il a emprunté à la manière de M. Hugo"; zitiert von Weinberg, S. 117 (siehe unten).

ten der fünfziger Jahre. Den Anstoß dazu gaben einmal Courbets Gemälde wie auch die emsige Tätigkeit eines mittelmäßigen Romanschriftstellers, Champfleury, der 1857 einen Band Essays mit dem Titel *Le Réalisme* veröffentlichte. Einer seiner Freunde, Duranty, gab von Juli 1856 bis Mai 1857 eine kurzlebige Zeitschrift *Réalisme* heraus.[9] In diesen Schriften wird ein bestimmtes literarisches Programm formuliert, das um ein paar sehr einfache Ideen kreist. Die Kunst soll ein getreues Abbild der Wirklichkeit geben und deshalb zeitgenössisches Leben und zeitgenössische Sitten genau beobachten und sorgfältig analysieren. Sie soll dies leidenschaftslos, unpersönlich und objektiv tun. Was vorher ein allgemein gebrauchter Begriff für jede getreue Darstellung der Natur gewesen war, wird jetzt auf bestimmte Schriftsteller angewandt und als Schlagwort für eine Gruppe oder Bewegung in Anspruch genommen. Man stimmte weitgehend darin überein, daß Mérimée, Stendhal, Balzac, Monnier und Charles de Bernard die Vorläufer und Champfleury, später Flaubert, Feydeau, die Brüder Goncourt und der jüngere Dumas die Exponenten dieser Schule waren, obgleich sich z. B. Flaubert über diese Bezeichnung ärgerte und sie nie in bezug auf sich selbst akzeptierte.[10] Die vollständige Übereinstimmung in der zeitgenössischen Diskussion des Realismus ist ermüdend langweilig. Seine zahllosen Feinde urteilten negativ über immer wieder dieselben Merkmale. So beschwerten sie sich etwa über den übertriebenen Gebrauch von winzigen äußerlichen Details, über die Vernachlässigung des Ideals und sahen die vielgerühmte Unpersönlichkeit und Objektivität als Deckmantel für Zynismus und Unsittlichkeit an. 1857, zur Zeit des Prozesses gegen Flaubert wegen *Madame Bovary*, wird die Diskussion so umfangreich und wiederholt sich so oft, daß wir die Geschichte des Begriffs in Frankreich nicht weiter zu verfolgen brauchen.

Offenbar hat die Debatte oder der Streit in Frankreich bald in

[9] Siehe Bernard Weinberg, *French Realism, The Critical Reaction, 1830—1870* (New York 1937); H. U. Forest, „,Réalisme', Journal de Duranty", *Modern Philology, XXIV* (1926), S. 463—79.

[10] Die Liste stammt von Bernard Weinberg. Über Flaubert siehe Maxime du Camp, *Revue des deux mondes, II* (Juni 1882), S. 791: „Le mot (Réalisme) le blessa et, dans son fort intérieur, il ne l'a jamais admis."

anderen Ländern Widerhall gefunden. Wir müssen aber zwischen dem Gebrauch des Realismusbegriffs beim Berichten über die französische Entwicklung und der Annahme des Begriffs als Schlagwort für eine eigene Schule der realistischen Dichtung klar unterscheiden. In den Ländern, die hier hauptsächlich in Frage kommen, ist die Lage in dieser Hinsicht sehr verschieden. Vor George Moore und George Gissing in den späten achtziger Jahren gab es in England keine Bewegung, die sich Realismus nannte.

Die Begriffe „realism" und „realist" kommen aber schon 1853 in einem Artikel über Balzac vor,[11] und 1851 bezeichnete man Thackeray ganz nebenbei als „das Haupt der realistischen Schule". George Henry Lewes war meines Wissens der erste englische Kritiker, der z. B. in einer scharfen Rezension, „Realism in Art: Recent German Fiction" (1858), systematische Maßstäbe des Realismus anwandte. Dort bemängelte Lewes Freytag und Otto Ludwig als unrealistisch und sentimental, lobt aber Paul Heyse und Gottfried Keller und erklärt ganz einfach den „Realismus zur Basis aller Kunst". In David Massons *British Novelists and their Styles* (1859) wird Thackeray als „Romanschriftsteller der sogenannten ‚Realen Schule'", Dickens als „Romanschriftsteller der Idealen oder Romantischen Schule" gegenübergestellt. Hier wird auch „die Entwicklung eines gesunden Sinnes für Realismus unter den Romanschriftstellern" begrüßt. Realistische Kriterien wie wahrheitsgetreue Beobachtung und die Schilderung von alltäglichen Ereignissen, Charakteren und Umgebungen sind in der viktorianischen Kritik des Romans fast durchweg anzutreffen.

---

[11] „Balzac and his Writings", *Westminster Review*, LX (Juli und Oktober 1853), S. 203, 212, 214; „William Makepeace Thackeray and Arthur Pendennis, Esquires", in *Fraser's Magazine*, XLIII (Januar 1851), S. 86, „chief of the Realist school"; Lewes, *Westminster Review*, LXX (Oktober 1858), S. 448—518, „Realism the basis of all Art"; Masson (Cambridge 1859), S. 257, „a novelist of what is called the Real school ... a novelist of the Ideal or Romantic school", „growth among novelwriters of a wholesome spirit of Realism"; siehe Robert Gorham Davis, „The Sense of the Real in English Fiction", in *Comparative Literature, III* (1951), S. 200—17, und Richard Stang , *The Theory of the Novel in England 1850—1870* (London 1959), S. 148.

Die Situation in den Vereinigten Staaten war sehr ähnlich. 1864 empfahl Henry James — sich dabei offenbar auf die Franzosen beziehend — der Romanschriftstellerin Harriet Prescott, die seiner Meinung nach „nicht genug die zarte Wahrnehmung des Wirklichen" entwickelt hatte, das Studium des „berühmten ‚realistischen Systems'".[12] Aber nur W. Dean Howells sprach (1882) von Henry James als dem Hauptvertreter einer amerikanischen Schule des Realismus und machte ab 1886 Propaganda für eine realistische Bewegung, zu deren wichtigsten Verfechtern er sich selbst und James zählte.[13]

In Deutschland gab es, soviel ich weiß, keine bewußte realistische Bewegung, obwohl der Begriff manchmal gebraucht wurde. 1850 sprach Hermann Hettner vom Realismus Goethes. Für F. Th. Vischer war Shakespeare der unübertreffliche Realist.[14] Otto Ludwig erfand den Begriff des „poetischen Realismus", um Shakespeare der zeitgenössischen französischen Bewegung gegenüberzustellen.[15] 1856 verwendete Julian Schmidt den Begriff in seinen Aufsätzen in der Zeitschrift *Die Grenzboten,* und in seiner *Geschichte der deutschen Literatur* (1867) bezeichnete er damit, was man gewöhnlich das Junge Deutschland nennt.[16] Sogar in der marxistischen Theorie taucht der Begriff erst sehr spät auf. In den frühen Äußerungen von Marx und Engels ist er nicht zu finden. 1888 bemerkt

---

[12] *Notes and Reviews* hg. v. Pierre de Chaignon La Rose Cambridge, Mass., 1921), S. 23, 32, „the famous ‚realistic system'"; „sufficiently cultivated a delicate perception of the actual".

[13] „Henry James Jr.," *Century Magazine,* XXV (1882), S. 26—28, „chief exemplar".

[14] Hettner, „Die romantische Schule", *Schriften zur Literatur* (Berlin 1959), S. 66. In: „Shakespeare in seinem Verhältnis zur deutschen Poesie" (1844), *Kritische Gänge, II* (Stuttgart 1861), S. 1—62, gebraucht Vischer den Begriff nicht. In der Vorrede zum 1861er Neudruck bedauert er, daß „der Ausdruck realistisch noch nicht im Gebrauche war", als er den Aufsatz schrieb.

[15] *Gesammelte Schriften* hg. v. Adolf Stern, V (Leipzig 1891), S. 264 ff.

[16] *Die Grenzboten,* XIV (1856), S. 486 ff.; „Die Realisten 1835—1841", in Julian Schmidt, *Geschichte der deutschen Literatur seit Lessings Tod, 3, Die Gegenwart, 1814—1867* (5. Aufl., Leipzig 1867).

Engels in einem englischen Brief an Margaret Harkness über deren Roman *The City Girl*, daß dieser „nicht realistisch genug" sei, und schreibt weiter: „Neben Wahrheit der Details schließt ‚Wirklichkeit', meiner Meinung nach, die getreue Wiedergabe von typischen Umständen in sich."[17] Ein späterer Brief gebraucht den Begriff „Milieu", was, genau wie die Betonung Balzacs und des Typischen, den Einfluß Taines erkennen läßt.[18]

In Italien wurde Zola 1878 von De Sanctis verteidigt, der den Realismus für ein ausgezeichnetes Mittel gegen „eine phantastische Rasse" hielt, „die Phrasen und Pomp liebt". Später aber schrak er vor der Ausbreitung des Naturalismus und des Positivismus zurück, sprach über die Notwendigkeit des „Ideals" und beklagte den neuen „Animalismus".[19] Die realistischen Romanschriftsteller Italiens erfanden einen neuen Ausdruck, „verismo". Luigi Capuana aber, der hervorragendste Theoretiker der Gruppe, lehnte schließlich sowohl für sich wie für seinen großen Freund Giovanni Verga alle „Ismen" entrüstet ab.[20]

In Rußland war die Lage wieder ganz anders. Dort hatte Vissarion Belinskij schon 1836 Friedrich Schlegels Begriff der „realen Poesie" übernommen. Er wandte ihn auf Shakespeare an, der „die Poesie mit dem wirklichen Leben versöhnte", und auf Scott, „den zweiten Shakespeare, der die Vereinigung von Poesie und Leben erreichte."[21] Nach 1846 gebrauchte Belinskij für russische Schrift-

---

[17] *Über Kunst und Literatur*, hg. v. Michail Lipschitz (Berlin 1948), S. 103 f.

[18] An Hans Starkenburg, 25. Januar 1894, in *Dokumente des Sozialismus*, hg. v. Eduard Bernstein, *II* (1903), S. 73—75.

[19] „Studio sopra E. Zola" (1877), in *Saggi critici*, hg. v. L. Russo, *III* (Bari 1956), S. 234—76; vgl. ebenda, S. 299, Ende des Aufsatzes über *L'Assomoir* (1879): „Per una razza fantastica, amica delle frasi e della pompa." Die Vorlesung „L'ideale" (1877), in *La Poesia cavalleresca e scritti vari*, hg. v. M. Petrini (Bari 1954), S. 308—313, und „Il Darwinismo nell'arte" (1883), in *Saggi critici, III*, S. 325.

[20] *Gli 'ismi' contemporanei (Verismo, simbolismo, idealismo, cosmopolitismo) ed altri saggi* (Catania 1898).

[21] *Sobranie sochinenii* herausgegeben von F. M. Golovenschenko, *I* (Moskau 1948), S. 103, S. 107 f.

steller wie Gogol den Ausdruck „natürliche Schule" *(natural'naja skola)*.²² Belinskij bestimmte die Ansichten der radikalen Kritiker der sechziger Jahre, von denen jedoch nur Dimitri Pisarev den Begriff als Schlagwort benutzte. Bei ihm ist Realismus aber einfach Analyse, Kritik. „Ein Realist ist ein denkender Arbeiter."²³ 1863 griff Dostoevskij die radikalen Kritiker scharf an. Er war immer gegen den photographischen Naturalismus und verteidigte das Interesse am Phantastischen und Außergewöhnlichen. In zwei berühmten Briefen behauptete Dostoevskij, er habe „ganz andere Vorstellungen von der Wirklichkeit und dem Realismus als unsere Realisten und Kritiker. Mein Idealismus ist realer als ihr Realismus". Sein Realismus sei ein reiner Realismus, ein Realismus, der in die Tiefe gehe, während der ihrige auf der Oberfläche verharre. In seiner Biographie des Dichters berichtet N. N. Strachov folgende Bemerkung Dostoevskijs: „Sie nennen mich einen Psychologen, was ein Irrtum ist. Ich bin vielmehr Realist im höheren Sinne, d. h. ich schildere alle Tiefen der menschlichen Seele."²⁴ Ähnlich mißbilligte Tolstoj die radikalen Kritiker und zeigte starken Widerwillen gegen Flaubert, pries jedoch erstaunlicherweise Maupassant und schrieb die Vorrede für eine russische Übersetzung. Das Wort Realismus wird in Tolstojs Schriften nicht besonders hervorgehoben, obwohl er in *Was ist Kunst?* großen Wert auf Wahrheit und Gefühlsechtheit legt.²⁵

Diese kurze Darstellung von Gebrauch und Verbreitung des Realismusbegriffs wäre unvollständig, wenn wir den Begriff des „Na-

----

²² Ebenda, *III*, S. 649; siehe die Anm. S. 902, die von Bulgarins früherem Gebrauch des Begriffs im selben Jahr berichtet.

²³ *Sochineniya. Polnoe sobranie*, hg. v. F. Pavlenkov, *IV* (4. Aufl., Petersburg 1904—7), S. 68.

²⁴ Brief an A. N. Maykov, 11./23. Dezember 1868, in *Pisma*, hg. v. A. S. Dolinin, *II* (Moskau 1928—34), S. 150 und Brief an N. N. Strachov, 26. Februar / 10. März 1869, ebenda, S. 169; N. N. Strachov und O. Miller, *Biografiya, pisma*... (Petersburg 1883), S. 373.

²⁵ Z. B. in seiner Vorrede zu S. T. Semenovs *Bauerngeschichten* (1894) verspottet Tolstoj *La Légende de Julien l'hospitalier;* siehe *What is Art?* und *Essays on Art*, englische Übersetzung von A. Maude (Oxford 1930), S. 17 f.; die Vorrede zu Maupassant (1894), ebenda, S. 20—45.

turalismus" nicht erwähnten, der ständig mit dem des „Realismus" konkurrierte und oft damit identifiziert wurde. Der Naturalismus ist eine alte philosophische Bezeichnung für Materialismus, Epikuräismus oder jeglichen Säkularismus. In Schillers Vorrede zur *Braut von Messina* (1803) findet man den Begriff auf die Literatur angewandt. Hier steht er für etwas, was Schiller bekämpft, denn „Alles ist [in der Dichtung] nur ein Symbol des Wirklichen."[26] An einer Stelle des *Salons (1831)*, die Baudelaire tief beeindruckte, erklärte sich Heine als „Supernaturalisten in der Kunst" im Gegensatz zu seinem „Naturalismus" in der Religion.[27] In seiner „Übersicht über die russische Literatur des Jahres 1847" verwendet Belinskij mehrmals den Begriff „Naturalismus" im Gegensatz zu „Rhetorismus".[27a] Der Naturalismusbegriff aber, den man allgemein auf getreue Wiedergabe der Natur anwandte, wurde wieder nur in Frankreich zu einem bestimmten Schlagwort. Taine in seinem Essay über Balzac (1858) nennt Geschäftsleute und provinzielle Typen „Helden eines Naturalisten und groben Künstlers, der vor nichts zurückschreckt".[27b] Zola machte ihn sich zu eigen, und so wurde seit der Vorrede zur zweiten Ausgabe seines Romans *Thérèse Raquin* (1868) der Naturalismus immer mehr mit seiner Theorie des wissenschaftlichen, experimentellen Romans identifiziert. Doch legte man den Unterschied zwischen Realismus und Naturalismus lange Zeit überhaupt nicht fest. In seinem Buch *Le Roman naturaliste* (1883) bespricht Ferdinand Brunetière unter diesem Titel Flaubert, Daudet, Maupassant, George Eliot sowie Zola. Die Trennung der beiden Begriffe geschah erst durch die moderne Literaturwissenschaft.

Wir müssen also die zeitgenössischen Anwendungen der Begriffe „Realismus" und „Naturalismus" von dem Verfahren unterscheiden, durch welches die moderne literarische Forschung den Begriff „Rea-

[26] *Sämtliche Werke*, hg. v. Güntter-Witkowski, *XX* (Leipzig 1909—11), S. 254.
[27] *Salon* (1831), in *Werke*, hg. v. O. Walzel, *VI* (Leipzig 1912—15), S. 25.
[27a] *Sobranie sochineii*, hg. von F. M. Golovenčenko (Moskau 1948), *III*, 775, 776, 789.
[27b] *Nouveaux Essais de critique et d'histoire* (Paris 1865), 133. „Les héros du naturaliste et du rude artiste que rien ne dégoûte."

lismus" oder „Periode des Realismus" der Vergangenheit aufgedrängt hat. Beide Vorgänge sind natürlich nicht voneinander unabhängig, stammt doch die ursprüngliche Anregung aus der zeitgenössischen Debatte. Und doch sind sie auch nicht ganz dieselben. In allen in Betracht kommenden Ländern ist die Situation wieder ganz verschieden. In Frankreich ist der Begriff „Realismus", mit einem klar abgegrenzten späteren Stadium des „Naturalismus", anscheinend fest etabliert. Besonders die Bücher von Pierre Martino, *Le Roman réaliste* (1913) und *Le Naturalisme français* (1923), haben diese Unterscheidung bestätigt: der „Naturalismus" ist die Lehre Zolas. Ihm liegt eine wissenschaftliche Betrachtungsweise zugrunde; er verlangt eine Philosophie des deterministischen Materialismus, während die älteren Realisten in ihren philosophischen Bindungen viel weniger klar oder sich weniger einig waren. In Frankreich gibt es ein gutes Buch, Gustave Reyniers *Les Origines du roman réaliste* (1912), das die realistische Methode vom *Satyricon* des Petronius bis Rabelais, die spanische *Celestina* und die französische Literatur über Bauern und Bettler im 16. Jahrhundert verfolgt. Sowohl in der Wahl wie auch im Ausschließen gewisser Beispiele nimmt Reynier einige Punkte Auerbachs vorweg: der Realismus darf nicht satirisch oder komisch sein, um als solcher angesehen zu werden.

In England wird „Realismus" als Periodenbegriff noch immer sehr selten gebraucht. In den maßgeblichen englischen Literaturgeschichten des frühen 20. Jahrhunderts, in der *Cambridge History of English Literature* und der Literaturgeschichte von Garnett und Gosse, kommt der Begriff nur ganz gelegentlich vor. Wegen Zolas Einfluß wird Gissing ein „Realist" genannt, und wir lesen, daß „Ben Jonson als das anfing, was wir heute einen ‚Realisten' oder ‚Naturalisten' nennen würden".[28] Erst einem amerikanischen Gelehrten, Norman Foerster, war der Vorschlag vorbehalten, man solle doch den Begriff „Viktorianer" durch „Realist" ersetzen.[29]

[28] *Cambridge History of English Literature*, XIV, S. 458; R. Garnett und E. Gosse, *English Literature. An Illustrated Record*, II (1903/4), S. 310, „Ben Jonson set out to be what we now call a ‚realist' or ‚naturalist'."

[29] *The Reinterpretation of Victorian Literature*, hg. v. Joseph E. Baker (Princeton 1950), S. 58 f.

In der amerikanischen Literaturwissenschaft liegt die Sache genau umgekehrt wie in der englischen. Dort ist der Realismusbegriff fest etabliert, und zwar besonders seitdem Vernon Parrington dem dritten Band seiner *Main Currents of American Thought* den Titel *The Beginnings of Critical Realism* (1930) gab. Ein vor kurzem erschienener Sammelband, *Transitions in American Literary History* (1954), manipuliert den Periodenbegriff fast mit der Selbstsicherheit eines deutschen Literarhistorikers. Es heißt dort, der Realismus beschäftige sich im Gegensatz zum Naturalismus nicht primär mit Gesellschaftskritik, sondern befasse sich mit dem Konflikt zwischen den traditionellen amerikanischen Idealen des Glaubens an den Menschen und das Individuum einerseits und der pessimistischen, deterministischen Lehre der modernen Naturwissenschaften andererseits.[30] In seinem Buch über den *American Literary Naturalism* (1956) beschrieb Charles Child Walcutt zutreffend das, was er den „geteilten Strom" desselben nennt, „jene Mischung aus heftigen Mahnungen und Vorstellungen einer großartigen Unvermeidlichkeit."[31]

In Deutschland hat Richard Brinkmann vor kurzem in seinem Buch *Wirklichkeit und Illusion* (1957) die deutschen Diskussionen des Realismus überprüft und sie alle zugunsten seiner eigenen Theorie abgelehnt. Im vierten Band seiner sehr gelehrten *Geschichte der deutschen Poetik* (1959) untersuchte Bruno Markwardt die beiläufigsten Aussagen von Schriftstellern fünften Ranges und preßte ihre Theorien in die merkwürdigsten Kategorien. Hier gibt es einen „Frührealismus", einen „religiös-ethischen Realismus", einen „Idealrealismus", noch dazu „den konzentrierenden Typ des Realismus", „den konsequenten, besonnenen Realismus", „den naturalistischen Realismus",[32] usw., bis es einem vor lauter leeren Kategorien schwindelt und man gar nicht mehr bemerkt, daß Markwardt die abgedroschensten und plattesten Aussagen über Leben, Wahrheit,

---

[30] Robert O. Falk, „The Rise of Realism", in *Transitions in American Literary History*, hg. v. H. H. Clark (Durham, N. C., 1954).

[31] Minneapolis, Minn., 1956, S. 9, „divided stream", „the mixture of fervid exhortation with concepts of majestic inevitableness".

[32] (Berlin, 1959), S. 96, 102, 216, 378, 291, et passim.

Wahrscheinlichkeit und Objektivität als Entdeckungen feiert.[33] Markwardt ist entschieden provinziell: außerhalb Deutschlands ist nie etwas geschehen, und Aristoteles hat (obwohl er mehrmals erwähnt wird) nie über Nachahmung der Natur, Wahrscheinlichkeit oder Pathos nachgedacht. Die Franzosen existieren nicht: Flaubert, Taine und die Brüder Goncourt sind in dem sehr vollständigen Register nicht zu finden.

Das andere Extrem ist Erich Auerbachs *Mimesis* (1946). Auerbach hat einen internationalen Horizont und ist dem Kategorisieren der Geistesgeschichte gegenüber so mißtrauisch, daß es sich schwer herausfinden läßt, was er unter „Realismus" versteht. Er teilt uns selbst mit, daß er sein Buch gerne ohne „allgemeine Begriffe" geschrieben hätte. Ich habe anderswo dargelegt,[34] daß Auerbach zwei entgegengesetzte Auffassungen des Realismus zu verbinden sucht; erstens etwas, was man Existentialismus nennen könnte, nämlich die qualvolle Enthüllung der Wirklichkeit in entscheidenden Augenblicken, in „Grenzsituationen"; so z. B. wenn Abraham Isaak aufopfern will, wenn Madame de Chastel sich entschließt, ihren Sohn nicht vor der Hinrichtung zu retten, wenn der Herzog von Saint-Simon den Jesuitenpater bei der Verhandlung fragt, wie alt er sei. Bei Auerbach gibt es jedoch noch einen zweiten Realismus, den französischen Realismus des 19. Jahrhunderts, den er als die Darstellung des zeitgenössischen Lebens, eingebettet in die konkrete Dynamik des Geschichtsstromes, sieht. Der Historismus widerspricht dem Existentialismus. Der Existentialismus zeigt den nackten, einsamen Menschen und ist unhistorisch, sogar antihistorisch. Beide Seiten der Auerbachschen Auffassung des Realismus sind auch in ihrem geschichtlichen Ursprung verschieden. „Existenz" stammt von Kierkegaard, dessen ganze Philosophie ein Protest gegen Hegel, gegen den Ahnherrn von Historismus und Geistesgeschichte war. In Auerbachs feinem und gelehrtem Buch hat der „Realismus" eine ganz besondere Bedeutung angenommen; er darf weder didak-

---

[33] Siehe z. B. S. 615, 660, 680, 691, z. B. nichts Satirisches im Thackeray, S. 666.

[34] „Auerbach's Special Realism", in *Kenyon Review, XVI* (1954), S. 299—307.

tisch, moralisierend, rhetorisch, idyllisch noch komisch sein. Deshalb hat Auerbach nichts über das bürgerliche Drama oder über den englischen, realistischen Roman des 18. Jahrhunderts zu sagen; die Russen wie auch alle Deutschen des 19. Jahrhunderts sind ausgeschlossen, da sie für ihn entweder didaktisch oder idyllisch sind. Nur Stellen aus der Bibel und Dante und unter den Modernen nur Stendhal, Balzac, Flaubert und Zola entsprechen seinen Forderungen.

In *Wirklichkeit und Illusion* kommt auch Richard Brinkmann zu einem ganz persönlichen Schluß. Er übergeht ganz einfach die historische Diskussion und konzentriert sich auf eine sehr scharfsinnige Analyse dreier deutscher Novellen: Grillparzers *Armer Spielmann* (1848), Otto Ludwigs *Zwischen Himmel und Erde* (1855) und Eduard von Keyserlings *Beate und Mareile* (1903). Brinkmann behauptet, der Höhepunkt des Realismus werde in Keyserlings Erzählung erreicht, weil sich dort der Erzähler auf die Darstellung der Gefühle einer einzigen Person, eines zwischen zwei Frauen schwankenden preußischen Junkers, beschränkt. Realismus oder vielmehr Realität findet der Verfasser schließlich in der Technik des Bewußtseinsstroms, im Versuch, „die innere Welt zu dramatisieren", einer Methode, die im Grunde genommen gerade die radikalste Auflösung der alltäglichen Wirklichkeit herbeiführt. Brinkmann ist sich durchaus des Paradoxen dieser „Umkehr" bewußt, wodurch die Beobachtung des Tatsächlichen und des Individuellen am Ende zu etwas führt, was im traditionellen Sinne so „unrealistisch" ist wie Joyce, Virginia Woolf und Faulkner. Brinkmann analysiert keinen einzigen Text, der, genaugenommen, „realistisch" genannt werden könnte. Trotz der internationalen Perspektive des Schlusses ist doch der Hauptteil des Buches so sehr vom deutschen Horizont begrenzt, daß er sich nur mit deutschen Spätlingen und Epigonen beschäftigt. Die Schlußfolgerung, daß „das Subjektive, das subjektive Erleben, die subjektive Erkenntnis, der subjektive Trieb ... das einzig Objektive" sei,[35] setzt den Impressionismus, die genaue Aufzeichnung von inneren Zuständen, mit dem Realismus gleich und verkündet ihn als den einzig wahren

---

[35] Tübingen, 1957, S. 298.

Realismus. Die allgemein akzeptierte Bedeutung des Realismus im 19. Jahrhundert wird völlig auf den Kopf gestellt. Sie wird durch einen individualisierenden, atomistischen, subjektiven Realismus ersetzt, der eine objektive Weltordnung nicht anerkennen will; dies ähnelt mehr dem Solipsismus im Sinne von Pater oder Proust. Wie in der existentialistischen Philosophie wird der Einzelmensch als das „einzig Wirkliche" bezeichnet. Nicht *Die Buddenbrooks*, sondern *Leutnant Gustl* von Arthur Schnitzler (beide sind 1901 erschienen) ist der Höhepunkt des deutschen Realismus. Nicht Taine oder Comte, sondern Bergson wäre dessen Philosoph.[36]

In Deutschland geht jeder seine eigenen Wege und sucht den Realismus, wo immer er ihn finden will. In Italien dagegen gibt es, außer bei den marxistischen Kritikern, überhaupt kein Realismusproblem. Dafür hat Croce gesorgt, denn für ihn gibt es keine Natur oder Wirklichkeit außerhalb des menschlichen Geistes, und der Künstler braucht sich nicht um das Verhältnis der beiden zueinander zu kümmern. „Realismus" ist, wie Romantik, nur ein Pseudobegriff, eine Kategorie veralteter Rhetorik.[37]

In Rußland wiederum ist der Realismus das Ein und Alles. Dort sucht man ihn sogar in der Vergangenheit. Puškin und Gogol sind Realisten, und wie in Deutschland streitet und tüftelt man über den „kritischen Realismus", den „radikal-demokratischen Realismus", den „proletarischen Realismus" und den „sozialistischen Realismus", dessen Endstadium nach Timofeevs maßgebender *Theorie der Literatur*[38] „die Erfüllung aller Kunst und Literatur" bedeutet.

Unter den Marxisten stellte Georg Lukács die zusammenhängendste Theorie des Realismus auf. Diese Theorie gründet sich auf das marxistische Dogma, daß die Literatur eine „Spiegelung der Wirklichkeit" sei und dieses Abbild am wahrsten sei, wenn es die Dialektik des gesellschaftlichen Prozesses widerspiegele. In der

---

[36] Ebenda, S. 319, 327.

[37] Croce, *Estetica* (Bari, 1950), S. 118; „Breviario di estetica", in *Nuovi saggi di estetica* (Bari, 1948), S. 39 ff.; „Aestetica in nuce", in *Ultimi saggi* (Bari, 1948), S. 21.

[38] L. I. Timofeev, *Teoriya literatury* (Moskau, 1938), zitiert in Rufus W. Mathewson, Jr., *The Positive Hero in Russian Literature* (New York, 1958), S. 7.

Praxis fordert das vom Autor Einsicht in die Struktur und künftige Weiterentwicklung der Gesellschaft. Der Naturalismus wird abgelehnt, weil er sich nur mit dem Durchschnittlichen und dem Oberflächlichen des alltäglichen Lebens beschäftige, während der Realismus Typen schaffe, die sowohl repräsentativ wie prophetisch seien. Lukács stellt eine Anzahl Kriterien zusammen, die es ihm ermöglichen, die Literatur nach ihrer „Fortschrittlichkeit" (die unbewußt und sogar gegen die politischen Überzeugungen des Autors sein könnte) und zum andern nach dem inklusiven, repräsentativen, selbst-bewußten und vorwegnehmenden Vermögen der von den großen Realisten geschaffenen Figuren zu beurteilen. Obwohl man bei Lukács viel rein politische Polemik findet und seine Kriterien (z. B. „Volksfront" und später „Kalter Krieg") hauptsächlich ideologischer Natur sind, gibt er doch in seinen besten Leistungen eine Neuformulierung des „Konkret-Universellen" und nimmt das Problem des „Ideal-Typischen" wieder auf. Dies wiederum liegt der Haupttradition der deutschen Ästhetik so nahe, daß Peter Demetz von „einer Renaissance der ursprünglich idealistischen Ästhetik in der Maske des Marxismus" bei Lukács sprechen konnte.[39]

Dieser kurze Überblick über die zeitgenössischen Verwendungen des Begriffs und dessen moderne Interpretationen möchte, neben dem Reiz der Sache selbst, zwei Punkte klarstellen: das historische Selbstverständnis einer Epoche darf den modernen Gelehrten, der sich mit dem Problem der Periodisierung beschäftigt, gar nicht festlegen. Wir dürfen uns nicht auf Schriftsteller beschränken, die sich als Realisten bezeichneten, oder uns mit den damals entwickelten Theorien zufriedengeben. Die große Anzahl verschiedener und oft sich widersprechender Meinungen der modernen Literaturwissenschaft über Inhalt und Verwendung des Begriffs sollte andererseits zur Warnung dienen, daß man lieber nicht die Haupttheorien und die anerkannten Meisterwerke der Epoche aus dem Auge verlöre. Obwohl wir uns von der Anwendung des Begriffs zu seiner Zeit nicht binden lassen können, müssen wir meiner Meinung nach die Wichtigkeit des historischen Selbstverständnisses anerkennen, auch

---

[39] „Zwischen Klassik und Bolschewismus. Georg Lukács als Theoretiker der Dichtung", in *Merkur, XII* (1958), S. 501—15.

wenn es ohne unsere heutigen Begriffe empfunden und sogar formuliert wurde. Die Zeit der Julirevolution 1830 wurde allgemein als das Ende einer Epoche, als der Beginn eines neuen Zeitalters, auch in der Literatur, betrachtet. Heines Formulierung vom „Ende der Kunstperiode" gilt ebenso für Frankreich wie für Italien oder England. Wir brauchen den Begriff des „Realismus" nicht unbedingt, ersetzen könnte ihn in Deutschland Wienbargs „Poesie des Lebens" oder Gervinus' intensives Gefühl für die Notwendigkeit einer Ablösung der Kunst durch die Politik; in Frankreich vielleicht das Schlagwort „être de son temps" oder die Nützlichkeitsideale von Leroux oder den Saint-Simonisten; in England Carlyles Wende zur „Wirklichkeit als einzigem Gedicht" („the only Poem Reality") und in Rußland Belinskijs letzte Phase, seine Verherrlichung von Puškins Wende zum wirklichen Leben, sein so schnell zurückgenommenes Lob der *Armen Leute* des jungen Dostoevskij oder von Turgenevs *Aufzeichnungen eines Jägers*. Kurz gesagt, überall herrschte ein Gefühl für das Ende der Romantik, für das Aufkommen eines neuen Zeitalters, das sich mit der Wirklichkeit, den Naturwissenschaften und dem Diesseits beschäftigte. Auf ähnliche Weise ließe sich die Einsicht der späten neunziger Jahre belegen, daß Realismus und Naturalismus erschöpft waren und durch eine neue, symbolische, neuromantische — oder wie sie sich auch nennen mochte — Kunst ersetzt wurde.

Wir können uns nun unserer letzten, wichtigsten Aufgabe zuwenden, der Beschreibung (und ich sage nicht Definition) eines sinnvollen Periodenbegriffs des Realismus, die die von uns aufgestellten Bedingungen erfüllen würde. Dies darf nicht nur die Beschreibung eines zu jeder Zeit vorkommenden literarischen Stils sein, weil es uns nicht darum geht, eine Typologie der Literatur zu bestimmen, sondern einen Periodenbegriff aufzustellen. Soll dieser Periodenbegriff sinnvoll werden, so muß er sich klar von den Periodenbegriffen unterscheiden, mit denen man ihn vergleichen und denen man ihn gegenüberstellen kann, nämlich Klassik und Romantik. Und wenn es sich hier um einen wirklichen Periodenbegriff handeln soll, dann muß er umfassend genug sein, die hervorragendsten und typischsten Autoren der Zeit in sich einzuschließen.

Wir wollen mit der einfachen Behauptung anfangen, daß der Realismus „die objektive Darstellung der zeitgenössischen sozialen Wirklichkeit" ist. Freilich sagt das sehr wenig und wirft folgende Fragen auf: was bedeutet „objektiv" und was bedeutet „Wirklichkeit"? Doch sollten wir diese Grundfragen nicht gleich am Anfang anschneiden, sondern die hier versuchte Begriffsbestimmung im historischen Zusammenhang als einen polemischen Angriff gegen die Romantik, als eine ausschließende wie auch einschließende Theorie betrachten. Das Phantastische, Märchenhafte, Allegorische, Symbolische, das Hoch-Stilisierte, Rein-Abstrakte und das Dekorative werden abgelehnt. Das heißt, man will keinen Mythos, kein Märchen, keine Traumwelt mehr. Auch die Wendung gegen das Unwahrscheinliche, das Rein-Zufällige und gegen ungewöhnliche Ereignisse ist darin enthalten, da zu jener Zeit trotz allen örtlichen und persönlichen Unterschieden die Wirklichkeit offenbar als die geregelte naturwissenschaftliche Welt des 19. Jahrhunderts verstanden wird, eine Welt von Ursache und Wirkung und ohne das Wunderbare und Übernatürliche, selbst wenn der Einzelne seinen persönlichen religiösen Glauben beibehalten haben mag. Aber „Wirklichkeit" ist auch ein einschließender Begriff: das Häßliche, das Ekelhafte, das Niedrige liefern von nun an erlaubten Stoff für die Kunst. Themen, die bis dahin als verboten galten, wie Sexus und das Sterben (Liebe und Tod waren immer erlaubt), werden nun in die Kunst aufgenommen.

In dieser Hinsicht ist die französische Situation merkwürdig. Durch die Autorität der französischen Klassik hielt sich hier die antike Lehre von den drei Stilebenen viel länger. Das Niedere blieb an dem ihm zugewiesenen Platz: es durfte nur im Satirischen, Burlesken und Komischen vorkommen. Die Auflösung der drei Stilebenen ist eins der Hauptthemen von Auerbachs großem Buch. Indem sich Auerbach aber so ausschließlich auf Frankreich konzentriert, wo der Klassizismus aus politischen Gründen die Revolution, das napoleonische Reich und sogar die Restauration überdauerte, sieht er die Auflösung der Stilebenen, die Vermischung der Gattungen und damit das Aufkommen eines ernsten Realismus als eine zu plötzliche Entwicklung, die anscheinend nur auf Stendhal und Balzac zurückgeht. In England war die Lage ganz anders; dort hatte Shakespeare die Stilebenen und Gattungen gründlich vermischt. Auerbach schließt in seiner Auffassung alles Didaktische und Lehrhafte vom Realismus aus und kann somit Defoe, Richardson, Fielding und das ganze bürgerliche Trauerspiel Englands unberücksichtigt lassen. Übrigens möchte ich bezweifeln, daß die französischen Realisten so vollkommen undidaktisch waren, wie Flauberts Theorie es behauptet, und es erscheint nicht geraten, Schriftsteller wie George Eliot oder Tolstoj nur wegen ihrer didaktischen Absichten von einem Realismusbegriff auszuschließen.

Es ist allerdings nicht zu übersehen, daß in unserer ursprünglichen Begriffsbestimmung, „der objektiven Darstellung der zeitgenössischen sozialen Wirklichkeit", Didaktik enthalten ist oder verborgen liegt. Theoretisch gesehen schlösse eine völlig getreue Darstellung der Wirklichkeit jede soziale Absicht oder Propaganda aus. In genau diesem Punkt liegt der Widerspruch, die theoretische Schwierigkeit des Realismus. Vielleicht scheint uns dies heute völlig klar; aber es ist eine einfache Tatsache der Literaturgeschichte, daß der bloße Wechsel zur Darstellung der zeitgenössisch-sozialen Wirklichkeit Mitleid mit den Menschen, soziale Reform und Kritik und oft Ablehnung und Empörung gegen die Gesellschaft in sich schloß. Es besteht eine nicht logisch zu lösende Spannung zwischen Beschreiben und Vorschreiben, zwischen Wahrheit und Lehre, die für die Literatur, von der wir reden, charakteristisch ist. Im neuen russischen Begriff des „sozialistischen Realismus" wird der Widerspruch offen zugegeben: der Schriftsteller muß die Gesellschaft schildern, wie sie tatsächlich ist, aber auch wie sie sein sollte oder sein wird.

Dieser Widerspruch erklärt die große Wichtigkeit des Begriffs des „Typs" in der Theorie und Praxis des Realismus, weil der „Typ" eben die Brücke zwischen Gegenwart und Zukunft, zwischen dem Wirklichen und dem sozialen Ideal bildet. Der Begriff des „Typs" hat eine komplizierte Geschichte, die ich hier nur kurz andeuten kann. In Deutschland gebrauchte Schelling „Typ" im Sinne einer großen universellen Gestalt von mythischer Bedeutung: Hamlet, Falstaff, Don Quichotte und Faust sind seiner Meinung nach Typen.[40] In diesem Sinne wurde der Begriff von Charles

---

[40] Siehe meine *History of Modern Criticism, II*, S. 77.

Nodier in einem Aufsatz, „Des Types en littérature" (1832),[41] nach Frankreich eingeführt, und Hugo verwendet ihn durchgehend in seiner seltsamen Rhapsodie über Shakespeare (1864). Don Juan, Shylock, Achilles, Iago, Prometheus und Hamlet[42] sind seine Beispiele für „Typen" — Archetypen, wie wir heute sagen würden. Neben dieser Entwicklung aber erhält „Typ" auch die Bedeutung von „Gesellschaftstyp". Er ersetzte das ältere Wort „caractère", das jetzt einen individuellen Charakter bezeichnete und die Verbindung zu Theophrast und La Bruyère verloren hatte. In der Vorrede zur *Comédie humaine* (1842) erklärt sich Balzac für das Studium gesellschaftlicher Typen, und in der Vorrede zu ihrem Roman *Le Compagnon du tour de France* (1851) sieht George Sand den „Typ" als ein im Leben nachahmenswertes gesellschaftliches Vorbild.[43] In der frühen realistischen Theorie wird „Typ" hauptsächlich im beschreibenden Sinne gebraucht. Taine verbindet diese Theorie der sozialen Typen mit dem Hegelschen Ideal. Manchmal benutzt er Typen sozusagen als Quellen, um Gesellschaftsschichten aufzudecken, und mit dieser Frage im Sinne untersucht er die Charaktere in La Fontaines Fabeln, bei Shakespeare, Balzac und Dickens. In seinen Vorlesungen *De l'idéal en art* (1867) stuft Taine die Typen aber nach dem Grad ihrer sozialen Nützlichkeit ein und feiert die Helden als „Typen" und Vorbilder für die Gesellschaft. In krassem Widerspruch zu seiner sonstigen Bewunderung für den großen Verbrecher aus Leidenschaft oder für den großen Monomanen muß Taine seine Typen nach einem Maßstab einstufen, der von solch idealen Frauen wie Miranda, Imogen und Goethes Iphigenie bis zu Märtyrern und schließlich zu den Helden der alten Epen wie Siegfried, Roland und El Cid hinaufführt. „Weiter oben, in einer höheren Sphäre sind ... die Retter und Götter Griechenlands ... Judas und des Christentums". Seltsamerweise wird Gott

---

[41] In *Rêveries littéraires, morales et fantastiques* (Brüssel, 1832), S. 41 bis 58.

[42] In bezug auf Hugo siehe meine *History, II*, S. 257 f.

[43] In bezug auf Balzac, George Sand, siehe meinen Aufsatz „Hippolyte Taine's Literary Theory and Criticism", in *Criticism*, I (1959), S. 16 f.

bei Taine zu einem Typ, einem Helden, einem Vorbild, einem Ideal.⁴⁴

Diese Betonung des Typs trat auch in der russischen Literaturbetrachtung auf: Belinskij hatte den Begriff im Sinne der deutschen Romantik gebraucht. In einem Aufsatz über Gogol (1836) definierte er die Hauptaufgabe des Künstlers als die Schaffung von Typen, von Gestalten, die, obwohl individuell, dennoch allgemeine Bedeutung haben. Als Beispiele nannte Belinskij Hamlet, Othello, Shylock und Faust und überraschenderweise Gogols Leutnant Pirgorod, den Helden der Erzählung *Nevsky Prospekt*. Pirgorod ist ein „Typ der Typen", ein „mythischer Mythos".⁴⁵ Dobroljubov (1836—61) war meines Wissens der erste Kritiker in Rußland oder sonstwo, der auf Gesellschaftstypen in dem Sinne hinwies, daß diese die charakteristischen Ideen eines Autors unabhängig von oder sogar im Gegensatz zu seinen bewußten Absichten offenbaren. Dobroljubov unterscheidet zwischen der offensichtlichen und der versteckten Bedeutung eines literarischen Werkes und faßt gesellschaftliche Typen als Kristallisationspunkte der gesellschaftlichen Entwicklung auf. Leider hielt er in seinen eigenen kritischen Äußerungen nicht an dieser zentralen Einsicht fest und sah in den Typen oft bloß „eine Hilfe zur richtigen Auffassung der Dinge und der Verbreitung dieser Auffassung unter den Menschen".⁴⁶ Der Künstler sollte Moralist und Wissenschaftler zugleich sein; Dichtung und Wissenschaft sollten eins werden. Doch muß man dabei bedenken, daß für Dobroljubov die Naturwissenschaften einfach „richtiges", das heißt revolutionäres, radikales, soziales und moralisches Denken bedeuten. Was einem zuerst als eine platonische Verschmelzung des Wahren, Guten und Schönen vorkommt, ist am Ende bloß Didaktik und oft bloß grobes Allegorisieren zu ganz unmittelbaren polemischen Absichten. In krassem Widerspruch zum eigentlichen Text ist nach Dobroljubov der faule Edelmann Oblomov in Gončarovs

---

⁴⁴ Ebenda, S. 18; aus *De l'Idéal* (Paris, 1867), S. 107 f.: „Plus haut encore et dans un ciel supérieur sont ... les sauveurs et les dieux de la Grèce ... de la Judée et du christianisme."

⁴⁵ Belinskij, *Sobranie sochinenii*, I (Moskau, 1948), S. 136 f.

⁴⁶ Dobroljubov, *Izbrannye sochineniya*, hg. v. A. Lavretskij (Moskau, 1947), S. 104.

Roman ein „Typ" im Sinne eines abschreckenden Beispiels, eine
Allegorie russischer Rückständigkeit. Dobroljubovs Hauptrivale,
Dimitri Pisarev (1840—1868), interpretierte Bazarov, den Helden
von Turgenevs *Väter und Söhne*, als den Typ des neuen Menschen,
den Vorboten der neuen Generation. In echter Selbsterkenntnis
und Selbstkritik entdeckte Pisarev sich selbst und seine Generation
in Bazarov. In einem solchen Ausnahmefall scheint mir die Methode
gerechtfertigt, welche die Personen eines literarischen Werkes ohne
Rücksicht auf die deklarierten Absichten des Autors betrachtet.[47]
In Rußland mehr als anderswo haben sich die Kritiker auf dieses
Problem des Helden, des negativen wie des positiven, konzentriert.
Beispiele wären der „überflüssige Mensch", den sie in Puškins
Onegin, in Lermontovs Pečorin und in Gončarovs Oblomov fanden, oder wieder der positive Held, den sie in Bazarov, dem Nihi-
listen, und in Rachmetov, dem unwahrscheinlich harten Revolutionär in Černyševskijs Roman *Was soll man tun?* feierten. Dieser
unglaublich schlechte Roman änderte nichtsdestoweniger das Leben
wichtiger Männer. Lenin und auch Dimitrov, der bulgarische Kommunist des Leipziger Prozesses, sahen in Rachmetov ihr Ideal.[48]
Der „Typ" und das „Typische" wurden vor kurzem von einem
anderen zeitweiligen Fachmann der Ästhetik, Georgi Malenkov,
als das zentrale politische Problem des Realismus diskutiert.[49]
Zweifellos konnte man mit dem Begriff des Typs das Problem des
Allgemeinen und Besonderen, des Konkret-Universellen von Hegel
und das Problem des Helden, die Frage seines repräsentativen
Charakters und daher auch die Frage der stillschweigenden sozialen
Herausforderung des literarischen Werkes formulieren.

Die Betonung des Typs in den Theorien des Realismus ist fast
universell. In der abendländischen Literatur ist offenbar auch der
vorbildliche Typ nicht unbekannt. Da gibt es zum Beispiel Aeneas
oder den mittelalterlichen Ritter oder den Heiligen der Legenden

---

[47] Pisarev, „Bazarov" (1862), „Die Realisten" (1864), in *Sochineniya*,
2, hg. v. Pavlenkov.
[48] Aus Mathewson, *The Positive Hero*, S. 104—06.
[49] Georgi Malenkov, Bericht an den neunzehnten Parteikongreß (5. Oktober 1952), in Martin Ebons *Malenkov: Stalin's Successor* (New York,
1953), S. 227.

oder Robinson Crusoe oder Werther — alles Gestalten, die im wirklichen Leben zu Vorbildern geworden sind. Meines Wissens wurde im 19. Jahrhundert die Theorie des Typischen nur von dem großen italienischen Kritiker De Sanctis bekämpft, der Croce lehrte, das Konkrete und Individuelle in der Kunst zu betonen. De Sanctis hält die Behauptung für falsch, „daß Achilles der kräftige, mutige Typ und Thersites der typische Feigling ist, weil diese Eigenschaften eine unendliche Anzahl Erscheinungsformen in den einzelnen Menschen haben können. Achilles ist Achilles und Thersites ist Thersites". De Sanctis betrachtet das Typische höchstens als das Resultat eines von der Zeit verursachten Auflösungsprozesses, in dem Individuen wie Don Quichotte, Sancho Panza, Tartuffe und Hamlet in der Vorstellung des Volkes zu bloßen Typen reduziert und ihrer Individualität beraubt werden.[50] Der wichtigste Theoretiker des italienischen Realismus, Luigi Capuana, teilt diese Ansicht. Indem er sich offenbar auf De Sanctis bezieht, erklärt er ohne Umschweife: „Der Typ ist etwas Abstraktes; ein Wucherer, aber nicht Shylock; ein argwöhnischer Mensch, aber nicht Othello; ein zögernder, Hirngespinsten nachlaufender Mensch, aber nicht Hamlet."[51]

Trotz seiner Beziehungen zum Didaktischen und zum Vorbildlichen bewahrt das Typische die äußerst bedeutsame Verbindung zur objektiven Betrachtung der gesellschaftlichen Entwicklung. „Objektivität" ist gewiß das andere wichtige Schlagwort des Realismus. Diese Objektivität ist auch wieder negativ und bedeutet Mißtrauen gegen den Subjektivismus, gegen die romantische Verherrlichung des Ichs und, in der Praxis, oft eine Ablehnung des lyrischen Gefühlsausdrucks, der persönlichen Stimmung. In der Lyrik wollten und erreichten die Parnassiens „impassibilité", und in der

---

[50] *La Giovinezza di Francesco De Sanctis*, hg. v. P. Villari (18. Aufl., Neapel, 1926), S. 314: „Dire che Achille è il tipo della forza e del corragio, e che Tersite è il tipo della debolezza e della vigliaccheria, è inesatto, potendo queste qualità avere infinite espressioni negl'individui: Achille è Achille, e Tersite è Tersite." Siehe auch *Lezioni sulla Divina Commedia*, hg. v. M. Manfredi (Bari, 1955), S. 350.

[51] *Gli ,ismi' contemporanei*, S. 46: „Il tipo è cosa astratta: è lusuraio ma non è Shylock: è il sospottoso, ma non è Othello: è l'esitante, il chimerizzante, ma non è Amleto."

Der Realismusbegriff

realistischen Romantheorie war die technische Hauptforderung schließlich die Unpersönlichkeit, die völlige Ausschaltung des Autors aus dem Werk, das Fehlen jeglichen Kommentars des Erzählers. Der Hauptvertreter dieser Theorie war Flaubert. Aber auch Henry James beschäftigte sich damit, und in Deutschland widmete Friedrich Spielhagen ihrer Verteidigung sogar ein ganzes Buch.[52] Spielhagen beruft sich auf die epische Theorie, besonders auf Wilhelm von Humboldts Abhandlung über *Hermann und Dorothea* (1799), obwohl die vollständige Objektivität des Epos schon vorher, z. B. von Goethe und den Brüdern Schlegel betont wurde,[53] die ihr Vorbild vielleicht im aristotelischen Lob Homers fanden. Ungefähr zur gleichen Zeit hoben deutsche Theorien und englische Meinungsäußerungen die vollkommene Objektivität Shakespeares, seine Distanz und Überlegenheit gegenüber seinem eigenen Werk immer wieder lobend hervor. Der auch in Schillers Aufsatz *Über naive und sentimentalische Dichtung* implizierte Kontrast zwischen objektiver und subjektiver Dichtung wurde von Friedrich Schlegel besonders betont. Seiner Meinung nach waren die antiken Dichter objektiv, „interesselos" und unpersönlich, während er die modernen Dichter als subjektiv, interessiert und persönlich betrachtete. Doch fordert Friedrich Schlegel nur vom Epos und vom Drama Objektivität. Er stellt das Epos dem Roman gegenüber, den die Realisten für die objektivste Gattung hielten, von dem aber Friedrich Schlegel eine subjektive Stimmung verlangt wie die seiner eigenen *Lucinde* oder die der Romane Sternes und Diderots.[54] Eine ähnliche Betonung der Objektivität findet sich bei den anderen wichtigen deutschen Ästhetikern der Zeit. Solgers Ironie ist die Ironie eines Sophokles und Shakespeares, die höchste Objektivität des Künstlers.[55] Schopenhauer unterscheidet ständig zwischen Dichtern ersten Ranges, d. h. objektiven Dichtern wie Shakespeare und Goethe, und bloßen

---

[52] Friedrich Spielhagen, *Beiträge zur Theorie und Technik des Romans* (1883). Vgl. „Über Objektivität im Roman" (1863), *Vermischte Schriften*, I (Berlin, 1864), S. 174—97.
[53] Siehe meine *History, II*, S. 50 ff.
[54] Ebenda, S. 19 ff.
[55] Ebenda, S. 300.

„Bauchrednern", Dichtern zweiten Ranges wie Byron, die nur von sich durch den Mund ihrer Charaktere sprechen.[56] Bei Hegel werden dieselben Theorien der Objektivität, des Epos und der großen klassischen Kunst an hervorragenden Stellen dargelegt.[57]

In England nahm Coleridge die Begriffe objektiv und subjektiv auf, reproduzierte die Theorie des Epos und pries Shakespeare als „Spinozistischen Gott — als allgegenwärtige schöpferische Kraft".[58] William Hazlitt, Coleridges Jugendfreund, variiert ständig das Thema vom Kontrast zwischen den objektiven Dichtern, Shakespeare und Scott, und den subjektiven Dichtern Byron und Wordsworth. Scott, schreibt er, ist nie „diese undurchsichtige, aufdringliche Körpermasse, die die Sonne der Wahrheit und der Natur verfinstert."[59] Carlyle lobte auf ähnliche Weise die objektiven Dichter, Goethe und Shakespeare, und sein Zeitgenosse Keats schilderte die Natur des Dichters folgendermaßen: „Er hat kein Selbst... er ist alles und nichts... schafft mit gleichem Vergnügen einen Iago wie eine Imogen."[60]

Es läßt sich kaum genau bestimmen, wie diese Theorien allmählich nach Frankreich und in die Theorie des Romans gelangten. Das alte Bild des Spiegels steht immer noch im Zentrum von Stendhals Romantheorie. In dem berühmten Motto eines Kapitels von *Le Rouge et le Noir* nennt Stendhal den Roman gleichsam einen „Spiegel, den man einen Weg entlangträgt" und der vermutlich wohl auch die Pfützen darauf widerspiegelt. Man findet dasselbe Bild auch in der Vorrede zu seinem früheren Roman *Armance*: „Ist der Spiegel daran schuld, wenn häßliche Menschen daran vor-

---

[56] Ebenda, S. 310.
[57] Ebenda, S. 324 ff.
[58] *Specimens of the Table Talk* (London, 1851), „Spinozistic deity — an omnipresent creativeness". Vgl. meine *History, II*, S. 162.
[59] *Complete Works*, hg. v. Howe, *XVI* (London, 1930), S. 401, „this opaque, obtrusive body getting in the way and eclipsing the sun of truth and nature". Vgl. meine *History, II*, S. 202.
[60] Ebenda, *II*, S. 214; *Letters*, hg. v. M. B. Forman (Oxford, 1952), S. 227 (27. Oktober 1818), „he has no self... it is everything and nothing ... it has as much delight in conceiving an Iago as an Imogen".

beigegangen sind? Auf wessen Seite steht der Spiegel?"[61] Diese Empfehlung wörtlicher und vollkommener Nachahmung wird aber bei Flaubert und Henry James zu einer stark bewußten Regel für die Ausschaltung des Autors. Der Autor darf weder kommentieren noch dem Leser andeuten, wie dieser über die Personen und Vorgänge denken soll. Für Henry James ist dieses Prinzip die scharfe Trennungslinie zwischen alter und neuer Romandichtung. Trollope wird kritisiert, weil er „ein selbstmörderisches Gefallen darin findet, seinen Leser daran zu erinnern, daß die Geschichte, die er erzählt, doch nur eine Fiktion sei". James beklagt sich über Trollopes Zugeständnis, „daß die erzählten Vorgänge nicht wirklich geschehen sind und daß er seiner Erzählung jede Wendung geben kann, die dem Leser am meisten gefällt. Ich gebe zu, daß mir ein solcher Verrat an einem heiligen Amt als entsetzliches Verbrechen vorkommt". Andererseits lobt James Turgenev, weil dieser „über das seltsame und zweitrangige Verfahren erhaben ist, Charaktere durch Mißbilligung oder Entschuldigung zu erklären oder darzustellen". Obwohl James höchst dogmatisch in bezug auf seine Methode war, die seiner Meinung nach absolut notwendig für das Zustandekommen der Illusion im Roman ist, so hielt er es doch, anders als Flaubert, für unmöglich und sogar falsch, völlige Unpersönlichkeit erreichen zu wollen. „Vision und schöpferische Möglichkeiten", so sagt er, „erwachsen aus persönlichem Feingefühl und aus persönlicher Geschichte, und keiner hat je eine Abkürzung dorthin gefunden, die glaubwürdiger Dichtung zugute käme."[62]

---

[61] Kapitel 13: „Un roman: c'est un miroir qu'un promène le long d'un chemin"; Vorrede zu *Armance:* „Est-ce leur faute si des gens laids ont passé devant ce miroir? De quel part est un miroir?" Siehe meine *History, II,* S. 412.

[62] *Partial Portraits* (London, 1919), S. 116, 379; *The Future of the Novel,* hg. v. L. Edel (New York, 1956), S. 232; *Notes on Novelists* (New York, 1916), S. 36: „... taking a suicidal satisfaction in reminding the reader that the story he was telling was only, after all, a make-believe"; „... admits that the events he narrates have not really happened, and that he can give his narrative any turn the reader may like best. Such a betrayal of a sacred office seems to me, I confess, a terrible crime"; „... superior to the strange and second-rate policy of explaining or

Die Abkürzungen, die man entdeckte oder mindestens zu entdecken meinte, waren Flauberts „impassibilité", die genaue Protokollierung der Goncourts, und Zolas naturwissenschaftliche Verfahrensweise. Jedenfalls hat Joseph Warren Beach recht, wenn er schreibt: „Was einen beim Überblick über den englischen Roman von Fielding bis Ford" (er hätte hinzufügen können, wie über den Roman Frankreichs, Deutschlands, Rußlands, Amerikas usw.) „am meisten beeindruckt, ist das allmähliche Verschwinden des Autors."[63] Fielding, Scott, Dickens, Trollope, Thackeray sagen uns ständig, was sie über ihre Charaktere denken und was wir über sie denken sollen. Thackeray spielt absichtlich und liebevoll mit seinen Marionetten. George Eliot teilt uns unmißverständlich mit, warum sie ihre leichtsinnige, oberflächliche und hübsche Hetty Sorrel nicht mag. Im vorigen Jahrhundert hatte Laurence Sterne alle Konventionen des realistischen Romans unerhört parodiert und jegliche Illusion absichtlich zerstört, indem er z. B. die Numerierung der Kapitel durcheinanderbrachte, schwarze, leere und sogar marmorierte Seiten einfügte und eine komische, krumme Linie stellvertretend für die künftige Entwicklung seiner Geschichte zeichnet. Hier besteht gewiß ein auffallender Kontrast mit einem solchen Roman wie Maupassants *Bel-Ami*. Dies ist die einfache, ohne Umstände erzählte Geschichte eines Schufts, dessen Erfolg bei Frauen ihm Reichtum und Ehren bringt. In der letzten Szene heiratet der Held die junge und reiche Tochter seiner Mätresse in der eleganten Pariser Kirche *La Madeleine*, ohne daß der Autor diesen Vorgang mit einem einzigen Worte tadelt.

Trotz der so überzeugten Meinung von solchen Schriftstellern wie Flaubert und James (und in Italien Verga) zögere ich doch, „Objektivität" im Sinne der Ausschaltung des Autors als unentbehrliches Kriterium des Realismus anzunehmen. Denn dann müß-

presenting [his characters] by reprobation or apology"; „Vision and opportunity reside in a personal sense and a personal history and no short cut to them in the interest of plausible fiction has ever been discovered."

[63] *The Twentieth Century Novel* (New York, 1932), S. 14: „In a bird's eye view of the English novel from Fielding to Ford the one thing that will impress you more than any other is the disappearance of the author."

ten wir Thackeray und Trollope, George Eliot und Tolstoj vom Realismus ausschließen. In ihrem Buch *Logik der Dichtung* (1957) hat Käte Hamburger sehr schön gezeigt, daß die sogenannte romantische Ironie, das Erscheinen des Autors, die Illusionsbrechung eher die Illusion der Fiktion, die der Romanschriftsteller bezweckt, betonen und hervorheben könnte. Die Capriccios und Arabesken des Erzählers brauchen nicht unbedingt den Eindruck der Wirklichkeit zu stören.[64] Sancho Panza, Onkel Toby, Becky Sharp kommen uns gewiß lebendiger, „wirklicher" vor als manche Gestalt in einem völlig objektiven Roman von Henry James oder Joseph Conrad. Die Objektivität der Erzählweise, der ganze Versuch, den Roman dem Drama näherzubringen, der in solche Extreme wie den fast völlig im Dialog geschriebenen Roman *The Awkward Age* (1899) von James oder den Dialogroman *Realidad* (1890) von Pérez Galdós führte, braucht übrigens keineswegs eine Steigerung des Realismus im Sinne der „getreuen Darstellung der sozialen Wirklichkeit" zu bedeuten. Die letzten Konsequenzen dieser Methode, der Bewußtseinsstrom, die Dramatisierung der inneren Welt des Menschen, lösen die äußere Wirklichkeit tatsächlich auf. Der Bewußtseinsstrom bedeutet eine Wendung nach innen, eine subjektive, symbolische Kunst, die am anderen Pol des Realismus liegt.[65]

Noch ein letztes Kriterium ist vielversprechend. Dies ist die Forderung nach einem Sinn für das Historische im Realismus. In Stendhals *Le Rouge et le Noir* wird nach Erich Auerbach der Mensch dargestellt als „eingebettet in eine konkrete, ständig sich entwickelnde politisch-gesellschaftlich-ökonomische Gesamtwirklichkeit".[66] Julien Sorel wird aufs engste mit dem Frankreich der Restaurationsepoche verknüpft, genau wie Balzac den Ort seiner Handlungen in der ständig sich wandelnden Gesellschaft nach dem Sturz Napoleons findet, oder Flaubert Frédéric Moreau zur Zeit der 1848er Revolution leben läßt. Besonders Balzac hat vom historischen Roman gelernt. In *Les Chouans* fing er als Nachahmer

---

[64] Stuttgart, 1957, S. 86 f.
[65] Vgl. L. E. Bowling, „What is the Stream of Consciousness Technique?" *PMLA*, LXV (1950), S. 337—45, und Melvin Friedman, *Stream of Consciousness: A Study in Literary Method* (New Haven, 1955).
[66] *Mimesis* (Bern, 1946), S. 409.

Scotts an, und die Behauptung, daß seine beschreibende und analytische Methode die auf die zeitgenössische Gesellschaft angewandte Methode Scotts sei, hat etwas Wahres für sich. Balzac hat auch von den Historikern, besonders von Michelet gelernt. In der Schilderung zweier Charaktere spricht er von einem „Gegensatz historischer Farben"[67] und macht auch sonst häufig Gebrauch von historischen Gegensätzen. Erinnern wir uns an die in Cousine Bette enthaltene amüsante Diskussion über die Art und Weise, wie man vor der Revolution und nach der Restauration den Hof machte. Im „ancien régime" machte diese Beschäftigung Spaß, und M. Hulot, der alte Roué, versteht nicht, warum sich Madame Marneffe wie eine arme, schwächliche Frau, wie eine „barmherzige Schwester" benimmt.[68] Selbst wenn wir aber zugeben, daß dieser Sinn für das Historische bei Balzac, und vielleicht auch bei Zola und Flaubert, lebhaft vorhanden ist, dürfen wir es sehr wohl bezweifeln, ob die Mehrzahl der Autoren des Realismus die Bedingung des „Historismus" erfüllen würde. Ich denke nicht nur an Schriftsteller wie Jane Austen, aus deren Romanen es sich überhaupt nicht entnehmen läßt, daß die Französische Revolution oder die Napoleonischen Kriege stattfanden, oder an Stifter oder Raabe, die idyllisch und eher als Biedermeier zu bezeichnen sind, oder wie bei Lukács als Beispiele der deutschen Misere gesehen werden. Nicht einmal Tolstoj kann man als in diesem Sinne „historisch" beschreiben. Sein Bild vom Menschen ist durchaus antihistorisch: er möchte ihn von allen Institutionen, historischen Erinnerungen und Vorurteilen und sogar von der Gesellschaft loslösen. Der Mensch soll auf sein Wesentliches reduziert werden. Kurz gesagt, Tolstoj ist durch und durch Rousseauist, darf und soll aber nicht vom „Realismus" ausgeschlossen werden.[69]

So kommen wir zu einem beunruhigend trivialen Schluß. Der Realismus als Periodenbegriff, das heißt als regulativer Begriff, als

---

[67] Ebenda, S. 424: „L'opposition des teintes historiques", in La vieille Fille.
[68] Cousine Bette, Kapitel 9.
[69] Über Tolstoj siehe Isaiah Berlin, The Hedgehog and the Fox (Oxford, 1953).

Idealtypus, der vielleicht von keinem einzigen Werk völlig verwirklicht wird und der gewiß in jedem einzelnen Werk mit verschiedenen anderen Merkmalen, Überbleibseln der Vergangenheit, Vorwegnahmen der Zukunft und ganz individuellen Eigentümlichkeiten verbunden ist — der Realismus in diesem Sinne bedeutet „die objektive Darstellung der zeitgenössischen sozialen Wirklichkeit". In bezug auf den Stoff will er alles gelten lassen, und in seiner Methode will er objektiv sein, selbst wenn diese Objektivität in der Praxis fast nie erreicht wird. Der Realismus ist didaktisch, lehrhaft, reformierend. Ohne sich immer über den Konflikt zwischen Beschreibung und Vorschreibung klar zu sein, versucht er diese im Begriff des „Typs" zu versöhnen. Bei einigen Autoren, aber nicht bei allen, ist der Realismus historisierend: er faßt die soziale Wirklichkeit als dynamische Entwicklung auf.

Wenn wir diese Sammlung verwandter Merkmale überblicken, müssen wir die entscheidende Frage stellen: erfüllt sie das Kriterium, diese bestimmte Epoche von den anderen Epochen der Literaturgeschichte zu unterscheiden? Ein Vergleich mit der Romantik macht meines Erachtens keine Schwierigkeiten. Zweifellos wendet sich der Realismus von der romantischen Verherrlichung des Ichs, der Betonung der Phantasie, der symbolischen Darstellungsweise, der Bemühung um das Mythische und der romantischen Auffassung der belebten Natur ab. Der Unterschied zwischen dem Realismus und dem Klassizismus im französischen wie im deutschen Sinne ist weniger klar. Der Klassizismus wie der Realismus ist gewiß didaktisch und will objektiv sein und das Typische erreichen. Offenbar lehnt der Realismus aber das „Idealisierende" des Klassizismus ab. Er faßt „Typ" nicht im Sinne des Allgemein-Menschlichen, sondern im Sinne des Sozial-Typischen auf. Der Realismus verwirft die klassische Annahme einer Rangordnung im Stoffe, bricht mit den Stilebenen und stellt gesellschaftliche Schichten dar, die für den Klassizismus Tabu waren. Wenn wir aber die englische Literatur des 18. Jahrhunderts in den Klassizismus aufnehmen, wird es schwieriger, den Realismus des 19. Jahrhunderts ganz klar davon zu unterscheiden. Zwischen dem englischen Roman des 18. Jahrhunderts, besonders dem von Fielding und Richardson, und dem allgemein als „realistisch" bezeichneten Roman des 19. Jahrhunderts besteht zweifellos sowohl in der Ideologie wie in der künstlerischen Methode ein direkter Zusammenhang. Das Neue im 19. Jahrhundert wird größtenteils von der historischen Position seiner Schöpfungen, vom Bewußtsein der Umwälzungen am Wendepunkt vom 18. zum 19. Jahrhundert bestimmt. Hier wäre etwa folgendes zu nennen: die industrielle Revolution; der Sieg des Bürgertums (beide wurden schon im 18. Jahrhundert in England vorweggenommen); der damit verbundene neue historische Sinn; das weit umfassendere Bewußtsein, daß der Mensch eher ein in der Gesellschaft lebendes als ein moralisches, seinem Gott verantwortliches Wesen sei; und die veränderte Auffassung der Natur, die nicht mehr die deistische, zweckvolle, obgleich mechanistische Welt des 18. Jahrhunderts ist, sondern die weit weniger menschliche, unmenschliche Ordnung der deterministischen Naturwissenschaften des 19. Jahrhunderts. Trotz diesen historischen Unterschieden sehe ich nicht ein, warum Richardson und Fielding stilistisch und künstlerisch die Bezeichnung „Realist" nicht verdienen sollten.

„Verdienen" habe ich fast aus Versehen gesagt, aber ich möchte es zum Schluß gern klarstellen, daß ich den Realismus nicht für die einzige und letzte Methode der Kunst halte. Er ist nur *eine* Methode, nur eine große Strömung, die ihre Grenzen, Mängel und Konventionen hat. In der Praxis hat der Realismus trotz seinem Anspruch, das Leben und die Wirklichkeit unmittelbar zu erfassen, seine bestimmten Konventionen, Kunstmittel und Verbote. Im Theater zum Beispiel bedeutete Realismus oft nur das Vermeiden von gewissen Unwahrscheinlichkeiten, von gewissen alten Bühnenkonventionen wie der zufälligen Begegnung, dem Lauschen an der Tür, den zu deutlich erfundenen Kontrasten des älteren Dramas. Ibsens Bühnenkunstmittel lassen sich genauso klar beschreiben wie die Racines. Rückblickend scheint die Ähnlichkeit der Struktur, des Stils und des Inhalts naturalistischer Romane geradezu beunruhigend. Dennoch liegt die Gefahr des Realismus nicht so sehr in der Starrheit seiner Konventionen und Verbote als vielmehr in der Wahrscheinlichkeit, daß, von der realistischen Theorie unterstützt, alle Unterschiede zwischen Kunst und Vermittlung von Informationen oder praktischen Mahnungen aufgegeben werden. Als der Romanschriftsteller versuchte, Soziologe oder Propagandist zu sein, brachte er ganz einfach schlechte, langweilige Kunst hervor. Der Stoff geriet ihm nicht lebendig und er verwechselte Dichtung mit „Berichterstattung" und „Dokumentation".

Auf seinen niederen Stufen sank der Realismus dauernd zu Journalismus ab, zu Abhandlungen, wissenschaftlichen Schilderungen, kurz, zu Nicht-Kunst. Auf seiner höchsten Stufe, bei seinen größten Dichtern wie Balzac und Dickens, Dostojewski und Tolstoj, Henry James und Ibsen und sogar Zola ging der Realismus ständig über seine Theorie hinaus und schuf Welten der Phantasie. Letzten Endes ist die realistische Theorie schlechte Ästhetik; denn alle Kunst ist „Schaffen" und bildet eine eigene Welt des Scheins und der symbolischen Formen.

ÜBERLEGUNGEN ZU WELLEKS REALISMUSBEGRIFF

Von E. B. GREENWOOD

I

Welleks Aufsatz ‚The Concept of Realism in Literary Scholarship'* wirft für Literaturwissenschaftler, Kritiker und Künstler entscheidende Fragen auf. Dem Künstler genügt es, Fragen zu stellen, ohne sie zu lösen, wie Tschechow sagte, für den Wissenschaftler aber genügt das nicht. Der Hauptfehler von Welleks Artikel bestand darin, daß er eine faszinierende Fülle gegensätzlicher Meinungen anführte und viele Fragen anschnitt, ohne weit genug darüber hinauszukommen. Soweit er es versuchte und eine Art endgültigen Berichts über den Realismus zu geben bemüht war, erschien mir dies unbefriedigend.

Wellek wies mit Recht darauf hin, daß der „Realismus" in der Kunst ein perennierendes Problem darstellt. Diese Tatsache widerlegt zur Genüge den gelegentlichen Versuch, den Realismus verächtlich abzutun, als sei er verknüpft mit dem Aufstieg einer Bourgeoisie, die nicht zwischen Kunst und *trompe l'oeil* zu unterscheiden verstand. Die „Bürgerlichkeit" der „Realisten" Defoe, Richardson und Fielding, die z. B. Ian Watt in *The Rise of the Novel*[1] so deutlich herausgestellt hat, soll nicht geleugnet werden, aber die Vorstellung, es gebe eine notwendige Verbindung zwischen dem Realismus und dem platten Positivismus des bürgerlichen Denkens muß mit Nachdruck zurückgewiesen werden. Wellek zitiert selbst

---

* Der Realismusbegriff in der Literaturwissenschaft. In: René Wellek, Grundbegriffe der Literaturkritik. Stuttgart 1965. S. 161—182. [In diesem Band S. 400.] Nach dieser Übersetzung wird im folgenden zitiert. (Anm. d. Übers.).

[1] Siehe Ian Watt, The Rise of the Novel. London 1957.

wichtige Beispiele des Realismus aus der Antike. Ich würde einen weiteren entscheidenden Beleg aus der *Ilias* hinzufügen, wo wir in der berühmten Beschreibung des Schildes des Achilles die folgende Stelle finden:

Aber es dunkelte hinten das Land, und geackertem ähnlich
Schien es, obgleich von Gold; so wunderbar hatt' er's bereitet.[2]

Doch Wellek sagt im weiteren, er beschäftige sich nicht mit diesem perennierenden Realismus und mit dem erkenntnistheoretischen Problem der Beziehung zwischen Kunst und Wirklichkeit. Sein Interesse gilt der Isolierung eines Epochenbegriffs des Realismus, wohl in der Weise, daß eine im wesentlichen verstandesmäßig ausgerichtete Literaturwissenschaft mit diesem ebenso arbeiten kann wie mit anderen Epochenbegriffen, z. B. Barock, Rokoko, Klassik, Romantik und Biedermeier.

Ich behaupte nun, daß es letztlich unmöglich ist, den Realismus als Epochenbegriff vom perennierenden Realismus zu trennen und das grundsätzliche erkenntnistheoretische Problem der Beziehung zwischen Kunst und Wirklichkeit zu ignorieren. Wird der sogenannte Realismus — als Epochenbegriff — auf diese Weise isoliert, so sieht man ihn nicht mehr als das, was er wirklich ist, als etwas Lebendiges, sondern als ein totes Versuchsobjekt, das in einer Art literarischen Labors seziert werden soll. Ich muß betonen, daß ich Welleks Isolierung und Beschreibung des Epochenbegriffs Realismus aufrichtig bewundere, aber ich habe das Gefühl, er bricht zu Unrecht hier ab, ohne ein Argument genügend zu berücksichtigen, das etwa Lukács impliziert, wenn er den „Realismus" als den für einen modernen Schriftsteller einzig möglichen Weg in der Kunst bezeichnet.

Wellek selbst arbeitet mit einer Definition des Epochenbegriffs Realismus, nach der Realismus „die objektive Darstellung der zeitgenössischen sozialen Wirklichkeit", negativ ausgedrückt eine Ablehnung der Romantik ist. Wenden wir das auf einen bestimmten Autor, z. B. Tolstoi an. Es fällt mir nicht schwer zuzugeben, daß Tolstoi,

[2] Ilias, XVIII, 548 f.

etwa in seiner Beschreibung des Kreises der Fürstin Betsy Twerskaja in *Anna Karenina,* genau das tut, d. h., er gibt eine „objektive Darstellung der zeitgenössischen sozialen Wirklichkeit", freilich satirisch gebrochen. Aber wie steht es dann mit dem folgenden Abschnitt, der die Unbeholfenheit des gesunden Lewin in Gegenwart seines kranken Bruders Nikolaj beschreibt? „Jetzt beschäftigte sie beide ein und derselbe Gedanke, der alles andere in den Hintergrund drängte: die Krankheit und der nahe Tod Nikolajs. Aber weder der eine noch der andere wagte davon zu sprechen, und da sie von dem nichts erwähnten, was sie in Wirklichkeit beschäftigte, wurde alles, was sie sagten, zur Lüge." [3]

Das ist sicherlich objektiv, aber es geht hier nicht um ausgesprochen Zeitgenössisches oder um soziale Wirklichkeit, sondern darüber hinaus um etwas Allgemeingültiges, das nichts zu tun hat mit dem Kunstmittel des „Typus" als einer Möglichkeit, die objektive Wiedergabe des Gesellschaftlichen mit dem Allgemeinen und Universalen zu verbinden. Der „Realismus" liegt hier in der künstlerischen Gestaltung einer allgemeingültigen Wahrheit über die menschliche Natur, des Bestrebens nämlich, eine unangenehme Wahrheit zu verbergen, ohne dazu imstande zu sein. Die Grundlage von Tolstois Realismus ist nichts anderes als jener Nominalismus, der in der Terminologie der Scholastik der genaue Gegensatz zum Realismus ist, was Wellek selbst erwähnt. Nikolaj Rostow in *Krieg und Frieden* entdeckt, daß „alles was im Krieg vor sich geht, durchaus nicht so geschieht, wie man es sich vorstellen und dann wiedererzählen kann." [4] Läßt man das einschränkende „im Krieg" weg, so hat man in dem übrigbleibenden Satz „alles was vor sich geht, geschieht durchaus nicht so, wie man es sich vorstellen und dann wiedererzählen kann" die Grundlage von Tolstois „Realismus", daß nämlich jeder Versuch, Phänomene mit Worten zu beschreiben (ja, vielleicht gerade das Phänomen der Wahrnehmung selbst), Fiktion einschließt, weil abstrakte Vorstellungen (und jedes

---

[3] Anna Karenina. Aus dem Russ. übertr. v. Fred Ottow. Darmstadt 1959. III, 31. S. 421.

[4] Krieg und Frieden. Aus dem Russ. übertr. v. Marianne Kegel. Darmstadt 1959. IX, 12. S. 883.

Wort erweist sich bei genauer Analyse als abstrakte Vorstellung) nichts als Namen sind (in moderner Terminologie: weil das Zeichen nicht mit dem Bezeichneten identisch ist). Realismus besteht darin, daß man sich dieser Tatsache bewußt ist und unablässig versucht, die Gesetze der Erinnerung und der künstlerischen Ausführung in den Griff zu bekommen und das Element entstellender Selbstbezogenheit unter Kontrolle zu halten, so daß man die „Fiktion" der Kunst hervorbringen kann, die man als wahrer und „wirklicher" empfindet als die allgemeine Fiktion der normalen Wahrnehmung, der „Wirklichkeit" im unreflektierten, alltäglichen Sinn des Wortes. So läßt D. H. Lawrence Ursula Brangwen in *Women in Love* sagen: „Die Welt der Kunst ist nur die Wahrheit über die reale Welt, das ist alles — aber du kannst das schon nicht mehr sehen" („The world of art is only the truth about the real world, that's all — but you are too far gone to see it").[5] Tolstois Realismus kommt dem „plastischen Nominalismus" sehr nahe, den Huizinga in seiner Abhandlung ‚Renaissance und Realismus' erörtert.[6]

II

Diese Bemerkungen über Tolstois Realismus (und will man werten, so ist Tolstoi sicherlich der größte moderne Dichter, der einzige, der an die Seite Homers, Dantes, Shakespeares und Goethes gestellt werden kann) zeigen, wie ich hoffe, zur Genüge, daß es unmöglich ist, den Realismusbegriff auf Tolstoi anzuwenden, ohne Welleks Definition auszuweiten und ohne nach dem erkenntnistheoretischen Zusammenhang von Kunst und Wirklichkeit zu fragen.

Durch die Wahl gerade dieses Beispiels versuche ich wohl schon, die Gründe für meine mehr allgemeine Unzufriedenheit mit Welleks Methode als ganzer anzudeuten. Ich glaube, es gibt in seiner kritischen Methode eine tiefe Kluft zwischen der großen Bedeutung,

---

[5] D. H. Lawrence, Women in Love. London 1954. S. 422.
[6] Johan Huizinga, Men and Ideas. Translated by J. S. Holmes and H. van Marle. New York 1959. S. 309.

die er (meiner Meinung nach ganz mit Recht) den Werten beimißt („Alle Versuche, der Literatur die Werte zu nehmen, haben fehlgeschlagen und werden erfolglos bleiben, da ihr eigentliches Wesen Wert ist. Die Literaturwissenschaft kann und darf nicht von der Kritik geschieden werden, die wertend beurteilt." [7]) und seiner Ansicht, daß die Literaturwissenschaft eine rein rationale Erkenntnistätigkeit sei. Mit letzterem hängt sein Eklektizismus zusammen, ein Eklektizismus, der besonders hervortritt, wenn Wellek den „Historismus" von Gelehrten des 18. Jahrhunderts wie Warton und Hurd wohlwollend darstellt und ihn mit dem modernen Historismus vergleicht, „der die verschiedensten Arten der Kunst gelten läßt, von vorgeschichtlichen Höhlenmalereien bis Picasso, von Homer bis Eliot, vom einfachen Gesang bis Strawinski", und der nichts anderes ist als „ein allumfassender Eklektizismus" mit „Anzeichen von Sterilität".[8]

Die Existenz dessen, was Wellek selbst „die große Anzahl verschiedener und oft sich widersprechender Meinungen der modernen Literaturwissenschaft"[9] nennt (gibt es z. B. in der Chemie solch eine Anzahl verschiedener und sich widersprechender Meinungen in bezug auf den Begriff der Wertigkeit?), ganz zu schweigen von den Streitpunkten und Widersprüchen in den von Wellek zitierten Werken älterer Literaturwissenschaftler, weist bereits darauf hin, daß die wissenschaftliche Beschäftigung mit der Literatur sich nicht ausschließlich rational vollzieht, sondern mit den menschlichen Trieben, Werten und Leidenschaften, kurz mit dem Leben eng verbunden ist.

Was einen mit der Überzeugung, etwas Begründetes und Erhel-

[7] René Wellek, Concepts of Form and Structure in Twentieth Century Criticism, Neophilologus XXXXII, 1958. (Die Begriffe Form und Struktur in der Literaturkritik des 20. Jahrhunderts. In: Grundbegriffe der Literaturkritik. Stuttgart 1963. S. 56.)

[8] René Wellek, A History of Modern Criticism. New Haven 1955. Band I, S. 132.

[9] René Wellek, The Concept of Realism in Literary Scholarship, Neophilologus XXXXVI, 1961. (Der Realismusbegriff in der Literaturwissenschaft. In: Grundbegriffe der Literaturkritik. S. 172.) [In diesem Band S. 417.]

lendes zu finden, immer wieder zur Literaturkritik beispielsweise Matthew Arnolds zurückkehren läßt, ist die Tatsache, daß er niemals den Sinn dafür verloren hat, daß die Literaturkritik zwar eine *rationale* Seite besitzt, jedoch nie rein rational sein kann, weil ihr Gegenstand, die Literatur, es auch nicht ist. Arnold stellt das sehr einfach und klar in seinem Essay ‚Literature and Science' dar, wo er schreibt, daß uns die Naturwissenschaften nur *Wissen* vermitteln, „ein Wissen, das keine Beziehung hat zu unserem Sinn für moralisches Verhalten und für Schönheit, und das deshalb nicht vom Gefühl belebt wird"[10]; Aufgabe der Literatur ist es zum Teil, „zwischen den neuen Vorstellungen und unseren Instinkten für Schönheit und für moralisches Verhalten eine Beziehung herzustellen".[11] Nach Arnolds Ansicht, die ich für richtig halte, hat die Literatur die Aufgabe, über die *gnosis*, die rein rationale Erkenntnis hinauszugehen. Man könnte sogar behaupten, gerade das sei zur Zeit die wichtigste Aufgabe der Literatur, und sie habe gleichzeitig zu beweisen, daß sie nicht notwendig „zusammenstürzt am grenzenlos Nichtigen" („Ruining along the illimitable inane"), nicht ins Subjektive, rein Persönliche und Nicht-Verifizierbare versinkt, wenn sie über das Rationale hinausgeht. Kurz gesagt, es ist, wie F. W. Bateson angedeutet hat, eine der Hauptaufgaben der Literatur der Gegenwart, die „synthetischen" Kräfte des Geistes zu stärken, zu einer Zeit, in der die naturwissenschaftliche und analytische Betrachtungsweise das höchste Ansehen genießt.[12]

All dies soll keinen Rückzug ins Irrationale bedeuten. Ich bin sogar bereit, z. B. Northrop Frye darin zuzustimmen, daß die Literaturkritik sich von der schöpferischen Produktion unterscheidet, nicht aber parasitär von ihr lebt; ich bezweifle jedoch stark, ob diese Ansicht mit der überlegenen Verachtung verbunden sein muß, die Frye (trotz seines Leugnens) für die literaturkritischen Äußerungen der Künstler empfindet; ebenso bezweifle ich, ob man Literaturkritik mit jener „kühlen Distanz" betreiben kann, die er

---

[10] Matthew Arnold, Literature and Science. In: Discourses in America. London 1896. S. 112.
[11] Ebenda S. 117.
[12] F. W. Bateson, English Poetry; A Critical Introduction. London 1950.

fordert.¹³ Ich bin auch bereit, Wellek darin zuzustimmen, daß man die rationale Seite der Literaturwissenschaft und -kritik betonen sollte. Das setzt gewisse linguistische, metrische, literaturgeschichtliche Kenntnisse und vor allem das Bewußtsein voraus, daß literarische Werke Kunstprodukte sind, d. h. Materialien, die durch „Kunstmittel" (in der Terminologie der russischen Formalisten *priëmy*)¹⁴ mit eigener Typologie und Geschichte in Kunst verwandelt wurden. Ich stimme all dem zu, vorausgesetzt man vergißt nicht, daß es Fluch und unschätzbarer Segen der Literatur als Gegenstand der Forschung ist, daß noch sehr viel *zu tun bleibt*, wenn man alles getan hat, was mit rationalen Mitteln möglich ist. Es gibt noch vieles, was die einfühlend-überzeugende und, ohne Frye nahetreten zu wollen, schöpferische Seite der Literaturkritik und -wissenschaft ausmacht, die gegenwärtig zu sehr vernachlässigt und mißachtet wird.

III

Methodisch geht Wellek in seinem Realismus-Artikel so vor, daß er mit stupender Gelehrsamkeit und beneidenswertem Fleiß eine große Anzahl von Äußerungen über den „Realismus", von den Brüdern Schlegel bis zur Gegenwart, aus der deutschen, französischen, englischen, italienischen und russischen Literatur zusammenträgt und durch einen Kommentar verbindet, in den er unter anderem eine höchst wertvolle Analyse der verwendeten literarischen Terminologie einbezieht. Anläßlich von Auerbachs großem Werk *Mimesis* unterscheidet er — und das ist besonders wichtig — zwischen existentiellem und historisierendem Realismus (wie er es bereits in seiner anerkennenden und verständnisvollen Besprechung

¹³ Siehe „Polemical Introduction' zu Northrop Frye, Anatomy of Criticism. Princeton, N. J. 1957.
¹⁴ Siehe Victor Erlich, Russian Formalism: history-doctrine, Den Haag 1955, und Erlichs Artikel: Formalist Criticism in Russia, Partisan Review 1953. Es bleibt zu hoffen, daß einiges vom Werk Viktor Šklovskijs und besonders Boris Eichenbaums zum Nutzen der westlichen Literaturkritiker übersetzt wird.

des Buches getan hatte)[15]. Die ganze Reise, auf der uns Wellek durch den Dschungel der Meinungen und Behauptungen führt, ist wirklich fesselnd und gewinnbringend. Sie ist auch ein prachtvolles Beispiel für die Arbeitsweise von Occams Rasiermesser. Aber wenn Wellek sich dann von uns verabschiedet und uns die zerpflückte Definition des Realismus präsentiert, die Occams Rasiermesser übriggelassen hat, enttäuscht er doch sehr. Wie er selbst zugibt, ist er zu „einem beunruhigend trivialen Ergebnis"[16] gelangt. Er läßt diejenigen, die Literaturwissenschaft lehren, und ihre Studenten, sofern sie nicht seinen umfassenden und scharfen Verstand besitzen, mit einem Begriff zurück, der als Instrument der Erkenntnis wohl nicht von allzugroßem Wert ist, da er so viele Modifikationen enthält. Außerdem sagt Wellek in seiner eigentlichen Schlußbemerkung: „Ich halte den Realismus nicht für die einzige und letzte Methode der Kunst"[17], obgleich er zuvor in seinem Aufsatz die Theorien Lukács' (der das meiner Meinung nach glaubt, und zwar mit Recht) sehr wohlwollend behandelt hat, ohne anzudeuten, wo Lukács grundsätzlich irrt. Welleks Schlußabschnitt ist zweifellos der unbefriedigendste Teil seines Aufsatzes, weil er, anders als das Vorausgegangene, nicht durch Analyse gestützt wird. Wellek schreibt: „Trotz seinem Anspruch, das Leben und die Wirklichkeit unmittelbar zu erfassen, hat der Realismus in der Praxis seine bestimmten Konventionen, Kunstmittel und Verbote" — als ob sich jener Anspruch und diese Tatsache unbedingt widersprechen müßten. Ohne Zweifel gab es in der sich wandelnden Realismusauffassung Zolas und in der, die H. G. Wells in England während seiner Auseinandersetzung mit Henry James vertrat, einen solchen Widerspruch. Aber wenn man sagt, der Realismus verwirke notwendigerweise seinen Anspruch, „Leben und Wirklichkeit unmittelbar zu erfassen", weil er Konventionen und Kunstmittel verwendet, so ist das sicherlich nicht folgerichtig. Vielmehr werden, wie ich zu zeigen versucht habe, im Falle Tolstois „Leben und Wirklichkeit erfaßt", indem gerade das Problem des Verhältnisses

---

[15] Siehe René Welleks Rezension: Auerbach's Special Realism, Kenyon Review, Band XVI, 1954. S. 299—307.
[16] Realismusbegriff, a. a. O., S. 180. [In diesem Band S. 430.]
[17] Ebenda, vgl. S. 182. [In diesem Band S. 432.]

von Wahrnehmung und Wirklichkeit zum Thema des Werkes und gleichzeitig zur Quelle einiger der künstlerischen Mittel wird. Das gilt besonders für das (in *Krieg und Frieden* häufige) Kunstmittel, Berichte über das Geschehene und das, was „wirklich" geschehen ist (wenn man so will, die falschen historischen Berichte und den wahren existentiellen Bericht) nebeneinander zu stellen, und es gilt für das von Lukács [18] so ausgezeichnet beschriebene Mittel der „positiven Desillusion", das zeigt, daß selten etwas so abläuft, wie man es erwartet (z. B. Lewins Heirat in *Anna Karenina*). Welleks Weigerung, sich auf das erkenntnistheoretische Problem einzulassen, beeinträchtigt, kurz gesagt, sein Bemühen, die Ansprüche des Realismus auf unmittelbare Erfassung von Leben und Wirklichkeit abzuweisen. Wellek scheint mir in den Trugschluß einer *petitio principii* zu verfallen, wenn er sagt: „Auf seinen niederen Stufen sank der Realismus dauernd zu Journalismus ab, zu Abhandlungen, wissenschaftlichen Schilderungen, kurz, zu Nicht-Kunst." Ich will nicht leugnen, daß es solch eine „Entwicklung" bei einigen weniger bedeutenden Schriftstellern gibt — H. G. Wells ist ein gutes Beispiel —, aber wenn Wellek es so ausdrückt, scheint er eine Art notwendigen Zusammenhangs zwischen dem Realismus und dem Unkünstlerischen zu konstatieren. Man könnte genausogut behaupten, daß der Symbolismus „auf seinen niederen Stufen fortwährend" zu Mystizismus und Pseudo-Religion „absank", kurz, daß Kunst von einem bestimmten Punkt an so schlecht ist, daß sie aufhört, Kunst zu sein.

Wellek sagt abschließend: „Letzten Endes ist die realistische Theorie schlechte Ästhetik; denn alle Kunst ist ‚Schaffen' und bildet eine eigene Welt des Scheins und der symbolischen Formen". Das wirft so viele Probleme auf und stellt so vieles in Frage, daß man sich vor Erstaunen fast am Stuhl festhalten muß. Die Ansprüche des „Realismus" werden endgültig abgetan, mit einer großartigen Geste, die man kaum durchgehen lassen kann angesichts von Welleks Weigerung, sich mit dem erkenntnistheoretischen Problem zu befassen, auf dem der ganze Sachverhalt basiert. Der

---

[18] Siehe Georg Lukács, Tolstoi und die Probleme des Realismus. In: Der russische Realismus in der Weltliteratur. Berlin ³1952. S. 218—220.

„Nominalismus", den ich in diesem Aufsatz als Grundlage von Tolstois „Realismus" skizziert habe, nimmt an, daß jede Wahrnehmung eine Art Schaffen ist (sogar ein „Erdichten" im negativen Sinn des Wortes) und daß der Künstler zum „Realismus" gelangt, indem er sich dessen bewußt ist und seine Mittel dazu verwendet, die Grenzen der Kategorien von Zeit und Raum zu überwinden, die die Wahrnehmung einschränken, und indem er überdies den moralischen Mut besitzt, den Mangel an „interesseloser" Distanz zu überwinden, der dem Menschen eigen ist, wenn er versucht, sich selbst zu beobachten. Kurz gesagt, „Realismus" ist eine höhere Art des „Schaffens". Wenn Wellek mit der Behauptung schließt, die Kunst sei „eine eigene Welt des Scheins und der symbolischen Formen", und es dabei beläßt, so weckt das in mir den Wunsch, ihn an die Stelle von D. H. Lawrences Loerke zu versetzen und mit Ursula auszurufen: „Die Welt der Kunst ist nur die Wahrheit über die reale Welt, das ist alles — aber du kannst das schon nicht mehr sehen." Wenn Kunst „eine eigene Welt des Scheins" ist, was „erscheint" dann in ihr? Das Wort Schein selbst impliziert eine Beziehung zur Wirklichkeit, und tatsächlich kann die Kunst ja „nicht umhin, sich mit der Wirklichkeit zu befassen", wie Wellek am Anfang eingesteht, vor seiner Weigerung, sich mit dem erkenntnistheoretischen Problem auseinanderzusetzen. Ferner, wenn die Kunst eine Welt der „symbolischen Formen" ist, wofür sind die Formen symbolisch? Nein, ich ziehe es vor, in dieser Frage auf der Seite von Lawrences Ursula zu stehen. Das heißt nicht, Kunst und Leben zu verwechseln, sondern den notwendigen Zusammenhang zwischen beiden zu betonen und überdies zu unterstreichen, daß es dieser notwendige Zusammenhang ist, der den Wert der Kunst ausmacht.

Abschließend will ich meinen eigenen Realismusbegriff darlegen. Ich gebe zu, er ist kein so brauchbares Instrument der Erkenntnis wie der Welleks, denn er ist kein Epochenbegriff. Er könnte indessen für eine Literaturwissenschaft von Nutzen sein, die weiß, daß sie zwar ihren Ausgangspunkt im Rationalen hat, aber darüber hinaus in den Bereich des Wollens und des Wertes vordringen muß, wie es die Literaturkritik aller großen Kritiker der Vergangenheit (d. h. derjenigen, die uns helfen, unsere eigene Lektüre wertvoller zu machen) auch getan hat. Ich behaupte nicht, daß alle gültigen

Kunstwerke der Vergangenheit in dem Sinn des Wortes realistisch waren, wie ich es definieren werde, obgleich man bedenken muß, daß Realismus ein fließender Begriff ist und daß einer Zeit mit einer anderen Weltanschauung ein anderer Realismusbegriff entspricht; so waren z. B. die Hexen in *Macbeth* für das Publikum zur Zeit Jakobs I. in einer Weise „wirklich", wie wir sie nicht mehr erleben können. Ich behaupte jedoch, daß für unsere Zeit, eine im wesentlichen positivistische Zeit, in der es, wie Arnold schrieb, „keinen Glauben gibt, der nicht erschüttert wird, kein anerkanntes Dogma, das sich nicht als fragwürdig erweist, keine übernommene Tradition, die sich nicht aufzulösen droht"[19], der Realismus die „einzige und letzte Methode der Kunst" ist, d. h. daß uns nur eine Kunst, die „die Wahrheit über die reale Welt" ist, interessieren wird. Die „Wahrheit" in der Kunst ist ein komplexes Thema, doch ist der oben zitierte Abschnitt aus *Anna Karenina* über Konstantin Lewin und seinen Bruder Nikolaj ein gutes, konkretes Beispiel für das, was ich unter Wahrheit in der Literatur verstehe. Oft wird behauptet, Wahrheit könne nur logischen Sätzen zugesprochen werden, nicht aber einem Bild, einer Schilderung oder einer dramatischen Darstellung. In Wirklichkeit steht allerdings oft hinter einer Schilderung (wie z. B. in der Passage aus *Anna Karenina*) implicite der Satz, daß Menschen in einer solchen Situation gewöhnlich so fühlen und handeln; und die angemessene (und übliche) Reaktion auf „realistische" Kunst wie die Tolstois besteht aus einer Mischung von Überraschung und Anerkennung: „Das habe ich früher nie bemerkt, aber nun, da ich darauf aufmerksam gemacht worden bin, sehe ich, wie wahr und allgemeingültig es ist." Das ist einer der Züge, die Realismus und Klassizismus gemeinsam sind, und Wellek weist auch darauf hin, daß der Unterschied zwischen Realismus und Klassizismus weniger deutlich ist als der zwischen Realismus und Romantik.

Kunst ist meiner Meinung nach realistisch, wenn sie sich — um einige Zeilen aus *The Prelude* aus ihrem Zusammenhang zu nehmen — beschäftigt mit

---

[19] Matthew Arnold, The Study of Poetry. In: Essays in Criticism; second series. London 1898. S. 1.

> the very world, which is the world
> Of all of us, — the place where, in the end,
> We find our happiness, or not at all

(die Welt, die unser aller Welt ist, der Ort, wo wir am Ende unser Glück finden, und wenn nicht dort, dann gar nicht),

und wenn sie sich mit dieser Welt, die persönlich und zugleich allgemein („all of us") ist, in der Weise beschäftigt, daß sie die Wahrheit darüber sagt, eine Wahrheit, die, weit davon entfernt, Kunst auf „Reportage" zu reduzieren, die vollendetste Beherrschung der künstlerischen Ausdrucksmittel verlangt. Ich finde solch einen allgemeinen Realismus, der für uns jetzt, in diesem Augenblick, gültig ist (d. h. existentiell gültig, weil unabhängig von der geschichtlichen Betrachtungsweise, die sich in der Anwendung von Epochenbegriffen zeigt) stellenweise in Werken der Vergangenheit (z. B. bei Homer, Chaucer und Shakespeare) und durchweg in den Werken einzelner Autoren, die der Gegenwart näherstehen, z. B. bei Tolstoi. Wenn ich diesen Unterschied mache, räume ich der „Geschichte" ihr Recht ein, ohne dem „Historismus" zu verfallen. Das ganze Werk Homers oder das eines religiösen, symbolistischen und auf das Jenseits gerichteten Dichters wie Dante war „real" und den Zeitgenossen dieser Dichter in einer Weise „zugänglich", wie es das für uns — im Gegensatz zum Werk Tolstois — nicht sein kann. Die Welt, „die unser aller Welt ist", bleibt nicht von Epoche zu Epoche dieselbe. Mein Realismusbegriff fordert, daß die Literatur auf Erfahrung beruht (und er ist insoweit existentiell), aber er erkennt an, daß der Inhalt der „Erfahrung" sich von Epoche zu Epoche ändert und daß Aphrodite, die Paris den erstickenden Helmriemen löst, um sein Leben zu retten, und Dantes Satan, der im Cocytus festsitzt, zu ihrer Zeit eine „Realität" hatten, die sie für uns existentiell nicht haben können. Die Kunstmittel des Symbols, der Analogie, der Allegorie und des Sinnbilds können in einer Epoche dem „Realismus" und in einer anderen dem Alexandrinertum und dem Mystizismus dienen.

Man mag einwenden, mein unhistorischer Realismusbegriff sei als Instrument der Erkenntnis unbrauchbar, da er auf so verschiedenartige Erscheinungen angewandt werden könne, daß er bedeutungslos werde. Dem kann ich nur entgegenhalten, daß er der gängigste Begriff ist, den wir laufend bei unserer Lektüre anwenden, unabhängig davon, für welchen vorgeblichen *apparatus criticus* wir uns entscheiden. Wie äußern wir denn normalerweise Lob oder Tadel über ein literarisches Werk? Sagen wir nicht, es sei „überzeugend" oder „nicht überzeugend", „wahr" oder „verfälschend", und wenn wir das sagen, implizieren wir dann nicht, daß ein gutes Kunstwerk wahr und wirklich und ein schlechtes falsch und unwirklich ist? Das berühmte Kapitel ‚Moony' aus *Women in Love* enthält eine Episode, die rein symbolisch ist: Birkin wirft Steine nach dem Mondlicht auf dem See, um es zu vertreiben. Aber das ist symbolisch *für* etwas, nämlich für Birkins Verteidigung dessen, was er als das männlich-aktive Prinzip empfindet, gegen den weiblichen Versuch, es zu beherrschen; dies wird in der folgenden dramatischen Unterredung mit Ursula deutlich. Diese Art symbolischer Kunst ist in meinen Augen realistische Kunst. Andererseits kommt mir E. M. Forsters Beschreibung der Botschaft von Beethovens Fünfter Symphonie in *Howard's End* „unrealistisch" vor, weil Forster seine Zuflucht zu einem überlebten und wirren Symbolismus des Schicksals, der Götter und Kobolde nimmt, der einem zunächst real erscheint, weil er vertraut und durch die Musik motiviert ist, der sich aber schließlich als unwirklich herausstellt, weil er so vertraut ist, daß er zur leeren Dekoration wird — zum Programm für eine Musik, die nicht programmatisch ist. Forster ist nicht in der Lage, statt dessen eine überzeugende Symbolik zu schaffen, deren Originalität und scheinbarer Mangel an psychologischer Motivation sie zunächst als unwirklich erscheinen läßt, von der man aber schließlich erkennt, daß gerade das ihre Wahrheit begründet und verbürgt.

Ein literaturkritischer Begriff wie der des Realismus kann nicht zu einem neutralen Instrument der Erkenntnis werden, da er wertet und geltend macht, daß ein Kunstwerk gut ist, *weil* es wahr ist, obgleich dessen Wahrheit nicht die der einfachen, liniengetreuen Übereinstimmung zwischen einer Zeichnung und ihrer Kopie ist, sondern etwas Komplexes und schwer Analysierbares. Solch ein Realismusbegriff macht geltend, daß wir genug haben von romantischen Bildern und von ideographischen Tänzen, die „nichts bedeuten" und doch zugleich bedeutsamer als alles andere sein wollen.[20] Er macht geltend, daß eine *entfremdete* Kunst und die ihr entsprechende *entfremdete* Literaturkritik und -wissenschaft sich nicht für die normale oder gar einzig mögliche Art des Schaffens und der Wissenschaft halten, daß sie, kurz gesagt, nicht behaupten sollten, die Kunst sei „eine eigene Welt des Scheins und der symbolischen Formen", obwohl die historischen Gegebenheiten *unserer* Zeit uns vielleicht nichts anderes erlauben (hier beeinflußt das Historische das Existentielle, und gerade die Dichotomie beider erkennt man als „unwirkliches" Produkt eben jener *Entfremdung*). Dieser Realismusbegriff macht geltend, daß die Kunst normal, rational und moralisch, kurz human ist. Er macht geltend, daß die Kunst zwar eine Welt von Formen und Kunstmitteln ist, aber von solchen Formen und Kunstmitteln, die darauf angelegt sind (im Gegensatz zu einer quantitativen und analytischen), eine qualitative und synthetische Vorstellung des Lebens zu vermitteln. Dieser Realismusbegriff macht in summa — mit Carews Versen — geltend, daß

Wise poets that wrapp'd Truth in tales,
Knew her themselves through all her vailes

(Weise Dichter, die die Wahrheit in Geschichten hüllten,
erkannten sie durch alle ihre Schleier hindurch),

daß „die Welt der Kunst nur die Wahrheit über die reale Welt" ist. Wir wollen uns diese Ansicht ins Gedächtnis zurückrufen, bevor wir das „nicht mehr sehen können".

---

[20] Siehe Frank Kermodes glänzende Studie über Aspekte der symbolistischen Ästhetik und Kritik: Romantic Image, London 1957, und seinen Aufsatz: Poet and Dancer before Diaghilev, Partisan Review 1961. S. 48—75.

ERWIDERUNG AUF E. B. GREENWOODS ÜBERLEGUNGEN

Von René Wellek

Greenwood hätte sich nicht „vor Erstaunen am Stuhl festhalten" müssen, als er den Schluß meines Artikels „Der Realismusbegriff in der Literaturwissenschaft" (*The Concept of Realism in Literary Scholarship*) las. Wie der Titel selbst ja sagt, versuchte ich den Begriff des Realismus in der Literaturwissenschaft und im besonderen den Gebrauch des Begriffes als eine Periodenbezeichnung zu erörtern und nicht das Verhältnis der Kunst zur Wirklichkeit. Am Ende sprach ich lediglich meine Überzeugung aus, daß „Realismus", wie er im Hauptteil dieses Essays beschrieben ist, nicht die „einzige und letzte Methode der Kunst" ist und die realistische Theorie „schlechte Ästhetik" ist, da sie das Wesen der Kunst mißversteht. Ich glaube, daß Greenwood diese Behauptungen nicht widerlegt hat.

Greenwood sagt mir, ich hätte die letzten Probleme von Kunst und Wirklichkeit lösen sollen und bietet dann selbst eine andere neue Definition des „Realismus". Wenn ich sie vorher gekannt hätte, wäre sie meinen zahlreichen Beispielen widersprüchlicher Definitionen hinzugefügt worden. Greenwoods erste Definition beruht offensichtlich auf einer Reihe von Doppeldeutigkeiten. Jede Kunst zielt immer auf die Wirklichkeit ab. Echte Kunst mit Erfolg, daher ist jede echte Kunst realistische Kunst. Demjenigen, der einwendet, daß es im Laufe der Geschichte sehr viel anerkannte Kunst gab, die nicht realistisch war, gibt Greenwood zwei einander widersprechende Antworten. Einmal gibt er zu, daß „alle gültige (= echte) Kunst der Vergangenheit" nicht unbedingt „realistisch in seinem Sinne" war. Damit begibt er sich seines Hauptargumentes, wogegen ich nichts einzuwenden hätte. Andererseits behauptet er an mehreren Stellen, daß realistische Kunst jede Art von Kunst sein könne, z. B. eine Art „symbolischer Kunst", die er bei D. H. Lawrence' „Women in Love" (dt. u. d. Titel: „Liebende Frauen") oder bei Homer, der Götter Sterblichen zu Hilfe eilen läßt oder bei Dante findet, der uns Satan in ein Eismeer eingefroren zeigt, mit drei Gesichtern — jedes von anderer Farbe — und drei Mäulern, deren Zähne gleichzeitig Judas, Brutus und Cassius zerreißen. „Symbolische, analogische, allegorische und mystische Verfahren" können dem „Realismus" eines jeden Zeitalters dienen. Auf diese Weise erklärt Greenwood einfach jede Kunst, gleichwie welcher Stilrichtung, wie unrealistisch auch immer nach den üblichen Maßstäben, wenn sie geglückt und bedeutend ist, zur realistischen Kunst. Wenn man aber alle echte Kunst mit realistischer Kunst gleichsetzt, entblößt man den Begriff „realistisch" jeden konkreten Inhalts. Es ist wie mit der Redensart, daß das Leben ein Traum sei. Was außer dem Tode ist dann kein Traum? Und was ist keine realistische Kunst außer der Nicht-Kunst?

In Wirklichkeit hält sich Greenwood natürlich nicht an diese Identifikation und weiß auch, was nicht realistische Kunst ist. Er liefert uns eine zweite Gruppe von Kriterien. Wenn man die entscheidende Frage eines Juristen, nämlich *Cui bono?* stellt, so kommt es darauf hinaus, daß Greenwood noch einen anderen Angriff auf die moderne Kunst geschrieben hat, gegen das, was er „romantische Bilder", „ideographische Tänze" und „entfremdete" Kunst nennt. Denn er möchte, daß Kunst das „Normale", „Vernunftgemäße" und „Sittliche" zeige. Am Schluß zitiert er zwei Verse von Carew, die die alte Vorstellung der zuckerumhüllten Pille formulieren, daß nämlich die Dichter „Wahrheiten in Geschichten einhüllten". Nichts Abnormes, nichts Irrationales, nichts Unmoralisches, keine „Entfremdung" von der Gesellschaft und keine „romantischen Bilder" sind in der Kunst erlaubt.

Aber Greenwood schlägt noch eine dritte, weniger umfassende Definition des Realismus vor, oder eher eine Gruppe von drei Kriterien, die weder einfach „Wahrheit" — innerhalb welchen Stils auch immer — wie in Definition Nummer Eins, noch „Normalität" oder „Moral" wie in Nummer Zwei heißen. Er erklärt jetzt, daß realistische Kunst „Nominalismus" erfordere: der Künstler muß durch die Sprache schauen; zweitens, die gewöhnliche Wahrnehmungsweise durchbrechen und sich eines Mittels bedienen, das man

Verfremdung im Sinne Brechts nennen könnte oder möglicherweise auch „perspective through incongruity", um den Begriff Kenneth Burkes zu verwenden. Drittens erfordere realistische Kunst eine besondere ethische Haltung: der Künstler muß „die Parteilichkeit, d. h. die fehlende Unbefangenheit überwinden, die endemisch in der Menschheit auftritt, wenn sie sich in der Selbstbeobachtung versucht". Tolstoj ist sein Hauptbeispiel. Aber erfüllen alle Realisten, selbst in einem sehr weiten Sinne, diese Forderungen und können diese Forderungen zu den Maßstäben jeder echten Kunst erhoben werden? Es gibt viele Dichter — die meisten Dichter der Vergangenheit — die keine Nominalisten waren, sondern an die Dinglichkeit, ja sogar an die Magie der Sprache glaubten. Es gibt viele anerkannte Künstler (gerade jene, deren Arbeitsweise man gemeinhin „realistisch" nennt), die die gewöhnliche Wahrnehmung nicht überschreiten wollen und nicht überschreiten. Und es gibt noch mehr wahre Künstler, die unvollkommen in ihrer Unparteilichkeit sein können. Der gesamte schwankende Begriff des Realismus, wie er bei Greenwood dargestellt wird, ist auf der einen Seite viel zu eng gefaßt, da er alles, was nicht „normal", „vernünftig" und „moralisch" ist, von echter Kunst ausschließt. Auf der anderen Seite ist er viel zu weit, um benutzbar zu sein, da er alle Unterscheidungen zwischen Stilen und Epochen verwischt, indem er „Realismus" mit Wahrheit gleichsetzt, mit dem Universalen, mit echter Kunst im allgemeinen.

In spezifischen Punkten mißversteht Greenwood meine Position mehrfach. Ich bin nicht mit dem „Historismus" einverstanden, obwohl ich eine wohlwollende Darstellung seiner Anfänge bei Hurd, Warton und anderen englischen Kritikern der Vorromantik in meiner „Geschichte der Literaturkritik" (*History of Modern Criticism*) gegeben habe. In einem Artikel, „Literaturtheorie, Kritik und Literaturgeschichte" (*Literary Theory, Criticism and History*) in *The Sewanee Review* (Januar 1960, ebenfalls abgedruckt in *English Studies Today*, Second Series, ed. G. A. Bonnard, Bern 1961)[1] habe ich ausdrücklich gegen diese Auffassung, wie sie von Auerbach und anderen vertreten wird, Stellung genommen.

---

[1] In deutscher Übersetzung „Literaturtheorie, Kritik und Literaturgeschichte", in *Grundbegriffe der Literaturkritik*, Stuttgart 1965, S. 9—23.

Ich erkenne das Argument nicht an, daß Literaturkritik nicht rein kognitiv sein kann, weil der Gegenstand ihrer Forschung, die Literatur, es nicht ist. Die meisten Wissenschaften beschäftigen sich mit Gebieten, die nicht kognitiv sind (z. B. die Anatomie) und versuchen doch Wissenschaften zu bleiben. Aber eigentlich glaube ich auch nicht, wie ja Greenwood merkt, wenn er mich zur Wertfrage zitiert, daß Literaturkritik bloß kognitiv ist oder sein sollte. Ich möchte sogar sagen, daß die Kritik preskriptiv in dem Sinne ist, in dem ich über dieses oder jenes Kunstwerk sage: „Ich halte es für gut", und damit den Leser auffordere, mir beizupflichten. Dies ist, wie ich bereits früher gesagt habe, ein (viel weniger kategorischer) Imperativ der Ästhetik. Ich bin mit Greenwood nur nicht über seine ganz bestimmte Eigenart einer Meinung. Ich kann nicht glauben, daß drei Viertel der Kunst der Welt (alle nicht realistische Kunst, alle abnorme, irrationale, unmoralische Kunst) notwendig schlechte Kunst sind.

Greenwood irrt auch, wenn er meint, ich würde seiner Ansicht über die Gefahren des Symbolismus[2] nicht von ganzem Herzen zustimmen. Ich gebe zu, daß Symbolismus „in seinen niederen Bereichen" zu einer „Mystagogik" und „Pseudo-Religion" absinkt, genauso wie — möchte ich hinzufügen — das Barock in den „unteren Bereichen" bombastisch und verkrampft werden kann. Die Klassik kann fade und abstrakt, die Romantik sentimental und gespenstisch werden etc. Es ist der Vorteil einer Vielfalt der Begriffe, daß man eine große Zahl verschiedener Kriterien aufstellen kann, während Greenwood nur auf „unwahr" und „unwirklich" zurückgreifen muß, Begriffe, die mir sinnlos erscheinen, wenn man sie auf die Kunst Rilkes oder Mallarmés, Kafkas oder E. T. A. Hoffmanns anwendet, von „absoluter" Musik oder Bildern wie denen El Grecos oder Picassos ganz zu schweigen.

---

[2] In der englischen und amerikanischen Kritik kann der Begriff „symbolism" sowohl die literaturgeschichtliche Richtung des Symbolismus bezeichnen, als auch eine Kunstrichtung, die vorwiegend mit dem Mittel des Symbols arbeitet. Proust, Yeats, Joyce, Eliot werden seit Edmund Wilsons *Axel's Castle* (1931) zum „Symbolismus" gerechnet. [Anm. d. Übers.]

Schließlich tut mir Greenwood unrecht, wenn er mich zuerst falsch zitiert, so als sagte ich: „Trotz seines Anspruches, zum Leben und zur Wirklichkeit durchzudringen, hat der Realismus in der literarischen Praxis seine bestimmten Konventionen, Kunstmittel und Verbote", und diese Behauptung einen *non-sequitur*-Satz nennt. Denn er hat das Wort „unmittelbar" vor „durchzudringen" ausgelassen (obwohl er es wenig später richtig zitiert), und auf diese Weise den Sachverhalt verdunkelt. Ich leugne nicht (wie er fälschlich annimmt), daß realistische Kunst zum Leben und zur Wirklichkeit unmittelbar durchdringen kann, ich wende nur ein, daß der Anspruch der realistischen Kunst, Wirklichkeit *widerzuspiegeln* (in marxistischer Terminologie) falsch ist, denn er ignoriert die Rolle der Persönlichkeit und das Wesen der Kunst, das im Schaffen eines Symbolsystems liegt. Ich stimme ganz mit Greenwood überein, daß Kunst eine Scheinwirklichkeit ist und symbolisch für die Wirklichkeit steht, wenn „Wirklichkeit" so umfassend verstanden ist, wie er es manchmal verwendet. Aber ich gehe nicht davon ab, daß es verschiedene Zugänge zur Wirklichkeit und Wahrheit gibt und daß sich die Kunst nicht unbedingt mit dem Normalen, der Vernunft und der Moral im Einklang befinden muß, noch sich auf die Kunstmittel der realistischen Periode beschränken muß, die ich in meinem Essay zu analysieren und zu beschreiben suchte.

VORAUSSETZUNGEN DES POETISCHEN REALISMUS IN DER DEUTSCHEN ERZÄHLKUNST DES 19. JAHRHUNDERTS

Von Wolfgang Preisendanz

Unbestreitbar nimmt, aufs Ganze gesehen, die Epik in der Dichtung des 19. Jahrhunderts die eminente Stelle ein; es ist vor allem das Jahrhundert der großen Romane. Fangen wir mit der russischen Dichtung an: zwischen Puschkin und Tschechow sind wohl der Mehrzahl von uns keine anderen Namen bekannt, keine anderen Werke geläufig als die von Gogol, Gontscharow, Lermontow, Turgenjew, Dostojewski, Leo Tolstoi, Lesskow. Sie alle aber waren in erster Linie Erzähler. Blicken wir auf die französische Dichtung, so steht gewiß neben der Epik eine Lyrik vom höchsten Rang und, zumal seit Baudelaire, von stärkster Wirkung; aber dennoch, welch imposante Gipfelkette haben wir vor uns von Stendhal über Balzac, Flaubert, die Goncourt zu Zola und Maupassant. Auch im angelsächsischen Bereich beherrscht die Epik das Bild nicht so ausschließlich wie in der russischen Dichtung, aber welch hervorragende Namen und Werke führen doch die große Tradition der englischen Erzählkunst des 18. Jahrhunderts fort, wenn wir nur an Poe, Dickens, Thackeray, Melville, Meredith, Hardy, Stevenson oder James denken.

Das alles sind doch Namen von abendländischer und zum großen Teil sicher von globaler Geltung. Wenn ich dagegen hier in Paris die Namen Stifter, Storm, Keller, Fontane, Conrad Ferdinand Meyer, Raabe nenne, so bin ich sicher, daß sie, von den Germanisten abgesehen, außerhalb Deutschlands verborgen sein mögen, als lägen sie gleichsam zwischen den angedeuteten Gipfellinien in einem Tal und seien bekannt nur denen, die in diesem Tal oder an seinem Ausgang wohnten und wohnen. Zweifellos war zwischen Jean Paul und E. T. A. Hoffmann einerseits, Thomas Mann andererseits kein deutscher Erzähler ein europäisches Ereignis.

Man pflegt die Erzählkunst der deutschen Autoren, die ich eben aufführte, weithin als „bürgerlichen Realismus" zu kennzeichnen, mit einer Signatur, die mir in literatursoziologischer wie in stilkritischer Hinsicht recht unzulänglich zu sein scheint, ohne daß ich hier Rechenschaft über meine Meinung geben könnte. Aber wie dem auch sei, das Eingeständnis des Begrenzten und sehr Bedingten dieser Erzählkunst kann in dem Attribut „bürgerlich" wie ein Oberton mitschwingen, wenn man nicht etwa Thomas Mann beipflichtet, der im „Fragment über Zola" schreibt: „Das bürgerliche Zeitalter, — wahrhaftig, wir sind die Rechten, im Rückblick darauf moquante Gesichter zu schneiden!" Andere wieder sprachen und sprechen nicht vom bürgerlichen, sondern vom „poetischen Realismus", was ich für vertretbarer halte. Freilich muß man auch bei dieser Formel auf mokante Gesichter gefaßt sein, muß man damit rechnen, daß sowohl das Wort Realismus wie das Wort poetisch manchem avantgardistischen Zeitgenossen fast dasselbe Unbehagen einflößen wie das Wort „Die Gartenlaube". Aber vielleicht würde ein solches Unbehagen auf einem Mißverständnis beruhen. Daher möchte ich zu erhellen versuchen, warum ich die Kennzeichnung „poetischer Realismus" für angebracht halte, warum diese Signatur in der Tat auf bestimmte Voraussetzungen der besten deutschen Erzähler im 19. Jahrhundert verweist. Vielleicht kann dadurch die Voraussetzung für ein angemessenes Verständnis der Leistungen dieser Erzählkunst geschaffen werden, trotz des Unglücks der Autoren, im 19. Jahrhundert dichten zu müssen, und trotz ihrer weltliterarischen Tallage zwischen den Kordilleren der abendländischen Epik dieses Zeitraums.

Die Formel „poetischer Realismus" stammt zwar von dem Philosophen Schelling, aber als dichtungsgeschichtlichen Begriff finden wir sie erst um die Mitte des 19. Jahrhunderts bei Otto Ludwig, einem Autor, der heute weniger durch seine Dichtungen als durch seine ausgedehnten und intensiven, noch längst nicht vollständig veröffentlichten Studien über Wesen und Struktur der dramatischen und der epischen Dichtung interessiert. Von Otto Ludwig hat dann die Literaturkritik die Formel übernommen, freilich ohne die Angemessenheit des Begriffs hinsichtlich der gemeinten Phänomene und die Bedeutung des Begriffes selbst immer klar zu erörtern.

Denn das, was Otto Ludwig selbst als poetischen oder auch als künstlerischen Realismus erläutert hat, vermag kaum zu helfen, wenn man das Besondere und Eigentümliche der deutschen Erzählkunst zwischen 1840 und 1900 begreifen will, wenn man die hervorragenden deutschen Erzähler dieses Zeitraums profilieren und von der europäischen und besonders von der französischen Epik der gleichen Zeit abheben möchte. Vielmehr scheint, was Ludwig als poetischen Realismus versteht, eher das Ideal aller pragmatischen, d. h. epischen oder dramatischen Dichtkunst zu sein, als ein geschichtlich bedingtes Formprinzip. Indem Ludwig darlegen will, was ein Drama oder einen Roman zur wahrhaften Dichtung macht, formuliert er weithin aufs neue, was schon die klassische deutsche Ästhetik, was vor allem Hegel, den er doch gar nicht mochte, vom poetischen Kunstwerk überhaupt gesagt hatte; so konnten denn auch geschichtlich so weit voneinander entfernte Dichter wie Shakespeare und Dickens zu den Mustern des poetischen oder künstlerischen Realismus erklärt werden.

Da heißt es etwa von den Werken eines poetischen Realismus, sie seien eine von der schaffenden, nicht von der gemeinen Phantasie hervorgebrachte Welt, eine vom Geiste wiedergeborene Wirklichkeit, in welcher der Zusammenhang sichtbarer sei als in der Empirie, in der die Darstellung einer Wirklichkeit auch alle Gründe dieser Wirklichkeit offenbare, in der also an aller Realität zugleich die realisierende Kraft sichtbar werde, denn der poetische Realismus gestalte „nicht ein Stück Welt, sondern eine ganze, geschlossene, die alle ihre Bedingungen, alle ihre Folgen in sich selbst hat". Die Welt des poetischen Realismus werde von uns als Totalität erfahrbar, in ein Stück Wirklichkeit lege die dichterische Phantasie die Gesetze der ganzen Wirklichkeit, das Gesetz des Wirklichen siege über jede bloß zufällige Erscheinung. So ersteht eine Welt, „die in der Mitte steht zwischen der objektiven Wahrheit in den Dingen und dem Gesetze, das unser Geist hineinzulegen gedrungen ist, eine Welt, aus dem, was wir von der wirklichen Welt erkennen, durch das in uns wohnende Gesetz wiedergeboren..."[1]

All das ist natürlich keineswegs neu, so wenig wie es jemals veralten wird. Diesen Gedanken begegnen wir im Bereich der deutschen

---

[1] Otto Ludwig, Werke, ed. *Adolf Bartel*, 6. Teil, S. 280 f., 93, 156 f.

Ästhetik und Poetik mindestens seit Lessings „Hamburgischer Dramaturgie", die Formulierungen finden sich, mannigfach variiert, in der klassischen Ästhetik auf Schritt und Tritt. Es liegt auf der Hand, daß der Begriff des poetischen Realismus, wie ihn Otto Ludwig darlegt, nahezu identisch ist mit dem Begriff der Seinsweise des poetischen Kunstwerks überhaupt. Dichtungsgeschichtliche Relevanz haben Ludwigs Darlegungen des poetischen Realismus erst dann, wenn man sich klarmacht, daß sie in antithetischem Bezug stehen zu einer Entwicklung der epischen und dramatischen Produktion, die seiner Auffassung nach dieser Seinsweise des poetischen Kunstwerks nicht mehr entsprach.

Aber die Formel, die Ludwig anbietet, ist darüber hinaus glücklich, wenn wir sie unabhängig von seinen Erläuterungen heuristisch verwenden. Dann kann sie uns in der Tat auf die Spur dessen bringen, was die deutsche Erzählkunst von Stifter bis Fontane an Eigentümlichem, Verbindendem, Gemeinsamem aufweist. Denn der Begriff „poetischer Realismus" deutet aufs bündigste das Spannungsverhältnis an, das diese Erzähler allesamt, wiewohl auf jeweils sehr eigene Weise, in ihren Werken zu bewältigen suchten, das sie auf fruchtbare Weise beunruhigte; und zugleich verweist uns der Begriff auf die Tradition zurück, in der die poetischen Realisten gesehen werden müssen, wenn man ihrer eigentlichen Leistung gerecht werden will.

Kein Gedanke der Antike hat die Poetik der Neuzeit, hat die theoretische und praktische Auffassung vom Wesen der Dichtkunst so stark und nachhaltig bewegt wie die aristotelische Formel, die Dichtung sei Mimesis, Nachahmung — so meinte man den Begriff verstehen zu müssen — der Natur, der Wirklichkeit. Wie verträgt sich die Poiesis, das freie, schöpferische Machen der Dichtung, mit dieser Mimesis, dieser durch die vorgegebene Wirklichkeit gebundenen Nachahmung? Auf diese Frage kann man letztlich alle Wandlungen der Poetik, aber auch alle Wandlungen der Stile und Gestaltungsprinzipien, der dichterischen Normen und Konventionen zurückbeziehen.

Blicken wir auf die deutsche Dichtungsgeschichte der neueren Zeit, so beginnt diese Frage nach dem Verhältnis von Mimesis und Poiesis um 1740 besonders akut und produktiv zu werden. Es ist dies die

Zeit, da sich Dichtung und Dichtungstheorie aus den Fesseln zu lösen bemühen, in die sie der seit etwa 1680 vordringende Realismus geschlagen hatte, vor allem dadurch geschlagen hatte, daß sich die Wahrheit der Dichtung ausweisen sollte vor einem allzu engen und kleinlichen Anspruch auf Wahrscheinlichkeit bzw. Möglichkeit des poetisch Dargestellten. Denn vor allem dieser enge Wahrscheinlichkeitsbegriff des Rationalismus war um die Wende vom 17. zum 18. Jahrhundert das Kriterium der Übereinstimmung von Natur oder vernunftgemäßer Wirklichkeit einerseits, poetischer Nachahmung andererseits geworden; daraus aber erwuchs gerade das Bedürfnis, das Wesen und den Spielraum der dichterischen Mimesis energisch zu bedenken.

Um 1740 nun beginnen sich die Poeten und Poetiker diesen Fesseln des rationalistischen Dichtungsverständnisses zu entwinden. Damals schrieb etwa der Schweizer Breitinger in seiner „Kritischen Dichtkunst", die eigentümliche Kunst des Poeten bestehe doch darin, daß er die Sache, die er darstellen, nachahmen wolle, von dem Ansehn der Wahrheit bis auf einen gewissen Grad entferne, und sein Zeitgenosse Johann Elias Schlegel, der Onkel der beiden gleichnamigen Romantiker, legte noch viel ausführlicher und gründlicher dar, warum und daß in der *poetischen* Mimesis Bild und Urbild, Kunst und Nachahmung in ein Spannungsverhältnis treten müßten.

Freilich gewinnt hier noch kaum der Gedanke einer autonomen poetischen Welterfahrung Profil, und doch setzt damit eine Entwicklung ein, die endlich in der Dichtungsauffassung der deutschen Klassik mündet. Lessings ganze Dramaturgie kreist um das Problem des Verhältnisses von Kunst und Nachahmung der Natur, das ihn so aufmerksam auf Aristoteles hören läßt; Goethe hat zeitlebens die Autonomie der Dichtung, den eigengesetzlichen Gebildecharakter des poetischen Kunstwerks bewußt gemacht und in mannigfaltigen Formulierungen ausgesprochen, und besonders Schiller hat durchdacht und dargelegt, daß die Dichtung zwei scheinbar paradoxe Forderungen erfüllen müsse: nämlich die Forderungen, daß die Dichtkunst das Wirkliche ganz verlassen und zugleich doch auf das genaueste mit der Natur übereinstimmen solle. Und bei ihm ist auch schon — in der Vorrede zur „Braut von Messina" — von dem Realistischen als dem einen Weg die Rede, auf dem die

„schwierige Operation" des Dichters, die „Reduktion empirischer Formen auf ästhetische", nicht gelingen kann. Denn weder im Realistischen noch in seinem Gegenteil, dem Phantastischen, sind die beiden scheinbar paradoxen Prinzipien der Poesie, sind freies Schaffen der Einbildungskraft und Nachahmung der Natur miteinander versöhnt. „Phantastische Gebilde willkürlich aneinanderreihen, heißt nicht ins Ideale gehen, und das Wirkliche nachahmend wiedergeben, heißt nicht die Natur darstellen." So kennzeichnet Schiller die Extreme, die sich dort ergeben, wo es nicht gelingt, Poiesis und Mimesis, Freiheit der poetischen Imagination und Respekt vor der Empirie produktiv zu vermitteln.

Ein Grundsatz der Romantik war bekanntlich die Emanzipation der Phantasie, der produktiven Einbildungskraft, aus der Autorität des empirischen Weltverhältnisses. Gerade das aber zwang die Romantiker, besonders intensiv nach dem Verhältnis von Mimesis und Poiesis zu fragen. So bezieht sich Jean Paul 1804 gleich am Anfang, in den Paragraphen 3 und 4 seiner berühmten „Vorschule der Ästhetik" zurück auf die Formel des Aristoteles, indem er fragt: „Aber ist es denn einerlei, *die* oder *der* Natur nachzuahmen, und ist Wiederholen Nachahmen?" Und nachdem er auf den Unsinn einer treu kopierenden Nachahmung der empirischen Wirklichkeit hingewiesen hat, sagt er: „... so geht die Frage der Nachahmung in die neue über, nach welchem Gesetze, an welcher Hand sich die Natur in das Gebiet der Poesie erhebe." Für jeden, der das Prinzip eines poetischen Realismus erörtern will, ist wichtig, wie Jean Paul, dieser ungemein einflußreiche Autor, die Frage selbst beantwortet. In der poetischen Nachahmung, so meint er, enthalte das Abbild mehr als das Urbild, übertreffe die Nachahmung das Nachgeahmte, weil ja eine „doppelte Natur" nachgeahmt sei, die äußere, aufgedrungene, objektive, und die innere, subjektive; in der wechselseitigen Spiegelung von objektiver und subjektiver Wirklichkeit sieht er das eigentlich Poetische der sprachlichen Mimesis.

Friedrich Schlegel kommt 1814 in einer Rezension der „Vorschule" Jean Pauls auf das Problem zurück. Er wirft dem seiner Meinung nach „unpoetischen Aristoteles" die Unzulänglichkeit des Mimesisbegriffs vor. Aristoteles habe den Grund des Vergnügens an der Nachahmung der Natur in den Erkenntnistrieb gesetzt, habe also die Funktion der Dichtung in der Vermittlung von Erkenntnis gesehen. Daraus folge aber unvermeidlich, daß am Ende eine ganz unpoetische, eine den Gegenstand, die Sache, die objektive Wirklichkeit getreu nachbildende Darstellung die beste sein müsse. Die aristotelische Erläuterung der Mimesis vergesse also durchaus das, was doch das Wesen der Dichtkunst ausmache, nämlich die freitätige Schöpferkraft des Geistes, sie beschränke die Dichtung auf die sklavische Nachbildung des in der Wirklichkeit Vorhandenen. Damit aber, meint Schlegel, wird „die Kunst als solche annihiliert und sinkt in empirischen Materialismus herab"[2].

Ich habe so weit ausgeholt, habe diese scheinbar so fernliegende Auseinandersetzung mit dem Nachahmungsproblem wenigstens andeutungsweise zur Sprache gebracht, weil ja schon der Begriff „poetischer Realismus" als solcher auf die Polarität von Poiesis und Mimesis, von freier Phantasieschöpfung und Bindung an die gegebene Wirklichkeit hinweist. Der Begriff der Mimesis schließt für das Aristotelesverständnis der von uns ins Auge gefaßten Jahrhunderte selbstverständlich eine wesentliche Bindung an die gegebene Realität ein; strenge und wesentliche Bindung an die gegebene Wirklichkeit gilt aber seit je als allererster Aspekt, als entscheidendes Kriterium realistischer Dichtung. Und deshalb liegt der poetische Realismus, wie ihn Otto Ludwig zu bestimmen suchte, wie man ihn in der deutschen Erzählkunst des 19. Jahrhunderts verwirklicht fand, durchaus auf der Linie der unablässigen Auseinandersetzung mit dem problematischen Satz, die Dichtung sei Nachahmung der Wirklichkeit, deshalb ergibt sich die Eigentümlichkeit der deutschen Erzähler, die man poetische Realisten genannt hat und nennt, aus der Art, wie sie die Spannung zwischen Poiesis und Mimesis zu binden suchten.

Eine Zwischenfrage läßt sich an dieser Stelle kaum umgehen, nämlich die Frage: Was ist Realismus im Bereich der Dichtung? Die nächstliegende Antwort lautet immer wieder: Realismus heißt Lebenstreue, Wirklichkeitsnähe; im Oxford English Dictionary kann man lesen, Realismus sei „close ressemblance to what is real, fidelity

---

[2] Friedrich Schlegel, Zu Jean Pauls „Vorschule der Ästhetik", ed. *Ernst Behler,* in: Die neue Rundschau 68 (1957), S. 657.

of representation, rendering the precise detail of the real thing or scene". Also wäre Realismus die möglichst weitgehende Übereinstimmung zwischen der vom Dichter dargestellten Wirklichkeit und der Wirklichkeit, die wir im Leben praktisch oder theoretisch erfahren; Realismus läge dann vor, wenn — so hat es Fontane einmal ausgedrückt[3] — die Gestalten und Vorgänge eines Buches sich so unter die Gestalten und Vorgänge unseres faktischen Lebens einreihten, daß wir in der Erinnerung nicht mehr unterscheiden können, ob es erlebte oder gelesene Menschen und Begebenheiten waren. Das Gefühl des Realistischen hätten wir, wenn wir — immer nach Fontane — beim Lesen kein Gefühl des Unterschieds von erlebtem und erdichtetem Leben, dargestellter und unmittelbar erfahrener Wirklichkeit haben, wenn wir meinen, wir setzten beim Lesen eines Romans unser eigenes faktisches Leben einfach fort. Noch bündiger interpretiert Bert Brecht einmal die „close ressemblance to what is real"; er schreibt: „Realistisches Schreiben kann man von nicht realistischem nur dadurch unterscheiden, daß man es mit der Realität selber konfrontiert, die es behandelt."[4]

Warum sind diese Maßstäbe so fragwürdig? Denkt man im Sinne Fontanes weiter, so kommt man zwangsläufig zur Einsicht, daß ein Buch immer nur relativ, in bezug auf den jeweiligen Leser, realistisch sein kann; von den Seherwartungen, vom Vergleich und vom Urteil des jeweiligen Lesers hängt es ab, ob und wieweit die dargestellte Wirklichkeit mit des Lesers eigener unmittelbarer Wirklichkeitserfahrung übereinstimmt. Aber ist die Frage, was Wirklichkeit sei, nicht auch eine Pilatusfrage, weil sich das Wirklichkeitsverständnis dauernd wandelt, weil die Wirklichkeit nichts Eindeutiges, Feststehendes, ein für allemal Ausgemachtes ist, sondern etwas beständig der Deutung und Auslegung Bedürftiges?

Und weiter: Ist es dem Wesen und dem Sinn der Dichtung angemessen, wenn man die sogenannte Wirklichkeitsnähe daran abmißt, wieweit die vom Dichter dargestellte Wirklichkeit übereinstimmt mit einer allen Subjekten gemeinsamen, also allgemeinen Wirklichkeitsgewißheit? Beweist die von Brecht vorgeschlagene

---

[3] Theodor Fontane, Aus dem Nachlaß, ed. *Josef Ettlinger*, S. 269.
[4] *Bert Brecht,* Versuche, H. 13, 1954, S. 99.

Konfrontation von realistischem Schreiben und Realität selber nicht einen unkritischen Glauben an eine allgemeine und allgemeinverbindliche Wirklichkeitsgewißheit? Ist es nicht vielmehr die bleibende Aufgabe aller Dichtung, erst zu erschließen, was eigentlich Wirklichkeit sei? Liegt es nicht im Wesen der Dichtkunst, und damit allerdings auch der realistischen Dichtkunst, in Frage zu stellen, was wir für Wirklichkeit halten, zu bestreiten, daß die durch Konvention und allgemeinverbindliche Definition festgestellte und eingegrenzte Wirklichkeit die eigentliche, die wahre, die letztgültige Wirklichkeit sei? Das Unzulängliche von Begriffen wie „Lebenstreue" oder „Wirklichkeitsnähe" ist doch dies, daß mit ihnen die Vorstellung verbunden ist, die Dichtkunst binde sich an eine von vornherein verfügbare Gewißheit, was Wirklichkeit sei, während ja auch die realistische Dichtung erst dann zu wahrhafter Dichtung wird, wenn sie in originärer Erfahrung und Darstellung erschließt und offenbart, was wirklich ist, wenn sie der Wirklichkeit eine Sprache schafft. Die Vieldeutigkeit und Offenheit dessen, was wir Wirklichkeit nennen möchten, befugt ja erst die dichterische Welterfahrung.

Was ergibt sich aus solchen Überlegungen, die freilich das schwierige Problem nur flüchtig umkreisen konnten? Wir müssen uns wohl dazu verstehen, bei dem Begriff Realismus nie an ein absolutes Stilprinzip zu denken. Wir müssen immer das dialektische Moment beachten, das dem Realismus innewohnt, d. h., wir müssen uns Rechenschaft geben, daß der Anspruch, realistisch zu schreiben, jeweils aus dem Willen zu einer Berichtigung kommt, daß dieser Anspruch immer bezogen ist auf eine Gegenposition, auf Stile, Gestaltungsprinzipien, Normen und Konventionen der Darstellung, denen man nicht mehr zutraut, die wahre Wirklichkeit, die „Realität selber", darstellend zu erschließen.

In welchem Sinn erhebt nun die europäische Epik des 19. Jahrhunderts den Anspruch, realistisch zu sein? Was galt ihr als die Wirklichkeit, die es als die eigentliche und wahre zu erschließen hieß, die eine neue Darstellungsweise verlangte? Gustave Flaubert schreibt am 23. Oktober 1863 in einem Brief an Mlle de Chantepie: „L'histoire, l'histoire et l'histoire naturelle! Voilà les deux muses de l'âge moderne. C'est avec elles que l'on entrera dans les mondes nouveaux." Damit sind stichwortartig schon die Dimensionen angedeutet, die der realistische und dann der naturalistische Roman in der Tat als die eigentliche Wirklichkeit zu vergegenwärtigen suchte. Die Geschichte wird zur einen Muse der Epoche, sofern „die Darstellung der zeitgenössischen alltäglichen gesellschaftlichen Wirklichkeit auf dem Grunde der ständigen geschichtlichen Bewegung" ein Grundzug des europäischen Realismus wird. Erich Auerbach, den ich eben zitierte[5], hat 1946 in seinem großartigen Buch „Mimesis. Dargestellte Wirklichkeit in der abendländischen Literatur" diesen Zug als das Hauptmerkmal des europäischen Realismus im 19. Jahrhundert gekennzeichnet. Aber ein zweiter Zug tritt hinzu und wird, freilich in Wechselwirkung mit dem andern, immer bestimmender, nämlich die wachsende Verbindlichkeit des naturwissenschaftlichen Weltverständnisses auch für die Dichtung, besonders für die epische Dichtung. Sie vor allem fühlt sich bedrängt oder herausgefordert durch die mächtig zunehmende Autorität, die die Naturwissenschaften, aber auch die Psychologie und die Soziologie für das moderne Bild der Wirklichkeit gewinnen. Ich brauche nur auf die Bedeutung von Claude Bernard oder Hippolyte Taine für die von Zola im „Roman expérimental" entwickelte Romantheorie zu verweisen, um anzudeuten, in welchem Maße die Wissenschaft zur inspirierenden und gebietenden Muse der Epik werden konnte. Friedrich Nietzsche hat wiederholt und aus kritischer Distanz auf diesen Zusammenhang zwischen Realismus des 19. Jahrhunderts und wissenschaftlichem Weltbild hingewiesen, und vor allem hat er früh erkannt, daß die Autorität und Allgemeinverbindlichkeit des von den Naturwissenschaften bestimmten Wirklichkeitsverhältnisses die Tiefenstruktur des dichterischen Auffassens und Darstellens bedingt und nicht nur die Motive und Themen des Erzählens. Ein Aphorismus aus „Morgenröte", 1881, trägt den Titel „Mit neuen Augen sehen" und lautet: „Gesetzt, daß unter Schönheit in der Kunst immer die Nachbildung des Glücklichen zu verstehen ist — und so halte ich es für die Wahrheit —, je nachdem eine Zeit, ein Volk, ein großes in sich selbst gesetzgeberisches Individuum sich den Glücklichen vorstellt:

---

[5] A. a. O. S. 460.

Was gibt dann der sogenannte Realismus der jetzigen Künstler über das Glück unserer Zeit zu verstehen? Es ist unzweifelhaft seine Art von Schönheit, welche wir jetzt am leichtesten zu erfassen und genießen wissen. Folglich muß man wohl glauben, das jetzige uns eigene Glück liege im Realistischen, in möglichst scharfen Sinnen und treuer Auffassung des Wirklichen, nicht also in der Realität, sondern im Wissen um die Realität? So sehr hat die Wirkung der Wissenschaft schon Tiefe und Breite gewonnen, daß die Künstler des Jahrhunderts, ohne es zu wollen, bereits zu Verherrlichern der wissenschaftlichen ‚Seligkeiten' an sich geworden sind." [6]

Schon einige Jahre früher, 1873, spricht Friedrich Spielhagen, seinerzeit ein vielgelesener und vieldiskutierter Romancier und Romantheoretiker, in seinem Aufsatz „Das Gebiet des Romans" dasselbe aus, aber vorbehaltlos, ohne jenen kritischen Unterton Nietzsches, der sich schon in der ironisierenden Anführung der „wissenschaftlichen Seligkeiten" bemerkbar macht. Spielhagen führt die dominierende Rolle des Romans im 19. Jahrhundert unmittelbar darauf zurück, daß der Roman von allen Dichtungsgattungen, von allen Kunstwerken überhaupt „die furchtbare Konkurrenz der Wissenschaften" am besten aushalten könne. Denn die nahe Verwandtschaft zwischen Roman und Erfahrungswissenschaften, so meint Spielhagen, „beruht auf der Eigentümlichkeit der epischen Phantasie, den Menschen immer auf dem Hintergrunde der Natur, immer in Zusammenhang mit, in der Abhängigkeit von den Bedingungen der Kultur, d. h. also so zu sehen, wie ihn die moderne Wissenschaft auch sieht" [7]. Biologie, Physiologie, Psychologie, Soziologie und Anthropologie, Naturwissenschaften und Kulturwissenschaften sollen sich also im modernen Roman zur Synopsis vereinen.

Ich möchte nicht Eulen nach Athen tragen und an diesem Ort auf Emile Zola eingehen. Seine Romanserie „Le Rougon-Macquart. Histoire naturelle et sociale d'une famille sous le second Empire" machte ab 1871 vollends wahr, was Flaubert über die beiden Musen des Zeitalters gesagt hatte; sein „Roman expérimental" und seine

---

[6] Morgenröte, V. Buch 433, Musarion-Ausgabe 10. Bd., S. 284 f.
[7] Beiträge zur Theorie und Technik des Romans, 1883, S. 41.

„Romanciers naturalistes" sind als Theorie der Höhepunkt dessen, was Nietzsche ein Mit-neuen-Augen-Sehen nannte. Der Roman soll von den Erfahrungswissenschaften im Maße ihres Fortschreitens seine gediegene Grundlage erhalten, die wissenschaftliche Erkenntnis des individuellen und sozialen Verhaltens der Menschen, und gestützt auf dieses Fundament soll sich der naturalistische Romancier zu neuen Hypothesen erheben, die sich in der experimentierenden Phantasie bewähren müssen; der experimentelle Roman verifiziert und stimuliert wissenschaftlich gültige Einsicht, er wird zur *monographie scientifique*, er wird — zum Glück nur in der Theorie — ganz und gar Funktion des wissenschaftlichen Weltverständnisses.

In Deutschland gerät Zola seit etwa 1880 für ein gutes Jahrzehnt in den Mittelpunkt der literarischen Diskussion. Auch wo sich gewisse Vorbehalte zeigen, wird doch die Verbindlichkeit der Naturwissenschaft für die Dichtung durchgängig gefordert. Bezeichnend sind schon einige Titel: Wilhelm Bölsche veröffentlicht 1887 die programmatische Schrift „Die naturwissenschaftlichen Grundlagen der Poesie. Prolegomena einer realistischen Ästhetik", 1887/88 den Aufsatz „Charles Darwin und die moderne Ästhetik"; von Karl Bleibtreu erscheint 1888 ein Aufsatz über „Realismus und Naturwissenschaft". Einige Zitate verständigen schnell über die Dichtungsauffassung, die sich unter solchen Titeln geltend macht. „Die Basis unseres gesamten modernen Denkens bilden die Naturwissenschaften", heißt es in Bölsches erstgenannter Schrift; da es die Dichtung unausgesetzt mit Menschen und Naturerscheinungen zu tun hat, und zwar, „so fern sie im geringsten gewissenhafte Poesie ... und nicht ein Fabulieren für Kinder sein will, mit eben denselben Menschen und Naturerscheinungen, von denen die Wissenschaft uns gegenwärtig jenen Schatz sicherer Erkenntnisse darbietet", verlangt Bölsche rigoros eine Anpassung an die neuen Resultate der Forschung. Aber das Wort Anpassung verschleiert noch das Postulat; ganz deutlich wird dieses erst, wenn Bölsche das „Resultat der bisherigen Forschung" unumwunden „der dichterischen Verwertung" empfiehlt oder wenn er fordert, die moderne Poesie solle „die darwinistischen Linien in der Geschichte" entwickeln. Ganz klar finden wir dieselbe Auffassung von Heinrich

Hart ausgesprochen: „Die Wissenschaft erforscht die Gesetze, welche Natur und Menschheit beherrschen, die Dichtung gibt eine Neuschöpfung beider in typischen Charakteren, in Verkörperung aller Erscheinungen ihrem Wesen, ihrem ideellen Kerne, nicht ihren zufälligen Äußerlichkeiten nach."[8] Nur am Rande sei vermerkt, wie naiv und zugleich paradox sich angesichts solcher Bindung der Poesie an die Wissenschaft der Anspruch ausnimmt, der dichterische Realismus müsse vom Geist „*vorurteilslosen* Forschens" bestimmt sein.

Es war unerläßlich, diese Wandlung der Dichtungsauffassung wenigstens zu skizzieren, wenn das Prinzip eines poetischen Realismus Profil gewinnen soll, das die Eigentümlichkeit und Eigenständigkeit der wichtigsten und besten deutschen Erzähler seit etwa 1840 begründet. Auch sie standen unter dem Eindruck, daß neue Gesichtspunkte und Erfahrungshorizonte, neue Dimensionen des Menschlichen von der Erzählkunst zu erschließen waren und daß diesen neuen Erfahrungen eine, wie Keller sagte, neue „Faser und Textur" der Darstellung entsprechen müsse. So schreibt Gottfried Keller in Briefen[9] aus den Fünfzigerjahren, in denen ja sein großer Roman „Der grüne Heinrich" und ein guter Teil seiner Novellen und Erzählungen entstand oder konzipiert wurde: „Bei aller inneren Wahrheit reichen für unser jetziges Bedürfnis, für den heutigen Gesichtskreis, unsere alten klassischen Dokumente nicht mehr aus . . ." Er empfindet den „riesenschnellen Verfall der alten Welt" als Nötigung, nicht mehr nach den klassischen Mustern zurück, sondern nach dem unbekannten Neuen zu streben. Ewig gleichbleibende Aufgabe aller Dichtung zwar sei das „Streben nach Humanität", die Frage also nach Wesen und Möglichkeiten des Menschen; was aber diese Humanität jederzeit umfassen solle, das hänge von Zeit und Geschichte ab: die „Dialektik der Kulturbewegung", aus der alles Neue in der Geschichte der Dichtkunst hervorgehe, bedinge „viele Kunstregeln und Motive, welche nicht in dem Lebens- und Denkkreise unserer Klassiker lagen", und sie

---

[8] Bölsche und Hart zit. nach: Literarische Manifeste des Naturalismus 1880—1892, ed. *Erich Ruprecht*, 1962, S. 85 f., 90, 150.

[9] Briefe an Hermann Hettner vom 4. 3. 1851 und 26. 6. 1854.

schließe andere aus, „welche in demselben seinerzeit ihr Gedeihen fanden". Und rückblickend meint Keller im Jahre 1880: „Daß manche Momente in Leben und Kultur des allgemeinen Verlaufs der Geschichte erst nach Schiller und Goethe einen prägnanten Ausdruck haben finden können, wird nicht besonders nachgewiesen zu werden brauchen."[10]

Aber derselbe Gottfried Keller hebt schon 1851 die Autonomie der Kunst hervor; das Kunstwerk, meint er, ist „etwas himmelweit Verschiedenes von der Natur, und in dieser Verschiedenheit ist es Selbstzweck"[11]. Dreißig Jahre später, also genau im Zeitpunkt des „Roman expérimental", nennt er die „Reichsunmittelbarkeit der Poesie, d. h. das Recht, zu jeder Zeit, auch im Zeitalter des Fracks und der Eisenbahnen, an das Parabelhafte und Fabelmäßige anzuknüpfen, ein Recht, das man sich... durch keine Kulturwandlungen nehmen lassen dürfe"[12]. Die Reichsunmittelbarkeit der Poesie: man könnte diese Metapher die Grundformel des poetischen Realismus nennen, sofern sie die Unmittelbarkeit der poetischen Welterfahrung und damit die Unabhängigkeit der Wahrheit der Dichtung von allen anderen Weisen des Weltverständnisses zu kennzeichnen sucht. Besonders deutlich wird das Bestreben, diese Reichsunmittelbarkeit der Poesie zu behaupten, in den Briefen Theodor Fontanes, weil dessen spät einsetzendes Romanwerk — er ist ja wie Keller 1819 geboren — weithin im Zeichen seiner Auseinandersetzung mit Zola und Turgenjew stand, mit Autoren also, die für Fontane die allgemeine Trift des europäischen Romans repräsentierten.

Wer diese Briefe[13] oberflächlich liest, der kann zur Meinung kommen, Fontane wende sich in erster Linie gegen das Welt- und Menschenbild des Franzosen und des Russen. Er verteidigt Zola gegen den Vorwurf der Unsittlichkeit und Frivolität, aber er bemerkt zu „L'Assommoir", alles in allem sei das doch eine traurige Welt. Er bewundert die Beobachtungsschärfe und die erzähltech-

---

[10] Brief an Jacob Baechtold vom 9. 4. 1880.
[11] Brief an Wilhelm Baumgarten vom September 1851.
[12] Brief an Paul Heyse vom 27. 7. 1881.
[13] Briefe an seine Familie, II. Bd., S. 33, 35, I. Bd., S. 314 ff.

nische Meisterschaft Turgenjews, aber er wendet gegen ihn wie gegen Zola ein, das Vorhandensein auch erfreulicher, freundlicher Realitäten sei übersehen, das Menschliche sei so niedrig, abscheulich, trist und trostlos nicht, wie es hier erscheine. Fontanes Kritik scheint sich demnach nur gegen die unrichtigen Prozentsätze, die verzerrten Proportionen in dieser Wirklichkeitsdarstellung zu richten, sie scheint sich auf die Feststellung zu beschränken, das Gesamtbild der dargestellten Wirklichkeit entspreche nicht der Totalität der Wirklichkeit.

Aber wenn man genauer liest, so gelten Fontanes Vorbehalte gerade nicht so sehr dem Was als dem Wie der Darstellung, nicht so sehr der Beschaffenheit und der Auswahl des Dargestellten als dem Dargestellten selbst. Schon dort, wo Fontane von der traurigen Welt in „L'Assommoir" spricht, betont er: „Darauf leg ich indes kein großes Gewicht, das ist Anschauungs-, nicht Kunstsache. In Anschauungen bin ich sehr tolerant, aber Kunst ist Kunst. Da versteh ich keinen Spaß. Wer nicht selber Künstler ist, dreht natürlich den Spieß um und betont Anschauung, Gesinnung, Tendenz." Und entsprechend bemerkt er zu Turgenjew: „Der Künstler in mir bewundert alle diese Sachen. Ich lerne daraus, befestige mich in meinen Grundsätzen und studiere russisches Leben. Aber der Poet und Mensch in mir wendet sich mit Achselzucken davon ab. Es ist die Muse in Sack und Asche, Apollo mit Zahnweh. Das Leben hat einen Grinsezug." An anderer Stelle heißt es schließlich, wieder über Turgenjew: „... ich werde dieser Schreibweise nicht froh. Ich bewundere die scharfe Beobachtung und das hohe Maß phrasenloser, alle Kinkerlitzchen verschmähender Kunst; aber eigentlich langweilt es mich, weil es ... so grenzenlos prosaisch, so ganz *unverklärt* die Dinge wiedergibt. Ohne diese Verklärung gibt es aber keine eigentliche Kunst, auch dann nicht, wenn der Bildner in seinem bildnerischen Geschick ein wirklicher Künstler ist. Wer *so* beanlagt ist, muß *Essays* über Rußland schreiben, aber nicht Novellen."

Auf den ersten Blick mögen das seltsam unsichere und sogar verwirrende Äußerungen sein. Es scheint doch durchweg die Auffassung vom Menschen, von der menschlichen Wirklichkeit zu sein, mit der Fontane nicht einverstanden ist, und doch trennt er Anschauungs-

und Kunstsache, läßt er die Anschauungen von Leben und Welt dahingestellt sein und faßt nur ins Auge, wieweit Zola bzw. Turgenjew dem Wesen der Kunst gemäß schreiben. Aber bleibt sein Begriff der Kunst nicht ambivalent? Der Künstler in Fontane findet sich durch etwas befriedigt, bestätigt, das den Poeten und Menschen abstößt; er bewundert die ungemeine Kunst der Darstellung und will sie doch nicht als eigentliche Kunst gelten lassen, weil sie dem Leben einen Grinsezug läßt oder verleiht. Hängt es also nicht doch von den Anschauungen ab, ob die Darstellung eigentliche Kunst ist, ob Kunst und Poesie identisch sind? Fallen damit nicht doch Anschauungs- und Kunstsache in eins zusammen?

Erinnern wir uns, daß Friedrich Schlegel rund achtzig Jahre zuvor dem „unpoetischen" Aristoteles vorwarf, er habe den Grund unseres Vergnügens durch die Dichtung in den Trieb nach Erkenntnis gesetzt; die Dichtung aber, die vor allem diesen Trieb befriedigen wolle, sinke in „empirischen Materialismus" hinab. Wie groß der zeitliche Abstand zwischen Schlegel und Fontane auch ist: was dieser an Zola und Turgenjew auszusetzen findet, liegt auf derselben Linie. Mag Turgenjews Darstellungskunst noch so bewundernswert sein, mag er Wesen und Erscheinung der menschlichen Dinge noch so scharf beobachten („er hat so was von einem photographischen Apparat in Aug und Seele", heißt es einmal), mag er ein noch so genaues und umfassendes Bild des russischen Lebens geben und damit auf seine Weise jeweils der *monographie scientifique* nahekommen: trotz allem wendet sich der Poet in Fontane achselzuckend ab von dieser Schreibweise, weil sie allein den Trieb nach Erkenntnis zu befriedigen vermag und deshalb in einer nur prosaischen Relation zur Wirklichkeit verbleibt. Dies aber ist für Fontane „ein Irrweg und ein Verkennen des eigensten *innersten* Wesens der Kunst". Denn ohne die Artikulation einer spezifisch poetischen Relation zur Wirklichkeit, „ohne diese Verklärung gibt es ... keine eigentliche Kunst".

Mit der Metapher „Verklärung" fällt das Wort, das uns nicht nur bei Fontane, sondern genauso bei Stifter, Storm, Keller, Raabe immer wieder begegnet, wenn vom Wesen einer poetischen Mimesis die Rede ist. Man darf nun allerdings dieses Postulat poetischer Verklärung nicht mißverstehen, wie es immer wieder geschehen ist und noch geschieht. Auf solchem Mißverständnis beruht seine Anrüchigkeit wie die des poetischen Realismus überhaupt. Es handelt sich bei einer verklärten Wiedergabe der Wirklichkeit nicht um die Furcht vor Tabus, um ein unredliches Vergolden oder Verschleiern, um ein euphorisches Vergessen oder rücksichtsvolles Retuschieren des „Grinsezugs". Verklärung ist vielmehr insofern Voraussetzung eigentlicher Kunst, als sie verhindert, daß die Dichtkunst aufhört, ein eigenwertiges Medium zu sein, verhindert, daß die Erzählkunst zum Nachvollzug anderweitiger Weisen des Weltverständnisses wird. Der Satz „Wer so beanlagt ist, muß Essays ... schreiben" zeigt deutlich, daß sich für Fontane die Notwendigkeit des Verklärens nicht aus der Beschaffenheit dessen, was dargestellt werden soll, ergibt, sondern daß die Verklärung Gewähr einer eigenständigen poetischen und d. h. erst durch die Sprache der Dichtung gestifteten Wirklichkeit ist.

Das Wort Verklärung stammt ja aus der religiösen Sphäre und übersetzt das lateinische *transfiguratio,* also die biblische Vokabel für die verwandelte Erscheinung Christi auf dem Berge Tabor. In welchem Sinn aber Transfiguration, Verwandlung, Verklärung das Verhältnis von Dichtung und Wirklichkeit kennzeichnet, hat wieder Fontane bündig dargelegt. Ich habe vorhin seine Auffassung wiedergegeben, das beste Buch sei dasjenige, welches uns den Unterschied zwischen erlebter und gelesener Wirklichkeit vergessen lasse, bei dessen Lektüre wir meinten, wir setzten unser eigenes Leben fort. Verschwiegen habe ich, daß Fontane schon da von der Verklärung als Voraussetzung eigentlicher Kunst spricht. Rund ein Jahrzehnt später schreibt er dann: „... es bleibt nun mal ein gewaltiger Unterschied zwischen dem Bilde, das das Leben stellt, und dem Bilde, das die Kunst stellt; der Durchgangsprozeß, der sich vollzieht, schafft doch eine rätselhafte Modelung, und an dieser Modelung haftet die künstlerische Wirkung, die Wirkung überhaupt."[14]

Verklärung meint demnach eine Schreibweise, die den Unterschied zwischen dem vom Leben gestellten Bilde und dem dichterischen Gebilde nicht verwischt, sondern verbürgt, eine Schreibweise,

---

[14] Gesammelte Werke, II. Serie, 8. Bd., S. 316.

in der Darstellung mehr als Nachbildung oder Bestandsaufnahme, in der sie Grund und Ursprung einer Wirklichkeit ist.

Stifter äußert einmal, das Finden der poetischen Form führe den Künstler wie von selbst zu seinen Stoffen, seinen Motiven und Themen[15], Keller besteht auf der Reichsunmittelbarkeit der Poesie, Fontane sieht in der Verklärung das innerste Wesen der Kunst; Raabe ruft einem Briefpartner zu, man müsse endlich, „aus der physiologischen, psychologischen, pathologischen Abhandlung heraus wieder in das Gedicht, die Dichtung"[16]. All diesen Äußerungen ist das eine Grundsätzliche gemeinsam: der Anspruch, daß die dargestellte Wirklichkeit unter einem spezifisch poetischen Strukturgesetz stehen und sich als eine imaginativ erschaffene, selbstherrlich bestehende Wirklichkeit erweisen solle. Und all diese Äußerungen sind Reaktion auf eine Trift, in deren Verlauf die Erzählkunst zur Funktion soziologischer oder psychologischer, kulturgeschichtlicher oder kulturkritischer Intentionen zu werden drohte. Das Problem, das ein poetischer Realismus lösen sollte, war dieses: Wie kann die Erzählkunst vermeiden, zum Vehikel wissenschaftlicher Erkenntnisse, zur Verherrlichung der „wissenschaftlichen Seligkeiten" zu werden? Wie kann der Romancier, der Novellist der Gefahr entgehen, in seinem Werk nur mehr die konkretisierende Vermittlung von Hypothesen, Fakten oder Theorien anderweitiger Herkunft zu sehen? Wie kann der erzählende Dichter verhindern, daß seine Phantasie von vornherein bestimmt und gesteuert ist durch die Probleme und Befunde der Wissenschaft wie der anderen Formen rein analytischen Wirklichkeitsbezuges, wie kann er dem entgehen, daß sein Erzählen nur noch ein Veranschaulichen oder Bestätigen vorgegebener Gesichtspunkte und Sachverhalte bleibt?

Und wie kann er andererseits über ein bloßes unverbindliches Fabulieren hinauskommen, wie kann die Eigengesetzlichkeit und Eigenbewegung der erfahrbaren Wirklichkeit zur Geltung kommen, ohne daß die dichterische Einbildungskraft ihre Selbständigkeit preisgibt? Wie können die Bedingungen und Zusammenhänge eines, mit Hegel zu sprechen, „für sich freien Gegenständlichen", wie

[15] Brief an August Piepenhagen vom 13. 12. 1859.
[16] Brief an Edmund Sträter vom 21. 9. 1892.

kann jene Positivität des für sich Gesetzlichen und Notwendigen, die etwa im „Grünen Heinrich" immer neu formuliert wird, verbindlich und maßgebend bleiben und dennoch eingehen in Gebilde, in denen eine phantasiebestimmte Beziehung zu dieser abständigen Wirklichkeit herrscht? Wie kann im erzählenden Kunstwerk das moderne, durch Kritik und Analyse bestimmte Verhältnis zur Wirklichkeit integriert werden in die freie Tätigkeit der dichterischen Imagination?

Diese Fragen, mit denen wir uns gleichsam an die Stelle der deutschen Erzähler jenes Zeitraums gesetzt haben, sind letztlich nur Umschreibungen des Spannungsverhältnisses, das der Begriff „poetischer Realismus" formuliert und das in der deutschen Erzählkunst zwischen 1840 und 1900 auf mannigfaltige Weise produktiv wurde. Es müßte verständlich sein, daß man dem Wesen und den verschiedenen Manifestationen des poetischen Realismus schwerlich ganz gerecht werden kann, wenn man sich vordringlich oder gar ausschließlich an die stoffliche oder an die thematische Seite dieser Erzählkunst hält, indem man etwa fragt, welche Aspekte und Bereiche des zeitgenössischen Lebens wahrgenommen und erschlossen wurden, welche aktuellen einzelmenschlichen oder gesellschaftlichen Probleme thematisiert wurden. Beurteilt man diese Erzähler nach dem Maße, in dem die aktuelle Problematik des Menschen, die Dynamik des sozialen und politischen Geschehens, der ökonomischen und kulturellen Entwicklungen unmittelbar widergespiegelt ist, so mag man sich allerdings von ihrer Belanglosigkeit achselzuckend abwenden. Lediglich Fontanes Gesellschafts- und Zeitromane mögen für manchen die Ausnahme sein, sofern darin alles menschliche Dasein bis ins Privateste hinein die „Dialektik der Kulturbewegung" reflektiert und das eigentlich Menschliche immer nur in seiner Bedingtheit durch die Geschichtszeit vergegenwärtigt ist. Aber auch von Fontanes Werk kann man schließlich sagen, daß nicht die Konkretisierung gesellschafts- und zeitkritischer Befunde das Eigentliche seiner „Lebensbilder" ist; auch bei ihm sorgt erst die Darstellung als solche, in ihrem Eigensinn und Eigenwert, für das Koordinatensystem, auf das wir die dargestellte Wirklichkeit beziehen müssen. Und die anderen Autoren von Rang? Man kann bei genügender Abstraktion jedem ein Grundproblem, ein Generalthema zuweisen. Stifter fragt immer wieder nach dem Ort des Menschen, seiner Sittlichkeit und seines Schicksals, in der gesetzhaften Ordnung des Ganzen; Keller erzählt unablässig, wie sich der Mensch verhehlen, verbergen, verhüllen kann, so daß das Verhältnis von Kern und Schale, Schein und Wesen das Menschliche problematisch macht; Storm stellt beharrlich dar, wie das Menschliche der allesverschlingenden Vergänglichkeit preisgegeben ist und wie dies Vergängliche allein in der Erinnerung, im Gedenken, in der Überlieferung, in der Sage Dauer und damit eigentliche Wirklichkeit gewinnen kann; von Raabe könnte man sagen, er sei dort am besten zu erkennen, wo er sich der Möglichkeiten des Humanen angesichts der „Angst der Welt" versichert, in welche, so spricht es der Held der großartigen Erzählung „Das Odfeld" am Ende aus, der Mensch wie alle Kreatur hereingerufen wird. Man kann die Abstraktion noch weiter treiben und folgern, daß es all diesen Erzählern am Ende um die Spannung, um das problematische Verhältnis von subjektiver Wirklichkeit und objektiver Faktizität geht, und in dieser Akzentuierung mag man geistesgeschichtliche Relevanz spüren oder sehen, auch wenn es nicht zur Thematisierung aktueller einzelmenschlicher und gesellschaftlicher Probleme kommt. Aber auch wenn die Grundthemen der genannten Erzähler einigermaßen richtig formuliert sein sollten, so wird doch jedem, der die betreffenden Werke kennt, deutlich sein, wie sehr für diese Erzähler Musils Wort gilt, nur dem mittleren Dichter verliehen die von ihm entdeckten Probleme Bedeutung, „ein starker Dichter entwertet alle Probleme, denn seine Welt ist anders und sie werden klein wie Gebirge auf einem Globus"[17]. Deshalb wird der, dem die erzählende Dichtung in erster Linie Symptom oder Dokument kultureller, gesellschaftlicher oder geschichtlicher Prozesse ist, von den Werken der poetischen Realisten arg enttäuscht sein. Sie erlauben nicht, den Blick einzustellen auf die Probleme, die sie bewegt haben, man darf sich nicht auf die Resultate einer Bestandsaufnahme richten und man darf nicht alles Gewicht auf die Frage nach ihrem symptomatischen Wert für eine allgemeine Geistesgeschichte legen. Wer das Hauptaugenmerk auf die jeweilige welt-

---

[17] Tagebücher, Aphorismen, Essays und Reden, 1955, S. 684.

anschauliche Position oder auf den sachlichen Ertrag, etwa an psychologischen oder soziologischen Entdeckungen und Einsichten, an gesellschaftskritischen Befunden, richtet, dem entzieht sich das Eigentliche einer Erzählkunst, die ja gerade solch versachlichende Darstellung von Wirklichkeit als prosaische, unverklärte Wiedergabe vermeiden wollte. Ihre wesentliche Leistung ist wohl nur wahrzunehmen, wenn man beachtet, wie die Sprache den Spielraum eröffnet, um selbstherrliche Phantasie und Kenntnis von Faser und Textur der positiven natürlichen und geschichtlichen Wirklichkeit zu vermitteln, wie sich im Medium der Sprache jene Modelung, Verklärung ereignet, die dem Erzählen bei allem Respekt vor der objektiven Wirklichkeit das Wesen des „Gedichts" wahrt. Insofern ist der Erzählstil im poetischen Realismus weder Ausdruck der Person noch Ergebnis sachgerechter Darstellung, sondern primär Möglichkeit, die Darstellung abzuheben sowohl vom versachlichenden Wirklichkeitsverhältnis der Wissenschaft wie von dem, was Hegel das „prosaische Bewußtsein im alltäglichen Leben" nannte.

Es bleibt kein Raum, im Rahmen dieses Vortrags zu versuchen, das Eigentümliche der Erzählkunst der einzelnen Erzähler auch nur flüchtig zu charakterisieren. Grobe Striche tun es nicht, sie liefen nur auf verdeckende Schlagwörter hinaus. Nur einige fundamentale und deshalb für den poetischen Realismus allgemeinverbindliche Züge seien angedeutet. Da ist zunächst einmal die Abneigung gegen jene Elimination des Erzählers, die in der naturalistischen Romantheorie mit dem Postulat der *impersonnalité* und *impassibilité* einen Höhepunkt der Darstellung erreicht, die aber schon für Flaubert der Inbegriff des epischen Stils war und die er einmal definierte als „une manière absolue de voir les choses"[18]. In Deutschland war es besonders der schon einmal zitierte Friedrich Spielhagen, der im Banne eines fragwürdigen Objektivitätsbegriffs eine epische Darstellung oder besser Vergegenwärtigung forderte und anstrebte, die, soweit das für eine sprachlich vermittelte Wirklichkeit überhaupt gelten kann, die dargestellte Wirklichkeit so erscheinen lassen will, wie sie realiter erlebt würde; deshalb miß-

---

[18] Brief an Louise Colet vom 16. 1. 1852.

billigt er natürlich jedes Spürbarwerden oder gar In-Erscheinung-Treten des vermittelnden Erzählers. Daß die dargestellte Wirklichkeit Produkt des Erzählens ist, daß sie vermittelt ist, soll unter keinen Umständen den Eindruck des Lesers bestimmen. Ganz anders dagegen ist der Erzählkunst des poetischen Realismus in oft hohem Grade die Spannung zwischen dem subjektiven und dem objektiven Pol der Erzählung eigen; das Medium des Erzählens, die Tatsache der Vermitteltheit bleibt immer spürbar. Selbst Stifters epische Objektivität läßt das Ineinanderspielen der Bewegung des Gegenständlichen und der Bewegung des Erzählens erkennen, und in Raabes Werken tritt der Erzähler derart hervor, daß der Akt des Erzählens mit zur Darstellung kommt, daß wir das Entstehen seiner Geschichten mitzuerleben meinen. Und wenn Fontane sagt, Turgenjew habe so was von einem photographischen Apparat in Auge und Seele, so meint er damit ja auch das Verschwinden des Erzählers als Hauptgrund der seiner Meinung nach prosaischen und unverklärten Wiedergabe der Wirklichkeit.

Es ist falsch, dieses Spürbarmachen der Vermittlung Lyrismus zu nennen, und man darf den Grund auch nicht nur darin finden wollen, daß sich im Akzentuieren der Erzählerperspektive, in der subjektiven Brechung des Dargestellten ein geistesgeschichtliches Moment, nämlich das Bewußtsein und Eingeständnis der wesenhaften Subjektivität aller Welterfahrung, geltend mache. Erinnern wir uns des Wortes von Jean Paul, in der poetischen Nachahmung enthalte das Abbild mehr als das Urbild, weil eine doppelte Wirklichkeit zur Darstellung komme, und erst die gegenseitige Spiegelung von objektiver und subjektiver Wirklichkeit sei der echte poetische Stoff. Wenn Keller im „Grünen Heinrich" einmal schreibt, der Seher sei erst das ganze Leben des Gesehenen, so schließt sich dies ohne weiteres an jene Auffassung vom Wesen der poetischen Mimesis an. Denn die objektiven Ordnungen der Natur und die „objektive Menschheit" (Stifter), die „innere Notwendigkeit, Identität und Selbständigkeit der natürlichen Dinge" und der „notwendige und gründliche Weltlauf" (Keller), der „Zusammenhang der Dinge" (Raabe, Fontane), all dies Wirkliche soll im Erzählen das Maß an Objektivität gewinnen, auf das die eben verwendeten Formulierungen hinweisen; aber es soll nicht als Gegenstand der Analyse oder versachlichender Beobachtung, nicht als Problem oder gar als Bestätigung und Beleg von Theoremen, sondern als wahrhaft erzählte, im Erzählen geborgene Wirklichkeit zur Sprache kommen. Das Verhältnis des Erzählers zum Erzählbaren wie sein Kontakt mit dem Leser, die Innigkeit des Gegenständlichen, die Gestaltung innerhalb des subjektiven Reflexes hat nicht nur einen geistesgeschichtlichen Aspekt, sondern liegt auch in der Absicht, die Eigenständigkeit der dichterischen gegenüber anderen möglichen Weisen der Welterfahrung zu wahren.

Damit hängt eng zusammen, daß in der Erzählkunst des poetischen Realismus der Humor einen so weiten Spielraum gewinnt. Wenigstens im Werk Kellers, Fontanes und Raabes waltet fast durchgehend eine humoristische Erzählweise. Ehe man dieses Faktum auf weltanschauliche Prämissen reduziert, empfiehlt sich auch hier der Blick auf die Tradition. Vor allem in der romantischen Ästhetik und Poetik laufen vielfältige Erörterungen des „dichterischen Humors" darauf hinaus, daß dem Humor beschieden sei, die Entfremdung zwischen dichterischer und sonstiger Welterfahrung, zwischen Imagination und Empirie zu überwinden, welche man als das Schicksal der Moderne ansah. Dabei war es wieder besonders der Roman, die Erzählkunst überhaupt, die das Problem dringlich machten, wieweit sich die den modernen Menschen umstellende Wirklichkeit noch im Medium der Poesie darstellen lasse, ohne daß die Dichtung dabei ins Fahrwasser eines prosaischen Weltverständnisses gerate. Im Humor als „angewandte Phantasie", wie Friedrich Schlegel sagte, entdeckte man den wahrhaften, weil selber poetischen Vermittler zwischen autonomer Einbildungskraft und verbindlicher, von außen aufgedrungener Wirklichkeit. Am Ausgang der Romantik hat dann der unendlich perspektivenreiche Hegel prognostisch auf den „objektiven Humor" hingewiesen und ihn erläutert als Verinnigung im Gegenständlichen, als Gestaltung des Objektiven, auf das es dem Dichter ankommt, innerhalb seines subjektiven Reflexes[19]. Dieser objektive Humor hebt den Dichter aus der Unmittelbarkeit seines Produzierens, er bewahrt ihn davor, sich in seiner Subjektivität zu „verhausen", er befreit ihn aber

---

[19] Ästhetik, ed. *Friedrich Bassenge*, 1955, S. 571.

auch von der unmittelbaren Gebundenheit durch das Objektive, von der Determination durch die Sache, die zur Darstellung kommen soll; so hilft der Humor die Entfremdung zwischen Subjektivität und positiver Weltwirklichkeit aufzuheben.

Daß hier der Grund für das Hervortreten der humoristischen Erzählweise im poetischen Realismus berührt ist, leidet keinen Zweifel. Und so ist es denn mehr als ein halbes Jahrhundert nach dieser Prognose wieder Fontane, der wiederholt auf „den Humor und seine verklärende Macht" hinweist, der den Humor den besten Weg der poetischen Verklärung nennt, der nicht begreifen kann, warum die Realisten „nicht instinktiv auf die Hülfe verfallen, die der Humor ihnen leisten würde" [20].

Allerdings müssen wir den Humor auch tatsächlich als „angewandte Phantasie" wahrnehmen und nicht gleich von einer Weltanschauuung ableiten oder auf die jeweiligen religiösen, ethischen, philosophischen oder ideologischen Hintergründe zurückführen; wir dürfen ihn auch nicht von der faktischen Subjektivität des Subjekts, des Autors her verstehen wollen. Nicht als Symptom, sondern als Gewähr einer poetischen Welt ist er wichtig. Humor ist in erster Linie, als menschliche Möglichkeit, Aufhebung von Determination, Freiheit von unverbrüchlichem Bestimmtsein, er entzieht den, der ihn aufbringt, der starren Bedingtheit und Einsinnigkeit eines Bezugs oder eines Betroffenseins; dies schließt die geläufige Formel „Humor ist, wenn man trotzdem lacht" durchaus ein. Das Wesen humoristischen Erzählens macht die Brechung des Objektiven, die Brechung der, mit Hegel zu reden, „starren äußeren Satzung" aus, es stellt mit der Sache immer zugleich ein Verhältnis zur Sache dar, und zwar ein Verhältnis, das frei ist von einsinniger Bestimmtheit durch den Gegenstand. Humoristisches Erzählen erweist die Möglichkeit eines freien, beweglichen, souveränen Bezugs zu der Eigengesetzlichkeit dessen, was dargestellt wird. „Der Humor ist die einzige absolute Geburt des Lebens", so hat es ausgerechnet der Tragiker Hebbel einmal formuliert [21]. Und so vermag gerade der Humor jene wechselseitige Spiegelung von äußerer und innerer

---

[20] Briefe an die Freunde, II. Bd., S. 219, 257, 419.
[21] Sämtliche Werke, ed. *R. M. Werner*, II. Abt., 1. Bd., S. 63.

Wirklichkeit zu bewirken, die für Jean Paul der Stoff der echt poetischen Nachahmung war.

Aber der Humor kann noch in anderer Beziehung zum Grundelement poetischer Darstellung werden. Wenn Keller darauf besteht, man dürfe die Reichsunmittelbarkeit der Poesie, man dürfe das Parabelhafte und Fabelmäßige auch im Zeitalter der Eisenbahnen und des Fracks nicht preisgeben, so verweist das ja auch auf die Schwierigkeit, in einem Weltzustand, den man seit geraumer Zeit als einen prosaischen ansah, Abbildlichkeit und Ursprünglichkeit der Dichtung zu vermitteln, Sachnähe und Einläßlichkeit für die konkreten Erscheinungen, Umstände und Verhältnisse zumal des Zivilisatorischen mit einem phantasiebestimmten Wirklichkeitsverhältnis zu vereinen und die möglichste Fülle des Erscheinungshaften nicht nur deskriptiv zu vergegenwärtigen, nicht lediglich veranschaulichend wiederzugeben, sondern auch dem Zufälligen, Banalen, Alltäglichen eine Bewandtnis zu geben, die jenseits der prosaischen Auffassungsmöglichkeiten liegt. Wie sich in dieser Hinsicht der Humor als „angewandte Phantasie" bewährt, kann man bei Keller, Fontane, Raabe mit immer neuer Überraschung erleben; die humoristische Vermittlung von objektiver Faktizität und poetischer Wirklichkeit, die Spannweite zwischen Erscheinung und Bedeutung gehört zum Hauptreiz der Lektüre. Wilhelm Raabe hat diese Leistung des Humors einmal durch ein vortreffliches Gleichnis getroffen; er schreibt: „Was ist ein Humorist? Der den winzigsten aller Nägel in die Wand oder in die Hirnschale des hochlöblichen Publikums schlägt und die ganze Garderobe der Zeit und aller vergangenen Zeiten dran aufhängt."[22] Dieses Gleichnis kennzeichnet den Humor, wenn man es genau überlegt, als eine besondere Art gleichsam spekulativer Darstellung, spekulativ, spiegelnd in dem Sinne, wie ihn Hofmannsthal als Kennzeichen dichterischer Prosa beschreibt: „Prosa des Dichters enthält ein beständiges Anderswo. Sein Objekt ist nie das vorliegende Objekt, sondern die ganze Welt. *Wie* evoziert er das Ganze?"[23] Auf seine Weise scheint mir der Humor der poetischen Realisten in der Tat

---

[22] Sämtliche Werke, 1913/16, III. Serie, 6. Bd., S. 589.
[23] Aufzeichnungen, 1959, S. 204.

ständig ein solches Anderswo im vorliegenden Objekt zu bergen, im Punktuellen ein Ganzes zu evozieren; kraft solchen spekulativen Humors kommt es dauernd zu dem reizvollen Spannungsverhältnis zwischen Identität und Bedeutung der dargestellten Wirklichkeit. Humoristische Sprache und Imagination verwandelt das Erzählte und Geschilderte in eine Welt der Zeichen, ohne daß dies Erzählte deshalb zur Allegorie oder zu einer Folge depravierter Symbole würde, ohne das die Dinge, Vorgänge, Erscheinungen, Zusammenhänge ihre Identität verlören.

Mehr kann für heute nicht zur Sprache gebracht werden. Sicher muß ich befürchten, daß das Angedeutete für manche enttäuschte Erwartung nicht entschädigen konnte, für die Erwartung etwa, zu hören, wie die deutsche Erzählkunst die geistige, kulturelle, gesellschaftliche, politische Situation ihrer Zeit widerspiegelt, welchen Beitrag sie zur Ortsbestimmung ihrer Gegenwart geleistet hat. Ich muß nochmals gestehen, daß mir dieser Aspekt nicht der vordringlichste und gerechteste zu sein scheint. Denn man wird den vielen, die es schon gesagt haben, recht geben müssen darin, daß sich in diesem Gesichtspunkt die Bedeutung der deutschen Erzähler sehr gering ausnimmt neben den in dieser Hinsicht ungleich gewichtigeren Leistungen der Russen, Franzosen und Angelsachsen. Legt man den dokumentarischen Aussagewert, den Beitrag zur Ortsbestimmung ihrer Gegenwart als Maßstab an, so erscheint der ebenfalls oft zu hörende Vorwurf ziemlich berechtigt, die Behauptung der „Reichsunmittelbarkeit der Poesie" habe unwillkürlich zu einer regressiven Auffassung von der Dichtung geführt, habe den Rückzug aus oder wenigstens den Kontaktverlust mit den unmittelbar drängenden, brennenden Problemen und Realitäten des politisch-sozialen Lebens mit sich gebracht, habe wieder einmal die Einbürgerung des deutschen Dichters verhindert. Will man ein anderes, positives Verhältnis zu diesen Erzählern gewinnen, so muß man wohl oder übel einen anderen Maßstab wählen. Man muß sich der Einsicht öffnen, wie diese Autoren in einer Zeit, da unermüdlich die Formel wiederholt wurde, man müsse die Wirklichkeit darstellen „wie sie ist", eine eigentümlich poetische Sprachfähigkeit bewahrt und gewonnen haben; man muß sich dem Eindruck öffnen, daß es ihnen gelang und wie es ihnen gelang, durch diese spezifisch poetische Sprach-

Voraussetzungen des poetischen Realismus

fähigkeit den Spielraum der Dichtung zwischen Ideologie und vergegenständlichender Wissenschaftlichkeit sicherzustellen. Wie diese poetische Sprachfähigkeit in jedem einzelnen Werk Phantasie und Beobachtung, Einbildungskraft und Einsicht, Erfindung und Befund zu vermitteln vermochte, kann freilich nur die Lektüre und Interpretation der Werke selbst erschließen. Von „Hörigkeit unter der Wirklichkeit", von „pausbäckiger Wirklichkeitsverherrlichung" wird einer, der diese Werke richtig liest, sicherlich nichts spüren. Vielleicht aber ist die Welt dieser Erzählwerke in so hohem Grade Ausdruck der Sprachlichkeit aller Welterfahrung, in so hohem Grade „Gedicht", daß in der Übersetzung das beste verlorengeht; und vielleicht ist dies mit ein Grund, warum sie für die Welt so ganz im Tal zu verschwinden scheinen.

Richard Brinkmann, Einleitung zur zweiten Auflage von Wirklichkeit und Illusion. Studien über Gehalt und Grenzen des Begriffs Realismus für die erzählende Dichtung des 19. Jahrhunderts, Tübingen, Max Niemeyer Verlag, 1966.

ZUM STAND DER DISKUSSION

Von Richard Brinkmann

Die Thesen des Buchs „Wirklichkeit und Illusion" (1967), die in dem Aufsatz „Zum Begriff des Realismus für die erzählende Dichtung des neunzehnten Jahrhunderts" (vergleiche in diesem Band Seite 222) kurz zusammengefaßt sind, haben in der kritischen Auseinandersetzung neben entschiedener Zustimmung ebenso entschiedenen Widerspruch hervorgerufen. Einige Beiträge dieser Diskussion — vor allem natürlich solche, die eine andere Meinung als die meine vortragen und begründen — sind im Vorstehenden abgedruckt. In einer Einleitung zur zweiten Auflage von „Wirklichkeit und Illusion" habe ich die wesentlichen Einwände erörtert. Als Beitrag zur Debatte folgen hier die Hauptabschnitte im Wortlaut:

Es scheint nötig zu wiederholen und zu bekräftigen, daß es mir nicht entfernt um eine Geschichte der sogenannten realistischen Literatur im Deutschland des 19. Jahrhunderts gegangen ist. Die hat, neben anderen, inzwischen auf dem Stande der neueren Forschung und unter mannigfachen synoptisch vereinigten Aspekten Fritz Martini gegeben.[1] Mir war nicht entgangen, daß dazu mehr und anderes gehört, daß es sich dabei um eine von der meinen sehr verschiedene Aufgabe handelt und daß zum Beispiel Keyserling darin schon nicht mehr seinen Platz beanspruchen kann. Ich hatte auch nicht den missionarischen Drang, den Realismus-Begriff abzuschaffen, wie einige zu befürchten scheinen, oder den Literarhistorikern für das 19. Jahrhundert einstweilen Enthaltsamkeit zu empfehlen. Und daß der einzige Stilzug der Epoche ein penetranter Subjektivismus sei, könnte man in der Tat niemandem zumuten zu glauben. Daß sie reicher und komplexer ist, wenn ich sie als Histo-

---

[1] Fritz Martini, Deutsche Literatur im bürgerlichen Realismus 1848 bis 1898, 1962.

riograph beschreibe, liegt so auf der Hand, daß die Bewegung schwer einzusehen ist, mit der manche daran erinnert haben. Ich wollte vorläufig nur den Begriff „Realismus" für die deutsche Literatur des 19. Jahrhunderts an seinen Ansprüchen messen und kritisch in Frage stellen, und zwar nicht sofort im Sinne des umfassenden Epochenbegriffs. Das hätte eben zu historischer Darstellung geführt. Die achte ich keineswegs gering. Aber sie erschien mir für meine Absicht, die ich nicht aus Understatement „vorläufig" nenne, ungeeignet, wenn ich zu einem synthetischen Urteil kommen wollte. Dieses Urteil zielt auf die *grundsätzliche* Behauptung über das Verhältnis von Dichtung und Wirklichkeit, die im Begriff Realismus per definitionem steckt, wenn die Literaturwissenschaft ihn gebraucht, im besonderen für die Dichtung des 19. Jahrhunderts, wovon ja hier die Rede ist. Richtet man den Blick *darauf* — und das bedeutet freilich verglichen mit dem widerspruchsvollen Lebensreichtum der Epoche und dem auf sie zielenden Namen eine gewisse, aber, ich meine, legitime, Erkenntnis schaffende Abstraktion —, so kommt man zu den Ergebnissen dieses Buchs. Ich glaube nach wie vor, daß sie *ein* wesentliches Signum der Epoche treffen und insofern, zumal in der Einsicht in Stufen und Formen der Wandlung, auch ihre *historische* Relevanz besitzen. Dagegen spricht nicht, daß die Phänomene, die ich an „symbolischen" Punkten und Beispielen des 19. Jahrhunderts in der Entwicklung analysiert habe, ihre Vorgeschichte und ihre Vorformen in der Romantik und im 18. Jahrhundert haben, wie man in der Tat leicht zeigen kann. Nach erneutem Studium dieser Vorgeschichte würde ich allerdings heute Goethes Position nicht mehr so entschieden als Kontrast sehen, jedenfalls genauer unterscheiden, als es mindestens in der Art meiner Darstellung herausgekommen ist.

Fritz Martini[2] und Gerhard Kaiser[3] vor allem haben auf die

[2] In seiner Geschichte des bürgerlichen Realismus (siehe Anm. 1), daneben vor allem in seinem Literaturbericht „Deutsche Literatur in der Zeit des bürgerlichen Realismus" (DVjs 34. 1960, S. 581—666; unter dem Titel „Forschungsbericht zur deutschen Literatur in der Zeit des Realismus" auch als selbständige Schrift in der Referate-Reihe der DVjs, 1962 erschienen), in einem Aufsatz „Wilhelm Raabes ‚Prinzessin Fisch'. Wirklichkeit und Dichtung im erzählenden Realismus des 19. Jahrhunderts"

anderen wesentlichen Züge hingewiesen, die das ganze Bild des Zeitalters bestimmen. Martini geht es besonders darum, die Gegenkräfte gegen den Subjektivismus zu zeigen, „das Bemühen um ein Gleichgewicht zwischen dem Objektiven und Subjektiven, zwischen ‚Außen' und ‚Innen', das, vielschichtig und beständig gefährdet, bei jedem Autor, selbst in jedem seiner Werke, verschiedenartig geleistet oder verfehlt wird". „Es macht das Eigentümliche des Realismus in der Erzähldichtung des 19. Jahrhunderts aus", so meint er, „daß er angesichts der ‚objektiven' Erfahrung der Vereinzelung der Dinge einerseits und der ‚subjektiven' Erfahrung der Vereinzelung des Menschen andrerseits bemüht war, beides durch einen ‚Zusammenhang der Dinge' zusammenzuhalten, der eine Ordnung und Notwendigkeit über dem Einzelnen und Zufälligen, also eine ‚Ganzheit' wenigstens erahnen ließ und entsprechend, wenn auch mit Einbußen des ‚Normativen', mit Unsicherheiten, Brechungen, Reduktionen der dargestellten Welt, mit Formverkürzungen, Überanstrengungen der Symbolbezüge usw. eine ‚epische' Ganzheit in der Struktur der Erzählformen durchzusetzen suchte".[4] Was das Gelingen solcher Bemühungen betrifft, kann man wohl ein wenig skeptischer sein als Martini hier und in seiner Literaturgeschichte. Wenn wir aber vom Bild, vom Gesamtvolumen der Epoche reden, stimme ich Martinis Sätzen zu, wenn also vom „*Zeitalter* des Realismus" die Rede ist und es auf die kritische Reflexion des Wortes „Realismus" als solches nicht zuerst ankommt, sondern auf die Beschreibung dessen, was die damit nun einmal bezeichnete Epoche alles einschließt. Das ist *eine* Möglichkeit, und es ist die für den Historiker naheliegende, aber es ist nicht die einzige, die historisch fruchtbare Erkenntnisse zuläßt. Eine andere ist, von der Behauptung, die in einem so programmatischen Begriff wie Realismus steckt, auszugehen, ihn ernst zu nehmen und seine Bedeutung nicht einfach von der Fülle aller Phänomene, der über-

(Der Deutschunterricht, Heft 11, 1959, S. 31—58) und in anderen Beiträgen.

[3] Gerhard Kaiser, Um eine Neubegründung des Realismusbegriffs. Gedanken zu Richard Brinkmanns ‚Wirklichkeit und Illusion', ZfdPh 77, S. 161—175.

[4] Martini, Forschungsbericht, Referate-Reihe, S. 11.

lieferten wie der neuen, von allen damit zusammenhängenden Spannungen, Reaktionen, Rettungsversuchen, Ideologien und so fort bestimmen zu lassen. Das letztere Verfahren hat den Vorzug der reicheren Facettierung und einer anscheinend größeren historischen Objektivität. Aber der synthetische Begriff wird dabei aufgeweicht und opfert seine Schärfe und seinen spezifischen Gehalt der Zumutung, für die Epoche universal zu sein. Die Blickweise, der ich mich zugewandt habe, kann den Gehalt des Begriffs am exemplarischen literaturgeschichtlichen Fall prüfen und präzisieren (wobei es nichts über das Verfahren sagt, wieweit das tatsächlich glückt); sie kann eine in dem Begriff ausgesagte Absicht und Werdetendenz schärfer analysieren, ihre Erfüllung und überhaupt ihre Auswirkung untersuchen. Aber sie opfert ihrer kritischen „Genauigkeit", der gewissen Isolierung der den Namen des Zeitalters liefernden wesentlichen Tendenz, die Totalität, die im Miteinander alles Einzelnen der beschriebenen und gewissermaßen rekonstruierten Epoche beschlossen ist. Die Spannung, in der beide Wege stehen, ist ja nicht neu in der Historie, auch nicht in der Literaturhistorie, und sie kann fruchtbar sein, solange sich nicht der eine oder der andere als der allein seligmachende erklärt oder der Wahn aufkommt, man könne beide ohne Einschränkung gleichzeitig begehen. Indem ich mich zu dem einen entschlossen hatte, konnte es mir auch auf die kanonisierten Epochengrenzen nicht eigentlich ankommen, und wenn ich Keyserling einbezogen habe, dann keineswegs, um ihn — in einem mißverständlichen Sinne — als „Höhepunkt des Realismus" zu bezeichnen und um den „Impressionismus" als den „einzig wahren Realismus" zu „verkünden", wie René Wellek erstaunlicherweise meint[5], sondern um eine weit vorge-

---

[5] René Wellek, The Concept of Realism in Literary Scholarship, Neophilologus XXXXV. 1961, S. 1—20; auch als Sonderveröffentlichung erschienen (Allard Pierson Stichting. Afdeling voor moderne Litteratuurwetenschap, Universiteit van Amsterdam, Nr. 31, 1961). In deutscher Sprache in: René Wellek, Grundbegriffe der Literaturkritik, 1965, S. 161 bis 182; hier S. 170. — Zur Auseinandersetzung vgl. E. B. Greenwood, Reflections on Professor Wellek's Concept of Realism. Neophil. XXXXVI. 1962, S. 89—96; René Wellek, A Reply to E. B. Greenwood's Reflections. Ebd. S. 194—196.

rückte Position auf der Linie zu kennzeichnen, um die es ging und die noch die Folgen des realistischen Impulses und aus den Folgen seine verdeckte Grundrichtung erkennen läßt. Daß man diese Position unter anderen Aspekten „naturalistisch", „impressionistisch", meinetwegen auch „dekadent" nennen mag, will ich niemand streitig machen, aber das steht auf einem anderen Blatt und hebt die Ergebnisse und Relevanz der Analyse und den Zusammenhang dieser späten Position mit der definitorischen Tendenz des Realismus nicht auf.

Die Voraussicht, die ich in der Einleitung zu den Interpretationen ausgesprochen hatte, daß man die Auswahl der Texte überhaupt bemängeln könnte, hat sich erfüllt. Auf einzelne Alternativmöglichkeiten kommt es nicht an. Wohl aber ist bemerkenswert, daß meist eben diejenigen, die in dieser Auswahl eine petitio principii sehen, zugleich vorschlagen, man hätte zur Analyse „typische Realisten" wählen sollen und „anerkannte Meisterwerke"[6]: „Typische Züge des Realismus lassen sich aber — grob gesagt — nur an typischen Realisten nachweisen" — meint Gerhard Kaiser[7]. Die Hoffnung überrascht, dabei grundsätzlich weniger vom Ergebnis vorwegzunehmen. Was die Verfechter dieses Weges in jenem Falle petitio principii heißen, würden sie in diesem vielleicht hermeneutischen Zirkel zu nennen geneigt sein.[8] Ich denke, in beiden Fällen ist dieser legitimierende Name erlaubt. Daß man ernsthaft für erwünscht und möglich hält, noch in der Form der Darstellung des Buchs unvoreingenommene Überraschung in der Entdeckung der Ergebnisse zu praktizieren und eine nicht schon von Erkenntnisrichtungen gelenkte Auswahl, vermag ich nicht leicht zu glauben. Daß man übrigens bei den einstweilen kanonisierten „Realisten" unter dem zu besonderem Zweck eingeschränkten Aspekt der Betrachtung zu ähnlichen Grundergebnissen kommt wie bei denen, die mir zunächst für die Erhellung des Problems besonders geeignet erschienen, ist kaum zu bezweifeln. Gewiß ebensowenig, daß da bei

[6] Wellek, Grundbegriffe (vgl. Anm. 5), S. 172.
[7] Gerhard Kaiser, Um eine Neubegründung des Realismusbegriffs, a. a. O. S. 172.
[8] In anderem Zusammenhang z. B. Kaiser (a.a.O., S. 175): „Der hermeneutische Zirkel unserer Wissenschaft ist nicht zu vermeiden."

jedem noch ganz andere Elemente ins Spiel kommen, daß das „Bemühen um ein Gleichgewicht zwischen dem Objektiven und Subjektiven, zwischen „Außen" und „Innen" ... bei jedem Autor ... verschiedenartig geleistet oder verfehlt wird".[9] Dieses Bemühen um eine Balance, die Subjektivität zu überspielen, zu relativieren, damit zu funktionalisieren und vielleicht aufzuheben, den Gegensatz von Poesie und erfahrbarer Wirklichkeit zu vermitteln, erscheint nicht *nur* in individuellen Spielarten, sondern hat auch gewisse in Einzelausprägungen erscheinende Grundformen. Eine wesentliche hat Wolfgang Preisendanz in der ästhetischen Reflexion des 19. Jahrhunderts und an einigen hervorstechenden Beispielen der deutschen Erzählkunst gezeigt: den Humor als Prinzip der Darstellung, als „dichterische Einbildungskraft"[10]. In der Tat ist damit eine poetische Modalität des problematischen Verhältnisses von Dichtung und Erfahrungswirklichkeit getroffen, die für den deutschen Bereich im 19. Jahrhundert kennzeichnend ist und, zwar nicht überhaupt, aber in der besonderen Form bei den deutschen poetischen Realisten, ihn von anderer europäischer Erzählkunst der Zeit unterscheidet. Insofern scheinen mir diese Arbeit von Preisendanz wie auch sein Aufsatz über die „Voraussetzungen des poetischen Realismus in der deutschen Erzählkunst des 19. Jahrhunderts"[11] bedeutende Beiträge zur Spezifizierung des Realismus-Problems und des Phänomens der Subjektivität, der vordringenden Subjektivierung im Verhältnis von Dichtung und Wirklichkeit. Preisendanz reklamiert den Humor als Formprinzip für den sogenannten „poetischen Realismus", der sich „deutlich in vielem abhebt von der Entwicklung der Epik im 19. Jahrhundert, deren Tendenzen besonders die französischen Romanciers forcieren und repräsentieren". Der Zusammenhang ist nicht zu leugnen. Aber die gewisse Ausschließlichkeit, die dem Humor zur Bestimmung der

---

[9] Martini, Forschungsbericht S. 11.
[10] In seiner Habilitationsschrift: „Humor als dichterische Einbildungskraft. Studien zur Erzählkunst des poetischen Realismus", 1963.
[11] Wolfgang Preisendanz, Voraussetzungen des poetischen Realismus in der deutschen Erzählkunst des 19. Jahrhunderts. In: Formkräfte der deutschen Dichtung vom Barock bis zur Gegenwart. (Vorträge gehalten im Deutschen Haus, Paris 1961/62) 1963, S. 187—210.

Eigentümlichkeit des „poetischen Realismus" zugeteilt wird, ist nicht gleichermaßen einleuchtend. Nicht immer bestimmt ein echter und geglückter Humor, manchmal nicht einmal der Wille dazu, die Manipulationen, die in einem „poetischen Realismus" zwischen Wirklichkeit und Dichtung vermitteln und dem Subjektiven ein Gegengewicht schaffen oder es in eine „Ganzheit" integrieren sollen. Indessen kann man wohl sagen, daß er im deutschen Bereich am ehesten glaubwürdige Lösungen, Lösungsversuche ermöglicht. Allerdings ist nicht einzusehen, wieso es „auf der Hand" liegen soll, „daß der Grund für dieses Vorwalten des epischen Humors nicht in der Beschaffenheit der deutschen Wirklichkeit, in den besonderen gesellschaftlichen, politischen und wirtschaftlichen Verhältnissen selbst zu finden ist".[12] Man braucht nicht an ein bestimmtes Dogma über den Zusammenhang von gesellschaftlicher Wirklichkeit und künstlerischen und poetischen Ausdrucksformen zu glauben, um doch ziemlich leicht einzusehen, daß gerade das Phänomen des Humors und seine Funktion, die Preisendanz beschreibt, sehr viel auch mit der gesellschaftlichen Wirklichkeit zu tun haben und nicht zuletzt im Hinblick darauf zu verstehen, wenn auch nicht in gesetzlicher Ableitung zu erklären sind.

Einige könnten freilich, wenn sie das lesen, meinen, ich säße in puncto ‚gesellschaftliche Bezogenheit' im Glashaus oder täte da besser, nach dem Balken im eigenen Auge zu suchen. Gerhard Kaiser vor allem hat den Bezug in „Wirklichkeit und Illusion" nicht genügend angeleuchtet gefunden, obgleich er angesichts meiner Auseinandersetzung mit Lukács im Grundansatz und in mancherlei Einzelheiten Übereinstimmung mit dessen Position zu sehen glaubt.[13] Fritz Martini spricht dagegen von „extremer Opposition gegen die marxistische Realismustheorie".[14] Und marxistische Literaturwissenschaftler haben den Standpunkt eines „subjektiven Idealismus" und „Formalismus" festgestellt.[15] Formalismus im

---

[12] Preisendanz, Humor, S. 16. — Vgl. auch den Aufsatz passim.
[13] Gerhard Kaiser, a. a. O. S. 164 ff.
[14] Martini, Forschungsbericht, S. 5.
[15] Walter Pallus, Weimarer Beiträge. Zeitschr. f. deutsche Literaturgesch. V. 1959, S. 128—134. — J. Elsberg, Probleme des Realismus und Aufgaben der Literaturwissenschaft. In: Probleme des Realismus in der

Sinne einer einseitigen Betonung der Form monieren auch nichtmarxistische Kritiker. Mag sein, daß der energische Impuls gegen eine rein und naiv vom „Inhalt" her argumentierende Abhandlung des Realismus-Problems und das Bemühen, von dichtungsspezifischen Struktur-Phänomenen her zu interpretieren, dazu geführt haben. Gleichwohl schienen mir entgegengesetzte Einwände näher zu liegen; etwa: die Dichtung werde hier als Vehikel für Erkenntnisse benutzt, die die Dichtung selbst nicht mehr beträfen. Dagegen wäre nichts Entscheidendes zu erwidern. Denn um Autonomie der Dichtung im Sinne einer mystisch-irrationalen Kunst-Vorstellung und einer mißverstandenen Auslegung von Mörikes Vers über das schöne „Kunstgebild", das „selig in ihm selbst" scheint, sollte es nicht gehen. Vielmehr war das Ziel der strengen Hinwendung zur Eigengesetzlichkeit der Form ja gerade die Einsicht in die Weisen, in denen die Wirklichkeit auch mit ihrem gesellschaftlichen Aspekt und die ihr entsprechende „Erkenntnis" ästhetisch vermittelt erscheint, und zwar in einer bestimmten geschichtlichen Situation mit ihren Voraussetzungen. Das heißt: die Formanalyse ist durchaus gelenkt von der Frage nach dem historischen Gehalt. Wenn ich gesagt habe, daß „das ‚Was' einer Dichtung gewissermaßen ihr ‚Wie'" sei, so zielt das eben darauf. Es ist kein Widerspruch dazu, was Gerhard Kaiser geltend macht: „Nicht weniger bedeutsam als das ‚Wie' ist das ‚Was' der Gestaltung; denn" — so begründet er — „wie jedes andere Material bringt auch das der erlebten Wirklichkeit als Rohstoff der Dichtung im Ästhetisierungsprozess seine Eigenart zur Geltung und bestimmt bis zu einem gewissen Grade die Form vor."[16] Dem kann ich ganz zustimmen, nicht minder dem, was er dann über die Dialektik von Wirklichkeit und Dichtung hinzufügt. Nicht zureichend geklärt scheint mir indessen die

Weltliteratur, 1962 (Aus dem Russischen übersetzt. Der Sammelband enthält laut Vorwort „die wichtigsten und interessantesten Referate und Diskussionsbeiträge einer Konferenz über Probleme des Realismus in der Weltliteratur, die im April 1957 vom Maxim-Gorki-Institut für Weltliteratur der Akademie der Wissenschaften der UdSSR in Moskau veranstaltet wurde.") S. 539.
[16] Kaiser a. a. O. S. 168.

Behauptung, die Dichtung beziehe „ihr gesamtes Material — nicht nur das Sprachliche — aus der realen Welt". Die von der Wirklichkeit im 19. Jahrhundert her notwendige Änderung, „Verbreiterung der Komposition", in der Erzählkunst ist nicht zu bestreiten. Aber — jedenfalls in Deutschland — ist es eben nicht in erster Linie „die veränderte Welt gerade in ihren dynamischen Zentren (Großstadt, Fabrik, Massendasein)" [17], die ihre adäquate Form erzwingt und in der ästhetischen Vermittlung wirksam ist, sondern eben die Problematik der Auseinandersetzung mit dieser Wirklichkeit auf Grund der besonderen gesellschaftlichen und geistigen Situation. Die Dichtung deckt diese Problematik auf. „Kunst erkennt nicht dadurch die Wirklichkeit, daß sie sie, photographisch oder ‚perspektivisch‘, abbildet, sondern dadurch, daß sie vermöge ihrer autonomen Konstitution ausspricht, was von der empirischen Gestalt der Wirklichkeit verschleiert wird." [18] So formuliert es Adorno in einer polemischen Erörterung von Lukács' Realismus-Auffassung. Was Adorno Lukács gegenüber geltend macht, betrifft erst recht die orthodoxere oder radikalere marxistisch-leninistische Position, die ja längst Lukács als bürgerlichen Revisionisten anathematisiert hat, betrifft aber auch einen nicht unbeträchtlichen Teil nichtmarxistischer Literaturwissenschaft, soweit sie von Realismus spricht und dabei (aber auch sonst) literatursoziologische Gesichtspunkte ins Spiel bringt. Es ist erstaunlich, auf wie ähnliche Weise vereinfacht das Verhältnis zwischen gesellschaftlicher Wirklichkeit und Literatur von weltanschaulich und soziologisch einigermaßen weit auseinanderliegenden Voraussetzungen aus gesehen wird. Gemeinsam ist dabei oft die Mißachtung der Tatsache, daß „der Gehalt von Kunstwerken nicht in demselben Sinn wirklich ist wie die reale Gesellschaft".[19] „Nur in der Kristallisation des eigenen Formgesetzes, nicht in der passiven Hinnahme der Objekte konvergiert Kunst mit dem Wirklichen. Erkenntnis ist in ihr durch und

---

[17] Kaiser a. a. O. S. 170.

[18] Theodor W. Adorno, Erpreßte Versöhnung. Zu Georg Lukács: ‚Wider den mißverstandenen Realismus'. Der Monat 11. 1958, S. 37—49; Wiederabgedruckt in: Theodor W. Adorno, Noten zur Literatur II, 1961, S. 152—187; hier S. 168.

[19] Adorno a. a. O. S. 163.

durch ästhetisch vermittelt."[20] Und: „Indem das Kunstwerk nicht *unmittelbar*[21] Wirkliches zum Gegenstand hat, sagt es nie, wie Erkenntnis sonst: das ist so, sondern: so ist es. Seine Logizität ist nicht die des prädikativen Urteils, sondern der immanenten Stimmigkeit: nur durch diese hindurch, das Verhältnis, in das es die Elemente rückt, bezieht es Stellung... Es spricht keine Urteile; Urteil wird es als Ganzes."[22] Nicht nur bei Lukács schließlich liegt das Verkennen dieser Vermitteltheit „in jenem vorästhetischen parti pris für Stoff und Mitgeteiltes der Dichtungen, den er mit ihrer künstlerischen Objektivität verwechselt".[23] Wenn man auch nicht die hegel-marxschen Voraussetzungen, auf denen Adornos kritische Bemerkungen und überhaupt seine kunstsoziologischen Ansichten basieren, uneingeschränkt akzeptiert, nicht seine besondere und differenzierte, gelegentlich überdifferenzierte Auffassung und Praktizierung der Dialektik, so ist doch den zitierten Behauptungen kaum zu widersprechen. Hätte ich sie vor dem Erscheinen dieses Buchs kennen können, ich hätte schon in der ersten Auflage mit ihrer Hilfe nicht nur meine Auseinandersetzung mit Lukács, sondern auch eine wesentliche Seite meiner eigenen Intentionen, die ihnen entspricht, deutlicher machen können. Adornos Einsichten machen jedenfalls plausibel, inwiefern auch und gerade das Phänomen der Subjektivierung, wenn es in seiner ästhetischen Vermitteltheit verstanden wird, adäquate Entsprechung der gesellschaftlichen Wirklichkeit der Epoche ist und in welchem Sinn die Konsequenzen daraus am Ende des sogenannten Realismus und im 20. Jahrhundert ihrem geschichtlichen Augenblick, nicht ihn sanktionierend, aber enthüllend, angemessen sind. Die „wahrhaft avantgardistischen Werke... objektivieren sich in rückhaltloser, monadologischer Versenkung ins je eigene Formgesetz, ästhetisch und vermittelt dadurch auch ihrem gesellschaftlichen Substrat nach. Das allein verleiht Kafka, Joyce, Beckett, der großen neuen Musik ihre Gewalt. In ihren Monologen hallt die Stunde, die der Welt

---

[20] Adorno a. a. O. S. 164.
[21] Hervorhebung von mir.
[22] Adorno a. a. O. S. 175.
[23] Adorno a. a. O. S. 180.

geschlagen hat: darum erregen sie so viel mehr, als was mitteilsam die Welt schildert. Daß solcher Übergang zur Objektivität kontemplativ bleibt, nicht praktisch wird, gründet im Zustand einer Gesellschaft, in der real allerorten, trotz der Versicherung des Gegenteils, der monadologische Zustand fortdauert." [24]

Das war vielleicht etwas viel Zitat; es scheint mir zur Erläuterung einiger wesentlicher Probleme und Absichten dieses Buchs, die Mißverständnisse zugelassen haben, vielleicht nicht ohne Schuld unzulänglicher Formulierung, gerechtfertigt. Das heißt weder, daß ich Adorno schlicht für meine Zwecke reklamiere, noch daß ich ihm in allem beipflichte, was zum Hintergrund und zu den Folgerungen der hier angeführten Sätze gehört. Aber ich will nicht leugnen, daß ich im Prinzip darin eine Bestätigung finde. Die Definition des Realismus als Periodenbegriffs, die René Wellek gibt: „die objektive Darstellung der zeitgenössischen sozialen Wirklichkeit" [25], scheint mir demgegenüber zu vordergründig und undialektisch. Wenn diese „objektive Darstellung" so unmittelbar verstanden wird wie bei Wellek, ist begreiflich, daß er zu der Feststellung kommt: „Letzten Endes ist die realistische Theorie schlechte Ästhetik" und daß die Begründung dafür eigentlich in der Luft hängt: „denn alle Kunst ist ‚Schaffen' und bildet eine eigene Welt des Scheins und der symbolischen Formen." [26] Ein Kritiker hat angesichts dieses Satzes und der negativen Beurteilung der realistischen Theorie durch Wellek gefragt: „What is it (art) an illusion of ... of what are the forms symbolic?" [27] Man braucht nicht alle Ansichten des Kritikers zu teilen, die er in der Auseinandersetzung mit Wellek erkennen läßt — diese Fragen aber drängen sich in der Tat auf. Wenn ich auch gewisse wiederkehrende Züge in „realistischer" Dichtung finde, wenn ich die Unterschiede zu Romantik, Klassik, Klassizismus konstatiere, wenn ich auf die Rolle des Typus etwa hinweise, auf „bestimmte Konventionen, Kunstmittel und Verbote", die „der Realismus trotz seinem Anspruch, das Leben und

[24] Adorno a. a. O. S. 173.
[25] Wellek, Grundbegriffe S. 180. Vgl. dazu die in Anm. 5 angeführte Debatte und meine Bemerkungen in: Germanistik 4, 1963, S. 42 f.
[26] Wellek a. a. O. S. 182.
[27] Greenwood (siehe Anm. 5), S. 94.

die Wirklichkeit unmittelbar zu erfassen", habe[28], so hat das noch keinen zureichenden Erkenntniswert, vielmehr bleibt der Wunsch, diese Dinge nicht nur in ihrer quasi technischen Funktion zu begreifen, sondern zu verstehen eben im Hinblick auf ihren Bezug zur Wirklichkeit. Welleks Aufsatz, den ich in seiner umfassenden Belesenheit und Gelehrsamkeit bewundere, hat mir übrigens erneut gezeigt, daß es für meine Absichten nicht einschneidend weitergeführt hätte, wenn ich — was die Kritik gelegentlich gewünscht hat — die Vorgeschichte des Realismus-Begriffs, wie ihn die das 19. Jahrhundert schon historisch verarbeitende neuere Literaturwissenschaft gebraucht, in der deutschen und europäischen Ästhetik verfolgt und ausgebreitet hätte. Ich würde die Beschränkung in der Darstellung auch heute wieder wählen, um so eher, als sich nun auf eine so glänzende Revue der Ansichten verweisen läßt.

Gerhard Kaiser zuerst hat in seiner klugen Kritik unter anderem einen Einwand vorgebracht, der an dieser Stelle nicht übergangen werden darf. Er meint, „Ludwig (und in gewissem Maße auch Grillparzer)" hätten „eben nicht eine Struktur gefunden, die die Begrenztheit, Dumpfheit und Isoliertheit seiner Gestalten von einem höheren Niveau aus als Begrenztheit, Dumpfheit und Isoliertheit heraustreten ließe", sondern er stehe „als Gestalter auf der Ebene der Problematik seiner Figuren" und „vertusche" diese „Beschränktheit der Perspektive durch künstliche, gemachte Symbolik". Preisendanz hat gezeigt, daß zum Beispiel der Humor ein Versuch und manchmal eine geglückte Möglichkeit ist, dieses „höhere Niveau" zu gewinnen. Das ist aber schon mehr als „Gestaltung" des Subjektiven, die Kaiser als Wertmaßstab für die realistische Literatur in der „Epoche der Subjektivität" sieht. Das „Stück Antithese zur Zeit", das, wie Kaiser sagt — und darin stimme ich ihm zu —, „wesensmäßig ... in jedem Kunstwerk" liegt, ist indessen nicht allein in einem schon mitgegebenen Gegengewicht beschlossen, und nicht allein daran, nicht allein an der „Balance" bemißt sich der Wert des Kunstwerks, der Dichtung; nicht allein *das* darf den Namen „Gestaltung" beanspruchen. Das *kann* ein echtes Wertkriterium sein, es *kann* auch das Gegenteil sein, oder

---

[28] Wellek a. a. O.

jedenfalls kann es in seiner Bedeutung und Wirksamkeit durch andere Wertkriterien eingeschränkt und mitbestimmt werden. Wenn die Literatur, die Kunst „vermöge ihrer autonomen Konstitution ausspricht, was von der empirischen Gestalt der Wirklichkeit verschleiert wird" (vgl. Anm. 18), so kann sie das auch ohne die Antithese gewissermaßen mitzuliefern, ohne das Darüberstehen, ohne das Sicherheben über das Subjektive durch die Gestaltung mitzuliefern und mehr oder weniger deutlich, wenn auch indirekt, zu thematisieren. Auch ohne die „Balance" kann die Literatur in ihrer ästhetischen Gestalt und der in ihr gegebenen Enthüllung „antithetisch dem gegenüber (sein), was der Fall ist."[29] Das ist mehr als bloße „Symptomatik"[30] im Sinne der symptomatischen Relevanz jedes Stilelementes, jeder Arabeske als abgekürzten Stilmodells für den historischen Gehalt der Zeit. Die Erkenntnisleistung der Dichtung geht auch da über das bloß Symptomatische, das ja seinerseits nur Objekt der historischen Erkenntnis werden kann, hinaus, wo eine Superiorität des Bewußtseins nicht als Element oder Prinzip der Gestaltung greifbar ist. Daß die „Begrenztheit, Dumpfheit und Isoliertheit" gerade bei *dem* Teil der deutschen Literatur des 19. Jahrhunderts sich in der eigenen Befangenheit präsentiert, bei dem der realistische Wille einer „getreuen Darstellung der Wirklichkeit" am gründlichsten am Werk ist, hängt eben mit einer wesentlichen Seite der besonderen geschichtlich-gesellschaftlichen Wirklichkeit zusammen und nicht ohne weiteres mit zeitlosen Fragen des literarischen Werts. Auf die Zwiespältigkeit, die Ambivalenz des deutschen „Realismus", die hier wie allenthalben sichtbar wird, hat J. M. Ritchie in einem aufschlußreichen Artikel hingewiesen[31]. Wenn es auch schon unter den drei von mir ausgewählten Erzählungen Unterschiede der künstlerischen Qualität gibt, deutlich etwa zwischen Grillparzer und Ludwig, so läßt sich doch kaum sagen, daß sie sich hier nur nach der Adäquatheit der Struktur bemessen, „in der das individuelle Phänomen

[29] Adorno a. a. O. S. 163.
[30] Kaiser a. a. O. S. 174.
[31] J. M. Ritchie, The Ambivalence of „Realism" in German Literature 1830—1880. Orbis Litterarum XV. 1960. S. 200—217.

einen objektiven formalen Horizont gewinnt."[32] Darin sind sie prinzipiell nicht einmal so verschieden. Die Pseudosymbolik bei Ludwig etwa hängt eben nicht zuerst und allein *damit* zusammen. Die Norm, die Kaiser für ein echtes Kunstwerk aufstellt, das „tief" und „umfassend" ist, statuiert einen selbst durchaus „vermittelten" Kunst-, einen Poesiebegriff, der sich in der scharfen Abgrenzung zur Nichtkunst, die er involviert, kaum halten läßt und historische Erkenntnisse eher versperrt als eröffnet. Kaiser und andere setzen auf der Basis dieses Begriffs einen Kanon von Dichtungen hohen Werts im 19. Jahrhundert voraus, „in einer bestimmten Zeit unter bestimmten historischen Bedingungen *höchstmögliche* Verwirklichung des überzeitlichen Phänomens Kunst"[33]. Man kennt aber die zahlreichen Fälle sehr gewandelter Urteile in diesem Punkt über ganze Epochen und einzelne Dichter und Werke, die vom Ansehen schlechter „Symptomatik" zum Prestige hoher Kunst aufgestiegen sind und umgekehrt. Wenn man die ästhetische Vermittlung nur einer Literatur nach Kaisers Definition zugesteht, bringt man sich um die historische Relevanz sehr interessanter, aber nicht dieser Norm genügender Bereiche der Literaturgeschichte: nicht nur im Mittelalter, sondern auch zum Beispiel im Barock oder im achtzehnten, aber auch und nicht zuletzt im neunzehnten Jahrhundert.

Wie sehr gerade eine höchst „realistische" Tendenz zur Verschleierung des ganz subjektiven Charakters der Darstellung führen kann, hat Winfried Hellmann am Beispiel von Spielhagens verkrampfter Theorie und Praxis einer „objektiven Erzählung" gezeigt.[34] Diese Subjektivität — so weist Hellmann nach — bleibt unreflektiert erhalten und verdeckt eben durch das Zugeständnis einer harmloseren und wenig interessanten Subjektivität, einer gewissen selbstverständlichen Subjektivität; die besteht darin, daß der Autor einer notwendigen *quantitativen* Beschränkung in der

---

[32] Kaiser a. a. O. S. 174.
[33] Kaiser a. a. O. S. 173.
[34] Winfried Hellmann, Objektivität, Subjektivität und Erzählkunst. Zur Romantheorie Friedrich Spielhagens. In: Wesen und Wirklichkeit des Menschen, Festschrift für Helmuth Plessner, hrsg. von Klaus Ziegler, 1957, S. 340—397.

Wiedergabe der Welt unterworfen ist, die in diesen äußerlich gesetzten Grenzen nach der Meinung Spielhagens gleichwohl „objektiv" ist. „Das ‚objektive Darstellen' dient dann nur dazu, einem ganz und gar Subjektiven dichterisch den Anschein zu geben, es sei objektive Realität, und nähert sich der geistigen Falschmünzerei, da sein Aufwand mit all seiner Suggestionskraft zugleich ständig darüber hinwegtäuscht, daß dies *bloßer* (und bloß *ästhetischer*) Schein ist. Es bietet die geradezu ideale Möglichkeit, im extremen Fall selbst noch eine ideologisch geprägte Wirklichkeit so in Umlauf zu bringen, daß sie als wahre Wirklichkeit erscheinen und sich breitmachen kann." Ganz allgemein: „Nachdem es schließlich auch programmatisches Anliegen geworden war, die Wirklichkeit darzustellen, wuchs notwendig auch die Gefahr, eine *bestimmte Auslegung* der Wirklichkeit als *die* Wirklichkeit zu geben... und eine immer schon subjektiv gedeutete Objektivität als gleichsam reine Objektivität erscheinen zu lassen."[35] „Die erstrebte Illusion der Wirklichkeit läßt als objektive Wirklichkeit erscheinen, was es nicht ist, und dies um so mehr, je vollendeter das ‚objektive Darstellen' durchgeführt und dadurch verborgen wird, was die erzählte Wirklichkeit tatsächlich ist: ein Produkt des Erzählers."[36] Diese Einsichten, die sich, wie man sieht, grundsätzlich nicht sehr weit entfernt von denen dieses Buchs bewegen, zeigen erneut, daß es bedenklich ist und wesentliche, die Epoche tief betreffende Erkenntnisse verhindert, wenn man das Untersuchungsobjekt für das Realismus-Problem nach künstlerischer Qualität mit den Kriterien begrenzt, die Kaiser und andere vorschlagen. Hellmann hat an einem äußerst aufschlußreichen Beispiel bedeutsame Aspekte des problematischen realistischen Impetus im 19. Jahrhundert gezeigt und mit seinen Hintergründen und Folgen präzisiert; er hat einen der interessantesten Beiträge zu der Frage geliefert, die hier zur Debatte steht.

In vielen Einzeluntersuchungen zur Literatur des 19. Jahrhunderts kommt das Realismus-Problem natürlich am Rande zur Sprache. Ich habe außer dem Genannten nichts gefunden, das im

---

[35] Hellmann a. a. O. S. 369 f.
[36] Hellmann a. a. O. S. 394.

Prinzipiellen entscheidend hinausführte über den Stand der Diskussion, den ich hier sichtbar zu machen versucht habe.[37]

Die Veröffentlichungen zum sozialistischen Realismus schließlich sind wenig ergiebig in ihrem scholastischen Begriffsapparat und Denkmechanismus. In der Methode sind sie erstaunlich konservativ, und was Diskussion genannt wird, betrifft nicht mehr das Grundverhältnis von Dichtung und Wirklichkeit. Das steht fest im Sinne einer nicht eigentlich vermittelten Widerspiegelung der gesellschaftlichen Wirklichkeit. Aus Angst vor der Häresie des Idealismus und Formalismus müssen sich die klügeren Teilnehmer an den Debatten kasteien — die Beiträge können es oft schwer verbergen —, weil sie eine rechtgläubige Auffassung von Geschichte und Gegenwart der Gesellschaft in der Literatur wiederzufinden haben und die Erwägung nicht zulassen dürfen, ob nicht in einer vielleicht „realistischeren" Dialektik die Literatur, wenn sie nicht sterilisiert und gelenkt wird, den wahren Zustand der Gesellschaft in ihrer ästhetischen Vermittlung offenlegen und eben dadurch zu einer Ände-

---

[37] Eine Ausnahme bildet ein Essay Hans Mayers über „Die Wirklichkeit E. T. A. Hoffmanns" (In: H. M., Von Lessing bis Thomas Mann, 1959, Seite 198—246; zuerst als Einleitung zu einer Hoffmann-Ausgabe im Aufbauverlag Berlin 1958 erschienen), der zwar nicht im engeren Sinn zum Thema gehört — deshalb nenne ich ihn hier in der Anmerkung —, aber zur G e n e s e der Wirklichkeitsproblematik im 19. Jahrhundert einen bedeutsamen Befund gibt. Ohne überspannten Soziologismus und ohne das ästhetisch Vermittelte in seinen Erscheinungsformen und seinem Reiz zu verachten, weist er auf die gesellschaftlichen Tatsachen hin, die zu den Bedingungen der Komplikationen im Übergang von der Romantik zum neunzehnten Jahrhundert gehören, zum neunzehnten Jahrhundert im wesentlichen Sinn der Epoche.

Genannt sei schließlich noch das Buch von Walther Killy „Wirklichkeit und Kunstcharakter. Neun Romane des 19. Jahrhunderts" (1963). Es thematisiert zwar nicht unmittelbar das Problem und die Begriffsbestimmung des Realismus; aber indem es an einigen mit großem Bedacht ausgewählten Beispielen des Romans zeigt, wie eine gewandelte Wirklichkeit jeweils einen anderen „Kunstcharakter" zeitigt, wie neue Wirklichkeit in veränderten Kunstformen mit alten und neuen Elementen aufgenommen und verwandelt erscheint, gibt es auch zum Realismus-Problem im engeren Sinne einen förderlichen Beitrag.

rung und einem Umschlag beitragen kann, nicht durch Widerspiegelung einer möglicherweise selbst schon von Ideologie verfälschten und verschleierten Wirklichkeit und nicht durch direkte Kritik. Das Problem des Realismus ist hier nur noch eine Frage der gesellschaftlichen Wirklichkeit selbst und ihrer Doublette in der Literatur. Damit ist die ästhetische, literaturwissenschaftliche Diskussion, die keineswegs als solche schon von „subjektivem Idealismus" bestimmt und nicht ohne Interesse für die Wirklichkeit sein muß, am Ende. Es ist aber nicht einzusehen, warum das so sein muß, warum diese naive Beschränkung, selbst wenn man die ewige Wahrheit über die Wirklichkeit in der Lehre sieht, die nur in ihrer Umbildung in der gegenwärtigen politischen und wissenschaftlichen Praxis diese Beschränkung verlangt.